Thematischer Grund- und Aufbauwortschatz
Französisch

Neue Ausgabe

von
Wolfgang Fischer und
Anne-Marie Le Plouhinec

Ernst Klett Sprachen
Stuttgart

Thematischer Grund- und Aufbauwortschatz
Französisch

Neue Ausgabe

von Professor Wolfgang Fischer, Sindelfingen und
Anne-Marie Le Plouhinec, Sindelfingen

Zu diesem Werk gibt es ein Übungsbuch: Thematischer Grund- und
Aufbauwortschatz – Trainingsbuch Französisch, Klett-Nr. 519531

1. Auflage   1 ^{14} ^{13} ^{12} | 2010 2009 2008

Alle Drucke dieser Auflage können im Unterricht nebeneinander benutzt werden. Die letzte
Zahl bezeichnet das Jahr dieses Druckes.

© Ernst Klett Sprachen GmbH, Stuttgart 2000.
Alle Rechte vorbehalten.
Internetadresse: www.klett.de

Redaktion: Thomas Eilrich, Edith Meyer (Assistenz)
Umschlaggestaltung: Manfred Muraro, Stuttgart
Zeichnungen: Christian Dekelver, Weinstadt
Satz: Fotosatz Kaufmann, Stuttgart
Druck: CPI – Clausen & Bosse, Leck
Printed in Germany

ISBN 978-3-12-519512-7

Inhalt

Inhalt

Vorwort

Zielgruppen und Zweck dieses Lernwortschatzes

Der *Thematische Grund- und Aufbauwortschatz Französisch (TGAWF)* richtet sich an Schülerinnen und Schüler der ausgehenden **Sekundarstufe I**, die das bis dahin gelernte Grundvokabular gezielt und thematisch ausgerichtet wiederholen wollen. In der **Sekundarstufe II** kämpfen die Lernenden zuallererst mit der gewaltigen und weitgehend ungeordneten Wortschwemme, die auf sie beim angeleiteten oder selbständigen Umgang mit authentischen Textsorten, mit akustischen oder filmischen Dokumenten hereinbricht. Die Gliederung des *TGAWF* in Grund- und Aufbauwortschatz ermöglicht es, das bereits Vorhandene zu festigen oder zu vertiefen, neue lexikalische Elemente zu systematisieren und zu kontextualisieren sowie Wichtiges von Sekundärem abzugrenzen. Der *TGAWF* ist darüber hinaus ein verlässliches Hilfsmittel zur Sprach- und Textproduktion, z. B. bei der Erstellung von Textanalysen und Kommentaren, Referaten bzw. Facharbeiten, bei der Durchführung von Projekten sowie bei der zielbewussten Vorbereitung von Klausuren, Prüfungen (Abitur) oder Sprachdiplomen (DALF, DELF).

Französischstudentinnen und -studenten erleichtert dieses Lernwörterbuch die fortführende, breiter und tiefer angelegte lexikalische Arbeit mit besonderem Blick auf Übersetzungen und Lektüre, auf die Analyse und Interpretation anspruchsvoller landeskundlicher oder literarischer Texte, doch auch auf kompetente und differenzierte fremdsprachliche Kommunikation.

Nicht allein seiner zahlreichen berufsbezogenen Sachthemen wegen eignet sich der *TGAWF* ebenso für **Erwachsene**, die etwa ein VHS-Zertifikat anstreben, sich zu beruflichen Zwecken im Selbststudium mit Französisch befassen, einen Frankreichaufenthalt planen oder sich in der Freizeit mit französischsprachiger Lektüre, mit Fernsehsendungen und Filmen in Originalversion beschäftigen.

Die Grundlagen dieses Lernwörterbuches

Bei der Erstellung dieses umfassenden und gebrauchsgerechten **Grund-** und **Aufbauwortschatzes** wurden u. a. folgende Quellen kritisch gesichtet und ausgewertet:
► Vokabellisten der neuesten Lehr- und Lesebücher aus dem schulischen Bereich und der Erwachsenenbildung;
► der neueste VHS-Zertifikatwortschatz;
► Teile des elektronischen EU-Wörterbuchs (im Internet unter dem Suchbegriff *EURODICAUTOM*);
► themenrelevante landeskundliche Artikel und Dossiers;
► Listen mit Neologismen aus neueren Lexika.
Ausgangspunkt war die **nicht markierte Gegenwartssprache**, die sog. *langue courante*, bei besonders geläufigen oder aktuellen Begriffen wurde aber auch das *français familier* oder *populaire*, die zwanglose, volksnahe **Umgangssprache**, mit einbezogen.

Aufbau und Präsentation des Wortschatzes

Es gibt zahlreiche Möglichkeiten, einen thematischen Lernwortschatz zu strukturieren, das vorliegende Buch geht bei seiner Systematik vom Menschen und den ihn umgebenden Bereichen aus. So entstanden 24 **Großthemen**, die sich wiederum in 122 weit gefächerte **Unterkapitel** aufteilen. Eine sinnvolle **themenbezogene Bündelung** der einzelnen Worteinträge sorgt innerhalb dieser Untereinheiten für Übersichtlichkeit und gestattet Lernen in kleinen zusammenhängenden Häppchen.

Ein **lernpsychologisch begründetes und benutzerfreundliches Layout** soll eine rasche Orientierung ermöglichen und den Behaltenseffekt fördern:

▶ Der Aufbauwortschatz hebt sich vom Grundwortschatz durch farbliche Unterlegung ab.

▶ Die ca. 9305 **Haupteinträge** (GW: 5632, AW: 3673) erscheinen in blauem Druck und unterscheiden sich so von den etwa 4741 (GW: 3168, AW: 1573) schwarz gedruckten **Untereinträgen**. Wichtige oder typische Wendungen sowie signifikante Unterschiede zwischen Fremd- und Muttersprache sind halbfett hervorgehoben.

▶ **Dreieckige Marken** sowie **gepunktete Linien** begrenzen die jeweiligen **Wortbündel**.

▶ Für jeden Haupteintrag wird die **phonetische Umschrift** angegeben.

▶ Verben, die das Passé composé mit *être* bilden, sind mit einem **Symbol (*)** versehen (außer bei den reflexiven Verben).

▶ Abweichungen vom *français courant* werden durch *fam (familier)* oder *pop (populaire)* angezeigt.

▶ Kann der Eintrag **verschiedenen Wortklassen** zugeordnet werden, z. B. bei *(un,e) célibataire*, wird darauf hingewiesen (*n* = Nomen; *adj* = Adjektiv).

▶ 133 auf die Themen verteilte „**i-Kästen**" enthalten **Tipps** zur Erhellung spezieller Lernschwierigkeiten.

▶ Am Ende der Kapitel schließlich hilft eine Auflistung eventueller „**Falscher Freunde**" aus dem jeweiligen Thema besonders ärgerliche Fehler zu vermeiden.

Das zentrale Anliegen

Effektives Wörterlernen ist das übergeordnete Ziel des *TGAWF*. Aus diesem Grund wurde z. B. auf eine rein alphabetische Anordnung des Wortmaterials innerhalb der Teilkapitel verzichtet.

Das Gedächtnis speichert Vokabeln und deren Bedeutungen in „Netzen", d. h. alles, was Beziehungen zwischen dem fremdsprachlichen Begriff und seiner Entsprechung herstellen kann, fördert das Verstehen, stärkt das Behalten. Dieser lernpsychologischen Erkenntnis entspricht der *TGAWF* in seiner inhaltlichen Gliederung: das Wortgut wurde zu **überschaubaren semantischen (inhaltlich nahe liegenden) Einheiten**, sog. **Wortbündeln**, verknüpft, die sich um einen bestimmten **Sachkern** gruppieren. Innerhalb dieser semantischen Blöcke schaffen beispielsweise **Synonyme** *(terrible; horrible; épouvantable)* und **Antonyme** *(chaud – froid)*, **Subordination** *(meuble – siège – chaise)* oder **Wortfelder** *(une rue; une route; une chaussée; une avenue)* bzw. **-familien** *(dessiner; un dessin; un,e dessinateur,-trice)* Zusammenhänge, die zu anhaltenden Eindrücken führen und das Memorieren unterstützen.

Eine derartige, auf **inhaltliche** und **sprachliche Kohärenz** abzielende Gliederung bedingt, dass Vokabeln nicht mehr ausschließlich nach ihrer statistischen Häufigkeit dem Grund- bzw. Aufbauwortschatz zugeordnet werden. Daraus ergibt sich ebenfalls, dass polyseme (mehrdeutige) Begriffe in ihrer vorrangigen Bedeutung im Grundwortschatz, in einer Sekundärbedeutung jedoch im Aufbauwortschatz erscheinen können (*une action* etwa wird als „Handlung" im Grund-, aber als „Aktie" im Aufbauwortschatz geführt).

Wie wird den Gefahren isolierter zweisprachiger Wortgleichungen begegnet?

Wortgleichungen sind bei sprachrezeptiven Prozessen durchaus bedeutsam, sie bergen allerdings v. a. im produktiven Bereich etliche Gefahren in sich. So fördern sie permanentes Übersetzen und Konstruieren, führen also nicht selten dazu, dass muttersprachliche Gewohnheiten der Fremdsprache übergestülpt werden.

Um diesen Risiken vorzubeugen, legt der *TGAWF* besonderes Gewicht auf eine **syntagmatische Einbettung** der meisten aufgeführten Wörter:

▶ Relevante **Verbergänzungen** (z. B. *demander qc à qn*) erleichtern den syntaktischen Anschluss.

▶ **Beispielsätze** sorgen für situative Bezüge, ermöglichen kontextuelles Verstehen und Behalten. Sie zeigen, wie sich das Zielwort mit anderen Satzteilen verbindet und machen eventuelle Unterschiede zwischen dem französischem und deutschem System erkennbar.

▶ Bei der Sprachproduktion sind Wörter nicht immer frei verknüpfbar. Vielfach gehen sie festgelegte Kombinationen mit Substantiven, Adjektiven oder Verben ein, man spricht hier von **Kollokationen** (Beispiel: *prendre du poids – zunehmen; faire attention à – Obacht geben).* In eben diesen Verbindungen unterscheiden sich die Sprachen am deutlichsten voneinander; sie bereiten dem sprachaktiven Lerner größte Schwierigkeiten und erfordern daher gezieltes Üben. Der Berücksichtigung dieser Tatsache fühlen sich die Autoren des *TGAWF* besonders verpflichtet.

▶ **Idiomatische Redensarten** *(locutions)* und **Sprichwörter** *(proverbes)* zeigen, wie stark Fantasie und spielerischer Witz eine Sprache prägen können. Sie entfernen sich zwar in vielen Fällen von den Grundbedeutungen des einschlägigen Zielwortes, ihre Beherrschung gehört jedoch mit zur sprachlichen und interkulturellen Kompetenz.

adj	adjectif	Adjektiv, Eigenschaftswort
adv	adverbe	Adverb, Umstandswort
etw.		etwas
f	féminin	feminin, weiblich
fam	familier	umgangssprachlich
jdm		jemandem
jdn		jemanden
loc	locution	Redensart
m	masculin	maskulin, männlich
n	nom	Nomen, Substantiv, Hauptwort
péj	péjoratif	abwertend
pop	populaire	sehr umgangssprachlich
prov	proverbe	Sprichwort
qc	quelque chose	etwas
qn	quelqu'un	jemand
subj	subjonctif	Subjonctif
v	verbe	Verb, Zeitwort

Nom
Lebrun
Prénom
Dominique
Né(e) le _12/7/1982_
à _Colmar_
Nationalité _française_
Adresse _38, avenue des Vosges_
67 000 Strasbourg

FRANCE РОССИЯ
USA DEUTSCHLAND
ESPAÑA ITALIA
GREAT BRITAIN

1.1 Persönliche Daten

le **nom** [nõ]	Name
le **nom de famille**	Nach-, Familienname
le **prénom** [pʀenõ]	Vorname
s'appeler [saple]	heißen
Comment t'appelles-tu ?/Tu t'appelles comment ?/Comment tu t'appelles ?	Wie heißt du?

monsieur, messieurs [məsjø, mesjø]	Herr
madame, mesdames [madam, medam]	Frau
Madame Martin, née Dupont	Frau Martin, geborene Dupont
mademoiselle, mesdemoiselles [madmwazɛl, medmwazɛl]	Fräulein

---

i **Monsieur ...**

Folgende *Abkürzungen* sind gebräuchlich:
M. (Monsieur), Mme (Madame), Mademoiselle (Mlle),
MM. (Messieurs), Mmes (Mesdames), Mlles (Mesdemoiselles).

Als *Anredefloskeln* werden verwendet:
Monsieur/Messieurs, Madame/Mesdames, Mademoiselle/Mesdemoiselles.

Bei *höflichen Umgangsformen* wird der Name nicht genannt:
Bonjour monsieur/madame/   *Guten Tag.*
mademoiselle.
Oui/Non/Merci messieurs/mesdames/   *Ja./Nein./Danke.*
mesdemoiselles.

Bei *Begrüßung von Bekannten* wird häufig der Name hinzugefügt:
Bonjour Monsieur/Madame/   *Guten Tag Herr/Frau Rigot.*
Mademoiselle Rigot.

---

habiter qc/à [abite]	wohnen in
J'habite une maison neuve.	Ich wohne in einem neuen Haus.
J'habite à Paris.	Ich wohne in Paris.
l'**adresse** f [adʀɛs]	Anschrift, Adresse
un **domicile** [dɔmisil]	Wohnsitz, Wohnort
les **coordonnées** f; fam [kɔɔʀdɔne]	Adresse und Telefonnummer
Donne-moi les coordonnées de Paul.	Gib mir Pauls Adresse und Telefonnummer.
une **rue** [ʀy]	Straße
26, rue du Labrador	Rue du Labrador 26
une **route** [ʀut]	(Land)Straße

> **ℹ️ une rue – une route**
>
> *Unterscheide:*
>
> | | |
> |---|---|
> | J'ai rencontré Martine <u>dans la rue</u>. | *Ich bin Martine auf der Straße (in der Stadt) begegnet.* |
> | Attention, il y a du verglas <u>sur la route</u>. | *Vorsicht, auf der (Land)Straße gibt es Glatteis.* |

---

une **avenue** [avny]	Avenue, Prachtstraße
un **boulevard** [bulvaʀ]	Boulevard, Ring(straße)
une **place** [plas]	Platz

---

le **numéro** [nymeʀo]	(Haus)Nummer
C'est **au numéro** 6 de la rue Rambuteau.	Es ist in der Rue Rambuteau Nr. 6.
le **numéro de téléphone** [nymeʀod(ə)telefɔn]	Telefonnummer
le **code postal** [kɔdpɔstal]	Postleitzahl

---

la **situation de famille** [sitɥasjɔ̃d(ə)famij]	Familien-, Personenstand
le **mari** [maʀi]	(Ehe)Mann
la **femme** [fam]	(Ehe)Frau
Julie est la deuxième femme de Pierre.	Julie ist Pierres zweite Frau.
marié,e [maʀje]	verheiratet

---

le **sexe** [sɛks]	Geschlecht
masculin,e [maskylɛ̃, in]	männlich
féminin,e [feminɛ̃, in]	weiblich

---

l'**âge** *m* [aʒ]	Alter
J'ai dix-huit ans. Et toi, **quel âge as-tu** ?	Ich bin 18. Und wie alt bist du?
âgé,e de [aʒe]	alt
Elle est âgée de 24 ans.	Sie ist 24 Jahre alt.
un **an** [ɑ̃]	Jahr
(un,e) **adulte** *n; adj* [adylt]	Erwachsene(r); erwachsen
un,e **enfant** [ɑ̃fɑ̃]	Kind
C'est un film **pour enfants**.	Dies ist ein Kinderfilm.
un,e **adolescent,e**; un,e **ado** *fam* [adɔlesɑ̃, ɑ̃t]	Jugendliche(r), Heranwachsende(r)
(un,e) **jeune** *n; adj* [ʒœn]	Jugendliche(r); jung
Il ne comprend pas les jeunes d'aujourd'hui.	Er versteht die Jugend von heute nicht.

---

une **religion** [ʀ(ə)liʒjɔ̃]	Religion

(un,e) **chrétien,ne** n; adj [kʀetjɛ̃, jɛn]	Christ(in), christlich
(un,e) **catholique** n; adj [katɔlik]	Katholik(in), katholisch
Il ne m'a pas l'air très catholique. fam	Er kommt mir ziemlich undurchsichtig vor.
(un,e) **protestant,e** n; adj [pʀɔtɛstɑ̃, ɑ̃t]	Protestant(in), protestantisch, evangelisch

un **métier** [metje]	Beruf
C'est un métier d'avenir.	Das ist ein Zukunftsberuf.
une **profession** [pʀɔfesjɔ̃]	Beruf
un **boulot** fam [bulo]	Job
Elle cherche un boulot pour les vacances.	Sie sucht einen Ferienjob.

l'**état civil** m [etasivil]	Familienstand; persönliche Daten; Standesamt
Il faut aller faire signer ce formulaire à l'état civil.	Dieses Formular muss auf dem Standesamt unterschrieben werden.
(un,e) **célibataire** n; adj [selibatɛʀ]	Alleinstehende(r), Single; ledig
une mère célibataire	eine ledige Mutter
(un,e) **fiancé,e** n; adj [fjɑ̃se]	Verlobte(r); verlobt
séparé,e [sepaʀe]	getrennt (lebend)
Michel et Alice se sont séparés.	Michel und Alice haben sich getrennt.
la **séparation** [sepaʀasjɔ̃]	Trennung
(un,e) **divorcé,e** n; adj [divɔʀse]	Geschiedene(r); geschieden
Ils ont divorcé l'année dernière.	Sie haben sich letztes Jahr scheiden lassen.
le **divorce** [divɔʀs]	Scheidung
(un,e) **veuf, veuve** n; adj [vœf, vœv]	Witwe(r), verwitwet
(un,e) **orphelin,e** n; adj [ɔʀfəlɛ̃, in]	Waise; verwaist
l'**époux**, l'**épouse** m; f [epu, uz]	Ehemann, Ehefrau
Dites bien le bonjour de notre part à Madame votre épouse.	Grüßen Sie bitte Ihre Gattin von uns.
un **père de famille** [pɛʀdəfamij]	Familien-, Hausvater
une **mère de famille** [mɛʀdəfamij]	eine verheiratete Frau mit Kindern

la **date de naissance** [datdənɛsɑ̃s]	Geburtsdatum
le **lieu de naissance** [ljødə(ə)nɛsɑ̃s]	Geburtsort
(**être**) **d'origine ...** [dɔʀiʒin]	... Herkunft (sein)
C'est un Français d'origine italienne.	Er ist ein Franzose italienischer Herkunft.

majeur,e [maʒœʀ]	volljährig

la **majorité** [maʒɔʀite]	Volljährigkeit
mineur,e [minœʀ]	minderjährig
un film **interdit aux mineurs**	ein nicht jugendfreier Film
(l')**aîné,e** *n; adj* [ene]	Erstgeborene(r); ältere(r, s),
	älteste(r, s)
C'est notre fils aîné.	Das ist unser ältester Sohn.
(le/la) **cadet,te** *n; adj* [kadɛ, ɛt]	Jüngste(r,s); jüngere(r, s), jüngste(r, s)
Il a une sœur cadette.	Er hat eine jüngere Schwester.

l'**appartenance à une religion** *f*	Religionszugehörigkeit
[apaʀtənɑ̃saynʀəliʒjɔ̃]	
(un,e) **musulman,e** *n; adj*	Mohammedaner(in); mohamme-
[myzylmɑ̃, an]	danisch
(un,e) **juif/juive** *n; adj* [ʒɥif, ʒɥiv]	Jude, Jüdin; jüdisch
(un,e) **athée** *n; adj* [ate]	Atheist(in); atheistisch

1.2 Nationalität, Sprache, Land

un **passeport** [paspɔʀ]	Reisepass
les **papiers d'identité** *m*	(Ausweis)Papiere
[papjedidɑ̃tite]	
une **carte d'identité** [kaʀtdidɑ̃tite]	Personalausweis
valable [valabl]	gültig
périmé,e [peʀime]	abgelaufen, ungültig
Ma carte d'identité est périmée	Mein Personalausweis ist seit drei
depuis trois mois.	Monaten abgelaufen.
un **signe particulier** [siɲpaʀtikylje]	ein besonderes Kennzeichen

un **continent** [kɔ̃tinɑ̃]	Kontinent
un **pays** [pei]	Land
une **nation** [nasjɔ̃]	Nation
la **nationalité** [nasjɔnalite]	Staatsangehörigkeit
Fatima va demander la nationalité	Fatima wird die französische
française.	Staatsbürgerschaft beantragen.

une **frontière** [fʀɔ̃tjɛʀ]	Grenze
(un,e) **étranger, -ère** *n; adj*	Ausländer(in), Fremd(er);
[etʀɑ̃ʒe, ɛʀ]	ausländisch, fremd
immigrer [imigʀe]	einwandern
un,e **immigré,e** [imigʀe]	Einwanderer, Einwanderin
Les immigrés ont parfois du mal à	Den Einwanderern fällt die Integra-
s'intégrer.	tion manchmal schwer.
l'**immigration** *f* [imigʀasjɔ̃]	Einwanderung
émigrer [emigʀe]	auswandern

une **langue** [lãg]	Sprache
la **langue** maternelle	Muttersprache
une **langue** étrangère	Fremdsprache
bilingue [bilɛ̃g]	zweisprachig

l'**Europe** f [øʀɔp]	Europa
l'**Afrique** f [afʀik]	Afrika
l'**Amérique** f [ameʀik]	Amerika
l'**Asie** f [azi]	Asien
l'**Australie** f [ɔstʀali]	Australien

---

i **Bewohner – Sprache**

Zur Bezeichnung von **Angehörigen eines Volkes** oder einer **Volksgruppe** verwendet man das groß geschriebene Adjektiv:

un,e Espagnol,e; un,e Allemand,e	*ein,e Spanier(in); ein,e Deutsche(r)*
un,e Breton,ne	*ein Bretone, eine Bretonin*

Im Gegensatz dazu werden *Sprachen* klein geschrieben:

l'espagnol; l'allemand; le français; le breton	*Spanisch (das Spanische); Deutsch; Französisch; Bretonisch*

---

la **France** [fʀãs]	Frankreich
français,e [fʀãsɛ, ɛz]	französisch
l'**Allemagne** f [almaɲ]	Deutschland
allemand,e [almã, ãd]	deutsch
la **Grande-Bretagne** [gʀãdbʀətaɲ]	Großbritannien
britannique [bʀitanik]	britisch
l'**Angleterre** f [ãglətɛʀ]	England
anglais,e [ãglɛ, ɛz]	englisch

---

i **être – aller – venir + Ländernamen**

être/aller	en France (la France)	*in Frankreich sein/nach Frankreich gehen*
	en Italie (l'Italie f)	*in Italien sein/nach Italien gehen*
	en Iran (l'Iran = *mask*. mit Vokalanlaut)	*im Iran sein/in den Iran gehen*
	au Portugal (le Portugal)	*in Portugal sein/nach Portugal gehen*
	aux Etats-Unis (les Etats-Unis)	*in den USA sein/in die USA gehen*
venir	de Belgique (la Belgique)	*aus Belgien kommen*
	d'Allemagne (l'Allemagne f)	*aus Deutschland kommen*
	d'Irak (l'Irak = *mask*. mit Vokalanlaut)	*aus dem Irak kommen*
	du Mexique (le Mexique)	*aus Mexiko kommen*
	des Etats-Unis (les Etats-Unis)	*aus den USA kommen*

l'**Italie** f [itali]	Italien
italien,ne [italjɛ̃, jɛn]	italienisch
l'**Espagne** f [ɛspaɲ]	Spanien
espagnol,e [ɛspaɲɔl]	spanisch
le **Portugal** [pɔʀtygal]	Portugal
portugais,e [pɔʀtygɛ, ɛz]	portugiesisch
la **Belgique** [bɛlʒik]	Belgien
belge [bɛlʒ]	belgisch
les **Pays-Bas** m [peiba]	Niederlande
néerlandais,e [neɛʀlɑ̃dɛ, ɛz]	niederländisch
la **Hollande** ['ɔlɑ̃d]	Holland
hollandais,e ['ɔlɑ̃dɛ, ɛz]	holländisch
le **Luxembourg** [lyksɑ̃buʀ]	Luxemburg
luxembourgeois,e	luxemburgisch
[lyksɑ̃buʀʒwa, waz]	
l'**Autriche** f [otʀiʃ]	Österreich
autrichien,ne [otʀiʃjɛ̃, jɛn]	österreichisch
la **Grèce** [gʀɛs]	Griechenland
grec, grecque [gʀɛk]	griechisch
l'**Irlande** f [iʀlɑ̃d]	Irland
irlandais,e [iʀlɑ̃dɛ, ɛz]	irisch
la **Finlande** [fɛ̃lɑ̃d]	Finnland
finlandais,e [fɛ̃lɑ̃dɛ, ɛz]	finnisch
la **Suède** [sɥɛd]	Schweden
suédois,e [sɥɛdwa, waz]	schwedisch
la **Norvège** [nɔʀvɛʒ]	Norwegen
norvégien,ne [nɔʀveʒjɛ̃, jɛn]	norwegisch
le **Danemark** [danmaʀk]	Dänemark
danois,e [danwa, waz]	dänisch
scandinave [skɑ̃dinav]	skandinavisch
la **Suisse** [sɥis]	Schweiz
suisse; un,e **Suisse**, une **Suissesse**	schweizer(isch); Schweizer(in)
adj; n [sɥis, ɛs]	

les **Etats-Unis** m [etazyni]	die Vereinigten Staaten
les **USA** m [yɛsa]	USA
américain,e [ameʀikɛ̃, ɛn]	amerikanisch
le **Canada** [kanada]	Kanada
canadien,ne [kanadjɛ̃, jɛn]	kanadisch
le **Mexique** [mɛksik]	Mexiko
mexicain,e [mɛksikɛ̃, ɛn]	mexikanisch
le **Brésil** [bʀezil]	Brasilien
brésilien,ne [bʀeziljɛ̃, jɛn]	brasilianisch

la **Russie** [ʀysi]	Russland
russe [ʀys]	russisch

la **Pologne** [pɔlɔɲ]   Polen
polonais,e [pɔlɔnɛ, ɛz]   polnisch
la **République tchèque**   Tschechische Republik
[ʀepybliktʃɛk]
tchèque [tʃɛk]   tschechisch
la **Slovaquie** [slɔvaki]   Slowakei
slovaque [slɔvak]   slowakisch
la **Turquie** [tyʀki]   Türkei
turc, turque [tyʀk]   türkisch

l'**Albanie** f [albani]   Albanien
la **Bulgarie** [bylgaʀi]   Bulgarien
la **Roumanie** [ʀumani]   Rumänien
la **Hongrie** ['ɔgʀi]   Ungarn
l'**Estonie** f [ɛstɔni]   Estland
la **Lettonie** [lɛtɔni]   Lettland
la **Lituanie** [lityani]   Litauen
la **Biélorussie** [bjelɔʀysi]   Weißrussland
l'**Ukraine** f [ykʀɛn]   Ukraine
la **Yougoslavie** [jugɔslavi]   Jugoslawien
la **Croatie** [kʀoasi]   Kroatien
la **Serbie** [sɛʀbi]   Serbien
la **Slovénie** [slɔveni]   Slowenien
la **Bosnie-Herzégovine**   Bosnien-Herzegowina
[bɔsniɛʀzegɔvin]

la **Chine** [ʃin]   China
chinois,e [ʃinwa, waz]   chinesisch
le **Japon** [ʒapɔ̃]   Japan
japonais,e [ʒapɔnɛ, ɛz]   japanisch
l'**Inde** f [ɛ̃d]   Indien
indien,ne [ɛ̃djɛ̃, jɛn]   indisch

l'**Algérie** f [alʒeʀi]   Algerien
algérien,ne [alʒeʀjɛ̃, jɛn]   algerisch
le **Maroc** [maʀɔk]   Marokko
marocain,e [maʀɔkɛ̃, ɛn]   marokkanisch
la **Tunisie** [tynizi]   Tunesien
tunisien,ne [tynizjɛ̃, jɛn]   tunesisch
le **Maghreb** [magʀɛb]   Maghreb
maghrébin,e [magʀebɛ̃, in]   maghrebinisch
l'**Egypte** f [eʒipt]   Ägypten

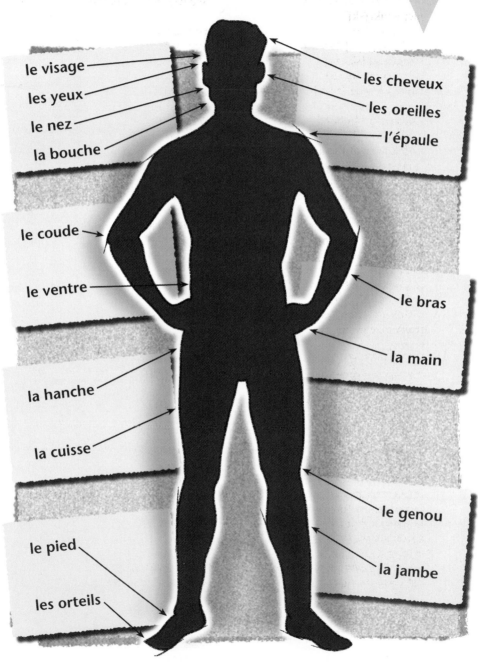

le visage

les yeux

le nez

la bouche

les cheveux

les oreilles

l'épaule

le coude

le ventre

le bras

la main

la hanche

la cuisse

le genou

la jambe

le pied

les orteils

2.1 Körperteile, Organe

le **corps** [kɔʀ]	Körper
le corps humain	der menschliche Körper
la **peau** [po]	Haut
le **sang** [sɑ̃]	Blut
l'**os**, les **os** m [lɔs, lezo]	Knochen
Il n'a que la peau sur les os. loc	Er besteht nur aus Haut und Knochen.

la **tête** [tɛt]	Kopf
des pieds à la tête	von Kopf bis Fuß
les **cheveux** m [ʃ(ə)vø]	Haare

---

i **cheveu – poil**

Unterscheide:

le(s) cheveu(x)	*Kopfhaar, Haare*
Mon père n'a presque plus de cheveux.	*Mein Vater hat fast keine Haare mehr (auf dem Kopf).*
le poil	*Körperhaar; Fell*
Elle se rase les poils des jambes.	*Sie rasiert sich die Beinhaare.*
Zu **poil** vergl. auch S. 20.	

---

la **figure** [figyʀ]	Gesicht
le **visage** [vizaʒ]	Gesicht
le **front** [fʀɔ̃]	Stirn
l'**œil**, les **yeux** m [lœj, lezjø]	Auge
Je n'ai pas **fermé l'œil de la nuit**.	Ich habe die ganze Nacht kein Auge zugemacht.

---

i **avoir + Körpermerkmale**

Bei Körpermerkmalen kann der *bestimmte* wie auch der *unbestimmte Artikel* stehen:

Il a les/des cheveux roux.	*Er hat rote Haare.*
Elles ont les/des yeux noirs/clairs.	*Sie haben schwarze/helle Augen.*

---

l'**oreille** f [ɔʀɛj]	Ohr
Ce n'est pas tombé dans l'oreille d'un sourd. loc	Das will ich mir gut merken./ Da hat einer gut aufgepasst.
la **joue** [ʒu]	Wange
le **nez** [ne]	Nase
Je me suis trouvé **nez à nez** avec mon chef.	Ich stand unverhofft vor meinem Chef.

la **bouche** [buʃ]	Mund
la **lèvre** [lɛvʀ]	Lippe

la **langue** [lɑ̃g]	Zunge
tirer la langue à qn	jdm die Zunge herausstrecken
la **dent** [dɑ̃]	Zahn
le **menton** [mɑ̃tɔ̃]	Kinn
le **cou** [ku]	Hals
sauter au cou de qn	jdm um den Hals fallen
la **gorge** [gɔʀʒ]	Hals, Kehle
avoir un chat dans la gorge *loc*	einen Frosch im Hals haben
l'**épaule** *f* [epol]	Schulter
le **dos** [do]	Rücken
la **taille** [taj]	Taille; (Körper)Größe
un **organe** [ɔʀgan]	Organ
la **poitrine** [pwatʀin]	Brust
le **cœur** [kœʀ]	Herz
Son cœur bat trop vite.	Ihr Herz schlägt zu schnell.
le **ventre** [vɑ̃tʀ]	Bauch
l'**estomac** *m* [ɛstɔma]	Magen
le **bras** [bʀa]	Arm
le **coude** [kud]	Ellbogen
la **main** [mɛ̃]	Hand
le **doigt** [dwa]	Finger
montrer qn/qc du doigt	auf jdn/etw. mit dem Finger zeigen
la **jambe** [ʒɑ̃b]	Bein
Elle s'est cassé la jambe.	Sie hat sich das Bein gebrochen.
le **genou**, les **genoux** [ʒ(ə)nu]	Knie
le **pied** [pje]	Fuß
casser les pieds à qn *fam*	jdn nerven
le **crâne** [kʀan]	Schädel
avoir mal au crâne	Kopfweh haben
le **cerveau** [sɛʀvo]	Gehirn
C'est le **cerveau** de la bande.	Das ist der Anführer der Bande.
le **nerf** [nɛʀ]	Nerv
le **système nerveux** [sistɛmnɛʀvø]	Nervensystem
l'**artère** *f* [aʀtɛʀ]	Arterie, Ader
la **veine** [vɛn]	Vene
le **muscle** [myskl]	Muskel
le **tendon** [tɑ̃dɔ̃]	Sehne
Il souffre d'une déchirure du tendon d'Achille.	Er hat sich die Achillessehne gerissen.

la **paupière** [popjɛʀ]	Lid
le **cil** [sil]	Wimper
le **sourcil** [suʀsi]	Augenbraue
froncer les sourcils	die Stirn runzeln
le **poil** [pwal]	(Körper)Haar, Fell
être à poil	nackt sein
Il a un poil dans la main. *loc*	Er hat die Arbeit nicht erfunden.

le **poignet** [pwaɲɛ]	Handgelenk
le **poing** [pwɛ̃]	Faust
serrer les poings	die Fäuste ballen
le **pouce** [pus]	Daumen
A six ans, il suce toujours son pouce.	Mit sechs lutscht er immer noch am Daumen.

la **nuque** [nyk]	Nacken
la **colonne vertébrale** [kɔlɔnvɛʀtebʀal]	Rückgrat
le **sein** [sɛ̃]	Brust
les **seins**	der Busen
la **hanche** [ˈɑ̃ʃ]	Hüfte
les **fesses** *f* [fɛs]	Gesäß
donner une claque sur les fesses	einen Klaps auf den Hintern geben
le **derrière** [dɛʀjɛʀ]	Hintern

le **poumon** [pumɔ̃]	Lunge
le **foie** [fwa]	Leber
le **rein** [ʀɛ̃]	Niere
l'**intestin** *m* [ɛ̃tɛstɛ̃]	Darm

la **cuisse** [kɥis]	Schenkel
la **cheville** [ʃ(ə)vij]	Knöchel
Il s'est foulé la cheville.	Er hat sich den Knöchel verstaucht.
le **talon** [talɔ̃]	Ferse
l'**orteil** *m* [ɔʀtɛj]	Zeh(e)
le **doigt de pied** [dwad(ə)pie]	Zeh(e)

2.2 Sexualität und Fortpflanzung

un **sentiment** [sɑ̃timɑ̃]	Gefühl
l'**amour** *m* [amuʀ]	Liebe
aimer [ɛme]	lieben, gern haben

Je ne l'aime pas d'amour, mais je l'aime bien.	Ich liebe ihn/sie nicht, aber ich habe ihn/sie gern.
(être) amoureux, -euse (de qn) [amuʀø, øz]	(in jdn) verliebt (sein)
tomber* amoureux, -euse de qn	sich in jdn verlieben
Ils sont tombés amoureux l'un de l'autre.	Sie haben sich ineinander verliebt.
l'**affection** f [afɛksjɔ̃]	Zuneigung

faire la cour à qn [fɛʀlakuʀ]	jdm den Hof machen
Il lui fait la cour depuis des mois.	Seit Monaten macht er ihr den Hof.
flirter avec [flœʀte]	flirten mit
draguer qn fam [dʀage]	jdn anmachen
Il l'a draguée toute la soirée.	Er hat sie den ganzen Abend angemacht.

un,e **ami,e** [ami]	Freund(in)
C'est son **petit ami**.	Das ist ihr (fester) Freund.
un **copain**, une **copine** fam [kɔpɛ̃, in]	Freund(in)
un **compagnon**, une **compagne** [kɔ̃paɲɔ̃, kɔ̃paɲ]	Lebens(abschnitts)partner
un **amant** [amɑ̃]	Geliebter, Liebhaber
une **maîtresse** [mɛtʀɛs]	Geliebte, Mätresse

embrasser [ɑ̃bʀase]	küssen
un **baiser** [beze]	Kuss
caresser [kaʀɛse]	streicheln
la **tendresse** [tɑ̃dʀɛs]	Zärtlichkeit
tendre [tɑ̃dʀ]	zärtlich
faire l'amour avec qn [fɛʀlamuʀ]	intim werden, mit jdm schlafen
coucher avec qn fam [kuʃe]	intim werden, mit jdm schlafen
Tout ce qu'il veut, c'est coucher avec elle.	Alles was er will, ist mit ihr schlafen.

le **sexe** [sɛks]	Sex
sexuel,le [sɛksɥel]	sexuell
sexy fam [sɛksi]	sexy, sexuell attraktiv
désirer [deziʀe]	begehren

(être) enceinte [ɑ̃sɛ̃t]	schwanger (sein)
attendre un enfant [atɑ̃dʀɛ̃nɑ̃fɑ̃]	ein Kind erwarten, schwanger sein
accoucher de [akuʃe]	niederkommen, gebären
Elle a accouché d'un beau garçon.	Sie hat einen hübschen Jungen zur Welt gebracht.
l'**accouchement** m [akuʃmɑ̃]	Entbindung, Geburt

mettre au monde [mɛtʀomɔ̃d]   zur Welt bringen
Elle veut mettre son bébé au   Sie möchte ihr Kind zu Hause zur
monde chez elle.   Welt bringen.

une **liaison** [ljɛzɔ̃]   Verhältnis, Liaison
avoir une liaison orageuse avec qn   eine stürmische (Liebes)Beziehung
   mit jdm haben
(être) fidèle (à qn) [fidɛl]   treu (sein)·
(être) infidèle (à qn) [ɛ̃fidɛl]   untreu (sein)
tromper qn [tʀɔ̃pe]   jdn betrügen, täuschen

vierge [vjɛʀʒ]   jungfräulich
la **virginité** [viʀʒinite]   Jungfräulichkeit
les **rapports sexuels** *m*   sexuelle, intime Beziehungen
[ʀapɔʀsɛksɥɛl]
le **comportement sexuel**   Sexualverhalten
[kɔ̃pɔʀt(ə)mɑ̃sɛksɥɛl]
la **puberté** [pybɛʀte]   Pubertät
Mon fils est **en pleine puberté**.   Mein Sohn ist mitten in der Pubertät.
les **règles** *f* [ʀɛgl]   Periode, Menstruation

le **plaisir** [plɛziʀ]   Lust
exciter [ɛksite]   erregen, (auf)reizen
érotique [eʀɔtik]   erotisch
l'**érotisme** *m* [eʀɔtism]   Erotik

le **sperme** [spɛʀm]   Sperma
Le virus du sida **se transmet par** le   Der Aidsvirus wird mit dem
sperme.   Sperma übertragen.
impuissant,e [ɛ̃pɥisɑ̃, ɑ̃t]   impotent
l'**impuissance** *f* [ɛ̃pɥisɑ̃s]   Impotenz
jouir [ʒwiʀ]   einen Orgasmus haben
frigide [fʀiʒid]   frigid

hétéro(sexuel,le) [eteʀo(sɛksɥɛl)]   heterosexuell
homo(sexuel,le) [ɔmɔ(sɛksɥɛl)]   homosexuell
(un) **pédé** *n; adj; fam* [pede]   Schwuler; schwul
(une) **lesbienne** *n; adj* [lɛsbjɛn]   Lesbierin; lesbisch

la **reproduction** [ʀ(ə)pʀɔdyksjɔ̃]   Fortpflanzung
la **conception** [kɔ̃sɛpsjɔ̃]   Empfängnis
la **grossesse** [gʀɔsɛs]   Schwangerschaft
une **fausse-couche** [foskuʃ]   Fehlgeburt
Elle a peur de **faire une fausse-**   Sie hat Angst vor einer Fehlgeburt.
couche.

stérile [steʀil]	unfruchtbar, zeugungsunfähig
la **stérilité** [steʀilite]	Unfruchtbarkeit, Zeugungs-
	unfähigkeit
fécond,e [fekɔ̃, ɔ̃d]	fruchtbar
la **fécondité** [fekɔ̃dite]	Fruchtbarkeit
féconder [fekɔ̃de]	befruchten
la **fécondation** [fekɔ̃dasjɔ̃]	Befruchtung
la fécondation artificielle/in vitro	künstliche Befruchtung
un **moyen de contraception**	Empfängnisverhütungsmittel
[mwajɛ̃d(ə)kɔ̃tʀasɛpsjɔ̃]	
la **pilule** [pilyl]	(Antibaby)Pille
Elle a arrêté de prendre la pilule.	Sie hat die Pille abgesetzt.
un **préservatif** [pʀezɛʀvatif]	Kondom, Präservativ
un **distributeur de préservatifs**	Präservativautomat
avorter [avɔʀte]	abtreiben
se faire avorter	abtreiben (lassen)
un **avortement** [avɔʀtəment]	Abtreibung, Schwangerschafts-
	abbruch
une **I.V.G.** (une **interruption volontaire de grossesse**) [iveʒe]	Schwangerschaftsabbruch
le **contrôle des naissances** [kɔ̃tʀoldenɛsãs]	Geburtenkontrolle

2.3 Geburt, Lebensentwicklung, Tod

la **vie** [vi]	Leben
risquer sa vie	sein Leben aufs Spiel setzen
Que la vie est belle !	Wie schön das Leben doch ist!
vivre [vivʀ]	leben
vivant,e [vivã, ãt]	lebendig
survivre à qn/qc [syʀvivʀ]	jdn/etw. überleben
Le blessé n'a pas survécu long-temps à l'accident.	Der Verletzte hat den Unfall nicht lange überlebt.
la **survie** [syʀvi]	Überleben
la **naissance** [nɛsãs]	Geburt
naître* [nɛtʀ]	geboren werden
être né,e	geboren sein/werden
De Gaulle est né à Lille.	De Gaulle ist in Lille geboren.
un **anniversaire** [anivɛʀsɛʀ]	Geburtstag
Bon anniversaire !	Alles Gute zum Geburtstag!
exister [ɛgziste]	leben, existieren
l'**existence** f [ɛgzistãs]	Dasein, Existenz

les **parents** m [paʀɑ̃]	Eltern, Verwandte
le **père** [pɛʀ]	Vater
la **mère** [mɛʀ]	Mutter
le **bébé** [bebe]	Baby
Ma sœur **attend un bébé** pour le mois d'avril.	Meine Schwester erwartet ihr Kind im April.
le **fils** [fis]	Sohn
la **fille** [fij]	Tochter, Mädchen

grandir [gʀɑ̃diʀ]	wachsen
Il a grandi dans une famille pauvre.	Er ist in einer armen Familie aufgewachsen.
un,e **enfant** [ɑ̃fɑ̃]	Kind
l'**enfance** f [ɑ̃fɑ̃s]	Kindheit
(un,e) **jeune** n; adj [ʒœn]	Jugendliche(r); jung
les jeunes d'aujourd'hui	die Jugendlichen von heute
la **jeunesse** [ʒœnɛs]	Jugend
l'**éducation** f [edykasjɔ̃]	Erziehung
éduquer [edyke]	erziehen
élever [el(ə)ve]	erziehen, großziehen
un enfant mal élevé	eine schlecht erzogenes Kind
un,e **adolescent,e**; un,e **ado** fam [adɔlɛsɑ̃, ɑ̃t]	Jugendliche(r), Heranwachsende(r)
l'**adolescence** f [adɔlɛsɑ̃s]	Jugend
(un,e) **adulte** n; adj [adylt]	Erwachsene(r)

le **mariage** [maʀjaʒ]	Ehe, Trauung
un **mariage civil/religieux**	eine standesamtliche/kirchliche Trauung
se marier avec qn [s(ə)maʀje]	jdn heiraten
un **couple** [kupl]	(Ehe)Paar
Ils forment un beau couple, tous les deux.	Die beiden geben ein hübsches Paar ab.

ℹ️ **se marier (avec qn), marier qn à/avec qn, épouser qn**

Unterscheide:

se marier (avec qn)	(jdn) heiraten
Elle s'est mariée à l'église.	Sie ließ sich kirchlich trauen.
Elle s'est mariée avec mon frère.	Sie hat meinen Bruder geheiratet.
marier qn avec/à qn	jdn mit jdm verheiraten
Ils ont marié leur fille au fils/avec le fils d'un gros industriel.	Sie haben ihre Tochter mit dem Sohn eines Großindustriellen verheiratet.
épouser qn	jdn heiraten
Céline a épousé son chef.	Céline hat ihren Chef geheiratet.

l'**âge** *m* [aʒ] — Alter
être d'un certain âge — nicht mehr der/die Jüngste sein
le **3ᵉ âge** [tʀwazjɛmaʒ] — Pensionsalter; Senioren
Il vit dans une **résidence pour le 3ᵉ âge.** — Er lebt in einem Seniorenheim.
âgé,e de [aʒe] — alt
Je suis âgé de 30 ans. — Ich bin 30.
vieux, vieil, vieille [vjø, vjɛj] — alt
Il est très vieux. Un vieil homme. Une vieille dame. — Er ist sehr alt. Ein alter Mann. Eine alte Dame.
mourir* [muʀiʀ] — sterben
mourir d'un cancer du poumon — an Lungenkrebs sterben
(le, la) **mort,e** *n; adj* [mɔʀ, mɔʀt] — Tote(r); tot
Elle est morte d'un infarctus. — Sie ist an einem Herzinfarkt gestorben.
L'accident a fait deux morts. — Der Unfall forderte zwei Menschenleben.
mortel,le [mɔʀtɛl] — tödlich, sterblich
une maladie mortelle — eine tödliche Krankheit
la **mort** [mɔʀ] — Tod
Attention, danger de mort! — Achtung, Lebensgefahr!
se suicider [səsɥiside] — Selbstmord begehen
le **suicide** [sɥisid] — Selbstmord

---

i | **la mort etc.**
Beachte *Artikel* und *Aussprache:*
la mort [mɔʀ] — *der Tod*
le mort [mɔʀ], **la morte** [mɔʀt] — *der, die Tote*

---

un **nourrisson** [nuʀisõ] — Säugling
un,e **gamin,e** *fam* [gamɛ̃, in] — kleiner Junge, kleines Mädchen
un,e **gosse** *fam* — Bengel, Göre
Quel sale gosse! — So ein Lausebengel/Rotzbengel!

vieillir [vjejiʀ] — alt werden
la **vieillesse** [vjɛjɛs] — Alter
un **vieillard** [vjɛjaʀ] — alter Mann, Greis
sénile [senil] — senil, greisenhaft
la **retraite** [ʀ(ə)tʀɛt] — Rente, Ruhestand
une **maison de retraite (médicalisée)** — Altersheim (Pflegeheim)
partir/être à la retraite — in Rente gehen/sein
un,e **retraité,e** [ʀətʀete] — Rentner(in)
(un,e) **centenaire** *n; adj* [sãt(ə)nɛʀ] — Hundertjährige(r); hundertjährig
l'**espérance de vie** *f* [ɛspeʀãsdəvi] — Lebenserwartung

L'espérance de vie des femmes est plus élevée que celle des hommes.	Die Lebenserwartung der Frauen ist höher als die der Männer.

se fiancer avec [s(ə)fjãse]	sich verloben mit
épouser [epuze]	heiraten
uni,e [yni]	harmonisch, eng verbunden
un **couple très uni**	ein Paar, das sich sehr gut versteht
conjugal,e [kɔ̃ʒygal]	ehe-, ehelich
le **lit conjugal**	Ehebett
un **ménage** [menaʒ]	Ehepaar
faire une **scène de ménage à qn**	jdm eine (Ehe)Szene machen

se séparer de qn [səsepaʀe]	sich von jdm trennen
la **séparation** [sepaʀasjɔ̃]	die Trennung
divorcer de qn/(d')avec qn [divɔʀse]	sich von jdm scheiden lassen
Cet acteur a divorcé de sa quatrième femme.	Dieser Schauspieler ließ sich von seiner vierten Frau scheiden.
le **divorce** [divɔʀs]	Scheidung

décéder* [desede]	sterben, versterben
Il est décédé lundi dernier.	Er ist vergangenen Montag gestorben.
le **décès** [dese]	Ableben, Todesfall
défunt,e [defɛ̃, ɛ̃t]	verstorben
son défunt mari	ihr verstorbener Mann
le **deuil** [dœj]	Trauer
être en deuil	trauern
porter le deuil de qn	um jdn trauern
un **cimetière** [simtjɛʀ]	Friedhof
la **tombe** [tɔ̃b]	Grab
le **cercueil** [sɛʀkœj]	Sarg
enterrer [ãteʀe]	beerdigen, begraben
Elle a été enterrée près de ses parents.	Sie wurde neben ihren Eltern beigesetzt.
l'**enterrement** m [ãtɛʀmã]	Beerdigung
les **obsèques** f [ɔbsɛk]	Trauerfeier, Beisetzung
les **condoléances** f [kɔ̃dɔleãs]	Beileid
présenter ses condoléances	sein Beileid aussprechen

2.4   Sinne und körperliche Reaktionen

voir [vwaʀ]	sehen, wahrnehmen
Je n'ai rien vu ; le brouillard était trop épais.	Ich habe nichts gesehen; es war zu nebelig.

la **vue** [vy]	das Sehvermögen
avoir la **vue basse**	kurzsichtig sein, schlecht sehen
visuel,le [vizɥɛl]	visuell, Seh-
visible [vizibl]	sichtbar
C'est **visible à l'œil nu.**	Das sieht man mit bloßem Auge.
regarder [ʀ(ə)gaʀde]	anschauen
un **regard** [ʀ(ə)gaʀ]	Blick
remarquer [ʀ(ə)maʀke]	bemerken
observer [ɔpsɛʀve]	beobachten
une **observation** [ɔpsɛʀvasjɔ̃]	Beobachtung
avoir le **sens de l'observation**	eine gute Beobachtungsgabe haben
aveugle [avœgl]	blind

entendre [ɑ̃tɑ̃dʀ]	hören
écouter [ekute]	(zu)hören, lauschen

---

i **entendre – écouter**

Unterscheide:

entendre	*hören* (= wahrnehmen)
Qu'est-ce que c'est ? J'entends des bruits.	*Was ist das? Ich höre Geräusche.*
écouter	*(aufmerksam) hören, zu-/anhören*
Tais-toi, s'il te plaît. J'écoute les infos.	*Sei bitte ruhig. Ich höre die Nachrichten.*

---

le **son** [sɔ̃]	Ton, Klang
le **son du piano**	der Klang des Klaviers
le **bruit** [bʀɥi]	Geräusch, Lärm
le **silence** [silɑ̃s]	Stille
La parole est d'argent et le silence est d'or. *prov*	Reden ist Silber, Schweigen ist Gold.
silencieux, -euse [silɑ̃sjø, jøz]	still

sentir [sɑ̃tiʀ]	riechen
Ça **sent bon/mauvais.**	Es/Das riecht gut/schlecht.

---

i **sentir**

Beachte die kontextbedingten *Bedeutungsnuancen* von **sentir:**

Je ne **sens** rien, j'ai un rhume.	*Ich rieche nichts, ich habe Schnupfen.*
Beurk ! Ce poisson **sent.**	*Pfui Teufel, dieser Fisch riecht/stinkt.*
Tu **sens** le tabac.	*Du riechst nach Tabak.*
Viens **sentir** ces fleurs, elles **sentent** très bon/mauvais.	*Riech mal an diesen Blumen, sie riechen sehr gut/schlecht.*

Das adverbial gebrauchte Adjektiv **bon/mauvais** bleibt unverändert.

---

une **odeur** [ɔdœʀ]	Geruch
L'argent n'a pas d'odeur. *loc*	Geld stinkt nicht.

goûter [gute]	probieren, schmecken, kosten
le **goût** [gu]	Geschmack(ssinn)
Ça a un goût de pomme.	Das schmeckt nach Apfel.

toucher [tuʃe]	berühren, anfassen
N'y touche pas!	Rühr es nicht an!
froid,e [fʀwa, fʀwad]	kalt
chaud,e [ʃo, ʃod]	warm, heiß
tiède [tjɛd]	lauwarm
Elle n'a pas inventé l'eau tiède. *loc*	Sie hat nicht das Pulver erfunden./
	Sie ist nicht die Hellste.
dur,e [dyʀ]	hart
un **œuf dur**	ein hart gekochtes Ei
mou, molle [mu, mɔl]	weich
doux, douce [du, dus]	weich, zart, geschmeidig
un tissu **doux au toucher**	ein Stoff, der sich weich anfühlt

la **fatigue** [fatig]	Müdigkeit
Je suis morte de fatigue.	Ich bin totmüde.
fatigué,e [fatige]	müde
dormir [dɔʀmiʀ]	schlafen
s'endormir [sɑ̃dɔʀmiʀ]	einschlafen
le **sommeil** [sɔmɛj]	Schlaf
Je n'ai pas sommeil.	Ich bin nicht müde.
se réveiller [s(ə)ʀevɛje]	aufwachen
le **réveil** [ʀevɛj]	Aufwachen, Erwachen; Wecker
avoir le réveil difficile	schwer wach werden

réagir [ʀeaʒiʀ]	reagieren
une **réaction** [ʀeaksjɔ̃]	Reaktion
un **réflexe** [ʀeflɛks]	Reflex
un **geste** [ʒɛst]	(Hand)Bewegung, Geste
Il n'a pas fait un geste pour	Er hat keinen Finger gerührt, um
m'aider.	mir zu helfen.

grandir [gʀɑ̃diʀ]	wachsen
Ma fille a beaucoup grandi depuis	Seit Weihnachten ist meine Toch-
Noël.	ter stark gewachsen.

ℹ **Verben auf -ir**

Einige *Verben auf -ir*, deren Stamm auf ein Adjektiv zurückgeht, drücken eine *Entwicklung*, ein *Werden* aus:
rougir *erröten;* **pâlir, blêmir** *erblassen;* **grandir** *wachsen;* **grossir** *dicker werden, zunehmen;* **maigrir** *abnehmen.*

grossir [gʀosiʀ]
Il a **grossi** de cinq kilos.
maigrir [mɛgʀiʀ]

zunehmen, dick werden
Er hat fünf Kilo zugenommen.
abnehmen

reconnaître [ʀ(ə)kɔnɛtʀ]
apercevoir [apɛʀsəvwaʀ]
Je l'ai aperçu de loin.

s'apercevoir de qc [sapɛʀsəvwaʀ]
Je ne me suis pas aperçu de son absence.
perceptible [pɛʀsɛptibl]

(wieder) erkennen
erblicken, wahrnehmen
Ich habe ihn von weitem wahrgenommen.
etw. bemerken
Ich habe seine Abwesenheit nicht bemerkt.
wahrnehmbar

baisser les yeux [bɛselezjø]

détourner le regard
[detuʀnel(ə)ʀ(ə)gaʀ]
un **coup d'œil** [kudœj]
 jeter un coup d'œil sur qn/qc
cligner (des yeux) [kliɲe]
loucher [luʃe]
(être) myope [mjɔp]
(être) presbyte [pʀɛsbit]
la **cécité** [sesite]

die Augen niederschlagen, zu Boden blicken
den Blick abwenden

ein kurzer Blick
auf jdn/etw. einen Blick werfen
(mit den Augen) blinzeln
schielen
kurzsichtig (sein)
weitsichtig (sein)
Blindheit

l'**ouïe** f [wi]
avoir l'ouïe très fine
auditif, -ive [oditif, iv]
(un,e) **malentendant,e** n; adj
[malãtãdã, ãt]
(un,e) **sourd,e** n; adj [suʀ, suʀd]
Il est sourd comme un pot. loc
(un,e) **sourd-muet,te**
la **surdité** [syʀdite]

Gehör(sinn)
ein sehr feines Gehör haben
auditiv, Hör-
Schwerhörige(r); schwerhörig

Gehörlose(r); gehörlos
Er ist stocktaub.
Taubstumme(r); taubstumm
Taubheit, Gehörlosigkeit

rougir [ʀuʒiʀ]
Elle est timide, elle rougit dès qu'on la regarde.
pâlir [paliʀ]
Il a pâli quand il a entendu cette nouvelle.

erröten
Sie ist schüchtern; sobald man sie ansieht, errötet sie.
erblassen, blass werden
Er ist blass geworden, als er diese Nachricht gehört hat.

2.5 Bewegungen und Aktivitäten

agir [aʒiʀ]	handeln
une **action** [aksjɔ̃]	Aktion, Tat
une **femme d'action**	eine Frau der Tat
actif, -ive [aktif, iv]	aktiv
une **activité** f [aktivite]	Aktivität
un **mouvement** [muvmɑ̃]	Bewegung
bouger [buʒe]	sich bewegen
Hier je n'ai pas **bougé de chez moi.**	Gestern habe ich mich nicht von zu Hause weggerührt.
s'arrêter [saʀɛte]	stehen bleiben, anhalten
se trouver [tʀuve]	sich befinden
Où te trouves-tu en ce moment ?	Wo befindest du dich im Augenblick?
rester* [ʀɛste]	bleiben

marcher [maʀʃe]	gehen, marschieren
la **marche**	Gehen, Gang
La **marche à pied** est excellente pour la santé.	Wandern ist ausgezeichnet für die Gesundheit.
le **pas** [pa]	Schritt
Les soldats **marchent au pas.**	Die Soldaten marschieren im Gleichschritt.
faire qc **pas à pas**	etw. Schritt für Schritt durchführen

---

gehen

Zum Ausdruck von *gehen* als *Bewegungsart* werden im Französischen **marcher** oder **aller** (+ z. B. à pied) verwendet:

Pas si vite. Marche plus lentement.   *Nicht so schnell. Geh langsamer.*
On y va à pied ou en voiture ?   *Gehen oder fahren wir (mit dem Auto)?*

Aller drückt die reine *Fortbewegung*, die *Richtung* aus.
Je vais à Nantes.   *Ich gehe/fahre/fliege/reise nach Nantes.*

---

aller* [ale]	gehen
Va dans la cuisine !	Geh in die Küche!
venir* [v(ə)niʀ]	kommen
Tu viens avec moi ?	Kommst du mit mir?
revenir* [ʀəv(ə)niʀ, ʀ(ə)vəniʀ]	zurück-/wiederkommen
revenir sur ses pas	umkehren
suivre qn/qc [sɥivʀ]	jdm/etw. folgen
se diriger vers [s(ə)diʀiʒe]	sich zubewegen auf

avancer [avɑ̃se]	vorwärts gehen, vorangehen

reculer [R(ə)kyle] rückwärts gehen
  reculer de trois pas   drei Schritte zurückgehen
retourner* [R(ə)tuRne] zurückgehen/-kehren
  On continue ou on retourne à la   Gehen/Fahren wir weiter oder
  maison?   kehren wir nach Hause zurück?
se retourner [səR(ə)tuRne] sich umdrehen
  Tout le monde se retourne **sur son**   Alle drehen sich um, wenn er/sie
  passage.   vorbeigeht.
  le **retour** [R(ə)tuR] Rückkehr; Rückfahrt, Rückreise

partir* [paRtiR] weggehen/-fahren, (ab)reisen
  Il veut **partir pour** l'Afrique.   Er möchte nach Afrika (ab)reisen.
repartir* [R(ə)paRtiR] wieder weggehen, abreisen
  le **départ** [depaR] Abfahrt, Abreise, Abflug
sortir* [sɔRtiR] hinausgehen
  une **sortie** [sɔRti] Ausgang
  Sortie de secours Notausgang
entrer* [ãtRe] eintreten, hereinkommen
  une **entrée** [ãtRe] Eingang
rentrer* [RãtRe] zurückkehren
  Ils sont rentrés de vacances. Sie sind aus dem Urlaub zurück.
arriver* [aRive] ankommen
  l'**arrivée** f [aRive] Ankunft

courir [kuRiR] laufen, rennen
parcourir [paRkuRiR] durchlaufen, -fahren, -streifen
  Il a parcouru toute la ville.   Er hat die ganze Stadt durchstreift.
  une **course** [kuRs] Lauf, Rennen
se dépêcher de faire qc sich beeilen, etw. zu tun
  [s(ə)depεʃe]
rapide [Rapid] schnell
  Il est plus rapide que toi.   Er ist schneller als du.
vite adv [vit] schnell
  Il court plus vite que toi.   Er läuft schneller als du.
lent,e [lã, lãt] langsam

sauter [sote] springen
  un **saut** [so] Sprung
  un **saut périlleux** Salto
tomber* [tɔ̃be] fallen
  une **chute** [ʃyt] Fall, Sturz

monter* [mõte]	hinaufgehen, (hoch)steigen
une **montée** [mõte]	Steigung
descendre* [desãdʀ]	hinuntergehen/-fahren, aussteigen
descendre de voiture	aus dem Auto steigen
une **descente** [desãt]	Abstieg; Abfahrt

---

monter, descendre, sortir, rentrer, retourner

Die Verben **monter, descendre, sortir, rentrer, retourner** wechseln die Bedeutung, je nachdem ob ihnen ein *direktes Objekt* folgt (transitiver Gebrauch) oder nicht (intransitiver Gebrauch). Bei *intransitivem* Gebrauch bilden sie die zusammengesetzten Formen mit *être*, in *transitiver* Funktion mit **avoir**.

Elle **est** montée/descendue.	*Sie ist hinauf-/hinuntergegangen.*
Elle **a** monté/descendu la valise.	*Sie hat den Koffer hinauf-/hinuntergetragen.*
Ils **sont** sortis/rentrés.	*Sie sind ausgegangen/zurückgekehrt.*
Il **a** sorti/rentré la poubelle.	*Er hat die Mülltonne hinaus-/hereingetragen.*
Elle **est** retournée à Paris.	*Sie ist nach Paris zurückgekehrt.*
Il **a** retourné les cartes.	*Er hat die Karten aufgedeckt.*

---

voler [vɔle]	fliegen
le **vol** [vɔl]	Flug

---

voler, le vol

Voler, le vol sind sog. *Teekesselchen*: Je nach *Kontext* kann **voler** mit *fliegen* oder mit *stehlen* wiedergegeben werden, **le vol** mit *Flug* oder *Diebstahl*.

Les hirondelles volent bas aujourd'hui.	*Heute fliegen die Schwalben niedrig.*
On m'a volé le porte-monnaie dans le métro.	*Man hat mir in der U-Bahn den Geldbeutel gestohlen.*
un vol régulier/charter	*ein Linien-/Charterflug*
un vol à l'étalage	*Ladendiebstahl*

---

nager [naʒe]	schwimmen
nager le crawl	kraulen
la **natation** [natasjõ]	Schwimmen
danser [dãse]	tanzen
danser le rock	rocken, Rock tanzen
la **danse** [dãs]	Tanz
s'**exercer** [sɛgzɛʀse]	üben, trainieren
un **exercice** [ɛgzɛʀsis]	Übung

---

debout *adj; adv* [d(ə)bu]	stehend
se mettre debout	aufstehen
être debout	stehen
se lever [s(ə)ləve]	aufstehen

se baisser [s(ə)bɛse] — sich bücken
assis,e [asi, iz] — sitzend
être/rester assis,e — sitzen/sitzen bleiben
une **place assise/debout** — Sitz-/Stehplatz
s'asseoir [saswaʀ] — sich setzen
Asseyez-vous. — Setzt euch.
couché,e [kuʃe] — liegend
se coucher [kuʃe] — sich hinlegen
se reposer [s(ə)ʀ(ə)poze] — sich ausruhen

montrer [mɔ̃tʀe] — zeigen
présenter [pʀezɑ̃te] — (über)reichen, vorzeigen
présenter ses vœux — seine Glückwünsche aussprechen
donner [dɔne] — geben
distribuer [distʀibɥe] — aus-, verteilen
Le facteur distribue le courrier. — Der Briefträger trägt die Post aus.
rendre [ʀɑ̃dʀ] — zurückgeben, übergeben
tendre [tɑ̃dʀ] — hinhalten, ausstrecken
tendre la main à qn — jdm die Hand geben
tenir [t(ə)niʀ] — halten
attraper [atʀape] — fangen; erreichen
Je cours pour **attraper le bus.** — Ich renne, um den Bus zu kriegen.
prendre [pʀɑ̃dʀ] — nehmen
voler [vɔle] — stehlen
Qui vole un œuf vole un bœuf. *prov* — Mit kleinen Dingen fängt es an, mit großen hört es auf.

un **acte** [akt] — Tat, Handlung
Il faut le **juger sur ses actes.** — Man muss ihn nach seinen Taten beurteilen.
un **acte de bonté** — ein Akt der Nächstenliebe
remuer [ʀəmye] — bewegen
se rendre à [s(ə)ʀɑ̃dʀ] — sich begeben
Il s'est rendu à Brest. — Er hat sich nach Brest begeben.
s'approcher de qn/qc [sapʀɔʃe] — sich jdm/etw. nähern, etw./jdm näher kommen
se rapprocher de qn/qc [s(ə)ʀapʀɔʃe] — sich jdm/etw. nähern, etw./jdm näher kommen
accourir* [akuʀiʀ] — herbeieilen
Je suis accouru dès que tu m'as appelé. — Ich bin herbeigeeilt, gleich als du mich gerufen hast.
s'éloigner de [selwaɲe] — sich entfernen von
se déplacer [s(ə)deplase] — sich bewegen
se précipiter [s(ə)pʀesipite] — sich hinunter-/hinabstürzen
s'élancer [selɑ̃se] — hervorstürzen, sich stürzen auf
s'élancer au secours de qn — jdm zu Hilfe eilen

Bewegungen und Aktivitäten **33**

la **fuite** [fɥit]	Flucht
s'**enfuir** [sɑ̃fɥiʀ]	fliehen
s'**échapper** [seʃape]	entkommen, entweichen
se **sauver** *fam* [sɔsove]	sich retten, entkommen
Sauvez-vous avant qu'il soit trop tard.	Machen Sie sich aus dem Staub, bevor es zu spät ist.
glisser [glise]	gleiten, rutschen
J'ai glissé sur une peau de banane.	Ich bin auf einer Bananenschale ausgerutscht.
traîner [tʀɛne]	trödeln, bummeln

à **genoux** [aʒ(ə)nu]	kniend
être/se mettre à genoux	(sich hin)knien
s'**appuyer (sur)** [sapɥije]	sich stützen (auf)
s'**allonger (sur)** [salɔ̃ʒe]	sich hinlegen (auf)
Allonge-toi sur le canapé.	Leg dich aufs Sofa.
se **redresser** [s(ə)ʀ(ə)dʀɛse]	sich wieder aufrichten

se **détendre** [s(ə)detɑ̃dʀ]	sich entspannen
Nous jouons du piano pour nous détendre.	Wir spielen Klavier, um uns zu entspannen.
la **détente** [detɑ̃t]	Entspannung

2.6 Aussehen

beau, bel, belle [bo, bɛl]	schön
un beau bébé; un bel enfant; une belle jeune fille	ein hübsches Baby; ein hübsches Kind; ein hübsches Mädchen
la **beauté** [bote]	Schönheit
joli,e [jɔli]	hübsch
laid,e [lɛ, lɛd]	hässlich
Il est laid à faire peur. *loc*	Er ist hässlich wie die Nacht.
la **laideur** [lɛdœʀ]	Hässlichkeit

la **taille** [taj]	Größe
un homme de petite taille	ein Mann von kleiner Statur
grand,e [gʀɑ̃, gʀɑ̃d]	groß
petit,e [p(ə)ti, it]	klein
Elle est toute petite.	Sie ist ganz klein.

le **poids** [pwa]	Gewicht
prendre/perdre du poids	zunehmen/abnehmen
gros,se [gʀo, gʀos]	dick

gras,se [gʀa, gʀas]	fett
mince [mɛ̃s]	schlank
maigre [mɛgʀ]	dünn, mager
fort,e [fɔʀ, fɔʀt]	stark, kräftig, stämmig

les **cheveux** *m* [ʃ(ə)vø]	Haare
long,ue [lɔ̃, lɔ̃g]	lang
avoir les cheveux longs	lange Haare haben ·
court,e [kuʀ, kuʀt]	kurz
(un,e) **blond,e** *n; adj* [blɔ̃, blɔ̃d]	Blondine; blond
C'est une fausse blonde.	Das ist keine echte Blondine.
roux, rousse [ʀu, ʀus]	rothaarig
brun,e [bʀɛ̃, bʀyn]	dunkelhaarig

l'**aspect physique** [aspɛfizik]	Aussehen
le **physique** [fizik]	Äußeres, Physis
avoir un physique avantageux	ein vorteihaftes Äußeres haben, vorteilhaft aussehen
l'**apparence** *f* [apaʀɑ̃s]	Aussehen
avoir l'air (de) *m* [avwaʀlɛʀ]	aussehen (wie)
Il a l'air d'un clochard.	Er sieht wie ein Clochard aus.

---

i **avoir l'air + adjectif**

Nach **avoir l'air** richtet sich das Adjektiv in der Regel nach dem *Subjekt;* bei *weiblichen Personen* kann aber auch die *maskuline Form* stehen. In diesem Fall gilt **air** *m* als Bezugswort.

Elle a l'air heureuse/heureux.	*Sie sieht glücklich aus.*
Ces devoirs ont l'air difficiles.	*Diese Aufgaben sehen schwierig aus.*

---

la **constitution** [kɔ̃stitysjɔ̃]	Konstitution
avoir une robuste constitution	über eine kräftige Konstitution verfügen
fragile [fʀaʒil]	zart, anfällig
musclé,e [myskle]	muskulös
baraqué,e *fam* [baʀake]	groß und kräftig
souple [supl]	gelenkig, geschmeidig
la **souplesse** [suplɛs]	Gelenkigkeit, Geschmeidigkeit
élancé,e [elɑ̃se]	schlank; hoch aufgeschossen
une silhouette élancée	eine schlanke Gestalt
svelte [svɛlt]	schlank
corpulent,e [kɔʀpylɑ̃, ɑ̃t]	beleibt, korpulent
la **corpulence** [kɔʀpylɑ̃s]	Beleibtheit, Korpulenz
une dame **de forte corpulence**	eine recht beleibte Dame
trapu,e [tʀapy]	untersetzt, stämmig

mignon,ne [miɲɔ̃, ɔn]	hübsch, süß, goldig
affreux, -euse [afʁø, øz]	furchtbar, hässlich
moche *fam* [mɔʃ]	scheußlich
ridé,e [ʁide]	runzlig, faltig
ridé comme une vieille pomme	runzlig wie ein alter Apfel
voûté,e [vute]	gebeugt
Il marche voûté comme un vieillard.	Er geht gebeugt wie ein Greis.

le **teint** [tɛ̃]	Teint
avoir le teint frais	eine frische Gesichtsfarbe haben
bronzé,e [bʁɔ̃ze]	gebräunt
pâle [pal]	blass
Tu es pâle comme un linge. *loc*	Du bist leichenblass.
avoir des boutons *m* [avwaʁdebutɔ̃]	Pickel haben

chauve [ʃov]	kahlköpfig
châtain [ʃatɛ̃]	(kastanien)braun, hellbraun
Elle a les cheveux châtains.	Sie hat braune Haare.
Elle est châtain.	Sie ist braunhaarig.
foncé,e [fɔ̃se]	dunkel
clair,e [klɛʁ]	hell
avoir les yeux clairs	helle Augen haben

2.7 Kosmetik und Körperpflege

la **toilette** [twalɛt]	Körperpflege
faire sa toilette	sich waschen
un **gant de toilette**	Waschlappen
se laver [s(ə)lave]	sich waschen
un **bain** [bɛ̃]	Bad
se faire couler un bain	sich ein Bad einlassen
une **douche** [duʃ]	Dusche
prendre une douche	duschen
le **savon** [savɔ̃]	Seife

chaud,e [ʃo, ʃod]	heiß, warm
tiède [tjɛd]	lauwarm
froid,e [fʁwa, fʁwad]	kalt
propre [pʁɔpʁ]	sauber
la **propreté** [pʁɔpʁəte]	Sauberkeit

propre ...

Einige Adjektive wechseln ihre *Bedeutung*, je nachdem ob sie *vor* oder *nach* dem Nomen stehen, z. B.:

un hôtel propre	*ein sauberes Hotel*
Il l'a écrit de sa propre main.	*Er hat es eigenhändig geschrieben.*
C'est une histoire vraie.	*Das ist eine wahre Geschichte.*
C'est un vrai problème.	*Das ist ein echtes Problem.*
une histoire drôle	*eine lustige Geschichte*
une drôle d'histoire	*eine seltsame Geschichte*
un homme brave	*ein mutiger Mann*
un brave type	*ein anständiger/lieber/guter Kerl*
un ancien ministre	*ein ehemaliger Minister*
un monument ancien	*ein altes Bauwerk*

sale [sal]	schmutzig, dreckig, schmuddelig
être sale comme un peigne *loc*	vor Dreck starren
la **saleté** [salte]	Dreck, Schmutz

sécher [seʃe]	trocknen
Mes cheveux sèchent vite.	Meine Haare trocknen schnell.
sec, sèche [sɛk, sɛʃ]	trocken
une **serviette (de toilette/de bain)** [sɛʀvjɛt]	Hand-/Badetuch
s'essuyer [sesɥije]	sich abtrocknen
Essuie-toi les mains avec cette serviette de toilette.	Trockne dir die Hände mit diesem Handtuch ab.
se nettoyer [s(ə)netwaje]	(sich) reinigen, säubern

le **dentifrice** [dɑ̃tifʀis]	Zahnpasta
un **tube de dentifrice**	Zahnpastatube
une **brosse (à dents)** [bʀɔs(adɑ̃)]	Zahnbürste
se brosser les dents [s(ə)bʀɔseledɑ̃]	sich die Zähne putzen

une **brosse (à cheveux)** [bʀɔs(aʃ(ə)vø)]	(Haar)Bürste
un **peigne** [pɛɲ]	Kamm
se peigner [s(ə)pɛɲe]	sich kämmen
se coiffer [s(ə)kwafe]	(sich) frisieren
une **coiffure** [kwafyʀ]	Frisur
Tu as changé de coiffure?	Hast du eine neue Frisur?
un,e **coiffeur, -euse** [kwafœʀ, øz]	Friseur(in)
aller chez le coiffeur	zum Friseur gehen
une **coupe de cheveux** [kupdəʃ(ə)vø]	Haarschnitt

Friseur

Beachte:
un coiffeur, une coiffeuse   Friseur, Friseurin
(se) coiffer   (sich) frisieren

Friseur ist von **friser** (*kräuseln, Locken machen*) abgeleitet und existiert im modernen Französisch als Nomen nicht.

les **ciseaux** *m* [sizo]   Schere

 ciseaux ...

Beachte:
des ciseaux *m*, une paire de ciseaux   eine Schere
deux paires de ciseaux   zwei Scheren

Ebenso:
des lunettes *f*, une paire de lunettes   eine Brille
trois paires de lunettes   drei Brillen
des tenailles *f*, une paire de tenailles   eine Zange
deux paires de tenailles   zwei Zangen
Neben **des tenailles** ist inzwischen auch **une tenaille** gebräuchlich.

un **shamp(o)oing** [ʃɑ̃pwɛ̃]   Haarwäsche, Shampoo
  faire son shamp(o)oing   sich die Haare waschen
une **crème** [kʀɛm]   Gesichtscreme
  une crème de jour/de nuit   eine Tages-/Nachtcreme
  un tube de crème solaire   eine Tube Sonnencreme

l'**hygiène** [iʒjɛn]   Hygiene
rincer [ʀɛ̃se]   (aus)spülen
  se rincer les cheveux   sich die Haare spülen
une **éponge** [epɔ̃ʒ]   Schwamm
frotter [fʀɔte]   schrubben, frottieren
  Frotte-moi le dos, s'il te plaît.   Rubble mir den Rücken, bitte.

un **brushing** [bʀœʃiŋ]   Föhnfrisur, Föhnwelle
un **sèche-cheveu(x)** [sɛʃʃəvø] Haartrockner, Föhn

 Zum Plural zusammengesetzter Nomen vom Typ **Verb + Nomen** vgl. S. 94.

la **laque** [lak]   Haarspray

la **barbe** [baʀb]   Bart
  porter la barbe   einen Bart tragen

la **moustache** [mustaʃ]	Schnurrbart
se **raser** [s(ə)ʀaze]	sich rasieren
la **crème à raser**	Rasiercreme
un **après-rasage** [apʀɛʀazaʒ]	Aftershave, Rasierwasser
un **rasoir** [ʀazwaʀ]	Rasierapparat
un **rasoir électrique**	Elektrorasierer

un **ongle** [ɔ̃gl]	Nagel
une **lime à ongles**	Nagelfeile
un **vernis à ongles**	Nagellack
se **couper les ongles**	sich die Nägel schneiden
le **dissolvant** [disɔlvã]	Nagellackentferner
un **coton** [kɔtɔ̃]	Wattebausch

le **maquillage** [makijaʒ]	Make-up
se **démaquiller** [s(ə)demakije]	sich abschminken
s'**épiler** [sepile]	sich enthaaren
une **pince à épiler**	Pinzette
se **parfumer** [s(ə)paʀfyme]	sich (ein)parfümieren
le **parfum** [paʀfɛ̃]	Parfüm
une **eau de toilette** [odtwalɛt]	ein Eau de Toilette
un **flacon d'eau de toilette**	ein Fläschchen Eau de Toilette

une **trousse de toilette** [tʀusdətwalɛt]	Kulturbeutel
un **produit de beauté** [pʀɔdɥidbote]	Kosmetikum, Schönheitsmittel
une **lotion** [lɔsjɔ̃]	Lotion
un **pot de crème (hydratante)** [podkʀɛm(idʀatãt)]	Dose mit (Feuchtigkeits)Creme
un **déodorant** [deɔdɔʀã]	Deodorant

la **poudre** [pudʀ]	Puder
le **mascara** [maskaʀa]	Wimperntusche
le **rouge à lèvres** [ʀuʒalɛvʀ]	Lippenstift

la **ligne** [liɲ]	Linie
surveiller sa ligne	auf seine Linie achten
se **peser** [s(ə)pəse]	sich wiegen
Je me pèse tous les matins.	Ich wiege mich jeden Morgen.
(**être**) **soigné,e** [swaɲe]	gepflegt (sein)
un **institut de beauté** [ɛ̃stitydbote]	Schönheits-, Kosmetiksalon
la **manucure** [manykyʀ]	Maniküre
la **pédicure** [pedikyʀ]	Pediküre

Französisches Wort	Deutsche Entsprechung	Falscher Freund	Französische Entsprechung
un baiser	Kuss	Baiser (Gebäck)	une meringue
fidèle	treu, getreu	fidel (fröhlich)	gai,e; joyeux, -euse
la figure	Gesicht	Figur (Körperbau); Figur (Person)	la taille, la ligne, la silhouette; le personnage
impotent,e	unbeweglich, behindert	impotent	impuissant,e
la toilette	Körperpflege, Waschen	Toilette (WC)	les toilettes f; les WC m

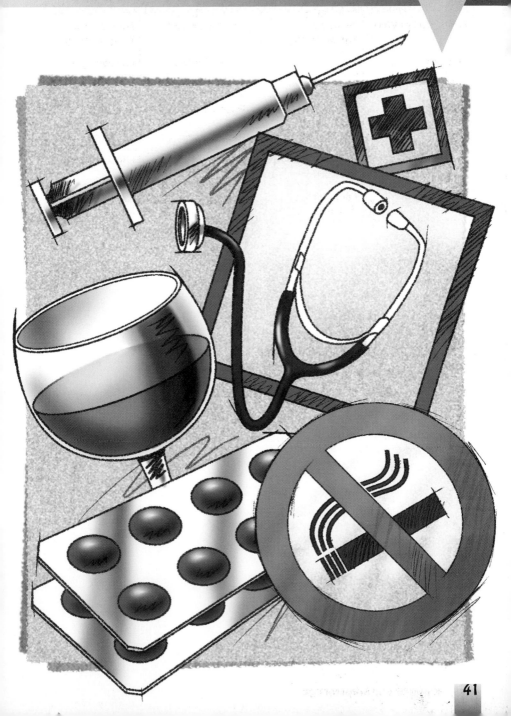

3.1 Befinden, Gesundheit und Krankheit

vivre [vivʀ]	leben
la **vie** [vi]	Leben
vivant,e [vivã, ãt]	lebendig
Il est **sorti vivant** de cette catastrophe.	Er hat diese Katastrophe überlebt.

la **santé** [sãte]	Gesundheit
être en **bonne santé**	gesund sein
sain,e [sɛ̃, sɛn]	gesund
sain et sauf	gesund und munter, wohlbehalten
l'**état (de santé)** [eta(d(ə)sãte)]	Gesundheitszustand
Elle est dans un **état grave**.	Sie befindet sich in einem ernsten Zustand.
être en forme [ɛtʀãfoʀm]	in Form sein
avoir bonne/mauvaise mine [avwaʀbɔn/movɛzmin]	gut/schlecht aussehen
Tu n'es pas en forme ? Tu as mauvaise mine.	Bist du nicht in Form? Du siehst schlecht aus.
se sentir bien/mal [səsãtiʀbjɛ̃/mal]	sich gut/schlecht fühlen
Je ne me sens pas très bien aujourd'hui.	Ich fühle mich heute nicht sehr gut.
aller bien/mal [allebjɛ̃/mal]	gut/schlecht gehen
Comment allez-vous ? Bien, j'espère.	Wie geht es Ihnen? Hoffentlich gut.

la **fatigue** [fatig]	Müdigkeit
être mort,e de fatigue	todmüde sein
(être) fatigué,e [fatige]	müde/abgespannt (sein)
fatiguer [fatige]	ermüden, anstrengen; auf die Nerven gehen
Cette longue promenade m'a fatigué.	Ich bin müde von diesem langen Spaziergang.
avoir sommeil [avwaʀsɔmɛj]	müde sein
Je vais me coucher, j'ai sommeil.	Ich gehe ins Bett, ich bin müde.
tomber de sommeil	vor Müdigkeit (fast) umfallen
le **repos** [ʀ(ə)po]	Ruhe
se reposer [səʀ(ə)pose]	sich ausruhen

faible [fɛbl]	schwach
Depuis sa maladie, il se sent faible.	Seit seiner Krankheit fühlt er sich schwach.
la **faiblesse** [fɛblɛs]	Schwäche
fragile [fʀaʒil]	zart, schwach

Elle a une **santé fragile**.	Sie hat eine anfällige Gesundheit.

une **maladie** [maladi]	Krankheit
attraper une maladie	(sich) eine Krankheit einfangen, krank werden
C'est une **maladie grave**, mais elle n'est pas mortelle.	Das ist eine schwere Krankheit, aber sie ist nicht tödlich.
(un,e) **malade** *n; adj* [malad]	Kranke(r); krank
tomber* gravement malade	schwer krank werden

le **mal**, les **maux** [mal, mo]	Leid, Schmerz
Ses maux de tête sont terribles.	Ihre Kopfschmerzen sind schrecklich.
(se) faire mal [(s(ə))fɛʀmal]	(sich) weh tun
Ça me fait mal quand je bouge la jambe.	Wenn ich mein Bein bewege, tut's mir weh.
Elle s'est fait mal en tombant.	Sie hat sich beim Sturz weh getan.
avoir mal (à) [avwaʀmal]	Schmerzen haben
J'ai mal aux dents.	Ich habe Zahnschmerzen.
la **douleur** [dulœʀ]	Schmerz

prendre froid [pʀɑ̃dʀ(ə)fʀwa]	sich erkälten
Ne reste pas sous la pluie, tu vas prendre froid.	Bleib nicht im Regen, sonst erkältest du dich.
le **rhume** [ʀym]	Erkältung, Schnupfen
avoir/attraper un rhume	einen Schnupfen haben/bekommen
le **rhume des foins**	Heuschnupfen
éternuer [etɛʀnɥe]	niesen
A tes souhaits ! Ça fait trois fois que tu éternues.	Gesundheit! Du niest schon zum dritten Mal.
le **mal de gorge** [maldəgɔʀʒ]	Halsweh
avoir mal à la gorge [avwaʀmalalagɔʀʒ]	Halsweh haben
la **toux** [tu]	Husten
tousser [tuse]	husten

la **fièvre** [fjɛvʀ]	Fieber
un **accès de fièvre**	Fieberanfall
la **grippe** [gʀip]	Grippe
qn a chaud/froid [ʃo/fʀwa]	jdm ist warm/kalt
(être) brûlant,e [bʀylɑ̃, ɑ̃t]	glühen; glühend (vor Fieber)
transpirer [tʀɑ̃spiʀe]	schwitzen
trembler [tʀɑ̃ble]	zittern
garder le lit [gaʀdel(ə)li]	das Bett hüten
un **thermomètre** [tɛʀmɔmɛtʀ]	Thermometer

prendre sa température [prɑ̃drsatɑ̃peratyr]	Fieber messen

une **attaque** [atak]	Anfall, Schlag
Il a eu une **attaque (d'apoplexie).**	Er hat einen Schlaganfall erlitten.
une **crise** [kriz]	Krise, Anfall
une **crise cardiaque**	Herzanfall
une **crise de foie**	Magenverstimmung
un **infarctus** [ɛ̃farktys]	Infarkt

un **choc** [ʃok]	Schock
être en état de choc	unter Schock stehen
une **allergie** [alɛrʒi]	Allergie
(être) allergique à [alɛrʒik]	allergisch (sein) gegen
Je suis allergique aux fraises.	Ich bin gegen Erdbeeren allergisch.
urgent,e [yrʒɑ̃, ɑ̃t]	dringend

un **accident** [aksidɑ̃]	Unfall
une **chute** [ʃyt]	Sturz
Il a fait une **chute** mortelle.	Er ist tödlich gestürzt.
(se) blesser [s(ə)blɛse]	(sich) verletzen
(un,e) **blessé,e** n; adj [blɛse]	Verletzte(r); verletzt
Les victimes de l'accident sont **grièvement blessées.**	Die Unfallopfer sind schwer verletzt.
Cette collision a fait **trois blessés graves.**	Dieser Zusammenstoß hat drei Schwerverletzte gefordert.
une **blessure** [blɛsyr]	Wunde, Verletzung

ℹ **gravement/grièvement**

grièvement (*schwer*) steht in Verbindung mit Verletzungen (**blessé** *verletzt, verwundet;* **brûlé** *verbrannt*).
Ils se sont grièvement brûlés. *Sie haben sich schwer verbrannt.*

Ansonsten steht **gravement** als *Adverb* von **grave.**
Il est gravement malade. *Er ist schwer krank.*

(se) couper [s(ə)kupe]	(sich) schneiden
la **coupure** [kupyr]	Schnitt(wunde)
saigner [seɲe]	bluten
le **sang** [sɑ̃]	Blut
Il a perdu beaucoup de sang.	Er hat viel Blut verloren.
se brûler [s(ə)bryle]	sich verbrennen
une **brûlure** [brylyr]	Verbrennung

le **régime** [reʒim]	Diät

Nous sommes **au régime** sans sel.	Wir sind auf salzloser Diät.
suivre un régime	eine Diät machen
l'**exercice** m [εgzεʀsis]	Übung, Bewegung
Tu devrais **faire un peu d'exercice.**	Du solltest dich etwas bewegen.
maigre [mεgʀ]	mager, dünn
maigrir [mεgʀiʀ]	abnehmen
gros,se [gʀo, gʀos]	dick
grossir [gʀosiʀ]	zunehmen

se porter bien/mal [s(ə)pɔʀtebjɛ̃/mal]	gut/schlecht gehen
être bien/mal portant,e [εt(ʀə)bjɛ̃/malpɔʀtɑ̃, ɑ̃t]	(nicht) wohlauf sein
être bien/mal en point [εt(ʀə)bjɛ̃/malɑ̃pwɛ̃]	gut/schlecht dran sein
(être) épuisé,e [epɥize]	erschöpft (sein)

les **symptômes** m [sɛ̃ptom]	Symptome
Il **présente tous les symptômes** de la grippe.	Er zeigt alle Symptome für eine Grippe.
les **troubles** m [tʀubl]	Störungen
souffrir de qc [sufʀiʀ]	an etw. leiden
Il souffre d' une bronchite aiguë.	Er leidet an einer akuten Bronchitis.
se déclarer [s(ə)deklaʀe]	auftreten, ausbrechen
La maladie s'est déclarée au bout de deux jours.	Die Krankheit ist nach zwei Tagen ausgebrochen.
la **tension** [tɑ̃sjɔ̃]	Blutdruck
L'infirmière a pris ma tension.	Die Krankenschwester hat mir den Blutdruck gemessen.

malin, maligne [malɛ̃, maliɲ]	bösartig
bénin, bénigne [benɛ̃, beniɲ]	gutartig
une **tumeur bénigne**	ein gutartiger Tumor
héréditaire [eʀeditɛʀ]	erblich, vererbbar
une **maladie héréditaire**	Erbkrankheit
génétique [ʒenetik]	genetisch
la **manipulation génétique**	Genmanipulation
contagieux, -euse [kɔ̃taʒjø, jøz]	ansteckend
contaminer [kɔ̃tamine]	anstecken, verseuchen
s'aggraver [sagʀave]	sich verschlimmern, verschlechtern
Son état s'est aggravé rapidement.	Sein Zustand hat sich rasch verschlimmert.
une **aggravation** [agʀavasjɔ̃]	Verschlimmerung, Verschlechterung
une **rechute** [ʀəʃyt]	Rückfall
Elle a fait une rechute.	Sie hat einen Rückfall erlitten.

les **courbatures** f [kuʀbatyʀ]	Muskelkater
avoir les jambes molles	wacklige Beine haben
[avwaʀleʒãbmɔl]	
trempé,e [tʀãpe]	klatschnass, (schweiß)gebadet
être trempé,e de sueur	schweißgebadet sein
avoir des vertiges f	Schwindelgefühle haben
[avwaʀdevɛʀtiʒ]	
pâle [pal]	blass
Tu devrais aller te coucher, tu es	Du solltest dich hinlegen, du bist
tout pâle.	ganz blass.

un **refroidissement**	Erkältung
[ʀ(ə)fʀwadismã]	
une **infection** [ɛ̃fɛksjɔ̃]	Infektion, Ansteckung
un **microbe** [mikʀɔb]	Bakterie, Mikrobe, Krankheitserreger
un **virus** [viʀys]	Virus

une **angine** [ãʒin]	Angina
Il a chopé une angine. *fam*	Er hat sich eine Angina eingefan- gen.
une **inflammation** [ɛ̃flamasjɔ̃]	Entzündung
une **bronchite** [bʀɔ̃ʃit]	Bronchitis
une **pneumonie** [pnømɔni]	Lungenentzündung
une **otite** [ɔtit]	Mittelohrentzündung
une **appendicite** [apɛ̃disit]	Blinddarmentzündung
se faire opérer de l'appendicite	am Blinddarm operiert werden

la **rougeole** [ʀuʒɔl]	Masern
la **rubéole** [ʀybeɔl]	Röteln
la **varicelle** [vaʀisɛl]	Windpocken
les **oreillons** m [ɔʀɛjɔ̃]	Mumps, Ziegenpeter
la **démangeaison** [demãʒɛzɔ̃]	Juckreiz
un **abcès** [absɛ]	Abszess

une **indigestion** [ɛ̃diʒɛsjɔ̃]	Magenverstimmung
la **diarrhée** [djaʀe]	Durchfall
le **poison** [pwazɔ̃]	Gift
un **poison violent**	schnell wirkendes Gift
s'empoisonner [sãpwazɔne]	sich vergiften
une **intoxication** [ɛ̃tɔksikasjɔ̃]	Vergiftung
une **intoxication alimentaire**	Lebensmittelvergiftung
vomir [vɔmiʀ]	sich übergeben

le **cholestérol** [kɔlɛsteʀɔl]	Cholesterin
le **diabète** [djabɛt]	Diabetes

les **rhumatismes** m [ʀymatism]	Rheuma
le **cancer** [kɑ̃seʀ]	Krebs
le **SIDA** [sida]	AIDS
(être) séropositif, -ive	HIV-positiv (sein)
[seʀopozitif, iv]	
(faire) une dépression nerveuse	Nervenzusammenbruch; einen
[depʀesjɔ̃nɛʀvøz]	Nervenzusammenbruch haben
dépressif, -ive [depʀɛsif, iv]	depressiv
névrosé,e [nevʀoze]	neurotisch
une **maladie mentale**	Geisteskrankheit
[maladimɑ̃tal]	
étouffer [etufe]	ersticken
s'asphyxier [sasfiksje]	ersticken
s'évanouir [sevanwiʀ]	in Ohnmacht fallen
perdre connaissance	in Ohnmacht fallen
[pɛʀdʀ(ə)kɔnɛsɑ̃s]	
tomber* dans les pommes fam	ohnmächtig werden, aus den Socken
[tɔ̃bedɑ̃lepom]	kippen
Dès qu'il voit du sang, il tombe	Sobald er Blut sieht, kippt er um/
dans les pommes.	aus den Socken.
une **ampoule** [ɑ̃pul]	Blase

Blase

Das Wort *Blase* wird kontextabhängig auf unterschiedliche Weise wiedergegeben.

une ampoule	*(Wasser-/Brand)Blase*
Je me suis fait des ampoules aux pieds.	*Ich habe mir Blasen (an den Füßen) gelaufen.*
une bulle	*Sprechblase (in Comics)*
Dans les bandes dessinées, les personnages	*In den Comics äußern sich die Personen mit*
s'expriment par bulles.	*Sprechblasen.*
une bulle de savon	*Seifenblase*
la vessie	*(Harn)Blase*
la vésicule biliaire	*Gallenblase*

une **plaie** [plɛ]	Wunde
une **plaie ouverte**	offene Wunde
un **bleu** [blø]	blauer Fleck
un **hématome** [ematom]	Hämatom, Bluterguss
une **bosse** [bɔs]	Beule
enflé,e [ɑ̃fle]	geschwollen
Après sa chute, il avait le genou	Nach seinem Sturz war sein Knie
enflé.	geschwollen.
une **commotion cérébrale**	Gehirnerschütterung
[komosjɔ̃seʀebʀal]	

se démettre qc [s(ə)demɛtʀ]	sich etw. aus-/verrenken
Elle s'est démis l'épaule.	Sie hat sich die Schulter ausgerenkt.
une **déchirure** [deʃiʀyʀ]	Riss
Je souffre d'une déchirure muscu-laire.	Ich laboriere/leide an einem Mus-kelfaserriss.
un **claquage** [klakaʒ]	Zerrung
se tordre qc [s(ə)tɔʀdʀ]	sich etw. verrenken
Je me suis tordu la cheville.	Ich habe mir den Knöchel ver-renkt.
une **entorse** [ãtɔʀs]	Verstauchung
se fouler qc [s(ə)fule]	sich etw. leicht verstauchen
une **foulure** [fulyʀ]	leichte Verstauchung

une **fracture** [fʀaktyʀ]	Bruch
se fracturer qc [s(ə)fʀaktyʀe]	sich etw. brechen
se casser le bras [s(ə)kasel(ə)bʀa]	sich den Arm brechen
Mon fils s'est cassé le bras.	Mein Sohn hat sich den Arm gebrochen.
un **plâtre** [platʀ]	Gips
un **lumbago** [lɛ̃bago]	Hexenschuss
un **handicap** [ãdikap]	Behinderung
(un,e) **handicapé,e** [ãdikape]	Behinderte(r); behindert
un **handicapé physique/mental**	körperlich/geistig Behinderter
infirme [ɛ̃fiʀm]	behindert, invalide
un,e **invalide** [ɛ̃valid]	Invalide
un **invalide de guerre**	Kriegsinvalide

s'améliorer [sameljɔʀe]	sich bessern
Son état s'améliore peu à peu.	Sein Zustand bessert sich nach und nach.
une **amélioration** [ameljɔʀasjɔ̃]	Besserung
la **convalescence** [kɔ̃valɛsãs]	Genesung, Rekonvaleszenz
guérir de [geʀiʀ]	genesen von
On ne guérit pas du sida.	AIDS ist nicht heilbar.
guérir qn de qc [geʀiʀ]	jdn von etw. heilen
L'homéopathe m'a guéri de mon allergie.	Der Homöopath hat mich von meiner Allergie geheilt.
la **guérison** [geʀizɔ̃]	Heilung
guéri,e [geʀi]	geheilt

une **précaution** [pʀekosjɔ̃]	Vorsichtsmaßnahme
Depuis son infarctus, il **prend beaucoup de précautions**.	Seit seinem Infarkt ergreift er viele Vorsichtsmaßnahmen.
récupérer [ʀekypeʀe]	sich erholen, wieder zu Kräften kommen

Je trouve qu'il met du temps à récupérer.	Ich finde, er kommt nur langsam wieder auf die Beine.
se remettre de qc [səʀ(ə)mɛtʀ] **reprendre des forces** [ʀ(ə)pʀɑ̃dʀdefɔʀs]	sich von etw. erholen wieder zu Kräften kommen

3.2 Medizinische Versorgung

la **médecine** [med(ə)sin]	Medizin
médical,e [medikal]	ärztlich, medizinisch
une **visite médicale**	ärztliche Untersuchung
un **médecin** [medsɛ̃]	Arzt
le **médecin de famille**	Hausarzt
un **docteur** [dɔktœʀ]	Doktor
un,e **généraliste** [ʒeneʀalist]	Arzt für Allgemeinmedizin
un,e **spécialiste** [spesjalist]	Facharzt
C'est un **spécialiste en pédiatrie**.	Dies ist ein Facharzt für Kinderheilkunde.
un,e **chirurgien,ne** [ʃiʀyʀʒjɛ̃, jɛn]	Chirurg(in)
un,e **infirmier, -ière** [ɛ̃fiʀmje, jɛʀ]	Krankenpfleger/-schwester

un,e **patient,e** [pasjɑ̃, ɑ̃t]	Patient(in)
un,e **malade** [malad]	Kranke(r)
un **hôpital** [ɔpital]	Krankenhaus
hospitalier, -ière [ɔspitalje, jɛʀ]	Krankenhaus-, Pflege-
le **personnel hospitalier**	Krankenhaus-, Pflegepersonal
une **clinique** [klinik]	Klinik
une **pharmacie** [faʀmasi]	Apotheke
un,e **pharmacien,ne** [faʀmasjɛ̃, jɛn]	Apotheker(in)

un **rendez-vous** [ʀɑ̃devu]	Termin
Le docteur **reçoit sur rendez-vous**.	Der Arzt empfängt nach Vereinbarung.
la **consultation** [kɔ̃syltasjɔ̃]	Sprechstunde
les **heures de consultation**	Sprechstunde, -zeiten
consulter [kɔ̃sylte]	konsultieren, zu Rate ziehen
Tu devrais consulter un spécialiste.	Du solltest einen Spezialisten konsultieren.
un **cabinet médical** [kabinɛmedikal]	Arztpraxis
une **salle d'attente** [saldatɑ̃t]	Wartezimmer
une **visite à domicile** [visitadɔmisil]	Hausbesuch
un **examen** [ɛgzamɛ̃]	Untersuchung
examiner [ɛgzamine]	untersuchen

se faire examiner par qn	sich von jdm untersuchen lassen

soigner [swaɲe]	behandeln
Son docteur le soigne très bien.	Die Behandlung durch seinen Arzt ist sehr gut.
Il soigne sa grippe en restant au chaud.	Er kuriert seine Grippe aus, indem er im Warmen bleibt.
le **soin** [swɛ̃]	Behandlung, Pflege
les **premiers soins**	Erste Hilfe
le **traitement** [tʀɛtmɑ̃]	Behandlung
traiter [tʀɛte]	behandeln
traiter une maladie	eine Krankheit behandeln
une **piqûre** [pikyʀ]	Spritze
faire une piqûre à qn	jdm eine Spritze geben

i **Spritze**

Unterscheide:

une piqûre	*eine Spritze, eine Injektion*
une seringue	*eine Spritze (medizinisches Instrument)*

un **médicament** [medikamɑ̃]	Arznei, Medikament
prendre un médicament	ein Medikament einnehmen
un **comprimé** [kɔ̃pʀime]	Tablette
prescrire qc à qn [pʀɛskʀiʀ]	jdm etw. verschreiben

une **aide** [ɛd]	Hilfe
opérer [ɔpeʀe]	operieren
une **opération** [ɔpeʀasjɔ̃]	Operation
subir une opération	sich operieren lassen, sich einer Operation unterziehen
sauver qn [sove]	jdn retten

un,e **dentiste** [dɑ̃tist]	Zahnarzt, -ärztin
la **dent** [dɑ̃]	Zahn
avoir mal aux dents	Zahnschmerzen haben
les **soins dentaires** *m* [swɛ̃dɑ̃tɛʀ]	Zahnpflege, -behandlung
un **cabinet dentaire** [kabinɛdɑ̃tɛʀ]	Zahnarztpraxis

un,e **toubib** *fam* [tubib]	Arzt, Ärztin
un,e **ophtalmologue**; un,e **ophtalmo** *fam* [ɔftalmɔlɔg, ɔftalmo]	Augenarzt, Augenärztin
un,e **oto-rhino (-laryngologiste)**; un,e **ORL** [ɔtɔʀino/laʀɛ̃gɔlɔʒist; ɔɛʀɛl]	HNO-Arzt, HNO-Ärztin
un,e **gynécologue**; un,e **gynéco** *fam* [ʒinekɔlɔg, ʒineko]	Frauenarzt, Frauenärztin

un,e **orthopediste** [ɔʀtopedɪst]	Orthopäde, Orthopädin
un,e **pédiatre** [pedjatʀ]	Kinderarzt, Kinderärztin
un,e **dermatologue**; un,e **dermato** *fam* [dɜʀmatɔlɔg, dɜʀmato]	Dermatologe, Dermatologin
un,e **psychiatre**; un,e **psy** *fam* [psikjatʀ, psi]	Psychiater(in)

la **Sécurité sociale**; la **Sécu** *fam* [sekyʀitesɔsjal]	staatliche Sozial- und Krankenversicherung, Pflichtkrankenkasse
une **feuille de maladie/de soins** [fœjdəmaladi/dəswɛ̃]	ärztlicher Behandlungsschein *(von Patienten zwecks Kostenerstattung bei der Krankenversicherung einzureichen)*
remplir sa feuille de maladie	s. Behandlungsschein ausfüllen
les **honoraires** *m* [ɔnɔʀɛʀ]	Arztkosten, -honorar
rembourser [ʀɑ̃buʀse]	(zurück)erstatten
Ce médicament n'est pas remboursé par la Sécu.	Dieses Medikament wird nicht von der Krankenkasse übernommen.
un **certificat (médical)** [sɛʀtifika(medikal)]	ärztliches Attest

ausculter qn [ɔskylte]	jdn abhorchen, abhören
un **diagnostic** [djagnɔstik]	Diagnose
faire un diagnostic	eine Diagnose erstellen
prendre le pouls [pʀɑ̃dʀ(ə)ləpu]	den Puls messen
une **ordonnance** [ɔʀdɔnɑ̃s]	Rezept
Le medecin a rédigé/délivré une ordonnance.	Der Arzt hat ein Rezept ausgestellt.

une **ambulance** [ɑ̃bylɑ̃s]	Krankenwagen
le **SAMU (Service d'aide médicale d'urgence)** [samy]	ärztlicher Rettungsdienst
Il faut appeler le SAMU.	Man muss den ärztlichen Rettungsdienst rufen.
un **C.H.U. (Centre hospitalier universitaire)** [seaʃy]	Universitätsklinik
la **Croix-Rouge** [kʀwaʀuʒ]	Rotes Kreuz

le **mercurochrome** [mɛʀkyʀokʀom]	Mercuchrom *(eine Art Jodtinktur)*
le **coton** [kɔtɔ̃]	Watte
le **sparadrap** [spaʀadʀa]	Heftpflaster, Leukoplast
un **pansement** [pɑ̃smɑ̃]	Verband
un pansement adhésif	Wundpflaster, Hansaplast
une **pommade** [pɔmad]	Salbe

un **remède** [ʀ(ə)mɛd]	Heilmittel, Arznei
C'est un **remède miracle** contre la toux.	Das ist ein Wundermittel gegen Husten.
un **cachet** [kaʃɛ]	Tablette
une **pilule** [pilyl]	Pille
la **pilule**	Antibabypille
des **gouttes** f [gut]	Tropfen
des **gouttes pour le nez**	Nasentropfen
un **antibiotique** [ɑ̃tibjɔtik]	Antibiotikum
un **calmant** [kalmɑ̃]	Beruhigungs-, Schmerzmittel
l'**homéopathie** f [ɔmeɔpati]	Homöopathie
les **médecines douces** f [med(ə)sindus]	alternative Medizin
l'**acupuncture** f [akypɔ̃ktyʀ]	Akupunktur
une **radio(graphie)** [ʀadjo(gʀafi)]	Röntgenbild
Il vaudrait mieux faire une radio de votre jambe.	Es wäre besser, man würde Ihr Bein röntgen.
radiographier [ʀadjogʀafje]	röntgen
les **rayons** m	Strahlen
Les rayons X ont été découverts par Röntgen.	Die Röntgenstrahlen wurden von Röntgen entdeckt.
une **anesthésie** [anɛstezi]	Narkose
une anesthésie locale/générale	örtliche Betäubung, Vollnarkose
une **échographie** [ekogʀafi]	Sonographie, Ultraschalluntersuchung
A l'**échographie**, on a bien vu le bébé.	Bei/Auf der Sonographie sah man das Baby deutlich.
un **électrocardiogramme (ECG)** [elɛktʀokaʀdjɔgʀam]	Elektrokardiogramm (EKG)
(passer) un scanneur/scanner [(pase)ɛ̃skanœʀ/ɛʀ]	(sich einer) Computertomographie (unterziehen)
un **stimulateur cardiaque**; un **pacemaker** [stimylatœʀkaʀdjak/pɛsmɛkœʀ]	Herzschrittmacher
une **prise de sang** [pʀizdəsɑ̃]	Blutabnahme, -probe
vacciner qn contre qc [vaksine]	jdn gegen etw. impfen
J'ai été vacciné contre le tétanos.	Ich wurde gegen Wundstarrkrampf geimpft.
un **vaccin** [vaksɛ̃]	Impfung
une **transfusion sanguine** [tʀɑ̃sfyzjɔ̃sɑ̃gin]	Blutübertragung
une **perfusion** [pɛʀfyzjɔ̃]	Infusion

Il doit **rester sous perfusion** jusqu'à demain.	Er muss bis morgen am Tropf bleiben.
une **greffe** [gʀɛf]	Verpflanzung, Transplantation
une **greffe d'organe**	Organtransplantation

une **carie** [kaʀi]	Karies
un **plombage** [plɔ̃baʒ]	Plombe
plomber une dent [plɔ̃beyndã]	einen Zahn plombieren
une **couronne** [kuʀɔn]	(Zahn)Krone
un **dentier** [dãtje]	Gebiss
un **appareil dentaire** [apaʀɛjdãtɛʀ]	Zahnspange
arracher [aʀaʃe]	ziehen
On lui a arraché une dent de sagesse.	Man hat ihr einen Weisheitszahn gezogen.

3.3 Drogen, Tabak, Alkohol

se droguer [s(ə)dʀɔge]	Drogen nehmen
une **drogue** [dʀɔg]	Droge
une **drogue douce/dure**	weiche/harte Droge
consommer de la drogue	Drogen (ein)nehmen
procurer de la drogue	Drogen beschaffen
fournir de la drogue	Drogen liefern, dealen
écouler de la drogue	mit Rauschgift handeln, dealen
(un,e) **drogué,e** n; adj [dʀɔge]	Drogenabhängige(r); drogenabhängig
(être) dépendant,e [depãdã, ãt]	abhängig, süchtig (sein)
(être) accro fam [akʀo]	süchtig (sein)

le **haschisch**; le **hasch** fam [aʃiʃ, aʃ]	Haschisch, Hasch
la **marijuana** [maʀiʀwana/maʀiʒɥana]	Marijuana
un **joint**; un **pétard** fam [ʒwɛ̃, petaʀ]	Joint
l'**ecstasy** f [ekstazi]	Ekstasy

une **thérapie** [teʀapi]	Therapie
se soumettre à une thérapie	sich einer Therapie unterziehen
se désintoxiquer [dezɛ̃tɔksike]	eine Entziehungskur machen
la **désintoxication** [dezɛ̃tɔksikasjɔ̃]	Entzug
suivre une cure de **désintoxication**	eine Entziehungskur machen
(être) clean fam [klin]	clean, sauber (sein)

fumer [fyme]	rauchen
Défense de fumer.	Rauchen verboten.

la **fumée** [fyme]	Rauch
un,e **fumeur, -euse** [fymœʀ, øz]	Raucher(in)
C'est un **gros fumeur**.	Er ist ein starker Raucher.
une **zone non-fumeurs**	Nichtraucherzone
le **tabac** [taba]	Tabak
un **bureau de tabac**	Tabakladen, -warengeschäft
une **cigarette** [sigaʀɛt]	Zigarette
une **cigarette bout filtre/avec filtre; sans filtre**	Filterzigarette; filterlose Zigarette
un **paquet de cigarettes**	eine Schachtel Zigaretten
rouler une cigarette	eine Zigarette drehen
Veuillez éteindre vos cigarettes.	Machen Sie bitte Ihre Zigaretten aus.
un **cigare** [sigaʀ]	Zigarre
une **pipe** [pip]	Pfeife
un **briquet** [bʀikɛ]	Feuerzeug
Auriez-vous du feu? – Oui, voilà mon briquet.	Haben Sie Feuer, bitte? – Ja, nehmen Sie mein Feuerzeug.
une **allumette** [alymɛt]	Streich-, Zündholz
boire [bwaʀ]	trinken
boire un coup (de trop)	einen Schluck, ein Gläschen (zu viel) trinken
boire dans un verre	aus einem Glas trinken
boire à la bouteille	aus der Flasche trinken
un,e **buveur, -euse** [byvœʀ, øz]	Trinker(in)
prendre un verre [pʀɑ̃dʀɛ̃vɛʀ]	ein Glas trinken, einen trinken
Viens prendre un verre à la maison.	Komm, wir trinken einen/ein Glas zu Hause.
l'**alcool** m [alkɔl]	Alkohol
l'**alcoolisme** m [alkɔlism]	Alkoholismus
(un,e) **alcoolique** n; adj [alkɔlik]	Alkoholiker(in); alkoholisch
l'**abus** m [aby]	Missbrauch
L'abus d'alcool est dangereux pour la santé.	Übermäßiger Alkoholgenuss ist gesundheitsgefährdend.
un **stupéfiant** [stypefjɑ̃]	Rauschgift
absorber des stupéfiants	Rauschgift (ein)nehmen
la **came** fam [kam]	Stoff
se camer fam [s(ə)kame]	Drogen nehmen
la **cocaïne**; la **coke** fam, la **neige** fam [kɔkain, kɔk, nɛʒ]	Kokain (Koks, Schnee)
l'**héroïne** f [eʀɔin]	Heroin
se piquer/se shooter fam [s(ə)pike/səʃute]	sich einen Schuss setzen

le **crack** [kʀak] — Crack
la **méthadone** [metadɔn] — Methadon
La méthadone est un produit de substitution. — Methadon ist ein Ersatzprodukt.
le **LSD** [ɛlɛsde] — LSD

une **dose** [doz] — Dosis
s'injecter une dose d'héroïne — sich eine Dosis Heroin spritzen
une **overdose**/une **surdose** — Überdosis
le **manque** [mãk] — Entzugserscheinungen
être en manque (de) — Entzugserscheinungen haben
flipper *fam* [flipe] — auf einem (schlechten) Trip sein; durchhängen, durchdrehen

la **toxicomanie** [tɔksikɔmani] — Drogen-, Rauschgiftsucht
un,e **toxicomane**; un,e **toxico** *fam* [tɔksikɔman, tɔksiko] — Drogensüchtige(r), (Junkie)
un,e **trafiquant,e** [tʀafikã, ãt] — (Drogen)Händler(in), Dealer(in)
un **dealer/dealeur** [dilœʀ] — Dealer(in)
le **trafic de drogue** [tʀafikdədʀɔg] — Drogen-, Rauschgifthandel

le **tabagisme** [tabaʒism] — Nikotinsucht
une campagne de lutte contre le tabagisme — Antiraucherkampagne
la **nicotine** [nikɔtin] — Nikotin
le **goudron** [gudʀɔ̃] — Teer

un,e **clope** *fam* [klɔp] — Glimmstängel, Kippe
Tu peux me **passer une clope** ? — Kannst du mir eine Kippe geben ?
une **cartouche de cigarettes** [kaʀtuʃdəsigaʀɛt] — eine Stange Zigaretten
une **boîte d'allumettes** [bwatdalymɛt] — Streichholzschachtel, Schachtel Streichhölzer

un **mégot** [mego] — Kippe
la **cendre** [sãdʀ] — Asche
un **cendrier** [sãdʀije] — Aschenbecher

ivre [ivʀ] — betrunken
l'**ivresse** *f* [ivʀɛs] — Betrunkenheit, Rausch
un,e **ivrogne** [ivʀɔɲ] — Betrunkene(r)
soûl,e [su, sul] — betrunken
noir,e *fam* [nwaʀ] — besoffen, blau
beurré,e *fam* [bœʀe] — besoffen, blau
prendre une cuite *fam* [pʀɑ̃dʀynkɥit] — sich betrinken, sich besaufen

avoir la gueule de bois [avwaʀlagœldəbwa]	Katzenjammer, Kater haben
un **alcootest** [alkɔtɛst]	Alkoholtest
le **taux d'alcoolémie** [todalkɔlemi]	Blutalkoholgehalt

Französisches Wort	Deutsche Entsprechung	Falscher Freund	Französische Entsprechung
une ambulance	Krankenwagen	Ambulanz	un hôpital de jour
une dose	Dosis	Dose	une boîte
une infusion	Kräutertee	Infusion	une perfusion
un rendez-vous	Termin; Treff(punkt)	Rendezvous *(Stelldichein)*	un rendez-vous amoureux

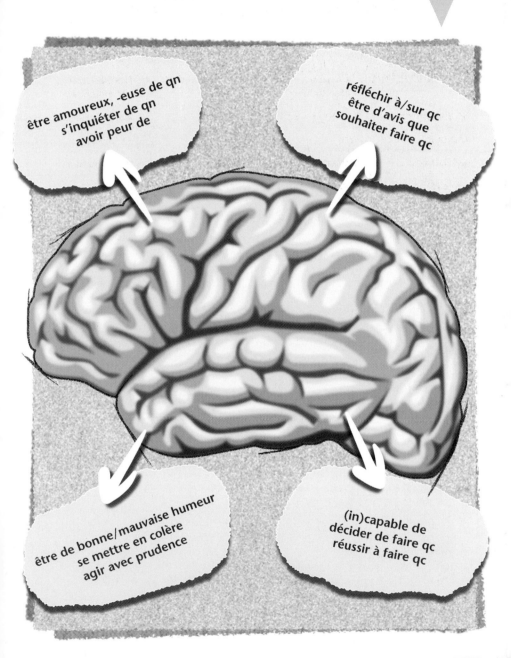

4.1 Gefühle

le **sentiment** [sãtimã]	Gefühl
éprouver un sentiment de joie	ein Gefühl der Freude empfinden
cacher ses sentiments	seine Gefühle verbergen
se sentir [səsãtiʀ]	sich fühlen
Je me sens heureux.	Ich fühle mich glücklich.
l'**émotion** f [emosjɔ̃]	Emotion; Aufregung
réagir **sous l'effet de l'émotion**	gefühlsmäßig reagieren
ému,e [emy]	gerührt
Elle est **émue aux larmes.**	Sie ist zu Tränen gerührt.

aimer [ɛme]	lieben
J'aime bien Paul, mais j'aime encore mieux Jean.	Ich mag Paul, doch Jean ist mir noch lieber.
(être) amoureux, -euse (de qn) [amuʀø, øz]	(in jdn) verliebt (sein)
Il est **tombé amoureux de** sa prof d'anglais.	Er hat sich in seine Englischlehrerin verliebt.
admirer [admiʀe]	bewundern
l'**admiration** f [admiʀasjɔ̃]	Bewunderung
éprouver de l'admiration pour qn	Bewunderung für jdn empfinden
un,e **admirateur, -trice** [admiʀatœʀ, tʀis]	Bewunderer, Bewunderin
détester [detɛste]	hassen, verabscheuen
adorer [adɔʀe]	sehr mögen, sehr gern haben
J'adore Nadine, mais je déteste son mari.	Ich habe Nadine schrecklich gern, aber ich kann ihren Mann nicht ausstehen.
adorable [adɔʀabl]	goldig, süß, nett

la **joie** [ʒwa]	Freude
sauter de joie	Freudensprünge machen
s'amuser (à) [samyze]	sich amüsieren, Spaß haben (bei)
Les enfants s'amusent à embêter le voisin.	Die Kinder machen sich einen Spaß daraus, den Nachbarn zu ärgern.
rire (de) [ʀiʀ]	lachen (über)
rigoler fam [ʀigɔle]	lachen, Spaß haben
sourire [suʀiʀ]	lächeln
heureux, -euse (de) [øʀø, øz]	glücklich (über)
Je suis heureuse d'avoir pris cette décision.	Ich bin glücklich darüber, diese Entscheidung getroffen zu haben.
Elle a été très heureuse de la naissance de ses jumeaux.	Sie war über die Geburt ihrer Zwillinge sehr glücklich.
le **bonheur** [bɔnœʀ]	Glück

Zur Wiedergabe von *Glück* im Französischen vgl. S. 133.

Le malheur des uns fait le bonheur des autres. *prov*	Des einen Freud, des andern Leid.
content,e (de) [kɔ̃tɑ̃, ɑ̃t]	zufrieden (mit), glücklich (über)
Je suis content de te voir en bonne santé.	Ich freue mich, dich gesund und munter zu sehen.

malheureux, -euse (de) [malørø, øz]	unglücklich (über)
Il est malheureux de ne pas pouvoir partir en vacances.	Er ist unglücklich, nicht in Urlaub fahren zu können.
le **malheur** [malœʀ]	Unglück
pleurer [plœʀe]	weinen
pleurer de joie	Freudentränen vergießen

espérer (faire) qc [ɛspeʀe]	etw. (zu tun) hoffen
J'espère te revoir bientôt.	Ich hoffe, dich bald wiederzusehen.
Elle est déçue parce qu'elle espérait une augmentation.	Sie ist enttäuscht, weil sie eine Gehaltserhöhung erhofft hatte.
l'**espoir** *m* [ɛspwaʀ]	Hoffnung
perdre l'espoir	die Hoffnung aufgeben
l'**espérance** *f* [ɛspeʀɑ̃s]	Hoffnung
Sa réponse négative a brisé toutes mes espérances.	Ihre abschlägige Antwort machte alle meine Hoffnungen zunichte.
désespérer de qn/qc [dezespeʀe]	die Hoffnung auf jdn/etw. aufgeben
Je désespère de lui faire comprendre ça.	Ich gebe die Hoffnung auf, ihm dies verständlich machen zu können.
(être) désespéré,e [dezespeʀe]	verzweifelt (sein)
le **désespoir** [desespwaʀ]	Verzweiflung
être au désespoir	ganz verzweifelt sein

la **peur** [pœʀ]	Angst

 Angst

Das Wort *Angst* hat je nach Kontext unterschiedliche Entsprechungen im Französischen:

la peur	*Angst (allgemein), Furcht*
une peur bleue	*Heidenangst*
N'ayez pas peur!	*Haben Sie keine Angst!*
la crainte	*Furcht, Befürchtung*
Soyez sans crainte!	*Seien Sie unbesorgt!*
l'**angoisse** f	*Beklemmung, Angst(zustand)*
un cri d'angoisse	*Angstschrei*
l'**anxiété** f	*Ängstlichkeit, innere Unruhe*
envisager l'avenir avec anxiété	*der Zukunft mit großer Sorge entgegensehen*

avoir peur (de)	Angst haben (vor)
J'ai peur des chiens.	Ich habe Angst vor Hunden.
J'ai peur que Martin soit malade.	Ich fürchte, Martin ist krank.
la **crainte** [kʀɛ̃t]	Furcht
craindre [kʀɛ̃dʀ]	fürchten
Les marins craignent la tempête.	Die Seeleute fürchten den Sturm.
craindre que + *subj*	(be)fürchten, dass
Je crains que nous ayons des ennuis.	Ich fürchte, wir werden Unannehmlichkeiten bekommen.

plaire [plɛʀ]	gefallen
Carine plaît beaucoup à Pierre.	Carine gefällt Pierre sehr.
le **plaisir** [pleziʀ]	Freude, Vergnügen
prendre plaisir à qc	Freude, Vergnügen an etw. haben

la **honte** ['ɔ̃t]	Schande, Scham
Tu me **fais honte**.	Du machst mir Schande.
avoir honte de qn/qc	sich für jdn/etw. schämen
se moquer de qn/qc [s(ə)mɔke]	sich über jdn/etw. lustig machen, auslachen, verspotten
Tout le monde se moque de son nez.	Alle machen sich über seine Nase lustig.
la **pitié** [pitje]	Mitleid
avoir pitié de qn	mit jdm Mitleid haben

ressentir qc [ʀ(ə)sɑ̃tiʀ]	etw. empfinden
ressentir de la pitié pour qn	Mitleid für jdn empfinden
manifester [manifɛste]	äußern, zum Ausdruck bringen
manifester sa joie	seine Freude zeigen
refouler [ʀ(ə)fule]	verdrängen, unterdrücken
refouler un sentiment de haine	ein Hassgefühl unterdrücken
surmonter [syʀmɔ̃te]	überwinden
surmonter son chagrin	seinen Kummer überwinden
la **passion** [pasjɔ̃]	Leidenschaft
toucher [tuʃe]	(be)rühren, bewegen
Sa gentillesse me touche beaucoup.	Seine/Ihre Liebenswürdigkeit rührt mich sehr.

haïr ['aiʀ]	hassen
Je le hais profondément.	Ich hasse ihn zutiefst.
la **haine** ['ɛn]	Hass
éprouver de la haine pour qn/qc	jdn/etw. hassen
le **dégoût** [degu]	Abscheu, Ekel
Son égoïsme **m'inspire du dégoût**.	Sein Egoismus ekelt mich an.
(être) dégoûté,e [degute]	angeekelt (sein)

joyeux, -euse [ʒwajø, øz] — fröhlich
  être d'humeur joyeuse — froh gelaunt sein
l'enthousiasme *m* [ãtuzjasm] — Begeisterung
se réjouir de qc [s(ə)ʀeʒwiʀ] — sich über etw. freuen
  Je me réjouis de la savoir heureuse. — Ich freue mich, sie glücklich zu wissen.
l'excitation *f* [ɛksitasjɔ̃] — Aufregung, Erregung
  Il y a une lueur d'excitation dans ses yeux. — Seine Augen glänzen vor Erregung.

la **mélancolie** [melãkɔli] — Melancholie
mélancolique [melãkɔlik] — melancholisch
la **nostalgie** [nɔstalʒi] — Sehnsucht, Wehmut
  avoir la nostalgie du temps passé — die Vergangenheit zurücksehnen
nostalgique [nɔstalʒik] — nostalgisch, wehmütig
pleurnicher [plœʀniʃe] — quengeln, flennen
  Cet enfant pleurniche sans arrêt. — Dieses Kind quengelt ununterbrochen.

sangloter [sãglɔte] — schluchzen
le **chagrin** [ʃagʀɛ̃] — Kummer
  le **chagrin d'amour** — Liebeskummer
souffrir de qc [sufʀiʀ] — unter etw. leiden
  Elle souffre de l'absence de son ami. — Sie leidet unter der Abwesenheit ihres Freundes.

la **souffrance** [sufʀãs] — Leid, Schmerz
la **dépression** [depʀesjɔ̃] — Depression
(être) déprimé,e [depʀime] — deprimiert (sein)
le **deuil** [dœj] — Trauer
  être en deuil de qn — um jdn trauern

la **confiance** [kɔ̃fjãs] — Vertrauen
  Je lui **accorde toute ma confiance.** — Ich vertraue ihm ganz und gar.
  faire confiance à qn — jdm vertrauen
  avoir confiance en qn — in jdn/zu jdm Vertrauen haben
se méfier de qn/qc [s(ə)mefje] — jdm/etw. misstrauen
  Je me méfie de ses sourires hypocrites. — Ich hüte mich vor/misstraue seinem scheinheiligen Lächeln.
la **méfiance** [mefjãs] — Misstrauen
  considérer qc avec méfiance — etw. misstrauisch betrachten

s'inquiéter de qc [sɛ̃kjete] — sich über etw. Sorgen machen, wegen etw. beunruhigt sein
  Je m'inquiète du retard de mon fils. — Ich bin wegen der Verspätung meines Sohnes beunruhigt.
l'inquiétude *f* [ɛ̃kjetyd] — Sorge, Beunruhigung

inquiet, -ète [ɛ̃kjɛ, ɛt] — unruhig, beunruhigt
Nous sommes inquiets de ne pas avoir de ses nouvelles. — Wir sind beunruhigt, weil wir keine Nachricht von ihm/ihr haben.

se faire du souci [s(ə)fɛʀdysusi] — sich Sorgen machen
Pourquoi est-ce que tu n'as pas appelé? On s'est fait du **souci pour** toi. — Warum hast du nicht angerufen? Wir haben uns Sorgen um dich gemacht.

l'angoisse *f* [ɑ̃gwas] — Beklemmung, Angst
horrible [ɔʀibl] — fürchterlich, grauenhaft
la terreur [teʀœʀ] — Schrecken, Entsetzen
terrifier qn [teʀifje] — jdm fürchterliche/schreckliche Angst machen

L'explosion nous a terrifiés. — Die Explosion hat uns einen großen Schrecken eingejagt.

anxieux, -euse [ɑ̃ksjø, jøz] — ängstlich

---

mépriser qn [mepʀize] — jdn verachten
Après ce qu'il m'a fait, je ne peux que le mépriser. — Nach dem, was er mir angetan hat, kann ich ihn nur noch verachten.

le mépris [mepʀi] — Verachtung
la jalousie [ʒaluzi] — Eifersucht, Neid
(être) jaloux, -ouse (de qn) [ʒalu, uz] — (auf jdn) eifersüchtig (sein)
Il est jaloux de tous ses amis. — Er ist auf alle seine/ihre Freunde eifersüchtig.

la déception [desɛpsjɔ̃] — Enttäuschung
(être) déçu,e [desy] — enttäuscht (sein)
Sa réaction m'a beaucoup déçu. — Seine Reaktion hat mich sehr enttäuscht.

envieux, -euse [ɑ̃vjø, jøz] — neidisch, missgünstig
l'envie *f* [ɑ̃vi] — Neid, Missgunst
s'en prendre à qn [sɑ̃pʀɑ̃dʀ] — jdn angreifen, jdn beschuldigen
Pas la peine de t'en prendre à lui, ce n'est pas sa faute. — Es bringt nichts, wenn du ihm die Schuld gibst, er kann nichts dafür.

en vouloir à qn [ɑ̃vulwaʀ] — jdm böse sein, jdm etw. übel nehmen
Je lui en veux de m'avoir trompé. — Ich bin ihm/ihr böse, weil er/sie mich getäuscht hat.

---

l'embarras *m* [ɑ̃baʀa] — Verlegenheit, Bedrängnis
Ces circonstances l'ont mise dans l'embarras. — Diese Umstände haben sie in Verlegenheit gebracht.

(être) embarrassé,e [ɑ̃baʀase] — verlegen (sein)
Je ne sais pas quoi faire, je suis très embarrassé. — Ich weiß nicht, was ich tun soll; ich bin richtig verlegen.

la résignation [ʀeziɲasjɔ̃] — Resignation
se résigner à [s(ə)ʀeziɲe] — sich abfinden mit, resignieren

Il s'est résigné à ne plus la voir.	Er hat sich damit abgefunden, dass er sie nicht mehr sehen wird.
(être) vexé,e [vɛkse] J'ai été vexé par sa remarque.	beleidigt, gekränkt (sein) Seine Bemerkung hat mich gekränkt.
ne pas s'en faire [nəpasãfɛʀ] Ne t'en fais pas, demain ça ira mieux.	sich nichts daraus machen Mach dir nichts draus, morgen wird es besser gehen.
l'**ennui** m [ãnɥi]	Langeweile, Überdruss
s'ennuyer de qn [sãnɥije] Elle s'ennuie de ses parents.	jdn vermissen Sie vermisst ihre Eltern.

subir qc [sybiʀ] Il a subi une lourde perte.	etw. erleiden, erdulden Er hat einen herben Verlust erlitten.
supporter [sypɔʀte] Elle ne peut plus supporter ses avances.	ertragen, hinnehmen Sie kann seine Annäherungs-versuche nicht mehr ertragen.
troubler [tʀuble]	verwirren, unsicher machen
s'effondrer [sefɔ̃dʀe] Quand elle a appris la nouvelle, elle s'est effondrée.	zusammenbrechen Als sie die Nachricht erfahren hat, ist sie zusammengebrochen.

4.2 Denken, Sichvorstellen, Wollen

penser à [pãse] Elle pense souvent à Marc.	denken an Sie denkt oft an Marc.
la **pensée** [pãse]	Gedanke, Denken
une **idée** [ide] Il a eu l'idée de passer par Nîmes.	Idee, Gedanke, Einfall Ihm fiel ein, dass er über Nîmes fahren könnte.
changer d'idée	seine Meinung ändern
réfléchir à/sur qc [ʀefleʃiʀ] J'ai réfléchi à/sur votre argument.	über etw. nachdenken Ich habe über Ihr Argument nach-gedacht.
une **réflexion** [ʀeflɛksjɔ̃]	Überlegung
la **raison** [ʀɛzɔ̃] perdre la raison	Vernunft, Verstand den Verstand verlieren

l'**intelligence** f [ɛ̃teliʒãs]	Intelligenz
intelligent,e [ɛ̃teliʒã, ãt]	intelligent
intellectuel,le [ɛ̃telɛktɥɛl] un travail intellectuel	intellektuel, geistig eine geistige Arbeit
comprendre [kɔ̃pʀãdʀ] Je n'y comprends rien.	verstehen Ich verstehe nichts (davon).

la **compréhension** [kɔ̃pʀeɑ̃sjɔ̃]	Verständlichkeit; Verständnis

le **sens** [sɑ̃s]	Sinn
le **bon sens**	gesunder Menschenverstand
le **non-sens**	Unsinn
(la) **logique** *n; adj* [lɔʒik]	Logik; logisch
C'est la seule explication logique.	Das ist die einzig logische Erklärung.

une **opinion** [ɔpinjɔ̃]	Meinung, Ansicht
se faire une opinion sur qc	sich eine Meinung über etw. bilden
la **vérité** [veʀite]	Wahrheit
vrai,e [vʀɛ]	wahr, richtig

> **i** Zu *Adjektiven* mit *wechselnder Bedeutung* bei *Voran-* oder *Nachstellung* vgl. die Information auf S. 37.

une **erreur** [eʀœʀ]	Irrtum
Vous avez commis une erreur.	Sie haben einen Irrtum begangen.
L'erreur est humaine. *prov*	Irren ist menschlich.
se **tromper** [s(ə)tʀɔ̃pe]	sich irren

savoir [savwaʀ]	wissen, können
Je sais qu'il a raison.	Ich weiß, dass er Recht hat.
le **savoir** [savwaʀ]	Wissen, Können
connaître [kɔnɛtʀ]	kennen, kennen lernen
connaître un poème **par cœur**	ein Gedicht auswendig können
la **connaissance** [kɔnɛsɑ̃s]	Kenntnis; Erkenntnis
les **connaissances en francais**	Französischkenntnisse
une **théorie** [teɔʀi]	Theorie
théorique [teɔʀik]	theoretisch

retenir qc [ʀ(ə)təniʀ]	etw. behalten
Je n'arrive jamais à retenir votre nom.	Ich kann nie Ihren Namen behalten.
se **rappeler qn/qc** [səʀap(ə)le]	sich an jdn/etw. erinnern

> **i rappeler**
>
> *Unterscheide:*
>
> | | |
> |---|---|
> | **se rappeler qn/qc** | *sich an jdn/etw.erinnern* |
> | Tu te rappelles notre prof de maths ? | *Erinnerst du dich an unseren Mathelehrer?* |
> | **rappeler qc à qn** | *jdn an etw. erinnern* |
> | Cela me rappelle mon enfance. | *Das erinnert mich an meine Kindheit.* |
> | **rappeler à qn de faire qc** | *jdn daran erinnern, etw. zu tun* |
> | Rappelle-moi de mettre le réveil. | *Erinnere mich daran, den Wecker zu stellen.* |

se **souvenir de** [səsuv(ə)niʀ]	sich erinnern an

Je ne me souviens plus de la date de ton anniversaire.
Ich erinnere mich nicht mehr an dein Geburtstagsdatum.

oublier qc/de faire qc [ublije]
etw. vergessen/vergessen, etw. zu tun

analyser [analize]
analysieren

comparer qn/qc à qn/qc [kɔ̃paʀe]
jdn/etw. mit jdm/etw. vergleichen

Il ne faut pas toujours le comparer à son frère.
Man darf ihn nicht immer mit seinem Bruder vergleichen.

distinguer de [distɛ̃ge]
unterscheiden von

distinguer le bien du mal
Gut und Böse unterscheiden

reconnaître [ʀ(ə)kɔnɛtʀ]
(wieder) erkennen

se rendre compte de qc [s(ə)ʀɑ̃dʀ(ə)kɔ̃t]
sich einer Sache bewusst sein/werden, sich über etw. im Klaren sein/werden

Elle ne s'est pas rendu compte de son erreur.
Sie ist sich über ihren Irrtum nicht klar geworden.

croire qn/qc [kʀwaʀ]
jdm/etw. glauben

 Zu **croire** und den verschiedenen Anschlüssen vgl. S. 251.

un **avis** [avi]
Ansicht, Meinung

A mon avis, tu devrais t'excuser.
Meiner Meinung nach solltest du dich entschuldigen.

être d'avis que
meinen, dass

un **point de vue** [pwɛ̃dvy]
Standpunkt, Ansicht

partager le point de vue de qn
jds Standpunkt teilen

une **impression** [ɛ̃pʀesjɔ̃]
Eindruck

J'ai l'impression que tu te moques de moi.
Ich habe den Eindruck, du machst dich über mich lustig.

la **proposition** [pʀɔpozisjɔ̃]
Vorschlag

Sa proposition me paraît intéressante.
Ihr/Sein Vorschlag erscheint mir interessant.

proposer qc à qn/à qn de faire qc [pʀɔpoze]
jdm etw. vorschlagen; jdm vorschlagen, etw. zu tun

s'imaginer (faire) qc [simaʒine]
sich vorstellen, sich einbilden

Les jeunes s'imaginent avoir toujours raison.
Die Jungen bilden sich ein, immer Recht zu haben.

l'**imagination** f [imaʒinasjɔ̃]
Einbildung, Fantasie

supposer [sypoze]
vermuten, annehmen

Je suppose que tu es en colère contre lui.
Ich vermute, du bist auf ihn wütend.

rêver (de) [ʀeve]
träumen (von)

Je rêve d'un voyage à Tahiti.
Ich träume von einer Tahitireise.

un **rêve** [ʀɛv]
Traum

un **plan** [plã]   Plan
  tirer des plans   Pläne schmieden

la **volonté** [vɔlõte]   Wille
vouloir [vulwaʀ]   wollen
  Je voudrais que tu viennes cette   Ich möchte, dass du heute Nach-
  après-midi.   mittag kommst.
  Tu veux bien qu'on aille au cinéma ?   Möchtest du, dass wir ins Kino
                                                 gehen?

demander [d(ə)mãde]   bitten, fragen, verlangen

---

i **demander**

Achtung Anschluss!
demander qc   *etw. verlangen, etw. erbitten*
Je demande une explication.   *Ich verlange eine Erklärung.*
demander qn   *jdn verlangen*
On demande Mme Caradec au téléphone.   *Mme Caradec wird am Telefon verlangt.*
demander qc à qn   *jdn nach etw. fragen, jdn um etw. bitten*
Tu pourrais demander le chemin à cet   *Du könntest diesen Polizisten nach dem Weg*
agent.   *fragen.*
demander à qn de faire qc   *jdn bitten, etw. zu tun*
Demandez-lui de nous attendre.   *Bitten Sie ihn, auf uns zu warten.*

---

souhaiter (de) faire qc [swete]   wünschen, etw. zu tun
  Ils souhaitent acheter une grande   Sie möchten ein großes Haus
  maison.   kaufen.
désirer faire qc [deziʀe]   wünschen, etw. zu tun
  Je désire parler au directeur.   Ich möchte gern den Direktor
                                                 sprechen

le **désir** [deziʀ]   Wunsch, Verlangen
préférer (faire) qc [pʀefeʀe]   vorziehen, bevorzugen
  Je préfère ne pas la rencontrer.   Ich möchte ihr lieber nicht begeg-
                                                 nen.

avoir envie de qc [avwaʀãvi]   auf etw. Lust haben
  J'ai envie d'une glace.   Ich habe Lust auf ein Eis.
il vaut mieux [ilvomjø]   es ist besser
  Il vaut mieux ne pas le déranger.   Es ist besser, wenn man ihn nicht
                                                 stört.
  Il vaut mieux qu'on s'en aille main-   Wir gehen jetzt besser.
  tenant.

un **objectif** [ɔbʒɛktif]   Ziel
un **but** [byt]   Ziel, Zweck
  poursuivre un but/un objectif précis   ein genaues/klares Ziel verfolgen
un **projet** [pʀɔʒɛ]   Plan, Projekt
  faire des projets pour les vacances   Ferienpläne schmieden

accepter [aksɛpte] — annehmen, akzeptieren
refuser (de faire) qc [ʀ(ə)fyze] — sich weigern, ausschlagen
Elle refuse de nous aider. — Sie weigert sich, uns zu helfen.
Elle refuse qu'on lui vienne en aide. — Sie schlägt Hilfe aus.
renoncer à (faire) qc [ʀ(ə)nɔ̃se] — verzichten auf
Nous renonçons à lui faire comprendre notre point de vue. — Wir geben es auf, ihr unseren Standpunkt verständlich zu machen.
s'opposer à [sɔpoze] — sich widersetzen
éviter de faire qc [evited(ə)fɛʀ] — vermeiden, etw. zu tun
empêcher qn de faire qc [ɑ̃pɛʃe] — jdn hindern, etw. zu tun
Son père veut l'empêcher de se marier. — Sein Vater möchte ihn am Heiraten hindern.

conclure [kɔ̃klyʀ] — folgern, schließen
tirer une conclusion [tiʀeynkɔ̃klyzjɔ̃] — eine (Schluss)Folgerung ziehen
J'en tire les conclusions qui s'imposent. — Ich ziehe daraus die gebotenen Schlüsse.
juger qn/qc [ʒyʒe] — über jdn/etw. befinden, urteilen
juger qn **sur ses actes** — jdn nach seinen Taten beurteilen
le **jugement** [ʒyʒmɑ̃] — Urteil
un **préjugé** [pʀeʒyʒe] — Vorurteil
Les préjugés ont la vie dure. — Vorurteile sind langlebig.

la **mémoire** [memwaʀ] — Gedächtnis
avoir une mémoire d'éléphant — ein Elefantengedächtnis haben
douter de qc/que + *subj* [dute] — etw. bezweifeln; (be)zweifeln, dass
Je doute de sa sincérité. — Ich habe Zweifel an seiner Aufrichtigkeit.
On doute qu'il dise la vérité. — Wir zweifeln, dass er die Wahrheit sagt.
un **doute** [dut] — Zweifel
confondre avec [kɔ̃fɔ̃dʀ] — verwechseln mit
Je l'ai confondue avec sa sœur. — Ich habe sie mit ihrer Schwester verwechselt.
la **confusion** [kɔ̃fyzjɔ̃] — Verwechslung, Verwirrung
confus,e [kɔ̃fy, yz] — verwirrt, wirr

deviner [d(ə)vine] — raten, erraten
Devine qui j'ai rencontré dans le métro. — Rate mal, wen ich in der Metro getroffen habe.
une **devinette** [dəvinɛt] — Rätsel
poser une devinette à qn — jdm ein Rätsel aufgeben
prévoir [pʀevwaʀ] — vorher-/voraussehen, vorhersagen
C'était à prévoir qu'il aurait un accident. — Es war vorhersehbar, dass er einen Unfall haben würde.

une **prévision** [pʀevizjɔ̃]	Vorhersage, Prognose
les **prévisions météorologiques**	Wettervorhersage
constater qc [kɔ̃state]	etw. feststellen
une **constatation** [kɔ̃statasjɔ̃]	Feststellung

une **intention** [ɛ̃tɑ̃sjɔ̃]	Absicht, Intention
Ma mère est **pleine de bonnes intentions.**	Meine Mutter meint es wirklich gut.
avoir l'intention de faire qc	beabsichtigen, etw. zu tun
envisager (de faire) qc [ɑ̃vizaʒe]	beabsichtigen, ins Auge fassen
Nous envisageons de nous installer en Provence.	Wir beabsichtigen, uns in der Provence niederzulassen.
songer à [sɔ̃ʒe]	denken an, nachdenken über
Elle songe à émigrer.	Sie spielt mit dem Gedanken auszuwandern.
tenir à ce que + subj [t(ə)niʀ]	auf etw. bestehen, Wert legen
Je tiens à ce que tu fasses tes devoirs.	Ich lege Wert darauf, dass du deine Hausaufgaben machst.

volontaire [vɔlɔ̃tɛʀ]	freiwillig; beabsichtigt
involontaire [ɛ̃vɔlɔ̃tɛʀ]	unfreiwillig; unbeabsichtigt
un **homicide involontaire**	fahrlässige Tötung
à volonté [avɔlɔ̃te]	nach Belieben
Il y a du caviar à volonté.	Es gibt Kaviar so viel man will.
imposer qc à qn [ɛ̃poze]	jdm etw. aufzwingen
une **exigence** [ɛgziʒɑ̃s]	Forderung, Anspruch
exiger qc [ɛgziʒe]	etw. fordern, verlangen
J'exige tes excuses.	Ich verlange eine Entschuldigung von dir.
(être) exigeant,e [ɛgziʒɑ̃, ɑ̃t]	anspruchsvoll (sein)
Il est très exigeant envers lui-même.	Er stellt hohe Ansprüche an sich.
arbitraire [aʀbitʀɛʀ]	willkürlich
une décision arbitraire	eine willkürliche Entscheidung

la **résolution** [ʀezɔlysjɔ̃]	Entschluss
résolu,e [ʀezɔly]	entschlossen, bestimmt
Je suis bien résolu à lui dire ses quatre vérités.	Ich bin fest entschlossen, ihm/ihr die Wahrheit ins Gesicht zu sagen.

4.3 Charakter, Verhalten

le **caractère** [kaʀaktɛʀ]	Charakter
un **bon/mauvais caractère**	guter/schlechter, schwieriger Charakter

Elle n'est pas méchante, mais elle a mauvais caractère.	Sie ist nicht bösartig, aber schwierig.
le **trait de caractère**	Charakterzug
caractériser [kaʀakteʀize]	charakterisieren, kennzeichnen
caractéristique de [kaʀakteʀistik]	charakteristisch für
Cette affirmation est caractéristique de sa pensée.	Diese Behauptung ist charakteristisch für sein Denken.
une **qualité** [kalite]	Eigenschaft, Qualität
un **défaut** [defo]	Fehler, Mangel
Sois sincère, dis-moi mes qualités et mes défauts.	Sei ehrlich, nenn mir meine Stärken und Schwächen.

le **tempérament** [tɑ̃peʀamɑ̃]	Temperament
l'**état d'esprit** *m* [etadɛspʀi]	Einstellung, (Geistes)Verfassung
la **façon de voir les choses** [fasɔ̃d(ə)vwaʀleʃoz]	Sichtweise
Je n'apprécie pas ta façon de voir les choses.	Mir gefällt deine Sicht der Dinge nicht.

l'**humeur** *f* [ymœʀ]	Laune, Stimmung

humeur – humour

Humor und *Laune* sind nicht das Gleiche. *Unterscheide:*

l'**humeur** f	*Laune, Stimmung*
être de bonne/mauvaise humeur	*gute/schlechte Laune haben*
Elle est d'humeur changeante.	*Sie ist launisch.*
l'**humour** m	*Humor*
Il manque totalement d'humour.	*Er ist völlig humorlos.*

agréable [agʀeabl]	angenehm
aimable [ɛmabl]	freundlich, liebenswürdig
l'**amabilité** *f* [amabilite]	Liebenswürdigkeit
charmant,e [ʃaʀmɑ̃, ɑ̃t]	reizend, charmant
Il est d'une humeur charmante.	Er ist strahlender Laune.
le **charme** [ʃaʀm]	Charme
gentil,le [ʒɑ̃ti, ij]	nett, freundlich, lieb
Sois gentil, apporte-moi mes lunettes.	Sei so gut und bring mir meine Brille.
la **gentillesse** [ʒɑ̃tijɛs]	Freundlichkeit, Liebenswürdigkeit
sympa(thique) [sɛ̃pa(tik)]	sympathisch
la **sympathie** [sɛ̃pati]	Sympathie

désagréable [dezagʀeabl]	unangenehm, unfreundlich
Je ne l'aime pas, je le trouve désagréable.	Ich mag ihn nicht, ich finde ihn unangenehm.

méchant,e [meʃɑ̃, ɑ̃t]	böse, gemein
la **méchanceté** [meʃɑ̃ste]	Bosheit, Gemeinheit
sévère [sevɛʀ]	streng
la **sévérité** [seveʀite]	Strenge
la **colère** [kɔlɛʀ]	Wut
se mettre en colère	in Wut geraten
être en colère	wütend sein
la **rage** [ʀaʒ]	Wut
Ça m'a mis dans une rage folle.	Das hat mich in maßlose Wut versetzt.

---

i   **-age**

Mehrsilbige Nomen auf **-age** sind in der Regel *maskulin*:

un garage	*eine Garage*
un étage	*eine Etage*
un passage	*eine Passage/ein Durchgang*
le massage	*die Massage*
le dopage	*das Doping*

Einsilbige sind dagegen meist *feminin*:

une cage	*ein Käfig*
la rage	*die Wut*
une page	*eine Seite*

---

bon,ne [bɔ̃, bɔn]	gut
la **bonté** [bɔ̃te]	Güte
tendre [tɑ̃dʀ]	zärtlich
adresser un regard tendre à qn	jdm einen zärtlichen Blick zuwerfen
la **tendresse** [tɑ̃dʀɛs]	Zärtlichkeit
sensible [sɑ̃sibl]	sensibel, empfindsam
la **sensibilité** [sɑ̃sibilite]	Sensibilität, Empfindsamkeit
une **sensibilité à fleur de peau**	eine Überempfindlichkeit
généreux, -euse [ʒeneʀø, øz]	großzügig
la **générosité** [ʒeneʀozite]	Großzügigkeit

---

inhumain,e [inymɛ̃, ɛn]	unmenschlich
Je trouve son attitude inhumaine.	Ich finde seine/ihre Haltung unmenschlich.
insensible (à) [ɛ̃sɑ̃sibl]	gefühllos, gleichgültig (gegenüber)
(un,e) **égoïste** *n; adj* [egɔist]	Egoist(in); egoistisch
Les hommes sont tous des égoïstes.	Alle Männer sind Egoisten.
l'**égoïsme** *m* [egɔism]	Egoismus
avare [avaʀ]	geizig

---

juste [ʒyst]	gerecht
Elle est sévère mais juste.	Sie ist streng, aber gerecht.

la **justice** [ʒystis]	Gerechtigkeit; Justiz
honnête [ɔnɛt]	ehrlich
l'**honnêteté** f [ɔnɛtte]	Ehrlichkeit
Ayez l'honnêteté de reconnaître votre erreur.	Seid so ehrlich und gesteht euren Irrtum ein.

injuste [ɛ̃ʒyst]	ungerecht
l'**injustice** f [ɛ̃ʒystis]	Ungerechtigkeit
malhonnête [malɔnɛt]	unehrlich, unredlich
la **malhonnêteté** [malɔnɛtte]	Unehrlichkeit, Unredlichkeit

gai,e [ge/gɛ]	fröhlich
Tu n'as pas l'air très gai aujourd'hui.	Du siehst heute nicht sehr fröhlich aus.
la **gaieté** (la gaîté) [gete]	Fröhlichkeit
drôle [dʀol]	lustig, spaßig
Arrête, tu n'es vraiment pas drôle.	Hör auf, du bist wirklich nicht sehr witzig.
amusant,e [amyzɑ̃, ɑ̃t]	amüsant, lustig
comique [kɔmik]	witzig, lustig, komisch
Il est comique, il nous fait toujours rire.	Er ist richtig komisch, er bringt uns immer zum Lachen.
original,e [ɔʀiʒinal]	original; originell

triste [tʀist]	traurig
la **tristesse** [tʀistɛs]	Traurigkeit
(**être**) **mécontent,e** [mekɔ̃tɑ̃, ɑ̃t]	unzufrieden (sein)
Elle est mécontente de son nouveau chef.	Sie ist unzufrieden mit ihrem neuen Chef.

calme [kalm]	ruhig
Ne t'énerve pas, reste calme.	Reg dich nicht auf, bleib ruhig.
tranquille [tʀɑ̃kil]	ruhig
Laisse-moi tranquille.	Lass mich in Ruhe.
naturel,le [natyʀɛl]	natürlich
décontracté,e [dekɔ̃tʀakte]	entspannt

nerveux, -euse [nɛʀvø, øz]	aufgeregt, nervös
énervant,e [enɛʀvɑ̃, ɑ̃t]	entnervend, nervenaufreibend
fatigant,e [fatigɑ̃, ɑ̃t]	anstregend, ermüdend
bizarre [bizaʀ]	seltsam, merkwürdig
compliqué,e [kɔ̃plike]	kompliziert
Avec lui, rien n'est simple, il est tellement compliqué.	Mit ihm ist nichts einfach, er ist fürchterlich kompliziert.
difficile [difisil]	schwierig

rapide [ʀapid]	schnell
dynamique [dinamik]	dynamisch
un jeune cadre dynamique	ein dynamischer Jungmanager
avoir de la volonté	einen starken Willen haben
[avwaʀd(ə)lavolɔ̃te]	
énergique [enɛʀʒik]	energisch
l'**énergie** f [enɛʀʒi]	Energie, Kraft
déborder d'énergie	vor Energie strotzen
autoritaire [ɔtɔʀitɛʀ]	autoritär

lent,e [lɑ̃, lɑ̃t]	langsam
Il a l'esprit plutôt lent.	Er ist eher ein langsamer Denker.
mou, molle [mu, mɔl]	weich, weichlich, lasch
Jamais je ne pourrais vivre avec lui, il est trop mou.	Niemals könnte ich mit ihm leben, er ist zu lasch.
faible [fɛbl]	schwach
Elle est trop faible avec ses enfants.	Sie ist zu nachsichtig mit ihren Kindern.
(un,e) **paresseux, -euse** n; adj [paʀesø, øz]	Faulpelz; faul
Tu y arriverais, si tu n'étais pas si paresseux.	Du würdest es schaffen, wenn du nicht so faul wärst.
la **paresse** [paʀɛs]	Faulheit

bête [bɛt]	dumm
Il est bête comme ses pieds. loc	Er ist strohdumm.
la **bêtise** [betiz]	Dummheit
faire des bêtises	Dummheiten machen
stupide [stypid]	stupid(e), dumm
la **stupidité** [stypidite]	Dummheit
(un,e) **idiot,e** n; adj [idjo, idjɔt]	Idiot(in); dumm, blöd, idiotisch

courageux, -euse [kuʀaʒø, øz]	mutig
le **courage** [kuʀaʒ]	Mut
fier, fière de [fjɛʀ]	stolz auf
Ils sont fiers de leurs enfants.	Sie sind auf ihre Kinder stolz.
la **fierté** [fjɛʀte]	Stolz

sage [saʒ]	brav, artig
être sage comme une image loc	sehr, sehr artig sein
prudent,e [pʀydɑ̃, ɑ̃t]	vorsichtig
la **prudence** [pʀydɑ̃s]	Vorsicht
agir avec prudence	vorsichtig handeln
diplomate [diplɔmat]	diplomatisch

Elle n'est pas assez diplomate pour les réconcilier.	Sie ist nicht diplomatisch genug, um sie versöhnen zu können.
raisonnable [ʀɛzɔnabl]	vernünftig
poli,e [pɔli]	höflich
la **politesse** [pɔlitɛs]	Höflichkeit
discret, -ète [diskʀɛ, ɛt]	diskret, unauffällig
la **discrétion** [diskʀesjɔ̃]	Diskretion, Takt
faire preuve de discrétion	sich rücksichtsvoll zeigen
sérieux, -euse [seʀjø, jøz]	ernst; zuverlässig
Cet homme est très **sérieux dans son travail**.	Dieser Mann arbeitet sehr zuverlässig.
être sérieux comme un pape *loc*	todernst sein

imprudent,e [ɛ̃pʀydɑ̃, ɑ̃t]	unvorsichtig
l'**imprudence** *f* [ɛ̃pʀydɑ̃s]	Unvorsichtigkeit
impoli,e [ɛ̃pɔli]	unhöflich
indiscret, -ète [ɛ̃diskʀɛ, ɛt]	indiskret, taktlos
poser des questions indiscrètes	indiskrete Fragen stellen
une **indiscrétion** [ɛ̃diskʀesjɔ̃]	Indiskretion
commettre une indiscrétion	eine Indiskretion begehen
curieux, -euse [kyʀjø, jøz]	neugierig
Il est curieux comme un singe. *loc*	Er ist sehr, sehr neugierig.
la **curiosité** [kyʀjozite]	Neugier(de)
bavard,e [bavaʀ, aʀd]	gesprächig, geschwätzig

la **mentalité** [mɑ̃talite]	Mentalität
la **personnalité** [pɛʀsɔnalite]	Persönlichkeit
le **comportement** [kɔ̃pɔʀtəmɑ̃]	Verhalten, Benehmen
se comporter [s(ə)kɔ̃pɔʀte]	sich verhalten, sich benehmen
Il s'est mal comporté envers toi.	Er hat sich dir gegenüber schlecht benommen.
la **vertu** [vɛʀty]	Tugend
le **vice** [vis]	Laster
L'oisiveté est mère de tous les vices. *prov*	Müßiggang ist aller Laster Anfang.

avoir le cœur sur la main [avwaʀləkœʀsyʀlamɛ̃]	sehr großzügig sein
avoir un faible pour [avwaʀɛ̃fɛbl]	eine Schwäche haben für
Luc a un faible pour les blondes.	Luc hat eine Schwäche für blonde Frauen.
(un,e) **idéaliste** *n; adj* [idealist]	Idealist(in); idealistisch
(un,e) **réaliste** *n; adj* [ʀealist]	Realist(in); realistisch

agité,e [aʒite]	aufgeregt, unruhig
insolent,e [ɛ̃sɔlɑ̃, ɑ̃t]	frech

arrogant,e [aʀɔgã, ãt]	arrogant
Je n'aime pas ses airs arrogants.	Ich mag sein arrogantes Getue nicht.
râleur, -euse fam [ʀalœʀ, øz]	nörgelnd, motzig
grossier, -ière [gʀosje, jɛʀ]	grob, derb, unanständig
Quel grossier personnage!	Welch ungehobelte Person!/ Was für ein Rüpel!
brutal,e [bʀytal]	brutal, plötzlich
une réaction brutale	eine brutale/unerwartete Reaktion
une **brute** [bʀyt]	brutaler Mensch
une sale brute	gemeiner Kerl, gemeines Biest
la **brutalité** [bʀytalite]	Brutalität, hartes Vorgehen

franc, franche [fʀã, fʀãʃ]	aufrichtig, offen
digne de foi [diɲdəfwa]	glaubwürdig
Ne crois pas tout ce qu'il dit, il n'est pas digne de foi.	Glaub nicht alles, was er sagt, er ist nicht glaubwürdig.
sincère [sɛ̃sɛʀ]	ehrlich, aufrichtig
mes vœux les plus sincères	meine aufrichtigsten Wünsche
la **sincérité** [sɛ̃seʀite]	Ehrlichkeit
modeste [mɔdɛst]	bescheiden
la **modestie** [mɔdɛsti]	Bescheidenheit
serviable [sɛʀvjabl]	hilfsbereit

(un,e) **menteur, -euse** n; adj [mãtœʀ, øz]	Lügner(in); verlogen
traiter qn de menteur	jdn einen Lügner nennen
(un,e) **hypocrite** n; adj [ipokʀit]	Heuchler(in); heuchlerisch
l'**hypocrisie** f [ipokʀizi]	Scheinheiligkeit, Heuchelei
orgueilleux, -euse [ɔʀgøjø, jøz]	überheblich, stolz
l'**orgueil** m [ɔʀgœj]	Überheblichkeit, Stolz
L'orgueil précède la chute. loc	Hochmut kommt vor dem Fall.
vaniteux, -euse [vanitø, øz]	eitel
la **vanité** [vanite]	Eitelkeit
rancunier, -ière [ʀãkynje, jɛʀ]	nachtragend
se venger de [səvãʒe]	sich rächen für
Je vais me venger de vos moqueries.	Ich werde mich für eure Sticheleien rächen.
faire du tort à qn [fɛʀdytɔʀ]	jdm schaden, Unrecht tun
Cet article dans le journal lui a fait du tort.	Dieser Zeitungsartikel hat ihr/ihm geschadet.

ouvert,e [uvɛʀ, ɛʀt]	offen, aufgeschlossen
avoir l'esprit ouvert	aufgeschlossen sein
équilibré,e [ekilibʀe]	ausgeglichen
(avoir de) l'**humour** m [ymuʀ]	Humor (haben)

manquer d'humour	humorlos sein
déterminé,e [detɛʀmine]	*bestimmt, entschlossen
un **risque-tout** [ʀiskətu]	Draufgänger
(un,e) **optimiste** *n; adj* [ɔptimist]	Optimist(in); optimistisch
l'**optimisme** *m* [ɔptimism]	Optimismus
J'envisage l'avenir avec optimisme.	Ich blicke der Zukunft optimistisch entgegen.
satisfait,e [satisfɛ, ɛt]	zufrieden, befriedigt
la **satisfaction** [satisfaksjɔ̃]	Zufriedenheit, Genugtuung
afficher sa satisfaction	seine Genugtuung zur Schau tragen
obtenir satisfaction	bekommen, was man will
tolérant,e [tɔleʀɑ̃, ɑ̃t]	tolerant, duldsam

timide [timid]	schüchtern
la **timidité** [timidite]	Schüchternheit
complexé,e [kɔ̃plɛkse]	gehemmt, verklemmt
Il est complexé à cause de son poids.	Er hat Komplexe wegen seines Gewichts.
peureux, -euse [pøʀø, øz]	ängstlich

renfermé,e [ʀɑ̃fɛʀme]	verschlossen
Elle est **renfermée sur elle-même.**	Sie ist in sich gekehrt.
déséquilibré,e [dezekilibʀe]	unausgeglichen
borné,e [bɔʀne]	*engstirnig, kleinkariert
têtu,e [tety]	*stur, störrisch
Tu es têtu comme une mule. *loc*	Du bist störrisch wie ein Maultier.
(un,e) **pessimiste** *n; adj* [pesimist]	Pessimist(in); pessimistisch
le **pessimisme** [pesimism]	Pessimismus
intolérant,e [ɛ̃tɔleʀɑ̃, ɑ̃t]	intolerant, unduldsam

efficace [efikas]	tüchtig, leistungsfähig
Pour cet emploi il faut quelqu'un d'efficace.	Für diese Stelle braucht man jdn Tatkräftiges.
ambitieux, -euse [ɑ̃bisjø, jøz]	ehrgeizig
l'**ambition** *f* [ɑ̃bisjɔ̃]	Ehrgeiz
consciencieux, -euse [kɔ̃sjɑ̃sjø, jøz]	gewissenhaft

désordonné,e [dezɔʀdɔne]	unordentlich, schlampig
flemmard,e *fam* [flɛmaʀ, aʀd]	faul, träge
indifférent,e [ɛ̃difeʀɑ̃, ɑ̃t]	gleichgültig, teilnahmslos
Il est **indifférent** à ce qui se passe autour de lui.	Es ist ihm egal, was um ihn herum passiert.
l'**indifférence** *f* [ɛ̃difeʀɑ̃s]	Gleichgültigkeit

compréhensif, -ive [kɔ̃pʀeɑ̃sif, iv]	verständnisvoll

attentif, -ive [atãtif, iv] — aufmerksam
prêter une oreille **attentive** à qn — jdm aufmerksam zuhören
conciliant,e [kɔ̃siljã, ãt] — entgegenkommend, verbindlich
réfléchi,e [ʀefleʃi] — überlegt, besonnen
Il n'agit pas à la légère, il est réflé- — Er handelt nicht leichtfertig, er ist
chi. — besonnen.
brave [bʀav] — mutig; anständig
C'est un **brave type**. *fam* — Er ist ein anständiger Kerl.
faire le **brave** — den Mutigen spielen

> **i** Zu **Adjektiven** mit **wechselnder Bedeutung** bei **Voran-** oder **Nachstellung** vgl. die
> Information auf S. 37.

---

malin, maligne [malɛ̃, maliɲ] — schlau, clever
A malin, malin et demi. *loc* — Auch ein Schlauer findet seinen
— Meister.
une **joie maligne** — Schadenfreude, hämische Freude
rusé,e [ʀyze] — listig, raffiniert
rusé comme un renard *loc* — schlau wie ein Fuchs
la **ruse** [ʀyz] — List
arriver* à qc par la **ruse** — etw. durch List erreichen

hésitant,e [ezitã, ãt] — zögernd, unentschlossen
(un,e) **lâche** *n; adj* [laʃ] — Feigling; feige
Il s'est comporté **en lâche**. — Er hat sich feige benommen.
gâté,e [gate] — verwöhnt
un enfant **gâté** — verwöhntes Kind
craintif, -ive [kʀɛ̃tif, iv] — ängstlich, furchtsam
trouillard,e *fam* [tʀujaʀ, jaʀd] — ängstlich
avoir la trouille *fam* [avwaʀlatʀuj] — Bammel, Schiss haben
Vas-y toi ; moi, j'ai la **trouille**. — Geh du hin; ich habe Bammel.

distingué,e [distɛ̃ge] — vornehm, distinguiert
avoir de la classe [avwaʀd(ə)laklas] — Klasse haben
Elle a une **classe** folle ! — Sie hat unheimlich Klasse!
(un,e) **snob** *n; adj* [snɔb] — Snob; snobistisch
vulgaire [vylgɛʀ] — vulgär, ordinär

4.4 Aktivitäten und Fähigkeiten

l'**activité** *f* [aktivite] — Tätigkeit, Tatkraft
Il est **débordant d'activité**. — Er ist rastlos tätig.
(in)actif, -ive [(in)aktif, iv] — aktiv, tatkräftig; untätig, inaktiv
une **action** [aksjɔ̃] — Aktion, Handlung

passer à l'action — zur Tat schreiten
agir [aʒiʀ] — handeln
Il agit souvent sans réfléchir. — Er handelt oft unüberlegt.
une **réaction** [ʀeaksjɔ̃] — Reaktion
déclencher une réaction — eine Reaktion auslösen
réagir [ʀeaʒiʀ] — reagieren

adroit,e [adʀwa, wat] — geschickt
l'**adresse** f [adʀɛs] — Geschick(lichkeit)
Ce sport demande beaucoup — Diese Sportart verlangt viel
d'adresse. — Geschicklichkeit.
maladroit,e [maladʀwa, wat] — ungeschickt
la **maladresse** [maladʀɛs] — Ungeschicklichkeit
capable (de) [kapabl] — fähig (zu)
Ne me mets pas en colère, sinon je — Mach mich nicht wütend, sonst
suis capable de tout. — bin ich zu allem fähig.
incapable (de) [ɛ̃kapabl] — unfähig (zu)
Elle est incapable de voyager seule. — Sie ist unfähig, alleine zu reisen.

une **décision** [desizjɔ̃] — Entscheidung
prendre une décision importante — eine wichtige Entscheidung treffen
décider (de faire) qc [deside] — beschließen
La fermeture de l'usine a été déci- — Die Firmenschließung ist gestern
dée hier. — beschlossen worden.
J'ai décidé de faire du sport réguliè- — Ich habe beschlossen, regelmäßig
rement. — Sport zu treiben.
se décider à faire qc [s(ə)deside] — sich entschließen, etw. zu tun
Je me suis enfin décidé à lui dire la — Ich habe mich schließlich ent-
vérité. — schlossen, ihr/ihm die Wahrheit
zu sagen.
être décidé,e à [deside] — entschlossen sein zu
Je suis bien décidé à arrêter de — Ich bin fest entschlossen, mit dem
fumer. — Rauchen aufzuhören.
préparer qc [pʀepaʀe] — etw. vorbereiten
une **préparation** [pʀepaʀasjɔ̃] — Vorbereitung
l'**hésitation** f [ezitasjɔ̃] — Zögern, Zaudern
hésiter à faire qc [ezite] — zögern, etw. zu tun
J'hésite à lui prêter ma voiture. — Ich zögere, ihm/ihr mein Auto zu
leihen.

essayer de faire qc [eseje] — versuchen, etw. zu tun
un **essai** [esɛ] — Versuch
faire un essai — einen Versuch unternehmen
risquer de faire qc [ʀiske] — Gefahr laufen, etw. zu tun
On risque de tout perdre à vouloir — Man läuft Gefahr, alles zu verlie-
trop gagner. *prov* — ren, wenn man zu hoch pokert.

réussir à faire qc [ʀeysiʀ]
Le 25 juillet 1909, Blériot a réussi à traverser la Manche en avion.

gelingen, etw. zu tun
Am 25.7.1909 gelang es Blériot, den Ärmelkanal im Flugzeug zu überqueren.

une **réussite** [ʀeysit]

*Erfolg

arriver* à faire qc [aʀive]
Je ne suis pas arrivé à réparer la voiture.

*gelingen, etw. zu tun
Es gelang mir nicht, das Auto zu reparieren.

oser faire qc [oze]
Il n'ose pas l'inviter à dîner.

sich (ge)trauen/wagen, etw. zu tun
Er getraut sich nicht, sie zum Abendessen einzuladen.

résoudre [ʀezudʀ]
résoudre un problème

lösen
ein Problem lösen

échouer à/dans [eʃwe]
Elle a échoué dans ses projets.

*scheitern bei/mit
Sie ist mit ihren Plänen gescheitert.

un **échec** [eʃɛk]
Il aura du mal à se remettre de cet échec.

Misserfolg, Scheitern, Flop
Er wird sich nur schwer von diesem Misserfolg erholen.

un **effort** [efɔʀ]
faire des efforts
avoir du mal à faire qc
[avwaʀdymal]
J'ai du mal à croire tes explications.

Anstrengung
sich anstrengen
*Mühe haben, etw. zu tun

Es fällt mir schwer, deine Erklärungen zu glauben.

avoir de la peine à faire qc
[avwaʀd(ə)lapɛn]
J'ai eu de la peine à porter ma valise.

*nur mit Mühe etw. tun können

Ich konnte nur mit Mühe meinen Koffer tragen.

se débrouiller [s(ə)debʀuje]

sich zu helfen wissen, zurechtkommen

Débrouille-toi tout seul.

Sieh zu, wie du ganz alleine zurechtkommst.

créer [kʀee]
un parfum créé par Chanel

schaffen, kreieren
ein von Chanel kreiertes Parfüm

la **création** [kʀeasjɔ̃]

Kreation, Schöpfung

inventer [ɛ̃vɑ̃te]
Si tu n'existais pas, il faudrait t'inventer.

erfinden
Wenn es dich nicht gäbe, müsste man dich erfinden.

une **invention** [ɛ̃vɑ̃sjɔ̃]
faire breveter une invention

Erfindung
eine Erfindung patentieren lassen

réaliser [ʀealize]
réaliser ses projets

realisieren, verwirklichen
seine Pläne verwirklichen

la **réalisation** [ʀealizasjɔ̃]

Verwirklichung

imiter [imite]

nachahmen, imitieren

une **imitation** [imitasjɔ̃]	Imitation, Nachahmung

faire attention à [fɛʀatɑ̃sjɔ̃]
Il raconte des bêtises, ne fais pas
attention à lui.
Fais attention à la marche.
faire exprès de faire qc [fɛʀɛkspʀɛ]
Ils font exprès de faire du bruit pour
nous déranger.
faire semblant (de faire qc)
[fɛʀsɑ̃blɑ̃]
Il fait semblant de dormir.

achten, aufpassen auf
Achte nicht auf ihn, er erzählt
Blödsinn.
Vorsicht Stufe.
etw. absichtlich tun
Sie lärmen absichtlich, um uns zu
stören.
so tun, als ob (man etw. tut)

Er stellt sich schlafend.

perdre [pɛʀdʀ]
la **perte** [pɛʀt]
une **grosse perte**
chercher [ʃɛʀʃe]
Qui cherche trouve. *prov*
trouver [tʀuve]
retrouver [ʀ(ə)tʀuve]
partager [paʀtaʒe]
Je partage tout avec toi, mon
chéri.

verlieren
Verlust
ein schwerer/herber Verlust
suchen
Suchet, so werdet ihr finden.
finden
wieder finden
teilen
Ich teile alles mit dir, mein Lieb-
ling.

diriger [diʀiʒe]
Mon père dirige une entreprise
importante.
organiser [ɔʀganize]
l'**organisation** f [ɔʀganizasjɔ̃]
avoir le sens de l'organisation
choisir [ʃwaziʀ]
le **choix** [ʃwa]
faire son choix
Je n'ai pas le choix.

führen, leiten
Mein Vater leitet ein bedeutendes
Unternehmen.
organisieren
Organisation
Organisationstalent haben
wählen, sich entscheiden
Wahl
seine Wahl treffen
Ich habe keine andere Wahl.

parler [paʀle]
chanter [ʃɑ̃te]
chanter juste/faux
écouter [ekute]
Je peux dire ce que je veux, ils ne
m'écoutent jamais.
entendre [ɑ̃tɑ̃dʀ]
Tu as entendu ce bruit ?

sprechen
singen
richtig/falsch singen
(zu)hören
Ich kann sagen, was ich will, sie
hören mir nie zu.
hören
Hast du dieses Geräusch gehört?

 Zum Unterschied zwischen **écouter** und **entendre** vgl. die Information auf S. 27.

lire [liʀ]	lesen
la **lecture** [lɛktyʀ]	Lesen, Lektüre
être plongé dans la lecture d'un roman	in die Lektüre eines Romans vertieft sein
écrire [ekʀiʀ]	schreiben

regarder [ʀ(ə)gaʀde]	(an)sehen, (an)schauen
un **regard** [ʀ(ə)gaʀ]	⦿Blick
jeter un regard sur	einen Blick werfen auf
observer [ɔpsɛʀve]	beobachten
une **observation** [ɔpsɛʀvasjɔ̃]	Beobachtung
avoir le sens de l'observation	über eine gute Beobachtungsgabe verfügen
remarquer [ʀ(ə)maʀke]	bemerken
une **remarque** [ʀ(ə)maʀk]	Bemerkung
s'intéresser à [sɛ̃teʀese]	sich interessieren für
Je m'intéresse beaucoup à la politique.	Ich interessiere mich sehr für Politik.
un **intérêt** [ɛ̃teʀɛ]	⦿Interesse
C'est sans intérêt.	Das ist uninteressant.

la **capacité** [kapasite]	⦿Fähigkeit, Befähigung
Ça n'entre pas dans ses capacités.	Das übersteigt seine Fähigkeiten.
l'**incapacité** f [ɛ̃kapasite]	Unfähigkeit
être dans l'incapacité de faire qc	unfähig sein, etw. zu tun
la **faculté** [fakylte]	⦿Fähigkeit
Dans son domaine, il **fait preuve de** facultés étonnantes.	In seinem Fachgebiet verfügt er über erstaunliche Fähigkeiten.
le **savoir-faire** [savwaʀfɛʀ]	Know-how
manquer de savoir-faire	zu wenig Know-how besitzen

habile [abil]	geschickt
Il est très **habile de** ses mains.	Er ist sehr geschickt mit seinen Händen.
malhabile [malabil]	ungeschickt
l'**habileté** f [abil(ə)te]	Geschicklichkeit
compétent,e [kɔ̃petɑ̃, ɑ̃t]	kompetent
la **compétence** [kɔ̃petɑ̃s]	Kompetenz, Sachverstand
Il est connu pour **ses compétences en informatique.**	Er ist für sein Informatikwissen bekannt.
incompétent,e [ɛ̃kɔ̃petɑ̃, ɑ̃t]	inkompetent
l'**incompétence** f [ɛ̃kɔ̃petɑ̃s]	Inkompetenz, Unzulänglichkeit

une **tâche** [taʃ]	Arbeit, Aufgabe
entreprendre une tâche	eine Arbeit in Angriff nehmen

tache – tâche

Beim Sprechen egal, beim Schreiben fatal. *Vorsicht Akzent!*

une t**a**che — *Fleck, Flecken*

Ton pantalon est plein de taches. — *Deine Hose ist voller Flecken.*

une t**â**che — *Aufgabe, Tätigkeit*

Tu n'auras pas la tâche facile. — *Für dich wird das keine leichte Aufgabe sein.*

élaborer qc [elabɔʀe] — etw. aus-/erarbeiten

se charger de qc [səʃaʀʒe] — ☞ sich um etw. kümmern
Tu apportes le vin, et je me charge du dessert. — Du bringst den Wein und ich kümmere mich um den Nachtisch.

accomplir qc [akɔ̃pliʀ] — ♦ etw. vollenden, vollbringen

se donner la peine [s(ə)dɔnelapɛn] — ♦ sich bemühen
Il ne s'est même pas donné la peine de me répondre. — Er hat sich nicht einmal die Mühe gemacht, mir zu antworten.

faire de son mieux [fɛʀdəsɔ̃mjø] — sein Bestes geben
J'ai fait de mon mieux, mais ce n'est pas très réussi. — Ich gab mein Bestes, aber es ist nicht sehr geglückt.

(se) perfectionner [(s(ə))pɛʀfɛksjɔne] — (sich) perfektionieren, verbessern
Elle veut aller aux Etats-Unis pour perfectionner son anglais. — Sie will in die USA, um ihr Englisch zu vervollkommnen.

se tirer d'affaire [s(ə)tiʀedafɛʀ] — ♦ sich aus der Affäre ziehen

---

projeter [pʀɔj(ə)te] — vorhaben
Nous projetons d'aller passer un mois au Canada. — Wir haben vor, einen Monat in Kanada zu verbringen.

s'engager dans qc/à faire qc [sɑ̃gaʒe] — ♦ bei etw. mitmachen; sich verpflichten, etw. zu tun
Elle s'est engagée dans une aventure dangereuse. — Sie hat sich in ein gefährliches Abenteuer gestürzt.
Il s'est engagé à me rendre l'argent avant Noël. — Er hat sich verpflichtet, mir das Geld vor Weihnachten zurückzugeben.

se forcer à faire qc [s(ə)fɔʀse] — ♦ sich zwingen, etw. zu tun
Je me suis forcé à manger les légumes. — Ich habe mich gezwungen, das Gemüse zu essen.

s'efforcer de faire qc [sefɔʀse] — ♦ sich bemühen/sich anstrengen, etw. zu tun
Il s'efforçait de rester calme. — Er gab sich Mühe, ruhig zu bleiben.

se garder de faire qc [s(ə)gaʀde] — sich hüten, etw. zu tun

céder [sede] — nachgeben
céder à une envie — einem Gelüste nachgeben

---

faire qc en vain [fɛʀɑ̃vɛ̃] — etw. vergeblich, umsonst tun
J'ai cherché en vain, je n'ai rien trouvé. — Ich habe umsonst gesucht, ich habe nichts gefunden.

faire qc en personne [fɛʀɑ̃pɛʀsɔn] — etw. selber tun
faire qc en cachette [fɛʀɑ̃kaʃɛt] — etw. heimlich tun
Les enfants ont fumé en cachette. — Die Kinder haben heimlich geraucht.
faire qc avec/sans peine [fɛʀavɛk/sɑ̃pɛn] — etw. mit Mühe/mühelos tun
Est-ce qu'on peut apprendre le français sans peine? — Kann man Französisch ohne Mühe erlernen?
faire qc avec/sans succès [fɛʀavɛk/sɑ̃syksɛ] — etw. erfolgreich/erfolglos tun
faire qc volontiers [fɛʀvɔlɔ̃tje] — etw. gern tun
Merci de votre invitation, nous viendrons volontiers. — Danke für ihre Einladung, wir werden gerne kommen.

---

apercevoir [apɛʀsəvwaʀ] — flüchtig sehen, wahrnehmen
J'ai aperçu Jacques dans le métro. — Ich habe Jacques in der Metro (flüchtig) gesehen.

s'apercevoir de qc [sapɛʀsəvwaʀ] — etw. bemerken
Je me suis aperçu qu'il me manquait 100 francs. — Ich habe bemerkt, dass mir 100 Francs fehlten.
concevoir [kɔ̃s(ə)vwaʀ] — sich vorstellen, sich ausdenken
Je **conçois mal** que tu aies fait ça. — Ich verstehe nicht, wie du das tun konntest.

se faire une idée de [s(ə)fɛʀynide] — sich eine Vorstellung machen, eine Vorstellung haben von

Je vous dis ça pour que vous puissiez vous faire une idée de la gravité de la situation. — Ich sage Ihnen das, damit Sie sich den Ernst der Lage vorstellen können.
tenir compte de qc [t(ə)niʀkɔ̃t] — etw. berücksichtigen
Tu ne tiens jamais compte de mon avis. — Du berücksichtigst nie meine Meinung.

---

réclamer [ʀeklame] — verlangen, fordern
réclamer des dommages-intérêts — Schadenersatz verlangen
acquérir qc [akeʀiʀ] — etw. erwerben, sich etw. aneignen
Bien mal acquis ne profite jamais. *prov* — Unrecht Gut gedeihet nicht.
une **acquisition** [akizisjɔ̃] — Anschaffung, Erwerb

---

attribuer [atʀibye] — zuweisen, verleihen
On a attribué le prix Nobel de Littérature à Günter Grass en 1999. — Der Nobelpreis für Literatur wurde 1999 Günter Grass verliehen.
(se) répartir [(s(ə))ʀepaʀtiʀ] — verteilen; (sich) teilen
On se répartit les tâches domestiques. — Wir teilen uns die Aufgaben im Haushalt.
la **répartition** [ʀepaʀtisjɔ̃] — Verteilung, Aufteilung
accorder qc à qn [akɔʀde] — jdm etw. gewähren, einwilligen

Je lui ai accordé 8 jours de réflexion.	Ich habe ihm acht Tage Bedenkzeit eingeräumt.
destiner qc à qn [destine]	ᵉetw. für jdn vorsehen
Cette lettre lui est destinée.	Dieser Brief ist für ihn bestimmt.

oublier (de faire qc) [ublie]
J'ai oublié de passer à l'épicerie.

vergessen (etw. zu tun)
Ich habe vergessen, beim Lebensmittelgeschäft vorbeizugehen.

l'**oubli** *m* [ubli]
tomber* dans l'oubli
négliger [neglize]
négliger ses obligations
la **négligence** [neglizɑ̃s]
se désintéresser de
[s(ə)dezɛ̃teʀese]
Je me désintéresse complètement
de ce sujet.
le **désintérêt** [dezɛ̃teʀɛ]

Vergessen, Versäumnis
in Vergessenheit geraten
vernachlässigen
seine Pflichten vernachlässigen
⊘ Nachlässigkeit
ᵉ das Interesse verlieren an

Ich interessiere mich überhaupt
nicht für dieses Thema.
⊘ Desinteresse

Französisches Wort	Deutsche Entsprechung	Falscher Freund	Französische Entsprechung
brave	mutig	brav	sage
la fantaisie	Einfallsreichtum, originelle Idee, Laune	Fantasie *(Einbildungsvermögen)*	l'imagination f
ordinaire	gewöhnlich, normal, üblich; mittelmäßig, einfach	ordinär	vulgaire

5.1 Essen und Trinken

manger [mãʒe]
Le soir, on mange souvent froid.

l'appétit *m* [apeti]
manger de bon appétit
« L'appétit vient en mangeant ; la
soif s'en va en buvant. » *(Rabelais)*

la **faim** [fɛ̃]
avoir faim
avoir une **faim de loup** *loc*
mourir* de faim
avoir envie de qc [avwaʀãvi]
J'ai bien envie d'un sandwich.

essen
Abends essen wir oft kalt.

Appetit
tüchtig zulangen
Der Appetit kommt beim Essen;
der Durst geht durch Trinken.

Hunger
Hunger haben
einen Bärenhunger haben
vor Hunger sterben
Lust auf etw. haben
Ich habe richtig Lust auf ein Sand-
wich.

boire [bwaʀ]
boire à la bouteille
boire dans un verre
une **boisson** [bwasɔ̃]
la **soif** [swaf]
avoir soif

trinken
aus der Flasche trinken
aus einem Glas trinken
Getränk
Durst
Durst haben

un **aliment** [alimã]
l'**alimentation** *f* [alimãtasjɔ̃]
la **nourriture** [nuʀityʀ]
se nourrir (de) [s(ə)nuʀiʀ]
Ce garçon ne se nourrit que de
chocolat.
avaler [avale]
avaler de travers

Nahrungsmittel
Ernährung
Nahrung
sich ernähren (von)
Dieser Junge ernährt sich nur von
Schokolade.
(hinunter)schlucken
sich verschlucken

un **repas** [ʀ(ə)pa]
se mettre à table [s(ə)mɛtʀatabl]
servir qc (à qn) [sɛʀviʀ]
Je vous sers encore un peu de
viande ?
se servir [səsɛʀviʀ]
Sers-toi, je t'en prie.
le **petit déjeuner** [p(ə)tideʒœne]
prendre le petit déjeuner
(le) **déjeuner** *n; v* [deʒœne]
(le) **goûter** *n; v* [gute]

Il faut absolument **goûter à** ce
fromage. Il est délicieux.

Essen, Mahlzeit
sich zu Tisch setzen *(zum Essen)*
(jdm) etw. servieren
Darf ich Ihnen noch etwas Fleisch
reichen?
sich bedienen, zugreifen
Bitte, greif zu.
Frühstück
frühstücken
Mittagessen; zu Mittag essen
Vesper, kleiner Nachmittagsimbiss;
kosten, probieren

Sie müssen unbedingt diesen Käse
probieren. Er ist köstlich.

(le) **dîner** *n; v* [dine] — Abendessen; zu Abend essen
Le soir, ils vont souvent dîner au restaurant. — Abends gehen sie oft ins Restaurant essen.

le **régime** [ʀeʒim] — Diät
René est de mauvaise humeur. Il **est au régime** depuis lundi. — René ist schlecht gelaunt. Seit Montag ist er auf Diät.
Moi aussi, je vais **me mettre au régime**. — Auch ich werde eine Diät beginnen/machen.

le **goût** [gu] — Geschmack
avoir du goût — schmackhaft sein
Bizarre, ce poulet **a un goût de poisson.** — Komisch, das Hühnchen schmeckt nach Fisch.
bon,ne [bɔ̃, bɔn] — gut
sucré,e [sykʀe] — süß
salé,e [sale] — salzig
La soupe est trop salée. — Die Suppe ist versalzen.
poivré,e [pwavʀe] — gepfeffert
amer, -ère [amɛʀ] — bitter
acide [asid] — sauer

brûlant,e [bʀylã, ãt] — kochend heiß
chaud,e [ʃo, ʃod] — heiß, warm
Mange pendant que c'est chaud. — Iss, solange es warm ist.
tiède [tjɛd] — lauwarm
froid,e [fʀwa, fʀwad] — kalt

cru,e [kʀy] — roh
un camembert **au lait cru** — Camembert aus Rohmilch
cuit,e [kɥi, kɥit] — gekocht
dur,e [dyʀ] — hart
mou, molle [mu, mɔl] — weich
tendre [tɑ̃dʀ] — zart
Ce bifteck est vraiment tendre. — Dieses (Beef)Steak ist wirklich zart.

épais,se [epɛ, ɛs] — dick
gras,se [gʀa, gʀas] — fett(haltig), fettig
maigre [mɛgʀ] — mager
Je voudrais trois tranches de jambon bien maigre. — Ich möchte drei Scheiben wirklich mageren Schinken.
lourd,e [luʀ, luʀd] — schwer, schwer verdaulich
On ne va plus dans ce restaurant, la cuisine y est trop lourde. — Wir gehen nicht mehr in dieses Restaurant, seine Küche ist zu schwer (verdaulich).

léger, -ère [leʒe, leʒɛʀ]	leicht
allégé,e [aleʒe]	fettarm, light
un fromage allégé	ein fettarmer Käse
sec, sèche [sɛk, sɛʃ]	trocken
du saucisson sec	Hartwurst
frais, fraîche [fʀɛ, fʀɛʃ]	frisch
pur,e [pyʀ]	rein
100 % pur jus de fruits	100 % reiner Fruchtsaft

un **café** [kafe]	Kaffee
un **thé** [te]	Tee
boire un **thé** au citron	einen Tee mit Zitrone trinken
le **lait** [lɛ]	Milch
un **chocolat** [ʃɔkɔla]	Schokolade, Kakao
le **sucre** [sykʀ]	Zucker
le sucre en morceaux	Würfelzucker
une **sucrette** [sykʀɛt]	Süßstofftablette

une **baguette** [bagɛt]	Baguette
une **tartine** [taʀtin]	belegtes, bestrichenes Brot
un **croissant** [kʀwasɑ̃]	Croissant, Hörnchen
le **pain** [pɛ̃]	Brot
une tranche de pain	eine Scheibe Brot, Brotschnitte
le pain complet	Vollkornbrot
un petit pain	Brötchen, Semmel
le pain de mie	Toastbrot
du pain grillé	getoastetes Brot
un grille-pain	Toaster
une **brioche** [bʀiɔʃ]	Brioche *(Hefegebäck)*
une **biscotte** [biskɔt]	Zwieback

le **beurre** [bœʀ]	Butter
la **confiture** [kɔ̃fityʀ]	Marmelade
le **miel** [mjɛl]	Honig
un **œuf** [œf]	Ei
un œuf à la coque	ein weich gekochtes Ei
un œuf sur le plat	ein Spiegelei

le **hors-d'œuvre** ['ɔʀdœvʀ]	Vorspeise
une **entrée** [ɑ̃tʀe]	Vorspeise, erster Gang
une **soupe** [sup]	Suppe
un **pâté** [pate]	Pastete
le **jambon** [ʒɑ̃bɔ̃]	Schinken
le jambon cru	roher Schinken
le jambon blanc	gekochter Schinken
le **saucisson** [sosisɔ̃]	Wurst

une **omelette** [ɔmlɛt]	Omelett
les **crudités** f [kʀydite]	Rohkost
au choix [oʃwa]	nach freier Wahl
Vous pouvez prendre des crudités ou du pâté, au choix.	Sie können zwischen Rohkost und Pastete wählen.

le **poisson** [pwasɔ̃]	Fisch
la **truite** [tʀɥit]	Forelle
la **sole** [sɔl]	Seezunge
le **saumon** [somɔ̃]	Lachs
le **saumon fumé**	geräucherter Lachs
le **thon** [tɔ̃]	Thunfisch
le **thon à l'huile**	Thunfisch in Öl
le **hareng** ['aʀɑ̃]	Hering
la **sardine** [saʀdin]	Sardine
les **fruits de mer** m [fʀɥidmɛʀ]	Meeresfrüchte
les **moules** f [mul]	Muscheln

la **viande** [vjɑ̃d]	Fleisch
le **bœuf** [bøf]	Rind(fleisch)
le **veau** [vo]	Kalb(fleisch)
le **porc** [pɔʀ]	Schwein(efleisch)
le **mouton** [mutɔ̃]	Schaf/Hammel(fleisch)
l'**agneau** m [aɲo]	Lamm(fleisch)
le **poulet** [pulɛ]	Hähnchen(fleisch)
le **canard** [kanaʀ]	Ente(nfleisch)
la **dinde** [dɛ̃d]	Pute(nfleisch)
le **lapin** [lapɛ̃]	Kaninchen(fleisch)
poser un lapin à qn fam; loc	jdn versetzen
le **gibier** [ʒibje]	Wild(fleisch)

le **bifteck** [biftɛk]	(Beef)Steak
le **steak** [stɛk]	Steak
le **rôti** [ʀoti/ʀɔti]	Braten
la **sauce** [sos]	Sauce/Soße
le **foie** [fwa]	Leber

---

le foie – la foi – la fois

Gleicher Klang, unterschiedliche Schreibweise; *beachte die Homophone*:

le foie [fwa]	*die Leber*
du foie gras	*Gänse-, Entenleber(pastete)*
la foi [fwa]	*der Glaube*
Il n'y a que la foi qui sauve. loc	*Wer's glaubt, wird selig.*
la fois [fwa]	*das Mal*
Une fois n'est pas coutume. loc	*Einmal ist keinmal.*

une **côtelette** [kɔtlɛt/kɔtlɛt]	Kotelett
une **escalope** [ɛskalɔp]	Schnitzel
un **filet** [filɛ]	Filet
une **entrecôte** [ãtrəkot]	Entrecote *(Rippenstück v. Rind)*

le **légume** [legym]   Gemüse(sorte)

> **le(s) légume(s)**
>
> *Das Gemüse* wird mit dem Pluralbegriff **les légumes** *m* wiedergegeben. Handelt es sich um eine *Sorte/Art*, steht der Singular: **un légume.**

la **pomme de terre** [pɔmdətɛr]	Kartoffel
les **pommes de terre à l'eau**	Salzkartoffeln
les **pommes de terre sautées**	Bratkartoffeln
les **(pommes) frites** *f* [(pɔm)frit]	Pommes frites
la **purée** [pyre]	Püree, Brei
la **carotte** [karɔt]	Möhre, Karotte
Les carottes sont cuites. *fam*	Alles ist schon gelaufen.
une **tomate** [tɔmat]	Tomate
les **haricots verts** *m* [ˈarikovɛr]	grüne Bohnen
les **petits pois** *m* [p(ə)tipwa]	Erbsen
les **asperges** *f* [aspɛrʒ]	Spargel
le **champignon** [ʃãpiɲõ]	Pilz
le **champignon (de Paris)**	Champignon
l'**oignon** *m* [ɔɲõ]	Zwiebel

le **riz** [ri]	Reis
les **nouilles** *f* [nuj]	Nudeln
les **pâtes** *f* [pat]	Teigwaren

la **salade** [salad]	Salat
une **salade composée**	gemischter Salat
une **salade de fruits**	Obstsalat
la **vinaigrette** [vinɛgrɛt]	Vinaigrette, Essig und Öl-Dressing
la **mayonnaise** [majɔnɛz]	Mayonnaise

les **produits laitiers** *m* [prɔdɥilɛtje]	Milchprodukte
le **fromage** [frɔmaʒ]	Käse
le **fromage blanc**	Quark
le **camembert** [kamãbɛr]	Camembert
le **gruyère** [grujɛr]	Greyerzer *(Käsesorte)*
le **yaourt**/le **yog(h)ourt** [jaurt/jɔgurt]	Jogurt
la **crème fraîche** [krɛmfrɛʃ]	Crème fraîche

les **fruits** m [fʀɥi]	Früchte, Obst
les **fruits secs**	getrocknete(s) Früchte, Obst
une **pomme** [pɔm]	Apfel
une **poire** [pwaʀ]	Birne
une **pêche** [pɛʃ]	Pfirsich
une **banane** [banan]	Banane
une **orange** [ɔʀãʒ]	Orange
un **ananas** [anana(s)]	Ananas
un **melon** [m(ə)lõ]	Melone
du **raisin** [ʀɛzɛ̃]	Traube
un **grain de raisin**	Weinbeere, Weintraube
une **cerise** [s(ə)ʀiz]	Kirsche
une **prune** [pʀyn]	Pflaume
travailler pour des prunes loc	für die Katz arbeiten
une **fraise** [fʀɛz]	Erdbeere
une **framboise** [fʀãbwaz]	Himbeere

le **dessert** [desɛʀ]	Nachspeise, Dessert

ℹ️ dessert – désert

Unterscheide:

le **dessert** [desɛʀ]	*Nachspeise, Dessert*
le **désert** [dezɛʀ]	*Wüste*

---

un **gâteau** [gato]	Kuchen
Pour le dessert, il y a un gâteau à la crème.	Zum Nachtisch gibt es (Creme)-Torte.
une **tarte** [taʀt]	flacher Obstkuchen
des **pâtisseries** f [patisʀi]	Feingebäck
une **glace** [glas]	Eis
Je prendrais bien une glace à la vanille.	Ich hätte gern ein Vanilleeis.
le **parfum** [paʀfɛ̃]	Geschmack
Quel parfum ? Fraise ou chocolat ?	Welchen Geschmack? Erdbeer oder Schokolade?
une **mousse au chocolat** [musoʃɔkɔla]	Mousse au chocolat *(Schokoladencreme)*
la **crème** [kʀɛm]	Creme *(Süßspeise)*
un **bonbon** [bõbõ]	Bonbon

l'**eau (minérale)** f [o(mineʀal)]	Mineralwasser
l'**eau gazeuse**	Sprudel
un **jus (de fruits)** [ʒy(d(ə)fʀɥi)]	(Obst)Saft
verser [vɛʀse]	(ein-/aus)gießen

Verse-moi un peu de jus d'orange, s'il te plaît.	Schenk mir bitte etwas Orangensaft ein.
une **limonade** [limɔnad]	Limonade
un **sirop** [siʀo]	Sirup
vider (son verre) [vide]	(sein Glas) leeren
Il a vidé son verre **d'une traite**.	Er hat sein Glas auf einen Zug geleert.

l'**alcool** *m* [alkɔl]	Alkohol
une **boisson sans alcool**	ein alkoholfreies Getränk
la **bière** [bjɛʀ]	Bier
une **bière blonde**	ein helles Bier
une **bière brune**	ein dunkles Bier
le **vin** [vɛ̃]	Wein
un **vin de table**	Tafelwein
le **(vin) blanc**	Weißwein
Vous prendrez bien un **petit blanc sec**, M. Martin ?	Sie nehmen sicher ein Gläschen trockenen Weißwein, Herr Martin?
le **(vin) rouge**	Rotwein
le **(vin) rosé**	Rosé(wein)
le **champagne** [ʃɑ̃paɲ]	Champagner
le **(vin) mousseux** [(vɛ̃)musø]	Sekt, Schaumwein
le **cidre** [sidʀ]	Cidre, Apfelwein
un **tire-bouchon** [tiʀbuʃɔ̃]	Korkenzieher
un **ouvre-bouteille** [uvʀəbutɛj]	Flaschenöffner
A votre santé ! [avɔtʀəsɑ̃te]	Auf Ihr Wohl! Zum Wohl!
A la vôtre ! *fam*	Prost!

affamé,e [afame]	hungrig
à jeun [aʒɛ̃]	nüchtern
Il faut prendre ce médicament à jeun.	Dieses Medikament muss nüchtern eingenommen werden.
dévorer [devoʀe]	verschlingen
digérer [diʒeʀe]	verdauen
(le) souper *n; v* [supe]	spätes Abendessen; spät am Abend essen
la **saveur** [savœʀ]	Geschmack, Schmackhaftigkeit

(un,e) **gourmand,e** *n; adj* [ɡuʀmɑ̃, ɑ̃d]	Naschkatze; esslustig
la **gourmandise** [ɡuʀmɑ̃diz]	Esslust, Naschhaftigkeit
un **gourmet** [ɡuʀmɛ]	Feinschmecker
grignoter [ɡʀiɲɔte]	knabbern
Elle n'a pas d'appétit. Elle a juste grignoté une biscotte.	Sie hat keinen Appetit. Sie hat nur an einem Zwieback geknabbert.
mâcher [maʃe]	kauen

trinquer à [tʀɛ̃ke] anstoßen auf
Trinquons à la santé des jeunes Lasst uns auf das Wohl des jungen
mariés ! Paares anstoßen!
ivre [ivʀ] betrunken
soûl,e *fam* [su, sul] betrunken

saignant,e [sɛɲɑ̃, ɑ̃t] nicht durch(gebraten), englisch
à point [apwɛ̃] medium (rosagebraten)
bien cuit,e [bjɛ̃kɥi, it] durch(gebraten)
Deux steaks saignants, et un bien Zwei nicht durchgebratene Steaks
cuit, s'il vous plaît. und eins bitte gut durch.

un **casse-croûte** [kaskʀut] Imbiss, Zwischenmahlzeit
le **potage** [pɔtaʒ] Suppe
la **soupe à l'oignon** [supalɔɲɔ̃] Zwiebelsuppe

une **aubergine** [obɛʀʒin] Aubergine
un **chou-fleur** [ʃuflœʀ] Blumenkohl
un **artichaut** [aʀtiʃo] Artischocke
un **concombre** [kɔ̃kɔ̃bʀ] Salatgurke
un **cornichon** [kɔʀniʃɔ̃] Essiggürkchen
un **poivron** [pwavʀɔ̃] Paprika(schote)
l'**ail** *m* [aj] Knoblauch

une **endive** [ɑ̃div] Chicorée
une **(chicorée) frisée** [(ʃikɔʀe)fʀize] Endivie(nsalat)
une **laitue** [lɛty] Kopfsalat
assaisonner [asɛzɔne] Salat anmachen

les **épices** *f* [epis] Gewürze
épicer [epise] würzen
épicé,e [epise] gewürzt
le **thym** [tɛ̃] Thymian
le **laurier** [lɔʀje] Lorbeer
le **persil** [pɛʀsi] Petersilie
la **ciboulette** [sibulɛt] Schnittlauch
les **fines herbes** *f* [finzɛʀb] Küchenkräuter
les **herbes de Provence** *f* Kräuter der Provence
[ɛʀbdəpʀɔvɑ̃s]
la **vanille** [vanij] Vanille
la **cannelle** [kanɛl] Zimt

une **coupe** [kup] Becher, Schale
Comme dessert, je vous recom- Als Nachtisch empfehle ich Ihnen
mande une **coupe de glace**. einen Eisbecher.

un **flan** [flɑ̃]	Pudding
la **crème Chantilly** [kʀɛmʃɑ̃tiji]	Schlagsahne
une **crêpe** [kʀɛp]	Crêpe
une **gaufre** [gofʀ]	Waffel
un **gâteau sec** [gatosɛk]	Keks

varié,e [vaʀje]	verschieden(artig)
Il y a des hors-d'œuvre variés au menu.	Auf der Karte stehen/Zum Essen gibt es verschiedene Vorspeisen.
appétissant,e [apetisɑ̃, ɑ̃t]	appetitlich, appetitanregend
rafraîchissant,e [ʀafʀeʃisɑ̃, ɑ̃t]	erfrischend
Cette boisson est très rafraîchissante.	Dieses Getränk ist sehr erfrischend.
indigeste [ɛ̃diʒɛst]	schwer verdaulich, unverdaulich
Ma mère trouve la cuisine à l'huile indigeste.	Meine Mutter findet mit Öl gekochte Speisen schwer verdaulich.

5.2 Kochen, Backen und Gerichte

la **cuisine** [kɥizin]	Küche
un **livre de cuisine**	Kochbuch
cuisiner [kɥizine]	kochen
un,e **cuisinier, -ière** [kɥizinje, jɛʀ]	Koch, Köchin
un **plat** [pla]	Gericht
un **plat cuisiné**	Fertiggericht
C'est mon plat préféré.	Das ist mein Lieblingsgericht.

---

kochen

Kochen kann kontextabhängig auf verschiedene Weise wiedergegeben werden:

cuisiner/faire la cuisine	*das Essen kochen*
Mon frère cuisine très bien.	*Mein Bruder kocht sehr gut.*
Tu sais faire la cuisine?	*Kannst du kochen?*
cuire	*(gar) kochen*
cuire au four	*im Backofen zubereiten*
Les lentilles doivent cuire 40 minutes.	*Die Linsen müssen 40 Minuten kochen.*
faire cuire	*(hart, gar) kochen*
faire cuire un œuf	*ein Ei hart kochen*
Va te faire cuire un œuf. *fam*	*Rutsch mir den Buckel runter.*
faire	*zubereiten, kochen*
faire du thé/du café	*Tee/Kaffee kochen*
bouillir	*kochen (Siedepunkt)*
L'eau bout à 100 degrés.	*Wasser kocht bei 100 Grad.*
faire bouillir qc	*etw. abkochen*
faire bouillir du lait	*Milch abkochen*

*un **four** [fuʀ]	Backofen
mettre au four	in den Backofen schieben
*un **(four à) micro-ondes**	Mikrowellenherd
un **réfrigérateur** [ʀefʀiʒeʀatœʀ]	Kühlschrank
*un **frigidaire**; un **frigo** *fam*	Kühlschrank
[fʀiʒidɛʀ, fʀigo]	
*un **congélateur** [kɔ̃ʒelatœʀ]	Tiefkühltruhe
*congeler** [kɔ̃ʒ(ə)le]	tiefkühlen, einfrieren

griller [gʀije]	grillen
*rôtir** [ʀotiʀ/ʀɔtiʀ]	braten
*faire chauffer** [fɛʀʃofe]	erwärmen, erhitzen
réchauffer [ʀeʃofe]	aufwärmen
*refroidir** [ʀəfʀwadiʀ]	abkühlen

*une **recette** [ʀəsɛt]	Rezept
*préparer** [pʀepaʀe]	zubereiten
*éplucher** [eplyʃe]	schälen
couper [kupe]	schneiden
*découper** [dekupe]	(auf)schneiden
mélanger [melɑ̃ʒe]	(ver)mischen
ajouter qc (à qc) [aʒute]	(einer Sache) etw. hinzufügen
Il n'y a pas assez de sel, il faut que tu en ajoutes un peu.	Es fehlt Salz; salz noch etwas nach.

une **boîte** [bwat]	Dose
un **ouvre-boîte(s)**	Dosenöffner
serrés comme des sardines (en boîte) *loc*	dicht gedrängt wie in der Sardinen-büchse
une **conserve** [kɔ̃sɛʀv]	Konserve

ℹ Mehrzahl

Zusammengesetzte Nomen vom Typ *Verb + Nomen* verhalten sich der neuen Recht-schreibung (1990) zufolge wie *einfache Nomen*, d. h. das Nomen erhält nur in der Mehrzahl eine Pluralmarkierung:

un porte-monnaie	des porte-monnaie<u>s</u>	*Geldbeutel*
un ouvre-boîte	des ouvre-boîte<u>s</u>	*Dosenöffner*
un sèche-cheveu	des sèche-cheveu<u>x</u>	*Föhn*

Diese neue Orthografie wird toleriert.

Die traditionelle Schreibweise ist schwankend:

un porte-monnaie	des porte-monnaie
un ouvre-boîte(s)	des ouvre-boîte(s)
un sèche-cheveux	des sèche-cheveux

l'**huile** f [ɥil]	Öl
une **goutte d'huile**	ein Tropfen Öl
le **vinaigre** [vinɛgʀ]	Essig
une **cuillerée (de)** [kɥij(e)ʀe]	ein Löffel(voll) (von etw.)

le **sel** [sɛl]	Salz
Ajoutez **une pincée de sel.**	Geben Sie eine Prise Salz hinzu.
saler [sale]	salzen
le **poivre** [pwavʀ]	Pfeffer
poivrer [pwavʀe]	pfeffern
la **moutarde** [mutaʀd]	Senf

la **farine** [faʀin]	Mehl
la **levure** [l(ə)vyʀ]	Backpulver, Hefe
la **pâte** [pat]	Teig

la **table** [tabl]	Tisch
mettre la table	den Tisch decken
débarrasser la table	den Tisch abräumen, abdecken
le **couvert** [kuvɛʀ]	Besteck, Gedeck
mettre le couvert	den Tisch decken
la **vaisselle** [vɛsɛl]	Geschirr
faire la vaisselle	(Geschirr) abspülen

une **assiette** [asjɛt]	Teller
une **assiette plate**	flacher Teller
une **assiette creuse**	Suppenteller
un **verre** [vɛʀ]	Glas
une **tasse** [tas]	Tasse

> **i** Zum Unterschied von **un verre/une tasse de** bzw. **à** vgl. S. 216.

une **soucoupe** [sukup]	Untertasse
un **bol** [bɔl]	Bol, (Trink)Schale

un **couteau** [kuto]	Messer
une **cuillère** (une **cuiller**) [kɥijɛʀ]	Löffel
une **cuillère à soupe**	Suppen-, Esslöffel
une **petite cuillère** (une **cuillère à café**)	Tee-, Kaffeelöffel
une **fourchette** [fuʀʃɛt]	Gabel

une **nappe** [nap]	Tischdecke
une **serviette (de table)** [sɛʀvjɛt]	Serviette
une **corbeille à pain** [kɔʀbɛjapɛ̃]	Brotkorb

Mit und ohne Henkel

Unterscheide:

une corbeille	*Korb (ohne Henkel)*
une corbeille à papier	*Papierkorb*
un panier	*Korb (mit Henkel)*
un panier à provisions	*Einkaufskorb*
un panier à salade *(fam)*	*Salatkorb (zum Abtropfenlassen des gewaschenenen Salats); fam: grüne Minna*

---

une **plaque de cuisson** [plakdəkɥisɔ̃]	Kochplatte
à feu doux [afødu]	bei schwacher Hitze, auf kleiner Flamme
faire cuire à feu doux	bei schwacher Hitze/auf kleiner Flamme kochen lassen, köcheln

remuer [ʀəmɥe]	(um)rühren
fouetter qc [fwɛte]	schlagen
la **crème fouettée**	Schlagsahne
battre [batʀ]	schlagen
battre les œufs **en neige**	Eier zu Schnee schlagen

la **pâte brisée** [patbʀize]	Mürbeteig
la **pâte feuilletée** [patfœjte]	Blätterteig
la **pâte levée** [patləve]	Hefeteig

une **casserole** [kasʀɔl]	(Stiel)Topf
une **marmite** [maʀmit]	Kochtopf
C'est dans les vieilles marmites qu'on fait la meilleure soupe. *prov*	In alten Töpfen kocht man die beste Suppe.
une **cocotte-minute** [kɔkɔtminyt]	Schnellkochtopf
une **poêle** [pwal]	Pfanne

Maskulin/feminin

Unterscheide die Artikel:

<u>une</u> poêle (à frire)	*(Brat)Pfanne*
<u>un</u> poêle	*(Zimmer)Ofen*
un poêle à bois	*Holzofen*

---

une **friteuse** [fʀitøz]	Friteuse, Fritiertopf
la **graisse** [gʀɛs]	(Back-, Koch)Fett
un **moule** [mul]	(Back-, Koch)Form

une **cafetière** [kaftjɛʀ]	Kaffeekanne
une **théière** [tejɛʀ]	Teekanne
une **carafe** [kaʀaf]	Karaffe
un **plateau** [plato]	Tablett
un plateau de fromages	Käseplatte
un **saladier** [saladje]	(Salat)Schüssel
une **soupière** [supjɛʀ]	Suppenschüssel

5.3 Kleidungsstücke

un **vêtement** [vɛtmã]	Kleidungsstück
les **habits** m [abi]	Kleidung(sstücke)
s'**habiller** [sabije]	sich anziehen
Il a sauté dans l'eau **tout habillé**.	Er ist in voller Kleidung ins Wasser gesprungen.
se **déshabiller** [s(ə)dezabije]	sich ausziehen
les **fringues** f; fam [fʀɛ̃g]	Klamotten
mettre [mɛtʀ]	anziehen
Mets un manteau, il fait froid.	Zieh einen Mantel an, es ist kalt.
enlever [ãl(ə)ve]	ausziehen, abnehmen
enlever son chapeau	den Hut abnehmen
porter [pɔʀte]	tragen
changer de qc [ʃãʒe]	etw. wechseln
changer de chaussettes	die Socken wechseln
se **changer** [səʃãʒe]	sich umziehen
Avec cette pluie, je suis tout mouillé ; je vais me changer.	Bei diesem Regen bin ich ganz durchnässt; ich werde mich umziehen.
se **couvrir** [s(ə)kuvʀiʀ]	sich warm anziehen
Couvre-toi, il fait froid.	Zieh dich warm an, es ist kalt.
à l'**endroit** [alãdʀwa]	rechts, auf der rechten Seite
à l'**envers** [alãvɛʀ]	verkehrt herum
Il a mis son pull à l'envers.	Er hat seinen Pulli verkehrt herum angezogen.
un **pantalon** [pãtalɔ̃]	Hose
un **short** [ʃɔʀt]	Shorts
un **jean** [dʒin]	Jeans
une **robe** [ʀɔb]	Kleid
une **robe du soir**	Abendkleid
une **jupe** [ʒyp]	Rock
une **mini(jupe)**	Minirock

une **chemise** [ʃ(ə)miz]	Hemd
Il change d'avis comme de chemise. *loc*	Er wechselt seine Meinung wie sein Hemd.
un **chemisier** [ʃ(ə)mizje]	Bluse
un **tee-shirt; un T-shirt** [tiʃœʀt]	T-Shirt
un **pull** [pyl]	Pullover
un **sweat** [swɛt]	Sweatshirt

un **manteau** [mãto]	Mantel
un **imperméable**; un **imper** *fam* [ɛ̃pɛʀ(meabl)]	Regenmantel
un **anorak** [anɔʀak]	Anorak
un **blouson** [bluzɔ̃]	Jacke, Blouson
un **costume** [kɔstym]	Anzug
aller au bureau en **costume trois pièces**	im dreiteiligen Anzug ins Büro gehen

---

ℹ **Womit man sich kleidet**

Unterscheide:

une **veste**	*Jacke, Jackett, Blazer*
un **veston**	*Jacke, Sakko (eines Anzugs)*
Le veston de mon costume est trop large.	*Der Sakko meines Anzugs ist zu weit.*
un **gilet**	*Strickjacke; Weste (z. B. eines dreiteiligen Anzugs)*
un **gilet de sauvetage**	*Rettungsweste*

---

un **chapeau** [ʃapo]	Hut
une **casquette** [kaskɛt]	Mütze
une **casquette de base-ball**	Baseballmütze
un **bonnet** [bɔnɛ]	Strickmütze
un **béret (basque)** [beʀɛ(bask)]	Baskenmütze

des **sous-vêtements** *m* [suvɛtmã]	Unterwäsche
un **soutien-gorge** [sutjɛ̃gɔʀʒ]	BH
un **slip** [slip]	Slip
un **collant** [kɔlã]	Strumpfhose
un **bas** [ba]	Strumpf
une paire de bas nylon	ein Paar Nylonstrümpfe
des **chaussettes** *f* [ʃosɛt]	Socken

un **maillot de bain** [majodbɛ̃]	Badeanzug
un **(maillot) deux-pièces** [døpjɛs]	Bikini
un **bikini** [bikini]	Bikini
un **slip de bain** [slipdəbɛ̃]	Badehose

un **pyjama** [piʒama]	Schlafanzug; Pyjama
une **chemise de nuit** [ʃ(ə)mizdənɥi]	Nachthemd
une **robe de chambre** [ʀɔbdəʃɑ̃bʀ]	Morgenrock

des **chaussures** f [ʃosyʀ]	Schuhe
une **paire de chaussures**	ein Paar Schuhe
des **bottes** f [bɔt]	Stiefel
en avoir plein les bottes *fam*	die Schnauze voll haben
des **baskets** m [baskɛt]	Turnschuhe
des **sandales** f [sɑ̃dal]	Sandalen
des **tennis** m [tenis]	Turnschuhe

laver [lave]	waschen
une **machine à laver**	Waschmaschine
la **lessive** [lɛsiv]	Waschmittel; Wäsche
faire la lessive	(Wäsche) waschen
le **linge** [lɛ̃ʒ]	Wäsche
mouillé,e [muje]	nass
humide [ymid]	feucht
Le linge est encore humide.	Die Wäsche ist noch feucht.
sec, sèche [sɛk, sɛʃ]	trocken
sécher [seʃe]	trocknen
Au soleil, le linge **séchera** plus vite.	In der Sonne wird die Wäsche schneller trocknen.

nettoyer [nɛtwaje]	putzen, reinigen
faire nettoyer une veste	eine Jacke zur Reinigung bringen
une **tache** [taʃ]	Fleck
enlever une tache	einen Fleck entfernen

 Zum Unterschied zwischen **tache** und **tâche** vgl. S. 81.

repasser [ʀ(ə)pase]	bügeln
le **fer à repasser**	Bügeleisen
une **table/planche à repasser**	Bügeltisch
le **repassage** [ʀ(ə)pasaʒ]	das Bügeln
froissé,e [fʀwase]	zerknittert

chic [ʃik]	schick
élégant,e [elegɑ̃, ɑ̃t]	elegant
la **mode** [mɔd]	Mode
à la mode	modisch
Les jupes courtes sont à la mode, cette année.	Dieses Jahr sind kurze Röcke in Mode.

mode

Gleiche Schreibweise, gleiche Aussprache; der Artikel macht den Unterschied. *Vergleiche:*

la mode	*Mode*
Elle est habillée à la dernière mode.	*Sie ist nach der neusten Mode gekleidet.*
un défilé de mode	*Modenschau*
le mode	*Art und Weise, Modus*
le mode d'emploi	*Gebrauchsanweisung*

moderne [mɔdɛʀn]	modern
la **qualité** [kalite]	Qualität
un tissu de bonne qualité	ein Stoff von guter Qualität
nouveau, nouvel; nouvelle	neu
[nuvo, nuvɛl]	
neuf, neuve [nœf, nœv]	neu
J'ai mal aux pieds dans mes chaus-	In meinen neuen Schuhen tun mir
sures neuves.	die Füße weh.

Neu ≠ **neu**

Unterscheide:

neuf, neuve	une voiture neuve	*ein (fabrik)neues Auto*
nouveau, nouvel,	une nouvelle voiture	*ein neues/anderes Auto*
nouvelle	(= une autre voiture)	

usé,e [yze]	abgenutzt, abgewetzt
un vieux jean **usé aux genoux**	alte, am Knie abgewetzte Jeans
propre [pʀɔpʀ]	sauber
sale [sal]	dreckig

la **taille** [taj]	Größe, Taille
C'est **à ma taille.**	Das ist meine Größe.
Comme taille, je fais du 38.	Ich trage Größe 38.
court,e [kuʀ, kuʀt]	kurz
long, longue [lɔ̃, lɔ̃g]	lang
large [laʀʒ]	breit
étroit,e [etʀwa, etʀwat]	eng
serré,e [seʀe]	eng
une veste **serrée à la taille**	Eine taillenbetonte Jacke

chaud,e [ʃo, ʃod]	warm
un vêtement chaud pour l'hiver	warme Winterkleidung
confortable [kɔ̃fɔʀtabl]	bequem
épais,se [epɛ, ɛs]	dick
léger, -ère [leʒe, ʒɛʀ]	leicht
un tissu épais/léger	ein dicker/leichter Stoff
fin, fine [fɛ̃, fin]	dünn

un **tailleur** [tajœʀ]
Elle porte le plus souvent des tailleurs très classiques.
un **ensemble** [ãsãbl]
On ne peut pas acheter la veste sans la jupe, c'est un ensemble.

Kostüm; Schneider
Meist trägt sie sehr klassische Kostüme.
Mehrteiler
Man kann die Jacke nicht ohne den Rock kaufen, das ist ein Kostüm.

---

un **peignoir** [pɛɲwaʀ]
un **survêtement** [syʀvɛtmã]
un **jogging** [dʒɔgiŋ]
Il a mis son jogging pour aller courir en forêt.

Bademantel
Trainingsanzug
Jogginganzug
Er hat seinen Jogginganzug angezogen, um im Wald zu laufen.

---

un **tablier** [tablije]
un **tablier de cuisine**
Ça lui va comme un tablier à une vache. *fam; loc*
une **blouse** [bluz]
La femme de ménage porte une blouse pour protéger ses vêtements.
une **salopette** [salɔpɛt]

Schürze
Küchenschürze
Das passt wie die Faust aufs Auge./
Das steht ihm/ihr überhaupt nicht.
(Arbeits)Kittel
Die Putzfrau trägt einen Arbeitskittel, um ihre Kleider zu schützen.
Latzhose

---

la **lingerie** [lɛ̃ʒʀi]
une **culotte** [kylɔt]
Chez les Dupont, c'est la femme qui porte la culotte.
une **petite culotte** (en dentelle)
un **caleçon** [kalsɔ̃]
un **tricot**/un **maillot de corps**
[tʀiko, majod(ə)kɔʀ]
un **body** [bɔdi]

Damen(unter)wäsche
Slip, Unterhose
Bei den Dupont hat die Frau die Hosen an.
(Spitzen)Höschen, (Spitzen)Slip
(lange) Herrenunterhose
Unterhemd

Body

---

la **layette** [lɛjɛt]
Il s'est acheté un pull **bleu-layette**.

des **chaussons** *m* [ʃosɔ̃]

Babywäsche
Er hat sich einen Pulli in Babyblau gekauft.
Haus-, Babyschuhe

---

des **escarpins** *m* [ɛskaʀpɛ̃]
à **talons hauts/plats** [atalõ/pla]
Dans ses **chaussures à talons hauts**, elle fait 5 centimètres de plus.
à **talons aiguilles** [atalõegɥij]
des **pantoufles** *f* [pãtufl]
la **pointure** [pwɛ̃tyʀ]
Quelle pointure fais-tu ?

Pumps
hochhackig/flach
In ihren hochhackigen Schuhen ist sie fünf Zentimeter größer.
mit Pfennigabsätzen
Pantoffeln
Schuhgröße
Welche Schuhgröße hast du?

chausser [ʃose]	(Schuhe) anziehen; Schuhgröße ... haben
Je chausse du 46.	Ich habe Schuhgröße 46.

un **col** [kɔl]	Kragen
un **col en V**	ein V-Ausschnitt
un **col roulé**	ein Rollkragen
une **manche** [mãʃ]	Ärmel
une **chemise à manches courtes**	ein kurzärmliges Hemd
faire la manche *fam*	betteln
une **poche** [pɔʃ]	Tasche
Il n'a pas la langue dans sa poche. *loc*	Er ist nicht auf den Mund gefallen.

une **corde (à linge)** [kɔʀd(alɛ̃ʒ)]	Wäscheleine
une **pince (à linge)** [pɛ̃s(alɛ̃ʒ)]	Wäscheklammer
étendre le linge [etɑ̃dʀləlɛ̃ʒ]	Wäsche aufhängen
essorer le linge [esɔʀel(ə)lɛ̃ʒ]	Wäsche schleudern
un **sèche-linge** [sɛʃlɛ̃ʒ]	Wäschetrockner

une **teinturerie** [tɛ̃tyʀʀi]	(chemische) Reinigung
un **pressing** [pʀesiŋ]	(chemische) Reinigung
une **laverie (automatique)** [lavʀi]	Waschsalon
rétrécir [ʀetʀesiʀ]	eingehen, einlaufen
Ce pull a rétréci au lavage.	Dieser Pulli ist beim Waschen eingelaufen.

un **tissu** [tisy]	Stoff
une **étoffe** [etɔf]	Stoff
le **cuir** [kɥiʀ]	Leder
un blouson **en cuir véritable**	ein Blouson aus echtem Leder
le **coton** [kɔtɔ̃]	Baumwolle
une **chemise 100% coton**	ein Hemd aus 100% Baumwolle
la **laine** [lɛn]	Wolle
un pull **en pure laine**	ein Pulli aus reiner Wolle
les **fibres synthétiques** *f* [fibʀ(ə)sɛ̃tetik]	Kunstfaser
les **microfibres** *f* [mikʀofibʀ]	Mikrofaser
la **soie** [swa]	Seide

retoucher [ʀ(ə)tuʃe]	(ab)ändern
une **retouche** [ʀ(ə)tuʃ]	Änderung
On fait les retouches gratuitement.	Wir führen Änderungen kostenlos durch.
raccourcir [ʀakuʀsiʀ]	kürzen
J'ai raccourci mon pantalon.	Ich habe meine Hose gekürzt.
rallonger [ʀalɔ̃ʒe]	verlängern

coudre [kudʀ]	nähen
une **machine à coudre**	Nähmaschine
recoudre [ʀ(ə)kudʀ]	(wieder) annähen
recoudre un bouton	einen Knopf wieder annähen
une **aiguille** [eɥij]	Nähnadel
Autant chercher une aiguille dans	Ebenso gut könnte man eine
une botte de foin. *loc*	Stecknadel im Heuhaufen suchen.
une **épingle** [epɛ̃gl]	Stecknadel
des **ciseaux** *m* [sizo]	Schere

> **i** Zur *Pluralbildung französischer Nomen* vom Typ **ciseaux** vgl. die Information auf S. 38.

un **fil** [fil]	Faden
déchirer [deʃiʀe]	zerreißen
repriser [ʀ(ə)pʀize]	stopfen
Tu as déchiré ton pantalon neuf. Et	Du hast deine neue Hose zerrissen.
qui va le repriser ?	Und wer wird sie stopfen ?
un **trou** [tʀu]	Loch
broder [bʀɔde]	sticken
la **broderie** [bʀɔdʀi]	Stickerei
un **crochet** [kʀɔʃɛ]	Häkelnadel
faire du crochet	häkeln
tricoter [tʀikɔte]	stricken
les **aiguilles à tricoter**	Stricknadeln
le **tricot** [tʀiko]	Strickzeug
la **dentelle** [dɑ̃tɛl]	Spitze
le **velours** [v(ə)luʀ]	Velours, Samt
la **fourrure** [fuʀyʀ]	Pelz
un **manteau de fourrure**	Pelzmantel
une **ceinture** [sɛ̃tyʀ]	Gürtel
Il va falloir se serrer la ceinture. *loc*	Man wird den Gürtel enger schnal-len müssen.
un **bouton** [butɔ̃]	Knopf
une **fermeture éclair**	Reißverschluss
[fɛʀmətyʀeklɛʀ]	
Remonte ta fermeture éclair.	Zieh deinen Reißverschluss hoch.
une **fermeture velcro**, le **velcro**	Klettverschluss
[(fɛʀmətyʀ)vɛlkʀo]	
démodé,e [demɔde]	altmodisch

Démodée, cette robe ? Elle est indémodable.	Dieses Kleid soll altmodisch sein? Es ist zeitlos.
avoir du goût [avwaʀdygu]	einen guten Geschmack haben
s'habiller avec beaucoup de goût	sich sehr geschmackvoll anziehen
un **modèle** [mɔdɛl]	Modell
C'est le même modèle mais en bleu.	Das ist das gleiche Modell, aber in blau.

essayer [eseje]	anprobieren
Je voudrais essayer la **taille au-dessus**.	Ich möchte gern die nächste Größe anprobieren.
aller à qn [alea]	jdm stehen
Cet ensemble lui va **à ravir**.	Dieses Kostüm steht ihr ausgezeichnet.
aller avec qc [aleavɛk]	zu etw. passen
Cette cravate ne va pas avec ta chemise.	Diese Krawatte passt nicht zu deinem Hemd.
assorti,e [asɔrti]	aufeinander abgestimmt
une jupe et un chemisier assortis	ein Rock und eine darauf abgestimmte Bluse

uni,e [yni]	ungemustert, einfarbig, uni
imprimé,e [ɛ̃pʀime]	bedruckt
un tissu imprimé à petites fleurs	ein mit Blümchen bedruckter Stoff
rayé,e [ʀeje]	gestreift
à rayures [aʀejyʀ]	gestreift
à carreaux [akaʀo]	kariert
une **veste à carreaux écossais**	eine Jacke in Schottenkaro
à pois [apwa]	gepunktet

doublé,e [duble]	gefüttert
Ce blouson est entièrement doublé.	Diese Jacke ist ganz gefüttert.
la **doublure** [dublyʀ]	(Kleidungs)Futter
souple [supl]	weich, geschmeidig

(5.4) Schmuck und Zubehör

un **bijou**, des **bijoux** [biʒu]	Schmuckstück
une **chaîne** [ʃɛn]	Kette
une **montre** [mɔ̃tʀ]	Uhr
regarder l'heure à sa montre	auf die Uhr schauen

précieux, -euse [pʀesjø, jøz]	wertvoll, kostbar
en or [ãnɔʀ]	aus Gold, golden
une **montre en or**	eine goldene Uhr
doré,e [dɔʀe]	vergoldet, golden
en argent [ãnaʀʒã]	aus Silber , silbern
argenté,e [aʀʒãte]	versilbert, silbern

un **accessoire** [akseswaʀ]	Accessoir
un **foulard** [fulaʀ]	Halstuch
une **écharpe** [eʃaʀp]	Schal
un **gant** [gã]	Handschuh
une **paire de gants**	ein Paar Handschuhe
Cela lui va comme un gant. *loc*	Das passt ihm wie angegossen.
une **cravate** [kʀavat]	Krawatte
un **nœud** [nø]	Knoten
faire un nœud (de cravate)	einen (Krawatten)Knoten binden
un **nœud papillon**	Fliege
un **mouchoir** [muʃwaʀ]	Taschentuch

un **sac** [sak]	Tasche
un **sac à main**	Handtasche
un **parapluie** [paʀaplɥi]	Regenschirm

une **bague** [bag]	Ring
Il lui a mis la bague au doigt.	Er hat ihr den Ring an den Finger gesteckt (Er hat sie geheiratet).
une **alliance** [aljãs]	Ehering
un **bracelet** [bʀaslɛ]	Armband
un **collier** [kɔlje]	Halskette
une **boucle d'oreille** [bukl(ə)dɔʀɛj]	Ohrring
une **broche** [bʀɔʃ]	Brosche

un **joyau** [ʒwajo]	Juwel
les **joyaux de la couronne**	Kronjuwelen
un **diamant** [djamã]	Diamant
une **perle** [pɛʀl]	Perle
Ma cuisinière est une vraie perle.	Meine Köchin ist ein richtiges Juwel.
une **pierre précieuse** [pjɛʀpʀesjøz]	Edelstein
un **bijou-fantaisie** [biʒufãtɛzi]	Modeschmuck
du toc [tɔk]	Ramsch
C'est du toc, ça se voit au premier coup d'œil.	Das ist Ramsch, das sieht man auf den ersten Blick.

5.5 Einkaufen

un **magasin** [magazɛ̃]	Laden, Geschäft
un **magasin de jouets**	Spielzeuggeschäft
un **grand magasin**	Kaufhaus
un **marché** [maʀʃe]	Markt
faire son marché	auf den Markt gehen
un **supermarché** [sypɛʀmaʀʃe]	Supermarkt
un **hypermarché** [ipɛʀmaʀʃe]	großer Supermarkt
une **grande surface** [gʀɑ̃dsyʀfas]	Supermarkt, Verbrauchermarkt
un **centre commercial**	Einkaufszentrum
[sɑ̃tʀəkɔmɛʀsjal]	
une **boutique** [butik]	Boutique, Laden
le **petit commerce** [p(ə)tikɔmɛʀs]	Einzelhandel
Les grandes surfaces, c'est la mort du petit commerce.	Die Supermärkte machen den Einzelhandel kaputt.

une **boucherie** [buʃʀi]	Metzgerei
aller* à la boucherie	zur Metzgerei, Schlachterei gehen
un,e **boucher, -ère** [buʃe, ɛʀ]	Metzger(in)
aller* chez le boucher	zum Metzger, Schlachter gehen
une **charcuterie** [ʃaʀkytʀi]	Metzgerei
un,e **charcutier, -ière** [ʃaʀkytje, ɛʀ]	Metzger(in)

ℹ Wo man Wurst und Fleisch einkauft

Unterscheide:

une charcuterie	*Metzgerei (v. a. für Wurstwaren)*
une boucherie	*Metzgerei (in der v. a. Fleisch verkauft wird)*
une boucherie-charcuterie	*Fleisch- und Wurstwarengeschäft*

---

une **boulangerie** [bulɑ̃ʒʀi]	Bäckerei
un,e **boulanger, -ère** [bulɑ̃ʒe, ɛʀ]	Bäcker(in)
une **pâtisserie** [patisʀi]	Konditorei
un,e **pâtissier, -ière** [patisje, jɛʀ]	Konditor(in)
une **épicerie** [episʀi]	Lebensmittelgeschäft
On trouve tout, à l'**épicerie du coin**.	Im Lebensmittelgeschäft an der Ecke findet man alles.
un,e **épicier, -ière** [episje, jɛʀ]	Lebensmittelhändler(in)

une **librairie** [libʀɛʀi]	Buchhandlung
un,e **libraire** [libʀɛʀ]	Buchhändler(in)
une **papeterie** [papɛtʀi/pap(ə)tʀi]	Papierwarenladen
un **bureau de tabac** [byʀodtaba]	Tabakgeschäft

une **parfumerie** [paʀfymʀi]	Parfümerie
une **vitrine** [vitʀin]	Schaufenster
Je voudrais essayer les chaussures rouges qui sont dans la vitrine.	Ich möchte die roten Schuhe anprobieren, die im Schaufenster stehen.
faire du **lèche-vitrine(s)**	einen Schaufensterbummel machen

un **achat** [aʃa]	(Ein)Kauf
J'aime bien **faire mes achats** dans ce quartier.	Ich kaufe gerne in diesem Stadtviertel ein.
acheter [aʃte]	kaufen
faire les courses f [fɛʀlekuʀs]	Einkäufe machen
un,e **client,e** [klijã, ãt]	Kunde/Kundin
être bon client	ein guter Kunde sein
la **clientèle** [klijãtɛl]	Kundschaft
Les prix bas attirent une clientèle nombreuse.	Die niedrigen Preise locken zahlreiche Kunden an.

vendre [vãdʀ]	verkaufen
un,e **vendeur, -euse** [vãdœʀ, øz]	Verkäufer(in)
la **marchandise** [maʀʃãdiz]	Ware
Leur marchandise n'est pas toujours très fraîche.	Ihre Ware ist nicht immer ganz frisch.
un,e **marchand,e** [maʀʃã, ãd]	Händler(in)
le **marchand de journaux**	Zeitungshändler
marchander [maʀʃãde]	(aus)handeln
un **article** [aʀtikl]	Artikel
Nous n'avons pas cet article **en magasin.**	Diesen Artikel führen wir nicht.

une **tranche** [tʀãʃ]	Scheibe
trois tranches de jambon	drei Scheiben Schinken
un **morceau** [mɔʀso]	Stück
Un morceau de bœuf pour quatre personnes, s'il vous plaît.	Ein Stück Rindfleisch für vier Personen, bitte.
un **litre** [litʀ]	Liter
un litre de **lait entier**	ein Liter Vollmilch
un **kilo(gramme)** [kilo(gʀam)]	Kilo
un sac de cinq kilos de pommes de terre	ein 5-Kilo-Sack Kartoffeln
une **livre** [livʀ]	Pfund
une livre de beurre	ein Pfund Butter

désirer [deziʀe]	wünschen
Et à part ça, vous désirez ?	Was darf es sonst noch sein?

avoir besoin de qc [avwaʀbəzwɛ̃] etw. brauchen
J'ai besoin d'un nouveau jean. Ich brauche neue Jeans.
avoir envie de qc [avwaʀɑ̃vi] auf etw. Lust haben
J'ai bien envie de cette petite robe. Dieses hübsche Kleid macht mich
 richtig an.
choisir [ʃwaziʀ] (aus)wählen
Il a choisi un livre de Simenon. Er hat ein Buch von Simenon
 (aus)gewählt.

faire la queue [fɛʀlakø] Schlange stehen
Eh, vous! Faites la queue comme He, Sie! Stellen Sie sich hinten an,
tout le monde! wie alle andern auch!
un **chariot** [ʃaʀjo] Einkaufswagen
la **caisse** [kɛs] Kasse
un,e **caissier, -ière** [kɛsje, jɛʀ] Kassierer(in)
combien? [kɔ̃bjɛ̃] wie viel?
coûter [kute] kosten
Ça fait/coûte combien? Wie viel macht/kostet das?
Ça coûte une fortune. Das kostet ein Vermögen.
cher, chère [ʃɛʀ] teuer
Ça coûte trop cher. Das ist zu teuer.

Les erreurs se paient cher

In einigen *festen Wendungen* tritt ein *Adjektiv* an die Stelle eines *Adverbs*, z. B.:
coûter/acheter/payer cher *teuer sein/einkaufen/bezahlen*
travailler dur *hart arbeiten*
peser lourd *schwer sein*
sentir bon/mauvais *gut/schlecht riechen*

---

augmenter [ɔgmɑ̃te] steigen
Les prix augmentent sans arrêt. Die Preise steigen ständig.
baisser [bese] sinken
bon marché [bɔ̃maʀʃe] günstig, billig
meilleur marché billiger
Dans les grandes surfaces, beaucoup In den Supermärkten sind viele
d'articles sont meilleur marché que Artikel billiger als bei den (kleinen)
chez les petits commerçants. Einzelhändlern.
gratuit,e [gʀatɥi, ɥit] gratis, kostenlos
une **réduction** [ʀedyksjɔ̃] Preisnachlass, Rabatt
les **soldes** m [sɔld] Sonderangebote, Schlussverkauf
acheter un vêtement **en solde** ein Kleidungsstück als Sonderan-
 gebot/im Schlussverkauf erstehen

l'**argent** m [aʀʒɑ̃] Geld
dépenser [depɑ̃se] ausgeben
Il dépense plus qu'il ne gagne. Er gibt mehr aus als er verdient.

la **monnaie** [mɔnɛ]	Kleingeld
rendre la monnaie	Geld herausgeben
une **pièce de monnaie**	Geldstück
le **porte-monnaie**	Geldbeutel
le **franc** [fʀɑ̃]	Franc
l'**euro** m [øʀo]	Euro
18 euros, ça fait combien, en francs ?	18 Euro, wie viel Francs sind das?
un **billet (de banque)** [bijɛ]	Banknote, Geldschein
un **portefeuille** [pɔʀtəføj]	Brieftasche
Je ne mets jamais ma carte de crédit dans mon portefeuille.	Ich stecke nie meine Kreditkarte in meine Brieftasche.

payer [peje]	bezahlen
payer cher	teuer bezahlen
le **prix** [pʀi]	Preis
C'est **hors de prix** !	Das ist unerschwinglich!

un **traiteur** [tʀɛtœʀ]	Feinkostladen; Partyservice
un **étalage** [etalaʒ]	Auslage
un **rayon** [ʀejɔ̃]	Abteilung
Vous trouverez ça **au rayon parfumerie**.	Sie finden das in der Kosmetik-/Parfümabteilung.
un **distributeur automatique** [distʀibytœʀɔtɔmatik]	Automat

coûteux, -euse [kutø, øz]	kostspielig, teuer
les **coûts** m [ku]	Kosten
faire un prix à qn [fɛʀɛ̃pʀi]	einen Preisnachlass gewähren/einen Sonderpreis machen
Vous me faites un prix, si je prends 10 paires de chaussettes ?	Machen Sie mir einen Sonderpreis, wenn ich 10 Paar Socken kaufe?
une **offre spéciale** [ɔfʀ(ə)spesjal]	Sonderangebot
en promotion [ɑ̃pʀɔmosjɔ̃]	im Sonderangebot
acheter un article/un produit en promotion	einen Artikel/ein Erzeugnis im Sonderangebot kaufen

payer comptant [pejekɔ̃tɑ̃]	bar bezahlen
C'est moins cher, si on paie comptant ?	Ist es billiger, wenn man bar bezahlt?
payer cash [pejekaʃ]	bar bezahlen
la **vente par correspondance** [vɑ̃tpaʀkɔʀɛspɔ̃dɑ̃s]	Versandhandel
un **catalogue** [katalog]	Katalog
commander [kɔmɑ̃de]	bestellen
commander qc **sur catalogue**	etw. aus dem Katalog bestellen

un **emballage** [ãbalaʒ]   Verpackung
emballer [ãbale]   einpacken
Je vous l'emballe, ou c'est pour   Soll ich es Ihnen einpacken oder
consommer tout de suite ?   essen Sie es sofort?
déballer [debale]   auspacken
un **paquet-cadeau** [pakɛkado]   Geschenkpackung

Französisches Wort	Deutsche Entsprechung	Falscher Freund	Französische Entsprechung
un aliment	Nahrungsmittel	Alimente	la pension alimentaire
une blouse	(Arbeits)Kittel	Bluse	un chemisier
un costume	(Herren)Anzug	Kostüm	un tailleur
une endive	Chicorée	Endivie	une chicorée
une veste	Jacke, Jackett, Blazer	Weste	un gilet

Legrand

Cartier

Simon

6.1 Bauen, Haus, Gebäude und Bewohner

bâtir [batiʀ]	(er)bauen
un **terrain à bâtir**	Baugrundstück, Bauplatz
un **bâtiment** [batimã]	Gebäude
la **construction** [kɔ̃stʀyksjɔ̃]	Bau, Konstruktion
construire [kɔ̃stʀɥiʀ]	bauen
faire construire une maison	ein Haus bauen lassen
transformer [tʀãsfɔʀme]	umbauen, umgestalten
On a transformé une ancienne ferme.	Wir haben einen ehemaligen Bauernhof umgebaut.
l'**architecture** f [aʀʃitɛktyʀ]	Architektur
un,e **architecte** [aʀʃitɛkt]	Architekt(in)
un **plan** [plã]	Plan

un **matériau** m [mateʀjo]	Werkstoff, Baustoff
des **matériaux de construction**	Baustoffe, Baumaterial
une **pierre** [pjɛʀ]	Stein
une **brique** [bʀik]	Ziegel-, Backstein
une **tuile** [tɥil]	(Dach)Ziegel
un **toit de tuiles**	Ziegeldach
le **béton** [betɔ̃]	Beton
une construction **en béton armé**	Stahlbetonbau

un **immeuble** [imœbl]	Gebäude
une **tour** [tuʀ]	Turm, Hochhaus
les **tours de la Défense**	die Bürohochhäuser der Défense *(Büroviertel am Rande von Paris)*

 Zum *Genus* bei **tour** vgl. die Information auf S. 191.

un,e **HLM** (une **habitation à loyer modéré**) [aʃɛlɛm]	Wohnblock mit Sozialwohnungen
un **appartement** [apaʀtəmã]	Wohnung
un **appartement de luxe**	Luxuswohnung
un appartement modeste	bescheidene Wohnung
l'**espace** m [ɛspas]	Platz, Raum
Notre appartement est très petit, **on manque d'espace.**	Unsere Wohnung ist sehr klein, wir haben zu wenig Platz.

une **maison** [mɛzɔ̃]	Haus
une **maison individuelle**	Einfamilienhaus
une **maison préfabriquée**	Fertighaus
un **pavillon** [pavijɔ̃]	Einfamilienhaus
un **pavillon de banlieue**	Einfamilienhaus in einem Vorort
une **villa** [vila]	Villa

la **résidence** [ʀezidɑ̃s]	Wohnsitz, Wohnanlage
le **lieu de résidence**	Wohnort
une **résidence secondaire**	Zweitwohnsitz, Ferienhaus

un **logement** [lɔʒmɑ̃]	Wohnung
loger [lɔʒe]	wohnen
loger dans un appartement moderne	in einer modernen Wohnung leben
habiter qc [abite]	in etw. wohnen
habiter un quartier résidentiel	in einer (besseren) Wohngegend wohnen

déménager [demenaʒe]	umziehen
Nous avons déménagé de Reims à Lyon.	Wir sind von Reims nach Lyon umgezogen.
le **déménagement** [demenaʒmɑ̃]	Umzug
emménager (dans) [ɑ̃menaʒe]	einziehen (in)
Elle a emménagé dans l'appartement du troisième.	Sie hat die Wohnung im dritten Stock bezogen.
s'installer [sɛ̃stale]	sich einrichten, sich niederlassen
Il s'est installé à Tours.	Er hat sich in Tours niedergelassen.

un,e **propriétaire** [pʀɔpʀijetɛʀ]	Eigentümer(in)
une **propriété** [pʀɔpʀijete]	Besitz, Eigentum
posséder [pɔsede]	besitzen

un,e **locataire** [lɔkatɛʀ]	Mieter(in)
un,e **sous-locataire**	Untermieter(in)
louer [lue]	(ver)mieten
Chambre à louer.	Zimmer zu vermieten.
le **loyer** [lwaje]	Miete
Le loyer a encore augmenté.	Die Miete ist schon wieder gestiegen.
la **location** [lɔkasjɔ̃]	(Ver)Mieten
mettre en location	vermieten

un,e **habitant,e** [abitɑ̃, ɑ̃t]	Bewohner(in); Einwohner(in)
un,e **voisin,e** [vwazɛ̃, in]	Nachbar(in)
un,e **concierge** [kɔ̃sjɛʀʒ]	Hausmeister(in)
un,e **gardien,ne** [gaʀdjɛ̃, jɛn]	Hausmeister(in)

la **porte** [pɔʀt]	Tür
Qui a frappé à la porte ?	Wer hat an die Tür geklopft?
sonner [sɔne]	klingeln
On a sonné.	Es hat geklingelt.
une **sonnette** [sɔnɛt]	Klingel
donner un coup de sonnette	klingeln

une **serrure** [seʀyʀ]	Schloss
une **clé** (**clef**) [kle]	Schlüssel
fermer à clé	abschließen

une **entrée** [ãtʀe]	Eingang
la **porte d'entrée**	Haus-, Eingangstür
un **couloir** [kulwaʀ]	Gang
le **rez-de-chaussée** [ʀedʃose]	Erdgeschoss
un **étage** [etaʒ]	Stock(werk)
J'habite au 3ᵉ (étage).	Ich wohne im Dritten (Stock).

> **i** Zum *Genus der Nomen* auf -age vgl. die Information auf S. 70.

un **escalier** [eskalje]	Treppe
monter/descendre l'escalier	die Treppe hinauf-/hinuntergehen
Il a monté péniblement l'escalier.	Er ist mit großer Mühe die Treppe hinaufgestiegen.
l'**ascenseur** *m* [asɑ̃sœʀ]	Aufzug
appeler l'ascenseur	den Aufzug holen

une **pièce** [pjɛs]	Zimmer, Raum
Mes parents ont acheté **un (appartement de) trois pièces.**	Meine Eltern haben eine Dreizimmerwohnung gekauft.
une **salle à manger** [salamãʒe]	Esszimmer
une **salle de séjour** [saldəseʒuʀ]	Wohnzimmer
un **salon** [salɔ̃]	Wohnzimmer
une **chambre** [ʃãbʀ]	(Schlaf)Zimmer
Il a loué une chambre près de la fac.	Er hat ein Zimmer/eine Bude in Uninähe gemietet.
la **chambre (à coucher)**	Schlafzimmer
la **chambre d'amis**	Gästezimmer
une **cuisine** [kɥizin]	Küche
une **kitchenette** [kitʃɔnɛt]	Kochnische

une **salle de bains** [saldəbɛ̃]	Badezimmer
les **W.-C.** *m* [vese]	Toilette, WC
Les W.-C. sont occupés.	Die Toilette ist besetzt.
les **toilettes** *f* [twalɛt]	Toilette
le(s) **cabinet(s)** *m* [kabinɛ]	Toilette

un **toit** [twa]	Dach
une **cheminée** [ʃəmine]	Schornstein, Kamin
le **sol** [sɔl]	Boden
le **sous-sol**	Kellergeschoss
la **cave** [kav]	Keller
Descends chercher du vin à la cave.	Geh in den Keller Wein holen.

une **terrasse** [teʀas]	Terrasse
un **balcon** [balkɔ̃]	Balkon
un **jardin** [ʒaʀdɛ̃]	Garten
un **garage** [gaʀaʒ]	Garage
Tu as sorti la voiture du garage ?	Hast du den Wagen aus der Garage gefahren?

Zum *Genus der Nomen* auf **-age** vgl. die Information auf S. 70.

un **édifice** [edifis]	Gebäude
un **building** [b(y)ildiŋ]	Hochhaus
la **façade** [fasad]	Fassade
l'**extérieur** *m* [ɛksteʀjœʀ]	das Äußere
L'extérieur du château **ne paie pas de mine**. *loc*	Das Schlossäußere sieht nach nichts aus.
l'**intérieur** *m* [ɛ̃teʀjœʀ]	das Innere
le **hall d'entrée** ['oldɑ̃tʀe]	Eingangshalle
un **digicode** [diʒikɔd]	elektronisches (Zahlen)Türschloss
La porte d'entrée est **équipée d'**un digicode.	Die Eingangstür ist mit einem elektronischen Türschloss versehen.
un **interphone** [ɛ̃teʀfɔn]	(Haus)Sprechanlage

le **palier** [palje]	Treppenabsatz
un **voisin de palier**	ein Flurnachbar
le **grenier** [gʀənje]	Speicher, Dachboden

un **appartement en copropriété** [apaʀtəmɑ̃ɑ̃kɔpʀɔpʀijete]	Eigentumswohnung
un **studio** [stydjo]	Apartment, Einzimmerwohnung
un **deux-pièces** [døpjɛs]	Zweizimmerwohnung
un **duplex** [dyplɛks]	Maisonettewohnung
un **F3** [ɛftʀwa]	Dreizimmerwohnung
meublé,e [mœble]	möbliert
Il a trouvé un **studio meublé**.	Er hat ein möbliertes Apartment gefunden.

luxueux, -euse [lyksɥø, øz]	luxuriös
spacieux, -euse [spasjø, jøz]	geräumig
un grand appartement aux pièces spacieuses	eine große Wohnung mit geräumigen Zimmern
à l'étroit [aletʀwa]	(räumlich) beengt
Nous cherchons un F3, parce que nous nous sentons à l'étroit dans notre deux-pièces.	Wir suchen eine Dreizimmerwohnung, weil wir uns in unserer Zweizimmerwohnung beengt fühlen.

de grand standing [dəgrɑ̃stɑ̃diŋ]	Luxus-
un **appartement de grand standing**	Luxuswohnung
les **charges** f [ʃaRʒ]	Nebenkosten
Le loyer s'élève à 5000 francs **sans**	Die Miete beträgt 5000 Francs ohne
les charges.	Nebenkosten.

6.2 Wohnung und Einrichtung

un **mur** [myR]	Mauer, Wand
le **plafond** [plafɔ̃]	Decke
le **plancher** [plɑ̃ʃe]	Fußboden
recouvrir le plancher de moquette	den Fußboden mit Teppichboden auslegen
un **coin** [kwɛ̃]	Winkel, Ecke
une **marche** [maRʃ]	Stufe
rater une marche	eine Stufe verfehlen

une **porte** [pɔRt]	Tür
une **fenêtre** [f(ə)nɛtR]	Fenster
regarder par la fenêtre	aus dem Fenster schauen
une **vitre** [vitR]	Scheibe

une **baignoire** [bɛɲwaR]	Badewanne
un **lavabo** [lavabo]	Waschbecken
une **douche** [duʃ]	Dusche
installer [ɛ̃stale]	installieren, einbauen, einrichten
Je voudrais installer une nouvelle cabine de douche.	Ich möchte eine neue Duschkabine einbauen.

équiper [ekipe]	ausstatten, ausrüsten, einrichten
une cuisine **équipée d'une hotte aspirante**	eine mit Dunstabzughaube ausgestattete Küche
un **four** [fuR]	Backofen
un **réfrigérateur**; un **frigo** fam [RefRiʒeRatœR, fRigo]	Kühlschrank
Mets le coca au frigo.	Stell die Cola in den Kühlschrank.

le **chauffage** [ʃofaʒ]	Heizung
faire installer le chauffage central	eine Zentralheizung einbauen lassen
un **radiateur** [RadjatœR]	Heizkörper
un **poêle** [pwal]	(Heiz)Ofen
un **poêle à mazout**	Ölofen

l'**électricité** f [elɛktʀisite]	Strom
le **gaz** [gaz]	Gas
une **cuisinière à gaz**	Gasherd
la **lumière** [lymjɛʀ]	Licht

le **confort** [kɔ̃fɔʀ]	Komfort
un **appartement tout confort**	Komfortwohnung
confortable [kɔ̃fɔʀtabl]	komfortabel, bequem
inconfortable [ɛ̃kɔ̃fɔʀtabl]	ohne Komfort, unbequem

un **meuble** [mœbl]	Möbelstück
des meubles Louis XV	Möbel im Louis XV-Stil
une **table** [tabl]	Tisch
un **bureau** [byʀo]	Schreibtisch; Büro
une **chaise** [ʃɛz]	Stuhl
un **fauteuil** [fotœj]	Sessel
un **coussin** [kusɛ̃]	Kissen

Wie man sich bettet …

Unterscheide:

un coussin	*Kissen, Polster*
Il me faut un coussin, mon siège est trop bas.	*Ich brauche ein Kissen, mein Sitz ist zu niedrig.*
un oreiller	*(Kopf)Kissen*
Il dort avec deux oreillers.	*Er schläft auf zwei Kopfkissen.*

un **lit** [li]	Bett
un **grand lit**	Doppelbett
une **table de nuit/de chevet** [tabldənɥi/dəʃ(ə)vɛ]	Nachttisch

une **armoire** [aʀmwaʀ]	Schrank
une **armoire à glace**	Spiegelschrank
un **placard** [plakaʀ]	Wand-/Einbauschrank
un **tiroir** [tiʀwaʀ]	Schublade
une **commode** [kɔmɔd]	Kommode
une **étagère** [etaʒɛʀ]	Regal(brett)
ranger des livres sur les étagères	Bücher in das Regal einräumen

un **cadre** [kadʀ]	Rahmen
un **tableau** [tablo]	Bild
accrocher un tableau	ein Bild aufhängen

une **lampe** [lɑ̃p]	Lampe
allumer/éteindre une lampe	eine Lampe ein-/ausschalten
un **vase** [vaz]	Vase

---

i **vase**

Unterscheide:

le vase	*die Vase*
un vase en cristal	*Kristallvase*
la vase	*der Schlamm, Schlick*
Cette carpe a un goût de vase.	*Dieser Karpfen schmeckt nach Schlamm.*

---

une **glace** [glas]	Spiegel
Elle aime se regarder dans la glace.	Sie schaut sich gern im Spiegel an.
un **miroir** [miʀwaʀ]	Spiegel

un **volet** [vɔlɛ]	Fensterladen
ouvrir les volets	die Fensterläden öffnen
un **store** [stɔʀ]	Rollo, Jalousie
descendre le store	den Rollo herunterlassen
un **rideau** [ʀido]	Vorhang
un **rideau de douche**	Duschvorhang
le **papier peint** [papjepɛ̃]	Tapete
Il serait temps de **changer les papiers peints.**	Es wäre an der Zeit, neu zu tapezieren.

un **tapis** [tapi]	Teppich
un **tapis persan**	Perserteppich
la **moquette** [mɔkɛt]	Teppichboden
le **parquet** [paʀkɛ]	Parkettboden

un **robinet** [ʀɔbinɛ]	Wasserhahn
ouvrir/fermer le robinet	den Wasserhahn auf-/zudrehen
un **évier** [evje]	Spülbecken
le **carrelage** [kaʀlaʒ]	Fliesen

un **interrupteur** [ɛ̃teʀyptœʀ]	(Licht)Schalter
L'interrupteur est à gauche de la porte.	Der Schalter ist links von der Tür.
le **courant (électrique)** [kuʀɑ̃]	(elektrischer) Strom
Il y a une **coupure de courant.**	Es gibt eine(n) Stromausfall.
une **prise (de courant)**	Steckdose
un **bouton** [butɔ̃]	Knopf, Schalter
l'**éclairage** *m* [eklɛʀaʒ]	Beleuchtung
un **éclairage indirect**	eine indirekte Beleuchtung
éclairer [ekleʀe]	(be)leuchten
Cette lampe **éclaire mal.**	Diese Lampe gibt wenig Licht.
un **lampadaire** [lɑ̃padɛʀ]	Stehlampe

l'**ameublement** m [amœbləmã] — Einrichtung, Mobiliar
un **canapé** [kanape] — Sofa
  un **canapé en cuir** — Ledersofa
un **sofa** [sɔfa] — Sofa
une **couette** [kwɛt] — Daunendecke, Steppdecke
  se glisser sous la couette — unter die Bettdecke schlüpfen
un **édredon** [edRədɔ̃] — mit Daunen gefülltes Deckbett
un **traversin** [tRavɛRsɛ̃] — Nacken-, Schlummerrolle

6.3 Haushalt und Hausarbeiten

le **ménage** [menaʒ] — Haushalt
  faire le ménage — (Wohnung) aufräumen und putzen
  une **femme de ménage** — Putzfrau
le **désordre** [dezɔRdR] — Unordnung
ranger [Rãʒe] — aufräumen
  Tu pourrais ranger ta chambre, elle est en désordre. — Du könntest dein Zimmer aufräumen, es ist total durcheinander.

sale [sal] — schmutzig, dreckig
la **saleté** [salte] — Dreck, Schmutz
salir [saliR] — schmutzig, dreckig machen
propre [pRɔpR] — sauber

Zu *Adjektiven* mit *wechselnder Bedeutung* bei *Voran-* oder *Nachstellung* vgl. die Information auf S. 37.

la **propreté** [pRɔpRəte] — Sauberkeit
laver [lave] — waschen
  laver qc à la main — etw. von Hand waschen
le **lavage** [lavaʒ] — Wäsche; Waschen
nettoyer [netwaje] — putzen, reinigen
le **nettoyage** [netwajaʒ] — Reinigung
essuyer [esɥije] — abtrocknen, abwischen
  essuyer la vaisselle — das Geschirr abtrocknen
frotter qc [fRɔte] — etw. schrubben, wienern

une **brosse** [bRɔs] — Bürste
un **chiffon** [ʃifɔ̃] — Lappen
  passer un chiffon humide sur un meuble — ein Möbelstück mit einem feuchten Lappen abwischen
un **balai** [balɛ] — Besen
  donner un coup de balai — (zusammen)kehren

balayer [baleje]	fegen, kehren
la **poussière** [pusjɛʀ]	Staub
un **chiffon à poussière**	Staubtuch

un **appareil** [apaʀɛj]	Apparat
les **appareils électro-ménagers**	elektrische Haushaltsgeräte
une **machine** [maʃin]	Maschine
Je ne suis pas content de ma nou-	Ich bin mit meiner neuen Wasch-
velle **machine à laver**.	maschine nicht zufrieden.
électrique [elɛktʀik]	elektrisch
une **pile** [pil]	Batterie
fonctionner [fɔksjɔne]	funktionieren
la **garantie** [gaʀãti]	Garantie
être sous garantie	unter Garantie laufen

la **vaisselle** [vɛsɛl]	Geschirr
faire la vaisselle	Geschirr spülen, abwaschen
faire la cuisine [fɛʀlakɥizin]	kochen

la **lessive** [lɛsiv]	Waschmittel; Wäsche
le **linge** [lɛ̃ʒ]	Wäsche
mettre le **linge** sale à la machine	die schmutzige Wäsche in die
	(Wasch)Maschine stecken
repasser [ʀ(ə)pase]	bügeln
le **fer à repasser**	Bügeleisen

allumer [alyme]	einschalten
éteindre [etɛ̃dʀ]	ausschalten
Tu as encore oublié d'**éteindre** la	Du hast wieder vergessen, das Licht
lumière.	auszuschalten.
faire du feu [fɛʀdyfø]	Feuer machen
chauffer [ʃofe]	(auf)wärmen, erhitzen
Il fait **chauffer** le lait.	Er wärmt die Milch auf.

faire le lit [fɛʀləli]	das Bett machen
un **drap** [dʀa]	Betttuch, Laken
un **oreiller** [ɔʀeje]	Kopfkissen

mettre la table [mɛtʀ(ə)latabl]	Tisch decken
débarrasser [debaʀase]	abräumen
enlever [ãl(ə)ve]	abräumen, wegnehmen
N'**enlève** pas mon verre, s'il te	Nimm mein Glas bitte nicht weg,
plaît, j'ai encore soif.	ich habe noch Durst.
la **poubelle** [pubɛl]	Müll-/Abfalleimer
mettre les ordures à la **poubelle**	den Abfall in den Mülleimer
	werfen

les **travaux ménagers** m [tʀavomenaʒe]	Hausarbeit
la **ménagère** [menaʒɛʀ]	Hausfrau
le **maître**, la **maîtresse de maison** [mɛtʀə, mɛtʀɛsdəmɛzɔ̃]	Herr, Dame des Hauses
donner un coup de main à qn [dɔneɛ̃kud(ə)mɛ̃]	jdm zur Hand gehen, helfen

un **aspirateur** [aspiʀatœʀ]	Staubsauger
passer l'aspirateur	Staub saugen
épousseter [epuste]	abstauben, Staub wischen
aérer [aeʀe]	lüften
Il faudrait aérer, ça **sent le renfermé** dans cette pièce.	Man sollte lüften, dieses Zimmer riecht muffig.
un **produit d'entretien** [pʀɔdɥidɑ̃tʀətjɛ̃]	Putz- und Pflegemittel

un **équipement** [ekipmɑ̃]	Ausstattung, Ausrüstung
un **équipement ménager**	Haushaltseinrichtung
un **batteur** [batœʀ]	(Hand)Mixer
une **cafetière** [kaftjɛʀ]	Kaffeekanne
une **cafetière électrique**	Kaffemaschine

une **cuisinière** [kɥizinjɛʀ]	Herd
une **plaque de cuisson** [plakdəkɥisɔ̃]	Herdplatte
une **machine à laver** [maʃinalave]	Waschmaschine
un **sèche-linge** [sɛʃlɛ̃ʒ]	Wäschetrockner
un **lave-vaisselle** [lavvɛsɛl]	Spülmaschine
un **chauffe-eau** [ʃofo]	Heißwasserbereiter, Durchlauferhitzer
un **court-circuit** [kuʀsiʀkɥi]	Kurzschluss
les **plombs** [plɔ̃]	Sicherung(en)
Les plombs ont sauté.	Die Sicherungen sind durchgebrannt.

un **vide-ordures** [vidɔʀdyʀ]	Müllschlucker
un appartement équipé d'un vide-ordures	eine mit einem Müllschlucker ausgestattete Wohnung
les **déchets** m [deʃɛ]	Abfall
les **épluchures** f [eplyʃyʀ]	Schalen, Obst-, Gemüseabfälle

Französisches Wort	Deutsche Entsprechung	Falscher Freund	Französische Entsprechung
un appartement	Wohnung	(Einzimmer) Apartement	un studio
une batterie	Autobatterie; Schlagzeug; Legebatterie	(Taschenlampen) Batterie	une pile
une chaise longue	Liegestuhl	Chaiselongue	un canapé, un divan
un parterre (de fleurs)	Blumenbeet	Parterre, Erdgeschoss	le rez-de-chaussée

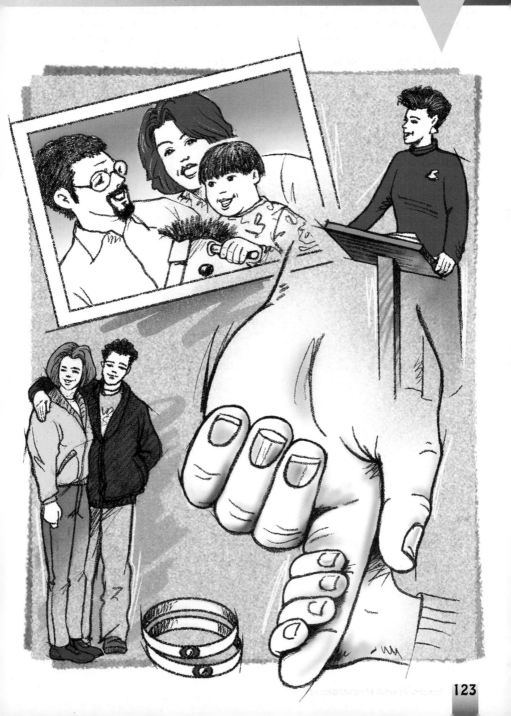

7.1 Person, Familie

la **famille** [famij]	Familie
une **famille nombreuse**	kinderreiche Familie
une **fête de famille**	Familienfest
Elle fait partie de la famille.	Sie gehört zur Familie.

---

i **Es bleibt in der Familie.**

Unterscheide:

familier, -ère	*vertraut*	un visage familier	*vertrautes Gesicht*
familier, -ère	*zwanglos, familiär (ungezwungen)*	un comportement familier	*ein (allzu) vertrauliches Verhalten*
familier, -ère	*Umgangs-*	le langage familier	*Umgangssprache*
familial,e	*die Familie betreffend, familiär*	une entreprise familiale	*Familienbetrieb*
		Il a des ennuis familiaux.	*Er hat familiären Ärger.*

---

les **parents** m [paʀɑ̃]	Eltern
le **père** [pɛʀ]	Vater
le **papa** [papa]	Papa
la **mère** [mɛʀ]	Mutter
la **maman** [mamɑ̃]	Mama

le **mari** [maʀi]	(Ehe)Mann
Puis-je vous présenter mon mari?	Darf ich Ihnen meinen Mann vorstellen?
(un,e) **marié,e** n; adj [maʀje]	Bräutigam/Braut; verheiratet
l'**homme** m [ɔm]	Mann
la **femme** [fam]	(Ehe)Frau
une femme enceinte	schwangere Frau
un **couple** [kupl]	Paar
vivre en couple	als Paar (zusammen)leben
un couple bien assorti	ein Paar, das gut zusammenpasst

l'**enfant** m [ɑ̃fɑ̃]	Kind
un **enfant unique**	Einzelkind
élever un enfant	ein Kind großziehen, erziehen
adopter un enfant	ein Kind adoptieren
le **bébé** [bebe]	Baby
Elle attend un bébé pour le mois de juin.	Sie erwartet im Juni ein Baby.
le **fils** [fis]	Sohn
le **garçon** [gaʀsɔ̃]	Junge, Bub
la **fille** [fij]	Mädchen; Tochter

le **frère** [fʀɛʀ]	Bruder
le **demi-frère**	Halbbruder
la **sœur** [sœʀ]	Schwester
la **demi-sœur**	Halbschwester

les **grands-parents** m [gʀɑ̃paʀɑ̃]	Großeltern
la **grand-mère** [gʀɑ̃mɛʀ]	Großmutter
la **mamie** fam [mami]	Omi, Oma
la **mémé** fam [meme]	Oma
le **grand-père** [gʀɑ̃pɛʀ]	Großvater
le **papy/papi** fam [papi]	Opi, Opa
le **pépé** fam [pepe]	Opa

les **petits-enfants** m [p(ə)tizɑ̃fɑ̃]	Enkelkinder
la **petite-fille** [p(ə)titfij]	Enkelin
le **petit-fils** [p(ə)tifis]	Enkel

l'**oncle** m [ɔ̃kl]	Onkel
la **tante** [tɑ̃t]	Tante
le **neveu** [n(ə)vø]	Neffe
la **nièce** [njɛs]	Nichte
le/la **cousin,e** [kuzɛ̃, in]	Vetter, Cousin; Cousine
un **cousin germain**	Cousin/Vetter ersten Grades
une **cousine au 2ᵉ degré**	Cousine zweiten Grades

(un,e) **fiancé,e** n; adj [fjɑ̃se]	Verlobte(r); verlobt
(un,e) **célibataire** n; adj [selibatɛʀ]	Junggeselle/Junggesellin; ledig
une **mère**/un **père célibataire**	unverheiratete(r)/alleinerziehen-de(r) Mutter/Vater
séparé,e [sepaʀe]	getrennt
la **séparation** [sepaʀasjɔ̃]	Trennung
divorcer de qn/(d)'avec qn [divɔʀse]	sich von jdm scheiden lassen
M. Durand a **divorcé de/ (d')avec** sa troisième femme.	Herr Durand hat sich von seiner dritten Frau scheiden lassen.
(un,e) **divorcé,e** n; adj [divɔʀse]	Geschiedene(r); geschieden
le **divorce** [divɔʀs]	Scheidung
(un,e) **veuf, veuve** n; adj [vœf, vœv]	Witwe(r); verwitwet

fonder une famille [fɔ̃deynfamij]	eine Familie gründen
la **vie de famille** [vidfamij]	Familienleben
avoir de la famille à … [avwaʀd(ə)lafamij]	Verwandte haben in …
Nous avons de la famille à Quimper.	Wir haben Verwandte in Quimper.
un **membre de la famille** [mɑ̃bʀ]	Familienmitglied

⊶ le **planning familial**   Familienplanung
[planiŋfamiljal]

l'**époux** *m* [epu]   (Ehe)Gatte
l'**épouse** *f* [epuz]   (Ehe)Gattin
le **droit de garde** [dʀwad(ə)gaʀd]   Sorgerecht
Lors du divorce, il a obtenu le droit   Bei der Scheidung bekam er das
de garde.   Sorgerecht.
la **pension alimentaire**   Unterhaltszahlung
[pɑ̃sjɔ̃alimɑ̃tɛʀ]

(un,e) **parent,e** *n; adj* [paʀɑ̃, ɑ̃t]   Elternteil, Verwandter; verwandt
un,e parent,e proche/éloigné,e   nahe(r)/entfernte(r) Verwandte(r)
la **parenté** [paʀɑ̃te]   Verwandtschaft
par alliance [paʀaljɑ̃s]   angeheiratet
C'est mon oncle par alliance.   Das ist mein angeheirateter Onkel.
le **lien** [ljɛ̃]   Band, Verhältnis
resserrer les **liens de parenté**   die Familienbande enger knüpfen

paternel,le [patɛʀnɛl]   väterlich(erlicherseits)
maternel,le [matɛʀnɛl]   mütterlich(erseits)
ma **grand-mère maternelle/**   meine Großmutter mütterlicher-/
paternelle   väterlicherseits
fraternel,le [fʀatɛʀnɛl]   brüderlich

les **arrière-petits-enfants** *m*   Urenkel
[aʀjɛʀp(ə)tizɑ̃fɑ̃]
un **arrière-petit-fils** [aʀjɛʀp(ə)tifis]   Urenkel
une **arrière-petite-fille**   Urenkelin
[aʀjɛʀp(ə)titfij]

---

i   **Achtung Plural!**

Als Bestandteil von *zusammengesetzten Nomen* bleibt **arrière** (Adverb) unveränderlich.
ses arrière-petits-enfants   *seine Urgroßenkel*

Bestehen zusammengesetzte Nomen aus *Adjektiv + Nomen*, bekommen beide Elemente
im Plural ein -**s**.
mes grands-pères   *meine Großväter*
des cartes postales   *Postkarten*

---

un **jumeau**, une **jumelle**   Zwilling(sbruder/-sschwester)
[ʒymo, ʒymɛl]
des **vrais jumeaux**   eineiige Zwillinge
des **sœurs jumelles**   Zwillingsschwestern

⊷ (un,e) **majeur,e** *n; adj* [maʒœʀ]   Volljährige(r); volljährig

la **majorité** [maʒɔʀite]	Volljährigkeit
(un,e) **mineur,e** n; adj [minœʀ]	Minderjährige(r); minderjährig
Ce film est **interdit aux mineurs.**	Dieser Film ist für Minderjährige verboten.
(l')**aîné,e** n; adj [ene]	Älteste(r); älteste(r) *(bei Geschwistern)*
C'est l'aînée de trois filles.	Das ist das älteste von drei Mädchen.
(le/la) **cadet,te** n; adj [kadɛ, ɛt]	Zweite(r); Jüngste(r); zweite(r); jüngere(r)
Elle a un frère cadet.	Sie hat einen jüngeren Bruder.

un,e **ancêtre** [ãsɛtʀ]	Vorfahr(in); Ahn(in)
nos ancêtres, les Gaulois	unsere Vorfahren, die Gallier
les **arrière-grands-parents** m [aʀjɛʀgʀãpaʀã]	Urgroßeltern
un **arrière-grand-père** [aʀjɛʀgʀãpɛʀ]	Urgroßvater
une **arrière-grand-mère** [aʀjɛʀgʀãmɛʀ]	Urgroßmutter
descendre de [desãdʀ]	abstammen von
descendre d'une famille noble	von einer adligen Familie abstammen
les **descendants** m [desãdã]	Nachkommen
la **descendance** [desãdãs]	Nachkommenschaft
avoir une descendance nombreuse	viele Nachkommen haben

le **parrain** [paʀɛ̃]	Patenonkel, Pate
la **marraine** [maʀɛn]	Patentante, Patin

les **beaux-parents** m [bopaʀã]	Schwiegereltern
le **beau-père** [bopɛʀ]	Schwiegervater
la **belle-mère** [bɛlmɛʀ]	Schwiegermutter
le **gendre** [ʒãdʀ]	Schwiegersohn
la **belle-fille** [bɛlfij]	Schwiegertochter

monoparental,e [mɔnopaʀãtal]	mit nur einem Elternteil
une **famille monoparentale**	Einelternfamilie
adoptif, -ive [adɔptif, iv]	Adoptiv-
le **fils adoptif** de mon ami	der Adoptivsohn meines Freundes
l'**union libre** f [ynjɔ̃libʀ]	eheähnliche Gemeinschaft
le **concubinage** [kɔ̃kybinaʒ]	eheähnliche Gemeinschaft, wilde Ehe
vivre en concubinage/en union libre	in eheähnlicher Gemeinschaft leben

7.2 Begrüßung und Abschied

arriver [aʀive]
(an)kommen
On va arriver en retard.
Wir kommen zu spät.

rencontrer qn [ʀãkɔ̃tʀe]
jdm begegnen, jdn treffen

saluer qn [salɥe]
jdn (be)grüßen
Saluez-le de ma part.
Grüßen Sie ihn von mir.

Bonjour! [bɔ̃ʒuʀ]
Guten Tag.
Bonjour M./Mme Pennec.
Guten Tag Herr/Frau Pennec.

Salut! [saly]
Hallo. Tschüs.

Allô! [alo]
Hallo. *(am Telefon)*
Allô, qui est à l'appareil?
Hallo, wer ist am Apparat?

Bonsoir! [bɔ̃swaʀ]
Guten Abend.

partir* [paʀtiʀ]
(weg-, fort)gehen
Ils sont partis **chacun de son côté.**
Jeder ist in eine andere Richtung weggegangen.

se séparer [səsepaʀe]
sich trennen
On s'est séparés au coin de la rue Daguerre.
Wir sind an der Ecke zur Rue Daguerre auseinander gegangen.

Bonne nuit! [bɔnnɥi]
Gute Nacht.

Au revoir. [ɔʀvwaʀ]
Auf Wiedersehen.

Madame/Mesdames [madam/medam]
Frau
une **dame**
eine Dame

Mademoiselle/Mesdemoiselles [madmwazɛl/medmwazɛl]
Fräulein
une **demoiselle**
ein Fräulein

Monsieur/Messieurs [məsjø/mesjø]
Herr
un **monsieur**
ein Herr
Dis bonjour au monsieur.
Sag dem Herrn Guten Tag.

A bientôt. [abjɛ̃to]
Bis bald.

A plus tard. [aplytaʀ]
Bis später.

A tout à l'heure. [atutalœʀ]
Bis gleich.

A ce soir. [asəswaʀ]
Bis heute Abend.

A demain. [ad(ə)mɛ̃]
Bis morgen.

présenter qn à qn [pʀezãte]
jdn jdm vorstellen
Permettez-moi de vous présenter M./Mme Moreau.
Darf ich Ihnen Herrn/Frau Moreau vorstellen?
Je la leur présente.
Ich stelle sie ihnen vor.
Je te présente à elle.
Ich stelle dich ihr vor.
se présenter
sich vorstellen

Enchanté,e. [ãʃãte]	Sehr erfreut./Angenehm.
Enchanté,e/Heureux, -euse de	Sehr erfreut, Sie kennenzulernen.
faire votre connaissance.	

chéri,e [ʃeʀi]	Schatz
mon amour [mɔ̃namuʀ]	mein Liebling, mein Schatz
mon/ma petit(e)	mein(e) Kleine(r), mein Junge/
[mɔ̃p(ə)ti, map(ə)tit]	Mädchen

mon cher, ma chère	mein(e) Liebe(r)
[mɔ̃ʃɛʀ, maʃɛʀ]	
mon vieux, ma vieille *fam*	mein(e) Liebe(r)
[mɔ̃vjø, mavjɛj]	
mon chou *fam* [mɔ̃ʃu]	mein Schatz
mon trésor *fam* [mɔ̃tʀezɔʀ]	mein Schatz
mon lapin *fam* [mɔ̃lapɛ̃]	mein Häschen

7.3 Jugendliche

un,e jeune [ʒœn]	Jugendliche(r)
Les jeunes de moins de 18 ans	Jugendliche unter 18 zahlen den
paient demi-tarif.	halben Preis.
la **jeunesse** [ʒœnɛs]	Jugend
un **jeune homme** [ʒœnɔm]	junger Mann
un **garçon** [gaʀsɔ̃]	Junge, Bub
une **(jeune) fille** [(ʒœn)fij]	Mädchen
les **jeunes gens** *m* [ʒœnʒã]	Jugendliche, junge Leute
un,e **adolescent,e**; un,e **ado** *fam*	Heranwachsende(r), Teenager
[adɔlesã, ãt; ado]	

un,e **ami,e** [ami]	Freund(in)
un,e **petit,e ami,e**	feste(r) Freund(in)
un **copain**, une **copine** [kɔpɛ̃, in]	Freund(in)
se **rencontrer** [s(ə)ʀãkɔ̃tʀe]	sich treffen
sortir* avec qn [sɔʀtiʀ]	mit jdm gehen
Il sort avec Sylvie depuis	Er geht mit Sylvie seit drei
3 semaines.	Wochen.
sortir* ensemble	miteinander befreundet sein;
	gemeinsam ausgehen
un **groupe** [gʀup]	Gruppe
une **bande** [bãd]	Gruppe, Bande, Clique
faire partie d'une bande de jeunes	zu einer Jugendgruppe/-bande/
	-clique gehören

une **association (sportive)** [asɔsjasjɔ̃(spɔʀtiv)]	(Sport)Verein
devenir membre d'une association	in einen Verein eintreten
faire du sport [fɛʀdyspɔʀ]	Sport treiben

Faisons du sport!

Für *eine Sportart ausüben* steht in der Regel **faire de** + *bestimmter Artikel* + *Sportart*; Beispiele:

Elle fait de la voile.	*Sie segelt.*
Nous faisons de la natation.	*Wir schwimmen.*
Il fait du tennis (= Il joue au tennis).	*Er spielt Tennis.*
Tu fais du ski?	*Fährst du Ski?*

---

une **MJC** (maison des jeunes et de la culture) [ɛmʒise]	Jugendhaus/-zentrum
une **discothèque** [diskɔtɛk]	Diskothek
danser [dɑ̃se]	tanzen
Le samedi soir, on va danser.	Samstagabends gehen wir tanzen.
aller*/sortir* en boîte *fam* [ale/sɔʀtiʀɑ̃bwat]	in die Disko gehen

un **concert** [kɔ̃sɛʀ]	Konzert
un **concert (de) rock**	Rockkonzert
le **rap** [ʀap]	Rap
un,e **rappeur, -euse** [ʀapœʀ, øz]	Rapper(in)
un **fan** [fan]	Anhänger(in); Fan
C'est un fan de Tonton David.	Er/Sie ist ein Fan von Tonton David.
un **tube** *fam* [tyb]	Hit
le **top 50** [tɔ̃psɛ̃kɑ̃t]	Charts, Hitparade
Ce tube est en tête du Top 50.	Dieser Hit steht an erster Stelle in den Charts.

un **conflit** [kɔ̃fli]	Konflikt
un **conflit de générations**	Generationskonflikt
un **problème** [pʀɔblɛm]	Problem
résoudre un problème	ein Problem lösen
le **dialogue** [djalɔg]	Dialog
le dialogue entre jeunes et adultes	der Dialog zwischen Jung und Alt

l'**autorité** *f* [ɔtɔʀite]	Autorität
Ce prof n'a aucune autorité.	Dieser Lehrer besitzt keinerlei Autorität.
la **révolte** [ʀevɔlt]	Revolte, Aufstand
(la) **critique** *n; adj* [kʀitik]	Kritik; kritisch

Elle trouve ses parents trop critiques à l'égard des ados.	Sie findet ihre Eltern den Jugendlichen gegenüber zu kritisch eingestellt.
contredire qn [kɔ̃tʀədiʀ]	jdm widersprechen
Sa fille le contredit sans arrêt.	Seine Tochter widerspricht ihm ständig.
s'entendre bien/mal avec qn [sɑ̃tɑ̃dʀbjɛ̃/mal]	sich mit jdm gut/schlecht verstehen

l'**agression** f [agʀesjɔ̃]	Aggression
être victime d'une agression	Opfer eines Überfalls sein
une **bagarre** [bagaʀ]	Schlägerei, Rauferei
la **violence** [vjɔlɑ̃s]	Gewalt
violent,e [vjɔlɑ̃, ɑ̃t]	gewalttätig
détruire [detʀɥiʀ]	zerstören, vernichten
Ils ont détruit une cabine téléphonique.	Sie haben eine Telefonzelle zerstört.

un,e **pote** *fam* [pɔt]	Freund(in), Kumpel
une soirée sympa entre potes	ein toller Abend unter Kumpeln
un **mec** *fam* [mɛk]	Kerl, Typ
une **nana** *fam* [nana]	Tussi, Frau
le **look** *fam* [luk]	Aussehen
avoir un **look d'enfer**	megacool, geil aussehen
l'**âge ingrat** m [aʒɛ̃gʀa]	Flegelalter, Flegeljahre
Mon fils est **en plein dans** l'âge ingrat.	Mein Sohn ist mitten in den Flegeljahren.
la **puberté** [pybɛʀte]	Pubertät
pubertaire [pybɛʀtɛʀ]	pubertär

la **confiance** [kɔ̃fjɑ̃s]	Vertrauen
avoir confiance en qn/faire confiance à qn	Vertrauen haben in jdn/jdm vertrauen
se confier à qn [s(ə)kɔ̃fje]	sich jdm anvertrauen
la **compréhension** [kɔ̃pʀeɑ̃sjɔ̃]	Verständnis
Elle se plaint **du manque de compréhension** de ses parents.	Sie beklagt sich über den Mangel an Verständnis seitens ihrer Eltern.
compréhensif, -ive [kɔ̃pʀeɑ̃sif, iv]	verständnisvoll
l'**incompréhension** f [ɛ̃kɔ̃ʀeɑ̃sjɔ̃]	Unverständnis
remettre qn/qc en question [ʀ(ə)mɛtʀɑ̃kɛstjɔ̃]	jdn/etw. in Frage stellen
Est-ce que tu dois toujours tout remettre en question ?	Musst du immer alles in Frage stellen?
se brouiller [s(ə)bʀuje]	sich verkrachen, sich zerstreiten
Elle s'est brouillée avec son copain.	Sie hat sich mit ihrem Freund zerstritten.

en vouloir à qn (de qc/de faire qc) [ãvulwaʀ]	jdm böse sein (wegen etw./weil er/ sie etw. tut)
J'en veux à mon frère de son égoïsme.	Ich nehme meinem Bruder seinen Egoismus übel.
une **fugue** [fyg]	Ausreißen
fuguer [fyge]	ausreißen

un,e **zonard,e** *fam* [zonaʀ, aʀd]	Bewohner(in) der ärmeren Vorstädte; Asoziale(r)
un,e **loubard,e** *fam* [lubaʀ, aʀd]	Rocker, kleiner Ganove
mal tourner [maltuʀne]	auf die schiefe Bahn geraten
J'ai peur qu'il **finisse par mal tourner**.	Ich fürchte, er gerät noch auf die schiefe Bahn.
s'en sortir [sãsɔʀtiʀ]	es schaffen, zurecht kommen
Elle a des problèmes, mais je crois qu'elle va s'en sortir.	Sie hat Probleme, aber ich glaube, sie wird sie meistern.
la **délinquance juvénile** [delɛkãsʒyvenil]	Jugendkriminalität
un,e **casseur, -euse** *fam* [kasœʀ, øz]	Chaot(in), gewalttätige(r) Demonstrant(in)

un **graffiti** [gʀafiti]	Graffito, Graffiti
un **tag** [tag]	aufgesprühtes Graffito
Les murs de la gare sont couverts de tags.	Die Wände des Bahnhofs sind mit Graffiti überzogen.
un,e **tagueur, -euse** [tagœʀ, øz]	Sprayer(in)
le **verlan** [vɛʀlã]	Verlan *(Form der Jugendsprache)*

> **i Verlan**
>
> *Verlan* ist eine vor allem von Jugendlichen gesprochene Sprache, die, grob gesagt, auf Silbenvertauschung beruht: **(à)** l'envers *verkehrt* → **verlan**.
> Beispiele: **métro** → **tromé**, **bizarre** → **zarbi**, **femme** → **meuf**, **blouson** → **zomblou**.

7.4 Soziale Gruppen, Lebensbedingungen und Verhaltensweisen

les **gens** *m* [ʒã]	Leute
la **population** [pɔpylasjõ]	Bevölkerung
faire partie de la **population active**	zur erwerbstätigen Bevölkerung gehören
les **jeunes** *m* [ʒœn]	Jugendliche
la **jeunesse** [ʒœnɛs]	Jugend

la **vieillesse** [vjɛjɛś]　Alter
le **3ᵉ âge** [tʀwazjɛmaʒ]　Seniorenalter
Il y a des tarifs réduits **pour le 3ᵉ âge**.　Für Senioren gibt es ermäßigte Tarife.

la **société** [sɔsjete]　Gesellschaft
social,e [sɔsjal]　sozial
une **couche sociale**　Gesellschaftsschicht
le **milieu** [miljø]　Milieu, Schicht
venir d'un **milieu social défavorisé**　aus einer unterprivilegierten
　sozialen Schicht kommen

une **communauté** [kɔmynote]　Gemeinschaft
un **groupe** [gʀup]　Gruppe
appartenir à un **groupe ethnique**　zu einer ethnischen Minorität
minoritaire　gehören
une **classe** [klas]　Klasse, Schicht
une **classe sociale**　Gesellschaftsklasse, soziale Schicht

aisé,e [eze]　begütert, wohlhabend
venir d'un **milieu aisé**　aus einem wohlhabenden Milieu
　stammen

moyen,ne [mwajɛ̃, jɛn]　Mittel-, Durchschnitts-
les **classes moyennes**　Mittelschicht
la **bourgeoisie** [buʀʒwazi]　Bürgertum, Bourgeoisie
(un,e) **bourgeois,e** *n; adj*　Bourgeois, Bürgerliche(r); bürgerlich
[buʀʒwa, waz]
populaire [pɔpylɛʀ]　Volks-; populär
Il est **issu des couches populaires**.　Er stammt aus einfachen Verhält-
　nissen.

(un,e) **ouvrier, -ière** *n; adj* [uvʀije, ijɛʀ]　Arbeiter(in); Arbeiter-
la **classe ouvrière**　Arbeiterklasse

riche [ʀiʃ]　reich
la **richesse** [ʀiʃɛs]　Reichtum
la **fortune** [fɔʀtyn]　Vermögen

Fortune – chance – bonheur

Unterscheide:
la fortune　*(schicksalhaftes) Glück; Besitz, Vermögen*
faire fortune　*reich werden*
la roue de la fortune　*Glücksrad*
la chance　*(glücklicher) Zufall, Glück, Chance*
avoir de la chance　*Glück haben*
Bonne chance!　*Viel Glück!*
le bonheur　*Glück, Glücksgefühl, glücklicher Umstand*
un bonheur sans nuages　*ungetrübtes Glück*

pauvre [povʀ]	arm
la **pauvreté** [povʀəte]	Armut
la **misère** [mizɛʀ]	Not, Elend
tomber* dans la misère	in Not geraten
démuni,e [demyni]	mittellos
un quartier pauvre où vivent les plus démunis	ein Armenviertel, in dem die Ärmsten der Armen leben

un,e **propriétaire** [pʀɔpʀijetɛʀ]	Eigentümer(in)
la **propriété** [pʀɔpʀijete]	Eigentum, Besitz, Besitztum
Propriété privée.	Privatbesitz.

un,e **chômeur, -euse** [ʃɔmœʀ, øz]	Arbeitslose(r)
le **chômage** [ʃɔmaʒ]	Arbeitslosigkeit
Elle **est au chômage** depuis 6 mois.	Sie ist seit 6 Monaten arbeitslos.
⸙ un,e **RMIste** (RMI = revenu minimum d'insertion) [ɛʀɛmist]	etwa: Sozialhilfeempfänger(in) (des vom Staat bezahlten Mindesteinkommens f. Mittellose über 25 Jahre)
l'**aide sociale** f [ɛdsɔsjal]	Sozialhilfe
un,e **SDF (sans domicile fixe)** [ɛsdeɛf]	Wohnsitz-/Obdachlose(r)
un,e **sans-abri** [sãzabʀi]	Obdachlose(r)
un,e **clochard,e** [klɔʃaʀ, aʀd]	Clochard
un,e **mendiant,e** [mãdjã, ãt]	Bettler(in)
mendier [mãdje]	betteln

un,e **immigré,e** [imigʀe]	Einwanderer, Einwanderin
immigrer [imigʀe]	einwandern
Sa famille **a immigré** dans les années 60.	Ihre Familie ist in den 60er Jahren eingewandert.
l'**immigration** f [imigʀasjɔ̃]	Immigration
l'immigration clandestine	illegale Immigration
s'**intégrer** [sɛ̃tegʀe]	sich integrieren
aider les immigrés à s'intégrer dans notre société	den Einwanderern dabei helfen, sich in unsere Gesellschaft zu integrieren
l'**intégration** f [ɛ̃tegʀasjɔ̃]	Integration

accepter [aksɛpte]	akzeptieren, annehmen
rejeter [ʀ(ə)ʒəte/ʀəʒ(ə)te]	ablehnen, ausstoßen
Les étrangers se sentent souvent rejetés.	Die Ausländer fühlen sich häufig ausgestoßen.
s'**adapter à** [sadapte]	sich anpassen, sich eingewöhnen
Il s'est bien adapté à sa nouvelle vie.	Er hat sich gut auf sein neues Leben eingestellt.
l'**adaptation** f [adaptasjɔ̃]	Anpassung, Eingewöhnung

être en conflit avec qn [ɛtʀɑ̃kɔ́fli]	mit jdm im Streit liegen
respecter [ʀɛspɛkte]	respektieren, achten
tolérer [tɔleʀe]	tolerieren
la **tolérance** [tɔleʀɑ̃s]	Toleranz, Duldsamkeit
l'**intolérance** f [ɛ̃tɔleʀɑ̃s]	Intoleranz
avoir pitié de qn [avwaʀpitje]	mit jdm Mitleid haben
Ayez pitié de moi.	Habt Mitleid mit mir.
faire pitié à qn [fɜʀpitje]	jdm Mitleid einflößen
Le voir dans un état pareil me fait vraiment pitié.	Ich habe wirklich Mitleid mit ihm, wenn ich ihn in einem solchen Zustand sehe.

aider qn (à faire qc) [ede]	jdm helfen (etw. zu tun)
Je vous aide à pousser la voiture ?	Soll ich Ihnen helfen, das Auto anzuschieben?
encourager qn [ɑ̃kuʀaʒe]	jdn ermutigen, ermuntern
Applaudissez pour les encourager.	Klatscht Beifall, um sie anzuspornen.
décourager qn [dekuʀaʒe]	jdn entmutigen
Ne te décourage pas si vite !	Lass dich nicht so schnell entmutigen.
soutenir qn [sut(ə)niʀ]	jdn unterstützen
Ils ont réussi parce que leurs amis les ont beaucoup soutenus.	Sie hatten Erfolg, weil ihre Freunde ihnen sehr geholfen haben.

avoir des problèmes m [avwaʀdepʀɔblɛm]	Probleme/Schwierigkeiten haben
une **épreuve** [epʀœv]	Prüfung
subir une dure épreuve	eine harte Prüfung durchmachen
le **souci** [susi]	Sorge, Kummer
se faire du souci	sich Sorgen machen
la **difficulté** [difikylte]	Schwierigkeit

dépendant,e (de) [depɑ̃dɑ̃, ɑ̃t]	abhängig (von)
dépendre de [depɑ̃dʀ]	abhängen von
indépendant,e (de) [ɛ̃depɑ̃dɑ̃, ɑ̃t]	unabhängig (von)
libre [libʀ]	frei
se **libérer de** [s(ə)libeʀe]	sich befreien von
Elle s'est libérée de l'influence de ses parents.	Sie hat sich vom Einfluss ihrer Eltern freigemacht.
délivrer de [delivʀe]	befreien von
Nous voilà **délivrés de nos soucis**.	Jetzt sind wir unsere Sorgen los.

la **responsabilité** [ʀɛspɔ̃sabilite]	Verantwortung
(être) responsable de [ʀɛspɔ̃sabl]	verantwortlich (sein) für
Je me sens responsable de ma sœur.	Ich fühle mich für meine Schwester verantwortlich.

protéger [pʀɔteʒe]	schützen
la **protection** [pʀɔtɛksjɔ̃]	Schutz
sauver [sove]	retten

les **vieux** *m* [vjø]	die Alten
les **personnes âgées** *f*	Senioren, die älteren Menschen
[pɛʀsɔn(z)aʒe]	
une **génération** [ʒeneʀasjɔ̃]	Generation
la **génération 68**	die 68er Generation
Le fossé entre les générations	Der Graben zwischen den Genera-
s'agrandit.	tionen wird tiefer.

les **conditions de vie** *f*	Lebensbedingungen
[kɔ̃disjɔ̃d(ə)vi]	
le **niveau de vie** [nivod(ə)vi]	Lebensstandard
s'accroître [sakʀwatʀ]	wachsen, zunehmen
Le taux de chômage **s'est encore**	Die Arbeitslosenquote ist schon
accru.	wieder gestiegen.
une **augmentation** [ɔgmɑ̃tasjɔ̃]	Erhöhung, Steigerung
J'ai demandé une **augmentation**	Ich habe meinen Chef um eine
(de salaire) à mon chef.	Gehaltserhöhung gebeten.
une **réduction** [ʀedyksjɔ̃]	Verringerung, Verkürzung
la **réduction du temps de travail**	Arbeitszeitverkürzung

privilégié,e [pʀivileʒje]	privilegiert, bevorzugt
un **privilège** [pʀivilɛʒ]	Privileg
fortuné,e [fɔʀtyne]	begütert, reich
Ils font partie d'une des familles les	Sie gehören zu einer der reichsten
plus fortunées de France.	Familien Frankreichs.
les **revenus** *m* [ʀəv(ə)ny/ʀ(ə)vəny]	Einkommen
l'**impôt sur le revenu**	Einkommenssteuer
la **prospérité** [pʀɔspeʀite]	Wohlstand
les **ressources** *f* [ʀəsuʀs]	Mittel
disposer de ressources illimitées	über unbegrenzte Mittel verfügen

précaire [pʀekɛʀ]	heikel, bedenklich
se trouver dans une situation précaire	sich in einer heiklen Lage befinden
les **déshérités** *m* [dezeʀite]	die Benachteiligten, Bedürftigen
un,e **sans-papiers** [sɑ̃papje]	illegale(r) Einwanderer, Einwan-
	derin
Cette organisation lutte pour la	Diese Organisation kämpft für die
légalisation des sans-papiers.	Anerkennung der illegalen Ein-
	wanderer.
appauvri,e [apovʀi]	verarmt
(un,e) **économiquement faible**	ein(e) sozial Schwache(r); sozial
n; adj [ekɔnɔmikmɑ̃fɛbl]	schwach

une allocation réservée aux économiquement faibles	eine Unterstützung, die nur sozial Schwache erhalten
le **prolétariat** [pʀɔletaʀja]	Proletariat

(un,e) **marginal,e** n; adj [maʀʒinal]	Außenseiter(in), Asoziale(r); Rand-
(un,e) **exclu,e** n; adj [ɛkskly]	Ausgegrenzte(r), Ausgeschlossene(r); ausgegrenzt, ausgeschlossen
aider les exclus à retrouver leur place dans la société	den Ausgegrenzten helfen, ihren Platz in der Gesellschaft wiederzufinden
l'**exclusion** f [ɛksklyzjɔ̃]	Ausgrenzung, Ausschluss
la **fracture sociale** [fʀaktyʀsɔsjal]	soziale Kluft
le **quart-monde** [kaʀmɔ̃d]	die Armen, die Vierte Welt

inquiéter qn [ɛ̃kjete]	jdn beunruhigen
L'augmentation de la criminalité inquiète les pouvoirs publics.	Die Zunahme der Kriminalität beunruhigt die Behörden.
l'**inquiétude** f [ɛ̃kjetyd]	Sorge
maltraiter qn [maltʀɛte]	jdn misshandeln
bousculer qn [buskyle]	jdn anrempeln, anstoßen

solidaire [sɔlidɛʀ]	solidarisch
se sentir solidaire des marginaux	sich mit den Randgruppen solidarisch fühlen
la **solidarité** [sɔlidaʀite]	Solidarität
porter secours à qn [pɔʀtes(ə)kuʀ]	jdm helfen, zu Hilfe eilen

7.5 Beziehungen und Bindungen

un,e **ami,e** [ami]	Freund(in)
l'**amitié** f [amitje]	Freundschaft
faire qc **par amitié pour qn**	etw. aus Freundschaft für jdn tun
amical,e [amikal]	freundschaftlich, freundlich
aimable [ɛmabl]	liebenswürdig, freundlich
Merci beaucoup, vous êtes très aimable.	Vielen Dank, Sie sind sehr liebenswürdig.
l'**amabilité** f [amabilite]	Liebenswürdigkeit
un **copain**, une **copine** [kɔpɛ̃, in]	Freund(in), Kumpel
un,e **camarade** [kamaʀad]	Kamarad(in)
C'est un ancien **camarade de classe**.	Er ist ein früherer Klassenkamerad.
un,e **voisin,e** [vwazɛ̃, in]	Nachbar(in)
un,e **collègue** [kɔlɛg]	Kolleg(in)

connaître [kɔnɛtʀ]	kennen

faire la connaissance de qn [fɛʀlakɔnɛsãs]	jdn kennen lernen
J'ai fait la connaissance d'une fille très sympa.	Ich habe ein sehr sympathisches Mädchen kennen gelernt.
être en contact avec [ɛtʀãkɔ̃takt]	in Verbindung stehen mit
Il est toujours en contact avec ses anciens collègues.	Er steht immer noch in Verbindung mit seinen ehemaligen Kollegen.
une **relation** [ʀ(ə)lasjɔ̃]	Beziehung
entretenir des relations amicales avec qn	freundschaftliche Beziehungen zu jdm pflegen
des **rapports** m [ʀapɔʀ]	Beziehungen
avoir des rapports tendus avec qn	gespannte Beziehungen zu jdm haben

vouvoyer [vuvwaje]	siezen
tutoyer [tytwaje]	duzen
On se vouvoie ou on se tutoie ?	Sollen wir uns siezen oder duzen?
faire la bise à qn [fɛʀlabiz]	jdm ein Küsschen geben
serrer la main à qn [seʀelamɛ̃]	jdm die Hand drücken
(être) poli,e [pɔli]	höflich (sein)
(être) gentil,le [ʒãti, ij]	nett (sein)
Tu pourrais être plus gentil avec ta sœur.	Du könntest netter zu deiner Schwester sein.
l'**ambiance** f [ãbjãs]	Stimmung
froid,e [fʀwa, fʀwad]	kalt
Pendant toute la réunion, l'ambiance a été froide.	Die ganze Versammlung über herrschte eine frostige Atmosphäre.
agréable [agʀeabl]	angenehm
détendu,e [detãdy]	locker, entspannt

sympa(thique) [sɛ̃pa(tik)]	sympathisch, freundlich
la **sympathie** [sɛ̃pati]	Sympathie, Zuneigung
antipathique [ãtipatik]	unsympathisch
Jean m'est très antipathique.	Jean ist mir sehr unsympathisch.
l'**antipathie** f [ãtipati]	Abneigung, Widerwille
Elle m'inspire une profonde antipathie.	Sie flößt mir tiefe Abneigung ein.

embrasser [ãbʀase]	küssen
caresser [kaʀese]	streicheln, sanft berühren
Elle caresse tendrement les cheveux de son copain.	Sie streicht zärtlich über die Haare ihres Freundes.
courir après qn [kuʀiʀ]	jdm nachlaufen
Pourquoi est-ce que tu cours encore après cette fille ?	Warum läufst du diesem Mädchen noch nach?
draguer qn fam [dʀage]	jdn anmachen

repousser [ʀ(ə)puse]   zurückstoßen, abwehren

féliciter [felisite]   loben; beglückwünschen
  féliciter qn pour/de son travail   jdn für seine Arbeit loben
un **compliment** [kɔ̃plimɑ̃]   Kompliment
imiter [imite]   nachmachen, imitieren
  C'est son idole, elle l'imite en tout.   Das ist ihr Vorbild, sie macht sie in allem nach.

l'**imitation** f [imitasjɔ̃]   Nachahmung, Imitation
se moquer de [s(ə)mɔke]   auslachen, sich lustig machen über

  Ne mets pas cette chemise, tout le monde va se moquer de toi.   Zieh nicht dieses Hemd an, alle werden sich über dich lustig machen.

faire marcher qn fam [fɛʀmaʀʃe]   jdn an der Nase herumführen
  Je ne te crois pas. Tu veux me faire marcher, où quoi ?   Ich glaube dir nicht. Willst du mich veräppeln, oder was?

attendre qn [atɑ̃dʀ]   auf jdn warten
aller* voir qn [alevwaʀ]   jdn besuchen

besuchen

Beachte:
aller/venir voir qn   *jdn besuchen*
Cet(te) après-midi, on va voir notre tante.   *Heute Nachmittag besuchen wir unsere Tante.*

Venez me voir demain.   *Besuchen sie mich doch morgen.*
rendre visite à qn   *jdm einen Besuch abstatten, jdn besuchen (förmlicher)*

Si vous le permettez, nous vous rendrons visite après-demain.   *Wenn Sie es gestatten, besuchen wir Sie übermorgen.*
visiter qc   *etw. besuchen, besichtigen*
Tu as déjà visité le Louvre ?   *Hast du schon den Louvre besucht/besichtigt?*

aller* chercher qn [aleʃɛʀʃe]   jdn abholen
  Sois tranquille, on ira te chercher à la gare.   Sei unbesorgt, wir werden dich am Bahnhof abholen.
inviter à [ɛ̃vite]   einladen zu
  J'ai invité les Dupont à dîner.   Ich habe die Duponts zum Abendessen eingeladen.

une **invitation** [ɛ̃vitasjɔ̃]   Einladung
une **visite** [vizit]   Besuch, Besichtigung
  rendre visite à qn   jdn besuchen
recevoir [ʀ(ə)səvwaʀ/ʀəs(ə)vwaʀ]   empfangen
  Dans cette grande maison, on peut recevoir beaucoup de monde.   In diesem großen Haus können wir viele Leute empfangen.

s'intéresser à [sɛ̃teʀese]
Il s'intéresse beaucoup trop à mon amie.
sich interessieren für
Er interessiert sich viel zu sehr für meine Freundin.

concerné,e [kɔ̃sɛʀne]
se sentir **concerné,e par** les problèmes d'un copain
betroffen
sich von den Problemen eines Freundes (mit)betroffen fühlen

s'ennuyer [sɑ̃nɥije]
Qu'est-ce qu'on s'ennuie ici !
sich langweilen
Mensch, ist es hier langweilig!

seul,e [søl]
Tu ne veux pas venir ce soir ? Je me sens si seul.
allein, einsam
Willst du heute Abend nicht kommen? Ich fühle mich so einsam.

la **solitude** [sɔlityd]
Einsamkeit

---

retrouver qn [ʀ(ə)tʀuve]
jdn (wieder) treffen

revoir qn [ʀ(ə)vwaʀ]
Ils se sont revus au bout de 20 ans.
jdn wieder sehen
Sie haben sich nach 20 Jahren wieder gesehen.

quitter qn [kite]
Ne me quitte pas !
jdn verlassen
Verlass mich nicht!

perdre de vue [pɛʀdʀ(ə)dəvy]
Après la fac, on s'est perdu de vue.
aus den Augen verlieren
Nach dem Studium haben wir uns aus den Augen verloren.

---

accompagner qn [akɔ̃paɲe]
Tu m'accompagnes au théâtre ce soir ?
jdn begleiten
Begleitest du mich heute Abend ins Theater?

amener qn [am(ə)ne]
jdn mitbringen

emmener qn [ɑ̃m(ə)ne]
jdn mitnehmen

ramener qn [ʀam(ə)ne]
Je l'ai ramené en voiture.
jdn zurückbringen/zurückfahren
Ich habe ihn im Auto (nach Hause) zurückgefahren.

Wenn man *jdn/etw. mitnehmen/mitbringen* möchte

Mener *(führen)* und seine Komposita (**amener** = *mitbringen, -nehmen*, **ramener** = *zurückbringen, wiederbringen*, **emmener** = *mitnehmen*) stehen v. a. bei *Personen*, **porter** und seine Komposita (**apporter** = *(herbei-, mit)bringen*, **rapporter** = *wieder-, zurückbringen*, **emporter** = *mitnehmen, wegtragen*) bei *Sachen* bzw. wenn etwas *getragen* wird.

Unterscheide:

Si tu veux, tu peux <u>amener</u> ton cousin.
Wenn du willst, kannst du deinen Cousin mitbringen.

<u>Apporte-moi</u> mes lunettes, s'il te plaît.
Bring mir bitte meine Brille.

Vous pourriez m'<u>emmener</u> à l'aéroport ?
Könnten Sie mich zum Flughafen mitnehmen?

une pizza à <u>emporter</u>
eine Pizza zum Mitnehmen

fort,e [fɔʀ, fɔʀt]	stark, kräftig
la **force** [fɔʀs]	Stärke, Kraft
faible [fɛbl]	schwach
la **faiblesse** [fɛblɛs]	Schwäche
patient,e [pasjã, jãt]	geduldig
Elle ne s'énerve jamais, elle est très patiente.	Sie regt sich nie auf, sie ist sehr geduldig.
la **patience** [pasjãs]	Geduld
impatient,e [ɛ̃pasjã, jãt]	ungeduldig
l'**impatience** f [ɛ̃pasjãs]	Ungeduld

regretter [ʀ(ə)gʀete]	bedauern
Nous regrettons de l'avoir laissé partir.	Wir bedauern, dass wir ihn haben gehen lassen.
le **regret** [ʀ(ə)gʀɛ]	Bedauern

calmer qn [kalme]	jdn beruhigen
J'ai eu du mal à la calmer.	Ich hatte Mühe, sie zu beruhigen.
consoler qn [kɔ̃sɔle]	jdn trösten
Elle était triste, mais son amie l'a consolée.	Sie war traurig, doch ihre Freundin hat sie getröstet.
la **consolation** [kɔ̃sɔlasjɔ̃]	Trost
s'énerver [senɛʀve]	sich aufregen
Ne t'énerve pas pour ça !	Reg dich deshalb nicht auf!
se fâcher [s(ə)faʃe]	sich ärgern
Lorsqu'il a vu sa voiture abîmée, **il s'est fâché tout rouge.**	Als er sein beschädigtes Auto sah, ist er in Weißglut geraten.
furieux, -euse [fyʀjø, øz]	wütend

reprocher qc à qn [ʀ(ə)pʀɔʃe]	jdm etw. vorwerfen/vorhalten
Je lui reproche beaucoup son attitude.	Ich werfe ihm seine Haltung heftig vor.
Je te reproche de ne penser qu'à toi.	Ich werfe dir vor, nur an dich zu denken.
un **reproche** [ʀ(ə)pʀɔʃ]	Vorwurf
⦿ **se disputer avec qn** [s(ə)dispyte]	sich mit jdm streiten
Ma fille se dispute sans arrêt avec son ami.	Meine Tochter streitet ununterbrochen mit ihrem Freund.
une **dispute** [dispyt]	Streit

la **chance** [ʃãs]	Glück
Tu as de la chance d'avoir retrouvé ton porte-monnaie.	Du hast Glück, deinen Geldbeutel wieder gefunden zu haben.
avoir la chance de faire qc	etw. tun dürfen; das Glück haben, etw. zu tun

J'ai eu la chance de travailler avec lui.	Ich habe das Glück gehabt, mit ihm zu arbeiten.
Bonne chance!	Viel Glück!

ℹ Zur Wiedergabe von *Glück* im Französischen vgl. auch S. 133.

avoir du succès [avwaʀdysyksɛ]	Erfolg haben
la **malchance** [malʃɑ̃s]	Unglück, Pech
être poursuivi par la malchance	vom Pech verfolgt sein

être bien/mal avec qn [ɛtʀbjɛ̃/mal]	mit jdm gut/schlecht auskommen
Il vaut mieux être bien avec son chef.	Es ist besser, wenn man mit seinem Chef gut auskommt.
frapper [fʀape]	schlagen
battre [batʀ]	schlagen
Quand il a trop bu, il bat sa femme et ses enfants.	Wenn er zu viel getrunken hat, schlägt er seine Frau und seine Kinder.
un **coup** [ku]	Schlag, Tritt
un **coup de pied**	Fußtritt
un **coup de poing**	Faustschlag
tuer [tye]	töten

fréquenter qn [fʀekɑ̃te]	jdn (häufig) besuchen, mit jdm verkehren
une **liaison** [ljɛzɔ̃]	Verbindung, Verhältnis
être attiré,e par qn [atiʀe]	sich von jdm angezogen fühlen
J'ai toujours été attiré par cette femme.	Ich fand diese Frau immer anziehend.
charmer qn [ʃaʀme]	jdn bezaubern
apprécier [apʀesje]	schätzen

l'**affection** f [afɛksjɔ̃]	Zuneigung, Zuwendung
affectueux, -euse [afektyø, øz]	liebevoll, zärtlich
chaleureux, -euse [ʃaløʀø, øz]	warm, herzlich
un accueil chaleureux	ein herzlicher Empfang
cordial,e [kɔʀdjal]	herzlich, warm
une atmosphère cordiale	eine herzliche Atmosphäre

(être) fidèle (à qn) [fidɛl]	(jdm) treu (sein)
Elle a toujours été fidèle à ses amis.	Sie ist ihren Freunden immer treu gewesen.
la **fidélité** [fidelite]	Treue
l'**infidélité** f [ɛ̃fidelite]	Untreue
tromper qn [tʀɔ̃pe]	jdn betrügen
décevoir qn [des(ə)vwaʀ]	jdn enttäuschen

Pierre m'a beaucoup déçu : je comptais pourtant sur lui.	Pierre hat mich sehr enttäuscht; ich habe immerhin auf ihn gezählt.
la **déception** [desɛpsjɔ̃]	Enttäuschung
jaloux, -ouse (de) [ʒalu, uz]	eifersüchtig (auf)
Elle ne peut jamais sortir seule, son mari est trop jaloux.	Sie kann nie alleine ausgehen, ihr Mann ist zu eifersüchtig.
la **jalousie** [ʒaluzi]	Eifersucht

soupçonner qn [supsɔne]	jdn verdächtigen
Je le soupçonne de me tromper.	Ich habe den Verdacht, dass er mich betrügt.
le **soupçon** [supsɔ̃]	Verdacht
éveiller **les soupçons** de qn	jds Verdacht erregen
le **mépris** [mepʀi]	Verachtung
s'attirer le mépris de qn	sich jds Verachtung zuziehen
mépriser qn [mepʀize]	jdn verachten
être hostile à qn [ɔstil]	jdm feindlich gegenüberstehen
Il a bien senti que tout le monde lui était hostile.	Er hat sehr wohl gespürt, dass ihm alle feindlich gesinnt waren.
l'**hostilité** f [ɔstilite]	Feindseligkeit

faire une gaffe fam [fɛʀyngaf]	einen Fehler machen, ins Fettnäpfchen treten
Il ne faisait que des gaffes, on l'a mis à la porte.	Er hat nur Fehler gemacht, also hat man ihn rausgeschmissen.
gaffer fam [gafe]	ins Fettnäpfchen treten
faire de la peine à qn [fɛʀd(ə)lapɛn]	jdm weh tun; jdm Leid tun
Ça me fait de la peine de le voir si malheureux.	Es tut mir Leid,/Ich bin betrübt, ihn so unglücklich zu sehen.
humilier qn [ymilje]	jdn demütigen
une **humiliation** [ymiljasjɔ̃]	Demütigung, Erniedrigung
subir une humiliation	ein Demütigung erfahren
gifler qn [ʒifle]	jdn ohrfeigen
une **gifle** [ʒifl]	Ohrfeige
vexer qn [vɛkse]	jdn kränken
Elle est vexée pour un oui ou pour un non.	Sie ist wegen jeder Kleinigkeit beleidigt.
provoquer qn [pʀɔvɔke]	jdn provozieren
une **provocation** [pʀɔvɔkasjɔ̃]	Provokation, Herausforderung
Je n'ai pas réagi à ses provocations.	Ich habe nicht auf seine Provokationen reagiert.
gêner qn [ʒene]	jdn stören, in Verlegenheit bringen

récompenser [ʀekɔ̃pɑ̃se]	belohnen
une **récompense** [ʀekɔ̃pɑ̃s]	Belohnung

punir [pyniʀ]
Quand son père va savoir ça, elle va se faire punir.
la **punition** [pynisjõ]

bestrafen
Wenn ihr Vater das erfährt, wird sie bestraft werden.
Strafe, Bestrafung

contraindre qn à [kõtʀɛ̃dʀ]
Tu ne pourras pas le contraindre à partir.
la **contrainte** [kõtʀɛ̃t]
dominer qn [dɔmine]
la **domination** [dɔminasjõ]
priver qn de qc [pʀive]

jdn zwingen zu
Du kannst ihn nicht zum Gehen zwingen.
Zwang
jdn beherrschen
Herrschaft, Beherrschung
jdm etw. entziehen; jdm etw. nicht geben

Si tu continues, **tu seras privé de dessert.**
poursuivre qn [puʀsɥivʀ]
poursuivre qn en justice

Wenn du weitermachst, bekommst du keinen Nachtisch.
jdn verfolgen
jdn verklagen

la **compagnie** [kõpaɲi]
Ils recherchent la compagnie des gens de leur âge.
accueillir qn [akœjiʀ]
un **accueil** [akœj]
adopter qn [adɔpte]
Ma famille a adopté mon nouveau copain tout de suite.

Gesellschaft
Sie suchen die Gesellschaft Gleichaltriger.
jdn empfangen, aufnehmen
Empfang, Aufnahme
jdn aufnehmen, adoptieren
Meine Familie hat meinen neuen Freund sofort auf-/angenommen.

traiter qn de qc/comme [tʀɛte]

Ils l'ont traité d'imbécile, et ça ne lui a pas plu du tout.
faire ses adieux m [fɛʀsezadjø]
une **rupture** [ʀyptyʀ]
rompre avec qn [ʀõpʀ]
Elle a rompu avec son fiancé.

jdn etw. nennen/jdn behandeln wie
Sie haben ihn Trottel genannt, was ihm rein gar nicht gefallen hat.
sich verabschieden
Trennung
mit jdm Schluss machen
Sie hat mit ihrem Verlobten Schluss gemacht.

faire une scène à qn [fɛʀynsɛn]
Chaque fois que je rentre tard, mes parents me font une scène.

jdm eine Szene machen
Jedesmal, wenn ich spät nach Hause komme, machen mir meine Eltern eine Szene.

se réconcilier avec [s(ə)ʀekõsilje]
la **réconciliation** [ʀekõsiljasjõ]
la **réconciliation franco-allemande**
s'arranger avec [saʀɑ̃ʒe]

sich versöhnen mit
Versöhnung, Aussöhnung
die deutsch-französische Aussöhnung
sich einigen, verständigen mit

les **retrouvailles** f [ʀ(ə)tʀuvaj] On va fêter nos retrouvailles.	Wiedersehen Wir werden unser Wiedersehen feiern.

le **bien-être** [bjɛ̃nɛtʀ] **être à l'aise** [ɛtʀalɛz] **s'épanouir** [sepanwiʀ] Elle s'épanouit de jour en jour. le **prestige** [pʀɛstiʒ] **jouir d'un grand prestige auprès** **de qn**	Wohlbefinden sich wohl fühlen aufblühen, sich entfalten Von Tag zu Tag blüht sie mehr auf. Prestige, Anssehen bei jdm in hohem Ansehen stehen

7.6 Besitz und Zugehörigkeit

avoir [avwaʀ] Nous avons une maison en Bretagne. **appartenir à qn** [apaʀtəniʀ] Ce sac ne m'appartient pas. **A qui est …?** [akiɛ] A qui sont ces gants? **être à qn** [ɛtʀ] Ce livre est à Nathalie. être à (moi; toi; lui, elle; nous; vous; eux, elles) N'y touche pas. **C'est à moi.** **posséder** [pɔsede] la **possession** [pɔsesjɔ̃] **prendre possession de qc** **propre** [pʀɔpʀ] C'est son propre appartement.	haben Wir haben ein Haus in der Bretagne. jdm gehören Diese Tasche gehört nicht mir. Wem gehört …? Wem gehören diese Handschuhe? jdm gehören Dieses Buch gehört Nathalie. (mir; dir; ihm, ihr; uns; euch, Ihnen; ihnen) gehören Rühr's nicht an. Das gehört mir. besitzen Besitz von etw. Besitz ergreifen eigen Das ist seine eigene Wohnung.

 Zu *Adjektiven* mit *wechselnder Bedeutung* bei *Voran-* oder *Nachstellung* vgl. die Information auf S. 37.

un,e **propriétaire** [pʀɔpʀietɛʀ] **être le/la/les … de qn** [ɛtʀlə/la/le] C'est la voiture de Marcel.	Eigentümer der, die, das … von jdm sein Das ist Marcels Auto.

le **capital** [kapital] amasser un **capital important** la **richesse** [ʀiʃɛs] la **pauvreté** [povʀəte] **vivre dans la pauvreté**	Kapital ein beträchtliches Kapital anhäufen Reichtum Armut in Armut leben

disposer de qc [dispɔze]   über etw. verfügen
Il dispose d'une petite fortune.   Er verfügt über ein kleines Vermögen.
détenir [det(ə)niʀ]   besitzen
le(s) **bien(s)** m [bjɛ̃]   Vermögen, Gut
Elle a donné tous ses biens à l'Eglise.   Sie hat ihr ganzes Vermögen der Kirche geschenkt.
la **prospérité** [pʀɔspeʀite]   Wohlstand
prospère [pʀɔspɛʀ]   gut gehend, florierend
une entreprise prospère   ein florierendes Unternehmen

une **acquisition** [akizisjɔ̃]   Anschaffung
Ce Picasso, c'est sa **dernière acquisition.**   Dieser Picasso ist seine jüngste/letzte Anschaffung.
acquérir qc [akeʀiʀ]   etw. erwerben
un **placement** [plasmɑ̃]   (Geld/Kapital)Anlage
faire un bon placement   eine gute (Kapital)Anlage tätigen
une **action** [aksjɔ̃]   Aktie

le **testament** [tɛstamɑ̃]   Testament
coucher qn sur son testament   jdn in sein Testament aufnehmen
l'**héritage** m [eʀitaʒ]   Erbschaft
faire un bel héritage   eine ansehnliche Erbschaft machen

hériter de qn; qc/de qc [eʀite]   von jdm erben; etw. erben
Elle a tout hérité de ses parents.   Sie hat alles von ihren Eltern geerbt.
Voilà la montre que/dont j'ai hérité(e) de ma tante.   Da ist die Uhr, die ich von meiner Tante geerbt habe.
un,e **héritier, -ière** [eʀitje, jɛʀ]   Erbe, Erbin
le **patrimoine** [patʀimwan]   Erbe; Kulturgut
sauvegarder le patrimoine   das Ererbte/Erbe bewahren

8.1 Erziehung, Bildung

élever [el(ə)ve]	auf-, großziehen
éduquer [edyke]	erziehen
l'**éducation** f [edykasjɔ̃]	Erziehung
Elle a reçu une très bonne éducation.	Sie hat eine sehr gute Erziehung genossen.
un,e **éducateur, -trice** [edykatœʀ, tʀis]	Erzieher(in)

la **culture** [kyltyʀ]	Bildung, Kultur
la **culture générale**	Allgemeinbildung
cultivé,e [kyltive]	gebildet
la **formation** [fɔʀmasjɔ̃]	Ausbildung
Cette école assure une formation solide.	Diese Schule garantiert eine solide Ausbildung.
la **formation continue**	Fortbildung
la **formation permanente**	Weiterbildung
former qn [fɔʀme]	jdn ausbilden

enseigner qc à qn [ɑ̃sɛɲe]	jdn in etw. unterrichten
J'enseigne le japonais à des adultes.	Ich unterrichte Erwachsene in Japanisch.
l'**enseignement** m [ɑ̃sɛɲ(ə)mɑ̃]	Unterricht; Schuldienst, -wesen
entrer dans l'enseignement	Lehrer(in) werden
l'**enseignement primaire**	Primarstufe
l'**enseignement secondaire**	Sekundarstufe
l'**enseignement supérieur**	Hochschule, Hochschulwesen
un,e **enseignant,e** [ɑ̃sɛɲɑ̃, ɑ̃t]	Unterrichtende(r), Lehrkraft

savoir [savwaʀ]	wissen, können
Cet enfant sait beaucoup de choses.	Dieses Kind weiß viel.
le **savoir** [savwaʀ]	Wissen
connaître [kɔnɛtʀ]	kennen
Je n'y connais rien.	Ich verstehe nichts davon.
Il connaît bien sa **table de multiplication**.	Er beherrscht das Einmaleins.
les **connaissances** f [kɔnɛsɑ̃s]	Kenntnisse
ignorer [iɲɔʀe]	nicht wissen, nicht kennen
J'ignore l'origine de cette expression.	Ich kenne die Herkunft dieses Ausdrucks nicht.

un **but** [byt]	Ziel
poursuivre un but	ein Ziel verfolgen
la **motivation** [mɔtivasjɔ̃]	Motivation

motiver [mɔtive]	motivieren
Il est parfois difficile de motiver les élèves.	Manchmal ist es schwierig, die Schüler zu motivieren.
se concentrer [s(ə)kɔ̃sɑ̃tʀe]	sich konzentrieren
la **concentration** [kɔ̃sɑ̃tʀasjɔ̃]	Konzentration
faire attention à [fɛʀatɑ̃sjɔ̃]	aufpassen auf, Acht geben auf
Il ne fait jamais attention à ce que je dis.	Er gibt nie auf das Acht, was ich sage.
(être) attentif, -ive [atɑ̃tif, iv]	aufmerksam (sein)
Elle n'est pas attentive en classe.	Sie passt im Unterricht nicht auf.
faire des progrès [fɛʀdepʀɔgʀɛ]	Fortschritte machen
Ma fille a fait des progrès en maths.	Meine Tochter hat Fortschritte in Mathe gemacht.

présent,e [pʀezɑ̃, ɑ̃t]	anwesend
la **présence** [pʀezɑ̃s]	Anwesenheit
absent,e [absɑ̃, ɑ̃t]	abwesend
l'**absence** f [absɑ̃s]	Abwesenheit
En cas d'absence, il faut apporter un mot d'excuse.	Bei Abwesenheit muss eine Entschuldigung gebracht werden.

apprendre qc à qn [apʀɑ̃dʀ]	jdm etw. beibringen
Elle a appris le violon à tous ses enfants.	Sie hat allen ihren Kindern das Geigen beigebracht.
paresseux, -euse [paʀesø, øz]	faul
la **paresse** [paʀɛs]	Faulheit
travailleur, -euse [tʀavajœʀ, jøz]	fleißig
comprendre [kɔ̃pʀɑ̃dʀ]	verstehen
la **compréhension** [kɔ̃pʀeɑ̃sjɔ̃]	Verständnis

autoritaire [ɔtɔʀitɛʀ]	autoritär
l'**autorité** f [ɔtɔʀite]	Autorität
• **exercer son autorité sur qn**	Macht über jdn ausüben
sévère [sevɛʀ]	streng
la **discipline** [disiplin]	Disziplin; Lehr-/Unterrichtsfach
refuser de **se plier à la discipline**	sich der Disziplin nicht unterordnen wollen

⍟ **servir de modèle à** [sɛʀviʀdəmɔdɛl]	als Vorbild dienen für
Son grand frère lui a toujours servi de modèle.	Sein großer Bruder war immer ein Vorbild für ihn.
⍟ **récompenser qn de qc** [ʀekɔ̃pɑ̃se]	jdn für etw. belohnen
une **récompense** [ʀekɔ̃pɑ̃s]	Belohnung
⍟ **indulgent,e** [ɛ̃dylʒɑ̃, ɑ̃t]	nachsichtig, milde
⍟ l'**indulgence** f [ɛ̃dylʒɑ̃s]	Nachsicht, Milde
⍟ **faire preuve d'indulgence**	Nachsicht, Milde walten lassen

exiger qc de qn [ɛgziʒe]	von jdm etw. fordern, verlangen
J'exige de toi que tu fasses un effort.	Ich verlange von dir, dass du dich anstrengst.
(être) exigeant,e *v; adj* [ɛgziʒã, ãt]	anspruchsvoll (sein)
obéir à [ɔbeiʀ]	gehorchen
obéir à un ordre	einem Befehl gehorchen
punir [pyniʀ]	(be)strafen
une **punition** [pynisjɔ̃]	Strafe, Bestrafung
Il mérite une **bonne punition**.	Er verdient eine ordentliche Strafe.

le **talent** [talã]	Talent, Begabung
le **don** [dɔ̃]	Begabung, Gabe
avoir un don pour les langues	sprachbegabt sein
(être) doué,e (pour) [due]	begabt (sein) (für)
Elles sont douées pour le dessin.	Sie sind zeichnerisch begabt.
(être) fort,e/faible en [fɔʀ, fɔʀt/fɛbl]	gut/schwach (sein) in
Il est vraiment fort en anglais.	In Englisch ist er wirklich gut.
la **mémoire** [memwaʀ]	Gedächtnis

l'**instruction** *f* [ɛ̃stʀyksjɔ̃]	Wissen, Bildung
Elle a de l'instruction.	Sie hat ein solides Wissen.
instruit,e [ɛ̃stʀɥi, it]	gebildet
un,e **moniteur, trice** [mɔnitœʀ, tʀis]	Betreuer(in), Lehrer(in)
une **monitrice de ski**	Skilehrerin

8.2 Unterricht, Schule

une **école** [ekɔl]	Schule
une **école publique**	öffentliche, staatliche Schule
une **école privée**	Privatschule
une **école primaire/élémentaire**	Grundschule
une **école mixte**	gemischte Schule

le **jardin d'enfants** [ʒaʀdɛ̃dãfã]	Kindergarten
l'**école maternelle**; la **maternelle** [(ekɔl)matɛʀnɛl]	Kindergarten
le **cours préparatoire (CP)** [kuʀpʀepaʀatwaʀ (sepe)]	1. Klasse
le **cours élémentaire (CE)** [kuʀelemãtɛʀ (see)]	2. und 3. Klasse

le **cours moyen (CM)** [kuʀmwajɛ̃ (seɛm)]	4. und 5. Klasse

le **collège** [kɔlɛʒ] Collège *(etwa Sek.I-Bereich in der Schule)*

Il entrera au collège en septembre. Im September kommt er ins Collège.

le **lycée** [lise] Gymnasium
le **lycée d'enseignement profes-** **sionnel (LEP)** berufliches Gymnasium
un,e **lycéen,ne** [liseɛ̃, ɛn] Gymnasiast(in)
un **échange (scolaire)** [eʃɑ̃ʒ(skɔlɛʀ)] Schüleraustausch
Les enfants sont partis à Nîmes **en** **échange scolaire.** Die Kinder sind im Schüler-austausch nach Nîmes gefahren.
un,e **correspondant,e** [kɔʀɛspɔ̃dɑ̃, ɑ̃t] Brieffreund(in)

un **professeur** [pʀɔfesœʀ] Lehrer(in), Dozent(in), Professor(in)
un **professeur des écoles** Grundschullehrer(in)
un,e **prof** *fam* [pʀɔf] Lehrer(in)
un,e **instituteur, -trice**; un,e **instit** *fam* [ɛ̃stitytœʀ, tʀis; ɛ̃stit] Kindergarten-/Grundschullehrer(in)

un,e **élève** [elɛv] Schüler(in)
une **classe** [klas] Klasse
une **salle (de classe)** Klassenzimmer
Les Français **ont classe** l'après-midi aussi. Die Franzosen haben auch nach-mittags Schule.
sauter une classe eine Klasse überspringen
passer dans la classe supérieure in die nächste Klasse versetzt werden
redoubler (une classe) (eine Klasse) wiederholen

réussir qc/à faire qc [ʀeysiʀ] Erfolg haben bei/mit etw; etw. erfolgreich tun
réussir un contrôle eine gute Klassenarbeit schreiben
Il **réussit dans tout** ce qu'il entre-prend. Alles, was er anpackt, gelingt ihm.
Tu ne réussiras pas à me convaincre. Er wird dir nicht gelingen, mich zu überzeugen.

la **réussite** [ʀeysit] Erfolg
un **échec** [eʃɛk] Misserfolg
échouer à qc [eʃue] bei etw. durchfallen
échouer à un examen bei einem Examen/einer Prüfung durchfallen

le **baccalauréat**; le **bac** *fam* [bakalɔʀea, bak]	Abitur
passer le bac	das Abitur ablegen
rater qc [ʀate]	(bei einer Prüfung) durchfallen, eine schlechte Arbeit schreiben
rater le bac	im Abitur durchfallen

les **devoirs** *m* [dəvwaʀ]	Hausaufgaben
Fais tes devoirs avant de sortir.	Mach deine Hausaufgaben, bevor du rausgehst.
un **exercice** [egzɛʀsis]	Übung
un exercice compliqué/simple	eine komplizierte/einfache Übung
une **difficulté** [difikylte]	Schwierigkeit
un texte **bourré de difficultés**	ein mit Schwierigkeiten gespickter Text

une **question** [kɛstjɔ̃]	Frage
poser une question à qn	jdm eine Frage stellen
répondre à une question	eine Frage beantworten
interroger [ɛ̃teʀɔʒe]	fragen
une **interrogation (écrite)**; une **interro** *fam* [ɛ̃teʀɔgasjɔ̃ekʀit, ɛ̃teʀo]	Test
J'ai complètement raté l'interro d'anglais.	Ich habe meinen Englischtest völlig verhauen.
une **composition** [kɔ̃pozisjɔ̃]	Klassenarbeit
un **contrôle** [kɔ̃tʀol]	Klassenarbeit

une **dictée** [dikte]	Diktat
l'**orthographe** *f* [ɔʀtɔgʀaf]	Rechtschreibung
une **faute** [fot]	Fehler
Ta dictée est pleine de **fautes d'orthographe**.	Dein Diktat ist voller Rechtschreibfehler.
correct,e [kɔʀɛkt]	korrekt, richtig
donner une réponse correcte	eine richtige Antwort geben
le **corrigé** [kɔʀiʒe]	(Muster)Lösung; Verbesserung
la **grammaire** [gʀamɛʀ]	Grammatik

le **vocabulaire** [vɔkabylɛʀ]	Vokabular
avoir un vocabulaire riche/pauvre	über einen reichhaltigen/mageren Wortschatz verfügen
un **mot** [mo]	Wort
employer le mot juste	das treffende, passende Wort benützen
l'**usage** *m* [yzaʒ]	Verwendung, Gebrauch

parler [paʀle]	sprechen

une **expression** [ɛkspʀesjɔ̃]	Ausdruck
l'expression orale/écrite	mündlicher/schriftlicher Ausdruck
le **langage** [lɑ̃gaʒ]	Sprache
La grammaire définit les règles du langage.	Die Grammatik legt die Sprachregeln fest.
la **langue** [lɑ̃g]	Sprache
s'exprimer dans la langue des jeunes	sich in der Sprache der Jugend ausdrücken
le **niveau de langue**	Sprachebene, Sprachniveau
familier, -ière [familje, ljɛʀ]	umgangssprachlich
populaire [pɔpylɛʀ]	Volks-
une **expression familière/populaire**	ein Ausdruck aus der Umgangs-, Populärsprache
littéraire [liteʀɛʀ]	literarisch
utiliser la langue littéraire	die literarische Sprache benutzen

l'**écriture** *f* [ekʀityʀ]	Schrift
avoir une très belle écriture	sehr schön schreiben
écrire [ekʀiʀ]	schreiben
Ça s'écrit comment ?	Wie schreibt man das?
donner sa réponse **par écrit**	schriftlich (be)antworten
prendre des notes [pʀɑ̃dʀdenɔt]	(sich) Notizen machen

le **cours** [kuʀ]	Unterricht; Kurs; -stunde
un **cours de géographie**	eine Erdkunde-, Geografiestunde

cour(s/t,e/se/ses)

Unterscheide:

la **cour** [kuʀ]	*Hof*
le **cours** [kuʀ]	*Kurs, Unterricht(sstunde), Flusslauf*
le **court (de tennis)** [kuʀ]	*(Tennis)Platz*
la **course** [kuʀs]	*Lauf, Rennen*
les **courses** [kuʀs]	*Einkäufe*
court,e [kuʀ, kuʀt]	*kurz*

copier qc (sur qn) [kɔpje]	(bei jdm) etw. abschreiben; kopieren
Elle a copié sur sa voisine.	Sie hat bei ihrer Nachbarin abgeschrieben.
recopier [ʀ(ə)kɔpje]	abschreiben
Je n'ai pas eu le temps de recopier ce qui était écrit au tableau.	Ich hatte keine Zeit, das, was an der Tafel stand, abzuschreiben.
la **copie** [kɔpi]	(Klassen)Arbeit; Kopie
Le prof a ramassé les copies.	Der Lehrer hat die Klassenarbeiten eingesammelt.

la **lecture** [lɛktyʀ] — Lesen; Lektüre
Mes enfants n'aiment pas la lecture. — Meine Kinder lesen nicht gern.
lire [liʀ] — lesen
un **livre** [livʀ] — Buch
une **lettre** [lɛtʀ] — Buchstabe; Brief

expliquer [ɛksplike] — erklären
une **explication** [ɛksplikasjɔ̃] — Erklärung
un **texte** [tɛkst] — Text
compréhensible [kɔ̃pʀeɑ̃sibl] — verständlich
incompréhensible [ɛ̃kɔ̃pʀeɑ̃sibl] — unverständlich

décrire qc [dekʀiʀ] — etw. beschreiben
une **description** [dɛskʀipsjɔ̃] — Beschreibung
faire une **description réaliste** de qc — etw. realistisch beschreiben
définir [definiʀ] — definieren
une **définition** [definisjɔ̃] — Definition

résumer [ʀezyme] — zusammenfassen
un **résumé** [ʀezyme] — Zusammenfassung, Resümee
faire un **bref résumé** de l'action — die Handlung knapp resümieren
commenter [kɔmɑ̃te] — kommentieren
un **commentaire** [kɔmɑ̃tɛʀ] — Kommentar

discuter de qc [diskyte] — über etw. diskutieren
discuter d'un problème important — über ein wichtiges Problem diskutieren
une **discussion** [diskysjɔ̃] — Diskussion
engager la discussion — die Aussprache, Diskussion eröffnen
un **débat** [deba] — Diskussion, Streitgespräch
mener un débat — eine Debatte führen

une **leçon** [l(ə)sɔ̃] — Lektion
réciter [ʀesite] — aufsagen
réciter un poème à son père — seinem Vater ein Gedicht aufsagen
par cœur [paʀkœʀ] — auswendig
apprendre une poésie par cœur — ein Gedicht auswendig lernen
retenir qc [ʀ(ə)təniʀ/ʀət(ə)niʀ] — etw. behalten, sich etw. merken
Il retient tout ce qu'il lit. — Er behält alles, was er liest.
oublier [ublije] — vergessen

traduire [tʀadɥiʀ] — übersetzen
traduire un texte en français — einen Text ins Französische übersetzen
une **traduction** [tʀadyksjɔ̃] — Übersetzung

un,e **traducteur, -trice** [tʀadyktœʀ, tʀis]	Übersetzer(in)
signifier [siɲifje]	bedeuten, heißen
Que signifie «die Sonne» en français?	Was heißt „die Sonne" auf Französisch?
la **signification** [siɲifikasjɔ̃]	Bedeutung

un **chiffre** [ʃifʀ]	Ziffer
un **nombre** [nɔ̃bʀ]	Zahl
compter [kɔ̃te]	zählen
compter jusqu'à 100	bis hundert zählen
calculer [kalkyle]	rechnen; kalkulieren
calculer **mentalement**	im Kopf rechnen

un **problème** [pʀɔblɛm]	Textaufgabe; Problem
un **problème de maths**	Mathematikaufgabe
une **solution** [sɔlysjɔ̃]	Lösung
résoudre [ʀezudʀ]	lösen
Tu sais résoudre ce problème?	Kannst du diese Aufgabe lösen?
prouver [pʀuve]	beweisen
une **preuve** [pʀœv]	Beweis
apporter la preuve que la terre tourne autour du soleil	den Beweis antreten, dass sich die Erde um die Sonne dreht

une **image** [imaʒ]	Bild
un **dessin** [desɛ̃]	Zeichnung
dessiner [desine]	zeichnen
dessiner qc **au crayon**	mit dem Bleistift zeichnen
les **ciseaux** m [sizo]	Schere

 Zur *Pluralbildung französischer Nomen vom* Typ **ciseaux** vgl. die Information auf S. 38.

le **scotch** [skɔtʃ]	Tesafilm

une **bibliothèque** [biblijɔtɛk]	Bibliothek
un **livre** [livʀ]	Buch
emprunter un livre à la bibliothèque municipale	ein Buch in/aus der Stadtbücherei ausleihen
un **bouquin** fam [bukɛ̃]	Buch
un **manuel (scolaire)** [manɥɛlskɔlɛʀ]	Lehrwerk
un **dictionnaire** [diksjɔnɛʀ]	Wörterbuch
un dictionnaire **unilingue**	einsprachiges Wörterbuch
un dictionnaire **bilingue**	zweisprachiges Wörterbuch
un **chapitre** [ʃapitʀ]	Kapitel
la **table des matières** [tabl(ə)dematjɛʀ]	Inhaltsangabe

un **cahier** [kaje]	Heft
une **page** [paʒ]	Seite
Ouvrez vos manuels à la page 14.	Schlagt eure (Schul)Bücher auf (der) Seite 14 auf.

> **i** Zum *Genus der Nomen* auf -age vgl. die Information auf S. 70.

un **classeur** [klasœʀ]	Ordner
une **feuille** [fœj]	Blatt
une **feuille de papier**	ein Blatt Papier
un **cartable** [kaʀtabl]	Schultasche
une **serviette** [sɛʀvjɛt]	Aktentasche

un **stylo** [stilo]	Füller, Kuli
écrire **au stylo**	mit dem Kuli/Füller schreiben
un **stylo (à) bille**	Kugelschreiber, Kuli
un **stylo (à) plume**	Füll(feder)halter, Füller
l'**encre** f [ɑ̃kʀ]	Tinte
une **tache d'encre**	Tintenfleck
une **cartouche** [kaʀtuʃ]	Patrone
un **crayon** [kʀɛjɔ̃]	Stift, Bleistift
des **crayons de couleur**	Farbstifte
un **taille-crayon** [tajkʀɛjɔ̃]	Spitzer
une **gomme** [gɔm]	Radiergummi

un **tableau (noir)** [tablo(nwaʀ)]	(Wand)Tafel
effacer le tableau	die Tafel (ab)wischen
la **craie** [kʀɛ]	Kreide
une **éponge** [epɔ̃ʒ]	Schwamm

le **programme** [pʀɔgʀam]	Lehrstoff, Lehrplan
Cette année, le **programme d'histoire** est très dense.	Dieses Jahr ist der Geschichtsstoff sehr gedrängt.
une **matière** [matjɛʀ]	Fach
l'**emploi du temps** m [ɑ̃plwadytɑ̃]	Stundenplan
un emploi du temps chargé	ein voller Stundenplan
la **récréation**; la **récré** fam [ʀekʀeasjɔ̃, ʀekʀe]	Pause
la **cour de récré**	Pausenhof

les **mathématiques**; les **maths** f fam [matematik, mat]	Mathe(matik)
l'**algèbre** f [alʒɛbʀ]	Algebra
la **géométrie** [ʒeɔmetʀi]	Geometrie
une **règle** [ʀɛgl]	Lineal; Regel

tirer un trait **à la règle**	einen Strich mit dem Lineal ziehen
une **calculette** [kalkylɛt]	Taschenrechner
l'**informatique** f [ɛ̃fɔʀmatik]	Informatik
la **physique** [fizik]	Physik
la **chimie** [ʃimi]	Chemie
la **biologie** [bjɔlɔʒi]	Biologie
les **sciences naturelles** f [sjãsnatyʀɛl]	Naturwissenschaften
la **philosophie** [filɔzɔfi]	Philosophie
une **langue** [lɑ̃g]	Sprache
la **langue maternelle**	Muttersprache
une **langue étrangère**	Fremdsprache
le **français** [fʀɑ̃sɛ]	Französisch
l'**anglais** m [ɑ̃glɛ]	Englisch
un dictionnaire français-anglais	ein Französisch-Englisches Wörterbuch
l'**allemand** m [almɑ̃]	Deutsch
l'**espagnol** m [ɛspaɲɔl]	Spanisch
l'**italien** m [italjɛ̃]	Italienisch
le **latin** m [latɛ̃]	Latein
le **grec** [gʀɛk]	Griechisch
l'**histoire** f [istwaʀ]	Geschichte
l'**Histoire de France**	die französische Geschichte
la **géographie** [ʒeɔgrafi]	Geographie
histoire-géo fam [istwaʀʒeo]	Geschichte-Erdkunde *(als Fach)*
l'**instruction civique** f [ɛ̃stʀyksjɔ̃sivik]	Gemeinschaftskunde
la **musique** [myzik]	Musik
l'**éducation musicale** f [edykasjɔ̃myzikal]	Musikerziehung
l'**éducation artistique** f [edykasjɔ̃aʀtistik]	bildende Kunst
les **arts plastiques** f [aʀplastik]	bildende Künste
les **travaux manuels** m [tʀavomanɥɛl]	Handarbeit
l'**éducation physique (et sportive), EPS** f [edykasjɔ̃fizik(espɔʀtiv), əpeɛs]	Sport
la **gymnastique**; la **gym** fam [ʒimnastik, ʒim]	Gymnastik

le **système éducatif** [sistɛmedykatif]	Erziehungssystem
le **système scolaire** [sistɛmskɔlɛʀ]	Schulsystem
envisager une réforme du système scolaire	eine Schulreform ins Auge fassen
la **scolarité** [skɔlaʀite]	Schulzeit
la **scolarité obligatoire**	Schulpflicht
une **année scolaire** [aneskɔlɛʀ]	Schuljahr
la **rentrée (des classes)** [ʀɑ̃tʀe(deklas)]	Schuljahresbeginn; Schulbeginn
acheter des **fournitures scolaires** pour la prochaine rentrée	Lern- und Unterrichtsmittel für das neue Schuljahr anschaffen
une **école de commerce** [ekɔldəkɔmɛʀs]	Handelsschule
un **établissement d'éducation spécialisée** [etablismɑ̃dedykasjɔ̃spesjalize]	Heim für schwer erziehbare Kinder
un **centre de formation professionnelle** [sɑ̃tʀədəfɔʀmasjɔ̃pʀɔfesjɔnɛl]	Berufsschulzentrum
un **internat** [ɛ̃tɛʀna]	Internat
être en pension [ɛtʀɑ̃pɑ̃sjɔ̃]	im Internat sein
Ses parents l'ont envoyé en pension.	Seine Eltern haben ihn ins Internat geschickt.
une **matière (principale)** [matjɛʀ(pʀɛ̃sipal)]	(Haupt)Fach
une **matière obligatoire**	Pflichtfach
une **matière facultative**	freiwilliges Fach, Wahlfach
L'espagnol est ma matière préférée.	Spanisch ist mein Lieblingsfach.
une **option** [ɔpsjɔ̃]	Wahlfach; Option
choisir une **matière en option**	ein Wahlfach belegen
un **proviseur** [pʀɔvizœʀ]	Schuldirektor(in) *(im Lycée)*
un,e **principal,e** [pʀɛ̃sipal]	Schuldirektor(in) *(im Collège)*
Il a été convoqué au bureau du principal.	Er wurde aufs Rektorat zitiert.
un,e **surveillant,e** ; un,e **pion,ne** *fam* [syʀvɛjɑ̃, jɑ̃t; pjɔ̃, pjɔn]	Aufsichtsperson
surveiller [syʀveje]	beaufsichtigen
aller* en étude/permanence/ perm *fam* [aleɑ̃netyd/pɛʀm(anɑ̃s)]	zur Arbeit in den Freistunden gehen; Schulaufgaben unter Aufsicht erledigen
un,e **analphabète** [analfabɛt]	Analphabet

un **cancre** *fam* [kãkʀ]
Faulpelz

tricher [tʀiʃe]
(be)schummeln, betrügen

Le prof l'a surpris en train de tricher.
Der Lehrer hat ihn beim (Be)Schummeln erwischt.

sécher un cours *fam* [seʃeẽkuʀ]
Unterricht schwänzen

Il fait beau, j'ai bien envie de sécher le cours de physique.
Es ist schönes Wetter, ich habe richtig Lust, die Physikstunde zu schwänzen.

faire l'école buissonnière
[fɜʀlekɔlbɥisɔnjɛʀ]
Schule schwänzen

la **retenue** [ʀət(ə)ny/ʀ(ə)təny]
Arrest

une **(heure de) colle** *fam*
[(œʀdə)kɔl]
(eine Stunde) Arrest

Le prof m'a donné une heure de colle.
Der Lehrer hat mir (eine Stunde) Arrest aufgebrummt.

une **note** [nɔt]
Note, Zensur

noter [nɔte]
benoten

Ce prof note sévèrement.
Dieser Lehrer gibt strenge Noten.

le **bulletin scolaire** [byltẽskɔlɛʀ]
(Schul)Zeugnis

Son bulletin scolaire n'est pas brillant.
Sein Schulzeugnis ist nicht berauschend.

un **résultat** [ʀezylta]
Ergebnis

le **niveau** [nivo]
Niveau

Le niveau de la classe est lamentable.
Das Klassenniveau ist erbärmlich.

la **moyenne** [mwajɛn]
Durchschnitt

Il n'aura pas la moyenne en anglais, s'il ne travaille pas mieux.
Wenn er nicht besser arbeitet, wird er in Englisch kein „ausreichend" bekommen.

le **brevet (des collèges)** [bʀəvɛ]
Abschlusszeugnis im Collège

Elle a été reçue au brevet.
Sie hat den Abschluss im Collège geschafft.

le **BEP (brevet d'études professionnelles)** [beəpe]
Abschlusszeugnis in einem beruflichen Gymnasium

le **CAP (certificat d'aptitude professionnelle)** [seape]
entspricht etwa dem Gesellenbrief

un **exposé** [ɛkspoze]
Referat

une **dissertation** [disɛʀtasjõ]
Aufsatz

rédiger une dissertation
einen Aufsatz schreiben

une **rédaction** [ʀedaksjõ]
Aufsatz

un **brouillon** [bʀujõ]
Konzept

une **opération** [ɔpeʀasjõ]
Rechenvorgang; Operation

les quatre **opérations fondamentales**
die vier Grundrechenarten

une **addition** [adisjɔ̃]	Addition
additionner [adisjɔne]	addieren
une **soustraction** [sustʀaksjɔ̃]	Subtraktion
soustraire [sustʀɛʀ]	subtrahieren
une **multiplication** [myltiplikasjɔ̃]	Multiplikation
la **table de multiplication**	Einmaleins
multiplier [myltiplije]	multiplizieren
multiplier **par 3**	mit 3 multiplizieren
une **division** [divizjɔ̃]	Division
diviser [divize]	dividieren
On ne peut pas **diviser par 0**.	Man kann nicht durch 0 dividieren.

une **équerre** [ekɛʀ]	Winkel(maß)
un **rapporteur** [ʀapɔʀtœʀ]	Winkelmesser
un **compas** [kɔ̃pa]	Zirkel
tracer un cercle au compas	mit dem Zirkel einen Kreis schlagen

8.3 Universität, Wissenschaft und Forschung

l'**université** f [ynivɛʀsite]	Universität
la **faculté**; la **fac** fam [fakylte, fak]	Fakultät; Universität, Uni
la **fac(ulté) de lettres**	philosophische Fakultät
la **fac(ulté) des sciences**	naturwissenschaftliche Fakultät
la **fac(ulté) de droit**	juristische Fakultät
une **grande école** [gʀɑ̃dekɔl]	(Elite)Hochschule
une **classe préparatoire**; une **prépa** fam [klaspʀepaʀatwaʀ, pʀepa]	Vorbereitungsklasse zu einer Elitehochschule
Il faut deux ans de prépa pour entrer dans cette grande école.	Um in diese (Elite)Hochschule aufgenommen zu werden, braucht man einen zweijährigen Vorbereitungskurs.

la **science** [sjɑ̃s]	Wissenschaft
les **sciences humaines**	Geisteswissenschaften
les **sciences naturelles**	Naturwissenschaften
les **sciences économiques**	Wirtschaftswissenschaft
les **sciences politiques**	Politikwissenschaft

(un,e) **scientifique** n; adj [sjɑ̃tifik]	Wissenschaftler(in); wissenschaftlich
le raisonnement scientifique	wissenschaftliche Argumentation, Beweisführung
le **progrès** [pʀɔgʀɛ]	Fortschritt
le progrès technique	technischer Fortschritt

la **recherche** [RəʃɛRʃ] Forschung
faire de la recherche forschen, in der Forschung tätig sein
un centre de recherche Forschungszentrum
un,e **chercheur, -euse** [ʃɛRʃœR, øz] Forscher(in)
un,e **savant,e** [savɑ̃, ɑ̃t] Wissenschaftler(in)

une **théorie** [teɔRi] Theorie
une **expérience** [ɛkspeRjɑ̃s] Experiment, Versuch

Keine Experimente!

Expérience hat im Deutschen mehrere Bedeutungen; *unterscheide:*

une expérience	*1. Experiment, Versuch;*
	2. Erfahrung
faire/se livrer à des expériences	*Experimente anstellen, experimentieren*
avoir de l'expérience	*Erfahrung haben, über Erfahrung verfügen*
par expérience	*aus Erfahrung*
expérimenter	*erproben, ausprobieren*
expérimenter un nouveau procédé	*ein neues Verfahren erproben*

---

expérimental,e [ɛkspeRimɑ̃tal] experimentell; Experimental-
un **labo(ratoire)** [labo/(ɔRatwaR)] Laboratorium
vérifier [veRifje] überprüfen
démontrer [demɔ̃tRe] beweisen
Je vais **te démontrer par a+b** que Ich werde dir schwarz auf weiß
j'ai raison. beweisen, dass ich Recht habe.
une **démonstration** [demɔ̃stRasjɔ̃] Beweis

une **invention** [ɛ̃vɑ̃sjɔ̃] Erfindung
inventer [ɛ̃vɑ̃te] erfinden
un,e **inventeur, -trice** Erfinder(in)
[ɛ̃vɑ̃tœR, tRis]
découvrir [dekuvRiR] entdecken
une **découverte** [dekuvɛRt] Entdeckung
faire une découverte capitale pour eine wissenschaftlich wegweisende
la science Entdeckung machen

la **médecine** [med(ə)sin] Medizin
la médecine générale Allgemeinmedizin
la médecine dentaire Zahnmedizin
la médecine vétérinaire Tiermedizin
la **biologie** [bjɔlɔʒi] Biologie
la **psychologie** [psikɔlɔʒi] Psychologie

un,e **mathématicien,ne** Mathematiker(in)
[matematisjɛ̃, jɛn]
un,e **physicien,ne** [fizisjɛ̃, jɛn] Physiker(in)

un,e **informaticien,ne** [ɛ̃fɔʀmatisjɛ̃, jɛn]	Informatiker(in)
un,e **chimiste** [ʃimist]	Chemiker(in)
un,e **biologiste** [bjɔlɔʒist]	Biologe, Biologin

un,e **étudiant,e** [etydjɑ̃, jɑ̃t]	Student(in)
un étudiant **en lettres**	Philologiestudent
les **études** f [etyd]	Studium
faire des études de médecine	Medizin studieren
étudier [etydje]	studieren
étudier le droit	Jura studieren

un,e **candidat,e** [kɑ̃dida, at]	Kandidat(in)
être candidat,e à un examen	Examenskandidat sein
un **examen** [ɛgzamɛ̃]	Prüfung, Examen
passer/réussir un examen	Examen ablegen/bestehen
un **concours** [kɔ̃kuʀ]	Aufnahmeprüfung, -wettbewerb
se préparer à un concours/à un examen	sich auf eine Aufnahmeprüfung/ ein Examen vorbereiten
être reçu,e à un concours/un examen	eine Aufnahmeprüfung/ein Examen bestehen
Il a échoué au concours d'entrée.	Er hat die Aufnahmeprüfung nicht geschafft.
une **réussite** [ʀeysit]	Erfolg
un **échec** [eʃɛk]	Misserfolg
un **certificat** [sɛʀtifika]	Zeugnis; Schein; Nachweis
un **diplôme** [diplom]	Diplom
Elle a enfin son diplôme d'ingénieur en poche.	Sie hat endlich ihr Ingenieur- diplom in der Tasche.

s'inscrire [sɛ̃skʀiʀ]	sich einschreiben, sich immatriku- lieren
Julien s'est inscrit en fac(ulté) de médecine.	Julien hat sich in der medizini- schen Fakultät eingeschrieben/ immatrikuliert.
l'**inscription** f [ɛ̃skʀipsjɔ̃]	Einschreibung, Immatrikulation
l'**Ecole des Beaux-Arts** f [ekɔldebozaʀ]	Kunstakademie, -hochschule
un **IUT (Institut universitaire de Technologie)** [iyte]	Fachhochschule
l'**université populaire** f [univɛʀsitepɔpylɛʀ]	Volkshochschule

la **recherche fondamentale** [ʀəʃɛʀʃfɔ̃damɑ̃tal]	Grundlagenforschung

le **CNRS (Centre national de la recherche scientifique)** [seɛnɛʀɛs]	nationales Forschungszentrum *(entspricht etwa der Max-Planck-Gesellschaft)*
la **biochimie** [bjɔʃimi]	Biochemie
une **réaction chimique** [ʀeaksjɔ̃ʃimik]	chemische Reaktion
une **réaction en chaîne**	Kettenreaktion

la **classification** [klasifikasjɔ̃]	Einteilung (in Klassen)
la classification périodique des éléments	Periodensystem
la **cellule** [selyl]	Zelle
cellulaire [selylɛʀ]	Zell-, Zellular-
la **biologie cellulaire**	Zellbiologie
le **gène** [ʒɛn]	Gen
la **génétique** [ʒenetik]	Genetik
le **génie génétique** [ʒeniʒenetik]	Gentechnik
la **manipulation** [manipylasjɔ̃]	Manipulation, Hantieren
les dangers liés aux **manipulations génétiques**	die Gefahren, die mit der Gen-manipulation verbunden sind

une **chaire** [ʃɛʀ]	Lehrstuhl, Kanzel
Il a une **chaire de professeur** à l'université de Paris IV.	Er hat einen Lehrstuhl an der Universität Paris IV.
un,e **assistant,e** [asistɑ̃, ɑ̃t]	Assistent(in)
un **cours magistral** [kuʀmaʒistʀal]	(Haupt)Vorlesung
assister à un cours magistral	einer Vorlesung beiwohnen
les **travaux pratiques (TP)** [tʀavopʀatik (tepe)]	(praktische) Übung
les **travaux dirigés (TD)** [tʀavodiʀiʒe (tede)]	Seminarveranstaltung, -übung
un **cours par correspondance** [kuʀpaʀkɔʀɛspɔ̃dɑ̃s]	Fernkurs
un **cours du soir** [kuʀdyswaʀ]	Abendkurs
suivre un cours du soir	an einem Abendkurs teilnehmen

une **UV (unité de valeur)** [yve]	Schein *(als Leistungsnachweis)*
un **DEUG (diplôme d'études universitaires générales)** [dœg]	Abschlussdiplom nach dem „pre-mier cycle" (2 Studienjahre)
Il me manque encore trois UV pour avoir le DEUG.	Es fehlen mir noch drei Scheine, um das DEUG zu haben.
la **licence** [lisɑ̃s]	*entspricht etwa dem Staatsexamen (1 Jahr nach dem DEUG)*
faire une **licence d'anglais**	Englisch studieren, eine Licence in Englisch machen

la **maîtrise** [mɛtʀiz] Magisterprüfung *(etwa 2 Jahre nach
dem DEUG)*
passer sa maîtrise seinen Magister machen

une **cité universitaire**; une **cité U** Studentenstadt, -wohnheim
fam [siteynivɛʀsitɛʀ, sitey]
J'ai une chambre à la cité universi- Ich habe eine Bude im Studenten-
taire. wohnheim.
le **restaurant universitaire**; le Mensa
resto U *fam*
[ʀɛstɔʀãynivɛʀsitɛʀ/ʀɛstoy]
Quand je peux, j'évite de manger Wenn möglich, esse ich lieber
au resto U. nicht in der Mensa.

Französisches Wort	Deutsche Entsprechung	Falscher Freund	Französische Entsprechung
un compas	Zirkel; Kompass *(Navigationsinstrument)*	Kompass *(Handgerät)*	une boussole
la démonstration	Beweis; Vorführung	Demonstration	la manifestation

9.1 Arbeitsgeräte und handwerkliche Fertigung

un **outil** [uti]	Werkzeug
une **boîte à outils**	Werkzeugkiste
fixer qc [fikse]	etw. befestigen
accrocher qc [akʀɔʃe]	etw. aufhängen
accrocher un cadre au mur	ein(en) Bild(errahmen) an der Wand aufhängen
monter qc [mɔ̃te]	etw. montieren, aufstellen
le **montage** [mɔ̃taʒ]	Montage
Le montage de la bibliothèque n'a pas été facile.	Die Montage der Bücherwand war nicht einfach.
faire marcher qc [fɛʀmaʀʃe]	etw. in Gang setzen
Je n'arrive pas à faire marcher le magnétoscope.	Ich kann den Videorekorder nicht zum Laufen bringen.
réparer [ʀepaʀe]	reparieren
une **réparation** [ʀepaʀasjɔ̃]	Reparatur

un **marteau** [maʀto]	Hammer
se servir de [səsɛʀviʀ]	sich bedienen, benutzen
un **clou** [klu]	Nagel
Sers-toi de ce marteau pour enfoncer le clou.	Nimm diesen Hammer, um den Nagel einzuschlagen.
arracher un clou	einen Nagel herausziehen
une **échelle** [eʃɛl]	Leiter
utiliser [ytilize]	benutzen
employer [ɑ̃plwaje]	benutzen
le **mode d'emploi** [mɔddɑ̃plwa]	Gebrauchsanweisung
suivre le mode d'emploi	die Gebrauchsanweisung befolgen

une **lampe de poche** [lɑ̃pdəpɔʃ]	Taschenlampe
une **pile** [pil]	Batterie
Il faut changer les piles de la lampe de poche.	Die Taschenlampenbatterien müssen ausgewechselt werden.
un **canif** [kanif]	Taschenmesser
couper [kupe]	schneiden
Ne joue pas avec le canif, tu vas te couper.	Spiel nicht mit dem Taschenmesser, du wirst dich noch schneiden.
des **ciseaux** m [sizo]	Schere
découper [dekupe]	ab-, ausschneiden
découper une feuille de papier	ein Blatt Papier zerschneiden

une **pince** [pɛ̃s]	Zange
une **pince coupante**	Kneifzange
une **pince universelle**	Kombizange
des **tenailles**, une **tenaille** f [t(ə)naj]	(Beiß)Zange

une **vis** [vis]	Schraube
un **tournevis**	Schraubenzieher
une **clé** [kle]	Schlüssel
une **clé anglaise/à molette**	Engländer, Franzose/ Rollgabelschlüssel
un **niveau à bulle** [nivoabyl]	Wasserwaage
un **mètre (pliant)** [mɛtRə (plijã)]	Meterstab
une **hache** ['aʃ]	Axt, Beil
une **scie** [si]	Säge
une scie à métaux	Metallsäge
une scie circulaire/sauteuse	Kreis-/Stichsäge
scier [sje]	sägen

l'**outillage** m [utijaʒ]	Werkzeug, Handwerkszeug
une **perceuse (électrique)** [pɛRsøz (elɛktRik)]	(elektrische) Bohrmaschine
percer [pɛRse]	(durch)bohren
un **établi** [etabli]	Werkbank
un **étau** [eto]	Schraubstock
une **cheville** [ʃ(ə)vij]	Dübel
enfoncer une cheville	einen Dübel eindrücken
un **écrou** [ekRu]	(Schrauben)Mutter
un **boulon** [bulɔ̃]	Bolzen
serrer un boulon	einen Bolzen festziehen

un **rabot** [Rabo]	Hobel
raboter [Rabɔte]	hobeln
raboter une planche	ein Brett (glatt) hobeln, abhobeln
un **burin** [byRɛ̃]	Meißel, Stichel
une **lime** [lim]	Feile
limer [lime]	feilen
une **truelle** [tRyɛl]	Kelle

9.2 Büro, Büroartikel

un **bureau** [byRo]	Büro; Schreibtisch
un **article de bureau**	Büroartikel
l'**équipement de bureau**	Büroausstattung
une **salle de réunion** [saldəReynjɔ̃]	Konferenzraum

une **table** [tabl]	Tisch
un **tiroir** [tiRwaR]	Schublade
La colle est dans le 1er tiroir du bureau.	Der Kleber/Klebstoff ist in der ersten Schreibtischschublade.

une **chaise** [ʃɛz]	Stuhl
une **étagère** [etaʒɛʀ]	Regal

classer [klase]	(ein)ordnen, (ein)sortieren
classer les dossiers **par ordre alpha-bétique**	die Akten alphabetisch ablegen
un **classeur** [klasœʀ]	(Akten)Ordner; Aktenschrank
une **fiche** [fiʃ]	(Kartei)Karte, Zettel, Blatt
un **fichier** [fiʃje]	Kartei(kasten)
remettre un fichier **à jour**	eine Kartei aktualisieren

le **papier** [papje]	Papier
le papier à lettres	Briefpapier
l'**en-tête** m [ãtɛt]	Briefkopf
le papier à en-tête	Papier mit Briefkopf
une **enveloppe** [ãv(ə)lɔp]	Briefumschlag
un **timbre** [tɛ̃bʀ]	Briefmarke
un timbre à 3 francs	eine 3-Francs-Marke

un **stylo (à) plume** [stilo(a)plym]	Füll(feder)halter, Füller
l'**encre** f [ãkʀ]	Tinte
une **cartouche** [kaʀtuʃ]	Tintenpatrone
un **stylo (à) bille** [stilo(a)bij]	Kugelschreiber, Kuli
un **crayon** [kʀɛjɔ̃]	Bleistift
un **taille-crayon**	Bleistiftspitzer
un **marqueur** [maʀkœʀ]	Textmarker
souligner un passage important **au marqueur**	einen wichtigen Abschnitt mit dem Textmarker unterstreichen
un **feutre** [føtʀ]	Filzstift
la **colle** [kɔl]	Kleber, Klebstoff
un tube de colle	eine Tube Klebstoff

un **téléphone** [telefɔn]	Telefon
donner/recevoir un coup de téléphone	anrufen/angerufen werden
téléphoner à qn [telefɔne]	jdn anrufen, mit jdm telefonieren
J'ai essayé de lui téléphoner, mais c'était occupé.	Ich habe versucht, ihn anzurufen, doch es war belegt.
appeler qn [ap(ə)le]	jdn anrufen
rappeler qn [ʀap(ə)le]	jdn zurückrufen
Jean a téléphoné; il a demandé que tu le rappelles.	Jean hat telefoniert; er bat, dass du ihn zurückrufst.
un **appel (téléphonique)** [apɛl(telefɔnik)]	(Telefon)Anruf
un **répondeur** [ʀepɔ̃dœʀ]	Anrufbeantworter

Il y a trois messages sur le répondeur.	Auf dem Anrufbeantworter sind drei Nachrichten.
un **fax** [faks]	Fax
envoyer qc **par fax**	faxen
faxer qc à qn [fakse]	jdm etw. (zu)faxen

photocopier [fɔtɔkɔpje]	fotokopieren
une **photocopie** [fɔtɔkɔpi]	Fotokopie
Cette machine permet de faire des photocopies couleur.	Mit dieser Maschine kann man Farbkopien herstellen.
une **photocopieuse** (un **photocopieur**) [fɔtɔkɔpjøz, fɔtɔkɔpjœʀ]	Fotokopierer
N'oubliez pas votre document dans la photocopieuse.	Vergessen Sie nicht Ihre Vorlage im Fotokopierer.

calculer [kalkyle]	(aus)rechnen
des dépenses **calculées au plus juste**	äußerst scharf kalkulierte Ausgaben
une **calculette** [kalkylɛt]	Taschenrechner

un **ordinateur** [ɔʀdinatœʀ]	Computer
un **micro-ordinateur**	Personalcomputer
une **disquette** [diskɛt]	Diskette
une **imprimante** [ɛ̃pʀimɑ̃t]	Drucker
une **imprimante (à) laser/à jet d'encre**	Laser-/Tintenstrahldrucker
un **scanneur/scanner** [skanœʀ/skanɛʀ]	Skanner

les **fournitures** f [fuʀnityʀ]	Ausstattung
les **fournitures de bureau**	Bürobedarf
une **chemise** [ʃ(ə)miz]	Aktendeckel, -mappe
un **agenda** [aʒɛ̃da]	Terminkalender
noter un rendez-vous dans son agenda	einen Termin im Planer eintragen
un **calendrier** [kalɑ̃dʀije]	Kalender
un **bloc-notes** [blɔknɔt]	Schreibblock

un **trombone** [tʀɔ̃bɔn]	Büroklammer
une **agrafe** [agʀaf]	Heftklammer
une **agrafeuse** [agʀaføz]	Klammer-, Heftmaschine
une **perforatrice**, une **perforeuse** [pɛʀfɔʀatʀis, pɛʀfɔʀøz]	Locher
le **ruban adhésif** [ʀybɑ̃adezif]	Klebeband
un **surligneur** [syʀliɲœʀ]	Leuchtstift, Textmarker
surligner [syʀliɲe]	mit Leuchtstift markieren

un **dictaphone** [diktafɔn]	Diktiergerät
dicter [dikte]	diktieren
un **télécopieur** [telekɔpjœʀ]	Faxgerät
une **télécopie** [telekɔpi]	(Tele)Fax

9.3 Berufsausbildung und Berufe

apprendre qc à qn [apʀɑ̃dʀ]	jdm etw. beibringen, jdn etw. lehren
C'est moi qui lui ai appris le français.	Ich habe ihr/ihm Französisch beigebracht.
apprendre (à faire) qc [apʀɑ̃dʀ]	etw. lernen; lernen, etw. zu tun
un,e **apprenti,e** [apʀɑ̃ti]	Lehrling
Cette entreprise forme régulièrement des apprentis.	Dieser Betrieb bildet regelmäßig Lehrlinge aus.
un **apprentissage** [apʀɑ̃tisaʒ]	Lehre
faire son apprentissage (chez)	seine Lehre machen (bei)
devenir* [dev(ə)niʀ]	werden
Il a décidé de devenir pilote.	Er hat beschlossen, Pilot zu werden.
la **formation professionnelle** [fɔʀmasjɔ̃pʀɔfesjɔnɛl]	Berufsausbildung
un **atelier** [atəlje]	Werkstatt, Atelier

étudier [etydje]	studieren
faire des études f [fɛʀdezetyd]	studieren
Ses parents économisent pour lui permettre de faire des études.	Seine Eltern sparen, um ihm ein Studium zu ermöglichen.
une **faculté**; une **fac** fam [fakylte, fak]	Fakultät, Uni
une **université** [univɛʀsite]	Universität
une **grande école** [gʀɑ̃dekɔl]	(Elite)Hochschule
suivre des cours [sɥivʀ(ə)dekuʀ]	einen Kurs, eine Vorlesung besuchen
Elle suit des **cours de littérature** à la Sorbonne.	Sie besucht Literaturvorlesungen an der Sorbonne.

un **examen** [ɛgzamɛ̃]	Examen, Prüfung
passer un examen	eine Prüfung ablegen
un **concours** [kɔ̃kuʀ]	Aufnahmeprüfung, -wettbewerb
se présenter à un concours	an einer Aufnahmeprüfung teilnehmen
un **diplôme** [diplom]	Diplom, Urkunde

un **stage** [staʒ]	Praktikum
faire un stage en entreprise	ein Betriebspraktikum machen

un,e **stagiaire** [staʒjɛʀ]	Praktikant(in)
la **période d'essai** [peʀjɔddesɛ]	Probezeit

l'**industrie** f [ɛ̃dystʀi]	Industrie
un,e **industriel,le** [ɛ̃dystʀijɛl]	Industrielle(r)
un **PDG (président-directeur général)** [pedeʒe]	Generaldirektor(in)
un,e **directeur, -trice** [diʀɛktœʀ, tʀis]	Direktor(in)
un,e **chef** [ʃɛf]	Chef(in)
un **chef d'entreprise**	Firmenchef, Unternehmer
une **entreprise** [ɑ̃tʀəpʀiz]	Betrieb, Firma, Unternehmen
Il dirige une **entreprise de travaux publics.**	Er leitet eine Hoch- und Tiefbaufirma.
un,e **entrepreneur, -euse** [ɑ̃tʀəpʀənœʀ, øz]	Unternehmer(in)

un **cadre** [kadʀ]	Führungskraft, Manager(in)
un **cadre supérieur**	obere/leitende Führungskraft
un **cadre moyen**	mittlere Führungskraft
un,e **employé,e** [ɑ̃plwaje]	Angestellte(r)
un,e **comptable** [kɔ̃tabl]	Buchhalter(in)
un,e **secrétaire** [səkʀetɛʀ]	Sekretär(in)
une **secrétaire de direction**	Direktionssekretärin

un,e **ouvrier, -ière** [uvʀije, ijɛʀ]	Arbeiter(in)

Ouvrier

Unterscheide:

un **ouvrier qualifié**	*Facharbeiter*
un **ouvrier spécialisé (OS)**	*Hilfsarbeiter*

un **manœuvre** [manœvʀ]	Hilfsarbeiter
Il **travaille comme manœuvre** sur un chantier.	Er ist Hilfsarbeiter auf einer Baustelle.
un **contremaître**, une **contremaîtresse** [kɔ̃tʀəmɛtʀ, tʀɛs]	Vorarbeiter(in)

l'**administration** f [administʀasjɔ̃]	Verwaltung(sdienst)
le **service public** [sɛʀvispyblik]	öffentlicher Dienst
un,e **fonctionnaire** [fɔ̃ksjɔnɛʀ]	Beamter, Beamtin
un,e **facteur, -trice** [faktœʀ, tʀis]	Briefträger(in)
Le facteur fait sa tournée à vélo.	Der Briefträger macht seine Runde mit dem Fahrrad.
un,e **postier, -ière** [pɔstje, jɛʀ]	Postangestellte(r)
un **agent (de police)** [aʒɑ̃]	Polizist(in)

Laissez-moi tranquille ou j'appelle un agent.	Lassen Sie mich in Ruhe, oder ich rufe einen Polizisten.
un **policier** [pɔlisje]	Polizist(in)
un **pompier** [põpje]	Feuerwehrmann

l'**enseignement** m [ãsɛɲ(ə)mã]	Schulwesen
l'**enseignement public**	staatliches Schulwesen
l'**enseignement privé/libre**	Privatschulwesen
un,e **enseignant,e** [ãsɛɲã, ãt]	Lehrkraft, Dozent(in)
un,e **instituteur, -trice**; un,e **instit** *fam* [ẽstitytœʀ, tʀis; ẽstit]	Grundschullehrer(in)
un **professeur**; un,e **prof** *fam* [pʀɔfɛsœʀ, pʀɔf]	Lehrer(in)
un **professeur des écoles**	Grundschullehrer(in)

ℹ Homme ou femme ?

Für die *meisten Berufsbezeichnungen* gibt es sowohl eine *maskuline* als auch eine *feminine Form*:

un **vendeur**	une **vendeuse**
un **acteur**	une **actrice**
un **infirmier** (Krankenpfleger)	une **infirmière**
un **secrétaire**	une **secrétaire**

Daneben existert für manche Berufe nur eine (meist maskuline) Form: **un écrivain, un ingénieur, un maire, un professeur.**
Zahlreiche ursprünglich von Männern ausgeübte Berufe werden heute auch von Frauen wahrgenommen und haben daher im Laufe der Zeit (und durch Gesetz) eine feminine Form bekommen, die sich allerdings noch nicht in allen Fällen durchgesetzt hat; Beispiele: **une avocate, une juge, une metteuse en scène, une ministre, une députée.**

---

un,e **éducateur, -trice** [edykatœʀ, tʀis]	Erzieher(in)
un,e **travailleur, -euse social,e** [tʀavajœʀ, øz sɔsjal]	Sozialarbeiter(in)

le **commerce** [kɔmɛʀs]	Handel
Le **petit commerce** a du mal à subsister.	Der Einzelhandel hat Probleme weiterzuexistieren.
un,e **représentant,e** [ʀəpʀesãtã, ãt]	Vertreter(in)
un,e **commerçant,e** [kɔmɛʀsã, ãt]	Kaufmann, -frau; Einzelhändler(in)
un,e **marchand,e** [maʀʃã, ãd]	Händler(in)
un **marchand de glaces**	Eisverkäufer
un,e **vendeur, -euse** [vãdœʀ, øz]	Verkäufer(in)
Elle a trouvé une **place de vendeuse** dans un grand magasin.	Sie fand eine Stelle als Verkäuferin in einem Kaufhaus.
un,e **boulanger, -ère** [bulãʒe, ɛʀ]	Bäcker(in)

un,e **pâtissier, -ière** [patisje, jɛʀ]	Konditor(in)
un,e **boucher, ère** [buʃe, ɛʀ]	Metzger(in)
un,e **charcutier, -ière**	Metzger(in)
[ʃaʀkytje, jɛʀ]	
un,e **bijoutier, -ière** [biʒutje, jɛʀ]	Juwelier(in)
un,e **libraire** [libʀɛʀ]	Buchhändler(in)
un,e **pharmacien,ne** [faʀmasjɛ̃, jɛn]	Apotheker(in)
un,e **opticien,ne** [ɔptisjɛ̃, jɛn]	Optiker(in)
un,e **cuisinier, -ière** [kɥizinje, jɛʀ]	Koch, Köchin
un,e **serveur, -euse** [sɛʀvœʀ, øz]	Bedienung, Kellner(in)
un **garçon** [gaʀsɔ̃]	Kellner
Garçon, l'addition, s'il vous plaît!	Herr Ober, die Rechnung/bezahlen, bitte!
la **médecine** [med(ə)sin]	Medizin
la **médecine du travail**	Arbeitsmedizin
les **professions médicales**	Heilberufe
[pʀɔfɛsjɔ̃medikal]	
un **médecin** [med(ə)sɛ̃]	Arzt, Ärztin
Martine est médecin à Paris.	Martine ist Ärztin in Paris.
un,e **généraliste** [ʒeneʀalist]	Allgemeinmediziner
un,e **chirurgien,ne** [ʃiʀyʀʒjɛ̃, jɛn]	Chirurg(in)
un,e **infirmier, -ière** [ɛ̃fiʀmje, jɛʀ]	Krankenpfleger, Krankenschwester
un,e **dentiste** [dɑ̃tist]	Zahnarzt, -ärztin
le **bâtiment** [batimɑ̃]	Bau(gewerbe)
Le **secteur du bâtiment** est en crise.	Das Baugewerbe befindet sich in der Krise.
un,e **architecte** [aʀʃitɛkt]	Architekt(in)
un **ingénieur** [ɛ̃ʒenjœʀ]	Ingenieur(in)
un,e **artisan,e** [aʀtizɑ̃, an]	Handwerker(in)
un,e **peintre** [pɛ̃tʀ]	Maler(in)
un **peintre en bâtiment(s)**	Maler(in), Anstreicher(in)
un,e **électricien, -ienne**	Elektriker(in)
[elɛktʀisjɛ̃, jɛn]	
l'**informatique** f [ɛ̃fɔʀmatik]	Informatik
un,e **programmeur, -euse**	Programmierer(in)
[pʀɔgʀamœʀ, øz]	
un,e **électronicien,ne**	Elektroniker(in)
[elɛktʀɔnisjɛ̃, jɛn]	
un,e **technicien,ne** [tɛknisjɛ̃, jɛn]	Techniker(in)
une **technicienne en électronique**	Elektroniktechnikerin

les **transports en commun** *m*	öffentliche Verkehrsmittel
[tʀᾶspɔʀᾶkɔmε̃]	
Il y a une grève des **transports en**	Im öffentlichen Verkehr wird
commun.	gestreikt.
un **chauffeur** [ʃofœʀ]	Fahrer(in)
un chauffeur de taxi	Taxifahrer(in)
un,e **conducteur, -trice**	Fahrer(in)
[kɔ̃dyktœʀ, tʀis]	
un **conducteur de bus**	Busfahrer
un,e **pilote** [pilɔt]	Pilot(in)
un **pilote de ligne**	Linienpilot
une **hôtesse de l'air** [otɛsdəlɛʀ]	Stewardess
un **steward** [stiwaʀt]	Steward

l'**agriculture** *f* [agʀikyltyʀ]	Landwirtschaft
un,e **agriculteur, -trice**	Landwirt(in)
[agʀikyltœʀ, tʀis]	
un,e **cultivateur, -trice**	Landwirt(in)
[kyltivatœʀ, tʀis]	
un,e **paysan,ne** [peizᾶ, an]	Bauer, Bäuerin
un,e **ouvrier, -ière (agricole)**	(Land)Arbeiter(in)
[uvʀije, ijɛʀ(agʀikɔl)]	
un,e **jardinier, -ière** [ʒaʀdinje, jɛʀ]	Gärtner(in)

les **services** *m* [sɛʀvis]	Dienstleistungen
Le prix des services augmente sans	Die Preise für Dienstleistungen
arrêt.	steigen ständig.
un,e **garagiste** [gaʀaʒist]	Werkstattbesitzer(in), Automechani-ker(in)
un,e **mécanicien,ne** [mekanisjε̃, jɛn]	Mechaniker(in)
un,e **gardien,ne** [gaʀdjε̃, jɛn]	Wärter(in)
un **gardien de musée**	Museumswärter
une **femme de ménage**	Putzfrau
[famdəmenaʒ]	

la **justice** [ʒystis]	Justiz
porter une affaire devant la justice	eine Affäre/einen Fall vor Gericht bringen
un,e **juge** [ʒyʒ]	Richter(in)
un **juge d'instruction**	Untersuchungsrichter
[ʒyʒdε̃stʀyksjɔ̃]	
un **procureur** [pʀɔkyʀœʀ]	Staatsanwalt, -anwältin
un,e **avocat,e** [avɔka, at]	Rechtsanwalt, -anwältin

les **finances** *f* [finᾶs]	Finanzen

le **monde des finances**	Finanzwelt
Mes finances sont au plus bas.	In meiner Kasse ist totale Ebbe.
un,e **banquier, -ière** [bɑ̃kje, jɛʀ]	Banker(in)
un,e **caissier, -ière** [kɛsje, jɛʀ]	Kassierer(in)

la **politique** [pɔlitik]	Politik
Elle s'est lancée dans la politique.	Sie hat in der Politik ihr Glück versucht.
un **homme**/une **femme politique** [ɔm/fampɔlitik]	Politiker(in)
un,e **politicien,ne** péj [pɔlitisjɛ̃, jɛn]	Politiker(in)
un,e **ministre** [ministʀ]	Minister(in)
un,e **député,e** [depyte]	Abgeordnete(r)
un **député socialiste**	sozialistischer Abgeordneter
un **maire** [mɛʀ]	Bürgermeister(in)
passer devant M./Mme le maire	vor den/die Bürgermeister(in) treten (heiraten)

l'**armée** f [aʀme]	Armee
s'engager dans l'armée	sich freiwillig zum Militär melden
un **militaire** [militɛʀ]	Soldat(in)
un,e **soldat,e** [sɔlda, at]	Soldat(in)
un **général** [ʒeneʀal]	General

la **marine** [maʀin]	Marine
la **marine marchande**	Handelsmarine
un **marin** [maʀɛ̃]	Matrose, Seemann
un **marin-pêcheur**	Berufsfischer
un **capitaine** [kapitɛn]	Kapitän(in)

le **journalisme** [ʒuʀnalism]	Journalismus
un,e **journaliste** [ʒuʀnalist]	Journalist(in)
un **journaliste à la radio/télévision**	Radio-, Fernsehjournalist
un,e **reporter** [ʀ(ə)pɔʀtɛʀ/øʀ]	Reporter(in)
un,e **rédacteur, -trice** [ʀedaktœʀ, tʀis]	Redakteur(in)
un,e **rédacteur, -trice en chef**	Chefredakteur(in)
un,e **photographe** [fɔtɔgʀaf]	Fotograf(in)
un **photographe de presse**	Pressefotograf

le **tourisme** [tuʀism]	Tourismus
Notre région vit du tourisme.	Unsere Gegend lebt vom Tourismus.
un,e **guide** [gid]	(Reise)Führer(in)
Suivez le guide.	Folgen Sie dem Führer.
un,e **interprète** [ɛ̃tɛʀpʀɛt]	Dolmetscher(in)

le **spectacle** [spɛktakl] — Vorstellung, Darbietung
donner un spectacle — ein Stück aufführen
un,e **acteur, -trice** [aktœʀ, tʀis] — Schauspieler(in)
un,e **musicien,ne** [myzisjɛ̃, jɛn] — Musiker(in)
un,e **artiste** [aʀtist] — Künstler(in), Schauspieler(in)
un **auteur** [otœʀ] — Autor(in), Verfasser(in)
L'auteur de la pièce a été applaudi longuement. — Der Autor des Stückes erhielt lang anhaltenden Beifall.
un **écrivain** [ekʀivɛ̃] — Schriftsteller(in)

la **population active** [pɔpylasjɔ̃aktiv] — die erwerbstätige Bevölkerung
les **catégories socioprofessionnelles** f [kategɔʀisɔsjopʀɔfesjɔnɛl] — Berufsstände
la **vie professionnelle** [vipʀɔfesjɔnɛl] — Berufsleben
l'**activité professionnelle** f [aktivitepʀɔfesjɔnɛl] — Berufs-, Erwerbstätigkeit; berufliche Tätigkeit
Il est ... de profession. [pʀɔfesjɔ̃] — Er ist von Beruf ... .
Il est danseur de profession. — Er ist von Beruf Tänzer.

le **secteur primaire** [sɛktœʀpʀimɛʀ] — primärer Sektor (Landwirtschaft, Fischfang, Bergbau)
le **secteur secondaire** [sɛktœʀsəgɔ̃dɛʀ] — sekundärer Sektor (Industrie)
le **secteur tertiaire** [sɛktœʀtɛʀsjɛʀ] — Dienstleistungssektor
(travailler) à son compte [asɔ̃kɔ̃t] — selbstständig (sein)
Il fait des économies pour s'installer à son compte. — Er spart, um sich selbstständig zu machen.
les **professions libérales** f [pʀɔfesjɔ̃libeʀal] — die freien Berufe

se **perfectionner** [s(ə)pɛʀfɛksjɔne] — sich verbessern, sich weiterbilden
le **perfectionnement** [pɛʀfɛksjɔnmɑ̃] — Verbesserung
faire un stage de perfectionnement — einen Fortbildungslehrgang machen
se **spécialiser** [səspesjalize] — sich spezialisieren
Je me suis spécialisé en pédiatrie. — Ich habe mich in Kinderheilkunde spezialisiert.

un,e **spécialiste** [spesjalist] — Spezialist(in)
se **qualifier** [s(ə)kalifje] — sich qualifizieren
qualifié,e [kalifje] — qualifiziert
On recherche des employés qualifiés pour ce travail. — Für diese Arbeit werden Fachkräfte gesucht.
expérimenté,e [ɛkspeʀimɑ̃te] — erfahren

On demande un vendeur expérimenté.	Es wird ein erfahrener Verkäufer gesucht.
la **qualification** [kalifikasjɔ̃]	Qualifikation, Berufserfahrung
se recycler [sǝR(ǝ)sikle]	sich umschulen lassen, sich weiterbilden
C'est un métier où on doit se recycler régulièrement.	Dies ist ein Beruf, in dem man sich regelmäßig weiterbilden muss.
le **recyclage** [R(ǝ)siklaʒ]	Weiterbildung, Umschulung

l'**ANPE (Agence nationale pour l'emploi)** f [aɛnpeǝ]	*etwa:* Arbeitsamt
être inscrit,e à l'ANPE	beim Arbeitsamt gemeldet sein
l'**orientation professionnelle** f [ɔRjɑ̃tasjɔ̃pRɔfɛsjɔnɛl]	Berufsberatung, berufliche Orientierung
un,e **employeur, -euse** [ɑ̃plwajœR, jøz]	Arbeitgeber(in)
un,e **candidat,e** [kɑ̃dida, at]	Bewerber(in), Kandidat(in)
postuler à/pour [pɔstyle]	sich bewerben um
Elle a postulé pour un emploi de puéricultrice.	Sie hat sich um eine Anstellung als Kinderkrankenschwester beworben.
poser sa candidature [pozesakɑ̃didatyR]	sich bewerben
un **curriculum vitae** (un **CV**) [kyRikulɔmvite (seve)]	Lebenslauf
Prière de joindre à votre candidature un **CV détaillé**.	Fügen Sie bitte Ihrer Bewerbung einen ausführlichen Lebenslauf bei.
les **débouchés** m [debuʃe]	Berufsaussichten
un secteur où il n'y a pas beaucoup de débouchés	ein Bereich, in dem es keine guten Berufsaussichten gibt

occuper un poste/une fonction [ɔkypeɛ̃pɔst/ynfɔ̃ksjɔ̃]	eine Stelle/Stellung bekleiden, innehaben
occuper un poste à responsabilité	eine verantwortungsvolle Stelle innehaben
faire carrière [fɛRkaRjɛR]	Karriere machen
Il a fait carrière dans l'automobile.	Er hat in der Automobilbranche Karriere gemacht.
une **promotion** [pRɔmosjɔ̃]	Beförderung

un **maçon** [masɔ̃]	Maurer(in)
un **plombier** [plɔ̃bje]	Installateur(in), Klempner(in)
un,e **menuisier, -ière** [mǝnɥizje, jɛR]	Schreiner(in), Tischler(in)
un **couvreur** [kuvRœR]	Dachdecker

l'**hôtellerie** f [ɔ/otɛlRi]	Hotelgewerbe

L'hôtellerie profite de l'essor du tourisme.	Das Hotelgewerbe profitiert vom Aufschwung im Tourismusbereich.
un,e **hôtelier, -ière** [ɔ/otəlje, jɛʀ]	Hotelbesitzer(in)
la **restauration** [ʀɛstɔʀasjɔ̃]	Gastronomie
La **restauration rapide** est en plein boom.	Die Fast-Food-Gastronomie boomt.
un,e **restaurateur, -trice** [ʀɛstɔʀatœʀ, tʀis]	Gastronom(in)
un,e **gérant,e** [ʒeʀɑ̃, ɑ̃t]	Geschäftsführer(in)

un,e **vétérinaire** [veteʀinɛʀ]	Tierarzt, -ärztin
un,e **kinésithérapeute**; un,e **kiné** fam [kine(ziteʀapøt)]	Krankengymnast(in)
un,e **esthéticien, -ne** [ɛstetisjɛ̃, ɛn]	Kosmetiker(in)

9.4 Arbeit und Arbeitsbedingungen

travailler [tʀavaje]	arbeiten
Il travaille dur pour gagner sa vie.	Er arbeitet hart, um seinen Lebensunterhalt zu verdienen.
travailler à plein temps/à temps complet	Vollzeit/ganztags arbeiten
travailler à mi-temps	halbtags arbeiten
travailler à temps partiel	Teilzeit arbeiten
travailler à la chaîne	am (Fließ)Band arbeiten
travailler à domicile	Heimarbeit machen
le **travail** [tʀavaj]	Arbeit
le **travail au noir**	Schwarzarbeit
le **temps de travail**	Arbeitszeit
un **contrat de travail**	Arbeitsvertrag
Chaque année, de nombreux jeunes arrivent sur le **marché du travail**.	Jedes Jahr kommen viele Jugendliche auf den Arbeitsmarkt.
un,e **travailleur, -euse** [tʀavajœʀ, jøz]	Arbeiter(in)
un travailleur immigré	Gastarbeiter
le **personnel** [pɛʀsɔnel]	Personal

l'**emploi** m [ɑ̃plwa]	Beschäftigung
être sans emploi	arbeitslos sein
un,e **employé,e** [ɑ̃plwaje]	Angestellte(r)
employer [ɑ̃plwaje]	beschäftigen
engager [ɑ̃gaʒe]	einstellen
Il a été engagé **comme chauffeur**.	Er wurde als Fahrer eingestellt.

un **poste (de travail)** [pɔst]	(Arbeits)Stelle
un **boulot** *fam* [bulo]	Arbeit, Job
vivre de **petits boulots**	von Gelegenheitsjobs leben
une **activité** [aktivite]	Tätigkeit, Beschäftigung
Il n'a pas d'activité régulière.	Er geht keiner geregelten Beschäftigung nach.
actif, -ive [aktif, iv]	erwerbstätig
un **métier** [metje]	Beruf
Elle exerce le **métier de journaliste.**	Er übt den Journalistenberuf aus.
un **job** *fam* [dʒɔb]	Job
J'ai trouvé un job pour l'été.	Ich habe einen Sommerjob gefunden.

gagner [gaɲe]	verdienen
gagner de l'argent	Geld verdienen
gagner sa vie	seinen Lebensunterhalt verdienen
un **salaire** [salɛʀ]	Gehalt, Lohn
demander une **augmentation de salaire**	um eine Lohn-/Gehaltserhöhung bitten
un,e **salarié,e** [salaʀje]	Arbeitnehmer(in)
une **heure supplémentaire**; une **heure sup** *fam* [œʀsyp(lemɑ̃tɛʀ)]	Überstunde

produire [pʀɔdɥiʀ]	produzieren, herstellen
la **production** [pʀɔdyksjɔ̃]	Produktion, Fertigung
un **produit** [pʀɔdɥi]	Produkt
importer [ɛ̃pɔʀte]	importieren, einführen
l'**importation** *f* [ɛ̃pɔʀtasjɔ̃]	Import
exporter [ɛkspɔʀte]	exportieren, ausführen
l'**exportation** *f* [ɛkspɔʀtasjɔ̃]	Export
l'**import-export** *m* [ɛ̃pɔʀɛkspɔʀ]	Import-Export
la **vente** [vɑ̃t]	Verkauf

une **entreprise** [ɑ̃tʀəpʀiz]	Unternehmen
une **société** [sɔsjete]	Gesellschaft
une **affaire** [afɛʀ]	Unternehmen
monter une **affaire d'import-export**	ein Import-Export-Unternehmen aufbauen
le **siège social** [sjɛʒsɔsjal]	Firmensitz

un **jour ouvrable** [ʒuʀuvʀabl]	Werktag
un **jour férié** [ʒuʀfeʀje]	Feiertag
le **congé** [kɔ̃ʒe]	Urlaub
Je vais prendre 3 jours de congé.	Ich werde 3 Tage Urlaub nehmen.
donner congé à qn	jdm frei geben; jdn entlassen
les **congés payés**	bezahlter Urlaub

Arbeit und Arbeitsbedingungen **179**

faire le pont [fɛʀl(ə)pɔ̃]   einen Brückentag nehmen, machen
On part en Normandie pendant le   Während des verlängerten
pont du 1ᵉʳ mai.   Wochenendes um den 1. Mai
    fahren wir in die Normandie.

une **offre d'emploi** [ɔfʀdãplwa]   Stellenangebot
regarder les offres d'emploi dans le   die Stellenangebote in der Zeitung
journal   anschauen
une **demande d'emploi**   Stellengesuch
[dəmãddãplwa]
un,e **demandeur, -euse d'emploi**   Arbeitssuchende(r)
[dəmãdœʀ, øzdãplwa]
Le nombre des demandeurs   Die Zahl der Arbeitssuchenden hat
d'emploi a encore augmenté.   weiter zugenommen.
créer (des emplois) [kʀee]   (Arbeitsplätze) schaffen
supprimer (des emplois)   (Arbeitsplätze) streichen, wegratio-
[sypʀime]   nalisieren
La robotisation supprime des   Die Vollautomatisierung führt
emplois.   zur Streichung von Arbeitsplät-
    zen.

le **chômage** [ʃomaʒ]   Arbeitslosigkeit
l'**accroissement du taux de chô-**   die Zunahme der Arbeitslosen-
mage   zahlen
un,e **chômeur, -euse** [ʃomœʀ, øz]   Arbeitslose(r)
un **chômeur de longue durée**   Langzeitarbeitsloser
un **chômeur en fin de droits**   Empfänger von Arbeitslosenhilfe
le **chômage partiel** [ʃomaʒpaʀsjɛl]   Kurzarbeit
l'**allocation (de) chômage** f   Arbeitslosengeld
[alɔkasjɔ̃(d(ə))ʃomaʒ]
toucher une allocation chômage   Arbeitslosengeld bekommen
le **licenciement** [lisãsimã]   Entlassung
licencier [lisãsje]   entlassen
Il a peur de **se faire licencier**.   Er hat Angst, entlassen zu werden.
renvoyer [ʀãvwaje]   entlassen, rauswerfen

l'**économie** f [ekɔnɔmi]   Wirtschaft
économique [ekɔnɔmik]   Wirtschafts-, wirtschaftlich
la **crise économique**   Wirtschaftskrise
économiser [ekɔnɔmize]   sparen
une **difficulté** [difikylte]   Schwierigkeit
faire face aux difficultés   den Schwierigkeiten trotzen
responsable de [ʀɛspɔ̃sabl]   verantwortlich für
Il est responsable de la production.   Er ist für die Fertigung verantwort-
    lich.

une **organisation** [ɔʀganizasjɔ̃]   Organisation

revendiquer [R(ə)vãdike] fordern
Les ouvriers revendiquent une Die Arbeiter fordern eine Lohner-
augmentation de salaire. höhung.
une **revendication** [R(ə)vãdikasjɔ̃] Forderung
des **revendications salariales** Lohnforderungen
une **manifestation**; une **manif** Demonstration
fam [manif(ɛstasjɔ̃)]
une **manifestation silencieuse** Schweigemarsch
une **grève** [gRɛv] Streik
faire **grève** streiken
un,e **gréviste** [gRevist] Streikende(r)
mener une action [m(ə)neynaksjɔ̃] Kampfmaßnahme durchführen

le **partage du travail** Arbeits(platz)teilung
[paRtaʒdytRavaj]
la **réduction du temps de travail** Arbeitszeitverkürzung
[Redyksjɔ̃dytãd(ə)tRavaj]
l'**horaire à la carte** *m* [ɔRɛRalakaRt] Gleitzeit
l'**intérim** *m* [ɛ̃teRim] Zeitarbeit
une **agence d'intérim** Zeitarbeitsagentur
faire les trois huit [fɛRletRwa'ɥit] (rund um die Uhr) schichten
embaucher [ãboʃe] einstellen
Ils embauchent du personnel Sie stellen zusätzliches Personal
supplémentaire. ein.
l'**embauche** *f* [ãboʃ] Einstellung, Anstellung
un **CDD (contrat à durée déter-** befristeter Arbeitsvertrag
minée) [sedede]
un **CDI (contrat à durée indéter-** unbefristeter Arbeitsvertrag
minée) [sedei]

le **traitement** [tRɛtmã] Gehalt
Le traitement des fonctionnaires Die Gehälter der Beamten werden
sera augmenté en janvier. im Januar erhöht.
les **revenus** *m* [R(ə)vəny/Rəv(ə)ny] Einkommen
une **indemnité** [ɛ̃dɛmnite] Abfindung, Entschädigung
toucher une **indemnité de licen-** eine Abfindung bei der Entlassung
ciement bekommen
une **prime** [pRim] Prämie, Zulage
avoir droit à une **prime de fin** Anspruch auf eine Jahres-
d'année abschlussprämie haben
les **ressources** *f* [R(ə)suRs] (finanzielle) Mittel, Einnahmen
le **niveau de vie** [nivod(ə)vi] Lebensstandard
le **pouvoir d'achat** [puvwaRdaʃa] Kaufkraft
Le pouvoir d'achat des ménages a Die Kaufkraft der Haushalte ist
baissé. gesunken.

les **charges annexes (au salaire)** f [ʃaʁʒanɛks]	Lohnnebenkosten
les **prestations sociales** f [pʁɛstasjɔ̃sɔsjal]	Sozialleistungen

la **main-d'œuvre** [mɛ̃dœvʁ]	Arbeitskräfte
employer de la main-d'œuvre bon marché	billige Arbeitskräfte beschäftigen
un **travail manuel** [tʁavajmanɥɛl]	handwerkliche, manuelle Arbeit
l'**automation**/l'**automatisation** f [ɔtɔmasjɔ̃/ɔtɔmatizasjɔ̃]	Automatisierung
la **rationalisation** [ʁasjɔnalizasjɔ̃]	Rationalisierung
rationaliser [ʁasjɔnalize]	rationalisieren
Les entreprises qui ne rationalisent pas leur production sont condamnées à disparaître.	Die Betriebe, die ihre Fertigung nicht verschlanken, werden zwangsläufig vom Markt verschwinden.
la **délocalisation** f [delɔkalizasjɔ̃]	Auslagerung (ins Ausland)
délocaliser [delɔkalize]	(ins Ausland) auslagern
De nombreuses firmes délocalisent leurs usines.	Viele Firmen lagern ihre Fabriken (ins Ausland) aus.
la **mondialisation** [mɔ̃djalizasjɔ̃]	Globalisierung

une **expansion** [ɛkspɑ̃sjɔ̃]	Expansion, Ausweitung
l'**expansion économique**	wirtschaftliches Wachstum
la **faillite** [fajit]	Pleite, Konkurs
faire faillite	Pleite gehen, Konkurs machen
un **dépôt de bilan** [depodbilɑ̃]	Konkursantrag
déposer son bilan [depozesɔ̃bilɑ̃]	Konkurs anmelden

les **partenaires sociaux** m [paʁtənɛʁsɔsjo]	Sozialpartner
Le dialogue a repris entre les partenaires sociaux.	Der Dialog zwischen den Sozialpartnern wurde wieder aufgenommen.
un **conflit social** [kɔ̃flisɔsjal]	sozialer Konflikt
contester [kɔ̃tɛste]	protestieren
une **contestation** [kɔ̃tɛstasjɔ̃]	Protest
Ils ont tout accepté sans contestation.	Sie haben alles ohne zu protestieren angenommen.
lutter [lyte]	kämpfen
lutter pour l'amélioration des conditions de travail	für bessere Arbeitsbedingungen kämpfen
la **lutte** [lyt]	Kampf
une **consultation de la base** [kɔ̃syltasjɔ̃d(ə)labaz]	Urabstimmung

un **préavis de grève**   Streikankündigung
[pʀeavid(ə)gʀɛv]
un **lock-out** [lɔkaut]   Aussperrung
le **SMIC (salaire minimum inter-**   (dynamischer) Mindestlohn
professionnel de croissance) [smik]
  gagner le SMIC   den Mindestlohn verdienen
  être payé,e au SMIC   den Mindestlohn erhalten

une **réunion** [ʀeynjɔ̃]   Sitzung, Konferenz, Treffen
se **réunir** [s(ə)ʀeyniʀ]   zusammenkommen, sich versam-
    meln
négocier [negɔsje]   aus-, verhandeln
  Les syndicats ont négocié avec le   Die Gewerkschaften haben mit den
  patronat une augmentation de   Arbeitgebern eine Lohnerhöhung
  salaire.   ausgehandelt.
une **négociation** [negɔsjasjɔ̃]   Verhandlung
un **syndicat** [sɛ̃dika]   Gewerkschaft, Verband
syndical,e [sɛ̃dikal]   Gewerkschafts-, gewerkschaftlich
  un,e **délégué,e syndical,e**   Gewerkschaftsvertreter(in)
  un,e **patron,ne** [patʀɔ̃, ɔn]   Arbeitgeber(in)
patronal,e [patʀɔnal]   Arbeitgeber-
un **accord** [akɔʀ]   Übereinkommen, Vereinbarung
  Un accord a été signé entre le   Eine Vereinbarung zwischen
  patronat et les syndicats.   Arbeitgebern und Gewerkschaften
    wurde unterzeichnet.

un **accord sur les salaires**   Tarifabschluss
[akɔʀsyʀlesalɛʀ]
un,e **délégué,e du personnel**   Arbeitnehmervertreter(in)
[delegedypɛʀsɔnɛl]
une **convention collective**   Tarifvertrag
[kɔ̃vɑ̃sjɔ̃kɔlɛktiv]

Französisches Wort	Deutsche Entsprechung 👍	Falscher Freund 👎	Französische Entsprechung
un,e artiste	Künstler(in)	Artist(in)	un,e acrobate

10.1 Freizeit, Hobby und Spiel

les **loisirs** m [lwaziʀ] — Freizeit, Freizeitbeschäftigung
Comment est-ce que tu **occupes** tes loisirs? — Wie verbringst du deine Freizeit?
un **hobby** [ˈɔbi] — Hobby
se **distraire** [s(ə)distʀɛʀ] — sich amüsieren, sich ablenken
une **distraction** [distʀaksjɔ̃] — Ablenkung, Unterhaltung
passer son temps à faire qc [pasesɔ̃tãafɛʀ] — sich die Zeit mit etw. vertreiben
Il passe son temps à bouquiner. — Er verbringt seine Zeit mit Schmökern/Lesen.

un **passe-temps** [pastã] — Zeitvertreib
avoir envie de [avwʀãvi] — Lust haben zu
Tu as envie d'aller au cinéma? — Hast du Lust, ins Kino zu gehen?

actif, -ive [aktif, iv] — aktiv
Mes grands-parents sont encore très actifs pour leur âge. — Meine Großeltern sind für ihr Alter noch sehr unternehmenslustig.
une **activité** [aktivite] — Beschäftigung
participer à qc [paʀtisipe] — an etw. teilnehmen
participer à un stage de judo — an einem Judolehrgang teilnehmen

lire [liʀ] — lesen
la **lecture** [lɛktyʀ] — Lektüre, Lesen
Elle est **plongée** dans sa lecture. — Sie ist in ihre Lektüre vertieft.
les **mots croisés** m [mokʀwaze] — Kreuzworträtsel
faire des mots croisés — Kreuworträtsel lösen

un **jeu** [ʒø] — Spiel
jouer à (un jeu) [ʒwe] — (ein Spiel) spielen

---

 jouer à/de

Unterscheide:
jouer à (un jeu)
Ils jouent au foot/aux cartes/aux échecs/aux Indiens. — *Sie spielen Fußball/Karten/Schach/Indianer.*
jouer de/d'(un instrument)
Elles jouent du piano/de la flûte/de l'harmonica. — *Sie spielen Klavier/Flöte/Mundharmonika.*

Neben **jouer de** kann bei *Instrumenten* ebenso **faire de** verwendet werden; Beispiele:
Tu joues de l'accordéon? — **– Non, je fais de la clarinette.**
Spielst du Akkordeon? — *– Nein, ich spiele Klarinette.*
Il fait du violon? — **– Non, il joue du violoncelle.**
Spielt er Geige? — *– Nein, er spielt Cello.*

les **cartes** f [kaʀt]	Karten
les **échecs** m [eʃɛk]	Schach
un **jeu de société** [ʒød(ə)sɔsjete]	Gesellschaftsspiel
un **puzzle** [pœzl/pœzœl]	Puzzle
un puzzle de 5000 pièces	ein 5000-Teile-Puzzle

le **jeu de boules** f [ʒød(ə)bul]	Boule, Boulespiel
la **pétanque** [petãk]	Pétanque(spiel)
On fait une partie de pétanque ?	Sollen wir eine Partie Pétanque spielen?

bricoler [bʀikɔle]	basteln
le **bricolage** [bʀikɔlaʒ]	Basteln, Heimwerken
un **magasin de bricolage**	ein Bastelgeschäft; ein Heimwerkermarkt
un,e **bricoleur, -euse** [bʀikɔlœʀ, øz]	Bastler(in), Heimwerker(in)
coller [kɔle]	kleben
la **colle** [kɔl]	Klebstoff, Leim, Kleister
la **colle à bois**	(Holz)Leim
fabriquer [fabʀike]	herstellen, fabrizieren
Il a fabriqué ses meubles lui-même.	Er hat seine Möbel selbst hergestellt.
la **poterie** [pɔtʀi]	Töpferei; Töpfern

ℹ **Was man mit den Händen macht**

Die Ausübung handarbeitlicher Tätigkeiten wird häufig durch die Wendung **faire de +** *Handarbeit* ausgedrückt.
Nous faisons de la poterie/de la peinture *Wir töpfern/machen Seidenmalerei.*
sur soie.
Il fait du tricot/crochet. *Er strickt/häkelt.*

---

une **photo** [fɔto]	Foto
faire/prendre une photo	ein Foto machen
prendre qn/qc en photo	jdn/etw. fotografieren
un **appareil photo** [apaʀɛjfɔto]	Fotoapparat, Kamera
une **diapositive**; une **diapo** fam [djapo(zitiv)]	Dia
projeter des diapos	Dias vorführen

une **caméra** [kameʀa]	(Fernseh/Video)Kamera
la **vidéo** [video]	Video
une **cassette vidéo**	Videokassette
filmer [filme]	filmen
un **film** [film]	Film

la **musique** [myzik]	Musik

Tu fais de la musique ?	Musizierst du?
le **rythme** [ʀitm]	Rhythmus
Elle a le rythme dans le sang.	Sie hat den Rhythmus im Blut.
jouer de qc [ʒwe]	etw. spielen

> **i** Zum Unterschied von **jouer à/de** vgl. die Information auf S. 185.

danser [dɑ̃se]	tanzen
la **danse** [dɑ̃s]	Tanz

la **peinture** [pɛ̃tyʀ]	Malen; Malerei
faire de la peinture	malen
peindre [pɛ̃dʀ]	malen
un **peintre** [pɛ̃tʀ]	Maler(in)
un **peintre du dimanche**	Sonntagsmaler(in)
dessiner [desine]	zeichnen

un **jardin** [ʒaʀdɛ̃]	Garten
un **jardin potager**	Gemüsegarten
jardiner [ʒaʀdine]	im Garten arbeiten
le **jardinage** [ʒaʀdinaʒ]	Gartenarbeit
une **plante** [plɑ̃t]	Pflanze
planter [plɑ̃te]	pflanzen
planter des oignons de tulipes	Tulpenzwiebeln (ein)pflanzen
cultiver [kyltive]	anbauen
Il cultive des légumes dans son jardin.	In seinem Garten baut er Gemüse an.
une **fleur** [flœʀ]	Blume
l'**herbe** f [ɛʀb]	Gras
couper l'herbe sous le pied de qn loc	jdm den Wind aus den Segeln nehmen
les **mauvaises herbes**	Unkraut

une **promenade** [pʀɔm(ə)nad]	Spaziergang
une **promenade à/en vélo**	Fahrradausfahrt, Radausflug
se promener [s(ə)pʀɔm(ə)ne]	spazieren gehen
Viens, on va se promener **au grand air.**	Komm, wir gehen an der frischen Luft spazieren.

chasser [ʃase]	jagen
la **chasse** [ʃas]	Jagd
aller* à la chasse	jagen, zur Jagd gehen
un **fusil de chasse**	Jagdgewehr
un,e **chasseur, -euse** [ʃasœʀ, øz]	Jäger(in)
pêcher [pɛʃe]	angeln, fischen
la **pêche (à la ligne)** [pɛʃalaliɲ]	Angeln

manger le **produit de sa pêche**	die geangelten Fische essen
un,e **pêcheur, -euse** [pɛʃœʀ, øz]	Angler(in), Fischer(in)
un **pêcheur à la ligne**	Angler

se détendre [s(ə)detɑ̃dʀ]	ausspannen, sich entspannen
Il se détend en écoutant de la musique.	Er entspannt sich beim Musikhören.
la **détente** [detɑ̃t]	Entspannung
se relaxer [səʀ(ə)lakse]	sich entspannen, relaxen
un **divertissement** [divɛʀtismɑ̃]	Zeitvertreib, Unterhaltung

une **collection** [kɔlɛksjɔ̃]	Sammlung
une **collection de timbres**	Briefmarkensammlung
collectionner [kɔlɛksjɔne]	sammeln
un,e **collectionneur, -euse** [kɔlɛksjɔnœʀ, øz]	Sammler(in)
un **album** [albɔm]	Album

une **balade** *fam* [balad]	Spaziergang
se balader *fam* [s(ə)balade]	spazieren gehen
aller se balader dans la forêt	im Wald spazieren gehen
une **randonnée** [ʀɑ̃dɔne]	Wanderung, Tour
un,e **randonneur, -euse** [ʀɑ̃dɔnœʀ, øz]	Wanderer(in)
une **excursion** [ɛkskyʀsjɔ̃]	Ausflug
le **cyclotourisme** [siklotuʀism]	Fahrradtourismus, Radwandern

10.2 Sport

le **sport** [spɔʀ]	Sport
faire du sport	Sport treiben
(un,e) **sportif, -ive** *n; adj* [spɔʀtif, iv]	Sportler(in); sportlich
une **association sportive**	Sportverein
une **manifestation sportive**	Sportveranstaltung, Sportereignis
une **rencontre sportive**	Wettkampf

s'entraîner [sɑ̃tʀɛne]	trainieren
l'**entraînement** *m* [ɑ̃tʀɛnmɑ̃]	Training
un,e **entraîneur, -euse** [ɑ̃tʀɛnœʀ, øz]	Trainer(in)
être en forme [ɛtʀɑ̃fɔʀm]	in Form sein, fit sein
Elle fait du sport pour rester en forme.	Sie treibt Sport, um in Form zu bleiben.
(**être**) **fort,e** [fɔʀ, fɔʀt]	stark, kräftig (sein)

la **force** [fɔʀs]
La force de cet athlète est impressionnante.
transpirer [tʀɑ̃spiʀe]

Stärke, Kraft
Die Kraft dieses Athleten ist beeindruckend.
schwitzen

un **club** [klœb]
faire partie d'un **club de foot**

un **équipe** [ekip]
un **match** [matʃ]
Le match oppose deux équipes de même niveau.
un **match aller/retour**
un **tournoi** [tuʀnwa]
disputer un tournoi

Club, Verein
Mitglied in einem Fußballverein sein
Mannschaft
Spiel
In dem Spiel stehen sich zwei gleich starke Mannschaften gegenüber.
Hin-/Rückspiel
Turnier
ein Turnier bestreiten

un **stade** [stad]
aller au stade
un **gymnase** [ʒymnaz]
un **terrain de sport** [teʀɛ̃d(ə)spɔʀ]

Stadion
ins Stadion gehen
Turn-, Sporthalle
Sportplatz

une **course** [kuʀs]
le **départ** [depaʀ]
donner le départ d'une course

l'**arrivée** f [aʀive]
franchir la ligne d'arrivée

Lauf, Wettlauf
Start
den Startschuss für/zu einen Lauf geben
Ankunft, Ziel
über die Ziellinie laufen/fahren

un **résultat** [ʀezylta]
battre [batʀ]
Bordeaux a battu Monaco 2 à 1.

Ergebnis
schlagen
Bordeaux hat Monaco 2 zu 1 geschlagen.

gagner (qc/contre qn) [gaɲe]
perdre (qc/contre qn) [pɛʀdʀ]
J'ai perdu mon dernier match de tennis.
Strasbourg va certainement perdre contre Lyon.
(un,e) **gagnant,e** n; adj [gaɲɑ̃, ɑ̃t]
Les deux équipes gagnantes se retrouveront en finale.

(etw./gegen jdn) gewinnen
(etw./gegen jdn) verlieren
Ich habe mein letztes Tennisspiel verloren.
Straßburg wird gegen Lyon sicher verlieren.
Sieger; Sieger-, siegreich
Die beiden siegreichen Mannschaften werden im Endspiel aufeinander treffen.

(un,e) **perdant,e** n; adj [pɛʀdɑ̃, ɑ̃t]

Verlierer(in); Verlierer-, verlierend

un,e **champion,ne** [ʃɑ̃pjɔ̃, jɔn]
un **championnat** [ʃɑ̃pjɔna]

Meister(in)
Meisterschaft

le **championnat du monde** de natation	Schwimmweltmeisterschaft
une **compétition** [kɔ̃petisjɔ̃]	Wettkampf
une **compétition par équipes**	Mannschaftswettkampf
une **compétition individuelle**	Einzelwettkampf
participer à une compétition	an einem Wettkampf teilnehmen
un **exploit** [ɛksplwa]	Glanzleistung, Höchstleistung
un **record** [ʀ(ə)kɔʀ]	Rekord
détenir un record	Rekord halten
battre un record	Rekord schlagen
améliorer un record	Rekord verbessern

un,e **amateur, -trice** [amatœʀ, tʀis]	Amateur(in)
Ils font du cyclisme, mais **en amateurs**.	Sie betreiben Radsport, aber als Amateure.
un,e **professionnel,le**; un,e **pro** *fam* [pʀɔfɛsjɔnɛl, pʀo]	Profi
un,e **joueur, -euse** [ʒwœʀ, øz]	Spieler(in)
un joueur de tennis professionnel	Profi-/Berufstennisspieler

un **ballon** [balɔ̃]	Ball
un **ballon de foot(ball)**	Fußball
le **foot(ball)** [fut(bol)]	Fußball
un **but** [by(t)]	Tor
le **gardien de but**	Torwart
marquer un but	ein Tor schießen
le **rugby** [ʀygbi]	Rugby
le **volley-ball**; le **volley** *fam* [vɔlɛ(bol)]	Volleyball
le **basket-ball**; le **basket** *fam* [baskɛt(bol)]	Basketball

une **balle** [bal]	Ball
une **balle de tennis**	Tennisball
jouer au tennis [ʒweotenis]	Tennis spielen
une **raquette** [ʀakɛt]	Tennisschläger
le **ping-pong** [piŋpɔ̃g]	Tischtennis, Pingpong
le **filet** [filɛ]	Netz
La balle a atterri dans le filet.	Der Ball ist im Netz gelandet.
le **golf** [gɔlf]	Golf

un **vélo** [velo]	Rad
faire du vélo	Rad fahren
une **bicyclette** [bisiklɛt]	Fahrrad
un **VTT (vélo tout terrain)** [vetete]	Mountainbike
le **cyclisme** [siklism]	Radsport

un,e **cycliste** [siklist]	Radsportler(in), Radfahrer(in)
pédaler [pedale]	(in die Pedale) treten
un **tour** [tuʀ]	Tour

le/la tour

Unterscheide:

le tour	*Tour, Rundfahrt, -reise*
le Tour de France	*Tour de France*
un tour en voiture	*eine (kleine) Autofahrt, Spritztour*
faire le tour du monde	*eine Reise um die Welt/Weltreise machen*
la tour	*Turm, Hochhaus*
la Tour Eiffel	*Eiffelturm*
la tour de contrôle	*Kontrollturm, Tower*

une **étape** [etap]	Etappe
un **maillot** [majo]	Trikot
le maillot jaune	das gelbe Trikot

les **patins à roulettes** *m*	Rollschuhe
[patɛ̃aʀulɛt]	
faire du patin à roulettes	Rollschuh laufen
une **planche à roulettes**	Rollbrett, Skateboard
[plɑ̃ʃaʀulɛt]	
un **skateboard** [skɛtbɔʀd]	Skateboard, Rollbrett

l'**athlétisme** *m* [atletism]	Leichtathletik
courir [kuʀiʀ]	laufen
Il n'a pas couru assez vite.	Er ist nicht schnell genug gelaufen.
la **course (à pied)** [kuʀs(apje)]	Lauf, Laufen
Elle a abandonné après 15 kilomè-tres de course.	Sie hat aufgegeben, nachdem sie 15 Kilometer gelaufen war.
sauter [sote]	springen
le **saut** [so]	Sprung
le **saut en longueur**	Weitsprung
le **saut en hauteur**	Hochsprung
le **saut à la perche**	Stabhochsprung
lancer [lɑ̃se]	werfen, stoßen
lancer une balle	einen Ball werfen

la **gymnastique**; la **gym** *fam*	Turnen, Gymnastik
[ʒim(nastik)]	
faire de la gymnastique	turnen, Gymnastik machen
un,e **gymnaste** [ʒimnast]	Turner(in); Gymnast(in)

les **sports d'hiver** *m* [spɔʀdivɛʀ]	Wintersport(arten)
la **neige** [nɛʒ]	Schnee

le **ski** [ski]	Ski
faire du ski	Ski fahren
skier [skje]	Ski fahren
un,e **skieur, -euse** [skjœR, skjøz]	Skifahrer(in)
une **piste** [pist]	Piste
skier **hors-piste**	abseits der Piste Ski fahren

les **sports nautiques** *m* [spɔʀnotik]	Wassersport(arten)
la **natation** [natasjɔ̃]	Schwimmen
nager [naʒe]	schwimmen
nager **en** piscine/**dans** la mer	im Schwimmbecken/im Meer schwimmen
un,e **nageur, -euse** [naʒœR, øz]	Schwimmer(in)

la **voile** [vwal]	Segel
faire de la voile	segeln
un **bateau** [bato]	Boot, Schiff
un bateau **à voiles**	Segelboot, -schiff
la **planche à voile** [plɑ̃ʃavwal]	Windsurfbrett
le **surf** [sœRf]	Surfen

pratiquer (une discipline sportive) [pʀatike]	(eine Sportart) ausüben
Simon pratique la natation.	Simon schwimmt/ist Schwimmer.
un,e **athlète** [atlɛt]	Athlet(in), Sportler(in)
athlétique [atletik]	athletisch
un,e **sportif, -ive de haut niveau** [spɔʀtif/spɔʀtivdəonivo]	Hochleistungssportler(in)

un,e **adversaire** [advɛRsɛR]	Gegner(in)
siffler [sifle]	(an)pfeifen
un,e **arbitre** [aRbitR]	Schiedsrichter(in)
la **mi-temps** [mitɑ̃]	Halbzeit
L'arbitre a sifflé la mi-temps.	Der Schiedsrichter hat zur Halbzeit gepfiffen.
une **prolongation** [pʀɔlɔ̃gasjɔ̃]	Verlängerung
une **manche** [mɑ̃ʃ]	Satz *(Tennis)*, Durchgang *(Ski)*
Il a remporté la première manche.	Er hat den ersten Satz/Durchgang gewonnen.
un **jeu** [ʒø]	Spiel *(Tennis)*
un **supporter** [sypɔʀtɛʀ/œʀ]	Anhänger(in), Fan

une **victoire** [viktwaR]	Sieg
remporter une victoire	einen Sieg erringen
victorieux, -euse [viktɔʀjø, jøz]	siegreich
vaincre [vɛ̃kR]	siegen

Il a tout essayé pour vaincre son adversaire.	Er hat alles versucht, um seinen Gegner zu besiegen.
un **vainqueur** [vɛ̃kœʀ]	Sieger(in), Gewinner(in)
sortir* **vainqueur** d'une épreuve	als Sieger(in) aus einem Wettkampf hervorgehen
(faire) match nul [(fɛʀ)matʃnyl]	unentschieden (spielen, kämpfen)
Les deux équipes ont fait match nul.	Die beiden Mannschaften haben unentschieden gespielt.
une **défaite** [defɛt]	Niederlage
une défaite cuisante	schmähliche Niederlage
la **revanche** [ʀ(ə)vɑ̃ʃ]	Revanche(spiel)
prendre sa revanche	Revanche nehmen
tirer au sort [tiʀeosɔʀ]	auslosen
le **tirage au sort** [tiʀaʒosɔʀ]	Auslosung

un,e **sauteur, -euse** [sotœʀ, øz]	Springer(in)
un sauteur en longueur/en hauteur	Weit-, Hochspringer
un **lanceur, -euse** [lɑ̃sœʀ, øz]	Werfer(in); Stoßer(in)
une lanceuse de poids	Kugelstoßerin
le **poids** [pwa]	Kugel
le **disque** [disk]	Diskus
le **javelot** [ʒavlo]	Speer
le **marteau** [marto]	Hammer
le **lancer** [lɑ̃se]	Wurf, Stoß
le lancer du poids/du disque	Kugelstoßen, Diskuswerfen
le **jogging** [dʒɔgiŋ]	Jogging, Dauerlauf
Il fait son jogging tous les matins.	Jeden Morgen joggt er.
le **footing** [futiŋ]	Laufen, Joggen

une **coupe** [kup]	Pokal
la **coupe du Monde**	Weltmeisterschaft
une **médaille** [medaj]	Medaille
une médaille d'or/d'argent/de bronze	Gold-/Silber-/Bronzemedaille
les **Jeux Olympiques** m [ʒøzɔlɛ̃pik]	die Olympischen Spiele
un **titre** [titʀ]	Titel
C'est son deuxième titre olympique.	Das ist sein zweiter olympischer Titel (Sieg).
un,e **participant,e** [paʀtisipɑ̃, ɑ̃t]	Teilnehmer(in)
un,e **favori,te** [favɔʀi, it]	Favorit(in)
Comme prévu, la favorite a gagné haut la main.	Wie vorhergesagt, hat die Favoritin mühelos gewonnen.
un **défi** [defi]	Herausforderung
lancer un défi à qn	jdn herausfordern

le **service** [sɛʀvis]	Aufschlag

perdre son service	seinen Aufschlag verlieren
la **balle de match** [baldəmatʃ]	Matchball
mener [m(ə)ne]	führen
mener (par) 4 jeux à 2	mit 4 zu 2 Spielen führen
le **jeu décisif** [ʒødesizif]	Tiebreak, Entscheidungsspiel
remporter le jeu décisif	den Tiebreak gewinnen

le **ski alpin** [skialpɛ̃]	alpiner Skilauf
la **descente** [desãt]	Abfahrt(slauf)
un **remonte-pente** [ʀ(ə)montpãt]	Schlepplift
un **téléski** [teleski]	Skilift, Schlepplift
le **tire-fesses** fam [tiʀfɛs]	Schlepplift
un **télésiège** [telesjɛʒ]	Sessellift
le **ski de fond** [skidfɔ̃]	Skilanglauf
le **saut à ski** [soaski]	Skispringen
le **patinage** [patinaʒ]	Eislaufen
le **patinage artistique**	Eiskunstlauf
le **patinage de vitesse**	Eisschnelllauf
patiner [patine]	Eis laufen
les **patins à glace** m [patɛ̃aglas]	Schlittschuhe
une **patinoire** [patinwaʀ]	Eislaufbahn; Eisstadion
Le verglas a transformé l'autoroute en patinoire.	Das Glatteis hat die Straße in eine Rutschbahn verwandelt.
un,e **patineur, -euse** [patinœʀ, øz]	Eisläufer(in)

grimper [gʀɛ̃pe]	klettern
un,e **alpiniste** [alpinist]	Bergsteiger(in)
faire de l'alpinisme m [fɛʀd(ə)lalpinism]	bergsteigen
escalader [ɛskalade]	besteigen, erklimmen
escalader la **face nord** du Mont-Blanc	die Mont-Blanc-Nordwand besteigen
une **escalade** [ɛskalad]	(Er)Klettern, Besteigung

plonger [plɔ̃ʒe]	tauchen, einen Kopfsprung machen
Elle a **plongé du tremplin** de 3 mètres.	Sie hat einen Kopfsprung vom Drei-Meter-Brett gemacht.
L'eau est si claire, c'est un vrai plaisir d'y plonger.	Das Wasser ist so klar, es ist ein wahres Vergnügen darin zu tauchen.
un,e **plongeur, -euse** [plɔ̃ʒœʀ, øz]	Taucher(in); Wasserspringer(in)
la **plongée (sous-marine)** [plɔ̃ʒe]	(Sport)Tauchen, Tauchsport
la **brasse** [bʀas]	Brustschwimmen
nager la brasse	brustschwimmen
le **crawl** [kʀol]	Kraul

l'**aviron** m [aviʀɔ̃]	Rudern; Ruder

ramer [ʀame]	rudern
un **canoë** [kanɔe]	Kanu
descendre la Dordogne **en canoë**	die Dordogne im Kanu hinunter-fahren
une **régate** [ʀegat]	Regatta

les **sports de combat** *m* [spɔʀdəkɔ̃ba]	Kampfsportarten
l'**escrime** *f* [ɛskʀim]	Fechten
la **boxe** [bɔks]	Boxen
un **combat de boxe**	Boxkampf
la **lutte** [lyt]	Ringen
le **judo** [ʒydɔ]	Judo
le **culturisme** [kyltyʀism]	Bodybuilding
une **salle de culturisme**	Bodybuildingstudio

l'**équitation** *f* [ekitasjɔ̃]	Reitsport; Reiten
faire du cheval [fɛʀdyʃ(ə)val]	reiten
Je fais du cheval depuis mon enfance.	Seit meiner Kindheit reite ich.

le **dopage** [dɔpaʒ]	Doping
le **doping** [dɔpiŋ]	Doping
se doper [s(ə)dɔpe]	sich dopen
Le contrôle a confirmé que le coureur s'était dopé.	Die Kontrolle hat bestätigt, dass sich der Läufer gedopt hatte.
la **lutte anti-dopage** [lytɑ̃tidɔpaʒ]	Kampf gegen das Doping

10.3 Theater, Kino, Film und Fernsehen

le **théâtre** [teatʀ]	Theater
faire du théâtre	Theater spielen
une **pièce de théâtre**	Theaterstück
monter une pièce (de théâtre)	ein Theaterstück auf die Bühne bringen
une **scène** [sɛn]	Bühne
entrer* en scène	(auf der Bühne) auftreten
mettre en scène	inszenieren
la **mise en scène**	Inszenierung
Les spectateurs ont apprécié la mise en scène.	Die Zuschauer haben die Inszenierung gemocht/anerkannt.
un **metteur en scène** [metœʀɑ̃sɛn]	Regisseur

représenter [ʀ(ə)pʀezɑ̃te]	aufführen

une **représentation** [ʀ(ə)pʀezãtasjɔ̃]	Aufführung, Vorstellung
la **première** [pʀəmjɛʀ]	Premiere
un **spectacle** [spɛktakl]	Schauspiel, Vorstellung
un,e **spectateur, -trice**	Zuschauer(in)
[spɛktatœʀ, tʀis]	
le **public** [pyblik]	Publikum
Cette pièce a du succès **auprès du grand public.**	Dieses Stück hat beim breiten Publikum Erfolg.

un **acte** [akt]	Akt
une **pièce en trois actes**	ein Dreiakter
un **entracte** [ãtʀakt]	Pause
l'**action** f [aksjɔ̃]	Handlung
L'action se déroule à Paris, au 16ᵉ siècle.	Die Handlung spielt im Paris des 16. Jahrhunderts.
une **scène** [sɛn]	Szene
la 1ᵉʳᵉ scène de l'acte II	die 1. Szene des 2. Aktes

une **troupe** [tʀup]	Truppe
un,e **comédien, -ienne**	Schauspieler(in)
[kɔmedjɛ̃, jɛn]	
une **vedette** [vədɛt]	Star
une **star** [staʀ]	Star
un **rôle** [ʀol]	Rolle
le **rôle principal**	Hauptrolle
un **rôle secondaire**	Nebenrolle
un **petit rôle**	kleine Rolle
un,e **figurant,e** [figyʀɑ̃, ɑ̃t]	Statist(in)
la **distribution** [distʀibysjɔ̃]	Rollenverteilung, Besetzung
Quelle distribution! Rien que des vedettes!	Was für eine Besetzung! Nur Stars!
un **personnage** [pɛʀsɔnaʒ]	Person, Gestalt, Rolle
Quel est le **personnage principal** de la pièce?	Wer ist die Hauptperson des Stückes?

jouer [ʒwe]	spielen
Il joue ce rôle pour la 200ᵉ fois.	Er spielt diese Rolle zum 200. Mal.
le **jeu** [ʒø]	Spiel
interpréter [ɛ̃tɛʀpʀete]	darstellen, verkörpern, interpretieren
répéter qc [ʀepete]	etw. proben
une **répétition** [ʀepetisjɔ̃]	Probe
la **(répétition) générale**	Generalprobe
Une générale ratée promet une première réussie.	Eine verpatzte Generalprobe verheißt eine gelungene Premiere.
diriger [diʀiʒe]	leiten, führen, dirigieren
Le metteur en scène dirige sa troupe.	Der Regisseur führt seine Truppe.

débuter [debyte]	debütieren, Debüt geben
Elle a débuté au Théâtre de la Ville.	Sie gab ihr Debüt am Théâtre de la Ville.
avoir le trac [avwaʀlətʀak]	Lampenfieber haben

une **comédie** [kɔmedi]	Komödie
une **comédie musicale**	Musical
comique [kɔmik]	komisch, lustig, ulkig
un **drame** [dʀam]	Schauspiel, Drama
dramatique [dʀamatik]	dramatisch
une **tragédie** [tʀaʒedi]	Tragödie
tragique [tʀaʒik]	tragisch

la **caisse** [kɛs]	Kasse
un **billet** [bijɛ]	Eintrittskarte
faire la queue [fɛʀlakø]	anstehen, Schlange stehen
Ils ont fait la queue à la caisse pendant trois heures.	Sie sind drei Stunden an der Kasse angestanden.
complet, -ète [kɔplɛ, ɛt]	ausverkauft
Ce théâtre **affiche complet** jusqu'à la fin de la saison.	Das Theater ist bis zum Saisonende ausverkauft.
le **vestiaire** [vɛstjɛʀ]	Garderobe, Kleiderabgabe
On va laisser les manteaux au vestiaire.	Die Mäntel lassen wir in der Garderobe.
le **programme** [pʀɔgʀam]	Programm
être au programme	auf dem Programm stehen

un **succès** [syksɛ]	Erfolg
obtenir un succès fou	einen Riesenerfolg haben
applaudir qn/qc [aplodiʀ]	etw. beklatschen, jdm applaudieren
L'actrice principale a été très applaudie.	Die Hauptdarstellerin erhielt sehr großen Beifall.
les **applaudissements** m [aplodismã]	Applaus
un **échec** m [eʃɛk]	Misserfolg
Cette mise en scène a été un **échec total**.	Diese Inszenierung war ein totaler Flop.
siffler [sifle]	(aus)pfeifen
Il était très mauvais et **il s'est fait siffler**.	Er war sehr schlecht und wurde ausgepfiffen.

la **salle** [sal]	Saal
le **rang** [ʀã]	Reihe
la **place** [plas]	Platz, Sitz
Il vaut mieux arriver tôt, les places ne sont pas numérotées.	Man kommt besser früh, die Plätze sind nicht nummeriert.

un **film** [film]	Film
tourner un film	einen Film drehen
un **film muet/parlant**	ein Stumm-/Tonfilm
filmer [filme]	filmen
une **caméra** [kameʀa]	Kamera
un **studio** [stydjo]	Studio
un film tourné entièrement en studio	ein ausschließlich im Studio gedrehter Film
passer à [pase]	gegeben werden, laufen
Ce film ne passe plus à Paris depuis longtemps.	Dieser Film läuft schon lange nicht mehr in Paris.
une **séance** [seɑ̃s]	Vorstellung
On pourrait aller à la séance de 17 heures.	Wir könnten in die 17 Uhr-Vorstellung gehen.

un,e **acteur, -trice** [aktœʀ, tʀis]	Schauspieler(in)
un,e **réalisateur, -trice** [ʀealizatœʀ, tʀis]	(Film)Regisseur(in)
réaliser [ʀealize]	Regie führen, verfilmen
Ce film a été réalisé avec un petit budget.	Dieser Film wurde mit einem kleinen Etat hergestellt.
un,e **cascadeur, -euse** [kaskadœʀ, øz]	Stuntman, Stuntgirl

regarder la télé(vision) [ʀ(ə)gaʀdelatele(vizjɔ̃)]	fernsehen
un,e **téléspectateur, -trice** [telespɛktatœʀ, tʀis]	Fernsehzuschauer(in)
le **petit écran** [p(ə)titekʀɑ̃]	Bildschirm

le **programme** [pʀɔgʀam]	Programm
une **chaîne** [ʃɛn]	(Fernseh)Kanal, Sender
une **chaîne publique**	ein öffentlicher Fernsehsender
une **chaîne privée**	Privatsender
la **première chaîne**	das erste Programm
une **chaîne payante**	Pay-TV
par câble [paʀkabl]	Kabel-
En Allemagne, on peut recevoir/capter les chaînes françaises par câble.	In Deutschland kann man die französischen Fernsehsender über Kabel empfangen.
par satellite [paʀsatelit]	Satelliten-
la **télécommande** [telekɔmɑ̃d]	Fernbedienung
zapper [zape]	zappen

une **émission** [emisjɔ̃]	Sendung
une **émission sportive**	Sportsendung

un **téléfilm** [telefilm]	Fernsehfilm
une **série télévisée** [seritelevize]	Fernsehserie
un **jeu télévisé** [ʒøtelevize]	Ratespiel, Quizsendung
participer à un jeu télévisé	an einer Quizsendung teil-nehmen
un **reportage** [ʀ(ə)pɔʀtaʒ]	Reportage
Hier soir, j'ai vu un reportage sur le Maroc à la télé.	Gestern Abend habe ich im Fernsehen eine Reportage über Marokko gesehen.
un,e **reporter** [ʀ(ə)pɔʀtɛʀ/tœʀ]	Reporter(in)

assister à [asiste]	beiwohnen, miterleben
Nous avons assisté à une représentation de l'*Avare*.	Wir waren in einer Aufführung des *Avare (Komödie von Molière)*.
l'**auditoire** m [oditwaʀ]	Zuhörerschaft, Publikum
un auditoire attentif	aufmerksame Zuhörer

le **décor** [dekɔʀ]	Bühnenbild
les **costumes** m [kɔstym]	Kostüme
le **rideau** [ʀido]	Vorhang
Le rideau se lève/tombe.	Der Vorhang geht auf/fällt.
les **coulisses** f [kulis]	Kulissen

un **triomphe** [tʀiɔ̃f]	Triumph
Sa dernière pièce a été un triomphe absolu.	Sein letztes Stück war ein absoluter Triumph.
triomphal,e [tʀiɔ̃fal]	triumphal, umwerfend
huer ['ɥe]	ausbuhen
un **bide** *fam* [bid]	Reinfall, Misserfolg, Flop
Quel bide, toute la troupe s'est fait huer.	So ein Misserfolg, die ganze Truppe wurde ausgebuht.

cinématographique [sinematɔgʀafik]	Kino-, Film-
l'**industrie cinématographique**	Filmindustrie
un,e **cinéphile** [sinefil]	Kinofreund(in), Kinofan
un **ciné-club** [sineklœb]	Filmklub

un **film de science-fiction** [filmdəsjɑ̃sfiksjɔ̃]	Science-fiction-Film
le **suspense** [syspɛns]	Spannung
un **film policier** [filmpɔlisje]	Krimi(nalfilm)
un **film d'aventures** [filmdavɑ̃tyʀ]	Abenteuerfilm
un **western** [wɛstɛʀn]	Wildwestfilm
un **documentaire** [dɔkymɑ̃tɛʀ]	Dokumentarfilm
un **dessin animé** [desɛ̃anime]	Zeichentrickfilm

un **long-métrage** [lɔ̃metʀaʒ]	Spielfilm
un **court-métrage** [kuʀmetʀaʒ]	Kurzfilm
en **noir et blanc** [ɑ̃nwaʀeblɑ̃]	in schwarz/weiß
en **couleurs** [ɑ̃kulœʀ]	farbig, Farb-
la **télévision en couleurs**	Farbfernsehen
le **scénario** [senaʀjo]	Drehbuch
un,e **scénariste** [senaʀist]	Drehbuchautor(in)
la **prise de son** [pʀizdəsɔ̃]	Tonaufnahme
le **montage** [mɔ̃taʒ]	(Film)Schnitt, Montage
le **mixage** [miksaʒ]	Tonmischung
les **effets spéciaux** *m* [efɛspesjo]	Spezialeffekte
le **trucage** [tʀykaʒ]	Trickaufnahme
un **gros plan** [gʀoplɑ̃]	Nahaufnahme, Großeinstellung
On voit le héros **en gros plan.**	Man sieht den Helden in einer Großeinstellung.
un **ralenti** [ʀalɑ̃ti]	Zeitlupe
Et maintenant, la même scène **au ralenti.**	Und nun die selbe Szene in Zeitlupe.
un **retour en arrière**/un **flash-back** [ʀ(ə)tuʀɑ̃naʀjɛʀ, flaʃbak]	Rückblende
le **générique** [ʒeneʀik]	Vorspann, Nachspann
tenir l'affiche [t(ə)niʀlafiʃ]	lange auf dem Spielplan bleiben
Ce film tient l'affiche depuis deux ans.	Dieser Film wird seit zwei Jahren gespielt.
une **version** [vɛʀsjɔ̃]	Fassung
en **version originale (VO)**	in Originalfassung
en **version originale sous-titrée**	in Originalfassung mit Untertiteln
en **version française (VF)**	in französischer Fassung
doubler [duble]	synchronisieren
un **feuilleton** [fœjtɔ̃]	Serie, Sendereihe
un **épisode** [epizɔd]	Episode, Teil
Je n'y comprends plus rien, j'ai dû manquer un épisode.	Ich verstehe nichts mehr, ich muss einen Teil verpasst haben.
les **variétés** *f* [vaʀjete]	Unterhaltung
Elle déteste les émissions de variétés.	Sie hasst Unterhaltungssendungen.

10.4 Feiern

une **fête** [fɛt]	Fest, Feier
On a **fait la fête** toute la nuit.	Wir haben die ganze Nacht durch-gefeiert.
la **fête** [fɛt]	Namenstag
Aujourd'hui, c'est la fête de Michel.	Heute ist Michels Namenstag.
un **jour de fête**	Fest-, Feiertag
fêter [fɛte]	feiern

une **fête de famille** [fɛtdəfamij]	Familienfeier, -fest
un **anniversaire** [anivɛRsɛR]	Geburtstag
Je ne sais pas quoi lui offrir pour son anniversaire.	Ich weiß nicht, was ich ihm zum Geburtstag schenken soll.
le **baptême** [batɛm]	Taufe
baptiser [batize]	taufen
le **mariage** [maRjaʒ]	Heirat, Hochzeit
les **noces** f [nɔs]	Hochzeit
le **voyage de noces**	Hochzeitsreise
la **noce** [nɔs]	Hochzeitsfeier
la **fête des mères/pères** [fɛtdemɛR/pɛR]	Mutter-, Vatertag

féliciter qn de/pour qc [felisite]	jdn zu etw. beglückwünschen
On l'a félicité de/pour son succès.	Man hat ihn zu seinem Erfolg beglückwünscht.
les **félicitations** f [felisitasjɔ̃]	Glückwünsche
Toutes nos félicitations!	Herzlichen Glückwunsch!
présenter ses vœux à qn [pRezɑ̃tesevø]	jdm seine guten Wünsche aus-sprechen
Je vous présente mes meilleurs vœux.	Ich spreche Ihnen meine besten (Glück)Wünsche aus.
souhaiter qc à qn [swete]	jdm etw. wünschen
Je te souhaite un joyeux Noël.	Ich wünsche dir fröhliche Weih-nachten.
Bonne année! [bɔnane]	Gutes Neues Jahr!
Joyeuses fêtes! [ʒwajøzfɛt]	Frohe Feiertage!
Bonne fête! [bɔnfɛt]	Herzlichen Glückwunsch zum Namenstag!
Bon anniversaire! [bɔnanivɛRsɛR]	Alles Gute zum Geburtstag!

inviter qn à [ɛ̃vite]	jdn einladen zu
Elle m'a invitée à son anniversaire.	Sie hat mich zu ihrem Geburtstag eingeladen.
un,e **invité,e** [ɛ̃vite]	Gast
une **invitation** [ɛ̃vitasjɔ̃]	Einladung

lancer une invitation à qn	eine Einladung an jdn aussprechen, verschicken
retrouver qn [R(ə)tRuve]	jdn (wieder)treffen
se réunir [s(ə)Reynir]	sich treffen, sich versammeln
Toute la famille s'est réunie pour fêter les 40 ans de Marcel.	Die ganze Familie ist zusammengekommen, um Marcels 40. Geburtstag zu feiern.

un **dîner** [dine]	Abendessen
faire un bon dîner	gut zu Abend essen
un **repas (de fête)** [R(ə)pa]	Festmahl
un **festin** [fɛstɛ̃]	Festessen
un **gâteau** [gato]	Kuchen
souffler les bougies du gâteau d'anniversaire	die Kerzen auf dem Geburtstagskuchen ausblasen
le **champagne** [ʃɑ̃paɲ]	Champagner
sabler le champagne	Champagner trinken

s'**amuser (à)** [samyze]	sich amüsieren (bei, auf)
Vous vous êtes bien amusés à cette fête?	Habt ihr euch auf diesem Fest gut amüsiert?
le **plaisir** [plezir]	Freude, Vergnügen
Ses yeux brillent de plaisir.	Ihre Augen glänzen vor Freude.
la **joie** [ʒwa]	Freude
sauter de joie	Freudensprünge machen
joyeux, -euse [ʒwajø, øz]	fröhlich
rire [RiR]	lachen
le **rire** [RiR]	Lachen
rigoler fam [Rigɔle]	lachen
l'**ambiance** f [ɑ̃bjɑ̃s]	Stimmung, Atmosphäre
une ambiance animée	angeregte Atmosphäre
l'**émotion** f [emosjɔ̃]	Aufregung, Rührung
ému,e [emy]	gerührt, bewegt
être ému,e aux larmes	zu Tränen gerührt sein

un **habit** [abi]	Kleidungsstück
L'habit ne fait pas le moine. prov	Der Schein trügt.
s'**habiller** [sabije]	sich anziehen
Habille-toi vite. On est en retard.	Zieh dich schnell an. Wir sind zu spät dran.
se faire beau/belle [s(ə)fɛRbo/bɛl]	sich herausputzen

le **réveillon** [Revɛjɔ̃]	Festessen (an Heiligabend oder zu Silvester)
le **jour de l'An** [ʒuRdəlɑ̃]	Neujahrstag
(le) **carnaval** [kaRnaval]	Karneval

la **Fête du Travail** [fɛtdytʀavaj]	Tag der Arbeit
la **Fête Nationale (14 juillet)**	franz. Nationalfeiertag
[fɛtnasjɔnal(katɔʀz(ə)ʒɥijɛ)]	
une **fête foraine** [fɛtfɔʀɛn]	Volksfest, Jahrmarkt
un **bal populaire** [balpɔpylɛʀ]	öffentliche(r) Tanz(veranstaltung)

célébrer [selebʀe]	feiern, feierlich begehen
Dimanche, on a célébré le 100ᵉ	Am Sonntag haben wir den 100.
anniversaire de mon oncle.	Geburtstag meines Onkels gefeiert.
une **cérémonie** [seʀemɔni]	Feier(lichkeit), Zeremonie
une cérémonie officielle	eine offizielle Feier
les **noces d'or** f [nɔsdɔʀ]	goldene Hochzeit

un **bal (masqué)** [bal(maske)]	(Masken)ball
se déguiser [s(ə)degize]	sich verkleiden
Il s'est déguisé **en pirate.**	Er hat sich als Pirat verkleidet.
le **déguisement** [degizmɑ̃]	Verkleidung

un **banquet** [bɑ̃kɛ]	Festessen, Bankett
trinquer à [tʀɛ̃ke]	anstoßen auf
Trinquons à la santé des jeunes	Stoßen wir auf das Wohl der Jung-
mariés.	vermählten an.
porter un toast à qn/qc	einen Toast/Trinkspruch auf jdn/
[pɔʀteɛ̃tost]	etw. ausbringen

Französisches Wort	Deutsche Entsprechung	Falscher Freund	Französische Entsprechung
le feuilleton	Serie, Sendereihe	Feuilleton (Kulturteil in einer Zeitung)	les pages culturelles
la garde-robe	Garderobe (Kleiderbestand)	Garderobe (Kleiderabgabe)	le vestiaire
le gymnase	Turnhalle	Gymnasium	le lycée
un,e gymnaste	Turner(in) Gymnasiast(in)	Gymnasiast(in)	un,e lycéen,ne
une raquette	Tennisschläger	Rakete	une fusée
un,e régisseur, -euse	Inspizient (Theater); Aufnahmeleiter (Kino, Fernsehen); Verwalter (eines Guts)	Regisseur(in)	un metteur en scène (Theater); un,e réalisateur, -trice (Kino, Fernsehen)
le tricot	Stricken; Strickzeug	Trikot (Sporthemd)	le maillot

11.1 Reise und Reisevorbereitungen

les **vacances** f [vakɑ̃s]	Ferien, Urlaub
Bonnes vacances!	Schönen Urlaub!/Schöne Ferien!
prendre des vacances	Urlaub nehmen
passer ses vacances en Espagne	seinen Urlaub/seine Ferien in Spanien verbringen
un,e **vacancier, -ière** [vakɑ̃sje, jɛʀ]	Urlauber(in)
le **congé** [kɔ̃ʒe]	Urlaub
prendre un **jour de congé**	einen Tag Urlaub nehmen
un,e **touriste** [tuʀist]	Tourist(in)
le **tourisme** [tuʀism]	Tourismus
l'**industrie du tourisme**	Touristik

un **voyage** [vwajaʒ]	Reise
partir* en voyage	verreisen, auf die Reise gehen
un **voyage organisé**	Gruppenreise
voyager [vwajaʒe]	reisen
un,e **voyageur, -euse** [vwajaʒœʀ, øz]	Reisende(r)
un **tour** [tuʀ]	Rundfahrt, Rundreise; Ausflug

Zum *Genus* bei **tour** vgl. auch S. 191.

un **circuit** [siʀkɥi]	Rundreise, Rundfahrt
faire un circuit à travers le Massif central	eine Rundreise durchs Zentralmassiv unternehmen
un **séjour** [seʒuʀ]	Aufenthalt

une **agence de voyage** [aʒɑ̃sdəvwajaʒ]	Reiseagentur, -büro
un **syndicat d'initiative** [sɛ̃dikadinisjativ]	Fremdenverkehrsamt
Adressez-vous au syndicat d'initiative.	Wenden Sie sich ans Fremdenverkehrsamt.
un **office de/du tourisme** [ɔfisdə/dytuʀism]	Fremdenverkehrsamt
un **projet (de voyage)** [pʀɔʒɛ]	Reisevorhaben, -plan
un **renseignement** [ʀɑ̃sɛɲmɑ̃]	Auskunft
se renseigner sur qc [s(ə)ʀɑ̃sɛɲe]	sich über etw. erkundigen
Nous nous sommes renseignés sur les prix des circuits en car.	Wir haben uns über die Preise der Busrundreisen erkundigt.
une **information** [ɛ̃fɔʀmasjɔ̃]	Auskunft
s'informer sur [sɛ̃fɔʀme]	sich informieren über
un **catalogue** [katalɔg]	Katalog
un **prospectus** [pʀɔspɛktys]	Prospekt

recommander qc à qn [ʀ(ə)kɔmɑ̃de]
Nous vous recommandons l'hôtel Bellevue, il est bien et pas trop cher.

jdm etw. empfehlen
Wir empfehlen Ihnen das Hotel Bellevue, es ist gut und nicht zu teuer.

les **documents de voyage** m [dɔkymɑ̃d(ə)vwajaʒ]

Reiseunterlagen

réserver [ʀezɛʀve]
(faire) réserver une chambre
une **réservation** [ʀezɛʀvasjɔ̃]
N'oubliez pas de confirmer votre réservation.
annuler [anyle]
être obligé,e d'annuler son voyage

reservieren
ein Zimmer reservieren (lassen)
Reservierung
Vergessen Sie nicht, Ihre Reservierung zu bestätigen.
stornieren, annulieren
gezwungen sein, seine Reise zu stornieren

les **bagages à main** m [bagaʒamɛ̃]
une **valise** [valiz]
(dé)faire sa valise
un **sac** [sak]
un **sac à dos**
préparer [pʀepaʀe]
Je n'ai pas encore eu le temps de préparer mes affaires.
les **préparatifs** m [pʀepaʀatif]
une **liste** [list]
On a fait une liste des choses à emporter.

Handgepäck
Koffer
seinen/ihren Koffer (aus)packen
Tasche, Sack
Rucksack
vorbereiten, herrichten
Ich habe noch keine Zeit gehabt, meine Sachen herzurichten.
Vorbereitungen
Liste
Wir haben eine Liste der Dinge erstellt, die wir mitnehmen wollen.

un **guide** [gid]
une **carte routière** [kaʀtʀutjɛʀ]
un **itinéraire** [itineʀɛʀ]
Empruntez l'**itinéraire bis** pour éviter les bouchons.

Reiseführer
Straßenkarte
Route
Benützen Sie die Ausweichstrecke, um den Staus aus dem Weg zu gehen.

partir* (pour) [paʀtiʀ]
Elle est partie pour l'Espagne.
partir seul,e
partir avec qn
le **départ** [depaʀ]
la **destination** [destinasjɔ̃]
arriver* [aʀive]
Nous sommes bien arrivés à destination.

reisen (nach)
Sie ist nach Spanien (ab)gereist.
alleine verreisen, abreisen
mit jdm verreisen
Abreise
Ziel, Bestimmungsort
ankommen
Wir sind wohlbehalten am Ziel angekommen.

l'**arrivée** f [aʀive] — Ankunft

un,e **passager**, -**ère** [pasaʒe, ɛʀ]	Fahr-/Fluggast, Insasse, Insassin
un,e **contrôleur**, -**euse** [kɔ̃tʀolœʀ, øz]	Kontrolleur(in)
un **contrôle** [kɔ̃tʀol]	Kontrolle
un **guichet** [giʃɛ]	(Fahrkarten)Schalter
un **billet** [bijɛ]	Fahrkarte, Ticket
un **billet de train/d'avion**	Fahrschein/Flugschein
composter son billet	seinen Fahrschein entwerten
un **aller simple** [alesɛ̃pl]	einfache Fahrkarte
un **aller-retour**/un **aller et retour** [ale(e)ʀ(ə)tuʀ]	Hin- und Rückfahrkarte
un **supplément** [syplemɑ̃]	Zuschlag

un **train** [tʀɛ̃]	Zug
un **train rapide**	(Fern)Schnellzug
un **train direct**	Eilzug
voyager en train	mit der Bahn verreisen
rater *fam*/manquer le train	den Zug verpassen
le **TGV (train à grande vitesse)** [teʒeve]	TGV, Hochgeschwindigkeitszug
prendre le TGV	mit dem TGV reisen
monter* dans le TGV	in den TGV einsteigen
descendre* du TGV	aus dem TGV aussteigen
la **correspondance** [kɔʀɛspɔ̃dɑ̃s]	Anschluss(zug)
attendre la correspondance (pour)	auf den Anschluss (nach) warten
une **gare** [gaʀ]	Bahnhof
la **consigne** [kɔ̃siɲ]	Gepäckaufbewahrung
la **consigne automatique**	Schließfächer
un **quai** [kɛ]	Bahnsteig
une **voie** [vwa]	Gleis
Le train pour Bordeaux partira de la voie 12.	Der Zug nach Bordeaux fährt von Gleis 12 ab.
la **classe** [klas]	Klasse
voyager en première (classe)	in der ersten/erste Klasse reisen
La seconde (classe) est bondée.	Die zweite Klasse ist brechend voll.

l'**horaire** m [ɔʀɛʀ]	Fahrplan, Flugplan
le **retard** [ʀ(ə)taʀ]	Verspätung
On est parti avec **une heure de retard**.	Wir sind mit einer Stunde Verspätung losgefahren.

une **voiture** [vwatyʀ]	Wagen, Waggon
un **compartiment** [kɔ̃paʀtimɑ̃]	Abteil

un **compartiment non-fumeurs**	ein Nichtraucherabteil
un **wagon-lit** [vagɔli]	Schlafwagen
une **couchette** [kuʃɛt]	Liege(wagen)platz
une **voiture-couchettes** [vwatyʀkuʃɛt]	Liegewagen
un **wagon-restaurant** [vagɔ̃ʀɛstɔʀɑ̃]	Speisewagen, Zugrestaurant

un **avion** m [avjɔ̃]	Flugzeug
prendre l'avion	das Flugzeug nehmen, mit dem Flugzeug reisen
un **aéroport** m [aeʀɔpɔʀ]	Flughafen
voler [vɔle]	fliegen
un **vol** [vɔl]	Flug

un **bateau** [bato]	Schiff
un **ferry(-boat)** [feʀi(bot)]	Fähre, Fährschiff
un **port** [pɔʀ]	Hafen
un **port de plaisance**	Jachthafen
à bord [abɔʀ]	an Bord
naviguer à bord d'un voilier	an Bord einer Segeljacht auf Törn sein
avoir le mal de mer [avwaʀl(ə)maldəmɛʀ]	seekrank sein

un **car** [kaʀ]	(Reise)Bus
prendre le car **pour** Nîmes	den Bus nach Nîmes nehmen
une **autoroute** [otoʀut]	Autobahn
une **autoroute à péage**	gebührenpflichtige Autobahn
une **aire** [ɛʀ]	Platz; Fläche
une **aire de repos/de pique-nique**	Rastplatz
une **aire de service**	Tank- und Rastanlage
une **aire de stationnement**	Parkplatz

une **carte d'identité** [kaʀtdidɑ̃tite]	Personalausweis
une **pièce d'identité** [pjɛsdidɑ̃tite]	Ausweis
présenter une pièce d'identité	einen Ausweis vorzeigen
un **passeport** [paspɔʀ]	Pass
se présenter au contrôle des passeports	zur Passkontrolle gehen
en règle [ɑ̃ʀɛgl]	in Ordnung
Votre passeport n'est pas en règle.	Ihr Pass ist nicht in Ordnung.
valable [valabl]	gültig
périmé,e [peʀime]	abgelaufen
Votre passeport est périmé depuis 6 mois.	Ihr Pass ist seit sechs Monaten abgelaufen.
un **visa** [viza]	Visum

une **frontière** [fʀɔ̃tjɛʀ]	Grenze
la **douane** [dwan]	Zoll
passer la douane	durch den Zoll gehen
un **douanier** [dwanje]	Zöllner(in)
déclarer qc [deklaʀe]	etw. anmelden, verzollen
Vous avez quelque chose à déclarer?	Haben Sie etwas zu verzollen?
fouiller [fuje]	filzen, durchsuchen
Les douaniers nous ont fouillés **des pieds à la tête**.	Die Zöllner haben uns von oben bis unten gefilzt.

un **pays** [pei]	Land
partir* pour un **pays lointain**	in ein fernes Land aufbrechen
une **région** [ʀeʒjɔ̃]	Region
une **région touristique**	Touristengebiet
(un,e) **étranger, -ère** n; adj [etʀɑ̃ʒe, ɛʀ]	Ausländer(in); fremd
l'**étranger** m [etʀɑ̃ʒe]	Ausland
à l'étranger	im Ausland
international,e [ɛ̃tɛʀnasjɔnal]	international

visiter qc [vizite]	etw. besichtigen, besuchen

 Zu den verschiedenen Übersetzungsmöglichkeiten des Verbs *besuchen* vgl. S. 139.

une **visite** [vizit]	Besuch
un,e **visiteur, -euse** [vizitœʀ, øz]	Besucher(in)
découvrir [dekuvʀiʀ]	entdecken
une **découverte** [dekuvɛʀt]	Entdeckung
une **aventure** [avɑ̃tyʀ]	Abenteuer
partir à l'aventure	auf Abenteuer aus sein
un **souvenir** [suv(ə)niʀ]	Andenken, Souvenir
un **magasin de souvenirs**	Souvenir-, Andenkenladen

la **mer** [mɛʀ]	Meer
une maison avec **vue sur la mer**	ein Haus mit Meerblick

 Zu **mer/mère/maire** vgl. S. 353.

la **plage** [plaʒ]	Strand
le **sable** [sabl]	Sand
se baigner [s(ə)beɲe]	baden
Les enfants se sont baignés tous les jours.	Die Kinder haben jeden Tag gebadet.
la **baignade** [beɲad]	Badeplatz; Baden
Baignade interdite.	Baden verboten.

le **repos** [ʀ(ə)po] — Ruhe(pause)
prendre un repos bien mérité — sich eine wohlverdiente (Ruhe) Pause gönnen
se **reposer** [səʀ(ə)poze] — sich ausruhen, sich erholen

la **campagne** [kɑ̃paɲ] — Land
la **montagne** [mɔ̃taɲ] — Berge
la **neige** [nɛʒ] — Schnee
Il est tombé beaucoup de neige cet hiver. — Diesen Winter ist viel Schnee gefallen.

un **voyage d'études** [vwajaʒdetyd] — Studienreise
un **voyage d'affaires** [vwajaʒdafɛʀ] — Geschäftsreise
un **voyage d'agrément** [vwajaʒdagʀemɑ̃] — Vergnügungsreise
un **voyage de noces** [vwajaʒdənɔs] — Hochzeitsreise
la **pleine saison** [plɛnsɛzɔ̃] — Hochsaison
hors saison [ɔʀsɛzɔ̃] — Vor-/Nachsaison, Nebensaison
Si vous le pouvez, allez-y plutôt hors saison. — Gehen Sie da lieber in der Nebensaison hin, wenn Sie es können.

un,e **accompagnateur, -trice** [akɔ̃paɲatœʀ, tʀis] — (Reise)Begleiter(in)
accompagner qn [akɔ̃paɲe] — jdn begleiten
un **voyagiste**/un **tour opérateur** [vwajaʒist/tuʀɔpeʀatœʀ] — Reiseveranstalter(in)

un **bac** [bak] — Fähre
Les deux rives sont reliées par un bac. — Die beiden Ufer sind durch eine Fähre verbunden.
une **croisière** [kʀwazjɛʀ] — Kreuzfahrt
s'embarquer [sɑ̃baʀke] — an Bord gehen; sich einschiffen
s'embarquer **pour** la Crète — sich nach Kreta einschiffen
débarquer [debaʀke] — von Bord/an Land gehen
faire escale [fɛʀɛskal] — zwischenlanden, einen Zwischenstopp machen
Ce soir, nous ferons escale à Marseille. — Heute Abend werden wir in Marseille zwischenlanden/einen Zwischenstopp machen.

le **décollage** [dekɔlaʒ] — Start
décoller [dekɔle] — starten, abheben
l'**atterrissage** m [ateʀisaʒ] — Landung
atterrir [ateʀiʀ] — landen
L'avion a atterri à 8 heures 24. — Das Flugzeug ist um 8 Uhr 24 gelandet.

exotique [εgzɔtik]	exotisch
l'**exotisme** m [εgzɔtism]	Exotik
le **folklore** [fɔlklɔʀ]	Folklore

la **Méditerranée** [mediteʀane]	Mittelmeer
l'**(océan) Atlantique** m [atlãtik]	Atlantik
la **Manche** [mãʃ]	Ärmelkanal
la **mer du Nord** [mɛʀdynɔʀ]	Nordsee
la **mer Baltique** [mɛʀbaltik]	Ostsee

un **parc naturel** [paʀknatyʀɛl]	Naturschutzgebiet
en plein air [ãplɛnɛʀ]	im Freien
un **restaurant en plein air**	ein Freiluft-, Gartenrestaurant
au grand air [ogʀãtɛʀ]	an der frischen Luft
passer ses journées dehors/au grand air	seine Tage draußen/an der frischen Luft verbringen
se détendre [s(ə)detãdʀ]	sich entspannen
Même en vacances, il n'arrive pas à se détendre.	Nicht einmal im Urlaub gelingt es ihm, sich zu entspannen.
se relaxer [səʀ(ə)lakse]	sich entspannen, relaxen

un **bain de soleil** [bɛ̃dsɔlɛj]	Sonnenbad
un **coup de soleil** [kudsɔlɛj]	Sonnenbrand
en plein soleil [ãplɛ̃sɔlɛj]	in praller Sonne
Il s'est endormi en plein soleil.	Er ist in der prallen Sonne eingeschlafen.
les **lunettes de soleil** f [lynɛtdəsɔlɛj]	Sonnenbrille

---

i Zur *Pluralbildung französischer Nomen* vom Typ **lunettes** vgl. S. 38.

---

l'**ambre solaire** m [ãbʀ(ə)sɔlɛʀ]	Sonnencreme
bronzer [bʀɔ̃ze]	braun werden
Je ne bronze jamais, j'attrape seulement des coups de soleil.	Ich werde nie braun, ich bekomme nur Sonnenbrand.
bronzé,e [bʀɔ̃ze]	gebräunt
le **bronzage** [bʀɔ̃zaʒ]	Bräunung; Bräunen

une **excursion** [ɛkskyʀsjɔ̃]	Ausflug, Wanderung
faire une **excursion en montagne**	eine Bergwanderung machen
une **randonnée** [ʀãdɔne]	Wanderung
faire une **randonnée à pied**	wandern
faire une **randonnée à bicyclette**	eine Radtour machen
un **chemin de grande randonnée (GR)**	Fernwanderweg
un **sentier** [sãtje]	Pfad, Fußweg

11.2 Unterkunft

un **hôtel** [ɔ/otɛl]	Hotel
une **pension (de famille)** [pɑ̃sjɔ̃]	Pension
une **auberge de jeunesse** [obɛʀʒd(ə)ʒœnɛs]	Jugendherberge
un **club (de vacances)** [klœb]	(Ferien)Klub
un **village de vacances** [vilaʒdəvakɑ̃s]	Feriendorf
un **appartement**/une **maison de vacances** [apaʀtəmɑ̃/mɛzɔ̃dvakɑ̃s]	Ferienwohnung, -haus
libre [libʀ]	frei
complet, -ète [kɔ̃plɛ, ɛt]	ausgebucht
L'hôtel affiche complet.	Das Hotel ist ausgebucht/belegt.

une **chambre** [ʃɑ̃bʀ]	Zimmer
une **chambre simple**	Einzelzimmer
une **chambre double**	Doppelzimmer
la **clé (clef)** [kle]	Schlüssel
le **lit** [li]	Bett
un **grand lit**	französisches (Doppel)Bett
un lit supplémentaire	Zusatzbett

louer [lwe]	mieten
louer un appartement pour 15 jours	eine Wohnung für 14 Tage mieten
une **location** [lɔkasjɔ̃]	(gemietete,s) Ferienwohnung, -haus

la **catégorie** [kategɔʀi]	Kategorie, Klasse
le **confort** [kɔ̃fɔʀ]	Komfort
une **chambre tout confort**	ein mit allem Komfort ausgestattetes Zimmer
confortable [kɔ̃fɔʀtabl]	bequem, behaglich, komfortabel
le **luxe** [lyks]	Luxus
un **hôtel de luxe**	Luxushotel
une **étoile** [etwal]	Stern
un **hôtel/restaurant 3 étoiles**	ein Drei-Sterne-Hotel/Restaurant

une **salle de bains** [saldəbɛ̃]	Bad(ezimmer)
une **douche** [duʃ]	Dusche
Nous avons des chambres avec/sans douche.	Wir haben Zimmer mit/ohne Dusche.
prendre une douche	eine Dusche nehmen, duschen
se doucher [s(ə)duʃe]	sich duschen
un **lavabo** [lavabo]	Waschbecken
les **W.-C.** m [vese]	Toilette

une **terrasse** [teʀas] — Terrasse
un **balcon** [balkɔ̃] — Balkon
donner sur [dɔnesyʀ] — gehen/liegen zu
Ma chambre donne sur la rue. — Mein Zimmer geht/liegt zur Straße.
calme [kalm] — ruhig
bruyant,e [bʀɥjã, jãt] — laut
central,e [sãtʀal] — zentral
Nous avons choisi cet hôtel parce qu'il est central. — Wir haben dieses Hotel gewählt, weil es zentral liegt.
une **piscine** [pisin] — Schwimmbad

la **réception** [ʀesɛpsjɔ̃] — Empfang
déposer ses clés à la réception — seine Schlüssel am Empfang abgeben
le **hall** ['ol] — Empfangshalle
l'**ascenseur** m [asãsœʀ] — Aufzug

en demi-pension [ãd(ə)mipãsjɔ̃] — mit Halbpension
prendre une chambre en demi-pension — ein Zimmer mit Halbpension nehmen
en pension complète [ãpãsjɔ̃kɔ̃plɛt] — mit Vollpension
le **petit déjeuner** [p(ə)tideʒœne] — Frühstück
Le petit déjeuner **est compris** dans le prix de la chambre. — Das Frühstück ist im Zimmerpreis inbegriffen.
le **restaurant** [ʀɛstɔʀã] — Gaststätte, Restaurant
le **service** [sɛʀvis] — Bedienung
le **personnel** [pɛʀsɔnɛl] — Personal, Service
Le service est lent car ils manquent de personnel. — Der Service ist lahm, denn es fehlt ihnen an Personal.

le **camping** [kãpiŋ] — Campen; Campingplatz
un **terrain de camping** — Campingplatz
faire du camping — campen, zelten
Le **camping sauvage** est interdit ici. — Wildes Zelten ist hier verboten.
camper [kãpe] — campen, zelten
une **tente** [tãt] — Zelt
monter la tente — das Zelt aufschlagen
une **caravane** [kaʀavan] — Wohnwagen
un **campingcar** [kãpiŋkaʀ] — Wohnmobil

l'**hôtellerie** f [ɔ/otɛlʀi] — Hotelgewerbe
un,e **hôtelier, -ière** [ɔ/otəlje, jɛʀ] — Hotelier, Hotelbesitzer(in)
le **logement** [lɔʒmã] — Unterkunft, Quartier, Wohnung
Il faut s'y prendre tôt pour trouver un logement sur la côte. — Man muss sich früh darum bemühen, wenn man an der Küste ein Quartier finden will.

une **chambre d'hôte** [ʃãbʀ(ə)dot]	Gästezimmer, Zimmer mit Früh-stück
un **chalet** [ʃalɛ]	Chalet, Hütte; Landhaus
un **gîte rural** [ʒitʀyʀal]	Ferienquartier auf dem Land

un **prix forfaitaire** [pʀifɔʀfɛtɛʀ]	Pauschalpreis
la **nuit(ée)** [nɥi(te)]	Nacht
Combien coûte la nuit(ée), en single/pour une personne?	Wieviel kostet eine Nacht im Einzelzimmer?
la **note** [nɔt]	Rechnung
présenter la note	die Rechnung vorlegen
La note est salée.	Die Rechnung ist gesalzen.
hors de prix [ɔʀdəpʀi]	unerschwinglich
modéré,e [mɔdeʀe]	maßvoll, gemäßigt
un,e **estivant,e** [ɛstivã, ãt]	Sommergast, -urlauber(in)

une **station** [stasjɔ̃]	Urlaubs-, Ferienort
une **station thermale**	Thermalkurort
une **station balnéaire**	Badeort
une **station de sports d'hiver**	Wintersportort
une **colonie de vacances**; une **colo** *fam* [kɔlɔnid(ə)vakãs, kolo]	Ferienlager
partir en colo(nie de vacances)	in ein Ferienlager fahren

11.3 Gastronomie

un **restaurant** [ʀɛstɔʀã]	Gaststätte, Restaurant
aller manger au restaurant	im Restaurant essen gehen
un **hôtel-restaurant** [ɔ/otɛlʀɛstɔʀã]	Hotel mit Restaurantbetrieb
un **bar** [baʀ]	(Hotel)Bar, Stehkneipe
un **bistro(t)** [bistʀo]	Kneipe, Bistro, Lokal
un **café** [kafe]	Kneipe, Bar, Wirtschaft

un,e **patron,ne** [patʀɔ̃, ɔn]	Chef(in)
un,e **chef** [ʃɛf]	Chef(in)
un restaurant tenu par un grand chef	ein von einem berühmten Chef-koch geführtes Restaurant
un,e **cuisinier, -ière** [kɥizinje, jɛʀ]	Koch, Köchin
un **garçon** [gaʀsɔ̃]	Kellner, Ober
Garçon, 2 cafés, s'il vous plaît.	Herr Ober, 2 Kaffee, bitte.
servir qn/qc [sɛʀviʀ]	jdn bedienen/etw. servieren
On vous sert, Madame?	Werden Sie schon bedient?
servir qc à qn	jdm etw. servieren
un,e **serveur, -euse** [sɛʀvœʀ, øz]	Bedienung, Kellner(in)

un,e **client,e** [klijã, ãt]	Kunde, Kundin
la **clientèle** [klijãtɛl]	Kundschaft
Ce restaurant attire une clientèle internationale.	Dieses Restaurant lockt internationale Kundschaft (Gäste) an.
un,e **consommateur, -trice** [kõsɔmatœʀ, tʀis]	Gast (in der Kneipe)
une **consommation** [kõsɔmasjõ]	Getränk
Ils mettent longtemps à apporter les consommations.	Sie brauchen lange, um uns die Getränke zu bringen.

la **gastronomie** [gastʀɔnɔmi]	Gastronomie, Kochkunst
gastronomique [gastʀɔnɔmik]	gastronomisch
un **menu gastronomique**	Feinschmeckermenü
une **spécialité** [spesjalite]	Spezialität
la **spécialité du chef**	Spezialität des Hauses
typique de [tipik]	typisch für
C'est un plat typique de la région.	Dieses Gericht ist typisch für die Gegend.
atypique de [atipik]	untypisch für
local,e [lɔkal]	örtlich, einheimisch
une **coutume locale**	einheimische(r) Brauch, Sitte
goûter [gute]	probieren, kosten
déguster [degyste]	kosten
déguster une douzaine d'huîtres	ein Dutzend Austern kosten/essen
une **dégustation** [degystasjõ]	Kostprobe, Kosten, Verkostung
une **dégustation de vins**	Weinprobe

le **menu** [məny]	Menü; Speisekarte
Je prends le menu à 120 francs.	Ich nehme das Menü zu 120 Francs.
la **carte** [kaʀt]	Karte
choisir un plat **à la carte**	ein Gericht à la carte (nach freier Wahl) (aus)wählen
la **carte des vins**	Weinkarte
un **plat** [pla]	Gericht, Speise, Gang
un **plat cuisiné**	Fertiggericht
le **plat du jour**	Tagesgericht
commander [kɔmãde]	bestellen
une **commande** [kɔmãd]	Bestellung
Pourriez-vous **prendre les commandes**, s'il vous plaît ?	Könnten Sie bitte die Bestellungen aufnehmen?
proposer [pʀɔpoze]	anbieten, vorschlagen
Aujourd'hui, nous vous proposons la mousse au chocolat (faite) maison.	Heute empfehlen wir Ihnen die Mousse au chocolat nach Art des Hauses.

un **apéritif** [apeʀitif] — Aperitif
un **hors-d'œuvre** ['ɔʀdœvʀ] — Vorspeise
des hors-d'œuvre variés — verschiedene Vorspeisen
une **entrée** [ɑ̃tʀe] — Vorspeise, erster Gang
le **plat de résistance/principal** — Hauptgericht
[plad(ə)ʀezistɑ̃s/pʀɛ̃sipal]
le **plateau de fromages** — Käseplatte
[platod(ə)fʀɔmaʒ]
un **dessert** [desɛʀ] — Nachspeise, Dessert
au choix [oʃwa] — wahlweise
Vous pouvez prendre au choix du — Sie können wahlweise Käse oder
fromage ou un dessert. — einen Nachtisch nehmen.
un **digestif** [diʒestif] — Digestif *(alkohol. Verdauungsgetränk)*

la **cave** [kav] — Keller
avoir une cave bien remplie — einen gut bestückten Keller haben
un **vin de pays** [vɛ̃d(ə)pei] — Landwein
une **bouteille** [butɛj] — Flasche
un **bouchon** [buʃɔ̃] — Korken
un **tire-bouchon** — Korkenzieher
un **verre** [vɛʀ] — Glas

ℹ️ ***Was* man *woraus* trinkt**

Unterscheide:
un verre d'eau — *ein Glas Wasser*
un verre à eau — *ein Wasserglas*
un verre de vin — *ein Glas Wein*
un verre à vin — *ein Weinglas*
une tasse de café — *eine Tasse Kaffee*
une tasse à café — *eine Kaffeetasse*

---

un **guide (gastronomique)** — Restaurantführer
[gidgastʀɔnɔmik]
le **guide Michelin** [gidmiʃlɛ̃] — Michelin(Führer)
une **étoile** [etwal] — Stern
Ce restaurant a deux étoiles dans le — Dieses Restaurant hat zwei Sterne
guide Michelin. — im Michelin-Führer.

---

le **prix** [pʀi] — Preis
le **tarif** [taʀif] — Preis
le **tarif des consommations** — Getränkepreise
l'**addition** f [adisjɔ̃] — Rechnung
Apportez-moi un café et l'addition, — Bringen Sie mir bitte einen Kaffee
s'il vous plaît. — und die Rechnung.

service compris [sɛRviskɔ̃pRi]	mit Bedienung
le **pourboire** [puRbwaR]	Trinkgeld
laisser un pourboire généreux	ein großzügiges Trinkgeld geben
une **réclamation** [Reklamasjɔ̃]	Beschwerde
faire une réclamation	sich beschweren

un **salon de thé** [salɔ̃d(ə)te]	Café
un **libre-service** [libRəsɛRvis]	Selbstbedienungsrestaurant
un **self** *fam* [sɛlf]	Selbstbedienungsrestaurant
un **fast-food** [fastfud]	Schnellimbiss, Fastfood
une **brasserie** [bRasRi]	(Groß)Gaststätte
un **restauroute/restoroute** [REstoRut]	Autobahngaststätte

le **maître d'hôtel** [mɛtR(ə)dotɛl]	Ober(kellner)
recommandé,e [R(ə)kɔ̃mɑ̃de]	empfohlen, ratsam
Il est recommandé de réserver une table.	Es ist ratsam, einen Tisch zu reservieren.
renommé,e [R(ə)nɔme]	bekannt, berühmt
La Bourgogne est renommée pour ses vins.	Burgund ist berühmt für seine Weine.
conseiller [kɔ̃seje]	raten, empfehlen
Quel vin pourriez-vous me conseiller?	Zu welchem Wein könnten Sie mir raten?
déconseiller [dekɔ̃seje]	abraten

un **grand cru** [gRɑ̃kRy]	ein großer Wein, ein edler Tropfen
un **pichet** [piʃɛ]	Krug
une **carafe** [kaRaf]	Karaffe
une **carafe d'eau**	eine Karaffe Wasser
un **seau à glace** [soaglas]	Eiskübel
un **glaçon** [glasɔ̃]	Eiswürfel
Tu veux combien de glaçons dans ton whisky?	Wie viel Eiswürfel willst du in deinem Whisky?

11.4 Sehenswürdigkeiten

une **visite (guidée)** [vizit(gide)]	Führung
touristique [tuRistik]	touristisch
Carcassonne est une ville touristique.	Carcassonne ist eine vom Tourismus geprägte Stadt.
visiter qc [vizite]	etw. besichtigen, besuchen
un,e **visiteur, -euse** [vizitœR, øz]	Besucher(in)

une **curiosité (touristique)** [kyʀjozite(tuʀistik)]	Sehenswürdigkeit
admirer les curiosités de la région	die Sehenswürdigkeiten der Gegend bewundern

un **monument (historique)** [mɔnymã (istɔʀik)]	Kulturdenkmal (unter Denkmalschutz)
un **château** [ʃato]	Schloss
un **château fort**	Burg
Ce château a été **classé monument historique**.	Dieses Schloss steht unter Denkmalschutz.
des **ruines** f [ʀɥin]	Ruinen
une **église en ruine**	eine verfallene Kirche
des **murs** m [myʀ]	Mauern
un **palais** [palɛ]	Palast
un **palais ancien**	ein alter Palast

une **église** [egliz]	Kirche
une **cathédrale** [katedʀal]	Dom, Münster, Kathedrale
une **cathédrale romane/gothique**	romanische/gotische Kathedrale
un **musée** [myze]	Museum
le **musée d'art moderne**	Museum für moderne Kunst

un **quartier** [kaʀtje]	(Stadt)Viertel
une **place** [plas]	Platz
un **marché (aux puces)** [maʀʃe(opys)]	(Floh)Markt
une **tour** [tuʀ]	Turm
On a une vue splendide du haut de la tour.	Vom Turm aus hat man eine fantastische Aussicht.

Zum *Genus* bei **tour** vgl. auch S. 191.

un **pont** [pɔ̃]	Brücke

un **plan** [plã]	Plan
Il est incapable de lire un plan.	Er ist unfähig, einen Stadtplan zu lesen.
un **dépliant** [deplijã]	Faltblatt
Tu trouveras tous les détails dans le dépliant.	Alle Einzelheiten findest du auf dem Faltblatt.
un **tour (de la ville)** [tuʀ(d(ə)lavil)]	(Stadt)Rundgang/-fahrt
un **circuit touristique** [siʀkɥ ituʀistik]	Rundreise, Rundfahrt
l'**entrée** f [ãtʀe]	Eintritt
L'entrée au musée est gratuite pour les enfants.	Der Eintritt ins Museum ist für Kinder kostenlos.

un **site** [sit]	Landschaft, Gegend; Ort
une **attraction** [atʀaksjõ]	Attraktion
La Tour Eiffel est une attraction pour les touristes.	Der Eiffelturm ist eine Touristenattraktion.
pittoresque [pitɔʀɛsk]	malerisch
La vieille ville est très pittoresque.	Die Altstadt ist sehr malerisch.

une **forteresse** [fɔʀtəʀɛs]	Festung
des **remparts** m [ʀɑ̃paʀ]	Stadt-/Befestigungsmauern
une **chapelle** [ʃapɛl]	Kapelle
une **basilique** [bazilik]	Basilika
un **arc** [aʀk]	Bogen
l'**Arc de Triomphe**	der Triumphbogen
un **parc** [paʀk]	Park
une **fontaine** [fõtɛn]	Brunnen
un **jet d'eau** [ʒɛdo]	Springbrunnen
une **colonne** [kɔlɔn]	Säule
un **(spectacle) son et lumière** [(spɛktakl)sõelymjɛʀ]	Licht- und Tonschau
assister à un son et lumière	einer Licht- und Tonschau beiwohnen
les **heures d'ouverture** f [œʀduvɛʀtyʀ]	Öffnungszeiten
la **fermeture hebdomadaire** [fɛʀmətyʀɛbdɔmadɛʀ]	Ruhetag

Französisches Wort	Deutsche Entsprechung	Falscher Freund	Französische Entsprechung
un café	Kneipe, Bar, Wirtschaft	Café	*etwa:* un salon de thé
un car	(Reise)Bus	Auto *(engl. car)*	une voiture
un coffre	Kofferraum; Truhe	Koffer	une valise

12.1 Bildende Kunst

l'**art** [aʀ]	Kunst
les **beaux-arts**	die schönen Künste
les **arts plastiques**	die bildenden Künste (Malerei, Skulptur)
les **arts graphiques**	Grafik
une **œuvre d'art**	Kunstwerk
un,e **artiste** [aʀtist]	Künstler(in)
un **artiste peintre**	Kunstmaler
artistique adj [aʀtistik]	künstlerisch
un **métier artistique**	künstlerischer Beruf

peindre [pɛ̃dʀ]	malen
la **peinture** [pɛ̃tyʀ]	Farbe; Malerei; Gemälde
un **peintre** [pɛ̃tʀ]	(Kunst)Maler(in)
un **atelier** [atəlje]	Atelier, Werkstatt
un **modèle** [mɔdɛl]	Modell
poser [poze]	Modell stehen
Dans sa jeunesse, elle a posé pour des peintres célèbres.	In ihrer Jugend stand sie berühmten Künstlern Modell.

un **tableau** [tablo]	Bild
une **toile** [twal]	Leinwand; Gemälde
un **cadre** [kadʀ]	Rahmen
un tableau ancien dans un cadre doré	ein altes Bild in einem Goldrahmen
encadrer [ɑ̃kadʀe]	(ein)rahmen
faire encadrer une toile	(ein)rahmen lassen
un **portrait** [pɔʀtʀɛ]	Porträt, Abbild
un **autoportrait**	Selbstporträt
un **paysage** [peizaʒ]	Landschaft

dessiner [desine]	zeichnen
un **dessin** [desɛ̃]	Zeichnung
un,e **dessinateur, -trice** [desinatœʀ, tʀis]	Zeichner(in); Designer(in)
un **crayon** [kʀɛjɔ̃]	Bleistift
un **portrait au crayon**	Bleistiftporträt

un **original** [ɔʀiʒinal]	Original
L'original se trouve au musée du Louvre.	Das Original befindet sich im Louvre.
une **reproduction** [ʀ(ə)pʀɔdyksjɔ̃]	Reproduktion, Abbildung

une **copie** [kɔpi]	Kopie
Ce n'est qu'une copie sans aucune valeur.	Das ist lediglich eine völlig wertlose Kopie.
un **musée** [myze]	Museum
exposer [ɛkspoze]	ausstellen
une **exposition** [ɛkspozisjɔ̃]	Ausstellung
une exposition permanente/temporaire	eine ständige Ausstellung/Sonderausstellung
une **galerie** [galʀi]	(Kunst)Galerie
Ses toiles sont exposées dans une galerie.	Seine Bilder sind in einer Galerie ausgestellt.
visiter qc [vizite]	etw. besuchen, besichtigen
une **visite** [vizit]	Besuch, Besichtigung
une visite guidée	Führung
l'**architecture** f [aʀʃitɛktyʀ]	Architektur
Notre-Dame de Paris est un exemple célèbre de l'architecture gothique.	Notre-Dame in Paris ist ein berühmtes Beispiel für die gotische Architektur.
un,e **architecte** [aʀʃitɛkt]	Architekt(in)
un **projet** [pʀɔʒɛ]	Plan, Projekt, Vorhaben
un **plan** [plɑ̃]	Plan
La Grande Arche a été construite d'après les plans d'Otto von Spreckelsen.	Die Grande Arche wurde nach den Plänen von Otto von Spreckelsen erbaut.
un **monument** [mɔnymɑ̃]	Monument, Denkmal
monumental,e [mɔnymɑ̃tal]	gewaltig, monumental
une œuvre monumentale	ein monumentales Werk
créer [kʀee]	(er)schaffen, kreieren
créer un style nouveau	einen neuen Stil begründen
la **créativité** [kʀeativite]	Kreativität
réaliser [ʀealize]	verwirklichen, realisieren
la **réalisation** [ʀealizasjɔ̃]	Verwirklichung, Realisierung
La réalisation de ce projet a duré 5 ans.	Die Verwirklichung dieses Projekts dauerte 5 Jahre.
beau, bel; belle [bo, bɛl]	schön
la **beauté** [bote]	Schönheit
laid,e [lɛ, lɛd]	hässlich
la **laideur** [lɛdœʀ]	Hässlichkeit
célèbre [selɛbʀ]	berühmt
inconnu,e [ɛ̃kɔny]	unbekannt
anonyme [anɔnim]	anonym
une œuvre anonyme	ein anonymes Werk

la **peinture à l'huile** [pɛ̃tyʀalɥil]	Ölmalerei; Ölgemälde
une **aquarelle** [akwaʀɛl]	Aquarell
un **nu** [ny]	Akt
une **nature morte** [natyʀmɔʀt]	Stillleben

l'**Ecole des Beaux-Arts** (les **Beaux-Arts**) f [ekɔldebozaʀ]	Kunsthochschule, -akademie
faire ses études aux Beaux Arts	an der Kunstakademie, Kunsthochschule studieren
un **pinceau** [pɛ̃so]	Pinsel
une **palette** [palɛt]	(Farben)Palette
un **pastel** [pastɛl]	Pastell(stift); -farbe; -zeichnung
un **fusain** [fyzɛ̃]	Kohlezeichnung; Zeichenkohle
une esquisse au fusain	eine Kohleskizze
graver [gʀave]	gravieren, stechen, (ein)ritzen
une **gravure** [gʀavyʀ]	Gravur; Radierung, Stich
un livre illustré par des gravures de Daumier	ein mit Stichen von Daumier bebildertes Buch
un **graveur** [gʀavœʀ]	Graveur

l'**impressionnisme** m [ɛ̃pʀesjɔnism]	Impressionismus
(un,e) **impressionniste** n; adj [ɛ̃pʀesjɔnist]	Impressionist(in); impressionistisch
Au musée d'Orsay, il y a une magnifique collection d'œuvres impressionnistes.	Im Musée d'Orsay gibt es eine großartige Sammlung impressionistischer Werke.
l'**expressionnisme** m [ɛkspʀesjɔnism]	Expressionismus
(un,e) **expressionniste** n; adj [ɛkspʀesjɔnist]	Expressionist(in); expressionistisch
le **cubisme** [kybism]	Kubismus
le **surréalisme** [syʀealism]	Surrealismus
l'**art nouveau** m [aʀnuvo]	Jugendstil
réaliste [ʀealist]	realistisch
figuratif, -ive [figyʀatif, iv]	gegenständlich, figurativ
abstrait,e [abstʀɛ, ɛt]	abstrakt
Après une période figurative, il s'est tourné vers l'art abstrait.	Nach einer gegenständlichen Periode wandte er sich der abstrakten Kunst zu.

une **collection** [kɔlɛksjɔ̃]	Sammlung
collectionner [kɔlɛksjɔne]	sammeln
un,e **collectionneur, -euse** [kɔlɛksjɔnœʀ, øz]	Sammler(in)

un **faux** [fo]	Fälschung
Quand on a fait expertiser le tableau, on a découvert que c'était un faux.	Als man von dem Bild eine Expertise anfertigen ließ, entdeckte man, dass es eine Fälschung war.
un,e **faussaire** [fosɛʀ]	Fälscher(in)

sculpter [skylte]	(be)hauen, modellieren, formen, schnitzen, verzieren
la **sculpture** [skyltyʀ]	Bildhauerei; Skulptur, Plastik
une **statue** [staty]	Statue
une **statue de/en bronze**	eine Bronzestatue
Cette statue est une œuvre de Rodin.	Diese Statue ist ein Werk Rodins.
un **buste** [byst]	Büste
un buste de Napoléon	eine Napoleonbüste
un **bas-relief** [baʀəliɛf]	Flach-, Basrelief
le **marbre** [maʀbʀ]	Marmor
une colonne en marbre de Carrare	eine Säule aus Carraramarmor

modeler [mɔd(ə)le]	formen, modellieren
l'**argile** f [aʀʒil]	Ton, Lehm
un vase en argile	ein Tonvase
la **poterie** [pɔtʀi]	Töpferei, Töpfern
faire de la poterie	töpfern
la **céramique** [seʀamik]	Keramik

le **style** [stil]	Stil
le **style roman**	romanischer Stil
le **style gothique**	gotischer Stil
le **style médiéval**	mittelalterlicher Stil
le **style baroque**	Barockstil
le **style classique**	klassischer Stil

12.2 Musik und Musikveranstaltungen

la **musique** [myzik]	Musik
la **musique moderne**	moderne Musik
la **musique folklorique**	volkstümliche Musik
faire de la musique	musizieren
J'écoute surtout de la musique classique.	Ich höre vor allem klassische Musik.
une école de musique	Musikschule
un,e **musicien,ne** [myzisjɛ̃, jɛn]	Musiker(in)
musical,e [myzikal]	musikalisch

Il a reçu une solide formation musicale.	Er hat eine gründliche musikalische Ausbildung erfahren.
un **son** [sõ]	Ton
une **note** [nɔt]	Note
savoir lire les notes	Noten lesen können
écouter [ekute]	(zu)hören

un **instrument** [ɛ̃stʀymã]	Instrument

 Wenn man sagen möchte, welches *Instrument* man *spielt*, dann muss man auf die Verwendung der korrekten *Präposition* achten; vgl. dazu die Information auf S. 185.

une **flûte** [flyt]	Flöte
prendre des cours de **flûte à bec**	Blockflötenunterricht nehmen
une **guitare** [gitaʀ]	Gitarre
un **violon** [vjɔlõ]	Geige
une **trompette** [tʀõpɛt]	Trompete
une **clarinette** [klaʀinɛt]	Klarinette
un **piano** [pjano]	Klavier
apprendre le piano	Klavierspielen lernen
un **orgue** (des **orgues** *f*) [ɔʀg]	Orgel ([Kirchen]Orgel)
un **orgue électronique**	elektronische Orgel, Keyboard
une **batterie** [batʀi]	Schlagzeug

une **mélodie** [melɔdi]	Melodie
Tout le monde connaît cette mélodie populaire.	Jeder kennt diese volkstümliche Melodie.
un **air** [ɛʀ]	Melodie, Weise
un air gai et entraînant	eine lustige und beschwingte Weise
un **rythme** [ʀitm]	Rhythmus
un **mouvement** [muvmã]	Satz, Tempo
le **premier mouvement** de la sonate « Au clair de lune »	der erste Satz der *Mondscheinsonate*

chanter [ʃɑ̃te]	singen
chanter en direct	live singen
chanter en play-back	Play-back singen
un,e **chanteur, -euse** [ʃɑ̃tœʀ, øz]	Sänger(in)
un **chant** [ʃɑ̃]	Gesang
une **chanson** [ʃɑ̃sõ]	Lied, Schlager, Chanson
un **chœur** [kœʀ]	Chor
Chantons tous **en chœur**.	Singen wir alle im Chor.
une **chorale** [kɔʀal]	Chor, Gesangverein
chanter dans une chorale	in einem Chor singen
un **lied** [lid]	Lied
un lied de Schubert	ein Schubertlied

un **opéra** [ɔpeʀa]	Oper
un **ballet** [balɛ]	Ballett
danser [dɑ̃se]	tanzen
un,e **danseur, -euse** [dɑ̃sœʀ, øz]	Tänzer(in)
le **jazz** [dʒaz]	Jazz
le **rock** [ʀɔk]	Rock
un **groupe** [gʀup]	Gruppe, Band
jouer de la batterie dans un groupe de rock	Schlagzeug in einer Rockband spielen
la **musique pop** [myzikpɔp]	Popmusik
le **reggae** [ʀege]	Reggae
le **rap** [ʀap]	Rap
la **techno** [tɛkno]	Techno
un **concert** [kɔ̃sɛʀ]	Konzert
un **orchestre** [ɔʀkɛstʀ]	Orchester
un **chef d'orchestre**	Dirigent
diriger [diʀiʒe]	dirigieren
Le chef d'orchestre a dirigé son ensemble avec une grande précision.	Der Kapellmeister hat sein Ensemble mit großer Präzision dirigiert.
un,e **soliste** [sɔlist]	Solist(in)
un **abonnement** [abɔnmɑ̃]	Abonnement
prendre un **abonnement pour la saison**	ein Jahresabo(nnement) nehmen
un,e **abonné,e** [abɔne]	Abonnent(in)
s'abonner à qc [sabɔne]	etw. abonnieren
s'abonner à l'opéra	ein Opernabo(nnement) nehmen
un **billet** [bijɛ]	(Eintritts)Karte
une **salle de concert** [saldəkɔ̃sɛʀ]	Konzertsaal
un **music-hall** [myzikol]	Varietee(theater)
le **parterre** [paʀtɛʀ]	Parkett
J'ai réussi à avoir des places de parterre.	Es gelang mir, Plätze im Parkett zu ergattern.
le **balcon** [balkɔ̃]	Rang, Balkon
une **loge** [lɔʒ]	Loge
être aux 1ères loges *loc*	aus nächster Nähe sehen
une **représentation** [ʀəpʀezɑ̃tasjɔ̃]	Aufführung, Darbietung
un,e **interprète** [ɛ̃tɛʀpʀɛt]	Interpret(in)
interpréter [ɛ̃tɛʀpʀete]	interpretieren, wiedergeben
Elle interprète Mozart à merveille.	Sie interpretiert Mozart ganz wunderbar.

applaudir [aplodiʀ]	Beifall klatschen
Le public a applaudi à tout rompre.	Das Publikum hat donnernden Beifall gespendet.
les **applaudissements** *m* [aplodismã]	Applaus, Beifall
siffler [sifle]	(aus)pfeifen
critiquer [kʀitike]	kritisieren
un,e **critique** [kʀitik]	Kritiker(in)
Les critiques ont été très sévères.	Die Kritiker waren sehr hart.
la **critique** [kʀitik]	Kritik
La critique a été sévère.	Die Kritik war schonungslos.

un **micro(phone)** [mikʀo/mikʀɔfɔn]	Mikrofon
un **amplificateur**; un **ampli** *fam* [ãpli(fikatœʀ)]	Verstärker
la **sonorisation**; la **sono** *fam* [sɔno/sɔnɔʀizasjɔ̃]	Lautsprecheranlage
La sono est trop forte.	Die Lautsprecheranlage ist zu laut.
un **décibel** [desibɛl]	Dezibel

enregistrer [ãʀ(ə)ʒistʀe]	aufnehmen
Ce pianiste a enregistré toutes les sonates de Beethoven.	Dieser Pianist hat alle Beethovensonaten aufgenommen.
un **enregistrement** [ãʀ(ə)ʒistʀəmã]	(Platten)Aufnahme
un **(disque) compact** [kɔ̃pakt]	CD
un **CD** [sede]	CD
Son dernier CD est sorti il y a deux semaines.	Ihre/Seine letzte CD ist vor zwei Wochen herausgekommen.

le **conservatoire** [kɔ̃sɛʀvatwaʀ]	Konservatorium, Musikschule
Elle a fait ses études au Conservatoire de Paris, où elle a remporté un 1er prix.	Sie hat am Pariser Konservatorium studiert, wo sie einen 1. Preis gewonnen hat.
la **gamme** [gam]	Tonleiter
faire ses gammes	Tonleitern spielen, üben
la **gamme majeure**	Dur-Tonleiter
la **gamme mineure**	Moll-Tonleiter
l'**harmonie** *f* [aʀmɔni]	Harmonie
harmonieux, -euse [aʀmɔnjø, jøz]	harmonisch
la **mesure** [m(ə)zyʀ]	Takt
jouer en mesure	im Takt spielen

un **instrument à cordes** [ɛ̃stʀymãakɔʀd]	Streichinstrument

un **instrument à vent** [ɛ̃stʁymãavã]	Blasinstrument
un **instrument à percussion** [ɛ̃stʁymãapɛʁkysjɔ̃]	Schlaginstrument
un **alto** *m* [alto]	Bratsche
un **violoncelle** [vjɔlɔ̃sɛl]	Cello
une **contrebasse** [kɔ̃tʁəbas]	Kontrabass
une **harpe** ['aʁp]	Harfe
un **hautbois** ['obwa]	Oboe
un **piano à queue** [pjanoakœ]	Flügel
une **symphonie** [sɛ̃fɔni]	Symphonie
une **sonate** [sɔnat]	Sonate
une **sonate pour piano**	Klaviersonate
un **concerto** [kɔ̃sɛʁto]	Konzert
un concerto pour violon et orchestre	ein Konzert für Violine und Orchester
un **quatuor** [kwatɥɔʁ]	Quartett
un **quatuor à cordes**	Streichquartett
la **musique de chambre** [myzikdəʃãbʁ]	Kammermusik
un **morceau** [mɔʁso]	(Musik)Stück
jouer un morceau de musique	ein Musikstück spielen
la **musique instrumentale** [myzikɛ̃stʁymãtal]	Instrumentalmusik
la **musique orchestrale** [myzikɔʁkɛstʁal]	Orchestermusik
la **musique vocale** [myzikvɔkal]	Vokalmusik, Gesang
un **gala** [gala]	Gala
un **récital** [ʁesital]	(Solo)Konzert, (Solo)Darbietung
donner un **récital de chant**	einen Liederabend geben
un **festival** [fɛstival]	Festival
une **tournée** [tuʁne]	Tournee
L'orchestre rentre d'une tournée triomphale au Japon.	Das Orchester kehrt von einer triumphalen Japantournee zurück.
un,e **virtuose** [viʁtɥoz]	Virtuose, Virtuosin
Il joue du violon **en virtuose**.	Er geigt virtuos.
le **talent** [talã]	Talent
doué,e [due]	begabt
Elle est douée, mais elle ne travaille pas assez.	Sie ist begabt, doch sie arbeitet nicht genug.
un **enfant prodige** [ãfãpʁɔdiʒ]	Wunderkind
une **cantatrice** [kãtatʁis]	Sängerin

une **diva** [diva]   Diva, gefeierte Sängerin

12.3 Literatur

la **littérature** [liteʀatyʀ]	Literatur
la **littérature de (quai de) gare**	Trivialliteratur
la **littérature engagée**	engagierte Literatur
littéraire [liteʀɛʀ]	literarisch
un **texte littéraire**	literarischer Text
un **texte non-littéraire**	expositorischer Text, Sachtext
le **genre littéraire**	literarische Gattung
un **prix littéraire**	Literaturpreis
les **lettres** f [lɛtʀ]	Sprach- und Literaturwissenschaft, Geisteswissenschaften
un **homme**/une **femme de lettres**	Schriftsteller(in)

un **écrivain** [ekʀivɛ̃]	Schriftsteller(in)
écrire [ekʀiʀ]	schreiben
un **auteur** [otœʀ]	Autor(in)
Camus est l'auteur de *La peste*.	Camus ist der Autor von *La peste*.
un,e **romancier, -ière** [ʀɔmãsje, jɛʀ]	(Roman)Schriftsteller(in)
un **poète** [pɔɛt]	Dichter(in)

une **œuvre** [œvʀ]	Werk
les **œuvres complètes** de Balzac	das Gesamtwerk/die gesammelten Werke von Balzac
un **ouvrage** [uvʀaʒ]	Werk, Schrift
publier un ouvrage	ein Buch/Werk veröffentlichen
un **passage** [pasaʒ]	Abschnitt
un **extrait** [ɛkstʀɛ]	Auszug

un **livre** [livʀ]	Buch
un **bouquin** *fam* [bukɛ̃]	Buch
le **titre** [titʀ]	Titel
une **page** [paʒ]	Seite

 Zum *Genus der Nomen* auf -age vgl. die Information auf S. 70.

un **chapitre** [ʃapitʀ]	Kapitel
un **volume** [vɔlym]	Band
une encyclopédie en 24 volumes	eine Enzyklopädie in 24 Bänden
la **table des matières**	Inhaltsverzeichnis
[tabl(ə)dematjɛʀ]	
la **couverture** [kuvɛʀtyʀ]	Einband, Deckel
le **dos du livre** [dodylivʀ]	Buchrücken

une **bande dessinée (BD)** [bãddesine (bede)]	Comic
un **album** [albɔm]	Heft
J'ai tous les albums d'Astérix.	Ich besitze alle Asterixbände.
un,e **dessinateur, -trice** [desinatœʀ, tʀis]	Zeichner(in)
l'**illustration** f [ilystʀasjõ]	Illustrierung; Illustration
un,e **illustrateur, -trice** [ilystʀatœʀ, tʀis]	Illustrator(in)
illustrer qc [ilystʀe]	etw. bebildern, illustrieren

les **époques littéraires** f [epɔkliteʀɛʀ]	die literarischen Epochen
les **courants littéraires** m [kuʀãliteʀɛʀ]	die literarischen Strömungen/ Bewegungen
Différents courants littéraires ont marqué le romantisme.	Verschiedene literarische Strömungen haben die Romantik geprägt.
le **classicisme** [klasisism]	Klassik
le **romantisme** [ʀɔmãtism]	Romantik
le **réalisme** [ʀealism]	Realismus
le **naturalisme** [natyʀalism]	Naturalismus
le **symbolisme** [sɛ̃bɔlism]	Symbolismus
l'**existentialisme** m [egzistãsjalism]	Existenzialismus
Sartre est le chef de file de l'existentialisme français.	Sartre ist der führende Vertreter des französischen Existenzialismus.

un **tome** [tɔm]	Band
Cette nouvelle se trouve dans le tome II des œuvres complètes de Maupassant.	Diese Novelle steht im 2. Band von Maupassants gesammelten Werken.
les **mémoires** m [memwaʀ]	Memoiren
une **anthologie** [ãtɔlɔʒi]	Anthologie; (Text)Sammlung
une anthologie de la **poésie** française	eine Anthologie der französischen Lyrik

une **bulle** [byl]	Sprechblase
Les personnages des BD s'expriment par bulles.	Die Comicpersonen äußern sich in Sprechblasen.
un **scénario** [senaʀjo]	Drehbuch; Story
Goscinny a écrit des scénarios pour Lucky Luke.	Goscinny schrieb Stories für Lucky Luke.
un,e **scénariste** [senaʀist]	Drehbuchautor(in)
l'**humour** m [ymuʀ]	Humor

Zu **humour/humeur** vgl. die Information auf S. 69.

humoristique [ymɔʀistik]	humoristisch
un **dessin humoristique**	Karikatur, Witzzeichnung
une **planche** [plɑ̃ʃ]	Bildseite, Bildtafel

un **éditeur, -trice** [editœʀ, tʀis]	Verleger(in), Herausgeber(in)
une **édition** [edisjɔ̃]	Ausgabe, Auflage
acheter un livre dans une **édition**	ein Buch in einer Taschen-
de poche	buchausgabe kaufen
une **maison d'édition**	Verlag
(vient de) paraître	soeben erschienen; erschienen
[vjɛ̃d(ə)paʀɛtʀ]	
Son roman vient de paraître dans la	Sein Roman ist soeben in der Reihe
collection Folio.	Folio erschienen.

12.4 Prosa, Sachtexte

la **prose** [pʀoz]	Prosa
un **roman** [ʀɔmɑ̃]	Roman
un **roman d'aventures**	Abenteuerroman
un **roman policier**/un **polar** *fam*	Kriminalroman/Krimi
un **roman de science-fiction**	Science-fictionroman
un **roman à l'eau de rose**	Kitschroman

une **nouvelle** [nuvɛl]	Novelle, Kurzgeschichte
un **conte** [kɔ̃t]	Erzählung, Märchen
un **conte satirique**	satirische Erzählung
un **conte de fées**	Märchen
une **biographie** [bjɔgʀafi]	Biografie
une **autobiographie** [otobjɔgʀafi]	Autobiografie
une **légende** [leʒɑ̃d]	Legende, Sage
un **traité** [tʀɛte]	Abhandlung
un **traité de philosophie**	philosophische Abhandlung
un **essai** [esɛ]	Essay
Il a écrit un essai sur la peinture de	Er hat einen Essay über die Malerei
Renoir.	von Renoir geschrieben.
un **discours** [diskuʀ]	Rede, Ansprache
faire/prononcer un discours	eine Rede halten
une **lettre** [lɛtʀ]	Brief; Buchstabe
Les *Lettres persanes* de Montesquieu	Die *Lettres persanes* von Montes-
sont pleines d'ironie.	quieu stecken voller Ironie.
un **proverbe** [pʀɔvɛʀb]	Sprichwort

Comme dit le proverbe : *Tout ce qui brille n'est pas or.*	Wie das Sprichwort sagt: Es ist nicht alles Gold, was glänzt.

un **article** [aʀtikl]	Artikel
consacrer un long article à un événement	einem Geschehen einen ausführlichen Artikel widmen
un **document** [dɔkymã]	Dokument
adapter [adapte]	bearbeiten, adaptieren
Il a adapté son roman pour la télévision.	Er hat seinen Roman fürs Fernsehen bearbeitet.
intégral,e [ɛ̃tegʀal]	vollständig, ungekürzt
l'**œuvre intégrale** d'un écrivain	das Gesamtwerk eines Schriftstellers
abrégé,e [abʀeʒe]	gekürzt, verkürzt
une **version abrégée**	eine gekürzte Ausgabe

un **récit** [ʀesi]	Bericht, Erzählung
une **histoire** [istwaʀ]	Geschichte
raconter une histoire drôle	eine lustige Geschichte erzählen
la **fiction** [fiksjɔ̃]	Fiktion, Erdichtung, Erfindung
C'est de la pure fiction.	Das ist reine Erfindung.
fictif, -ive [fiktif, iv]	fiktiv, erfunden, erdacht
un **portrait** [pɔʀtʀɛ]	Porträt, (Ab)Bild
L'écrivain a **dressé un portrait** touchant de son héroïne.	Der Schriftsteller hat ein ergreifendes Porträt seiner Heldin gezeichnet.

un,e **journaliste** [ʒuʀnalist]	Journalist(in)
un **reportage** [ʀ(ə)pɔʀtaʒ]	Reportage
un **compte-rendu** [kɔ̃tʀãdy]	Bericht; Nacherzählung; Rezension
Dans le journal d'hier a/est paru un compte-rendu de sa dernière publication.	In der gestrigen Zeitung erschien eine Rezension seiner jüngsten Veröffentlichung.
une **interview** [ɛ̃tɛʀvju]	Interview
Le ministre a **accordé une interview** à la télévision.	Der Minister gab dem Fernsehen ein Interview.

observer [ɔpsɛʀve]	beobachten
une **observation** [ɔpsɛʀvasjɔ̃]	Beobachtung, Bemerkung
faire une observation	eine Beobachtung machen
affirmer [afiʀme]	behaupten
Il affirme que cette histoire est vraie.	Er behauptet, diese Geschichte sei wahr.
une **affirmation** [afiʀmasjɔ̃]	Behauptung
réfléchir à/sur qc [ʀefleʃiʀ]	über etw. nachdenken, überlegen
J'ai réfléchi à ce problème.	Ich habe über dieses Problem nachgedacht.

une **réflexion** [ʀeflɛksjɔ̃]	Überlegung
s'accorder un **temps de réflexion**	sich Bedenkzeit nehmen

un **point de vue** [pwɛ̃dvy] — Gesichtspunkt
une **(prise de) position** — Stellungnahme
[(pʀizdə)pozisjɔ̃]
    prendre clairement position sur — eine klare Haltung zu etw. einneh-
    qc — men
une **opinion** [ɔpiɲɔ̃] — Ansicht, Meinung
    donner son opinion sur qc — seine Meinung über etw. sagen
un **avis** [avi] — Meinung, Ansicht
    à mon avis — meiner Meinung nach
    partager l'avis de qn — die Meinung von jdm teilen
un **argument** [aʀgymɑ̃] — Argument
prouver [pʀuve] — beweisen
    Rien ne prouve que ce soit vrai. — Nichts beweist, dass dies richtig ist.
contredire qn [kɔ̃tʀədiʀ] — jdm widersprechen

s'engager pour qc [sɑ̃gaʒe] — sich für etw. einsetzen
    Ce philosophe s'engage pour la — Dieser Philosoph setzt sich für den
    paix dans le monde. — Weltfrieden ein.
s'adresser à qn [sadʀɛse] — sich an jdn wenden
    L'auteur s'adresse avant tout à la — Der Autor wendet sich vor allem an
    jeunesse. — die Jugend.
une **question** [kɛstjɔ̃] — Frage
un **problème** [pʀɔblɛm] — Problem
    Cet essai soulève beaucoup de — Dieser Essay wirft viele Fragen und
    questions et de problèmes sans les — Probleme auf, ohne sie zu lösen.
    résoudre.

une **publication** [pyblikasjɔ̃] — Veröffentlichung
une **anecdote** [anɛkdɔt] — Anekdote
    Il paraît que cette anecdote est — Es scheint, dass diese Anekdote der
    véridique. — Wahrheit entspricht.
un **témoignage** [temwaɲaʒ] — Aussage, Augenzeugenbericht
    un **témoignage (im)partial** — eine (un)voreingenommene Aussage
journalistique [ʒuʀnalistik] — journalistisch
    un **texte journalistique** — ein Zeitungstext
captivant,e [kaptivɑ̃, ɑ̃t] — spannend, packend
passionnant,e [pasjɔ̃nɑ̃, ɑ̃t] — spannend
    une **description passionnante** — eine spannende Beschreibung

un,e **narrateur, -trice** — Erzähler(in)
[naʀatœʀ, tʀis]
    un **narrateur omniscient** — ein allwissender Erzähler
narratif, -ive [naʀatif, iv] — erzählend, Erzähl-

Le poème comporte quelques éléments narratifs.	Das Gedicht enthält einige Erzählelemente.
la **perspective** [pɛʀspɛktiv]	Perspektive, Blickwinkel
Je ne peux pas partager la perspective de l'auteur.	Ich kann die Sicht des Verfassers nicht teilen.
l'**optique** f [ɔptik]	Standpunkt, Sicht
se placer dans l'**optique du lecteur**	sich in die Sehweise des Lesers versetzen

une **thèse** [tɛz]	These, Behauptung
formuler une thèse	eine These aufstellen
une **hypothèse** [ipɔtɛz]	Hypothese, Annahme
avancer une hypothèse	eine Hypothese aufstellen
une **antithèse** [ãtitɛz]	Antithese
une **synthèse** [sɛ̃tɛz]	Synthese
faire la synthèse de qc	eine Zusammenfassung von etw. geben/machen

mettre en relief [mɛtʀãʀəljɛf]	hervorheben, deutlich zeigen
mettre en évidence [mɛtʀãnevidãs]	(klar und deutlich) herausstellen, betonen
souligner [suliɲe]	unterstreichen, hervorheben
Ce critique met en relief/met en évidence/souligne la gravité du problème.	Dieser Kritiker hebt die Bedeutung/den Ernst des Problems hervor.
exagérer [ɛgzaʒeʀe]	übertreiben
une **exagération** [ɛgzaʒeʀasjɔ̃]	Übertreibung

la **tension** [tãsjɔ̃]	Spannung
Le poète maintient la tension du début à la fin.	Der Dichter hält die Spannung vom Anfang bis zum Ende aufrecht.
le **suspense** [syspɛns]	Spannung
le **fil de l'action** [fild(ə)laksjɔ̃]	Handlungsfaden, roter Faden
interrompre le fil de l'action par un commentaire	die Handlung/den Handlungsablauf durch einen Kommentar unterbrechen
le **fil conducteur** [filkɔ̃dyktœʀ]	roter Faden
perdre le fil conducteur du texte	den roten Faden im Text verlieren
le **déroulement** [deʀulmã]	Ablauf
un **retour en arrière** [ʀ(ə)tuʀãnaʀjɛʀ]	Rückblende
une **allusion** [a(l)lyzjɔ̃]	Anspielung, Andeutung
faire allusion à qn/qc	auf jdn/etw. anspielen
un **lieu commun** [ljøkɔmɛ̃]	Gemeinplatz

Ce livre accumule les lieux communs.	Dieses Buch strotzt vor Gemeinplätzen.

une **conviction** [kɔ̃viksjɔ̃]	Überzeugung
ma conviction profonde	meine innerste Überzeugung
être convaincu,e que [ɛt(Rə)kɔ̃vɛ̃ky]	überzeugt sein, dass
Je suis convaincu que cela s'est passé ainsi.	Ich bin überzeugt, dass sich dies so zugetragen hat.
une **intention** [ɛ̃tɑ̃sjɔ̃]	Absicht
avoir l'intention de faire qc	beabsichtigen etw. zu tun
approuver [apRuve]	zustimmen, gutheißen
lu et approuvé	gelesen und genehmigt

12.5 Lyrik

la **poésie** [pɔezi]	Poesie, Lyrik, Dichtkunst
un **poème** [pɔɛm]	Gedicht
un **poète** [pɔɛt]	Dichter(in)
poétique [pɔetik]	poetisch, lyrisch
l'œuvre poétique de Prévert	das lyrische Werk von Prévert
lyrique [liRik]	lyrisch
le **lyrisme** [liRism]	Lyrik

le **sentiment** [sɑ̃timɑ̃]	Gefühl
exprimer ses sentiments dans un poème	seine Gefühle in einem Gedicht zum Ausdruck bringen
sentimental,e [sɑ̃timɑ̃tal]	sentimental
l'**humeur** f [ymœR]	Laune, Stimmung
être d'humeur joyeuse	heiter gestimmt sein
l'**état d'âme** m [etadam]	Stimmung, Gemütsverfassung
l'**atmosphère** f [atmɔsfɛR]	Atmosphäre
Le poète a su créer une atmosphère mélancolique.	Der Dichter verstand es, eine melancholische Atmosphäre zu schaffen.

une **image** [imaʒ]	Bild
un style **riche en images**	ein bilderreicher Stil
imagé,e [imaʒe]	bildhaft, bilderreich
une expression imagée	bildhafter Ausdruck
une **métaphore** [metafɔR]	Metapher
Flaubert apporte un grand soin aux métaphores.	Flaubert verwendet große Sorgfalt auf die Metaphern.
un **symbole** [sɛ̃bɔl]	Symbol
symbolique [sɛ̃bɔlik]	symbolisch

un **recueil** [ʀəkœj]	Sammlung
un **recueil de poèmes**	Gedichtsammlung
un **cycle** [sikl]	Zyklus
un **sonnet** [sɔnɛ]	Sonett
une **ode** [od]	Ode
une **ballade** [balad]	Ballade
une **fable** [fabl]	Fabel
les fables de La Fontaine	die Fabeln von La Fontaine

la **forme** [fɔʀm]	Form
un **poème à forme fixe**	ein Gedicht mit fester Form, festen Regeln
une **strophe** [stʀɔf]	Strophe
une **strophe de quatre vers**	eine vierzeilige Strophe
un **refrain** [ʀəfʀɛ̃]	Refrain
un **vers** [vɛʀ]	Vers, Zeile
la **versification** [vɛʀsifikasjɔ̃]	Verslehre; Verskunst
un **tercet** [tɛʀsɛ]	Dreizeiler
un **quatrain** [katʀɛ̃]	Vierzeiler
Le sonnet se compose de deux quatrains et deux tercets.	Das Sonett besteht aus zwei Vierzeilern und zwei Dreizeilern.

le **rythme** [ʀitm]	Rhythmus
Le rythme saccadé traduit les états d'âme de la protagoniste.	Der abgehackte Rhythmus spiegelt den Gemütszustand der Hauptdarstellerin wider.
un **enjambement** [ɑ̃ʒɑ̃bmɑ̃]	Enjambement, Zeilensprung
une **syllabe** [silab]	Silbe
un **octosyllabe** [ɔktɔsilab]	Achtsilber
un **alexandrin** (un **dodécasyllabe**) [alɛksɑ̃dʀɛ̃ (dodekasilab)]	Alexandriner, Zwölfsilber
une **allitération** [aliteʀasjɔ̃]	Alliteration, Anlaut-/Stabreim
«Pour qui sont ces serpents qui sifflent sur vos têtes ?» *(Racine)*	„Für wen sind die Schlangen bestimmt, die auf Euren Häuptern zischen?"
une **césure** [sezyʀ]	Zäsur

la **rime** [ʀim]	Reim
une **rime pauvre/riche**	ein armer/reicher Reim
une **rime plate (aa bb)**	ein Paarreim
une **rime croisée (ab ab)**	ein Kreuzreim
rimer avec qc [ʀime]	auf etw. reimen
Amour rime avec *toujours*.	*Amour* reimt auf *toujours*.
la **sonorité** [sɔnɔʀite]	Klang
sonore [sɔnɔʀ]	klangvoll

12.6 Drama

le **théâtre** [teatʀ]	Theater
la **tragédie** [tʀaʒedi]	Tragödie
une tragédie de Racine	eine Tragödie von Racine
tragique [tʀaʒik]	tragisch
la **comédie** [kɔmedi]	Komödie
comique [kɔmik]	komisch
le **drame** [dʀam]	Drama, Schauspiel
dramatique [dʀamatik]	dramatisch
un auteur dramatique	Theater-, Bühnenautor

une **pièce (de théâtre)** [pjɛs]	Theaterstück
une pièce en prose	Prosastück
une pièce en vers	Versdrama
un **acte** [akt]	Akt
une pièce en cinq actes	ein Stück in fünf Akten
un **tableau** [tablo]	Bild
un drame en trois tableaux	ein Drama in drei Bildern
une **scène** [sɛn]	Szene
la scène précédente	vorhergehende Szene
la scène suivante	Folgeszene

l'**action** f [aksjɔ̃]	Handlung
L'action se déroule dans l'Antiquité.	Die Handlung spielt in der Antike.
l'**action principale**	Haupthandlung
l'**action secondaire**	Nebenhandlung

un **héros**, une **héroïne** [ˈeʀo, eʀɔin]	Held(in)
un,e **protagoniste** [pʀɔtagɔnist]	Hauptdarsteller(in), zentrale Gestalt
Les protagonistes de cette pièce sont dominés par leurs passions.	Die Hauptdarsteller dieses Stückes werden von ihren Leidenschaften beherrscht.

un **dialogue** [djalɔg]	Dialog
un **monologue** [mɔnɔlɔg]	Monolog
L'action est interrompue par un long monologue.	Die Handlung wird von einem langen Monolog unterbrochen.

une **réprésentation** [ʀəpʀezɑ̃tasjɔ̃]	Vorstellung, Aufführung
représenter [ʀəpʀezɑ̃te]	darstellen, aufführen
la **première** [pʀəmjɛʀ]	Erst-, Uraufführung, Premiere
L'auteur a assisté à la **première mondiale** de sa nouvelle comédie.	Der Autor hat der Welturaufführung seiner neuen Komödie beigewohnt.

le **metteur en scène** [mɛtœʀɑ̃sɛn]	Regisseur
mettre en scène [mɛtʀɑ̃sɛn]	inszenieren, Regie führen

la **mise en scène** [mizɑ̃sɛn]	Inszenierung, Regie
monter une pièce [mɔ̃teynpjɛs]	ein Stück zur Aufführung bringen, inszenieren
la **répétition** [ʀepetisjɔ̃]	Probe
la **(répétition) générale**	Generalprobe
le **public** [pyblik]	Publikum

un **rôle** [ʀol]	Rolle
Il a obtenu un petit rôle dans une pièce de Molière.	Er hat eine kleine Rolle in einem Stück von Molière bekommen.
le **premier rôle**	Hauptrolle
jouer [ʒwe]	spielen
Elle joue ce rôle à merveille.	Sie spielt diese Rolle fantastisch.
le **jeu** [ʒœ]	Spiel
un,e **comédien,ne** [kɔmedjɛ̃, jɛn]	Schauspieler(in)
un,e **acteur, -trice** [aktœʀ, tʀis]	(Film)Schauspieler(in)
un,e **figurant,e** [figyʀɑ̃, ɑ̃t]	Statist(in)
débuter [debyte]	debütieren, sein Debüt geben
avoir le trac [avwaʀl(ə)tʀak]	Lampenfieber haben
Avant chaque représentation, il est mort de trac.	Vor jeder Aufführung hat er schreckliches Lampenfieber.

le **point de départ** [pwɛ̃d(ə)depaʀ]	Ausgangspunkt
L'action a pour point de départ l'assassinat du roi.	Die Handlung hat den Königsmord zum Ausgangspunkt.
l'**exposition** f [ɛkspozisjɔ̃]	Exposition, Einleitung
l'**intrigue** f [ɛ̃tʀig]	Handlung, Plot
le **mobile** [mɔbil]	Motiv
Le monologue nous révèle les mobiles du meurtrier.	Der Monolog enthüllt uns die Motive des Mörders.
le **nœud** [nø]	Knoten, Kernpunkt
Le nœud du drame se forme à l'acte III, scène 4.	Der Knoten des Dramas entsteht in der 4. Szene des 3. Aktes.
le **point culminant** [pwɛ̃kylminɑ̃]	Höhepunkt
le **coup de théâtre** [kudteatʀ]	Knalleffekt, überraschende Wendung
le **malentendu** [malɑ̃tɑ̃dy]	Missverständnis
Toute l'histoire repose sur un malentendu.	Die ganze Geschichte beruht auf einem Missverständnis.
le **dénouement** [denumɑ̃]	Ausgang, Lösung, Ergebnis
un dénouement heureux	glücklicher Ausgang
fatal,e [fatal]	schicksalhaft, verhängnisvoll
une issue fatale	ein verhängnisvoller/tödlicher Ausgang

le **comique** [kɔmik]	Komik, das Komische
le **comique de situation**	Situationskomik

le **comique de caractère**	Charakterkomik
le **comique de langage**	Sprachkomik
un **quiproquo** [kipʀɔko]	Verwechslung

12.7 Arbeit mit Texten

un **auteur** [otœʀ]	Autor(in)
un auteur célèbre	ein berühmter Autor
un **écrivain** [ekʀivɛ̃]	Schriftsteller(in)
un écrivain peu connu	ein wenig bekannter Schriftsteller
écrire [ekʀiʀ]	schreiben

une **idée** [ide]	Idee
exposer ses idées	seine Ideen/Vorstellungen darlegen
une **pensée** [pɑ̃se]	Gedanke, Denken
prendre parti pour/contre	Partei ergreifen für/gegen
[pʀɑ̃dʀpaʀti]	
se révolter (contre) [s(ə)ʀevɔlte]	sich auflehnen (gegen)
critiquer [kʀitike]	kritisieren
la **critique** [kʀitik]	Kritik
s'élever contre [sel(ə)ve]	sich erheben gegen, protestieren
Cet écrivain s'élève contre la	Dieser Schriftsteller protestiert/
violence.	erhebt sich gegen die Gewalt.

distraire [distʀɛʀ]	unterhalten, zerstreuen
Le but de l'auteur est de distraire	Das Ziel des Autors ist es, sein
son public.	Publikum zu unterhalten.
amuser [amyze]	unterhalten

le **genre** [ʒɑ̃ʀ]	Gattung, Art
le genre dramatique	dramatische Gattung, Drama
une **œuvre** [œvʀ]	Werk
un **chef d'œuvre**	Meisterwerk
(être) tiré,e de [tiʀe]	entnommen (sein) aus
Ce passage est tiré d'une nouvelle	Diese Textstelle ist einer Novelle
de Le Clézio.	von Le Clézio entnommen.
le **titre** [titʀ]	Titel
le **sous-titre**	Untertitel

un **sujet** [syʒɛ]	Thema
un sujet d'actualité	ein aktuelles Thema
le **thème** [tɛm]	Thema
La mort est le thème central de son	Der Tod ist das zentrale Thema
œuvre.	seines Werkes.

il s'agit de [ilsaʒidə]   es handelt sich um, es geht um
Il s'agit d'un discours sur l'éduca-   Es handelt sich um eine Abhand-
tion.   lung über die Erziehung.

il est question de [ilɛkɛstjɔ̃də]   es handelt sich um, es geht um
Au premier acte, il est question de   Im ersten Akt geht es um den
la guerre.   Krieg.

traiter qc/de qc [tʀɛte]   etw. behandeln/von etw. handeln
L'auteur traite un sujet délicat.   Der Autor behandelt ein heikles
   Thema.

Le texte traite de la religion.   Der Text handelt über Religion.

parler de qc [paʀle]   von etw. erzählen

---

la structure [stʀyktyʀ]   Struktur, Aufbau
se diviser en [s(ə)divize]   unterteilt sein in
Cet ouvrage se divise en trois récits.   Dieses Werk ist in drei Erzählungen
   unterteilt.

se composer de [s(ə)kɔ̃pɔze]   bestehen aus
comporter [kɔ̃pɔʀte]   beinhalten, enthalten, bestehen aus
Sa tragédie comporte deux parties   Seine Tragödie besteht aus zwei
principales.   Hauptteilen.

une phase [faz]   Phase, Stadium
un chapitre [ʃapitʀ]   Kapitel
chapitre 2, ligne 14   Kapitel 2, Zeile 14

---

une narration [naʀasjɔ̃]   Erzählung
l'introduction f [ɛ̃tʀɔdyksjɔ̃]   Einführung
le début [deby]   Beginn, Anfang
le développement [dev(ə)lɔpmã]   Entwicklung, Hauptteil
Le développement de l'intrigue est   Die Entwicklung der Handlung
interrompu par des retours en   wird von Rückblenden unter-
arrière.   brochen.

la partie principale [paʀtipʀɛ̃sipal]   Hauptteil
le tournant [tuʀnã]   Wendepunkt
Le tournant de l'action se situe au   Der Wendepunkt der Handlung
chapitre suivant.   liegt im folgenden Kapitel.

la conclusion [kɔ̃klyzjɔ̃]   Ende, Schlussfolgerung
un essai dont la conclusion manque   ein Essay, dessen Schlussfolgerung
de logique   es an Logik mangelt
la fin [fɛ̃]   Ende
à la fin   schließlich, endlich

---

analyser [analize]   analysieren
une analyse (de texte) [analiz]   (Text)Analyse
expliquer [ɛksplike]   erklären
une explication de texte   Textinterpretation
[ɛksplikasjɔ̃d(ə)tɛkst]

commenter [kɔmɑ̃te]	kommentieren
un **commentaire** [kɔmɑ̃tɛʀ]	Kommentar
rédiger un commentaire de texte	einen Textkommentar verfassen
peser le pour et le contre [pəzel(ə)puʀel(ə)kɔ̃tʀ]	das Für und Wider abwägen
un **avantage** [avɑ̃taʒ]	Vorteil
un **inconvénient** [ɛ̃kɔ̃venjɑ̃]	Nachteil
résumer [ʀezyme]	zusammenfassen
un **résumé** [ʀezyme]	Resümee, Zusammenfassung
faire un bref résumé du passage	ein Kurzresümee der Textstelle verfassen
un **paragraphe** [paʀagʀaf]	Abschnitt
un **extrait** [ɛkstʀɛ]	Auszug

....

d'abord [dabɔʀ]	zuerst
Tout d'abord, l'auteur présente ses personnages.	Zuerst/Zuallererst stellt der Autor seine Personen vor.
pour commencer [puʀkɔmɑ̃se]	zu Beginn, am Anfang, zunächst
ensuite [ɑ̃sɥit]	dann, danach
Ensuite, il parle de ses intentions.	Dann spricht er von seinen Absichten.
de plus [dəplys]	außerdem
en effet [ɑ̃nefɛ]	eigentlich, tatsächlich
En effet, il explique ses idées d'une manière remarquable.	In der Tat erklärt er seine Vorstellungen auf bemerkenswerte Art und Weise.
donc [dɔ̃k]	also, folglich
enfin [ɑ̃fɛ̃]	schließlich, endlich
Enfin, il résume les différents aspects du problème.	Schließlich fasst er die verschiedenen Aspekte des Problems zusammen.
finalement [finalmɑ̃]	schließlich, zum Schluss
pour finir [puʀfiniʀ]	abschließend, schließlich
en conclusion [ɑ̃kɔ̃klyzjɔ̃]	abschließend, folglich
En conclusion, on peut dire que son argumentation est convaincante.	Abschließend lässt sich sagen, dass seine Beweisführung überzeugend ist.
bref [bʀɛf]	kurz(um)
Bref, je trouve que l'auteur a tort.	Kurzum, ich finde, der Autor hat Unrecht.
dans l'ensemble [dɑ̃lɑ̃sɑ̃bl]	alles in allem, insgesamt
Dans l'ensemble, je suis d'accord avec elle.	Alles in allem bin ich mit ihr einverstanden.
pourtant [puʀtɑ̃]	jedoch, dennoch
Le héros est sincère, et pourtant il n'est pas sympathique.	Der Held ist aufrichtig und dennoch nicht sympathisch.

....

interpréter [ɛ̃teʀpʀete]	interpretieren, auslegen

une **interprétation** [ɛ̃tɛʀpʀetasjɔ̃]	Interpretation, Auslegung
le **contexte** [kɔ̃tɛkst]	Zusammenhang
replacer un extrait dans son con-texte	einen (Text)Auszug wieder in einen Zusammenhang bringen
le **plan** [plɑ̃]	Plan, Gliederung
un **détail** [detaj]	Einzelheit
un **message** [mɛsaʒ]	Botschaft
dégager le message d'un texte	die Botschaft eines Textes herausarbeiten
la **signification** [siɲifikasjɔ̃]	Bedeutung
un **symbole** [sɛ̃bɔl]	Symbol
symboliser [sɛ̃bɔlize]	symbolisieren

une **méthode** [metɔd]	Methode
les **moyens (d'expression)** m [mwajɛ̃]	die (Ausdrucks)Mittel
décrire qc [dekʀiʀ]	etw. beschreiben
une **description** [dɛskʀipsjɔ̃]	Beschreibung
énumérer [enymeʀe]	aufzählen
une **énumération** [enymeʀasjɔ̃]	Aufzählung
Ce passage comporte de nombreuses énumérations.	Dieser Abschnitt enthält zahlreiche Aufzählungen.
une **comparaison** [kɔ̃paʀɛzɔ̃]	Vergleich
comparer qn/qc à qn/qc [kɔ̃paʀe]	jdn/etw. mit jdm/etw. vergleichen
une **répétition** [ʀepetisjɔ̃]	Wiederholung

le **déroulement de l'action** [deʀulmɑ̃d(ə)laksjɔ̃]	Handlungsverlauf, -ablauf
se dérouler [s(ə)deʀule]	ablaufen, verlaufen, sich abspielen
se situer [səsitɥe]	spielen, sich einordnen (lassen)
La scène se situe à la fin de l'acte II.	Die Szene spielt am Ende des 2. Aktes.
se passer [s(ə)pase]	sich ereignen, sich abspielen
L'histoire se passe à Marseille.	Die Geschichte spielt in Marseille.
le **lieu** [ljø]	Ort
le **temps** [tɑ̃]	Zeit
Molière ne respecte pas toujours les **unités de lieu, de temps** et **d'action**.	Molière beachtet nicht immer die Einheit von Ort, Zeit und Handlung.
le **contenu** [kɔ̃t(ə)ny]	Inhalt
contenir [kɔ̃t(ə)niʀ]	enthalten
Cette partie contient beaucoup d'expressions familières.	Dieser Teil enthält viele umgangssprachliche Ausdrücke.
le **fond** [fɔ̃]	Gehalt
analyser le fond et la forme	Gehalt und Form analysieren

un **héros**, une **héroïne** ['eʀo; eʀoin]   Held(in)
le **personnage principal/**   Hauptperson
central [pɛʀsɔnaʒpʀẽsipal/sãtʀal]
un **personnage secondaire**   Nebenperson
[pɛʀsɔnaʒs(ə)gõdɛʀ]
présenter [pʀezãte]   vorstellen
   Dans le premier chapitre, l'auteur   Im ersten Kapitel stellt der Autor
   présente les personnages centraux.   die Hauptpersonen vor.
le **caractère** [kaʀaktɛʀ]   Charakter, Wesen
   Le caractère de chaque protago-   Das Wesen jeder Hauptperson wird
   niste est décrit avec précision.   genau beschrieben.
un **type** [tip]   Typ
   C'est le **type même** du héros   Das ist der Inbegriff des romanti-
   romantique.   schen Helden.

un **cycle** [sikl]   Zyklus
   Ce poème fait partie d'un cycle.   Dieses Gedicht gehört zu einem
   Zyklus.

une **trilogie** [tʀilɔʒi]   Trilogie
   C'est le **premier volet** d'une trilogie.   Dies ist der erste Teil einer Trilogie.
s'intituler [sẽtityle]   zum/den Titel haben
   Le roman s'intitule *Germinal*.   Der Roman trägt den Titel
   Germinal.

en premier lieu [ãpʀəmjeljø]   zuerst
   En premier lieu, il faut signaler la   Zuerst muss die Klarheit der Spra-
   clarté de la langue.   che erwähnt werden.
par conséquent [paʀkõsekã]   folglich
pour conclure [puʀkõklyʀ]   abschließend, zusammenfassend

le **style** [stil]   Stil
   une poésie écrite dans un **style**   eine in ausgefeiltem Stil geschrie-
   élaboré   bene Lyrik
   un **style limpide**   klarer Stil
   un **style concis**   knapper, gedrängter Stil
   un **style dépouillé**   nüchterner, sachlicher Stil
   un **style recherché**   gewählter, eleganter Stil
   un **style ampoulé**   geschwollener Stil
un **moyen stylistique**   Stilmittel
[mwajẽstilistik]
   La variété des moyens stylistiques   Die Vielfalt der Stilmittel trägt zur
   contribue au lyrisme de l'œuvre.   Poesie des Werkes bei.
l'**ironie** *f* [iʀɔni]   Ironie
   L'ironie de ce passage est mor-   Die Ironie dieses Abschnittes ist
   dante.   beißend.

une **figure de style** [figyʀdəstil]	Stilfigur
une **métaphore** [metafɔʀ]	Metapher, bildlicher Ausdruck
une **mise en relief** [mizɑ̃ʀəljɛf]	Hervorhebung
au sens propre/figuré [osɑ̃spʀɔpʀ/figyʀe]	im eigentlichen/übertragenen Sinn
Il utilise cette expression au sens figuré.	Er benützt diesen Ausdruck im übertragenen Sinn.

Französisches Wort	Deutsche Entsprechung 👍	Falscher Freund 👎	Französische Entsprechung
un,e artiste	Künstler(in)	Artist(in)	un,e acrobate
le parterre	Parkett	Parterre	le rez-de-chaussée
un,e régisseur, -euse	Inspizient *(Theater)*; Aufnahmeleiter *(Kino, Fernsehen)*; Verwalter *(eines Guts)*	Regisseur(in)	un metteur en scène *(Theater)*; un,e réalisateur, -trice *(Kino, Fernsehen)*

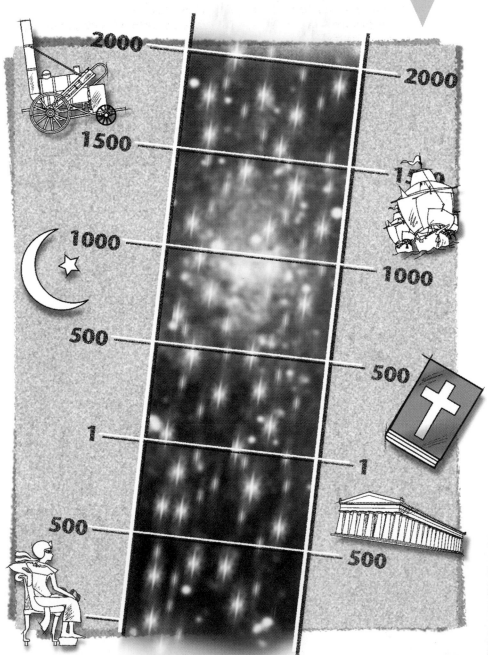

13.1 Geschichte

l'**histoire** f [istwaʀ] — Geschichte
  l'**histoire ancienne** — Alte Geschichte
  l'**histoire moderne** — Neuere Geschichte
  l'**histoire contemporaine** — Zeitgeschichte, Neueste Geschichte
un,e **historien,ne** [istɔʀjɛ̃, jɛn] — Historiker(in)
historique [istɔʀik] — historisch, geschichtlich
  un **événement historique** — ein historisches/geschichtliches Ereignis

avoir lieu [avwaʀljø] — sich ereignen, stattfinden
  La guerre de Trente Ans a eu lieu au 17e siècle. — Der Dreißigjährige Krieg fand im 17. Jahrhundert statt.
se passer [s(ə)pase] — sich ereignen, stattfinden, passieren
  Ce fait historique s'est passé à la fin du 19e siècle. — Diese historische Begebenheit ereignete sich am Ende des 19. Jahrhunderts.

durer (de ... à) [dyʀe] — dauern (von ... bis)
  La Première Guerre mondiale a duré de 1914 à 1918. — Der Erste Weltkrieg dauerte von 1914 bis 1918.
au début de [odebydə] — zu Beginn, am Anfang
  L'avion a été inventé au début du 20e siècle. — Das Flugzeug wurde zu Beginn des 20. Jahrhunderts erfunden.
à la fin de [alafɛ̃də] — am Ende von
  A la fin du règne de Louis XIV, la France était au bord de la ruine. — Am Ende der Herrschaft Ludwigs XIV. stand Frankreich am Rande des Ruins.

remonter à [ʀ(ə)mɔ̃te] — zurückgehen auf, zurückreichen bis
  Cette coopération remonte aux années 80. — Diese Zusammenarbeit geht auf die 80er Jahre zurück.
le **siècle** [sjɛkl] — Jahrhundert
av./ap. J.-C. (avant/après Jésus-Christ) [avɑ̃/apʀɛʒesykʀi(st)] — v./n. Chr. (vor/nach Christus)
  en 1200 ap. J.-C. — im Jahre 1200 n. Chr.
  au Ve siècle av. J.-C. — im 5. Jh. v. Chr.

la **Gaule** [gol] — Gallien
un,e **Gaulois,e** [golwa, waz] — Gallier(in)
un,e **Romain,e** [ʀɔmɛ̃, ɛn] — Römer(in)
romain,e [ʀɔmɛ̃, ɛn] — römisch
gallo-romain,e [galoʀɔmɛ̃, ɛn] — galloromanisch
  l'**époque gallo-romaine** — die galloromanische Epoche

découvrir [dekuvʀiʀ] — entdecken
  Christophe Colomb a découvert l'Amérique. — Christoph Columbus hat Amerika entdeckt.

une **découverte** [dekuvɛʀt]	Entdeckung
conquérir [kɔ̃keʀiʀ]	erobern
Les soldats espagnols ont conquis de nouvelles terres pour leur roi.	Die spanischen Soldaten haben neue Länder für ihren König erobert.
une **conquête** [kɔ̃kɛt]	Eroberung
fonder [fɔ̃de]	gründen
une **colonie** [kɔlɔni]	Kolonie
colonial,e [kɔlɔnjal]	kolonial, Kolonial-
L'Espagne a fondé un grand empire colonial.	Spanien hat ein großes Kolonialreich gegründet.
un,e **esclave** [ɛsklav]	Sklave, Sklavin

la **monarchie** [mɔnaʀʃi]	Monarchie
un **roi** [ʀwa]	König
une **reine** [ʀɛn]	Königin
royal,e [ʀwajal]	königlich
le **royaume** [ʀwajom]	Königreich
régner [ʀeɲe]	herrschen, regieren
Louis XIV a régné **en souverain absolu.**	Ludwig XIV. regierte als absoluter Herrscher.
le **règne** [ʀɛɲ]	Herrschaft

un **empire** [ɑ̃piʀ]	Kaiserreich
un **empereur** [ɑ̃pʀœʀ]	Kaiser
Charlemagne a été **sacré empereur** en 800.	Karl der Große wurde 800 zum Kaiser gekrönt.
une **impératrice** [ɛ̃peʀatʀis]	Kaiserin

la **population** [pɔpylasjɔ̃]	Bevölkerung
le **peuple** [pœpl]	Volk
Le peuple a décidé de prendre le pouvoir.	Das Volk hat beschlossen, die Macht zu ergreifen.
une **révolution** [ʀevɔlysjɔ̃]	Revolution
la **Révolution** [ʀevɔlysjɔ̃]	Französische Revolution
la **Marseillaise** [maʀsɛjɛz]	Marseillaise *(französische Nationalhymne)*
Liberté, Egalité, Fraternité [libɛʀte, egalite, fʀatɛʀnite]	Freiheit, Gleichheit, Brüderlichkeit
« Liberté, Egalité, Fraternité » est la devise de la France.	„Freiheit, Gleichheit, Brüderlichkeit" ist der Wahlspruch Frankreichs.

la **guerre** [gɛʀ]	Krieg
une **guerre civile**	Bürgerkrieg
déclarer la guerre	den Krieg erklären
faire la guerre	Krieg führen

battre [batʀ]
Napoléon Iᵉʳ a été battu à Waterloo.

schlagen
Napoleon der Erste wurde bei
Waterloo geschlagen.

occuper [ɔkype]
L'ennemi a occupé presque tout le
pays.

besetzen
Der Feind hat fast das ganze Land
besetzt.

l'**occupation** f [ɔkypasjɔ̃]
sous l'occupation

Besatzung
unter der Besatzung, während der
Besatzungszeit

libérer [libeʀe]
Les troupes alliées ont libéré la
France.

befreien
Die alliierten Truppen haben
Frankreich befreit.

la **libération** [libeʀasjɔ̃]

Befreiung

la **paix** [pɛ]
conclure un traité de paix
vivre en paix
faire la paix

Frieden
einen Friedensvertrag schließen
in Frieden leben
Frieden schließen

un **armistice** [aʀmistis]
signer l'armistice

Waffenstillstand
den Waffenstillstand unter-
zeichnen

la **Première Guerre mondiale**
[pʀəmjɛʀgɛʀmɔ̃djal]

der Erste Weltkrieg

la **Seconde Guerre mondiale**
[s(ə)gɔ̃dgɛʀmɔ̃djal]

der Zweite Weltkrieg

la **Collaboration** [kɔ(l)labɔʀasjɔ̃]

Kollaboration, Zusammenarbeit mit
dem Feind

la **Résistance** [ʀezistɑ̃s]

Résistance (franz. Widerstands-
bewegung 1940-44)

Pour libérer son pays, il est entré
dans la Résistance.

Um sein Land zu befreien, ist er der
Resistance beigetreten.

le **Débarquement** [debaʀkəmɑ̃]

die Landung/Invasion (der Alliierten
in der Normandie 1944)

Le Débarquement des Alliés en
Normandie a eu lieu le 6 juin 1944.

Die Invasion der Alliierten in der
Normandie fand am 6. Juni 1944
statt.

une **ère** [ɛʀ]
une **époque** [epɔk]
à l'époque des croisades
la **préhistoire** [pʀeistwaʀ]
l'**âge de la pierre/du bronze**
[aʒd(ə)lapjɛʀ/dybʀɔ̃z]
l'**Antiquité** f [ɑ̃tikite]
antique [ɑ̃tik]
les **Anciens** m [ɑ̃sjɛ̃]

Ära, Zeitalter
Epoche, Zeit(alter)
zur Zeit der Kreuzzüge
Vorgeschichte
Stein-/Bronzezeit

Antike, Altertum
antik
die Menschen der Antike

le **Moyen(-)Age** [mwajɛnaʒ] | Mittelalter
médiéval,e [medjeval] | mittelalterlich
Carcassonne est une ville médié- | Carcassonne ist eine mittel-
vale. | alterliche Stadt.
les **Croisades** f [kʀwazad] | Kreuzzüge
la **Renaissance** [ʀənɛsãs] | Renaissance
la **Réforme** [ʀefɔʀm] | Reformation
l'**Absolutisme** m [absɔlytism] | Absolutismus
l'**Ancien Régime** m [ãsjɛ̃ʀeʒim] | das Ancien Régime (Zeit des Abso-
 | lutismus in Frankreich vor 1789)

le **clergé** [klɛʀʒe] | Klerus, Geistlichkeit
un **monarque** [mɔnaʀk] | Monarch(in)
succéder à [syksede] | nachfolgen, folgen
A la mort de Louis XIV, Louis XV lui a | Als Ludwig XIV. starb, folgte ihm
succédé. | Ludwig XV. nach.
une **dynastie** [dinasti] | Dynastie, Herrschergeschlecht
la dynastie des Carolingiens | die Dynastie der Karolinger
la **noblesse** [nɔblɛs] | Adel
Noblesse oblige. loc | Adel verpflichtet.
(un,e) **noble** n; adj [nɔbl] | Adlige(r); adlig
un **privilège** [pʀivilɛʒ] | Privileg, Vorrecht
Les nobles ne voulaient pas renon- | Die Adligen wollten nicht auf ihre
cer à leurs privilèges. | Vorrechte verzichten.
la **bourgeoisie** [buʀʒwazi] | Bürgertum, Bourgeoisie
(un,e) **bourgeois,e** n; adj | Bürgerliche(r), Bourgeois; bürgerlich
[buʀʒwa, waz] |
le **Tiers-Etat** [tjɛʀzeta] | der Dritte Stand (das Volk)
98 % de la population apparte- | Der Dritte Stand umfasste 98 % der
naient au Tiers-Etat. | Bevölkerung.

les **Etats-Généraux** m [etaʒeneʀo] | Generalstände
la **prise de la Bastille** | die Erstürmung der Bastille
[pʀizdəlabastij] |
la **guillotine** [gijɔtin] | Guillotine
guillotiner [gijɔtine] | guillotinieren
une **exécution** [ɛgzekysjɔ̃] | Hinrichtung
les **droits de l'homme** m | Menschenrechte
[dʀwad(ə)lɔm] |
la **séparation des pouvoirs** | Gewaltenteilung
[sepaʀasjɔ̃depuvwaʀ] |
le **pouvoir législatif** | Legislative, gesetzgebende Gewalt
le **pouvoir exécutif** | Exekutive, vollziehende Gewalt
le **pouvoir judiciaire** | Judikative, richterliche Gewalt

l'**Empire** m [ãpiʀ] | Empire, Kaiserreich

le Premier Empire (1804-1814)	das Erste Empire/Kaiserreich
le Seconde Empire (1852-1870)	das Zweite Empire/Kaiserreich
la **Guerre franco-allemande** **(1870/71)** [gɛʀfʀɑ̃koalmɑ̃d]	der Deutsch-Französische Krieg von 1870/71
la **(Ière-Ve) République** [ʀepyblik]	die (1.-5.) Republik

les **relations franco-allemandes** f [ʀ(ə)lasjɔ̃fʀɑ̃koalmɑ̃d]	die deutsch-französichen Beziehungen
l'**OFAJ (Office franco-allemand pour la jeunesse)** [ɔfaʒ]	das DFJ (Deutsch-Französisches Jugendwerk)
la **réunification** [ʀeynifikasjɔ̃]	Wiedervereinigung
la réunification de l'Allemagne	die Wiedervereinigung Deutschlands
la **CECA (Communauté européenne du charbon et de l'acier)** [seka]	Montanunion
le **Marché commun** [maʀʃekɔmɛ̃]	Gemeinsamer Markt, Europäische Gemeinschaft
l'**Union européenne** [ynjɔ̃øʀɔpeɛn]	Europäische Union

le **combat** [kɔ̃ba]	Kampf
combattre [kɔ̃batʀ]	(be)kämpfen
combattre pour la liberté	für die Freiheit kämpfen
la **lutte** [lyt]	Kampf
lutter [lyte]	kämpfen
une **invasion** [ɛ̃vazjɔ̃]	Invasion
envahir (qc) [ɑ̃vaiʀ]	(in etw.) einmarschieren
Le pays a été envahi par les troupes ennemies.	Feindliche Truppen sind in das Land einmarschiert.
un **envahisseur** [ɑ̃vaisœʀ]	Eindringling, Aggressor
dévaster [devaste]	verwüsten
La guerre a dévasté les villes et les villages.	Der Krieg hat die Städte und die Dörfer verwüstet.
dominer [dɔmine]	beherrschen, herrschen über
la **torture** [tɔʀtyʀ]	Folter
Le prisonnier a été soumis à la torture.	Der Gefangene wurde gefoltert.
torturer [tɔʀtyʀe]	foltern

une **victoire** [viktwaʀ]	Sieg
victorieux, -euse [viktɔʀjø, jøz]	siegreich
sortir* victorieux, -euse d'un combat	siegreich aus einem Kampf hervorgehen
vaincre [vɛ̃kʀ]	siegen
le **vainqueur** [vɛ̃kœʀ]	Sieger(in)
la **gloire** [glwaʀ]	Ruhm

une **défaite** [defɛt]	Niederlage
une **débâcle** [debakl]	Zusammenbruch
perdre [pɛʀdʀ]	verlieren
« La France a perdu une bataille! Mais la France n'a pas perdu la guerre ! » *(de Gaulle)*	„Frankreich hat eine Schlacht verloren! Doch Frankreich hat nicht den Krieg verloren!"
le/la **vaincu,e** [vɛ̃ky]	der/die Besiegte, der/die Unterlegene
Malheur aux vaincus !	Wehe den Besiegten!
les **négociations** f [negɔsjasjɔ̃]	Verhandlungen
les **négociations de paix**	Friedensverhandlungen

13.2 Religion

la **religion** [ʀ(ə)liʒjɔ̃]	Religion
(un,e) **religieux, -euse** *n; adj* [ʀ(ə)liʒjø, jøz]	Ordensgeistliche(r), Ordensschwester/-bruder; religiös
un religieux de l'ordre des Franciscains	ein Mönch aus dem Franziskanerorden
la **théologie** [teɔlɔʒi]	Theologie

la **foi** [fwa]	Glaube(n)
avoir la foi	gläubig sein
croire (à/en) [kʀwaʀ]	glauben (an)

ℹ **Wem** und **woran** man glaubt

Unterscheide:

croire qn/qc	*jdm/etw. glauben*
Il ne croit même pas ses amis.	*Er glaubt nicht einmal seinen Freunden.*
Tu crois tout ce qu'on te raconte ?	*Glaubst du alles, was man dir erzählt ?*
croire à qn/qc	*an jdn/etw. glauben*
Tu crois à l'avenir de l'Europe ?	*Glaubst du an die Zukunft Europas?*
croire en Dieu	*an Gott glauben*
Je crois en Dieu, mais pas au diable.	*Ich glaube an Gott, aber nicht an den Teufel.*

(un,e) **croyant,e** *n; adj* [kʀwajɑ̃, jɑ̃t]	ein,e Gläubige(r), gläubiger Mensch; gläubig
prier [pʀije]	beten
la **prière** [pʀijɛʀ]	Gebet
faire ses prières	beten, seine Gebete sprechen

(un,e) **chrétien,ne** *n; adj* [kʀetjɛ̃, jɛn]	Christ(in); christlich
la **foi chrétienne**	der christliche Glaube

(un,e) **catholique** n; adj [katɔlik]	Katholik(in); katholisch
un **catholique pratiquant**	ein praktizierender Katholik
le **catholicisme** [katɔlisism]	Katholizismus
(un,e) **protestant,e** n; adj	Protestant(in); protestantisch
[pʀɔtɛstã, ãt]	
le **protestantisme** [pʀɔtɛstãtism]	Protestantismus

l'**Eglise** f [egliz]	Kirche (Institution)
la séparation de l'Eglise et de l'Etat	die Trennung von Kirche und Staat
une **église** [egliz]	Kirche
une **cathédrale** [katedʀal]	Kathedrale, Dom, Münster
le **pape** [pap]	Papst
un **prêtre** [pʀɛtʀ]	Priester
un **curé** [kyʀe]	ein (katholischer) Pfarrer
M. le **curé**	Herr Pfarrer
un **pasteur** [pastœʀ]	ein(e) (protestantische[r]) Pfarrer(in)

Dieu [djø]	Gott
Jésus-Christ [ʒesykʀi(st)]	Jesus Christus
le **ciel** (les **cieux** poétique, biblique)	Himmel
[sjɛl, sjø]	
« Notre Père qui es aux cieux. »	„Vater unser im Himmel."
un **ange** [ãʒ]	Engel
le **paradis** [paʀadi]	Paradies
le **diable** [djabl]	Teufel
tirer le diable par la queue loc	am Hungertuch nagen
l'**enfer** m [ãfɛʀ]	Hölle

l'**instruction religieuse** f	Religionsunterricht
[ɛ̃stʀyksjɔ̃ʀ(ə)liʒjøz]	
le **baptême** [batɛm]	Taufe
baptiser [batize]	taufen
Ils ont fait baptiser leur fils.	Sie haben ihren Sohn taufen lassen.
la **(première) communion**	(Erst)Kommunion
[(pʀəmjɛʀ)kɔmynɔ̃]	
la **confirmation** [kɔ̃fiʀmasjɔ̃]	Konfirmation, Firmung
le **mariage** [maʀjaʒ]	Hochzeit
le **mariage civil**	standesamtliche Hochzeit
le **mariage religieux**	kirchliche Hochzeit

Noël [nɔɛl]	Weihnachten
Joyeux Noël !	Frohe Weihnacht(en)!
le **père Noël**	Weihnachtsmann
Vendredi Saint [vãdʀədisɛ̃]	Karfreitag
Pâques f [pak]	Ostern
Joyeuses Pâques !	Frohe Ostern!

l'**Ascension** f [asãsjɔ̃]	Christi Himmelfahrt
la **Pentecôte** [pãtkot]	Pfingsten
la **Fête-Dieu** [fɛtdjø]	Fronleichnam
l'**Assomption** f [asɔ̃psjɔ̃]	Mariä Himmelfahrt
la **Toussaint** [tusɛ̃]	Allerheiligen

l'**Islam** m [islam]	Islam
se **convertir** à [s(ə)kɔ̃vɛʀtiʀ]	übertreten, konvertieren
Il s'est converti à l'Islam.	Er ist zum Islam übergetreten.
islamique [islamik]	islamisch, mohammedanisch
(un,e) **musulman,e** n; adj	Mohammedaner(in), Moslem(in),
[myzylmã, an]	Muslim(e); mohammedanisch,
	moslemisch, muslimisch
le **ramadan** [ʀamadã]	Ramadan

le **Judaïsme** [ʒydaism]	Judentum
(un,e) **juif/juive** n; adj [ʒɥif, ʒɥiv]	Jude, Jüdin; jüdisch
(un,e) **israélite** n; adj [isʀaelit]	Israelit(in); israelitisch

l'**hindouisme** m [ɛ̃duism]	Hinduismus
le **bouddhisme** [budism]	Buddhismus
l'**athéisme** m [ateism]	Atheismus
la **laïcité** [laisite]	Trennung von Kirche und Staat;
	religiöse Neutralität
laïque [laik]	nicht konfessionell
aller à l'école laïque	in eine laizistische (religiös neu-
	trale) Schule gehen
une **secte** [sɛkt]	Sekte

la **Bible** [bibl]	Bibel
l'**Ancien**/le **Nouveau Testament**	das Alte/Neue Testament
[ãsjɛ̃/nuvotɛstamã]	
le **Coran** [kɔʀã]	Koran

la **messe** [mɛs]	Messe
aller* à la messe	zur Messe gehen
dire la messe	die Messe lesen
le **péché** [peʃe]	Sünde
se **confesser** [s(ə)kɔ̃fɛse]	beichten
la **confession** [kɔ̃fɛsjɔ̃]	Beichte; Konfession
entendre qn en confession	jdm die Beichte abnehmen
être de confession protestante	protestantischer Konfession sein
la **liberté du culte** [libɛʀtedykylt]	Glaubensfreiheit

un **temple** [tãpl]	Tempel; evangelische Kirche
une **mosquée** [mɔske]	Moschee

une **paroisse** [paʀwas]	Pfarrgemeinde
le curé de notre paroisse	unser katholischer Gemeindepfarrer
un **prêche** [pʀɛʃ]	Predigt
prêcher [pʀɛʃe]	predigen
prêcher la tolérance	Toleranz predigen
bénir [beniʀ]	segnen
Le prêtre bénit les fidèles.	Der Priester segnet die Gläubigen.

le **clergé** [klɛʀʒe]	Klerus, Geistlichkeit
un membre du clergé	ein Mitglied des Klerus
un **évêque** [evɛk]	Bischof
un **archevêque** [aʀʃəvɛk]	Erzbischof
un **moine** [mwan]	Mönch
Il est gras comme un moine. *loc*	Er ist kugelrund.
une **(bonne) sœur** *fam* [sœʀ]	Nonne, Schwester
un **ordre (religieux)** [ɔʀdʀ]	(religiöser) Orden
un **couvent** [kuvɑ̃]	Kloster
entrer au couvent	ins Kloster gehen
un **monastère** [mɔnastɛʀ]	Kloster

saint,e [sɛ̃, sɛ̃t]	heilig
un,e **Saint,e**	ein(e)Heilige(r)
la **Sainte Vierge**	die Heilige Jungfrau
le **Saint Esprit**	der Heilige Geist
sacré,e [sakʀe]	heilig
solennel,le [sɔlanɛl]	feierlich
la **communion solennelle**	die heilige Erstkommunion
un **miracle** [miʀakl]	Wunder
croire aux miracles	an Wunder glauben
la **résurrection** [ʀezyʀɛksjɔ̃]	(Wieder)Auferstehung
la **croix** [kʀwa]	Kreuz
faire le signe de croix	sich bekreuzigen
pieux, -euse [pjø, pjøz]	fromm
un **dogme** [dɔgm]	Dogma

13.3 Philosophie

la **philosophie** [filɔzɔfi]	Philosophie
un,e **philosophe** [filɔzɔf]	Philosoph(in)
philosophique [filɔzɔfik]	philosophisch
un conte philosophique	eine philosophische Erzählung

penser [pɑ̃se]	denken
« Je pense donc je suis. » *(Descartes)*	„Ich denke, also bin ich."

la **pensée** [pãse]	Gedanke; Denken
un,e **penseur, -euse** [pãsœʀ, øz]	Denker(in)
Descartes était un des grands penseurs de son temps.	Descartes war einer der großen Denker seiner Zeit.
une **idée** [ide]	Idee, Einfall
échanger des idées	Gedanken/Ideen austauschen
une **théorie** [teɔʀi]	Theorie
émettre une théorie	eine Theorie aufstellen
théorique [teɔʀik]	theoretisch
l'**esprit** m [ɛspʀi]	Geist
spirituel,le [spiʀitɥɛl]	geistig; geistlich; geistreich
la **matière** [matjɛʀ]	Materie, Stoff
une **notion** [nosjɔ̃]	Begriff

les **mœurs** f [mœʀ(s)]	Sitten, Moral
le **bien** [bjɛ̃]	das Gute
le **mal** [mal]	das Böse, das Übel
moral,e [mɔʀal]	moralisch
la **morale** [mɔʀal]	die Moral

Doppelmoral

Je nach Kontext gibt es im Französischen zwei verschiedene Wörter für *Moral*; *unterscheide*:

le moral	*Moral (seelische Verfassung), Stimmung, (Geistes)Zustand*
remonter le moral à qn	*jdm wieder Mut machen*
la morale	*Moral (Sittlichkeit), Sittenlehre*
donner une leçon de morale à qn	*jdm eine Moralpredigt halten*

---

la **raison** [ʀɛzɔ̃]	Vernunft, Verstand
perdre la raison	den Verstand verlieren
raisonner [ʀɛzɔne]	argumentieren, diskutieren
le **raisonnement** [ʀɛzɔnmã]	Überlegung, Schlussfolgerung
suivre un raisonnement logique	einer logischen Beweisführung folgen
raisonnable [ʀɛzɔnabl]	vernünftig
un **argument** [aʀgymã]	Argument
un argument pour/contre	ein Argument für/gegen
le **sens** [sãs]	Sinn
donner un sens à sa vie	seinem Leben einen Sinn geben
le **symbole** [sɛ̃bɔl]	Symbol
le **bon sens** [bɔ̃sãs]	gesunder Menschenverstand
agir **en dépit du** bon sens	wider den gesunden Menschenverstand handeln
la **contradiction** [kɔ̃tʀadiksjɔ̃]	Widerspruch

l'**origine** f [ɔʀiʒin]	Ursprung, Ursache
la **cause** [koz]	Ursache, Grund, Anlass
causer [koze]	verursachen
un **effet** [efɛ]	Wirkung
A petite cause grands effets. *loc*	Kleine Ursachen, große Wirkungen.
la **volonté** [vɔlõte]	Wille

concret, -ète [kõkʀɛ, ɛt]	konkret
un exemple concret	ein konkretes Beispiel
abstrait,e [abstʀɛ, ɛt]	abstrakt
réel,le [ʀeɛl]	real, wirklich
Le fait dont je parle est réel.	Der Vorfall, von dem ich spreche, hat sich wirklich ereignet.
réaliste [ʀealist]	realistisch
la **réalité** [ʀealite]	Realität, Wirklichkeit
l'**expérience** f [ɛkspeʀjãs]	Erfahrung; Versuch
une **expérience** vécue	eine selbst gemachte Erfahrung
tenter l'**expérience**	den Versuch wagen

vrai,e [vʀɛ]	wahr

 Zu *Adjektiven* mit *wechselnder Bedeutung* bei *Voran-* oder *Nachstellung* vgl. die Information auf S. 37.

la **vérité** [veʀite]	Wahrheit
cacher la vérité	die Wahrheit verbergen
véritable [veʀitabl]	wirklich
certain,e [sɛʀtɛ̃, ɛn]	gewiss, sicher
Je suis **sûr et certain**.	Ich bin ganz sicher.
incertain,e [ɛ̃sɛʀtɛ̃, ɛn]	ungewiss, unsicher
la **certitude** [sɛʀtityd]	Gewissheit, Sicherheit
l'**incertitude** f [ɛ̃sɛʀtityd]	Ungewissheit, Unsicherheit
être dans l'incertitude au sujet de qc	über etw. nichts Genaues wissen
l'**erreur** f [eʀœʀ]	Irrtum
faire erreur	sich irren
L'erreur est humaine. *loc*	Irren ist menschlich.
faux, fausse [fo, fos]	falsch
faire fausse route	auf dem Holzweg sein

une **œuvre** [œvʀ]	Werk
les œuvres complètes de Voltaire	das Gesamtwerk Voltaires
un **ouvrage** [uvʀaʒ]	Werk, Buch
un ouvrage philosophique	ein philosophisches Werk
un **essai** [esɛ]	Essay
un **traité** [tʀɛte]	Abhandlung

la **méthode** [metɔd]	Methode
la **doctrine** [dɔktʀin]	Doktrin, Lehrmeinung
le **modèle** [mɔdɛl]	Vorbild
le **principe** [pʀɛ̃sip]	Prinzip, Grundsatz
Il est contre **par principe**.	Er ist aus Prinzip dagegen.

l'**individu** *m* [ɛ̃dividy]	Individuum
l'**être** *m* [ɛtʀ]	(Lebe)Wesen; das Sein
l'**essence** *f* [esɑ̃s]	Essenz, Wesen, das Sosein
l'**existence** *f* [ɛgzistɑ̃s]	Existenz, Leben, das Dasein
« L'existence précède l'essence. » *(Sartre)*	„Das Dasein geht dem Sosein voraus."
exister [ɛgziste]	existieren, leben, vorhanden sein
la **mort** [mɔʀ]	Tod
mourir de sa belle mort	eines natürlichen Todes sterben
le **néant** [neɑ̃]	das Nichts

la **conception** [kɔ̃sɛpsjɔ̃]	Auffassung, Vorstellung, Konzeption
concevoir [kɔ̃s(ə)vwaʀ]	sich vorstellen; konzipieren
Il ne peut pas concevoir qu'on soit d'un autre avis que lui.	Er kann sich nicht vorstellen, dass man anderer Meinung ist als er.
le **terme** [tɛʀm]	Begriff, Wort, Ausdruck
un **acte** [akt]	Tat
juger qn sur ses actes	jdn nach seinen Taten beurteilen
douter [dute]	zweifeln
douter de l'existence de Dieu	an der Existenz Gottes zweifeln
le **doute** [dut]	Zweifel
mettre qc en doute	etw. in Zweifel ziehen, anzweifeln
l'**apparence** *f* [apaʀɑ̃s]	(An)Schein, Eindruck
ne pas se fier aux apparences	sich durch den Schein nicht täuschen lassen
l'**utopie** *f* [ytɔpi]	Utopie, Zukunftstraum
l'**ignorance** *f* [iɲɔʀɑ̃s]	Unwissenheit
le **hasard** ['azaʀ]	Zufall
Nous n'avons rien laissé au hasard.	Wir haben nichts dem Zufall überlassen.

élémentaire [elemɑ̃tɛʀ]	elementar, grundlegend
une question élémentaire	eine grundlegende Frage
définitif, -ive [definitif, iv]	endgültig
empirique [ɑ̃piʀik]	empirisch, auf Erfahrung beruhend

le **siècle des lumières** [sjɛkldelymjɛʀ]	(das Zeitalter der) Aufklärung
l'**idéalisme** *m* [idealism]	Idealismus

l'**empirisme** *m* [ãpiʀism]	Empirismus
le **matérialisme** [mateʀjalism]	Materialismus
l'**existentialisme** *m* [ɛgzistãsjalism]	Existenzialismus
« L'existentialisme est un huma-	„Der Existenzialismus ist ein
nisme.» *(Sartre)*	Humanismus."

la **métaphysique** [metafizik]	Metaphysik
l'**éthique** *f* [etik]	Ethik
l'**esthéthique** *f* [ɛstetik]	Ästhetik
la **logique** [lɔʒik]	Logik

Französisches Wort	Deutsche Entsprechung	Falscher Freund	Französische Entsprechung
la misère	Elend, Not	Misere (schwierige Lage)	une situation désastreuse
misérable	bettelarm, ärmlich	miserabel (sehr schlecht)	très mauvais *(adj)*, très mal *(adv)*

14.1 Verfassung, staatliche Institutionen

le **pays** [pei]	Land
les pays de l'Union européenne	die Länder der europäischen Union
l'**Etat** m [eta]	Staat
« L'Etat c'est moi. » *(Louis XIV)*	„Der Staat bin ich."
la **nation** [nasjɔ̃]	Nation
la **nationalité** [nasjɔnalite]	Staatsangehörigkeit
demander la nationalité française	die französische Staatsangehörigkeit beantragen
être de nationalité espagnole	spanischer Staatsangehöriger sein
national,e [nasjɔnal]	national
l'**hymne national**	Nationalhymne
le **drapeau** [dʀapo]	Fahne
hisser le drapeau tricolore	die Trikolore aufziehen/hissen
la **patrie** [patʀi]	Vaterland

la **société** [sɔsjete]	Gesellschaft
la **république** [ʀepyblik]	Republik
le **président de la République**	der Staatspräsident
républicain,e [ʀepyblikɛ̃, ɛn]	republikanisch
la **démocratie** [demɔkʀasi]	Demokratie
démocratique [demɔkʀatik]	demokratisch
un **régime démocratique**	eine demokratische Regierungsform
la **constitution** [kɔ̃stitysjɔ̃]	Verfassung
constitutionnel,le [kɔ̃stitysjɔnɛl]	verfassungsgemäß, -mäßig
une **monarchie constitutionnelle**	eine konstitutionelle Monarchie

un **individu** [ɛ̃dividy]	Individuum, Einzelperson
Tous les individus sont égaux devant la loi.	Vor dem Gesetz sind alle Menschen/Personen gleich.
individuel,le [ɛ̃dividyɛl]	persönlich, eigen
respecter les libertés individuelles	die persönlichen Freiheiten achten
un,e **citoyen,ne** [sitwajɛ̃, jɛn]	(Staats)Bürger(in)
la **liberté** [libɛʀte]	Freiheit
l'**égalité** f [egalite]	Gleichheit
la **fraternité** [fʀatɛʀnite]	Brüderlichkeit

un,e **électeur, -trice** [elɛktœʀ, tʀis]	Wähler(in)
électoral,e [elɛktɔʀal]	Wähler-, Wahl-
se faire inscrire sur une **liste électorale**	sich in eine Wählerliste eintragen lassen
un,e **candidat,e** [kɑ̃dida, at]	Kandidat(in)
désigner un candidat	einen Kandidaten aufstellen

Wahlen **und** *wählen*

une élection	*Wahl*
l'élection présidentielle	*Präsidentschaftswahl*
être candidat à l'élection présidentielle	*bei der Präsidentschaftswahl kandidieren*
les (élections) législatives	*Parlamentswahl(en)*
se présenter aux élections législatives	*für die Parlamentswahlen kandidieren*
les (élections) régionales	*Regionalwahl(en)*
les (élections) cantonales	*Kantonalwahl(en)*
les (élections) municipales	*Kommunalwahl(en)*
les (élections) européennes	*Europawahl(en)*
les élections anticipées	*vorgezogene Wahlen*
envisager des élections anticipées	*vorgezogene Wahlen erwägen*
un vote	*Abstimmung, (Wahl)Stimme*
exercer son droit de vote	*sein Wahlrecht ausüben*
le suffrage	*Stimmabgabe, (Wahl)Stimme*
le suffrage universel	*allgemeine(s) Wahl(recht)*
le suffrage indirect	*indirekte(s) Wahl(recht)*
élire qn au suffrage universel	*jdn nach dem Prinzip des allgemeinen Wahlrechts wählen*
le scrutin	*Abstimmung, Wahl*
le scrutin secret	*geheime Wahl*
le scrutin/suffrage majoritaire	*Mehrheitswahl*
le scrutin/suffrage proportionnel	*Verhältniswahl*
un tour de scrutin	*Wahlgang*
au 1er/2e tour	*im 1./2. Wahlgang*
Il a été élu au deuxième/2e tour.	*Er wurde im zweiten Wahlgang gewählt.*
dépouiller le scrutin	*Stimmen (aus)zählen*
élire qn	*wählen*
Les citoyens ont élu un nouveau Président.	*Die Bürger haben einen neuen Präsidenten gewählt.*
voter qc	*etw. wählen, über etw. abstimmen*
voter une loi	*ein Gesetz beschließen*
voter pour qn	*für jdn stimmen*

une **loi** [lwa]	Gesetz
un **projet de loi**	Gesetzesentwurf
adopter une loi	ein Gesetz annehmen, verabschieden
approuver une loi	ein Gesetz verabschieden
promulguer une loi	ein Gesetz verkünden
rejeter une loi	ein Gesetz ablehnen
légal,e [legal]	legal
la **voix** [vwa]	Stimme

le/la **Président,e** [pʀezidɑ̃, ɑ̃t]	Präsident(in)
présidentiel,le [pʀezidɑ̃sjɛl]	Präsidentschafts-, präsidial
les **élections présidentielles**	Präsidentschaftswahlen

le **gouvernement** [guvɛʀnəmã]	Regierung
les membres du gouvernement	die Regierungsmitglieder
renverser le gouvernement	die Régierung stürzen
gouvernemental,e [guvɛʀnəmãtal]	Regierungs-
gouverner [guvɛʀne]	regieren
un,e **ministre** [ministʀ]	Minister(in)
le **ministre de l'Education**	Erziehungsminister
le **Premier ministre**	Premierminister
un **Ministre-président**	Ministerpräsident *(in deutschen Bundesländern)*

le **parlement** [paʀləmã]	Parlament
Le Parlement se réunit.	Das Parlament tritt zusammen.
(un,e) **parlementaire** *n; adj* [paʀləmãtɛʀ]	Parlamentarier(in); parlamentarisch
une session parlementaire	Parlamentssitzung; parlamentarische Sitzungsperiode
une **séance** [seãs]	Sitzung

la **liberté de conscience** [libɛʀtedkõsjãs]	Gewissensfreiheit
la **liberté du culte** [libɛʀtedykylt]	Glaubens-, Religionsfreiheit
la **liberté d'opinion** [libɛʀtedɔpinjõ]	Meinungsfreiheit
les **droits fondamentaux** *m* [dʀwafõdamãto]	Grundrechte
les **droits de l'homme** *m* [dʀwadlɔm]	Menschenrechte
la **Déclaration des droits de l'homme**	die Erklärung der Menschenrechte
garantir [gaʀãtiʀ]	garantieren, gewährleisten
La Constitution garantit le respect des droits fondamentaux.	Die Verfassung garantiert die Achtung der Grundrechte.
proclamer [pʀɔklame]	verkünden
Les résultats du vote seront proclamés demain.	Die Abstimmungsergebnisse werden morgen verkündet.
la **proclamation** [pʀɔklamasjõ]	Verkündung, Ausrufung
la proclamation de la République	die Ausrufung der Republik

l'**autodétermination** *f* [otodetɛʀminasjõ]	Selbstbestimmung
se battre pour le **droit à l'autodétermination**	für das Selbstbestimmungsrecht kämpfen
un **référendum** [ʀefeʀɛ̃dɔm/ʀefeʀãdɔm]	Referendum, Volksentscheid
un **plébiscite** [plebisit]	Volksabstimmung, -befragung

le **fédéralisme** [fedeʀalism]	Föderalismus

un **Etat fédéral** [etafedeʀal]	Bundesstaat
la **République fédérale d'Allemagne**	Bundesrepublik Deutschland
une **confédération** [kɔ̃fedeʀasjɔ̃]	Staatenbund, Konföderation
la **Confédération helvétique**	Schweizerische Eidgenossenschaft
le **Chancelier (allemand)** [ʃɑ̃səlje]	(der deutsche) Bundeskanzler

la **participation** [paʀtisipasjɔ̃]	Teilnahme, Beteiligung
La participation au vote a été très faible.	Die Wahlbeteiligung war sehr gering.
s'abstenir [sapstəniʀ]	sich (der Stimme) enthalten
Les électeurs ont été **nombreux** à s'abstenir.	Zahlreiche Wähler haben sich der Stimme enthalten.
une **abstention** [apstɑ̃sjɔ̃]	Enthaltung

une **circonscription (électorale)** [siʀkɔ̃skʀipsjɔ̃(elɛktɔʀal)]	Wahlkreis
un **bureau de vote** [byʀodvɔt]	Wahlbüro
une **urne** [yʀn]	Urne
déposer son bulletin dans l'urne	seinen Stimmzettel in die Urne werfen
un **bulletin (de vote)** [byltɛ̃(dvɔt)]	Stimmzettel
un **bulletin blanc**	leerer Stimmzettel
un **bulletin nul**	ungültiger Stimmzettel

la **majorité** [maʒɔʀite]	Mehrheit
obtenir la majorité	die Mehrheit erringen
la **majorité absolue**	absolute Mehrheit
la **majorité relative**	relative Mehrheit
Au 2e tour, la majorité relative suffit.	Im 2. Wahlgang reicht die relative Mehrheit.
être en ballottage [ɛtʀɑ̃balɔtaʒ]	in die Stichwahl kommen

un **chef d'Etat** [ʃɛfdeta]	Regierungschef
Les chefs d'Etat de l'UE se sont réunis à Londres.	Die Regierungschefs der EU sind in London zusammengekommen.
le **chef de l'Etat** [ʃɛfdələta]	Staatsoberhaupt, Staatschef
Le chef de l'Etat s'est adressé aux Français dans une allocution télévisée.	Das Staatsoberhaupt hat sich in einer Fernsehansprache an die Franzosen gewandt.
le **chef du gouvernement** [ʃɛfdyguvɛʀnəmɑ̃]	Regierungschef
la **cohabitation** [kɔabitasjɔ̃]	Kohabitation (*Zusammenarbeit zwischen dem Staatspräsidenten und der einer anderen politischen Richtung zugehörigen Regierung*)
un gouvernement de cohabitation	eine Kohabitationsregierung

l'**Assemblée nationale** f — frz. Nationalversammlung
[asãblenasjɔnal]
un,e **député,e** [depyte] — Abgeordnete(r)
  les députés de l'opposition — die Abgeordneten der Opposition
le **Sénat** [sena] — Senat
un,e **sénateur, -trice** [senatœʀ, tʀis] — Senator(in)
la **question de confiance** — Vertrauensfrage
[kɛstjɔ̃dkɔ̃fjãs]
  poser la question de confiance — die Vertrauensfrage stellen
une **motion de censure** [mosjɔ̃dsãsyʀ] — Misstrauensantrag
  voter une motion de censure — einen Misstrauensantrag annehmen
dissoudre [disudʀ] — auflösen
  dissoudre l'Assemblée — die Nationalversammlung auflösen
la **dissolution** [disɔlysjɔ̃] — Auflösung
  prononcer la dissolution de — die Auflösung der National-
  l'Assemblée — versammlung verkünden
la **législature** [leʒislatyʀ] — Legislaturperiode
  démissionner avant la fin de la — vor dem Ende der Legislatur-
  législature — periode zurücktreten
les **indemnités parlementaires** f — Diäten
[ɛ̃dɛmnitepaʀləmãtɛʀ]

le **Conseil des ministres** — Ministerrat
[kɔ̃sɛjdeministʀ]
  le/la **ministre des Affaires** — Außenminister(in)
  étrangères
  le/la **ministre de l'Intérieur** — Innenminister(in)
  le/la **ministre des Finances** — Finanzminister(in)
  Le chef du gouvernement a renvoyé — Der Regierungschef hat seinen
  son ministre des Finances. — Finanzminister entlassen.
  le/la **ministre de l'Education** — Erziehungsminister(in)
  nationale
le/la **garde des Sceaux** — Justizminister(in)
[gaʀd(ə)deso]
un,e **secrétaire d'Etat** — Staatssekretär(in)
[s(ə)kʀetɛʀdeta]
  la secrétaire d'Etat **à la condition** — Staatssekretärin für Frauenfragen
  féminine
un **remaniement ministériel** — Regierungsumbildung
[ʀ(ə)manimãministeʀjɛl]
  procéder à un remaniement minis- — eine Regierungsumbildung vor-
  tériel — nehmen
démissionner [demisjɔne] — zurücktreten
la **démission** [demisjɔ̃] — Rücktritt
  donner sa démission — seinen Rücktritt einreichen

succéder à [syksede]	(nach)folgen auf
Jacques Chirac a succédé à François Mitterrand comme président de la République.	Jacques Chirac folgte François Mitterrand als Staatspräsident.
la **succession** [syksesjɔ̃]	Nachfolge
assurer/prendre la succession de qn	jdns Nachfolge antreten

le **pouvoir** [puvwaʀ]	Macht, (Staats)Gewalt
le pouvoir législatif	gesetzgebende Gewalt, Legislative
le pouvoir exécutif	vollziehende Gewalt, Exekutive
le pouvoir judiciaire	richterliche Gewalt, Judikative
la séparation des pouvoirs	Gewaltenteilung
la prise du pouvoir	Machtergreifung
être au pouvoir	an der Macht sein
François Mitterrand a été au pouvoir pendant 14 ans.	François Mitterrand war 14 Jahre an der Macht.

un,e **ressortissant,e** [ʀ(ə)sɔʀtisɑ̃, ɑ̃t]	Staatsangehörige(r)
les ressortissants français à l'étranger	die französischen Staatsangehörigen im Ausland
un,e **compatriote** [kɔ̃patʀiɔt]	Landsmann, -frau
un,e **patriote** [patʀiɔt]	Patriot(in)
le **patriotisme** [patʀijɔtism]	Patriotismus
le **nationalisme** [nasjɔnalism]	Nationalismus
(un,e) **nationaliste** n; adj [nasjɔnalist]	Nationalist(in); nationalistisch
le **chauvinisme** [ʃovinism]	Chauvinismus, überzogener Patriotismus
(un,e) **chauvin, -ine** n; adj [ʃovɛ̃, in]	Chauvinist(in); chauvinistisch
Il n'est pas nationaliste, il est carrément chauvin.	Er ist nicht nationalistisch, er ist ganz einfach chauvinistisch.

14.2 Öffentliche Verwaltung

une **institution** [ɛ̃stitysjɔ̃]	Institution
les institutions de la République	die Institutionen/Einrichtungen der Republik
officiel,le [ɔfisjɛl]	offiziell
Elle a fait une déclaration officielle.	Sie hat eine offizielle Erklärung abgegeben.
un,e **fonctionnaire** [fɔ̃ksjɔnɛʀ]	Beamter, Beamtin
une **fonction** [fɔ̃ksjɔ̃]	Amt, Tätigkeit, Funktion
exercer [ɛgzeʀse]	ausüben
exercer le pouvoir	die Macht ausüben

occuper [ɔkype]
occuper un poste important
(être) responsable de [Rɛspɔ̃sabl]

M. Martin est responsable des
questions fiscales.

innehaben, bekleiden
ein wichtiges Amt bekleiden
verantwortlich, zuständig (sein)
für
Herr Martin ist für die Steuer-
angelegenheiten zuständig.

une **capitale** [kapital]
une **commune** [kɔmyn]
La France a plus de 36 000
communes.
communal,e [kɔmynal]
les bâtiments communaux
un **maire** [mɛR]
M./Mme le maire
une **mairie** [mɛRi]
l'**hôtel de ville** m [ɔ/otɛldəvil]
un,e **habitant,e** [abitã, ãt]

Hauptstadt
Gemeinde
Frankreich hat mehr als 36 000
Gemeinden.
Gemeinde-, kommunal
die städtischen Gebäude
Bürgermeister(in)
Herr/Frau Bürgermeister(in)
Bürgermeisteramt, Rathaus
Rathaus *(in größeren Städten)*
Bewohner(in), Einwohner(in)

une **région** [Reʒjɔ̃]
régional,e [Reʒjɔnal]
le **Conseil régional**
un **département** [depaRtəmã]
départemental,e [depaRtəmãtal]
une route départementale
un **arrondissement** [aRɔ̃dismã]

un **canton** [kãtɔ̃]

Region, Gegend
regional
Regionalrat
Département
Département-
Départementstraße *(Landstraße)*
Arrondissement *(Untereinheit eines
Département)*
Kanton *(Untereinheit eines
Arrondissement)*

les **autorités** f [ɔtɔRite]
se plaindre **auprès** des autorités
l'**administration** f [administRasjɔ̃]
travailler dans l'administration
administratif, -ive [administRatif, iv]
le **service administratif**
la **bureaucratie** [byRokRasi]
bureaucratique [byRokRatik]

Behörden
sich bei einer Behörde beschweren
Verwaltung
in der Verwaltung arbeiten
Verwaltungs-
Verwaltung
Bürokratie
bürokratisch

la **municipalité** [mynisipalite]
La fête a été organisée par la muni-
cipalité.
municipal,e [mynisipal]
le **Conseil municipal**
un,e **conseiller, -ère** [kɔ̃seje, jɛR]
une conseillère municipale

(Stadt)Gemeinde
Das Fest wurde von der Gemeinde
organisiert.
Stadt-, städtisch, Kommunal-
Gemeinderat
Berater(in); Rat, Rätin
Gemeinderätin

une **demande** [d(ə)mãd]	Antrag, Anfrage, Gesuch
faire une demande **auprès** de qn	bei jdm einen Antrag stellen/ein Gesuch einreichen
un **formulaire** [fɔʀmylɛʀ]	Formular
remplir un formulaire	ein Formular ausfüllen
un **questionnaire** [kɛstjɔnɛʀ]	Fragebogen
un **certificat** [sɛʀtifika]	Bestätigung, Bescheinigung
faire établir un **certificat de mariage**	eine Ehebescheinigung ausstellen lassen
un **extrait (de naissance)** [ɛkstʀɛ]	Auszug (aus dem Geburtsregister)
un **permis** [pɛʀmi]	Erlaubnis(schein), Genehmigung
un **permis de séjour**	Aufenthaltserlaubnis, Aufenthaltsgenehmigung
délivrer un **permis de conduire**	einen Führerschein ausstellen
prolonger (le passeport/la carte d'identité) [pʀɔlɔ̃ʒe]	(den Reisepass/Personalausweis) verlängern

le **fisc** [fisk]	Fiskus, Steuerbehörde
fiscal,e [fiskal]	Steuer-
la **fraude fiscale**	Steuerhinterziehung
un,e **percepteur, -trice** [pɛʀsɛptœʀ, tʀis]	Steuerbeamter, -beamtin; Finanzamt
les **impôts** m [ɛ̃po]	Steuern
payer des impôts	Steuern entrichten
les **impôts sur le revenu**	Einkommenssteuer
imposer qn [ɛ̃poze]	jdn (zur Steuer) veranlagen
On **impose les contribuables en fonction de** leurs revenus.	Die Steuerpflichtigen werden ihrem Einkommen gemäß veranlagt.
imposable [ɛ̃pozabl]	steuerpflichtig
Le stagiaire gagne trop peu pour être imposable.	Der Praktikant verdient zu wenig, um steuerpflichtig zu sein.
déclarer [deklaʀe]	angeben, anmelden
Il ne déclare pas tout ce qu'il gagne.	Er versteuert nicht alles, was er verdient.
une **déclaration d'impôts** [deklaʀasjɔ̃dɛ̃po]	Steuererklärung
remplir une déclaration	eine Steuererklärung ausfüllen
le/la **contribuable** [kɔ̃tʀibyabl]	Steuerpflichtige(r)

un **préfet** [pʀefɛ]	Präfekt *(Vertreter des Staates in einem Département)*
une **préfecture** [pʀefɛktyʀ]	Präfektur *(Hauptort eines Département)*
la **sous-préfecture**	Unterpräfektur *(Hauptort eines Arrondissement)*

la **régionalisation** [ʀeʒjɔnalizasjɔ̃]	Regionalisierung
le **Conseil régional** [kɔ̃sɛjʀeʒjɔnal]	Regionalrat
la **centralisation** [sɑ̃tʀalizasjɔ̃]	Zentralisierung
centralisé,e [sɑ̃tʀalize]	zentralisiert
La France est un pays centralisé.	Frankreich ist ein zentralisiertes Land.
central,e [sɑ̃tʀal]	zentral
la **décentralisation** [desɑ̃tʀalizasjɔ̃]	Dezentralisierung
un partisan de la décentralisation	ein Verfechter der Dezentralisierung
décentralisé,e [desɑ̃tʀalize]	dezentralisiert

la **Métropole** [metʀɔpɔl]	Mutterland
Ils vont quitter la Guadeloupe pour aller en Métropole.	Sie werden Guadeloupe verlassen, um ins Mutterland zu ziehen.
une **métropole** [metʀɔpɔl]	Metropole, Weltstadt
La pollution touche toutes les grandes métropoles.	Die Umweltverschmutzung betrifft alle großen Metropolen.
la **France métropolitaine** [fʀɑ̃smetʀɔpɔlitɛn]	das französische Mutterland
les **D.O.M.-T.O.M.** *m* [dɔmtɔm]	die überseeischen Départements und Territorien
un **territoire** [teʀitwaʀ]	(Hoheits)Gebiet, Territorium
l'**aménagement du territoire**	Raumplanung, -ordnung

14.3 Parteien, politische Systeme

(la) **politique** *n; adj* [pɔlitik]	Politik; politisch
faire de la politique	politisch aktiv sein
un **régime** [ʀeʒim]	Regierungsform; Regime
un **régime totalitaire**	totalitäre Regierungsform, totalitäres Regime
un **système** [sistɛm]	System, Form, Regime
instaurer un système démocratique	eine demokratische Regierungsform ein-/errichten

un **homme d'Etat** [ɔmdeta]	Staatsmann
un **homme**/une **femme politique** [ɔm/fampɔlitik]	Politiker(in)
un,e **politicien,ne** *pej* [pɔlitisjɛ̃, jɛn]	Politiker(in)
diriger [diʀiʒe]	führen
diriger le pays/la nation	das Land/die Nation führen
gouverner [guvɛʀne]	regieren

le **gouvernement** [guvɛʀnəmɑ̃]   Regierung, Kabinett
Le Premier ministre forme son   Der Premierminister stellt sein
gouvernement.   Kabinett zusammen.

un **parti** [paʀti]   Partei
  un **parti conservateur**   konservative Partei
  le **parti gaulliste**   gaullistische Partei
  un **parti libéral**   liberale Partei
  un **parti chrétien-démocrate**   christlich-demokratische Partei
  un **parti socialiste**   sozialistische Partei
  un **parti communiste**   kommunistische Partei
être majoritaire (au parlement/   (im Parlament/in der Regierung) die
gouvernement) [maʒɔʀitɛʀ]   Mehrheit besitzen
être minoritaire [minɔʀitɛʀ]   in der Minderheit sein
indépendant,e [ɛ̃depɑ̃dɑ̃, ɑ̃t]   unabhängig
  mener une politique indépendante   eine unabhängige Politik führen
l'**opposition** f [ɔpozisjɔ̃]   Opposition

la **gauche** [goʃ]   Linke
  l'**extrême gauche**   die äußerste Linke
la **droite** [dʀwat]   Rechte
  l'**extrême droite**   die äußerste Rechte
  être de droite/de gauche   (politisch) rechts/links stehen
  les **partis de droite/de gauche**   Rechts-/Linksparteien

le **capitalisme** [kapitalism]   Kapitalismus
un,e **capitaliste** [kapitalist]   Kapitalist(in)
le **socialisme** [sɔsjalism]   Sozialismus
un,e **socialiste** [sɔsjalist]   Sozialist(in)
le **communisme** [kɔmynism]   Kommunismus
un,e **communiste** [kɔmynist]   Kommunist(in)
le **fascisme** [faʃism]   Faschismus
un,e **fasciste** [faʃist]   Faschist(in)
l'**écologie** f [ekɔlɔʒi]   Umweltschutz, Ökologie
un,e **écologiste** [ekɔlɔʒist]   Umweltschützer(in), Grüne(r)

un **programme** [pʀɔgʀam]   Programm
Le candidat présente son pro-   Der Kandidat stellt sein Programm
gramme.   vor.
un **changement** [ʃɑ̃ʒmɑ̃]   Wechsel
  se prononcer pour le changement   sich für den Wechsel aussprechen
une **initiative** [inisjativ]   Initiative
  prendre une initiative   eine Initiative ergreifen
une **mesure** [m(ə)zyʀ]   Maßnahme
  prendre des mesures efficaces   wirksame Maßnahmen gegen die
  contre le chômage   Arbeitslosigkeit ergreifen

un,e **dirigeant,e** [diʀiʒɑ̃, ɑ̃t] — führende Person *(bei Parteien, Gewerkschaften)*
avoir confiance en ses dirigeants — seinen führenden Politikern vertrauen
un **leader** [lidœʀ] — Führer
le leader de l'opposition — der Oppositionsführer
assumer une responsabilité [asymeynʀɛspɔ̃sabilite] — die Verantwortung übernehmen/tragen
Elle assume une responsabilité **au sein du gouvernement.** — Sie trägt Regierungsverantwortung.

adhérer [adeʀe] — angehören
Est-ce que tu adhères à un parti ? — Gehörst du einer Partei an?
un,e **adhérent,e** [adeʀɑ̃, ɑ̃t] — Mitglied
un **membre** [mɑ̃bʀ] — Mitglied
un,e **militant,e** [militɑ̃, ɑ̃t] — aktives Parteimitglied
Nos responsables ne sont pas assez **à l'écoute des militants de base.** — Unsere Verantwortlichen hören nicht genug auf die Mitglieder der (Partei)Basis.
un,e **sympathisant,e** [sɛ̃patizɑ̃, ɑ̃t] — Sympathisant(in)

un **courant politique** [kuʀɑ̃pɔlitik] — politische Strömung
un courant modéré — eine gemäßigte (politische) Strömung
une **union** [ynjɔ̃] — Union, Bündnis
l'**union de la Gauche** — die Union der Linken, das Linksbündnis
un **groupe parlementaire** [gʀuppaʀləmɑ̃tɛʀ] — Fraktion
se rallier à [s(ə)ʀalje] — sich anschließen
Le député s'est rallié au groupe communiste. — Der Abgeordnete hat sich der kommunistischen Fraktion angeschlossen.
une **coalition** [kɔalisjɔ̃] — Koalition
Les partis de droite ont formé une coalition. — Die Rechtsparteien haben eine Koalition gebildet.
une **alliance** [aljɑ̃s] — Allianz

le **PS (Parti socialiste)** [peɛs] — sozialistische Partei
le **PC (Parti communiste)** [pese] — kommunistische Partei
les **Verts** [vɛʀ] — die Grünen
le **RPR (Rassemblement pour la République)** [ɛʀpeɛʀ] — Neogaullisten
l'**UDF (Union pour la démocratie française)** *f* [ydeɛf] — Partei der bürgerlichen Mitte

le **FN (Front National)** [ɛfɛn]	Nationale Front (rechtsradikale Partei)

un **message** [mesaʒ]	Botschaft
Le président de la République a adressé un message clair aux syndicats.	Der Präsident der Republik hat eine deutliche Botschaft an die Gewerkschaften gerichtet.
consulter qn [kɔ̃sylte]	jdn befragen
consulter les électeurs (par référendum)	die Wähler (in einer Volksabstimmung) befragen
une **consultation** [kɔ̃syltasjɔ̃]	Umfrage, Volksbefragung

un,e **adversaire** [advɛʀsɛʀ]	Gegner(in)
une **intrigue** [ɛ̃tʀig]	Intrige
être victime d'une intrigue	Opfer einer Intrige sein
un **scandale** [skɑ̃dal]	Skandal
être impliqué dans un scandale politique	in einen politischen Skandal verwickelt sein

14.4 Gesetze, Rechtsprechung, Kriminalität

une **loi** [lwa]	Gesetz
avoir la loi pour soi	das Gesetz auf seiner Seite haben
respecter une loi	ein Gesetz achten, einhalten
violer une loi	ein Gesetz brechen
légal,e [legal]	gesetzlich, legal
un procédé parfaitement légal	ein völlig legales Vorgehen
la **légalité** [legalite]	Legalität, Gesetzmäßigkeit
illégal,e [ilegal]	illegal, ungesetzlich
l'**illégalité** f [ilegalite]	Illegalität, Ungesetzlichkeit
le **droit** [dʀwa]	Jura; Recht
un **étudiant en droit**	Jurastudent
le **droit civil**	bürgerliches Recht, Zivilrecht

la **justice** [ʒystis]	Justiz
poursuivre qn en justice	jdn verklagen
juste [ʒyst]	gerecht
une **injustice** [ɛ̃ʒystis]	Ungerechtigkeit
être victime d'une injustice	Opfer einer Ungerechtigkeit sein
injuste [ɛ̃ʒyst]	ungerecht

une **affaire** [afɛʀ]	Fall, Sache, Affäre
Il est mêlé à une **affaire de corruption.**	Er ist in eine Bestechungsaffäre verwickelt.

juger qn [ʒyʒe]	jdn verurteilen
être jugé,e pour qc	wegen etw. verurteilt werden
un **jugement** [ʒyʒmã]	Urteil
prononcer un jugement	ein Urteil verkünden
un,e **juge** [ʒyʒ]	Richter(in)
un,e **juge d'instruction**	Untersuchungsrichter(in)
un,e **avocat,e (de la défense)**	Rechtsanwalt, -anwältin
[avɔka, at]	
Son avocat a **plaidé non coupable**.	Sein Anwalt hat für nicht schuldig plädiert.
un **jury** [ʒyʀi]	die Geschworenen
un,e **juré,e** [ʒyʀe]	Geschworene(r)

interroger [ɛ̃teʀɔʒe]	verhören, befragen
interroger l'accusé	den Angeklagten verhören
un **interrogatoire** [ɛ̃teʀɔgatwaʀ]	Verhör
procéder à un interrogatoire	verhören, ein Verhör durchführen
une **question** [kɛstjɔ̃]	Frage
poser une question	eine Frage stellen

accuser qn de qc [akyze]	jdn einer Sache anklagen, beschuldigen
Il a été accusé de vol.	Er wurde des Diebstahls angeklagt.
une **accusation** [akyzasjɔ̃]	Anklage, Beschuldigung
porter une accusation grave contre qn	eine schwer wiegende Beschuldigung gegen jdn erheben
un,e **accusé,e** [akyze]	Angeklagte(r)
la **vérité** [veʀite]	Wahrheit
un **mensonge** [mãsɔ̃ʒ]	Lüge
mentir [mãtiʀ]	lügen
(être) coupable (de qc) [kupabl]	(einer Sache) schuldig (sein)
Il n'était pas coupable du crime.	Er war des Verbrechens nicht schuldig.
la **culpabilité** [kylpabilite]	Schuld
avoir **un doute sur la culpabilité** de l'accusé	einen Zweifel an der Schuld des Angeklagten haben
innocent,e [inɔsã, ãt]	unschuldig
être reconnu innocent,e	für unschuldig erklärt werden
l'**innocence** f [inɔsãs]	Unschuld

condamner qn à qc [kɔ̃dane]	jdn zu etw. verurteilen
L'accusée a été condamnée à 6 mois de prison.	Die Angeklagte wurde zu sechs Monaten Gefängnis verurteilt.
la **condamnation** [kɔ̃danasjɔ̃]	Verurteilung, Strafe
infliger une condamnation à qn	jdn verurteilen, gegen jdn eine Strafe verhängen

un,e **condamné,e** [kɔ̃dane]	Verurteilte(r)
un **condamné à mort**	ein zum Tode Verurteilter
punir qn de/pour qc [pyniʀ]	jdn für etw. bestrafen
une **prison** [pʀizɔ̃]	Gefängnis
faire de la prison	(im Gefängnis) einsitzen
un,e **prisonnier, -ière**	Gefangene(r)
[pʀizɔnje, jɛʀ]	
Un prisonnier s'est évadé.	Ein Gefangener ist geflohen.
la **liberté** [libɛʀte]	Freiheit
remettre qn en liberté	freilassen
libérer qn [libeʀe]	jdn freilassen; jdn befreien
être **libéré pour** bonne conduite	wegen guter Führung entlassen werden

les **forces de l'ordre** f [fɔʀsdəlɔʀdʀ]	Ordnungskräfte
la **police** [pɔlis]	Polizei
un **agent de police**	Polizist(in)
un **poste (de police)**	Polizeiwache, -station
un **policier** [pɔlisje]	Polizist(in)
policier, -ière [pɔlisje, jɛʀ]	Polizei-, polizeilich
une **enquête policière**	polizeiliche Untersuchung
un **gendarme** [ʒɑ̃daʀm]	Polizist(in)
un,e **commissaire** [kɔmisɛʀ]	Kommissar(in)
un **commissariat** [kɔmisaʀja]	Kommissariat
une **enquête** [ɑ̃kɛt]	Ermittlungen
Le commissaire **mène l'enquête.**	Der Kommissar ermittelt.
enquêter [ɑ̃kɛte]	in einer Sache ermitteln
enquêter sur qn/qc	über jdn/etw. Ermittlungen anstellen
un **flic** fam [flik]	Bulle

un **crime** [kʀim]	Verbrechen
commettre un crime	ein Verbrechen begehen
criminel,le [kʀiminɛl]	kriminell, verbrecherisch
un **acte criminel**	eine kriminelle Handlung
tuer [tye]	töten
blesser [blese]	verletzen, verwunden
une **arme** [aʀm]	Waffe
une **victime** [viktim]	Opfer
L'accident a fait de nombreuses victimes.	Der Unfall hat zahlreiche Opfer gefordert.
arrêter [aʀete]	festnehmen, verhaften
une **arrestation** [aʀɛstasjɔ̃]	Festnahme, Verhaftung
procéder à une arrestation	eine Verhaftung vornehmen

une **bagarre** [bagaʀ]	Schlägerei

Une bagarre a opposé deux bandes de jeunes.	Zwei Jugendbanden standen sich in einer Schlägerei gegenüber.
la **violence** [vjɔlɑ̃s]	Gewalt
céder face à la violence	der Gewalt weichen, nachgeben
violent,e [vjɔlɑ̃, ɑ̃t]	gewalttätig

une **attaque** [atak]	Überfall
voler [vɔle]	stehlen
piquer *fam* [pike]	klauen
un **vol** [vɔl]	Diebstahl
un **vol à main armée**	bewaffneter Diebstahl
un,e **voleur, -euse** [vɔlœʀ, øz]	Dieb(in)
« **Au voleur !** »	„Haltet den Dieb!"

un **tribunal** [tʀibynal]	Gericht
passer devant le tribunal	vor Gericht kommen
une **cour (de justice)**	Gerichtshof
[kuʀ(dəʒystis)]	
le **procès** [pʀɔsɛ]	Prozess

le **Tribunal correctionnel**	Strafgericht (der zweiten Instanz)
[tʀibynalkɔʀɛksjɔnɛl]	
la **Cour d'assises** [kuʀdasiz]	Schwurgericht
en première instance	in erster Instanz
[ɑ̃pʀəmjɛʀɛ̃stɑ̃s]	
Elle a été condamnée en première instance.	Sie wurde in erster Instanz verurteilt.
faire appel [fɛʀapɛl]	Berufung einlegen, in Berufung gehen
L'accusé a l'intention de faire appel.	Der Angeklagte beabsichtigt, Berufung einzulegen.
la **Cour de cassation** [kuʀdəkasasjɔ̃]	Kassations(gerichts)hof
casser un jugement [kaseɛ̃ʒyʒmɑ̃]	ein Urteil aufheben

le **droit pénal** [dʀwapenal]	Strafrecht
le **droit civil** [dʀwasivil]	Zivilrecht
le **code pénal** [kɔdpenal]	Strafgesetzbuch
le **code civil** [kɔdsivil]	Zivilgesetzbuch
un **dossier** [dosje]	Fall
La justice a décidé de **rouvrir le dossier**.	Die Gerichtsbarkeit hat entschieden, den Fall neu zu verhandeln.
un **article** [aʀtikl]	Paragraph

un **cas** [ka]	Fall
un **cas désespéré**	hoffnungsloser Fall
prouver [pʀuve]	beweisen

L'avocat de la défense a prouvé que l'accusé était innocent.	Der Verteidiger hat bewiesen, dass der Angeklagte unschuldig war.
une **preuve** [pʀœv]	Beweis
apporter la preuve de la culpabilité de qn	den Beweis für jdns Schuld beibringen
avouer [avwe]	gestehen
un **aveu** [avœ]	Geständnis
passer aux aveux	gestehen, Geständnis ablegen
nier [nje]	leugnen, abstreiten
L'accusé nie tout en bloc.	Der Angeklagte streitet alles ab.

une **plainte** [plɛ̃t]	Klage
porter plainte	Anzeige erstatten
déposer une plainte	einen Strafantrag stellen
inculper qn (de qc) [ɛ̃kylpe]	(wegen etw.) gegen jdn Anklage erheben
Il a été inculpé de meurtre.	Gegen ihn ist Anklage wegen Mord erhoben worden.
une **inculpation** [ɛ̃kylpasjɔ̃]	Anklage
comparaître (en justice) [kɔ̃paʀɛtʀ]	vor Gericht erscheinen
Demain, ils vont **comparaître (en justice) pour** vol à main armée.	Morgen werden sie wegen bewaffneten Diebstahls vor Gericht erscheinen.
la **détention provisoire** [detɑ̃sjɔ̃pʀɔvizwaʀ]	Untersuchungshaft
Elle a fait trois mois de détention provisoire.	Sie saß drei Monate in Untersuchungshaft.
un,e **délinquant,e** [delɛ̃kɑ̃, ɑ̃t]	Straffällige(r), Delinquent(in)
la **délinquance** [delɛ̃kɑ̃s]	Kriminalität
La **délinquance juvénile** est en augmentation.	Die Jugendkriminalität nimmt zu.
un,e **prévenu,e** [pʀev(ə)ny]	Tatverdächtige(r), Beschuldigte(r)
un,e **récidiviste** [ʀesidivist]	Rückfalltäter(in)
le **non-lieu** [nɔ̃ljø]	Einstellung des Verfahrens
obtenir un non-lieu	die Einstellung des Verfahrens erreichen

un **témoin** [temwɛ̃]	Zeuge, Zeugin
appeler un témoin à la barre	einen Zeugen in den Zeugenstand rufen
l'audition des témoins	Zeugenanhörung
témoigner pour/en faveur de/ contre qn [temwaɲe]	zu Gunsten/zu Ungunsten von jdm aussagen
Ils ont tous témoigné en faveur de l'accusé.	Alle haben zu Gunsten des Angeklagten (als Zeuge) ausgesagt.

déposer en faveur de/contre qn [depoze]	aussagen für/gegen jdn
une **déposition** [depozisjɔ̃]	Aussage
un **témoignage** [temwaɲaʒ]	(Zeugen)Aussage
un faux témoignage	Falschaussage
apporter son témoignage sur qc	Zeugnis über etw. ablegen
à **charge** [aʃaʀʒ]	Belastungs-
à **décharge** [adeʃaʀʒ]	Entlastungs-
appeler le témoin à charge/à décharge à la barre	den Belastungs-/Entlastungszeugen in den Zeugenstand rufen
le **serment** [sɛʀmɑ̃]	Eid
prêter serment	Eid ablegen
affirmer qc sous serment	etw. unter Eid beteuern

le **procureur (général)** [pʀɔkyʀœʀ(ʒeneʀal)]	(General)Staatsanwalt
la **défense** [defɑ̃s]	Verteidigung
prendre la défense de qn	jdn verteidigen
plaider [plɛde]	plädieren
plaider non-coupable	auf nicht schuldig plädieren
le **verdict** [vɛʀdikt]	Urteilsspruch
La cour a prononcé son verdict.	Das Gericht hat den Urteilsspruch gefällt.

des **circonstances atténuantes** f [siʀkɔ̃stɑ̃satenyɑ̃t]	mildernde Umstände
accorder des circonstances atténuantes à l'accusé	dem Angeklagten mildernde Umstände zuerkennen
la **prescription** [pʀɛskʀipsjɔ̃]	Verjährung
avec préméditation [avɛkpʀemeditasjɔ̃]	vorsätzlich
un crime commis avec préméditation	ein vorsätzliches Verbrechen
la **légitime défense** [leʒitimdefɑ̃s]	Notwehr
plaider la légitime défense	auf Notwehr plädieren
se repentir de qc [səʀ(ə)pɑ̃tiʀ]	etw. bereuen
Il se repent de son crime.	Er bereut sein Verbrechen.

acquitter qn [akite]	jdn freisprechen
Le prévenu a été acquitté.	Der Tatverdächtige wurde freigesprochen.
un **acquittement** [akitmɑ̃]	Freispruch
une **amende** [amɑ̃d]	(Geld)Buße, Ordnungsstrafe
L'accusée a été condamnée à une amende sévère.	Die Angeklagte wurde zu einer saftigen Geldstrafe verurteilt.
une **sanction** [sɑ̃ksjɔ̃]	Bestrafung, Strafmaßnahme
une **peine** [pɛn]	Strafe

En France, **la peine de mort** a été abolie en 1981.
In Frankreich wurde die Todesstrafe 1981 abgeschafft.

avec sursis [avɛksyʀsi]
mit/auf Bewährung

Ils ont été condamnés à 6 mois de prison avec sursis.
Sie wurden zu 6 Monaten Gefängnis mit Bewährung verurteilt.

la **réclusion à perpétuité** [ʀeklyzjɔ̃apɛʀpetɥite]
lebenslängliche Freiheitsstrafe

une **erreur judiciaire** [eʀœʀ ʒydisjɛʀ]
Justizirrtum

- -

un,e **contractuel,le** [kɔ̃tʀaktyɛl]
Hilfspolizist(in)

la **police judiciaire (PJ** *fam*) [pɔlisʒydisjɛʀ (peʒi)]
Kriminalpolizei

la **Gendarmerie nationale** [ʒɑ̃daʀməʀinasjɔnal]
Gendarmerie

les **CRS (Compagnies républicaines de sécurité)** *f* [seɛʀɛs]
etwa: Bereitschaftspolizei

rechercher [ʀ(ə)ʃɛʀʃe]
suchen, fahnden nach

une **piste** [pist]
Spur, Fährte; Hinweis, Indiz

suivre une piste
eine Spur verfolgen

une **trace** [tʀas]
Spur, Hinweis

des **empreintes digitales** *f* [ɑ̃pʀɛ̃tdiʒital]
Fingerabdrücke

prendre les empreintes digitales de qn
von jdm Fingerabdrücke abnehmen

(un,e) **suspect,e** *n; adj* [syspɛ(kt), ɛkt]
Verdächtige(r); verdächtig

repérer un individu suspect
eine verdächtige Person ausmachen

soupçonner qn [supsɔne]
jdn verdächtigen

un **soupçon** [supsɔ̃]
Verdacht

Les soupçons se portent sur son mari.
Der Verdacht fällt auf/richtet sich gegen ihren Mann.

une **rafle** [ʀafl]
Razzia

- -

les **poursuites** *f* [puʀsɥit]
(Straf)Verfolgung

abandonner les poursuites contre qn
die Strafverfolgung gegen jdn einstellen

un **mandat** [mɑ̃da]
Mandat, Auftrag, Vollmacht

délivrer un **mandat d'amener**
einen Vorführungsbefehl erlassen

un **mandat d'arrêt**
Haftbefehl

mettre qn en examen [mɛtʀɑ̃negzamɛ̃]
ein Ermittlungsverfahren gegen jdn eröffnen

la **garde à vue** [gaʀdavy]
Polizeigewahrsam

Il a été mis en garde à vue.
Er wurde in Polizeigewahrsam genommen.

une **perquisition** [pɛʀkizisjɔ̃]
Hausdurchsuchung

une **pièce à conviction** *f* [pjɛsakɔ̃viksjɔ̃]
Beweisstück

un **délit** [deli]	Straftat, Delikt
prendre qn en flagrant délit	jdn in flagranti erwischen
un **meurtre** [mœʀtʀ]	Mord, Ermordung
un **assassinat** [asasina]	Mord, Ermordung
un **assassin** [asasɛ̃]	Mörder(in)
assassiner [asasine]	ermorden
violer [vjɔle]	vergewaltigen
un **viol** [vjɔl]	Vergewaltigung
un **mobile** [mɔbil]	Motiv
un **alibi** [alibi]	Alibi
vérifier un alibi	eine Alibi überprüfen

kidnapper [kidnape]	entführen
un,e **kidnappeur, -euse**	Entführer(in)
[kidnapœʀ, øz]	
enlever qn [ɑ̃l(ə)ve]	jdn entführen
un **enlèvement** [ɑ̃lɛvmɑ̃]	Entführung
une **prise d'otage** [pʀizdɔtaʒ]	Geiselnahme
une **rançon** [ʀɑ̃sɔ̃]	Lösegeld
un **chantage** [ʃɑ̃taʒ]	Erpressung
faire chanter qn [fɛʀʃɑ̃te]	jdn erpressen
un **maître-chanteur**	Erpresser
[mɛtʀ(ə)ʃɑ̃tœʀ]	

un **malfaiteur** [malfɛtœʀ]	Übeltäter(in)
un **escroc** [ɛskʀo]	Betrüger(in)
une **escroquerie** [ɛskʀɔkʀi]	Betrug
un **gangster** [gɑ̃gstɛʀ]	Gangster
un,e **cambrioleur, -euse**	Einbrecher(in)
[kɑ̃bʀijɔlœʀ, øʒ]	
un **cambriolage** [kɑ̃bʀijɔlaʒ]	Einbruch
cambrioler [kɑ̃bʀijɔle]	einbrechen
une **bande** [bɑ̃d]	Bande
un **hold-up** ['ɔldœp]	Raubüberfall
un **réseau** [ʀezo]	Netz, Ring
démanteler un réseau de trafiquants	einen Drogenhändlerring
de drogue	zerschlagen
un,e **complice** [kɔ̃plis]	Komplize/Komplizin

14.5 Verbände, Gewerkschaften

une **association** [asɔsjasjɔ̃]	Verein, Vereinigung, Verband
un **syndicat** [sɛ̃dika]	Gewerkschaft

syndical,e [sɛ̃dikal]
un,e délégué,e syndical,e
une organisation syndicale
un,e **syndicaliste** [sɛ̃dikalist]
le **syndicalisme** [sɛ̃dikalism]

Gewerkschafts-, gewerkschaftlich
Gewerkschaftsvertreter(in)
gewerkschaftliche Organisation
Gewerkschaftler(in)
Gewerkschaftsbewegung

un,e **salarié,e** [salaʀje]

Arbeitnehmer(in), Lohnemp-
fänger(in)

un,e **travailleur, -euse**
[tʀavajœʀ, jøz]
un,e **patron,ne** [patʀɔ̃, ɔn]
le **patronat** [patʀɔna]

Arbeiter(in)

Arbeitgeber(in), Chef(in)
Arbeitgeberschaft

protester [pʀɔtɛste]
une **protestation** [pʀɔtɛstasjɔ̃]
revendiquer [ʀ(ə)vɑ̃dike]
une **revendication** [ʀ(ə)vɑ̃dikasjɔ̃]

protestieren
Protest
fordern, verlangen
Forderung

une **grève** [gʀɛv]
Une **grève générale** a paralysé le
pays.
une **grève sauvage**
une **grève de solidarité**
faire (la) **grève**
se mettre en **grève**
être en **grève**
un,e **gréviste** [gʀevist]

Streik
Ein Generalstreik hat das Land
lahm gelegt.
wilder Streik
Sympathiestreik
streiken
in den Streik treten
streiken
Streikende(r)

une **réunion** [ʀeynjɔ̃]
se **réunir** [s(ə)ʀeyniʀ]
une **discussion** [diskysjɔ̃]
discuter de qc [diskyte]
une **solution** [sɔlysjɔ̃]
un **compromis** [kɔ̃pʀɔmi]
parvenir à un **compromis**

Treffen, Versammlung
sich treffen, zusammenkommen
Diskussion, Besprechung
über etw. diskutieren, etw. besprechen
Lösung
Kompromiss
einen Kompromiss zustande
bringen

un **résultat** [ʀezylta]
obtenir un **résultat**
reprendre le travail
[ʀ(ə)pʀɑ̃dʀlətʀavaj]

Ergebnis
ein Ergebnis erziehen
die Arbeit wieder aufnehmen

se **syndiquer** [s(ə)sɛ̃dike]
adhérer [adeʀe]
un,e **adhérent,e** [adeʀɑ̃, ɑ̃t]
s'organiser [sɔʀganize]

sich gewerkschaftlich organisieren
Mitglied sein, angehören
Mitglied
sich organisieren, zusammen-
schließen

les **partenaires sociaux** *m* [paʀtənɛʀsɔsjo]	Sozialpartner
un,e **employeur, -euse** [ãplwajœʀ, øz]	Arbeitgeber(in)
le **comité d'entreprise** [kɔmitedãtʀəpʀiz]	*etwa:* Betriebsrat
une **convention collective** [kɔ̃vãsjɔ̃kɔlɛktiv]	Tarifvertrag
un **conflit social** [kɔ̃flisɔsjal]	Arbeitskampf

contester [kɔ̃tɛste]	protestieren
une **contestation** [kɔ̃tɛstasjɔ̃]	Protest(bewegung)
se rassembler [s(ə)ʀasãble]	sich versammeln
un **rassemblement** [ʀasãbləmã]	Versammlung
lancer un ordre de grève [lãseɛ̃nɔʀdʀ(ə)dəgʀɛv]	zum Streik aufrufen
un **débrayage** [debʀɛjaʒ]	Arbeitsniederlegung, Warnstreik
débrayer [debʀeje]	die Arbeit niederlegen
un **piquet de grève** [pikɛdgʀɛv]	Streikposten
un,e **briseur, -euse de grève** [bʀizœʀ, øzdəgʀɛv]	Streikbrecher(in)
un **lock-out** [lɔkaut]	Aussperrung

négocier [negɔsje]	verhandeln
une **négociation** [negɔsjasjɔ̃]	Verhandlung
engager des négociations	in Verhandlungen treten
un,e **négociateur, -trice** [negɔsjatœʀ, tʀis]	Unterhändler(in), Verhandlungs-partner(in)
un **accord** [akɔʀ]	Vereinbarung
un,e **médiateur, -trice** [medjatœʀ, tʀis]	Schlichter(in)
une **consultation de la base** [kɔ̃syltasjɔ̃d(ə)labaz]	Urabstimmung

14.6 Innenpolitik

l'**identité** *f* [idãtite]	Identität
l'identité culturelle	kulturelle Identität
une **minorité** [minɔʀite]	Minderheit
être en minorité	in der Minderheit sein
Les minorités essaient de préserver leur langue maternelle.	Die Minoritäten versuchen, ihre Muttersprache zu bewahren.
l'**autonomie** *f* [otonomi]	Autonomie

réclamer l'autonomie d'une région	die Autonomie einer Region fordern
autonomiste [otonomist]	Autonomie-
un **mouvement autonomiste**	eine Autonomiebewegung

(un,e) **étranger, -ère** n; adj	Ausländer(in); ausländisch, fremd
[etʀãʒe, ʒeʀ]	
l'**origine** f [ɔʀiʒin]	Herkunft
le **pays d'origine**	Herkunfstland, Ursprungsland
être d'origine espagnole	spanischer Herkunft sein
la **(double) nationalité**	(doppelte) Nationalität, Doppel-
[(dublə)nasjɔnalite]	staatsangehörigkeit

l'**immigration** f [imigʀasjɔ̃]	Einwanderung
l'**immigration sauvage**	illegale Einwanderung
immigrer [imigʀe]	einwandern
(un,e) **immigré,e** n; adj [imigʀe]	Einwanderer, Einwanderin; einge-
	wandert
un **travailleur immigré**	ein Gastarbeiter
une **immigrée clandestine**	eine illegale Einwanderin
l'**émigration** f [emigʀasjɔ̃]	Auswanderung
émigrer [emigʀe]	auswandern
un,e **émigré,e** [emigʀe]	Auswanderer, Auswanderin
un,e **réfugié,e** [ʀefyʒje]	Flüchtling
accueillir des réfugiés politiques	politische Flüchtlinge aufnehmen
se réfugier [s(ə)ʀefyʒje]	flüchten
Ils se sont réfugiés à l'étranger.	Sie sind ins Ausland geflüchtet.

le **racisme** [ʀasism]	Rassismus
On constate une montée inquié-	Man stellt eine beunruhigende
tante du racisme.	Zunahme des Rassismus fest.
(un,e) **raciste** n; adj [ʀasist]	Rassist(in); rassistisch
la **discrimination** [diskʀiminasjɔ]	Diskriminierung
être victime de la discrimination	Opfer der Rassendiskriminierung
raciale	sein

la **tolérance** [tɔleʀãs]	Toleranz
l'**intolérance** f [ɛ̃tɔleʀãs]	Intoleranz
l'**intégration** f [ɛ̃tegʀasjɔ̃]	Integration
s'intégrer [sɛ̃tegʀe]	sich integrieren
Pas mal d'immigrés ont des difficul-	Ziemlich viele Zuwanderer haben
tés à s'intégrer.	Integrationsprobleme.
intégré,e [ɛ̃tegʀe]	integriert
un **permis de séjour**	Aufenthaltserlaubnis/-genehmigung
[pɛʀmidseʒuʀ]	
accorder un permis de séjour à qn	jdm eine Aufenthaltserlaubnis/
	-genehmigung erteilen

un **permis de travail** [pɛʀmidtʀavaj]	Arbeitserlaubnis

l'**asile (politique)** *m* [azil(pɔlitik)]	politisches Asyl
un **demandeur d'asile**	Asylbewerber
le **droit d'asile**	Asylrecht
demander l'asile politique	politisches Asyl beantragen
accorder l'asile politique à qn	jdm politisches Asyl gewähren
un pays d'asile	Asylland
un foyer pour demandeurs d'asile	Asylantenheim

l'**opposition** *f* [ɔpozisjɔ̃]	Opposition
s'**opposer à** [sɔpoze]	sich widersetzen, opponieren gegen
Les syndicats s'opposent aux propositions du gouvernement.	Die Gewerkschaften sind gegen die Regierungsvorschläge.

manifester (en faveur de/contre) [manifɛste]	demonstrieren (für/gegen)
une **manifestation**; une **manif** *fam* [manif(ɛstasjɔ̃)]	Demo(nstration)
une manif pacifique/non-violente	eine friedliche Demonstration
un,e **manifestant,e** [manifɛstɑ̃, ɑ̃t]	Demonstrant(in)
l'**ordre** *m* [ɔʀdʀ]	Ordnung
troubler l'ordre public	die öffentliche Ordnung stören
rétablir l'ordre	die Ordnung wiederherstellen
la **violence** [vjɔlɑ̃s]	Gewalt
la **non-violence**	Gewaltlosigkeit

une **révolte** [ʀevɔlt]	Aufstand, Revolte
une révolte armée	ein bewaffneter Aufstand
se **révolter contre** [səʀevɔlte]	sich auflehnen gegen
une **révolution** [ʀevɔlysjɔ̃]	Revolution
(un,e) **révolutionnaire** *n; adj* [ʀevɔlysjɔnɛʀ]	Revolutionär(in); revolutionär
libérer [libeʀe]	freilassen, entlassen, befreien
Le dictateur a décidé de libérer quelques prisonniers politiques.	Der Diktator beschloss, einige politische Gefangene zu entlassen.
la **libération** [libeʀasjɔ̃]	Befreiung

le **terrorisme** [teʀɔʀism]	Terrorismus
un,e **terroriste** [teʀɔʀist]	Terrorist(in)
appartenir à un **réseau terroriste**	einer terroristischen Vereinigung angehören
un **attentat** [atɑ̃ta]	Attentat
commettre un **attentat à la bombe**	ein Bombenattentat begehen
un **acte de sabotage** [aktdəsabɔtaʒ]	Sabotageakt

les **us et coutumes** m [ysekutym]
Il faut se plier aux us et coutumes
du pays où l'on vit.

Sitten und Bräuche
Man muss sich den Sitten und
Bräuchen des Landes, in dem man
lebt, anpassen.

les **particularités** f [paʀtikylaʀite]
respecter les particularités d'une
culture
préserver [pʀezɛʀve]
préserver les traditions de ses
ancêtres
un,e **séparatiste** [sepaʀatist]
le **séparatisme** [sepaʀatism]

Besonderheiten, Eigenarten
die Besonderheiten einer Kultur
achten
bewahren
die Traditionen/Bräuche seiner
Vorfahren bewahren
Separatist(in)
Separatismus

le **Code de la nationalité**
[kɔddəlanasjɔnalite]
un,e **Français,e de souche**
[fʀɑ̃sɛ/sɛzdəsuʃ]
(un,e) **clandestin,e** n; adj
[klɑ̃dɛstɛ̃, tin]
l'**afflux** m [afly]
L'afflux de clandestins sur le marché
du travail pose des problèmes
graves.
un,e **Maghrébin,e** [magʀebɛ̃, bin]
un,e **beur**; une **beurette** fam
[bœʀ, ʀɛt]

Staatsbürgerschaftsrecht
ein(e) Franzose, Französin der Her-
kunft nach
illegale(r) Einwander(in); illegal
Zustrom
Der Zustrom Illegaler auf den
Arbeitsmarkt wirft schwer wiegende
Probleme auf.
Maghrebiner(in)
Beur *(in Frankreich geborenes Kind
maghrebinischer Einwanderer)*

persécuter [pɛʀsekyte]
Elle a été persécutée **en raison de**
ses convictions politiques.

verfolgen
Sie wurde wegen ihrer politi-
schen Überzeugung/Ansichten
verfolgt.

la **persécution** [pɛʀsekysjɔ̃]
l'**exil** m [ɛgzil]
s'exiler [sɛgzile]
un,e **opposant,e** [ɔpozɑ̃, ɑ̃t]
Les opposants au régime ont été
nombreux à s'exiler.
s'expatrier [sɛkspatʀije]

Il a préféré s'expatrier pour échap-
per aux persécutions.

Verfolgung
Exil
ins Exil gehen
Gegner(in)
Zahlreiche Regimegegner sind ins
Exil gegangen.
sein Vaterland verlassen, auswan-
dern
Er zog es vor, sein Vaterland zu
verlassen, um den Verfolgungen zu
entgehen.

la **xénophobie** [gzenɔfɔbi]
xénophobe [gzenɔfɔb]

Fremdenfeindlichkeit
fremdenfeindlich

le **préjugé** [pʀeʒyʒe] — Vorurteil
Les préjugés ont la vie dure. — Vorurteile haben ein zähes Leben.
le **rejet** [ʀ(ə)ʒɛ] — Ablehnung
rejeter [ʀ(ə)ʒəte/ʀəj(ə)te] — ablehnen, ausschließen
La société a tendance à rejeter ceux qui sont différents. — Die Gesellschaft neigt dazu, die, die anders sind, auszustoßen.
la **haine** ['ɛn] — Hass
éprouver de la haine pour qn — Hass gegen jdn empfinden
l'**exclusion** f [ɛksklyzjɔ̃] — Ausgrenzung
Il faut donner la priorité à la lutte contre l'exclusion. — Man muss dem Kampf gegen die Ausgrenzung Vorrang geben.
exclure qn (de) [ɛksklyʀ] — jdn ausschließen (aus, von)
Les SDF se sentent souvent exclus de la société. — Die Obdachlosen fühlen sich häufig von der Gesellschaft ausgeschlossen.

l'**expulsion** f [ɛkspylsjɔ̃] — Abschiebung, Ausweisung
expulser qn [ɛkspylse] — jdn abschieben
On a expulsé les clandestins du territoire français. — Die Illegalen sind aus Frankreich abgeschoben worden.
renvoyer [ʀɑ̃vwaje] — zurückschicken
Ils ont été renvoyés dans leur pays d'origine. — Sie wurden in ihre Herkunftsländer zurückgeschickt.

multiculturel,le [myltikyltyʀɛl] — multikulturell
se faire naturaliser [səfɛʀnatyʀalize] — sich einbürgern lassen
la **naturalisation** [natyʀalizasjɔ̃] — Einbürgerung
obtenir [ɔptəniʀ] — bekommen
Elle a demandé sa naturalisation, mais elle ne l'a pas obtenue. — Sie hat ihre Einbürgerung beantragt, bekam sie aber nicht.
le **droit du sol** [dʀwadysɔl] — *etwa:* (Staatsbürgerschaft nach dem) Bodenprinzip
La France applique le droit du sol. — Frankreich bringt das Bodenprinzip zur Anwendung.
le **droit du sang** [dʀwadysɑ̃] — *etwa:* (Staatsbürgerschaft nach dem) Abstammungsprinzip

la **désobéissance civile** [dezɔbeisɑ̃ssivil] — ziviler Ungehorsam
appeler à la désobéissance civile — zum zivilen Ungehorsam aufrufen
boycotter [bɔjkɔte] — boykottieren
une **banderole** [bɑ̃dʀɔl] — Spruchband
Les manifestants ont déployé leurs banderoles. — Die Demonstranten haben ihre Spruchbänder ausgerollt.
un **tract** [tʀakt] — Flugblatt
distribuer des tracts — Flugblätter verteilen

militer (en faveur de/contre) [milite]	aktiv sein, kämpfen (für/gegen)
la **lutte** [lyt]	Kampf
engager la lutte contre	den Kampf aufnehmen gegen
lutter pour/contre qn/qc [lyte]	für/gegen jdn/etw. kämpfen
le **combat** [kɔ̃ba]	Kampf
Cette association mène un combat acharné contre la discrimination raciale.	Dieser Verein führt einen verbissenen Kampf gegen die Rassendiskriminierung.
des **troubles** m [tʀubl]	Unruhen
des troubles sanglants	blutige Unruhen
une **émeute** [emøt]	Aufruhr, Unruhen
déclencher une émeute	einen Aufruhr auslösen
se soulever contre [səsul(ə)ve]	sich erheben gegen
Le peuple s'est soulevé contre le roi.	Das Volk erhob sich gegen den König.
une **insurrection** [ɛ̃syʀɛksjɔ̃]	Aufstand
un **coup d'Etat** [kudeta]	Staatsstreich
prendre le pouvoir à la suite d'un coup d'Etat	nach einem Staatsstreich die Macht ergreifen

la **répression** [ʀepʀesjɔ̃]	Repression, Unterdrückung
La répression de la révolte a été sanglante.	Die Niederschlagung der Revolte war blutig.
la **torture** [tɔʀtyʀ]	Folter

14.7 Internationale Beziehungen

l'**étranger** m [etʀɑ̃ʒe]	Ausland
Vue de l'étranger, la situation paraît critique.	Aus ausländischer Sicht scheint die Lage kritisch zu sein.
étranger, -ère [etʀɑ̃ʒe, ʒeʀ]	Auslands-, Außen-
la **politique étrangère**	Außenpolitik
le **Ministre/Ministère des Affaires étrangères**	Außenminister/Außenministerium

la **puissance** [pɥisɑ̃s]	Macht
une **puissance nucléaire**	eine Atommacht
une **grande puissance**	eine Großmacht
puissant,e [pɥisɑ̃, ɑ̃t]	mächtig

la **relation** [ʀ(ə)lasjɔ̃]	Beziehung
les **relations internationales**	die internationalen Beziehungen

entretenir/rompre des relations diplomatiques	diplomatische Beziehungen unterhalten/abbrechen
la rupture/la reprise des relations diplomatiques	der Abbruch/die Wiederaufnahme der diplomatischen Beziehungen
les **rapports** m [Rapɔʀ]	Beziehungen, Verhältnisse
Les rapports entre les deux pays sont tendus.	Die Beziehungen zwischen den beiden Ländern sind gespannt.
la **tension** [tãsjɔ̃]	Spannung
une **crise** [kʀiz]	Krise
faire des propositions pour mettre fin à la crise	Vorschläge zur Beendigung der Krise unterbreiten

une **réunion** [Reynjɔ̃]	Treffen
un **sommet** [sɔmɛ]	Gipfel
une **réunion au sommet**	Gipfeltreffen
une **rencontre** [Rãkɔ̃tʀ]	Begegnung, Treffen
des **rencontres bilatérales**	bilaterale/zweiseitige Begegnungen
une **conférence** [kɔ̃feRãs]	Konferenz
Une **conférence internationale sur l'environnement** a lieu à Rome.	Eine internationale Umweltkonferenz findet in Rom statt.

la **coopération** [kɔɔpeRasjɔ̃]	Zusammenarbeit
coopérer [kɔɔpeRe]	zusammenarbeiten, kooperieren
coopérer avec d'autres pays dans le domaine économique	mit anderen Ländern auf wirtschaftlichem Gebiet zusammenarbeiten
un **échange** [eʃãʒ]	Austausch
un **échange scolaire**	Schüleraustausch
un **jumelage** [ʒymlaʒ]	(Städte)Partnerschaft
(être) jumelé,e [ʒymle]	partnerschaftlich verbunden (sein)
Strasbourg est jumelé avec Stuttgart.	Straßburg hat eine Städtepartnerschaft mit Stuttgart.

l'**Europe** f [øRɔp]	Europa
européen,ne [øRɔpeɛ̃, ɛn]	europäisch
l'**Union européenne** f (UE) [ynjɔ̃øRɔpeɛn]	die Europäische Union (EU)
le **Marché commun** [maʀʃekɔmɛ̃]	der gemeinsame Markt
le **Marché intérieur européen** [maʀʃeɛ̃teRjœRøRɔpeɛ̃]	der europäische Binnenmarkt

un **pays en voie de développement** [peiãvwad(ə)dev(ə)lɔpmã]	Entwicklungsland
le **tiers-monde** [tjɛRmɔ̃d]	Dritte Welt
les **pays du tiers-monde**	die Länder der Dritten Welt
la **francophonie** [fRãkɔfɔni]	Frankophonie

francophone [fʀɑ̃kɔtɔn]
Le Sénégal est un pays franco-
phone.

französischsprachig
Senegal ist ein französisch-
sprachiges Land.

l'**ONU (Organisation des Nations
Unies)** f [ony]
l'**OTAN (Organisation du traité
de l'Atlantique Nord)** f [otɑ̃]
la **diplomatie** [diplɔmasi]
un,e **diplomate** [diplɔmat]
une **ambassade** [ɑ̃basad]
un,e **ambassadeur, -drice**
[ɑ̃basadœʀ, dʀis]
un **consulat** [kɔ̃syla]
le consulat (général) de France à
Francfort
un **consul** [kɔ̃syl]
consulaire [kɔ̃sylɛʀ]

UN (die Vereinten Nationen)

NATO (das nordatlantische
Verteidigungsbündnis)
Diplomatie
Diplomat(in)
Botschaft, Gesandtschaft
Botschafter(in)

Konsulat
das französische (General)
Konsulat in Frankfurt
Konsul
konsularisch

l'**hégémonie** f [eʒemɔni]
une **rivalité** [ʀivalite]
un **désaccord** [dezakɔʀ]
être en désaccord avec qn
la **détérioration** [deteʀjɔʀasjɔ̃]

On assiste à une détérioration des
relations entre les deux pays.

une **querelle** [kəʀɛl]
Cette querelle les oppose depuis
20 ans.
un **conflit** [kɔ̃fli]
un **conflit armé**
la **pression** [pʀesjɔ̃]
exercer une pression sur qn
s'**affronter** [safʀɔ̃te]
une **confrontation** [kɔ̃fʀɔ̃tasjɔ̃]
La confrontation semble inévitable.

une **intervention** [ɛ̃tɛʀvɑ̃sjɔ̃]
une **sanction** [sɑ̃ksjɔ̃]
décréter des sanctions envers un
état
un **embargo** [ɑ̃baʀgo]
lever l'embargo contre un pays

Vorherrschaft, Hegemonie
Rivalität
Unstimmigkeit
mit jdm uneins sein
Verschlechterung, Verschlimme-
rung

Man erlebt eine Verschlechterung
der Beziehungen zwischen den
beiden Ländern.
Streit, Streiterei
Dieser Streit macht sie seit
20 Jahren zu Gegnern.
Konflikt
bewaffneter Konflikt
Druck
Druck auf jdn ausüben
sich gegenüberstehen
Auseinandersetzung
Die Auseinandersetzung scheint
unvermeidbar.
Eingreifen, Intervention
Sanktion, Bestrafung
Sanktionen gegen einen Staat
verhängen
Embargo, Handelssperre
das Embargo gegen ein Land
aufheben

la **neutralité** [nøtralite]	Neutralität
une **consultation** [kɔ̃syltasjɔ̃]	Beratung
des **consultations bilatérales**	bilaterale/zweiseitige Beratungen
la **détente** [detãt]	Entspannung
poursuivre une **politique de détente**	eine Entspannungspolitik verfolgen
une **amélioration** [ameljɔrasjɔ̃]	(Ver)Besserung
un **entretien** [ãtrətjɛ̃]	Unterredung, Gespräch
un **entretien secret**	eine geheime Unterredung
un **accord** [akɔr]	Abkommen
conclure un accord	ein Abkommen schließen
un **pacte** [pakt]	Pakt
une **entente** [ãtãt]	Einigung, Bündnis, Verständnis
un **traité** [trete]	Vertrag
signer un traité	einen Vertrag unterzeichnen
ratifier un traité	einen Vertrag ratifizieren
violer un traité	einen Vertrag brechen

un **ennemi héréditaire** [en(ə)miereditɛr]	Erbfeind
un **rapprochement** [raprɔʃmã]	Annäherung
Les négociations ont mené à un rapprochement entre les adversaires.	Die Verhandlungen haben zu einer Annäherung zwischen den Gegnern geführt.
se rapprocher de qn/qc [s(ə)raprɔʃe]	sich jdm/etw. (an)nähern
une **réconciliation** [rekɔ̃siljasjɔ̃]	Versöhnung, Aussöhnung
la **réconciliation franco-allemande**	die deutsch-französische Aussöhnung
se réconcilier [s(ə)rekɔ̃silje]	sich versöhnen, aussöhnen
se réconcilier avec son ennemi héréditaire	sich mit seinem Erbfeind aussöhnen
un,e **allié,e** [alje]	Verbündete(r), Alliierte(r)
une **alliance** [aljãs]	Allianz, Bündnis
le **Traité sur la coopération franco-allemande** [tretesyrlakɔɔperasjɔ̃frãkoalmãd]	der deutsch-französische Freundschaftsvertrag

le **Parlement européen** [parləmãørɔpeɛ̃]	das europäische Parlament
siéger [sjeʒe]	tagen, sitzen
Le Parlement européen siège à Strasbourg.	Das europäische Parlament hat seinen Sitz in Straßburg.
un **siège** [sjɛʒ]	Sitz (im Parlament)
le **Conseil de l'Europe** [kɔ̃sɛjdələørɔp]	Europarat

le **Conseil des ministres** [kɔ̃sɛjdeministʀ]	Ministerrat
la **Commission européenne** [kɔmisjɔ̃ʀɔpeɛn]	Europäische Kommission
la **Banque centrale européenne** **(BCE)** [bɑ̃ksɑ̃tʀalɔ̃ʀɔpeɛn(beseə)]	Europäische Zentralbank

14.8 Frieden, Krieg, Militär

la **paix** [pɛ]	Frieden
faire la paix avec qn	Frieden schließen mit jdm
signer un **traité de paix**	einen Friedensvertrag unterzeichnen
la **guerre** [gɛʀ]	Krieg
la **guerre civile**	Bürgerkrieg
une **déclaration de guerre**	Kriegserklärung
faire la guerre à qn/à un pays	mit jdm/einem Land Krieg führen
déclarer la guerre	den Krieg erklären

un **plan** [plɑ̃]	Plan
attaquer [atake]	angreifen
une **attaque** [atak]	Angriff
repousser une attaque	einen Angriff zurückwerfen
mener une action [mɔneynaksjɔ̃]	eine Aktion durchführen
une **bataille** [bataj]	Schlacht
la **défense** [defɑ̃s]	Verteidigung
le **ministre de la Défense**	Verteidigungsminister
(l')**ennemi,e** n; adj [en(ə)mi]	Feind(in); feindlich
une **nation ennemie**	eine feindliche Nation

(un) **militaire** n; adj [militɛʀ]	Soldat; militärisch
un **militaire de carrière**	Berufssoldat
un,e **soldat,e** [sɔlda, at]	Soldat(in)
un **uniforme** [ynifɔʀm]	Uniform
une **caserne** [kazɛʀn]	Kaserne

une **armée** [aʀme]	Heer, Armee
une **arme** [aʀm]	Waffe
une arme conventionnelle	eine konventionelle Waffe
une arme chimique	eine chemische Waffe
une arme nucléaire	˙ eine Atom-, Nuklearwaffe
L'Inde dispose de l'arme nucléaire.	Indien verfügt über die Atom- waffe.
armer qn de qc [aʀme]	jdn mit etw. bewaffnen
un **coup de feu** [kudfø]	Schuss

Un coup de feu a éclaté au coin de la rue.	An der Straßenecke krachte ein Schuss.
un **fusil** [fyzi]	Gewehr
une **bombe** [bɔ̃b]	Bombe
une **bombe atomique**	Atombombe
une **mine** [min]	Mine
exploser [ɛksploze]	explodieren, losgehen
détruire [detʀɥiʀ]	zerstören, vernichten

une **frontière** [fʀɔ̃tjɛʀ]	Grenze
franchir la frontière franco-allemande	die deutsch-französische Grenze überschreiten
un **incident** [ɛ̃sidɑ̃]	Zwischenfall
Un incident grave s'est produit.	Ein schwerer Zwischenfall hat sich ereignet.
l'**occupation** f [ɔkypasjɔ̃]	Besetzung, Besatzung(szeit)
occuper [ɔkype]	besetzen
L'armée ennemie occupe le pays.	Die feindliche Armee besetzt das Land/hält das Land besetzt.

un,e **prisonnier, -ière** [pʀizɔnje, jɛʀ]	Gefangene(r)
un **prisonnier de guerre**	Kriegsgefangener
un **camp (de prisonniers)** [kɑ̃]	(Kriegsgefangenen)Lager
un **camp de concentration**	ein Konzentrationslager
une **victime** [viktim]	Opfer
Cette attaque a fait beaucoup de victimes parmi la population civile.	Dieser Angriff forderte viele Opfer unter der Zivilbevölkerung.
(un,e) **blessé,e** n; adj [blese]	Verletzte(r); verletzt
On a évacué les blessés graves en hélicoptère.	Die Schwerverletzten wurden mit dem Hubschrauber abtransportiert.
tuer [tɥe]	töten
(un,e) **mort,e** [mɔʀ, mɔ̃ʀt]	Tote(r); tot
La bataille a fait des centaines de morts.	Die Schlacht hat Hunderte von Toten gefordert.

l'**armement** m [aʀməmɑ̃]	Bewaffnung, Rüstung; Waffen
la **course aux armements**	Rüstungswettlauf
le **contrôle des armements**	Rüstungskontrolle
réduire l'armement nucléaire/conventionnel	die Atomwaffen/konventionellen Waffen begrenzen
le **désarmement** [dezaʀməmɑ̃]	Abrüstung, Entwaffnung

hostile [ɔstil]	feindselig
les **hostilités** f [ɔstilite]	Feindseligkeiten
Tout le monde souhaite la fin des hostilités.	Jeder wünscht sich das Ende der Feindseligkeiten herbei.

combattre [kɔ̃batʀ]	(be)kämpfen
un,e **combattant,e** [kɔ̃batã, ãt]	(Front)Kämpfer(in); Soldat(in)

le **service militaire (obligatoire)** [sɛʀvismilitɛʀ]	Wehrpflicht
le **service civil** [sɛʀvissivil]	Zivildienst
faire son service militaire/civil	seinen Wehr-/Zivildienst ableisten
un **conscrit** [kɔ̃skʀi]	Wehrpflichtiger
un **appelé** [ap(ə)le]	Einberufener
une **recrue** [ʀəkʀy]	Rekrut
un,e **volontaire** [vɔlɔ̃tɛʀ]	Freiwillige(r)
demander des volontaires pour une mission	Freiwillige für einen Einsatz verlangen
s'engager [sãgaʒe]	sich (freiwillig) verpflichten
Il s'est engagé dans la marine pour 5 ans.	Er hat sich für 5 Jahre bei der Marine verpflichtet.
un **objecteur de conscience** [ɔbjɛktœʀdəkɔ̃sjãs]	Wehrdienstverweigerer
obtenir le statut d'objecteur de conscience	als Wehrdienstverweigerer anerkannt werden
(un,e) **pacifiste** *n; adj* [pasifist]	Pazifist(in); pazifistisch, friedlich
le **pacifisme** [pasifism]	Pazifismus
un **déserteur** [dezɛʀtœʀ]	Deserteur
déserter [dezɛʀte]	desertieren

une **troupe** [tʀup]	Truppe
une **division** [divizjɔ̃]	Division
un **bataillon** [batajɔ̃]	Bataillon
un **officier** [ofisje]	Offizier
un **général** [ʒeneʀal]	General
recevoir un ordre [ʀəsəvwaʀɛ̃nɔʀdʀ]	einen Befehl erhalten
La troupe a reçu l'ordre de se mettre en marche.	Die Truppe hat den Marschbefehl erhalten.

une **provocation** [pʀɔvɔkasjɔ̃]	Provokation
un **avertissement** [avɛʀtismã]	Warnung
lancer un dernier avertissement à qn	jdm eine letzte Warnung zukommen lassen
un **ultimatum** [yltimatɔm]	Ultimatum
L'ultimatum expirera demain à midi.	Das Ultimatum läuft morgen um die Mittagszeit ab.
un **bombardement** [bɔ̃baʀdəmã]	Bombardierung, Bombenangriff
bombarder [bɔ̃baʀde]	bombardieren
la **dissuasion** [disɥazjɔ̃]	Abschreckung
la **force de dissuasion**	Abschreckungsmacht

l'**armée de métier** f [aʀmed(ə)metje]	Berufsheer, -armee
l'**armée de terre** f [aʀmedtɛʀ]	Landstreitkräfte
un **char** [ʃaʀ]	Panzer
tirer sur [tiʀe]	schießen auf
L'armée a tiré sur des civils.	Die Armee schoss auf Zivilisten.
l'**armée de l'air** f [aʀmedlɛʀ]	Luftwaffe
un **avion de chasse** [avjɔd(ə)ʃas]	Jagdflugzeug
une **fusée** [fyze]	Rakete
la **marine** [maʀin]	Marine
un **sous-marin** [sumaʀɛ̃]	U-Boot
un **sous-marin nucléaire**	ein Atom-U-Boot
un **porte-avions** [pɔʀtavjɔ̃]	Flugzeugträger

les **forces armées** f [fɔʀs(əz)aʀme]	Streitkräfte
la **force de frappe** [fɔʀsdəfʀap]	französische Atomstreitmacht
intervenir* [ɛ̃tɛʀvəniʀ]	intervenieren, eingreifen
Les forces armées sont intervenues à deux reprises.	Die Streitkräfte haben zweimal interveniert/eingegriffen.
une **intervention** [ɛ̃tɛʀvɑ̃sjɔ̃]	Intervention, Eingreifen
les **pertes** f [pɛʀt]	Verluste
On déplore de lourdes pertes.	Es werden schwere Verluste beklagt.

une **agression** [agʀesjɔ̃]	Angriff, Aggression
un **agresseur** [agʀesœʀ]	Angreifer, Aggressor
un,e **attaquant,e** [atakɑ̃, ɑ̃t]	Angreifer(in)
repousser l'attaquant	den Angreifer zurückwerfen
le **couvre-feu** [kuvʀəfø]	Ausgangssperre
l'**état d'urgence** m [etadyʀʒɑ̃s]	Ausnahmezustand, Notstand
déclarer l'état d'urgence	den Ausnahmezustand verhängen
envahir [ɑ̃vaiʀ]	überfallen
envahir un pays	ein Land überfallen
un **envahisseur** [ɑ̃vaisœʀ]	Aggressor, Eindringling
résister à l'envahisseur	dem Aggressor Widerstand leisten
une **invasion** [ɛ̃vazjɔ̃]	Invasion
dévaster [devaste]	verwüsten
un **crime de guerre** [kʀimdəgɛʀ]	Kriegsverbrechen
poursuivre qn pour crimes de guerre	jdn wegen Kriegsverbrechen verfolgen
un,e **criminel,le de guerre** [kʀiminɛldəgɛʀ]	Kriegsverbrecher(in)

résister à [ʀeziste]	Widerstand leisten
la **résistance** [ʀezistɑ̃s]	Widerstand, Résistance
un,e **résistant,e** [ʀezistɑ̃, ɑ̃t]	Widerstandskämpfer(in)

Les résistants ont saboté la voie ferrée.	Die Widerstandskämpfer haben die Eisenbahnlinie sabotiert.
un **traître**, une **traîtresse** [tʀɛtʀ, tʀɛtʀɛs]	Verräter(in)
une **trahison** [tʀaizɔ̃]	Verrat
trahir [tʀaiʀ]	verraten, Verrat begehen
Il a trahi sa patrie.	Er hat sein Vaterland verraten.
exécuter [ɛgzekyte]	hinrichten, exekutieren
une **exécution** [ɛgzekysjɔ̃]	Hinrichtung, Exekution

une **victoire** [viktwaʀ]	Sieg
remporter la victoire	siegen, den Sieg davontragen
le **vainqueur** [vɛ̃kœʀ]	Sieger
sortir* vainqueur de	als Sieger hervorgehen aus
vaincre [vɛ̃kʀ]	siegen
un,e **vaincu,e** [vɛ̃ky]	Besiegte(r)
une **défaite** [defɛt]	Niederlage
subir une défaite	eine Niederlage erleiden
se rendre [s(ə)ʀɑ̃dʀ]	sich ergeben
Les vaincus se sont rendus à l'ennemi.	Die Besiegten haben sich dem Feind ergeben.

la **fuite** [fɥit]	Flucht
prendre la fuite	die Flucht ergreifen
fuir [fɥiʀ]	flüchten, fliehen
La population civile a fui devant l'ennemi.	Die Zivilbevölkerung flüchtete vor dem Feind.
s'enfuir [sɑ̃fɥiʀ]	fliehen, flüchten
Ils ont profité de l'obscurité pour s'enfuir.	Sie haben die Dunkelheit zur Flucht genützt.
capituler [kapityle]	kapitulieren
L'armée a capitulé **sans conditions**.	Die Armee hat bedingungslos kapituliert.
la **capitulation** [kapitylasjɔ̃]	Kapitulation
un **armistice** [aʀmistis]	Waffenstillstand
violer l'armistice	den Waffenstillstand verletzen

Französisches Wort	Deutsche Entsprechung	Falscher Freund	Französische Entsprechung
une démonstration	Beweis, Vorführung	Demonstration	une manifestation
un fonctionnaire	Beamter	Funktionär (z. B. einer Gewerkschaft)	un responsable (syndical)

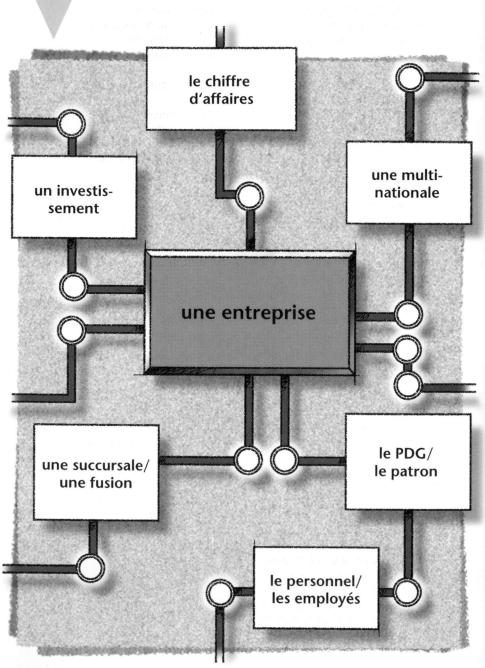

15.1 Landwirtschaft, Fischerei und Bergbau

l'**agriculture** f [agʀikyltyʀ]	Landwirtschaft
agricole [agʀikɔl]	Land-, landwirtschaftlich
un,e **ouvrier, -ière agricole**	Landarbeiter(in)
un,e **agriculteur, -trice**	Landwirt(in)
[agʀikyltœʀ, tʀis]	
un,e **cultivateur, -trice**	Landwirt(in); Bauer, Bäuerin
[kyltivatœʀ, tʀis]	
un,e **paysan,ne** [peizɑ̃, an]	Bauer, Bäuerin
une **ferme** [fɛʀm]	Bauernhof
passer les vacances à la ferme	Ferien auf dem Bauernhof machen
un,e **fermier, -ière**	Bauer, Bäuerin; Pächter(in)
[fɛʀmje, jɛʀ]	

la **campagne** [kɑ̃paɲ]	Land
Depuis sa retraite, il habite **à la campagne.**	Seit er in Rente ist, wohnt er auf dem Land.
campagnard,e [kɑ̃paɲaʀ, aʀd]	ländlich, auf dem Land
La **vie campagnarde** lui plaît beaucoup.	Das Landleben gefällt ihr/ihm gut.

un **champ** [ʃɑ̃]	Feld, Acker
un **champ de blé**	Getreidefeld
un **pré** [pʀe]	Wiese
une **forêt** [fɔʀɛ]	Wald

la **culture** [kyltyʀ]	Anbau
pratiquer la **culture des fruits et légumes**	Obst- und Gemüseanbau betreiben
cultiver [kyltive]	anbauen, anpflanzen
la surface cultivée	bewirtschaftete Anbaufläche
un **produit** [pʀɔdɥi]	Erzeugnis, Produkt
un **produit agricole**	landwirtschaftliches Erzeugnis
le **rendement** [ʀɑ̃dmɑ̃]	Ertrag

l'**élevage** m [el(ə)vaʒ]	(Vieh)Zucht
élever [el(ə)ve]	züchten, aufziehen
Il élève des chèvres dans le Cantal.	Er züchtet Ziegen im Cantal.
un,e **éleveur, -euse** [el(ə)vœʀ, øz]	Züchter(in)

la **chute des prix** [ʃytdepʀi]	Preisverfall
manifester [manifɛste]	demonstrieren
Les éleveurs manifestent contre la concurrence étrangère.	Die Viehzüchter demonstrieren gegen die ausländische Konkurrenz.

une **manifestation**; une **manif** *fam* [manif(ɛstasjɔ̃)]	Demo(nstration)
le **vignoble** [viɲɔbl]	Weinberg; Wein(bau)gebiet(e)
Le vignoble français fournit de très grands crus.	Die französischen Wein(bau)gebiete bringen Spitzenweine hervor.
un,e **vigneron,ne** [viɲ(ə)Rɔ̃, ɔn]	Winzer(in)
un,e **viticulteur, -trice** [vitikyltœR, tRis]	Weinbauer, -bäuerin
le **vin** [vɛ̃]	Wein
la **pêche** [pɛʃ]	Fischfang, Angeln
la **pêche au large**	Hochseefischerei
La **pêche à la ligne** est son passe-temps favori.	Angeln *(mit der Rute)* ist sein Lieblingshobby.
une **canne à pêche**	Angelrute
pêcher [pɛʃe]	angeln, fischen
un,e **pêcheur, -euse** [pɛʃœR, øz]	Fischer(in), Angler(in)
un **marin-pêcheur**	Berufsfischer
un **filet** [filɛ]	Netz
les **richesses du sous-sol** *f* [Riʃɛsdysusɔl]	Bodenschätze
les **matières premières** *f* [matjɛRpRəmjɛR]	Rohstoffe
un pays riche/pauvre **en matières premières**	ein rohstoffreiches/-armes Land
le **charbon** [ʃaRbɔ̃]	Kohle
une **mine** [min]	Bergwerk, Mine
une **mine à ciel ouvert**	Tagebau
un **mineur** [minœR]	Bergarbeiter, -mann
le **secteur primaire** [sɛktœRpRimɛR]	primärer Sektor
les **ressources naturelles** *f* [R(ə)suRsnatyRɛl]	natürliche Vorkommen, Ressourcen
rural,e [RyRal]	ländlich, bäuerlich
la **population rurale**	Land-, ländliche Bevölkerung
l'**exode rural**	Landflucht
un,e **exploitant,e agricole** [ɛksplwatɑ̃(t)agRikɔl]	Landwirt(in)
une **exploitation agricole** [ɛksplwatasjɔ̃agRikɔl]	landwirtschaftlicher Betrieb
exploiter [ɛksplwate]	bewirtschaften
Elle exploite sa ferme avec ses enfants.	Sie bewirtschaftet ihren Hof mit ihren Kindern.
une **coopérative** [k(ɔ)ɔpeRativ]	Genossenschaft

une **coopérative viticole**	Winzergenossenschaft
l'**équipement** m [ekipmɑ̃]	Ausrüstung, Einrichtung
un **tracteur** [tʀaktœʀ]	Traktor

les **primeurs** m [pʀimœʀ]	Frühgemüse und Frühobst
la **culture maraîchère** [kyltyʀmaʀeʃɛʀ]	Gemüseanbau
un,e **maraîcher, -ère** [maʀeʃe, ɛʀ]	Gemüseanbauer(in); -gärtner(in)

l'**engrais** [ɑ̃gʀɛ]	Dünger, Düngemittel
un **pesticide** [pɛstisid]	Pestizid, Schädlingsbekämpfungsmittel
Les arbres fruitiers sont **traités aux pesticides**.	Die Bäume werden mit Schädlingsbekämpfungsmitteln behandelt.
un **insecticide** [ɛ̃sɛktisid]	Insektenvertilgungsmittel

le **bétail** [betaj]	Vieh
le **pâturage** [patuʀaʒ]	die Weide
En automne, le bétail quitte les pâturages et rentre à l'étable.	Im Herbst zieht das Vieh von den Weiden in den Stall zurück.
la **surproduction** [syʀpʀɔdyksjɔ̃]	Überproduktion
les **quotas** m [kɔta]	Kontingente, Quoten
les **quotas laitiers**	Milchkontingente

viticole [vitikɔl]	Wein-, Weinbau-
une **région viticole**	Weinbaugebiet
les **vendanges** f [vɑ̃dɑ̃ʒ]	(Wein-, Trauben)Lese
vendanger [vɑ̃dɑ̃ʒe]	(die) Trauben lesen
Cette année ils ont vendangé début septembre.	Dieses Jahr haben sie Anfang September die Trauben gelesen.

la **pisciculture** [pisikyltyʀ]	Fischzucht
les **crustacés** m [kʀystase]	Schalentiere
un restaurant réputé pour ses coquillages et crustacés	ein Restaurant, das für seine Muschel- und Schalentiere (Meeresfrüchte) berühmt ist

la **houille** ['uj]	Steinkohle
le **lignite** [liɲit]	Braunkohle
une **région minière** [ʀeʒjɔ̃minjɛʀ]	Bergbaugebiet
une **galerie** [galʀi]	Stollen
un **gisement** [ʒizmɑ̃]	Vorkommen (an Bodenschätzen)
un **gisement abondant**	ein reiches Vorkommen
Ce gisement fournit un charbon de haute qualité.	Dieses Vorkommen liefert eine hochwertige Kohle.
Le gisement est épuisé.	Das Vorkommen ist erschöpft.

extraire [ɛkstʀɛʀ]	fördern
traiter [tʀɛte]	aufbereiten, behandeln
Traiter les minerais est coûteux.	Erzaufbereitung ist kostspielig.

15.2 Industrie und Handwerk

l'**industrie** f [ɛ̃dystʀi]	Industrie
l'industrie lourde	Schwerindustrie
l'industrie automobile	Automobilindustrie
l'industrie aéronautique	Luftfahrtindustrie
l'industrie électronique	Elektronikindustrie
travailler dans l'industrie	in der Industrie arbeiten
(un,e) **industriel,le** n; adj	Industrielle(r); industriell
[ɛ̃dystʀijɛl]	
une **région industrielle**	Industrieregion
une **zone industrielle (ZI)**	Industriegebiet
un **secteur industriel**	Industriesektor

une **usine** [yzin]	Fabrik
l'**installation** f [ɛ̃stalasjɔ̃]	Installation, Montage; Anlage
La production a augmenté grâce à	Die Produktion ist dank hochmo-
des installations ultra-modernes.	derner Anlagen gestiegen.
s'**installer** [sɛ̃stale]	sich niederlassen, ansiedeln
De nombreuses entreprises se sont	Zahlreiche Unternehmen haben
installées en province.	sich in der Provinz niedergelassen.
une **machine** [maʃin]	Maschine
un **robot** [ʀɔbo]	Roboter

un,e **travailleur, -euse** [tʀavajœʀ, øz]	Arbeiter(in)
un,e **ouvrier, -ière** [uvʀije, ijɛʀ]	Arbeiter(in)
un **ouvrier qualifié**	Facharbeiter
un **ouvrier spécialisé (OS)**	Hilfsarbeiter

la **concentration** [kɔ̃sɑ̃tʀasjɔ̃]	Ballung
se **concentrer** [s(ə)kɔ̃sɑ̃tʀe]	sich ballen, sich konzentrieren
une **crise** [kʀiz]	Krise
L'industrie automobile **est en crise**.	Die Automobilindustrie befindet
	sich in einer Krise.
un secteur **touché par la crise**	ein krisengeschüttelter Sektor

fabriquer [fabʀike]	herstellen, fertigen
la **fabrication** [fabʀikasjɔ̃]	Herstellung
la **fabrication en (grande) série**	(Groß)Serienherstellung

un,e **fabricant,e** [fabʀikã, ãt]	Hersteller(in), Produzent(in)
(un,e) **producteur, -trice** n; adj	Hersteller(in); produzierend
[pʀɔdyktœʀ, tʀis]	
un **pays producteur de pétrole**	ein Erdöl produzierendes Land
produire [pʀɔdɥiʀ]	produzieren, herstellen
un **produit** [pʀɔdɥi]	Produkt, Erzeugnis
Un nouveau produit a été lancé sur	Ein neues Produkt wurde auf den
le marché.	Markt geworfen/gebracht.
la **production** [pʀɔdyksjɔ̃]	Produktion, Herstellung

un,e **artisan,e** [aʀtizã, an]	Handwerker(in)
l'**artisanat** m [aʀtizana]	Handwerk
artisanal,e [aʀtizanal]	handwerklich, Handwerks-
une **entreprise artisanale**	Handwerksbetrieb
un **atelier** [atəlje]	Werkstatt

s'**industrialiser** [sɛ̃dystʀijalize]	industrialisiert werden
Cette région s'est fortement indus-	Diese Region wurde in den 80er
trialisée dans les années 80.	Jahren stark industrialisiert.
l'**industrialisation** f [ɛ̃dystʀijalizasjɔ̃]	Industrialisierung
une **industrie(-)clé** [ɛ̃dystʀikle]	Schlüsselindustrie
l'**industrie sidérurgique**	Stahlindustrie
[ɛ̃dystʀisideʀyʀʒik]	
l'**industrie métallurgique**	Metallindustrie
[ɛ̃dystʀimetalyʀʒik]	
l'**industrie textile** [ɛ̃dystʀitekstil]	Textilindustrie
l'**industrie agro-alimentaire**	Nahrungsmittelindustrie
[ɛ̃dystʀiagʀoalimãtɛʀ]	
une **industrie de pointe**	Spitzenindustrie
[ɛ̃dystʀid(ə)pwɛ̃t]	
l'**industrie chimique et pharma-**	chemische und pharmazeutische
ceutique [ɛ̃dystʀiʃimikefaʀmasøtik]	Industrie
une **branche** [bʀɑ̃ʃ]	Zweig
travailler dans une branche indus-	in einem boomenden Industrie-
trielle **en plein essor**	zweig arbeiten

la **main-d'œuvre** [mɛ̃dœvʀ]	Arbeitskräfte
avoir besoin de main d'œuvre	ausgebildete/qualifizierte Arbeits-
qualifiée	kräfte benötigen
travailler à la chaîne	am Fließband arbeiten
[tʀavajealaʃɛn]	

l'**implantation** f [ɛ̃plãtasjɔ̃]	Ansiedlung
protester contre l'implantation	gegen die Ansiedlung eines Atom-
d'une centrale nucléaire	kraftwerks protestieren
implanter [ɛ̃plãte]	ansiedeln

implanter une usine dans une zone industrielle	eine Fabrik in einem Industriegebiet ansiedeln
l'**essor** m [esɔʀ]	Aufschwung, Boom
la **récession** [ʀesesjɔ̃]	Rezession, Abschwung
la **délocalisation** [delɔkalizasjɔ̃]	Auslagerung (ins Ausland)
délocaliser [delɔkalize]	(ins Ausland) auslagern
Cette firme a délocalisé une partie de sa production.	Diese Firma hat einen Teil ihrer Produktion ausgelagert.
la **restructuration** [ʀəstʀyktyʀasjɔ̃]	Umstrukturierung
restructurer [ʀəstʀyktyʀe]	umstrukturieren
la **reconversion** [ʀ(ə)kɔ̃vɛʀsjɔ̃]	Umstellung, Umrüstung; Umschulung
se reconvertir [səʀ(ə)kɔ̃vɛʀtiʀ]	(sich) umstellen, umrüsten; umschulen
la **robotisation** [ʀɔbɔtizasjɔ̃]	Roboterisierung, Vollautomatisierung
l'**automation**/l'**automatisation** f [ɔtɔmasjɔ̃/ɔtɔmatizasjɔ̃]	Automatisierung

les **biens de consommation** m [bjɛ̃d(ə)kɔ̃sɔmasjɔ̃]	Verbrauchs-, Konsumgüter
les **biens d'équipement** m [bjɛ̃dekipmɑ̃]	Ausrüstungs-, Investitionsgüter
se lancer dans la production de biens d'équipement	die Produktion von Investitionsgütern aufnehmen
les **produits (semi-)finis** m [pʀɔdɥi(semi)fini]	(Halb)Fertigprodukte
la **finition** [finisjɔ̃]	Endfertigung, Fertigstellung

15.3 Betrieb

une **entreprise** [ɑ̃tʀəpʀiz]	Unternehmen, Betrieb
une **entreprise de travaux publics**	Tiefbauunternehmen
une **compagnie** (une **Cie**) [kɔ̃paɲi (si)]	Gesellschaft
une **firme** [fiʀm]	Firma
un **groupe** [gʀup]	(Firmen)Gruppe, Konzern
Cette firme fait partie d'un groupe international.	Diese Firma gehört zu einem internationalen Konzern.
le **siège social** [sjɛʒsɔsjal]	Firmensitz

un **chef** [ʃɛf]	Chef(in), Boss
le **chef d'entreprise**	Firmenchef
la **direction** [diʀɛksjɔ̃]	Direktion, Firmenleitung

un,e **directeur, -trice** [dɪʀɛktœʀ, tʀis]	Direktor(in)
le **PDG (président-directeur général)** [pedeʒe]	Generaldirektor(in)
diriger [diʀiʒe]	leiten
un,e **patron,ne** [patʀɔ̃, ɔn]	Chef(in)

le **personnel** [pɛʀsɔnɛl]	Personal, Belegschaft
un **cadre** [kadʀ]	Führungskraft
un **cadre supérieur**	obere Führungskraft, Manager(in)
un **cadre moyen**	Vertreter des mittleren Managements
un,e **supérieur,e** [sypeʀjœʀ]	Vorgesetzte(r)
un,e **employé,e** [ɑ̃plwaje]	Angestellte(r)
un,e **collègue** [kɔlɛg]	Kollege, Kollegin
un **poste** [pɔst]	Posten, Stellung, Arbeitsplatz
occuper un poste important dans une firme	einen wichtigen Posten in einer Firma innehaben
une **fonction** [fɔ̃ksjɔ̃]	Tätigkeit, Stellung
occuper une fonction de cadre supérieur	eine leitende Funktion ausüben/ einnehmen
responsable de [ʀɛspɔ̃sabl]	verantwortlich für
Il est responsable de l'exportation.	Er ist für den Export verantwortlich.

la **concurrence** [kɔ̃kyʀɑ̃s]	Konkurrenz, Wettbewerb
faire face à la concurrence étrangère	der ausländischen Konkurrenz trotzen
un,e **concurrent,e** [kɔ̃kyʀɑ̃, ɑ̃t]	Konkurrent(in)
la **perte** [pɛʀt]	Verlust
produire à perte	mit Verlust produzieren

une **maison** [mɛzɔ̃]	Firma, Geschäft
la **maison mère**	Mutterfirma, Stammsitz
une **maison de gros**	Großhandelsfirma
une **multinationale** [myltinasjɔnal]	multinationales Unternehmen, Multi
une **SA (Société anonyme)** [ɛsa]	AG
une **SARL (Société à responsabilité limitée)** [ɛsaɛʀɛl]	GmbH
une **PME (Petites et moyennes entreprises)** [peɛmə]	mittelständisches Unternehmen
Les PME ont de plus en plus de mal à survivre.	Für die mittelständischen Unternehmen wird es immer schwieriger zu überleben.
une **succursale** [sykyʀsal]	Filiale
ouvrir une succursale à l'étranger	eine Filiale im Ausland eröffnen

les **effectifs** *m* [efɛktif]	Belegschaft, Personalbestand
réduire les effectifs de moitié	den Personalbestand um die Hälfte abbauen
un,e **collaborateur, -trice** [kɔ(l)labɔʀatœʀ, tʀis]	Mitarbeiter(in)
pouvoir compter sur des collaborateurs efficaces	auf fähige/tüchtige Mitarbeiter zählen können
un **manager** [manadʒœʀ/ɛʀ]	Manager(in)
embaucher [ãboʃe]	einstellen
L'entreprise embauche des ouvriers qualifiés.	Das Unternehmen stellt Facharbeiter ein.
l'**embauche** *f* [ãboʃ]	Einstellung
le **comité directeur** [kɔmitediʀɛktœʀ]	Vorstand
le **conseil de surveillance** [kɔ̃sɛjdəsyʀvɛjɑ̃s]	Aufsichtsrat

les **affaires** *f* [afɛʀ]	Geschäfte
un homme/une femme d'affaires	Geschäftsmann, -frau
Il est en Italie **pour affaires**.	Er ist geschäftlich in Italien.
le **chiffre d'affaires** [ʃifʀ(ə)dafɛʀ]	Umsatz
investir dans [ɛ̃vɛstiʀ]	investieren in
un **investissement** [ɛ̃vɛstismã]	Investition
amortir ses investissements	seine Investitionen amortisieren
une **fusion** [fyzjɔ̃]	Zusammenschluss, Fusion
fusionner [fyzjɔne]	fusionieren, sich zusammenschließen
fusionner pour rester compétitif	fusionieren, um wettbewerbsfähig zu bleiben
la **comptabilité** [kɔ̃tabilite]	Rechnungswesen, Buchhaltung
les **frais** *m* [fʀɛ]	Kosten
les **charges** *f* [ʃaʀʒ]	Nebenkosten
le **bénéfice** [benefis]	Gewinn
réinvestir ses bénéfices	seine Gewinne wieder investieren
un **déficit** [defisit]	Defizit
déposer son bilan [depozesɔ̃bilã]	Konkurs anmelden
faire faillite [fɛʀfajit]	Pleite gehen, Konkurs machen

15.4 Technik

la **technique** [tɛknik]	Technik
la **technique de pointe**	Spitzentechnik
technique [tɛknik]	technisch
le **progrès** [pʀɔgʀɛ]	Fortschritt
un,e **technicien,ne** [tɛknisjɛ̃, jɛn]	Techniker(in)

la **technologie** [tɛknɔlɔʒi] Technologie
les technologies nouvelles die neuen Technologien
technologique [tɛknɔlɔʒik] technologisch
avoir une avance technologique **sur** einen technologischen Vorsprung
qn gegenüber jdm haben

inventer [ɛ̃vãte] erfinden
une **invention** [ɛ̃vãsjɔ̃] Erfindung
un,e **inventeur, -trice** [ɛ̃vãtœʀ, tʀis] Erfinder(in)
(un,e) **scientifique** n; adj [sjãtifik] Wissenschaftler(in); wissenschaftlich
une **méthode** [metɔd] Methode
agir avec méthode methodisch vorgehen

un **moteur** [mɔtœʀ] Motor
automatique [ɔtɔmatik] automatisch
électrique [elɛktʀik] elektrisch
l'**électricité** f [elɛktʀisite] Elektrizität
une **panne d'électricité** Stromausfall
électronique [elɛktʀɔnik] elektronisch
l'**électronique** f [elɛktʀɔnik] Elektronik
L'électronique fait partie de notre Die Elektronik gehört zu unserem
vie quotidienne. täglichen Leben.

nucléaire [nykleɛʀ] Kern-, Atom-, Nuklear-
un **réacteur nucléaire** Atom-, Kernreaktor
le **nucléaire** [nykleɛʀ] Atom-, Kernkraft
une manifestation contre le eine Demonstration gegen die
nucléaire Kernkraft
une **centrale nucléaire** Atom- , Kernkraftwerk
[sãtʀalnykleɛʀ]
un **incident** [ɛ̃sidã] Zwischenfall
Un incident technique a provoqué Ein technischer Zwischenfall hat
l'arrêt de la centrale électrique. zur Stilllegung des Elektrizitätswerks geführt.

un **équipement** [ekipmã] Ausrüstung, Einrichtung
un **dispositif** [dispozitif] Vorrichtung, Anlage
le **(service) technico-commercial** kaufmännisch-technische
[tɛknikokɔmɛʀsjal] Abteilung

le **savoir-faire** [savwaʀfɛʀ] Know-how, Können
L'ingénieur a démontré son savoir- Der Ingenieur hat sein Know-how
faire. unter Beweis gestellt.
la **haute technologie** ['ottɛknɔlɔʒi] Hochtechnologie

le **transfert de technologie** [trɑ̃sfɛʀdəteknɔlɔʒi]	Technologietransfer
le **génie génétique** [ʒeniʒenetik]	Gentechnologie
un **parc technologique** [paʀktɛknɔlɔʒik]	Technologiepark
une **technopole** [tɛknɔpɔl]	Technologiezentrum, -park
La recherche et l'industrie sont réunies dans les technopoles.	Forschung und Industrie sind in Technologiezentren vereint.

spatial,e [spasjal]	Raum-
un **vaisseau spatial**	Raumschiff
une **navette/station spatiale**	Raumfähre/-station
la **navigation spatiale**	Raumfahrt
un,e **astronaute** [astʀonot]	Astronaut(in), Raumfahrer(in)

une **fusée** [fyze]	Rakete
un **satellite** [satelit]	Satellit
sur orbite [syʀɔʀbit]	in einer Umlaufbahn
mettre un satellite **sur orbite**	einen Satelliten in die Umlaufbahn bringen

15.5 Handel und Dienstleistungen

le **commerce** [kɔmɛʀs]	Handel
commercial,e [kɔmɛʀsjal]	kaufmännisch, Handels-
un **(petit) commerçant** [kɔmɛʀsɑ̃]	Einzelhändler
Les petits commerçants sont contre l'ouverture du centre commercial.	Die Einzelhändler sind gegen die Eröffnung des Einkaufszentrums.

le **marché** [maʀʃe]	Markt
aller* faire son marché	(auf dem Markt) einkaufen
un,e **marchand,e** [maʀʃɑ̃, ɑ̃d]	Händler(in)
une **marchandise** [maʀʃɑ̃diz]	Ware
proposer sa marchandise **à bas prix**	seine Ware zu Niedrigpreisen anbieten
marchander [maʀʃɑ̃de]	handeln, feilschen
un **magasin** [magazɛ̃]	Laden, Geschäft

un,e **client,e** [klijɑ̃, klijɑ̃t]	Kunde, Kundin
un,e **client,e fidèle**	Stammkunde, -kundin
la **clientèle** [klijɑ̃tɛl]	Kundschaft
un,e **consommateur, -trice** [kɔ̃sɔmatœʀ, tʀis]	Verbraucher(in)
acheter [aʃ(ə)te]	kaufen

un,e **acheteur, -euse** [aʃ(ə)tœʀ, øz]	Käufer(in)
un **achat** [aʃa]	(Ein)Kauf
commander [kɔmɑ̃de]	bestellen
une **commande** [kɔmɑ̃d]	Bestellung
vendre [vɑ̃dʀ]	verkaufen
un,e **vendeur, -euse** [vɑ̃dœʀ, øz]	Verkäufer(in)
la **vente** [vɑ̃t]	Verkauf
la **vente par correspondance**	Versandhandel
la **vente en gros/au détail**	Groß-/Einzelverkauf
la **vente aux enchères**	Versteigerung, Auktion
les **soldes** m [sɔld]	Schluss-, Ausverkauf
un **contrat** [kɔ̃tʀa]	Vertrag
signer un contrat	einen Vertrag unterzeichnen

le **prix** [pʀi]	Preis
la **facture** [faktyʀ]	Rechnung
envoyer [ɑ̃vwaje]	(ver)schicken, (ver)senden
Envoyez-nous votre **bon de commande.**	Senden Sie uns Ihren Bestellschein zu.
livrer [livʀe]	(aus)liefern
la **livraison** [livʀɛzɔ̃]	Lieferung

un **article** [aʀtikl]	Artikel
Cet article est épuisé.	Dieser Artikel ist vergriffen.
la **marque** [maʀk]	Marke
une **étiquette** [etikɛt]	Preisschild, Etikett
la **garantie** [gaʀɑ̃ti]	Garantie
un appareil **sous garantie**	ein Apparat, auf den es (noch) Garantie gibt
faire de la publicité [fɛʀd(ə)lapyblisite]	werben

l'**offre** f [ɔfʀ]	Angebot
la **demande** [d(ə)mɑ̃d]	Nachfrage
Les prix varient **en fonction de** l'offre et de la demande.	Die Preise variieren je nach Angebot und Nachfrage.
importer [ɛ̃pɔʀte]	importieren
l'**importation** f [ɛ̃pɔʀtasjɔ̃]	Import
exporter [ɛkspɔʀte]	exportieren
l'**exportation** f [ɛkspɔʀtasjɔ̃]	Export

le **secteur tertiaire** [sɛktœʀtɛʀsjɛʀ]	Dienstleistungssektor
le **commerce intérieur/extérieur** [kɔmɛʀsɛ̃teʀjœʀ/ɛksteʀjœʀ]	Binnen-/Außenhandel
le **commerce de gros/de détail** [kɔmɛʀsdəgʀo/dədetaj]	Großhandel; Klein-/Einzelhandel

la **balance commerciale** [balãskɔmɛRsjal]	Handelsbilanz
un,e **grossiste** [gRosist]	Großhändler(in)
un,e **détaillant,e** [detajã, ãt]	Klein-/Einzelhändler(in)
un,e **VRP (Voyageur de commerce, représentant et placier)** [veɛRpe]	Handelsvertreter(in)
une **commission** [kɔmisjɔ̃]	Provision
travailler à la commission	auf Provisionsbasis arbeiten

la **distribution** [distRibysjɔ̃]	Vertrieb
fournir [fuRniR]	liefern
un,e **fournisseur, -euse** [fuRnisœR, øz]	Lieferant(in)
expédier [ɛkspedje]	(ver)schicken, (ver)senden
expédier qc contre remboursement	per Nachnahme versenden
un **colis** [kɔli]	(Post)Paket
un **échantillon** [eʃãtijɔ̃]	(Waren)Probe

la **taxe** [taks]	Steuer
exempt de taxes	steuerfrei
le **prix HT (hors taxes)** [pRiɔRtaks]	Preis ohne Steuern und Abgaben
le **prix TTC (toutes taxes comprises)** [pRitetese]	Preis einschließlich aller Steuern und Abgaben
la **TVA (Taxe à la valeur ajoutée)** [tevea]	Mehrwertsteuer
une **remise** [R(ə)miz]	Nachlass
un **rabais** [Rabɛ]	Rabatt

un **entrepôt** [ãtRəpo]	Lager(halle)
le **stock** [stɔk]	Lager, Warenbestand
être en rupture de stock	nicht lieferfähig sein
écouler le stock	den Warenbestand absetzen

15.6 Geld, Banken

l'**argent** m [aRʒã]	Geld
l'**argent de poche**	Taschengeld
avoir de l'argent sur soi	Geld bei sich haben
compter [kɔ̃te]	zählen
compter des billets de banque	Banknoten zählen
la **monnaie** [mɔnɛ]	Kleingeld, Münzgeld
avoir de la monnaie	Kleingeld haben
rendre la monnaie	(Geld) herausgeben

une **unité monétaire** [ynitemɔnetɛʀ]	Währungseinheit
un **franc** [fʀɑ̃]	Franc, Franken
un **billet de 100 francs**	ein 100-Francs-Schein
un **centime** [sɑ̃tim]	Centime
une **pièce de 50 centimes**	ein 50-Centimes-Stück
un **mark** [maʀk]	Mark
un **euro** [øʀo]	Euro
un **cent** [sɛnt]	Cent

un **porte-monnaie** [pɔʀt(ə)mɔnɛ]	Geldbeutel
un **portefeuille** [pɔʀt(ə)fœj]	Brieftasche
avoir un portefeuille bien rempli	eine volle Brieftasche haben
gérer son portefeuille	seine Wertpapiere verwalten

gratuit,e [gʀatɥi, ɥit]	kostenlos, umsonst
coûter [kute]	kosten
Ça coûte trop cher.	Das ist zu teuer.
payer [peje]	(be)zahlen
payer comptant/cash	bar (be)zahlen
la **valeur** [valœʀ]	(Waren)Wert
dépenser [depɑ̃se]	ausgeben
Il dépense son argent sans compter.	Er gibt das Geld mit vollen Händen aus.

économiser [ekɔnɔmize]	sparen
les **économies** f [ekɔnɔmi]	Ersparnisse
faire des économies	sparen
économe [ekɔnɔm]	sparsam
Il n'est pas avare, il est seulement économe.	Er ist nicht geizig, er ist nur sparsam.
la **fortune** [fɔʀtyn]	Vermögen
faire fortune	reich werden

prêter [pʀete]	(aus)leihen, borgen
Elle lui a prêté 2000 francs.	Sie hat ihm 2000 Francs geliehen.
un **prêt** [pʀɛ]	Darlehen
accorder un prêt à des conditions intéressantes	ein Darlehen zu vorteilhaften Bedingungen einräumen
un **crédit** [kʀedi]	Kredit; Guthaben
faire crédit	einen Kredit gewähren, einräumen
emprunter qc à qn [ɑ̃pʀɛ̃te]	sich von jdm etw. ausleihen
Je ne sais plus à qui j'ai emprunté ce crayon.	Ich weiß nicht mehr, von wem ich diesen Bleistift ausgeliehen habe.
un **emprunt** [ɑ̃pʀɛ̃]	Anleihe, Darlehen
rembourser [ʀɑ̃buʀse]	zurückzahlen

un **remboursement** [ʀɑ̃buʀsəmɑ̃]	(Zu)Rückzahlung
devoir qc à qn [dəvwaʀ]	jdm etw. schulden
Vous me devez une grosse somme.	Sie schulden mir eine beträchtliche Summe.
la **dette** [dɛt]	(Geld)Schuld
faire des dettes	Schulden machen

une **banque** [bɑ̃k]	Bank

Banken, zu denen man geht – Bänke, auf die man sich setzt

Unterscheide *Aussprache* und *Schreibweise*:

une banque [bɑ̃k]	Bank (Geldinstitut)
la BNP (*Banque Nationale de Paris*)	BNP (*eine der größten französischen Banken*)
un banc [bɑ̃]	(Sitz)Bank
un banc public	Parkbank

un **banquier** [bɑ̃kje]	Banker, Bankangestellte(r)
un **guichet** [giʃɛ]	Schalter
la **caisse** [kɛs]	Kasse
passer à la caisse	an die Kasse gehen
un,e **caissier, -ière** [kɛsje, jɛʀ]	Kassierer(in)
encaisser [ɑ̃kese]	(ein)kassieren, einziehen
changer [ʃɑ̃ʒe]	wechseln
changer de l'argent	Geld wechseln
changer ses francs en marks	seine Francs in Mark (um)wechseln
le **change** [ʃɑ̃ʒ]	(Geld)Wechsel

un **compte (en banque)** [kɔ̃t(ɑ̃bɑ̃k)]	(Bank)Konto
un **compte courant**	Girokonto
ouvrir un compte	ein Konto eröffnen
un numéro de compte	Kontonummer
déposer de l'argent sur son compte	Geld auf sein Konto einzahlen
retirer de l'argent [ʀ(ə)tiʀed(ə)laʀʒɑ̃]	Geld abheben
une **(grosse) somme** [(gʀos)sɔm]	(hoher) Geldbetrag
un **montant de ...** [mɔ̃tɑ̃də]	ein Betrag von ...
On a reçu une facture d'un montant de 2500 francs.	Wir haben eine Rechnung über 2500 Francs erhalten.

un **chèque** [ʃɛk]	Scheck
encaisser un chèque	einen Scheck einlösen
un **eurochèque** [øʀɔʃɛk]	Euroscheck
une **carte bancaire** [kaʀt(ə)bɑ̃kɛʀ]	Bankkarte
une **carte de crédit** [kaʀtdəkʀedi]	Kreditkarte
payer par carte (de crédit)	mit (Kredit)Karte bezahlen
le **code secret** [kɔdsəkʀɛ]	PIN-Nummer

les **sous** m; fam [su]	Moneten
ne pas avoir un sou en poche	keine müde Mark in der Tasche haben
le **fric** fam [fʀik]	Zaster, Kohle

les **devises** f [dəviz]	Devisen
une **devise forte/faible**	eine harte/weiche Devise
le **taux de change** [todʃãʒ]	(Um)Wechselkurs
les **recettes** f [ʀ(ə)sɛt]	Einnahmen
la **dévaluation** [devalɥasjɔ̃]	Abwertung
dévaluer [devalɥe]	abwerten
Le gouvernement a décidé de dévaluer la monnaie.	Die Regierung beschloss, die Währung abzuwerten.
l'**inflation** f [ɛ̃flasjɔ̃]	Inflation

le **coût** [ku]	Kosten
coûteux, -euse [kutø, øz]	teuer, kostspielig
régler [ʀegle]	begleichen, (be)zahlen
régler une facture **en espèces**	eine Rechnung (in) bar bezahlen
du **liquide** [likid]	Bargeld
payer qc **en liquide**	etw. bar bezahlen

l'**épargne** f [epaʀɲ]	Sparen
épargner [epaʀɲe]	sparen
un,e **épargnant,e** [epaʀɲã, ãt]	Sparer(in)
un **livret d'épargne** [livʀɛdepaʀɲ]	Sparbuch
la **caisse d'épargne** [kɛsdepaʀɲ]	Sparkasse
une **tirelire** [tiʀliʀ]	Sparbüchse

s'**endetter** [sãdɛte]	sich verschulden
les **intérêts** m [ɛ̃teʀɛ]	Zinsen
le **taux d'intérêt**	Zinssatz
une **hypothèque** [ipɔtɛk]	Hypothek
prendre une hypothèque sur qc	eine Hypothek auf etw. aufnehmen

une **agence** [aʒãs]	Geschäftsstelle
une **succursale** [sykyʀsal]	Filiale, Zweigstelle
un **coffre(-fort)** [kɔfʀə(fɔʀ)]	Safe, Schließfach, Tresor
louer un coffre à la banque	ein Bankschließfach mieten
un **distributeur automatique (de billets)** [distʀibytœʀɔtɔmatik]	Geldautomat

un **chéquier** [ʃekje]	Scheckbuch
un **carnet de chèques** [kaʀnɛdʃɛk]	Scheckbuch

faire/rédiger un chèque (à l'ordre de qn) [fɛʀ/ʀediʒeẽʃɛk]	einen Scheck ausstellen (an die Order von jdm/zugunsten von jdm)
la **signature** [siɲatyʀ]	Unterschrift
Sur ce chèque, la signature est falsifiée.	Die Scheckunterschrift ist gefälscht.
signer [siɲe]	unterschreiben, unterzeichnen
signer un chèque	einen Scheck unterschreiben

un **relevé de compte** [ʀəl(ə)ve/ʀ(ə)ləved(ə)kɔ̃t]	Bankauszug
le **solde** [sɔld]	Saldo, Guthaben
le **découvert** [dekuvɛʀ]	Überziehung, Defizit, Fehlbetrag
La banque m'a accordé un découvert de 10 000 euros.	Die Bank hat mir einen Überziehungskredit von 10 000 Euros eingeräumt.
être à découvert	überzogen haben, im Defizit sein
débiter [debite]	(Konto) belasten
le **débit** [debi]	Soll, Belastung
créditer [kʀedite]	gutschreiben
Mon compte a été crédité de 1000 euros.	Meinem Konto wurden 1000 Euro gutgeschrieben.
virer [viʀe]	überweisen
un **virement** [viʀmã]	Überweisung
un **prélèvement automatique** [pʀelɛvmãɔtɔmatik]	Dauerauftrag
verser [vɛʀse]	einzahlen
un **versement** [vɛʀsəmã]	Einzahlung

les **finances** f [finãs]	Finanzen, Geldmittel; Finanzwesen
un **financier** [finãsje]	Finanzier
financer [finãse]	finanzieren
financer l'achat d'une maison	den Kauf eines Hauses finanzieren
le **financement** [finãsmã]	Finanzierung

la **Bourse** [buʀs]	Börse
la **spéculation** [spekylasjɔ̃]	Spekulation, Spekulieren
spéculer [spekyle]	spekulieren
un,e **spéculateur, -trice** [spekylatœʀ, tʀis]	Spekulant(in)
une **action** [aksjɔ̃]	Aktie
la **hausse** ['os]	Hausse
Mes actions sont **en hausse**.	Meine Aktien steigen.
la **baisse** [bɛs]	Baisse
un **dividende** [dividãd]	Dividende
un **titre** [titʀ]	Wertpapier
un **placement** [plasmã]	(Geld)Anlage

placer [plase]	(Geld) anlegen
les **fonds d'investissement** *m*	Investmentfonds
[fɔ̃dɛvɛstismɑ̃]	

15.7 Versicherungen

une **assurance** [asyʀɑ̃s]	Versicherung
une **assurance obligatoire**	Pflichtversicherung
s'assurer contre qc [sasyʀe]	sich gegen etw. versichern
s'assurer contre les inondations	sich gegen Hochwasser versichern
assurer [asyʀe]	versichern
un,e **assuré,e** [asyʀe]	Versicherte(r)

une **compagnie d'assurances**	Versicherungsgesellschaft
[kɔ̃paɲidasyʀɑ̃s]	
un **assureur** [asyʀœʀ]	Versicherer
une **police d'assurance**	Versicherungspolice
[pɔlisdasyʀɑ̃s]	
un **contrat** [kɔ̃tʀa]	Vertrag

un **accident** [aksidɑ̃]	Unfall
déclarer un accident	einen Unfall/Schaden melden
une **déclaration** [deklaʀasjɔ̃]	(Schadens)Erklärung, Bericht

une **assurance vie** [asyʀɑ̃svi]	Lebensversicherung
une **assurance maladie** [asyʀɑ̃smaladi]	Krankenversicherung
une **assurance auto(mobile)** [asyʀɑ̃sɔtɔ/oto(mɔbil)]	Kraftfahrzeugversicherung
une **assurance accidents** [asyʀɑ̃saksidɑ̃]	Unfallversicherung
On va **résilier** notre assurance accidents.	Wir werden unsere Unfallversicherung kündigen.
une **assurance vieillesse** [asyʀɑ̃svjɛjɛs]	Altersversicherung
J'ai **contracté** une assurance vieillesse, on ne sait jamais.	Ich habe eine Altersversicherung abgeschlossen, man weiß ja nie.
une **assurance dépendance** [asyʀɑ̃sdepɑ̃dɑ̃s]	Pflegeversicherung
une **assurance responsabilité civile** [asyʀɑ̃sʀɛspɔ̃sabilitesivil]	Haftpflichtversicherung
une **assurance tous risques** [asyʀɑ̃stuʀisk]	Vollkaskoversicherung

cotiser [kɔtize] — den/einen Beitrag entrichten
une **cotisation** [kɔtizasjɔ̃] — Beitrag
les **prestations** f [pʀɛstasjɔ̃] — Leistungen

couvrir qc [kuvʀiʀ] — etw. (ab)decken
Cette assurance couvre à peu près tous les risques. — Diese Versicherung deckt so ziemlich alle Risiken (ab).
une **prime** [pʀim] — Prämie
un **bonus** [bɔnys] — Bonus
Après cet accident, il a perdu son bonus. — Nach diesem Unfall hat er seinen Bonus verloren.
un **malus** [malys] — Malus

un **constat (à l')amiable** [kɔ̃sta(al)amjabl] — einvernehmlicher Unfallbericht *(ohne Polizei)*
un **formulaire** [fɔʀmylɛʀ] — Formular
Vous pouvez m'aider à remplir ce formulaire? — Können Sie mir helfen, dieses Formular auszufüllen?
un **sinistre** [sinistʀ] — Schaden(sfall)
les **dégâts** m [dega] — Schaden, Beschädigungen
s'assurer contre les dégâts des eaux — sich gegen Wasserschäden versichern
les **dommages** m [dɔmaʒ] — Schäden
les **dommages (et) intérêts** m [dɔmaʒ(e)ɛ̃teʀɛ] — Schadensersatz
dédommager qn [dedɔmaʒe] — jdn entschädigen
L'assurance ne m'a toujours pas dédommagé. — Die Versicherung hat mich immer noch nicht entschädigt.
indemniser qn de qc/pour qc [ɛ̃dɛmnize] — jdm für etw. Schadenersatz leisten
Il a été indemnisé pour ses frais d'hôpital. — Er bekam für seine Krankenhauskosten Schadenersatz.
une **indemnisation** [ɛ̃dɛmnizasjɔ̃] — Entschädigung, Abfindung

la **Sécurité sociale**; la **Sécu** fam [seky(ʀitesɔsjal)] — *staatliche Sozial- und Krankenversicherung*
une **caisse d'assurance maladie** [kɛsdasyʀɑ̃smaladi] — Krankenkasse
une **caisse de retraite** [kɛsdəʀ(ə)tʀɛt] — Rentenkasse
une **allocation** f [alɔkasjɔ̃] — Beihilfe, Unterstützung
les **allocations familiales** — Kindergeld
l'**allocation de maternité** — Mutterschaftsgeld
l'**allocation de chômage** — Arbeitslosengeld
Il n'a pas encore touché son allocation de chômage. — Er hat noch nicht sein Arbeitslosengeld bekommen.

les **Assedic (Associations pour l'emploi dans l'industrie et le commerce)** f [asedik]	Arbeitslosenversicherung
les **charges sociales** f [ʃaʀʒ(ə)sɔsjal]	Sozialabgaben
une **mutuelle** [mytɥɛl]	Zusatzversicherung, -kasse

Französisches Wort	Deutsche Entsprechung	Falscher Freund	Französische Entsprechung
un concours	Wettbewerb	Konkurs, Pleite	la faillite
une démonstration	Beweis, Vorführung	Demonstration	une manifestation
une raquette	(z. B. Tennis) Schläger	Rakete	une fusée
un trésor	Schatz	Tresor (Geldschrank)	un coffre-fort

16.1 Telekommunikation

le **téléphone** [telefɔn]
Marc est là ? On le demande au
téléphone.
un **coup de téléphone**
donner un coup de téléphone à qn
répondre au téléphone
téléphoner à qn [telefɔne]
Depuis une heure, il téléphone à
Marie.
un **coup de fil** *fam* [kudfil]
passer un coup de fil à qn
recevoir un coup de fil
le **combiné** [kɔ̃bine]
décrocher/raccrocher (le combiné)
sonner [sɔne]
Le téléphone sonne.

Telefon
Ist Marc da? Er wird am Telefon
verlangt.
(Telefon)Anruf
jdn anrufen, mit jdm telefonieren
einen Anruf annehmen
jdn anrufen
Seit einer Stunde telefoniert er mit
Marie.
Telefonanruf
jdn anrufen, mit jdm telefonieren
einen Anruf bekommen
Hörer
(den Hörer) abnehmen/auflegen
klingeln
Das Telefon klingelt.

une **communication (télépho-
nique)** [kɔmynikasjɔ̃(telefɔnik)]
Je t'entends mal, la communication
est très mauvaise.
un **appel** [apɛl]
On a reçu un appel de Marseille.

(Telefon)Verbindung, (Telefon)Ge-
spräch
Ich höre dich undeutlich, die
Verbindung ist sehr schlecht.
Anruf
Wir haben einen Anruf aus Mar-
seille bekommen.

appeler qn [ap(ə)le]
rappeler qn [ʀap(ə)le]
M. Dubois est en conférence,
veuillez rappeler dans un quart
d'heure.
un,e **correspondant,e**
[kɔʀɛspɔ̃dɑ̃, ɑ̃t]

jdn anrufen
jdn zurückrufen
Herr Dubois ist in einer Sitzung,
rufen Sie bitte in einer Viertel-
stunde nochmals an.
Gesprächspartner(in)

un **numéro** [nymeʀo]
composer/faire un numéro
se tromper de numéro
les **renseignements (télé-
phoniques)** *m* [ʀɑ̃sɛɲmɑ̃]
le **standard** [stɑ̃daʀ]

Nummer
eine Nummer wählen
sich verwählen
Telefonauskunft

Telefonzentrale

la **ligne (téléphonique)**
[liɲ (telefɔnik)]
Les lignes sont encombrées.
La tempête a coupé toutes les
lignes téléphoniques.

(Telefon)Leitung

Die Leitungen sind überlastet.
Der Sturm hat alle Telefon-
leitungen unterbrochen.

être en dérangement [εtʀɑ̃deʀɑ̃ʒmɑ̃]	gestört sein
La ligne a été en dérangement toute la journée.	Die Leitung war den ganzen Tag über gestört.
occupé,e [ɔkype]	besetzt, belegt
Impossible de téléphoner à Luc, c'est toujours occupé.	Unmöglich Luc anzurufen, es ist ständig belegt.

un **portable** [pɔʀtabl]	Handy
une **cabine (téléphonique)** [kabin]	Telefonzelle
une **télécarte** [telekaʀt]	Telefonkarte
un **téléphone à cartes** [telefɔnakaʀt]	Kartentelefon
un **répondeur (automatique)** [ʀepɔ̃dœʀ]	Anrufbeantworter
le **bip sonore** [bipsɔnɔʀ]	Piepston
Vous pouvez laisser votre message après le bip sonore.	Sie können Ihre Nachricht nach dem Piepston hinterlassen.

un **fax** [faks]	Fax
envoyer un fax	ein Fax senden, verschicken
faxer qc à qn [fakse]	jdm etw. faxen
le **minitel** [minitɛl]	Btx(Terminal), Minitel

un **annuaire** [anɥɛʀ]	Telefonbuch
les **pages jaunes** f [paʒʒon]	die Gelben Seiten
être sur la liste rouge [εtʀsyʀlalistəʀuʒ]	eine Geheimnummer haben

---

ℹ **Telefonieren in Frankreich**

Allô ! J'écoute.	*Hallo! (Reaktion des Angerufenen)*
Qui est à l'appareil ?	*Wer ist am Apparat?*
Pouvez-vous me passer … ?	*Könnte ich … sprechen?*
Je vous passe …	*Ich verbinde Sie mit …*
Restez en ligne.	*Bleiben Sie am Apparat!*
Ne coupez pas.	*Legen Sie nicht auf!*
Ne quittez pas.	*Bitte, bleiben Sie am Apparat!*
Il y a erreur.	*(Sie sind) Falsch verbunden.*

---

la **télécommunication** [telekɔmynikasjɔ̃]	Telekommunikation
les **Télécom** [telekɔm]	Telekom
le **téléphone de voiture** [telefɔndəvwatyʀ]	Autotelefon
un **publiphone** [pyblifɔn]	öffentliches Kartentelefon
un,e **abonné,e** [abɔne]	(Telefon)Kunde, Kundin

Il n'y a pas d'abonné au numéro que vous avez demandé.	Kein Anschluss unter dieser Nummer.
un **numéro vert** [nymerovɛʀ]	0130-Nummer (kostenlose Telefonnummer)
l'**indicatif** *m* [ɛ̃dikatif]	Vorwahl
la **tonalité** [tɔnalite]	Freizeichen
une **télécopie** [telekɔpi]	Fax
un **télécopieur** [telekɔpjœʀ]	Faxgerät

16.2 Post

la **Poste** [pɔst]	Post
postal,e [pɔstal]	Post -, postalisch
poster une lettre [pɔsteynlɛtʀ]	einen Brief einwerfen, aufgeben
un **bureau de poste** [byʀodpɔst]	Postamt
un **guichet** [giʃɛ]	Schalter
Il n'y a qu'un guichet ouvert.	Es ist nur ein Schalter geöffnet.
une **boîte aux lettres** [bwatolɛtʀ]	Briefkasten
un,e **facteur, -trice** [faktœʀ, tʀis]	Briefträger(in)
distribuer [distʀibɥe]	zustellen, austragen
la **distribution** [distʀibysjɔ̃]	Zustellung
une **tournée** [tuʀne]	(Briefträger)Runde
Le facteur commence sa tournée à 8 heures.	Der Briefträger beginnt seine Runde um 8 Uhr.
le **courrier** [kuʀje]	Post
écrire [ekʀiʀ]	schreiben
envoyer [ãvwaje]	schicken
recevoir [ʀəs(ə)vwaʀ/ʀ(ə)səvwaʀ]	empfangen, bekommen
une **lettre** [lɛtʀ]	Brief
une **lettre recommandée**	Einschreibebrief
en recommandé [ãʀ(ə)kɔmãde]	per Einschreiben
envoyer qc en recommandé	etw. als Einschreiben senden
par avion [paʀavjɔ̃]	per Luftpost
expédier une lettre par avion	einen Brief per Luftpost verschicken
une **carte postale** [kaʀt(ə)pɔstal]	Postkarte
un **imprimé** [ɛ̃pʀime]	Drucksache
un **télégramme** [telegʀam]	Telegramm
une **enveloppe** [ãv(ə)lɔp]	Umschlag, Kuvert
une **enveloppe timbrée**	frankierter Umschlag
un **timbre(-poste)** [tɛ̃bʀə(pɔst)]	Briefmarke

l'**adresse** f [adʀɛs] Adresse
le **code postal** [kɔdpɔstal] Postleitzahl
le **cachet (de la poste)** [kaʃɛ] (Post)Stempel

poste restante [pɔst(ə)ʀɛstɑ̃t] postlagernd
  envoyer une lettre poste restante einen Brief postlagernd schicken
la **boîte postale (BP)** Postfach
[bwatpɔstal (bepe)]
CEDEX (courrier d'entreprise à *Sammelpostamt für gesondert zuge-*
distribution exceptionnelle) *stellte Firmen- und Behördenpost*
[sedɛks]
le **tri** [tʀi] Sortieren, Verteilen
  un **centre de tri (postal)** Brief(post)verteilerzentrum
trier [tʀije] (Post) sortieren

un **colis** [kɔli] Paket
  un **colis contre remboursement** Nachnahmepaket
à l'attention de [alatɑ̃sjɔ̃də] zu Händen von
  à l'attention de Mme Fournier zu Händen von Frau Fournier
faire suivre [fɛʀsɥivʀ] nachsenden
  Prière de faire suivre. Bitte nachsenden.
par retour du courrier postwendend
[paʀʀətuʀdykuʀje]
  répondre à une lettre par retour du einen Brief postwendend beant-
  courrier worten
ci-joint,e [sijwɛ̃, jwɛ̃t] beiliegend
  Veuillez trouver ci-joint(s) les docu- Die gewünschten Unterlagen
  ments demandés. liegen bei.
l'**expéditeur, -trice** Absender(in)
[ɛkspeditœʀ, tʀis]
le/la **destinataire** [dɛstinatɛʀ] Empfänger(in)

affranchir [afʀɑ̃ʃiʀ] frankieren
  affranchir une lettre **au tarif en** einen Brief ausreichend (nach dem
  vigueur gültigen Tarif) frankieren
le **port** [pɔʀ] Porto
  franco de port portofrei
les **tarifs postaux** m [taʀifpɔsto] Posttarife
la **surtaxe** [syʀtaks] Zuschlag, Strafporto
le **distributeur (de timbres)** Briefmarkenautomat
[distʀibytœʀ(dətɛbʀ)]
un **carnet (de timbres)** [kaʀnɛ] Briefmarkenheft

un **mandat** [mɑ̃da] Postanweisung
un **compte chèque postal (CCP)** Postbankkonto
[kɔ̃tʃɛkpɔstal (sesepe)]

16.3 Fernsehen, Radio

la **télévision**; la **télé** *fam* [tele(vizjɔ̃)] — Fernsehen, Fernseher
regarder la télé — fernsehen
un **écran** [ekʀɑ̃] — Bildschirm
le **petit écran** — (Fernseh)Bildschirm
une **vedette du petit écran** — Fernsehstar

le **programme** [pʀɔgʀam] — (Fernseh)Programm
Il n'y a rien d'intéressant au pro- — Es kommt nichts Interessantes (im
gramme. — Fernsehen).
une **chaîne** [ʃɛn] — Fernsehsender, Fernsehprogramm
une **chaîne publique** — öffentlich-rechtlicher Fernseh-
— sender
une **chaîne privée** — Privatsender
sur la première (chaîne) — im ersten Programm

la **radio** [ʀadjo] — Radio, Rundfunk
une **station (de radio)** — Radiosender
écouter la radio — Radio hören

 Zum Unterschied zwischen **écouter** und **entendre** vgl. die Information auf S. 27.

un **poste (de radio)** [pɔst] — Radiogerät
écouter les nouvelles au poste/à la — die Nachrichten im Radio hören
radio
un **transistor** [tʀɑ̃zistɔʀ] — Kofferradio
l'**écoute** *f* [ekut] — Hören
Vous êtes **à l'écoute** d'Europe 1. — Sie hören Europe 1.

un **studio** [stydjo] — Studio
un **enregistrement** [ɑ̃ʀ(ə)ʒistʀəmɑ̃] — Aufnahme
une **émission** [emisjɔ̃] — Sendung
une **émission en direct** — Direktsendung
enregistrer une émission — eine Sendung aufnehmen
un **micro(phone)** [mikʀo(ɔfɔn)] — Mikrofon
le **public** [pyblik] — Publikum, (Zu)Hörer
un,e **invité,e** [ɛ̃vite] — Gast

les **actualités** *f* [aktɥalite] — Nachrichten
regarder les actualités (télévisées) — die (Fernseh)Nachrichten
— anschauen

informer qn sur qc [ɛ̃fɔʀme] — jdn über etw. informieren
les **informations**; les **infos** *fam f* — Nachrichten
[ɛ̃fɔʀmasjɔ̃, ɛ̃fo]

le **journal (télévisé)** [ʒuʀnal(televize)]	Tagesschau, Fernsehnachrichten
un **événement/évènement** [evɛnmã]	Ereignis
suivre le cours des événements	das Geschehen verfolgen
se passer [s(ə)pase]	geschehen, passieren
Pendant 90 minutes il ne s'est rien passé d'intéressant.	90 Minuten lang ist nichts Interessantes passiert.
être au courant (de qc) [ɛtʀokuʀã]	(über etw.) auf dem Laufenden sein
un,e **envoyé,e spécial,e** [ãvwajespesjal]	Sonderberichterstatter(in), Sonderkorrespondent(in)

une **interview** [ɛ̃tɛʀvju]	Interview
donner/accorder une interview	ein Interview geben
interviewer [ɛ̃tɛʀvjuve]	interviewen
un,e **présentateur, -trice** [pʀezãtatœʀ, tʀis]	Ansager(in); Sprecher(in); Moderator(in)
un,e **animateur, -trice** [animatœʀ, tʀis]	Moderator(in)

la **météo(rologie)** [meteo(ɔʀɔlɔʒi)]	Wetterbericht
la **publicité**; la **pub** fam [pyb(lisite)]	Werbung
Sur les chaînes privées, il y a de plus en plus de pub.	In den privaten Programmen gibt es immer mehr Werbung.
publicitaire [pyblisitɛʀ]	Werbe-
un **spot publicitaire**	Werbespot

un **téléviseur** [televizœʀ]	Fernsehapparat, Fernseher
un **poste de télé(vision)** [pɔstdətele]	Fernsehapparat, Fernseher
s'acheter un **poste de télévision portatif**	sich ein tragbares Fernsehgerät kaufen

la **télévision commerciale** [televizjɔ̃kɔmɛʀsjal]	kommerzielles Fernsehen
un **émetteur** [emɛtœʀ]	Sender
émettre [emɛtʀ]	senden, ausstrahlen
émettre 24 heures sur 24	rund um die Uhr senden
diffuser [difyze]	senden, ausstrahlen
diffuser de la musique	Musik senden
rediffuser [ʀ(ə)difyze]	wieder ausstrahlen, aussenden
Ce débat sera rediffusé demain matin.	Diese Debatte wird morgen früh nochmals ausgestrahlt.
une **rediffusion** [ʀ(ə)difyzjɔ̃]	Wiederholung(ssendung)

la **télévision par câble** [televizjɔ̃paʀkabl]	Kabelfernsehen

la **télévision par satellite** [televizjɔ̃paʁsatelit]	Satellitenfernsehen
une **antenne** [ãtɛn]	Antenne
une **antenne parabolique**	Parabolantenne
Je rends l'antenne à nos studios à Paris.	Ich gebe in unsere Pariser Studios zurück.
un **décodeur** [dekɔdœʁ]	Dekoder
une **chaîne codée** [ʃɛnkɔde]	verschlüsseltes Fernsehprogramm
la **réception** [ʁesɛpsjɔ̃]	Empfang
La réception est très mauvaise.	Der Empfang ist sehr schlecht.
un **récepteur** [ʁesɛptœʁ]	Empfangsgerät
capter [kapte]	empfangen
On n'arrive pas à capter la 5.	Wir können das 5. Programm nicht empfangen.

l'**audimat** *m* [odimat]	Einschaltquote
Cette émission fait monter l'audimat.	Dieses Programm steigert die Einschaltquote.
un,e **auditeur, -trice** [oditœʁ, tʁis]	Zuhörer(in)
l'**audience** *f* [odjãs]	Zuhörerschaft; Einschaltquote
L'audience des radios locales augmente régulièrement.	Die Einschaltquoten der Lokalsender steigen regelmäßig.
audiovisuel,le [odjovizɥɛl]	audiovisuell
radiophonique [ʁadjɔfɔnik]	Radio-, Funk-
une **pièce radiophonique**	Hörspiel
la **redevance** [ʁ(ə)dəvãs]	Radio-/Fernsehgebühren

les **grandes ondes (GO)** *f* [gʁãdzɔ̃d (ʒeo)]	Langwelle
recevoir une émission sur grandes ondes	eine Sendung auf Langwelle empfangen
les **ondes moyennes (OM)**, les **petites ondes** [ɔ̃dmwajɛn, p(ə)titzɔ̃d]	Mittelwelle
les **ondes courtes** *f* [ɔ̃dkuʁt]	Kurzwelle
la **modulation de fréquence (FM)** [mɔdylasjɔ̃d(ə)fʁekãs (ɛfɛm)]	UKW

une **retransmission** [ʁ(ə)tʁãsmisjɔ̃]	Übertragung
retransmettre [ʁ(ə)tʁãsmɛtʁ]	übertragen
Le concert sera retransmis en modulation de fréquence.	Das Konzert wird auf UKW übertragen.
en duplex [ãdyplɛks]	als Konferenzschaltung
en différé [ãdifeʁe]	zeitversetzt, aufgezeichnet
retransmettre un match en différé	ein Spiel in einer Aufzeichnung übertragen
un **flash (d'information)** [flaʃ]	Kurznachrichten

16.4 Bild- und Tonträger

une **photo** [fɔto]	Foto
prendre une photo	ein Foto machen
prendre qn/qc en photo	jdn/etw. fotografieren
photographier [fɔtɔgʀafje]	fotografieren
un **motif** [mɔtif]	Motiv
un **portrait** [pɔʀtʀɛ]	Porträt(aufnahme)
un **appareil photo** [apaʀɛjfɔto]	Fotoapparat
un **polaroïd** [pɔlaʀɔid]	Sofortbildkamera
un **flash** [flaʃ]	Blitzlicht

une **pellicule** [pelikyl]	Film
développer un film/une pellicule	einen Film entwickeln
le **développement** [dev(ə)lɔpmã]	Entwickeln
un **négatif** [negatif]	Negativ
le **format** [fɔʀma]	Format
une **diapo(sitive)** [djapo(zitiv)]	Dia
projeter des diapositives	Dias projizieren, zeigen
On ne pourra pas regarder de diapos ce soir, le projecteur est en panne.	Heute Abend können wir keine Dias anschauen, der Projektor ist kaputt.

un **film** [film]	Film
tourner un film	einen Film drehen
filmer [filme]	filmen
une **caméra** [kameʀa]	Kamera

le **son** [sɔ̃]	Ton, Lautstärke
écouter [ekute]	(zu)hören
le **volume** [vɔlym]	Lautstärke
Tu ne peux pas **baisser un peu le volume**? On ne s'entend plus!	Kannst du nicht etwas leiser stellen? Man versteht sich ja nicht mehr.
enregistrer [ãʀ(ə)ʒistʀe]	aufnehmen
un **enregistrement** [ãʀ(ə)ʒistʀəmã]	Aufnahme

un **disque** [disk]	Schallplatte
un **tourne-disque**	Plattenspieler
un **CD**, un **compact** [sede, kɔ̃pakt]	CD
un **lecteur de compacts/CD**	CD-Spieler, -Player
une **platine laser** [platinlazɛʀ]	CD-Spieler, -Player

une **chaîne hi-fi/stéréo** [ʃɛnifi/steʀeo]	Hi-Fi-/Stereo-Anlage
une **cassette (K 7)** [kasɛt]	Kassette
un **magnétophone** [maɲetɔfɔn]	Tonbandgerät, Kassettenrekorder

un **lecteur de cassettes** [lɛktœrdəkasɛt]	Kassettenrekorder
une **radiocassette** [ʀadjokasɛt]	Radio(kassetten)rekorder
un **baladeur**, un **walkman** [baladœʀ, wɔkman]	Walkman
un **lecteur de CD portable**, un **discman** [lɛktœʀdəsedepɔʀtabl, diskman]	tragbarer CD-Player, Diskman

(en) couleurs [(ã)kulœʀ]	Farb-
(en) noir et blanc [(ã)nwaʀeblã]	schwarz-weiß
une photo en couleurs/en noir et blanc	ein Farb-/Schwarzweißfoto
net,te [nɛt]	scharf
flou,e [flu]	unscharf
mat,e [mat]	matt
brillant,e [bʀijã, ãt]	glänzend
une **épreuve** [epʀœv]	Abzug
Vous voulez vos épreuves **en mat** ou **en brillant**?	Wollen Sie Ihre Abzüge matt oder glänzend?
un **agrandissement** [agʀãdismã]	Vergrößerung
agrandir [agʀãdiʀ]	vergrößern

un **caméscope** [kameskɔp]	Camcorder, Kamerarekorder
un **magnétoscope** [maɲetɔskɔp]	Videorekorder
une **vidéocassette** [videokasɛt]	Videokassette
un **DVD**, un **lecteur laser vidéo** [devede, lɛktœʀlazɛʀvideo]	DVD-Player
un **vidéodisque** [videodisk]	Videoplatte

une **enceinte** [ãsɛ̃t]	Lautsprecherbox
un **casque** [kask]	Kopfhörer

16.5 Presse und Bücher

les **(mass) médias** m [(mas)medja]	Medien
la **presse** [pʀɛs]	Presse
un **journal** [ʒuʀnal]	Zeitung
un **journal régional/national**	Regional-/überregionale Zeitung
lire [liʀ]	lesen
la **lecture** [lɛktyʀ]	Lesen
un,e **lecteur, -trice** [lɛktœʀ, tʀis]	Leser(in)
paraître [paʀɛtʀ]	erscheinen
une **revue** [ʀ(ə)vy]	Zeitschrift

une **revue spécialisée**	Fachzeitschrift
Cette revue paraît le mercredi.	Diese Zeitschrift erscheint mittwochs.
un **magazine** [magazin]	Zeitschrift, Magazin
un **magazine de mode**	Modezeitschrift
un **périodique** [peʀjɔdik]	Zeitschrift
un **illustré** [ilystʀe]	Zeitschrift, Illustrierte

un,e **journaliste** [ʒuʀnalist]	Journalist(in)
un,e **reporter** [ʀ(ə)pɔʀtɛʀ/tœʀ]	Reporter(in)
un **grand reporter**	ein Sonderkorrespondent
un **reportage** [ʀ(ə)pɔʀtaʒ]	Reportage
un,e **rédacteur, -trice**	Redakteur(in)
[ʀedaktœʀ, tʀis]	
une **rédactrice en chef**	Chefredakteurin
la **rédaction** [ʀedaksjɔ̃]	Redaktion
rédiger un article [ʀediʒeɛ̃naʀtikl]	einen Artikel verfassen
un,e **photographe** [fɔtɔgʀaf]	Fotograf(in)

la **couverture** [kuvɛʀtyʀ]	Titelblatt, Deckel
le **titre** [titʀ]	Titel
un **gros titre**	eine Schlagzeile
la une [layn]	die erste Seite, Seite eins
Cette catastrophe a fait la une de tous les journaux.	Diese Katastrophe stand auf der ersten Seite aller Zeitungen.
la **manchette** [mɑ̃ʃɛt]	Schlagzeile
le **sommaire** [sɔmɛʀ]	Inhaltsübersicht
une **page** [paʒ]	Seite

 Zum *Genus der Nomen* auf -age vgl. die Information auf S. 70.

une **colonne** [kɔlɔn]	Spalte
une **rubrique** [ʀybʀik]	Rubrik, Teil

un **texte** [tɛkst]	Text
un **article** [aʀtikl]	Artikel
Je ne suis pas d'accord avec l'auteur de cet article.	Ich bin mit dem Autor dieses Artikels nicht einverstanden.
un **sujet** [syʒɛ]	Thema
traiter un sujet sérieux/amusant	ein ernstes/unterhaltsames Thema behandeln

l'**information** f [ɛ̃fɔʀmasjɔ̃]	Information, Meldung
les **informations internationales**	internationale Meldungen
informer [ɛ̃fɔʀme]	informieren
une **nouvelle** [nuvɛl]	Nachricht

les **nouvelles locales** | Lokalnachrichten
Tu as lu les **dernières nouvelles**? | Hast Du die neuesten Nachrichten gelesen?

de source sûre/de bonne source [dəsuʀsəsyʀ/dəbɔnsuʀs] | aus gut unterrichteter/zuverlässiger Quelle
Selon une information de source sûre, les impôts vont augmenter. | Wie aus gut unterrichteter Quelle verlautet, sollen die Steuern erhöht werden.

un **détail** [detaj] | Detail
révéler tous les détails du drame | sämtliche Details des Dramas enthüllen

un **résumé** [ʀezyme] | Zusammenfassung, Resümee
en résumé | zusammenfassend
résumer [ʀezyme] | zusammenfassen

la **publicité**; la **pub** *fam* [pyb(lisite)] | Werbung
une **annonce** [anɔ̃s] | Anzeige
les **petites annonces** | Kleinanzeigen
passer une annonce | inserieren

un **roman-feuilleton** [ʀɔmɑ̃fœjtɔ̃] | Fortsetzungsroman
la **suite** [sɥit] | Folge
à suivre [asɥivʀ] | Fortsetzung folgt

l'**opinion** *f* [ɔpinɔ̃] | Meinung
la **position** [pɔzisjɔ̃] | Stellung
prendre position pour ou contre | Stellung beziehen für oder gegen
le **point de vue** [pwɛ̃d(ə)vy] | Ansicht, Meinung
un **commentaire** [kɔmɑ̃tɛʀ] | Kommentar
l'**influence** *f* [ɛ̃flyɑ̃s] | Einfluss
influencer [ɛ̃flyɑ̃se] | beeinflussen
critiquer [kʀitike] | kritisieren
la **critique** [kʀitik] | Kritik
Le dernier film de Depardieu a eu de bonnes critiques. | Der letzte Film mit Depardieu bekam gute Kritiken.
un,e **critique** [kʀitik] | Kritiker(in)

un **kiosque** [kjɔsk] | Kiosk
un **numéro** [numeʀo] | Ausgabe, Nummer
Le dernier numéro de Paris-Match est épuisé. | Die letzte Nummer von Paris-Match ist vergriffen.
un **abonnement** [abɔnmɑ̃] | Abonnement
s'abonner à qc [sabɔne] | etw. abonnieren

un **livre** [livʀ] | Buch
un **bouquin** *fam* [bukɛ̃] | Buch; Schmöker *(fam)*

une **librairie** [libʀeʀi]	Buchhandlung
Mon nouveau livre sort en librairie la semaine prochaine.	Mein neustes Buch kommt nächste Woche in den Buchhandel.
un,e **libraire** [libʀɛ̃ʀ]	Buchhändler(in)
une **bibliothèque** [bibliɔtɛk]	Bibliothek
un,e **bibliothécaire** [bibliɔtekɛʀ]	Bibliothekar(in)

un **chapitre** [ʃapitʀ]	Kapitel
la **table des matières** [tabl(ə)dematjɛʀ]	Inhaltsverzeichnis
la **préface**, l'**avant-propos** m [pʀefas, avɑ̃pʀɔpo]	Vorwort

la **presse du cœur** [pʀɛ̃sdykœʀ]	Regenbogenpresse
la **presse à sensation/à scandale** [pʀɛsasɑ̃sasjɔ̃/askɑ̃dal]	Sensations-, Boulevardpresse
un **canard** fam [kanaʀ]	(Käse)Blatt
J'ai lu ça dans mon canard.	Ich habe dies in meinem (Käse)-Blatt gelesen.
publier [pyblije]	veröffentlichen, herausgeben
une **publication** [pyblikasjɔ̃]	Veröffentlichung
imprimer [ɛ̃pʀime]	drucken
une **imprimerie** [ɛ̃pʀimʀi]	Druckerei
la **mise en page** [mizɑ̃paʒ]	Umbruch, Layout

un **tirage** [tiʀaʒ]	Auflage
à grand tirage	mit hoher Auflage
Cette revue a un tirage de 200 000 exemplaires.	Diese Zeitschrift hat eine Auflage von 200 000 Exemplaren.
tirer à [tiʀe]	eine Auflage von … haben
Le journal tire à 400 000 exemplaires.	Die Zeitung hat eine Auflage von 400 000 Exemplaren.
la **diffusion** [difyzjɔ̃]	Vertrieb
éditer [edite]	herausgeben, verlegen
une **édition** [edisjɔ̃]	Herausgabe, Veröffentlichung
Edition spéciale! Demandez France-Soir!	Sonderausgabe! Kaufen Sie France-Soir!
une **édition du soir**	Abendausgabe
une **maison d'édition**	Verlag
un,e **éditeur**, -**trice** [editœʀ, tʀis]	Verleger(in); Herausgeber(in)

un **quotidien** [kɔtidjɛ̃]	Tageszeitung
un **hebdo(madaire)** [ɛbdo(ɔmadɛʀ)]	Wochenzeitung
un **mensuel** [mɑ̃sɥɛl]	Monatszeitschrift
un **supplément** [syplemɑ̃]	Beilage

un **supplément week-end/du dimanche**	Wochenend-/Sonntagsbeilage

une **agence de presse** [aʒãsdəpʀɛs]	Presseagentur
un,e **correspondant,e** [kɔʀɛspõdã, ãt]	Korrespondent(in)
un **éditorial** [editɔʀjal]	Leitartikel
un,e **éditorialiste** [editɔʀjalist]	Leitartikelschreiber(in)

une **enquête** [ãkɛt]	Nachforschung(en), Untersuchung; Umfrage
Nos reporters ont mené l'enquête.	Unsere Reporter haben die Nachforschungen angestellt.
un **sondage** [sõdaʒ]	Umfrage
les **faits divers** m [fɛdivɛʀ]	Vermischtes
un **compte-rendu** [kõtʀãdy]	Bericht
une **chronique (théâtrale)** [kʀɔnik (teatʀal)]	(Theater)Kolumne, Feuilleton
un **scoop** [skup]	Exklusivmeldung
Ce n'est pas vraiment un scoop. loc	Das ist kalter Kaffee.
le **courrier des lecteurs** [kuʀjedelɛktœʀ]	Leserbriefe
le **courrier du cœur** [kuʀjedykœʀ]	Spalte „Leser fragen um Rat"

exclusif, -ive [ɛksklyzif, iv]	exklusiv, Exklusiv-
l'**exclusivité** f [ɛksklyzivite]	Exklusivität
Ce reportage **paraît en exclusivité** dans notre magazine.	Diese Reportage erscheint exklusiv in unserer Illustrierten.
objectif, -ive [ɔbʒɛktif, iv]	objektiv
l'**objectivité** f [ɔbʒɛktivite]	Objektivität, Sachlichkeit
subjectif, -ive [sybʒɛktif, iv]	subjektiv
la **subjectivité** [sybʒɛktivite]	Subjektivität
divertissant,e [divɛʀtisã, ãt]	unterhaltsam
instructif, -ive [ɛ̃stʀyktif, iv]	informativ, lehrreich

la **tendance (politique)** [tãdãs]	(politische) Richtung
orienté,e [ɔʀjãte]	einseitig, politisch gefärbt
(être) orienté à droite/à gauche	rechts/links gerichtet (sein)
la **liberté de la presse** [libɛʀted(ə)lapʀɛs]	Pressefreiheit
la **censure** [sãsyʀ]	Zensur
manipuler [manipyle]	manipulieren
une **campagne de presse** [kãpaɲdəpʀɛs]	Pressekampagne

un **best-seller** [bɛstsɛlœʀ]	Bestseller

un **exemplaire** [εgzãplεʀ]	Exemplar
un **exemplaire broché/relié**	ein geheftetes/gebundenes Exemplar
la **reliure** [ʀəljyʀ]	Einband
une **brochure** [bʀɔʃyʀ]	Broschüre
les **droits d'auteur** m [dʀwadotœʀ]	Urheberrechte

une **collection** [kɔlεksjɔ̃]	(Buch)Reihe
une **collection de poche**	Taschenbuchreihe
une **collection classique**	Klassikerreihe
Ce roman vient de paraître dans la collection Folio.	Dieser Roman ist gerade in der *Folio*-Reihe erschienen.
les **œuvres complètes (de Molière)** [œvʀəkɔ̃plεt]	das Gesamtwerk (von Molière)

la **version** [vεʀsjɔ̃]	Fassung
lire un roman **en version originale**	einen Roman im Original lesen
la **version intégrale**	vollständige (ungekürzte) Fassung
la **version abrégée et adaptée**	gekürzte und bearbeitete Fassung
une **faute d'impression** [fotdɛ̃pʀεsjɔ̃]	Druckfehler

16.6 Multimedia, Computer

(le) **multimédia** n; adj [myltimedja]	Multimedia; Multimedia-
l'**informatique** f [ɛ̃fɔʀmatik]	Informatik
le **langage informatique** [lãgaʒɛ̃fɔʀmatik]	Programmiersprache
un,e **informaticien, ne** [ɛ̃fɔʀmatisjɛ̃, jεn]	Informatiker(in)

un **ordinateur** [ɔʀdinatœʀ]	Computer
un **PC** [pese]	Personalcomputer
allumer/éteindre son PC	seinen PC ein-/ausschalten
un **portable** [pɔʀtabl]	Laptop
un **micro-ordinateur** [mikʀoɔʀdinatœʀ]	Mikrocomputer

le **disque dur** [diskədyʀ]	Festplatte
une **disquette** [diskεt]	Diskette
un **lecteur de disquette**	ein Diskettenlaufwerk
introduire la disquette dans le lecteur de disquette	die Diskette in das Diskettenlauf-werk einlegen
un **cédérom (CD-ROM)** [sedeʀɔm]	CD-ROM
un **lecteur de cédérom**	CD-ROM-Laufwerk

un **moniteur**, un **écran (couleur)** [mɔnitœʀ, ekʀɑ̃(kulœʀ)]	(Farb)Bildschirm
une **imprimante** [ɛ̃pʀimɑ̃t]	Drucker
une **imprimante (à) laser**	Laserdrucker
une **imprimante à jet d'encre**	Tintenstrahldrucker
imprimer [ɛ̃pʀime]	drucken
un **clavier** [klavje]	Tastatur
une **touche** [tuʃ]	Taste
taper [tape]	tippen
une **souris** [suʀi]	Maus
cliquer [klike]	(mit der Maus) klicken
double-cliquer sur l'icône	auf das Symbol doppelklicken
un **scanneur/scanner** [skanœʀ/skanɛʀ]	Scanner
scanner [skane]	scannen
un **curseur** [kyʀsœʀ]	Cursor
la **flèche** [flɛʃ]	Pfeil
un **jeu électronique** [ʒøelɛktʀɔnik]	Computerspiel
un **jeu vidéo** [ʒøvideo]	Computerspiel
une **console de jeux vidéo**	Playstation
une **manette de jeu** [manɛtdəʒø]	Joystick
le **matériel** [mateʀjɛl]	Hardware
le **logiciel** [lɔʒisjɛl]	Software
le **progiciel** [pʀɔʒisjɛl]	Softwarepaket
un **programme** [pʀɔgʀam]	Programm
un **programme anti-virus**	Antivirenprogramm
charger/démarrer un programme	ein Programm laden/starten
programmer [pʀɔgʀame]	programmieren
un,e **programmeur, -euse** [pʀɔgʀamœʀ, øz]	Programmierer(in)
le **langage de programmation** [lɑ̃gaʒdəpʀɔgʀamasjɔ̃]	Programmiersprache
installer [ɛ̃stale]	installieren
Je n'arrive pas à installer ce programme.	Es gelingt mir nicht, dieses Programm zu installieren.
l'**installation** f [ɛ̃stalasjɔ̃]	Installation
le **traitement de texte** [tʀɛtmɑ̃d(ə)tɛkst]	Textverarbeitung(sprogramm)
traiter [tʀɛte]	verarbeiten
traiter des données	Daten verarbeiten
un **fichier** [fiʃje]	Datei
ouvrir/fermer un fichier	eine Datei öffnen/schließen

Pour revenir au **menu principal**, il faut fermer ce fichier.	Um zum Hauptmenü zurückzukommen, muss diese Datei geschlossen werden.
l'**accès** m [aksɛ]	Zugang
le **mot de passe** [modpas]	Passwort

formater [fɔʀmate]	formatieren
mémoriser [memɔʀize]	speichern
mettre en mémoire [mɛtʀãmemwaʀ]	speichern
sauvegarder [sovgaʀde]	sichern
Il faut sauvegarder le texte avant de fermer le fichier.	Bevor die Datei geschlossen wird, muss der Text gesichert werden.
mettre à jour [mɛtʀaʒuʀ]	aktualisieren
Cela fait longtemps que ce fichier n'a pas été mis à jour.	Diese Datei ist schon lange nicht mehr aktualisiert worden.
copier [kɔpje]	kopieren
couper [kupe]	ausschneiden
coller [kɔle]	einfügen
effacer [efase]	löschen

Internet, le **Net** m [(ε̃tɛʀ)nɛt]	Internet
On a passé 3 heures à surfer/ naviguer sur le Net.	Wir haben 3 Stunden im Internet gesurft.
le **web/WEB** [wɛb]	das Web
un,e **utilisateur, -trice** [ytilizatœʀ, tʀis]	Benutzer(in), Anwender(in)
le **modem** [mɔdɛm]	Modem
le **service en ligne** [sɛʀvisãliɲ]	Onlinedienst
l'**autoroute de l'information** f [otoʀutdələε̃fɔʀmasjɔ̃]	Datenautobahn
télécharger un texte [teleʃaʀʒeε̃tɛkst]	einen Text herunterladen
le **courrier électronique** [kuʀjeelɛtʀɔnik]	E-Mail
un **mél**, un **e-mail** [mel, imɛl]	eine E-Mail
une **page d'accueil** [paʒdakœj]	Homepage

les **données** f [dɔne]	Daten
un **support de données**	Datenträger
une **banque de données**	Datenbank
le **traitement des données**	Datenverarbeitung
le **transfert des données**	Datenübertragung
entrer des données dans l'ordinateur	Daten in den Computer eingeben
saisir des données sur ordinateur	Daten auf dem Computer erfassen
stocker [stɔke]	abspeichern

éditer [edite]	editieren
se bloquer [s(ə)blɔke]	abstürzen

un **processeur** [pʀɔsesœʀ]	Prozessor
un **système d'exploitation**	Betriebssystem
[sistɛmdɛksplwatasjɔ̃]	
une **mémoire** [memwaʀ]	Speicher
une **mémoire morte (ROM)**	ROM, Festspeicher
une **mémoire vive (RAM)**	RAM, Schreib-Lese-Speicher
la **capacité de mémoire**	Speicherkapazität

l'**E.A.O. (enseignement assisté**	computergestützter Unterricht
par ordinateur) [əao]	
le **télétravail** [teletʀavaj]	Telearbeit
une **image virtuelle** [imaʒviʀtɥɛl]	virtuelles Bild
un **hypertexte** [ipɛʀtɛkst]	Hypertext

se connecter sur Internet	sich ins Internet einloggen
[s(ə)kɔnɛktesyʀɛ̃tɛʀnɛt]	
un **fournisseur d'accès**	Provider
[fuʀnisœʀdaksɛ]	
un **cybercafé** [sibɛʀkafe]	Internetcafé
l'**explorateur** *m* [ɛksplɔʀatœʀ]	Browser
un **moteur de recherche**	Suchmaschine
[mɔtœʀdəʀ(ə)ʃɛʀʃ]	
la **boîte aux lettres (électro-**	(elektronischer) Briefkasten
nique) [bwatolɛtʀ(elɛktrɔnik)]	
relever la **boîte aux lettres (électro-**	den (elektronischen) Briefkasten
nique)	abfragen
un **pirate** [piʀat]	Hacker
pirater un programme	von einem Programm eine Raubko-
[piʀateɛ̃pʀɔgʀam]	pie machen

Französisches Wort	Deutsche Entsprechung	Falscher Freund	Französische Entsprechung
un couvert	Gedeck; Besteck	(Brief)Kuvert	une enveloppe
un clavier	Tastatur	Klavier	un piano

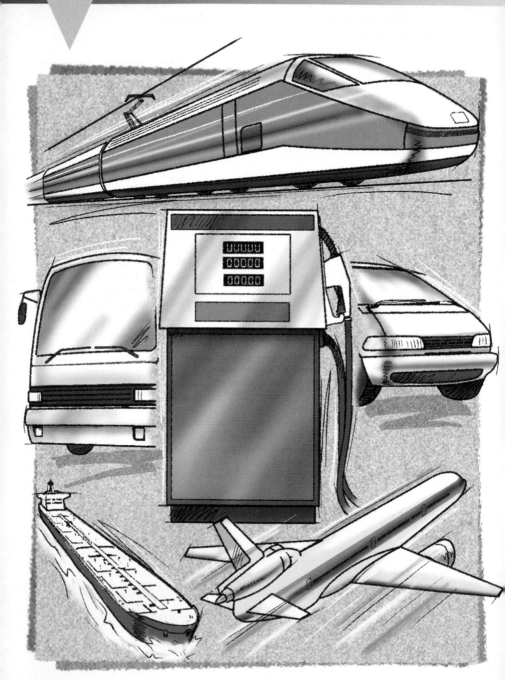

17.1 Individualverkehr

un **moyen de transport**	Verkehrsmittel
[mwajɛ̃d(ə)tʀɑ̃spɔʀ]	
une **voiture** [vwatyʀ]	Auto
aller* quelque part **en voiture**	mit dem Auto irgendwohin fahren
une **voiture de location**	Leihwagen
une **voiture d'occasion**	Gebrauchtwagen
un **camion** [kamjɔ̃]	Lastwagen

une **moto** [moto]	Motorrad
une **mobylette**; une **mob** *fam*	Mofa
[mɔb(ilɛt)]	
un **scooter** [skutœʀ/skutɛʀ]	Motorroller
un **vélo** [velo]	(Fahr)Rad
aller* **à/en vélo**	Rad fahren

ℹ️ Wie man sich fortbewegt

En/à + *Nomen ohne Artikel* bezeichnet allgemein die *Fortbewegungsart* bzw. das *-mittel*.

Nous sommes arrivés en voiture.	*Wir sind mit dem Auto gekommen.*
Elle est partie à/en vélo.	*Sie ist mit dem Rad weggefahren.*
Ils ont fait une promenade à pied/à cheval.	*Sie haben eine Spaziergang/Ausritt unternommen.*

Par + *Nomen mit Artikel* bezeichnet in der Regel ein *öffentliches Verkehrsmittel*.

Il est venu par le train/par le car de 8 heures.	*Er ist mit dem 8 Uhr-Zug/Bus gekommen.*

---

faire du vélo	Rad fahren
une **bicyclette** [bisiklɛt]	Fahrrad

un,e **piéton,ne** [pjetɔ̃, ɔn]	Fußgänger(in)
un **passage** [pasaʒ]	Weg, Durchgang, Durchfahrt
un **passage (pour) piétons/ clouté**	Fußgängerüberweg, Zebrastreifen

---

ℹ️ Zum *Genus der Nomen* auf **-age** vgl. die Information auf S. 70.

---

un **trottoir** [tʀɔtwaʀ]	Bürgersteig, Gehweg

conduire [kɔ̃dɥiʀ]	fahren
Mon père n'aime pas conduire la nuit.	Mein Vater fährt nicht gern bei Nacht.
la **conduite** [kɔ̃dɥit]	Fahren; Fahrweise, -stil
Elle a une conduite rapide.	Sie fährt schnell.
un,e **conducteur, -trice**	Fahrer(in)
[kɔ̃dyktœʀ, tʀis]	

circuler [siʀkyle]
On circule mal dans Paris.
la **circulation** [siʀkylasjɔ̃]
une circulation dense/fluide
le **trafic** [tʀafik]

fahren
In Paris fährt es sich schlecht.
Verkehr
dichter/flüssiger Verkehr
Verkehr

démarrer [demaʀe]
mettre en marche [mɛtʀɑ̃maʀʃ]
Il n'a pas réussi à mettre (son moteur) en marche.
la **clé (de contact)** [kle(dkɔ̃takt)]
couper le contact
arrêter/couper le moteur
[aʀɛte/kupel(ə)mɔtœʀ]

anlassen, starten
anlassen
Es gelang ihm nicht, seinen Motor anzulassen.
(Zünd)Schlüssel
die Zündung ausschalten
den Motor ausmachen

rouler [ʀule]
rouler à 90 à l'heure
rouler prudemment
la **vitesse (maximale)**
[vitɛs(maksimal)]
à toute vitesse
La vitesse est limitée à 50 km/h.

fahren
mit 90 (in der Stunde) fahren
vorsichtig fahren
(Höchst)Geschwindigkeit

mit Höchstgeschwindigkeit
Die Geschwindigkeit ist auf 50 km/h begrenzt.

avancer [avɑ̃se]
Avance jusqu'au prochain carrefour.
reculer [ʀ(ə)kyle]
ralentir [ʀalɑ̃tiʀ]
Tu devrais ralentir, on roule trop vite.

vorfahren, vorwärts fahren
Fahr bis zur nächsten Kreuzung (vor).
rückwärts fahren
langsamer fahren, abbremsen
Du solltest langsamer fahren/ abbremsen, wir fahren zu schnell.

s'arrêter [saʀɛte]
Tu aurais dû t'arrêter au feu rouge.

anhalten
Du hättest an der roten Ampel (an)halten sollen.

klaxonner [klaksɔne]
Interdiction de klaxonner.

hupen
Hupen verboten.

le **volant** [vɔlɑ̃]
prendre le volant
être au volant
tourner [tuʀne]
un **virage** [viʀaʒ]
Prenez ce virage avec prudence.
à gauche [agoʃ]
En Grande-Bretagne, on roule à gauche.
à droite [adʀwat]
tourner à droite

Lenkrad
sich ans Steuer setzen
am Steuer sitzen, lenken
abbiegen
Kurve
Nehmen Sie diese Kurve vorsichtig.
links
In Großbritannien fährt man links.
rechts
rechts abbiegen

tout droit [tudʀwa]	geradeaus
faire un détour [fɛʀɛdetuʀ]	einen Umweg machen

passer [pase]	durchfahren
Tu as le temps de passer.	Du hast genug Zeit, um durchzu-fahren.
dépasser [depase]	überholen
Interdiction de dépasser.	Überholen verboten.
doubler [duble]	überholen

stationner [stasjɔne]	parken
stationner en double file	in Doppelreihe parken
le **stationnement** [stasjɔnmã]	Parken
une zone à **stationnement payant**	eine gebührenpflichtige Parkzone
Stationnement interdit.	Parkverbot.
se garer [s(ə)gaʀe]	parken
Il n'y a pas de place pour se garer.	Es gibt keinen freien Parkplatz.
un **parking** [paʀkiŋ]	Parkplatz
un **parking souterrain**	Tiefgarage

une **route** [ʀut]	Straße
une **(route) nationale (RN)**	Nationalstraße, *etwa:* Bundes-straße

---

ℹ️ Zu den *Präpositionen* bei **la rue/la route** vgl. die Information auf S. 11.

---

la route de Paris à Versailles	die Straße von Paris nach Versailles
un,e **autoroute (A)** [otoʀut]	Autobahn
prendre l'autoroute	die Autobahn nehmen, auf der Autobahn fahren
une **entrée** [ãtʀe]	Auffahrt; Einfahrt
une **sortie** [sɔʀti]	Ausfahrt
On quittera l'autoroute à la pro-chaine sortie.	Wir fahren bei der nächsten Aus-fahrt von der Autobahn (runter).
une **rue** [ʀy]	Straße
un **chemin** [ʃ(ə)mɛ̃]	Weg
se **tromper de chemin**	sich verfahren, -laufen
un **carrefour** [kaʀfuʀ]	Kreuzung
des **feux de signalisation** *m* [fød(ə)siɲalizasjɔ̃]	Verkehrsampel
un **feu (tricolore)** [fø(tʀikɔlɔʀ)]	Ampel
passer au (feu) rouge	bei Rot durchfahren
griller un feu rouge	eine rote Ampel überfahren

un **bouchon** [buʃɔ̃]	Stau
Bouchon dans 3 kilomètres!	Stau nach 3 Kilometern!

un **embouteillage** [ãbutɛjaʒ]	Stau
Nous partirons tôt pour éviter les embouteillages.	Wir fahren früh los, um Staus zu vermeiden.
bloquer [blɔke]	blockieren
Un accident a bloqué la route.	Wegen eines Unfalls war die Straße gesperrt/blockiert.

une **station-service** [stasjõsɛrvis]	Tankstelle
l'**essence** f [esãs]	Benzin
faire le plein [fɛrləplɛ̃]	volltanken
le **super sans-plomb** [sypɛrsãplõ]	Super bleifrei
le **gazole**, le **gasoil** [gazɔl, gazwal]	Diesel(kraftstoff)
vérifier [verifje]	überpüfen, kontrollieren
l'**huile** f [ɥil]	Öl
Ça fait longtemps que je n'ai pas vérifié le niveau d'huile.	Ich habe schon lange den Ölstand nicht mehr nachgesehen.

le **moteur** [mɔtœr]	Motor
un **(moteur) diesel** [djezɛl]	Diesel(motor)
une **panne** [pan]	Panne
tomber*/être en panne	eine Panne haben
On est tombé en panne d'essence.	Uns ist das Benzin ausgegangen.
un **garage** [garaʒ]	Werkstatt
emmener la voiture au garage	den Wagen in die Werkstatt bringen

> **i** Zum *Genus der Nomen* auf **-age** vgl. die Information auf S. 70.

un,e **garagiste** [garaʒist]	Werkstattbesitzer(in); Automechaniker(in)
réparer [repare]	reparieren
une **réparation** [reparasjõ]	Reparatur

une **roue** [ru]	Rad
la **roue de secours**	Reserverad
changer une roue	ein Rad wechseln
un **pneu** [pnø]	Reifen
monter les pneus d'hiver	die Winterreifen aufziehen
la **pression** [presjõ]	Druck
la **pression des pneus**	Reifendruck
gonfler [gõfle]	aufpumpen

l'**éclairage** m [eklɛraʒ]	Beleuchtung
un **phare** [far]	Scheinwerfer
allumer les phares	die Scheinwerfer einschalten
le **feu arrière** [føarjɛr]	Rück-/Schlussleuchte

le **code de la route** [kɔddəlaʀut] — Straßenverkehrsordnung
la **priorité** [pʀijɔʀite] — Vorfahrt
  Priorité à droite. — Vorfahrt von rechts.
  respecter la priorité — die Vorfahrt beachten
  avoir la priorité sur — Vorfahrt haben vor
un **panneau** [pano] — (Verkehrs)Schild
(un) **sens interdit** [sãsɛ̃tɛʀdi] — Einbahnstraße, Durchfahrtsverbot
  s'engager dans un sens interdit — gegen das Einfahrtverbot verstoßen
(un) **sens unique** [sãsynik] — Einbahnstraße

un **contrôle** [kɔ̃tʀol] — Kontrolle
les **papiers** *m* [papje] — (Wagen)Papiere
  présenter ses papiers à la police — der Polizei seine Papiere vorzeigen
le **permis (de conduire)** [pɛʀmi] — Führerschein
  On lui a retiré le permis de con- — Man hat ihm den Führerschein
  duire. — abgenommen.
une **assurance** [asyʀãs] — Versicherung
  Il a une assurance tous risques. — Er hat eine Vollkaskoversicherung.
(être) assuré,e contre qc [asyʀe] — gegen etw. versichert (sein)

un **danger** [dãʒe] — Gefahr
  Ce chauffard est un vrai danger — Dieser Verkehrsrowdy ist wirklich
  public. — gemeingefährlich.
dangereux, -euse [dãʒʀø, øz] — gefährlich
  un virage dangereux — eine gefährliche Kurve
un **risque** [ʀisk] — Risiko
  courir un risque — Gefahr laufen
  prendre des risques — Risiken eingehen
un **accident** [aksidã] — Unfall
  L'accident s'est produit à la sortie — Der Unfall hat sich an der Dorfaus-
  du village. — fahrt ereignet.

la **police** [pɔlis] — Polizei
un **poste (de police)** [pɔst(dəpɔlis)] — (Polizei)Wache, Revier
  Il a passé la nuit au poste. — Er hat die Nacht auf der Polizeiwa-
  — che verbracht.

un **commissariat** [kɔmisaʀja] — Revier
un **agent** [aʒã] — Polizist(in), Wachtmeister(in)
  Pourriez-vous me renseigner, — Herr Wachtmeister, könnten Sie
  M. l'agent ? — mir bitte Auskunft geben?
un **flic** *fam* [flik] — Bulle

un **véhicule** [veikyl] — Fahrzeug
  La police a retrouvé le véhicule — Die Polizei hat das von den Dieben
  utilisé par les voleurs. — benutzte Fahrzeug aufgespürt.

une **auto(mobile)** [oto/ɔtɔ(mɔbil)]	Auto
un,e **automobiliste** [oto/ɔtɔmɔbilist]	Autofahrer(in)
un **motard** [mɔtaʀ]	Motorradfahrer(in)
un **break** [bʀɛk]	Kombi
une **décapotable** [dekapɔtabl]	Kabrio
un,e **4x4** (un,e **quatre quatre**) [kat(ʀə)kat(ʀə)]	Fahrzeug mit Vierrad-/Allradantrieb
une **camionnette** [kamjɔnɛt]	Kleintransporter, Lieferwagen
un **vélomoteur** [velomɔtœʀ]	Moped
un **deux-roues** [døʀu]	Zweirad
une **auto-école** [otoekɔl]	Fahrschule
Elle s'est inscrite dans une auto-école.	Sie hat sich bei einer Fahrschule angemeldet.

la **boîte de vitesses** [bwatdəvitɛs]	Getriebe
une boîte de vitesses automatique	ein Automatikgetriebe
l'**embrayage** m [ɑ̃bʀɛjaʒ]	Kupplung
embrayer [ɑ̃bʀeje]	einkuppeln
débrayer [debʀeje]	auskuppeln
une **vitesse** [vitɛs]	Gang
passer une vitesse	einen Gang einlegen
passer en 4e (vitesse)	in den 4. (Gang) schalten
changer de vitesse	schalten
la **marche avant/arrière** [maʀʃavɑ̃/aʀjɛʀ]	Vorwärts-/Rückwärtsgang
passer la marche arrière	den Rückwärtsgang einlegen

accélérer [akseleʀe]	Gas geben
l'**accélérateur** m [akseleʀatœʀ]	Gaspedal
appuyer à fond sur l'accélérateur	Vollgas geben
une **pédale** [pedal]	Pedal
freiner [fʀene]	bremsen
le **frein** [fʀɛ̃]	Bremse
le frein à main	Handbremse
donner un coup de frein	(kurz) bremsen
ABS (le **système antiblocage**) [abeɛs]	ABS
rouler en pleins phares [ʀuleɑ̃plɛfaʀ]	mit Fernlicht fahren
rouler en codes (en feux de croisement) [ʀuleɑ̃kɔd]	mit Abblendlicht fahren

faire demi-tour [fɛʀd(ə)mituʀ]	wenden
une **déviation** [devjasjɔ̃]	Umleitung
A cause des travaux (routiers), il y a des déviations partout.	Wegen der (Straßenbau)Arbeiten gibt es überall Umleitungen.

tenir sa droite [t(ə)niʀsadʀwat]   rechts fahren
Tu es incapable de tenir ta droite.   Du bist unfähig, rechts zu fahren.
serrer à droite [seʀeadʀwat]   sich rechts halten
rater un virage fam [ʀateɛ̃viʀaʒ]   aus der Kurve getragen werden
zigzaguer [zigzage]   Zickzack fahren
déraper [deʀape]   schleudern, ins Schleudern kommen
La voiture a dérapé sur la route   Der Wagen kam auf der vereisten
verglacée.   Straße ins Schleudern.
un **chantier** [ʃɑ̃tje]   Baustelle
Chaussée déformée. [ʃosedefɔrme]   Fahrbahnschäden.
les **gravillons** m [gʀavijɔ̃]   Rollsplitt
Attention, gravillons!   Vorsicht Rollsplitt!

un **parcmètre** [paʀkmɛtʀ]   Parkuhr
un **horodateur** [ɔʀodatœʀ]   Parkscheinautomat
Stationnement interdit!   Parken verboten!
[stasjɔnmɑ̃ɛ̃tɛʀdi]
Je ne peux pas rester longtemps, je   Ich kann nicht lange bleiben, ich
suis en stationnement interdit.   stehe im Parkverbot.
la **zone bleue** [zonblø]   Kurzparkzone
N'oublie pas ton disque, tu es en   Vergiss nicht deine Parkscheibe, du
zone bleue.   stehst in einer Kurzparkzone.
un,e **contractuel,le** [kɔ̃tʀaktɥɛl]   Hilfspolizist(in), Politesse

le **réseau routier** [ʀezoʀutje]   Straßennetz
une **voie express** [vwaɛkspʀɛs]   Schnellstraße
emprunter la voie express   die Schnellstraße nehmen
une **bretelle** [bʀətɛl]   Auf-, Abfahrt
un **échangeur** [eʃɑ̃ʒœʀ]   Autobahnkreuz
le **péage** [peaʒ]   Mautstelle; Autobahngebühr
une autoroute à péage   eine gebührenpflichtige Autobahn
un **(boulevard) périphérique**;   Ringautobahn (um eine Stadt)
le **périph** fam [peʀif(eʀik)]
une **rocade** [ʀɔkad]   Umgehungsstraße
un **rond-point** [ʀɔ̃pwɛ̃]   Kreisverkehr
s'engager dans un rond-point   sich in einen Kreisverkehr ein-
fädeln
un **sens giratoire** [sɑ̃sʒiʀatwaʀ]   Kreisverkehr
une **voie sans issue** [vwasɑ̃zisy]   Sackgasse
une **impasse** [ɛ̃pas]   Sackgasse
une **piste cyclable** [pist(ə)siklabl]   Radweg

un **encombrement** [ɑ̃kɔ̃bʀəmɑ̃]   Stau, Stockungen
être coincé dans les encombrements   im Stau stecken
un **ralentissement** [ʀalɑ̃tismɑ̃]   langsamer/zähfließender Verkehr

l'**heure d'affluence** f [œʀdaflyɑ̃s]	Hauptverkehrszeit, Stoßverkehr
les **heures de pointe** f [œʀdəpwɛ̃t]	Hauptverkehrszeit
Impossible de circuler **aux heures de pointe.**	Zur Hauptverkehrszeit kommt man nicht voran.

consommer [kɔ̃sɔme]	verbrauchen
Ma voiture consomme 10 litres au cent.	Mein Wagen (ver)braucht 10 Liter auf 100 Kilometer.
la **consommation** [kɔ̃sɔmasjɔ̃]	Verbrauch
un **pot d'échappement** [podeʃapmɑ̃]	Auspuff
un **pot catalytique** [pokatalitik]	Katalysator

la **sécurité** [sekyʀite]	Sicherheit
une **ceinture de sécurité**	Sicherheitsgurt
attacher sa ceinture de sécurité	sich anschnallen
un **airbag**, un **coussin gonflable** [ɛʀbag, kusɛ̃gɔ̃flabl]	Airbag

crever [kʀəve]	einen Platten haben
J'ai crevé.	Ich habe einen Platten.
une **crevaison** [kʀəvɛzɔ̃]	Reifenpanne
un **cric (d'automobile)** [kʀik]	Wagenheber
le **service de dépannage** [sɛʀvisdədepanaʒ]	Abschleppdienst
dépanner [depane]	eine Panne beheben; abschleppen
une **dépanneuse** [depanøz]	Abschleppwagen
remorquer [ʀ(ə)mɔʀke]	(ab)schleppen
La dépanneuse nous a remorqués jusqu'au garage le plus proche.	Der Abschleppwagen hat uns bis zur nächsten Werkstatt geschleppt.
une **révision** [ʀevizjɔ̃]	Inspektion
un **centre de contrôle technique** [sɑ̃tʀ(ə)dəkɔ̃tʀɔltɛknik]	*etwa:* TÜV

un **toit ouvrant** [twauvʀɑ̃]	Schiebedach
la **climatisation**; la **clim** *fam* [klim(atizasjɔ̃)]	Klimaanlage
une **bougie** [buʒi]	(Zünd)Kerze
changer les bougies	die Kerzen wechseln
une **vidange** [vidɑ̃ʒ]	Ölwechsel

un **clignotant** [kliɲɔtɑ̃]	Blinker
mettre le clignotant à gauche	den linken Blinker setzen
un **pare-chocs** [paʀʃɔk]	Stoßstange
un **pare-brise** [paʀbʀiz]	Windschutzscheibe

un **essuie-glace** [esɥiglas]	Scheibenwischer
un **lave-glace** [lavglas]	Scheibenwaschanlage

une **infraction** [ɛ̃fʀaksjɔ̃]	Zuwiderhandlung, Verstoß
Il a **commis une infraction au** code de la route.	Er hat gegen die Straßenverkehrsordnung verstoßen.
une **interdiction (de dépasser)** [ɛ̃tɛʀdiksjɔ̃(d(ə)depase)]	(Überhol)Verbot
respecter une interdiction	ein Verbot einhalten
un **excès de vitesse** [ɛksɛdvitɛs]	Geschwindigkeitsüberschreitung
une **amende pour** excès de vitesse	eine Ordnungsstrafe wegen Geschwindigkeitsüberschreitung
une **limitation de vitesse** [limitasjɔ̃dvitɛs]	Geschwindigkeitsbegrenzung
(un) **rappel** [ʀapɛl]	Erinnerung an ein vorhergehendes Verkehrszeichen

un **chauffard** [ʃofaʀ]	Verkehrsrowdy
un **alcootest** [alkɔtɛst]	Alkoholtest
Son alcootest a été positif.	Sein Alkoholtest ist positiv ausgefallen.
écraser [ekʀaze]	überfahren
Elle s'est fait écraser par un chauffard ivre.	Sie ist von einem betrunkenen Verkehrsrowdy überfahren worden.
une **collision** [kɔlizjɔ̃]	Zusammenstoß
une **victime** [viktim]	Opfer
porter secours à qn [pɔʀtes(ə)kuʀ]	jdm Hilfe leisten, zu Hilfe kommen
les **premiers secours**	erste Hilfe
un **témoin** [temwɛ̃]	Zeuge
Selon le témoin de l'accident, elle n'a pas respecté le feu.	Dem Unfallzeugen zufolge hat sie die rote Ampel nicht beachtet.

la **carte grise** [kaʀtəgʀiz]	Kraftfahrzeugschein
la **carte verte** [kaʀtəvɛʀt]	grüne Versicherungskarte
une **vignette** [viɲɛt]	Vignette, Steuerplakette

une **contravention** [kɔ̃tʀavɑ̃sjɔ̃]	Bußgeldbescheid
un **papillon** *fam* [papijɔ̃]	Knöllchen
Quand elle est revenue, il y avait un papillon sous son essuie-glace.	Als sie zurückgekommen ist, steckte ein Knöllchen unter dem Scheibenwischer.
une **amende** [amɑ̃d]	Bußgeld
un **procès-verbal (PV)** [pʀɔsɛvɛʀbal (peve)]	Strafzettel
La contractuelle lui a mis un PV.	Die Politesse hat ihm einen Strafzettel verpasst.

17.2 Öffentliches Verkehrswesen

le **transport** [trãspɔr]	Transport
transporter [trãspɔrte]	transportieren
voyager [vwajaʒe]	reisen
voyager en/par le train	mit dem Zug (ver)reisen
un **voyage** [vwajaʒ]	Reise
Bon voyage!	Gute Reise!/Gute Fahrt!
un,e **voyageur, -euse** [vwajaʒœr, øz]	Reisende(r)

un **(auto)bus** [(oto/ɔtɔ)bys]	(Auto)Bus
un **arrêt de bus/d'autobus**	eine Bushaltestelle
un **trajet** [traʒɛ]	Strecke
Je fais ce trajet tous les jours.	Ich fahre diese Strecke täglich.
un **(auto)car** [(oto/ɔtɔ)kar]	(Reise)Bus
Le car pour Brive partira à 9 heures 15.	Der Bus nach Brive fährt um 9 Uhr 15 ab.
une **gare routière** [garrutjɛr]	Busbahnhof
un **train** [trɛ̃]	Zug
Ce train s'arrête à toutes les gares.	Der Zug hält an allen Bahnhöfen.
un **TGV (train à grande vitesse)** [teʒeve]	TGV *(frz. Hochgeschwindigkeitszug)*
le **RER (Réseau express régional)** [ɛrəɛr]	regionale Schnellbahn (*etwa:* S-Bahn)
un **métro** [metro]	Metro, U-Bahn
une **ligne de métro**	Metrolinie
une **station de métro**	Metrostation
un **taxi** [taksi]	Taxi
appeler un taxi	ein Taxi rufen

une **gare** [gar]	Bahnhof
un **quai** [kɛ]	Bahnsteig, Gleis
une **voie** [vwa]	Gleis
Le train pour Brest part de la voie 2.	Der Zug nach Brest fährt von Gleis 2 ab.
les **rails** *m* [raj]	Schienen
la **consigne** [kɔ̃siɲ]	Gepäckaufbewahrung, Schließfach
laisser ses bagages à la consigne (automatique)	sein Gepäck bei der Aufbewahrung (im Schließfach) lassen

un **ticket** [tikɛ]	Fahrkarte
un **aller simple** [alesɛ̃pl]	einfache Fahrkarte
un **aller-retour**, un **aller et retour** [ale(e)r(ə)tur]	Hin- und Rückfahrkarte
un aller-retour pour Strasbourg	eine Hin- und Rückfahrkarte nach Straßburg

valable [valabl]
Votre billet n'est plus valable.
(en) 1ère classe [(ɑ̃)pRəmjɛRklas]
Elle voyage toujours en 1ère (classe).
(en) 2e classe [(ɑ̃)døzjɛmklas]
un **carnet** [kaRnɛ]
Un **carnet de tickets** (de métro),
s'il vous plaît.
une **carte orange** [kaRtɔRɑ̃ʒ]
une carte orange pour trois zones
une **réduction** [Redyksjɔ̃]
Il a droit à la **réduction famille
nombreuse.**

gültig
Ihre Fahrkarte ist nicht mehr gültig.
(in der) 1. Klasse
Sie reist immer 1. Klasse.
(in der) 2. Klasse
ein Fahrscheinheft
Ein (U-Bahn) Fahrscheinheft bitte.

Verbundpass, Netzkarte
eine Netzkarte für drei Zonen
Ermäßigung
Ihm steht die Ermäßigung für
kinderreiche Familien zu.

un **chauffeur** [ʃofœR]
un,e **contrôleur, -euse** [kɔ̃tRɔlœR, øz]
montrer son billet au contrôleur

Fahrer(in)
Kontrolleur(in)
seinen Fahrschein dem Kontrolleur
vorzeigen

un,e **passager, -ère** [pasaʒe, ɛR]

Fahrgast

attendre (le bus …) [atɑ̃dR]
une **salle d'attente** [saldatɑ̃t]
prendre (le métro …) [pRɑ̃dR]
On y va en taxi ou on prend le
métro ?
rater (le bus …) fam [Rate]
Si tu ne te dépêches pas, tu vas
rater ton bus.
manquer (le bus …) [mɑ̃ke]
monter* (dans le bus …) [mɔ̃te]
En voiture, s.v.p. ! [ɑ̃vwatyRsilvuplɛ]
Les voyageurs pour Lyon en voiture,
s'il vous plaît !
descendre* (du bus …) [desɑ̃dR]
Elle est tombée en descendant du
train.
changer (de bus …) [ʃɑ̃ʒe]
Pour aller à « Odéon », il faut chan-
ger à « Châtelet ».
la **correspondance** [kɔRɛspɔ̃dɑ̃s]
attendre la correspondance

(auf den Bus …) warten
Wartesaal
(die Metro …) nehmen
Sollen wir mit dem Taxi hinfahren
oder nehmen wir die U-Bahn?
(den Bus …) verpassen
Wenn du dich nicht beeilst, wirst
du deinen Bus verpassen.
(den Bus …) verpassen
in den Bus … (ein)steigen
Bitte einsteigen!
Die Reisenden nach Lyon, bitte
einsteigen!
aus dem Bus … (aus)steigen
Sie ist gestürzt, als sie aus dem Zug
gestiegen ist.
umsteigen
Zur Métrostation „Odéon" muss
man in „Châtelet" umsteigen.
Anschluss(zug)
auf den Anschluss(zug) warten

les **renseignements** m [Rɑ̃sɛɲmɑ̃]
un **horaire** [ɔRɛR]
Renseigne-toi sur les **horaires des
trains pour** Nantes.

Auskunft
Fahrplan
Erkundige dich nach den Abfahrts-
zeiten der Züge nach Nantes.

le **départ** [depaʀ]	Abfahrt
l'**heure de départ**	Abfahrtszeit
l'**arrivée** f [aʀive]	Ankunft
l'**heure d'arrivée**	Ankunftszeit
L'arrivée du TGV est prévue pour 18 heures 30.	Der TGV kommt voraussichtlich um 18 Uhr 30 an.
en avance [ãnavãs]	zu früh
Nous sommes en avance.	Wir sind zu früh dran.
à l'heure [alœʀ]	pünktlich
Le car est parti à l'heure.	Der Bus ist pünktlich abgefahren.
ponctuel,le [pɔ̃ktɥɛl]	pünktlich, fahrplanmäßig
en retard [ãʀ(ə)taʀ]	verspätet, zu spät
Le train est en retard.	Der Zug hat Verspätung.
annulé,e [anyle]	gestrichen, annuliert
Le vol de 9 heures est **annulé en raison des grèves.**	Der 9-Uhr-Flug wurde streikbedingt gestrichen.

une **place** [plas]	Platz
(faire) réserver une place	einen Platz reservieren (lassen)
une **place assise/debout**	Sitz-/Stehplatz
une **banquette** [bãkɛt]	Sitzbank

la **SNCF (Société nationale des chemins de fer français)** [ɛsɛnseɛf]	französische Staatsbahnen
un **train de voyageurs** [tʀɛ̃dvwajaʒœʀ]	Reisezug
une **locomotive** [lɔkɔmɔtiv]	Lokomotive
un **wagon** [vagɔ̃]	Wagen, Waggon
un **wagon-lit**	Schlafwagen
un **wagon-restaurant**	Speisewagen
un **compartiment** [kɔ̃paʀtimã]	Abteil
un **compartiment (non-)fumeurs**	(Nicht)Raucherabteil
une **couchette** [kuʃɛt]	Liege(wagen)platz
une **voiture-couchettes**	Liegewagen

un **avion** [avjɔ̃]	Flugzeug
un **hélicoptère** [elikɔptɛʀ]	Hubschrauber
une **compagnie aérienne** [kɔ̃paɲiaeʀjɛn]	Fluggesellschaft

voler [vɔle]	fliegen
Au retour, nous volons de nuit.	Auf der Rückreise fliegen wir nachts.
un **vol régulier** [vɔlʀegylje]	Linienflug
un **(vol) charter** [(vɔl)ʃaʀtɛʀ]	Charterflug

une **piste** [pist]	Start-/Landebahn

L'avion **se pose sur la piste**.	Das Flugzeug setzt auf der Landebahn auf.
un **aéroport** [aeʀɔpɔʀ]	Flughafen
un **aérodrome** [aeʀodʀom]	Flugplatz
une **aérogare** [aeʀogaʀ]	Terminal
un **terminal** [tɛʀminal]	Terminal, Abfertigungshalle
Les vols internationaux partent du terminal B.	Die internationalen Flüge gehen vom Terminal B (aus).
un **bateau** [bato]	Schiff
un **ferry(-boat)** [feʀi(bot)]	Fähre, Fährschiff
Le ferry transporte des passagers et des voitures.	Die Fähre befördert Passagiere und Autos.
traverser [tʀavɛʀse]	überqueren, durchqueren
une **traversée** [tʀavɛʀse]	Überfahrt, -flug
la traversée de la Manche	die Überquerung des Ärmelkanals
un **port** [pɔʀ]	Hafen
arriver* à bon port	wohlbehalten am Ziel ankommen
un **capitaine** [kapitɛn]	Kapitän
un **marin** [maʀɛ̃]	Seemann
à bord [abɔʀ]	an Bord, auf
Il était marin à bord du Titanic.	Er war Seemann auf der Titanic.
monter* à bord	an Bord gehen
les **bagages** m [bagaʒ]	Gepäck
les **bagages à main**	Handgepäck
un **porteur** [pɔʀtœʀ]	Gepäckträger
un **chariot** [ʃaʀjo]	Gepäckwagen
mettre ses bagages sur le chariot	sein Gepäck auf den Gepäckwagen stellen
le **transport** [tʀɑ̃spɔʀ]	Beförderung, Transport
le **transport routier/ ferroviaire/aérien/ maritime/ fluvial**	Beförderung auf der Straße/ auf dem Schienenweg/auf dem Luftweg/auf dem Seeweg/ per Binnenschifffahrt
le **réseau (ferroviaire)** [ʀezo(feʀɔvjɛʀ)]	(Eisenbahn)Netz
les **transports en commun** m [tʀɑ̃spɔʀɑ̃kɔmɛ̃]	öffentliche Verkehrsmittel
emprunter les transports en commun	öffentl. Verkehrsmittel benutzen
un **train de banlieue** [tʀɛ̃d(ə)bɑ̃ljø]	Nahverkehrszug
faire la navette [fɛʀlanavɛt]	pendeln
J'aime mieux faire la navette tous les jours qu'habiter à Paris.	Ich pendle lieber jeden Tag, als dass ich in Paris wohnen wollte.
desservir [desɛʀviʀ]	(an einem Bahnhof) halten

Ce train ne dessert pas la gare de Corbeil.	Dieser Zug hält nicht am Bahnhof Corbeil.
une **rame de métro** [ʀamdəmetʀo]	U-Bahn (Zug)
La prochaine rame passe dans 3 minutes.	Die nächste U-Bahn kommt in 3 Minuten durch.
les **grandes lignes** f [gʀãdliɲ]	Fernlinien, -strecken
le **tram(way)** [tʀam(wɛ)]	Straßenbahn

le **terminus** [tɛʀminys]	Endstation, -haltestelle
à destination de ... [adɛstinasjɔ̃də]	Richtung ..., nach ...
L'avion à destination de New York est parti à 13 heures 30.	Die Maschine nach New York ist um 13 Uhr 30 gestartet.
en provenance de ... [ãpʀɔv(ə)nãsdə]	aus ...
Le train en provenance de Lille arrivera en retard.	Der Zug aus Lille wird mit Verspätung einfahren.

composter [kɔ̃pɔste]	entwerten
N'oubliez pas de composter votre billet.	Vergessen Sie nicht, Ihre Fahrkarte zu entwerten.
un **accès** [aksɛ]	Zugang, -tritt
Accès interdit!	Zutritt/Zufahrt verboten!

l'**enregistrement (des bagages)** m [ãʀ(ə)ʒistʀəmã(debagaʒ)]	(Gepäck)Abfertigung, Check-in
l'**embarquement** m [ãbaʀkəmã]	Einsteigen, Anbordgehen
la **carte d'embarquement**	Bordkarte
embarquer [ãbaʀke]	einsteigen, an Bord gehen
un **pilote**, un **commandant de bord** [pilɔt, kɔmãdãd(ə)bɔʀ]	Pilot, Flugkapitän
un **steward** [stiwaʀt]	Steward, Flugbegleiter
une **hôtesse de l'air** [otɛsdəlɛʀ]	Stewardess, Flugbegleiterin
les **ventes hors-taxes** f [vãtɔʀtaks]	zollfreier Verkauf
décoller [dekɔle]	starten, abheben
L'avion a décollé de la piste 03.	Das Flugzeug ist von Startbahn 03 aus gestartet.
le **décollage** [dekɔlaʒ]	Start
atterrir [ateʀiʀ]	landen
l'**atterrissage** m [ateʀisaʒ]	Landung
une **escale** [ɛskal]	Zwischenlandung, -stopp
faire escale	zwischenlanden, einen Zwischenstopp machen
le **décalage horaire** [dekalaʒɔʀɛʀ]	Zeitverschiebung
Il y a 9 heures de décalage (horaire) entre Paris et San Francisco.	Zwischen Paris und San Francisco gibt es 9 Stunden Zeitverschiebung.
un **paquebot** [pak(ə)bo]	Passagierschiff

un **navire** [naviʀ]	(großes) Schiff
Le navire **met le cap** sur Tahiti.	Das Schiff nimmt Kurs auf Tahiti.
naviguer [navige]	navigieren, (zur See) fahren
la **navigation** [navigasjɔ̃]	Schifffahrt, Navigation
une **croisière** [kʀwazjɛʀ]	Kreuzfahrt
un **équipage** [ekipaʒ]	Besatzung
les **membres d'équipage**	Besatzungsmitglieder
le **mal de mer** [maldəmɛʀ]	Seekrankheit

un **semi-remorque** [səmiʀ(ə)mɔʀk]	Sattelzug
un **routier** [ʀutje]	Fernfahrer(in)
Les routiers ont bloqué la route **en signe de protestation.**	Die Fernfahrer haben aus Protest die Straße blockiert.
un **camionneur** [kamjɔnœʀ]	LKW-Fahrer(in), Fuhrunternehmer(in)
la **marchandise** [maʀʃɑ̃diz]	Ware, Güter
un **train de marchandises**	Güterzug
charger la marchandise sur le camion	die Ware/Güter auf den LKW laden

un **cargo** [kaʀgo]	Frachtschiff, Frachter
le **fret** [fʀɛt]	Fracht
charger le fret dans la cale	die Fracht im Laderaum verstauen
un **pétrolier** [petʀɔlje]	Tanker
une **péniche** [peniʃ]	Lastkahn
un **canal** [kanal]	Kanal
Les péniches naviguent sur les canaux.	Die Lastkähne fahren auf den Kanälen.
une **écluse** [eklyz]	Schleuse

Französisches Wort	Deutsche Entsprechung	Falscher Freund	Französische Entsprechung
un car	(Reise)Bus	Auto *(engl. car)*	une voiture

18.1 Weltall, Erde

l'**espace** m [ɛspas] — (Welt)Raum
lancer une fusée dans l'espace — eine Rakete in den Weltraum schießen
le **ciel** [sjɛl] — Himmel
le **soleil** [sɔlɛj] — Sonne
solaire [sɔlɛʀ] — Sonnen-, Solar-
le système solaire — Sonnensystem
une **étoile** [etwal] — Stern
une étoile filante — Sternschnuppe
la **lune** [lyn] — Mond
être dans la lune loc — geistesabwesend sein
la pleine lune — Vollmond
la lune de miel — Flitterwochen
croître [kʀwatʀ] — zunehmen, wachsen
décroître [dekʀwatʀ] — abnehmen
lunaire [lynɛʀ] — Mond-
la **terre** [tɛʀ] — Erde
tourner autour de la terre — sich um die Erde drehen
le **globe (terrestre)** [glɔb(teʀɛstʀ)] — Globus, Erdball

l'**air** m [ɛʀ] — Luft
être au grand air — an der frischen Luft sein
un **gaz** [gaz] — Gas
l'**ozone** m [ozon/ɔzɔn] — Ozon
l'**oxygène** m [ɔksiʒɛn] — Sauerstoff
respirer [ʀɛspiʀe] — (ein)atmen
respirer à pleins poumons — ganz tief einatmen
la **respiration** [ʀɛspiʀasjɔ̃] — Atmung; (Ein)Atmen

l'**univers** m [ynivɛʀ] — Universum
universel,e [ynivɛʀsɛl] — universal
une **galaxie** [galaksi] — Galaxie, Sternsystem
la **voie lactée** [vwalakte] — Milchstraße
la **constellation** [kɔ̃stelasjɔ̃] — Sternbild
Cette étoile fait partie de la constellation d'Orion. — Dieser Stern gehört zum Sternbild des Orion.
une **comète** [kɔmɛt] — Komet
tirer des plans sur la comète loc — Luftschlösser bauen
un **météore** [meteɔʀ] — Meteor
un **astre** [astʀ] — Gestirn
une **année-lumière** [anelymjɛʀ] — Lichtjahr
une **éclipse** [eklips] — Sonnen-, Mondfinsternis
une éclipse totale/partielle — totale/partielle Finsternis
une **planète** [planɛt] — Planet

un **satellite** [satelit]	Satellit
La Lune est un satellite de la Terre.	Der Mond ist ein Satellit der Erde.
une **orbite** [ɔʀbit]	Umlaufbahn
mettre un satellite **sur orbite**	einen Satellit in eine Umlaufbahn bringen
le **pôle** [pol]	Pol
le pôle Nord/Sud	Nord-/Südpol
le **cercle polaire** [sɛʀkl(ə)polɛʀ]	Polarkreis
l'**hémisphère** m [emisfɛʀ]	Halbkugel
l'hémisphère nord	die nördliche (Erd)Halbkugel
la **rotation** [ʀɔtasjɔ̃]	Rotation, Umdrehung
La rotation de la Terre sur elle-même dure 24 heures.	Eine Erdumdrehung dauert 24 Stunden.
un **axe** [aks]	Achse
l'**équateur** m [ekwatœʀ]	Äquator
les **tropiques** m [tʀɔpik]	Wendekreise
le **tropique du Cancer/du Capricorne**	nördlicher/südlicher Wendekreis
un **fuseau horaire** [fyzoɔʀɛʀ]	Zeitzone
l'**atmosphère** f [atmɔsfɛʀ]	Atmosphäre
graviter [gʀavite]	(um)kreisen
Le satellite gravite autour de la Terre.	Der Satellit kreist um die Erde.
la **gravitation** [gʀavitasjɔ̃]	Gravitation
l'**attraction** f [atʀaksjɔ̃]	Anziehungskraft
l'attraction terrestre	Erdanziehung
attirer [atiʀe]	anziehen
L'aimant attire le fer.	Der Magnet zieht Eisen an.
l'**astronautique** f [astʀonotik]	Raumfahrt, Astronautik
un,e **astronaute** [astʀonot]	Astronaut(in)
un,e **cosmonaute** [kɔsmɔnot]	Kosmonaut(in)
une **fusée** [fyze]	Rakete
Le lancement de la fusée Ariane s'est bien passé.	Der Abschuss der Arianerakete ist erfolgreich verlaufen.
une **soucoupe volante** [sukupvɔlãt]	fliegende Untertasse
un **OVNI (objet volant non-identifié)** [ɔvni]	UFO (unbekanntes Flugobjekt)
Il croit fermement aux OVNI et aux extraterrestres.	Er glaubt felsenfest an UFOs und Außerirdische.
spatial,e [spasjal]	Raum-
la **recherche spatiale**	Raumforschung

un **vaisseau spatial**	Raumschiff
une **navette/station spatiale**	Raumfähre/-station
l'**apesanteur** f [apəzãtœʀ]	Schwerelosigkeit
se trouver **en état d'apesanteur**	sich im Zustand der Schwerelosigkeit befinden

18.2 Geographie

la **géographie** [ʒeɔgʀafi]	Geographie, Erdkunde
une **carte (de géographie)**	eine Landkarte
géographique [ʒeɔgʀafik]	geographisch
le **paysage** [peizaʒ]	Landschaft
la **nature** [natyʀ]	Natur

le **monde** [mɔ̃d]	Welt
Il a voyagé dans le **monde entier**.	Er hat die ganze Welt bereist.
la **terre** [tɛʀ]	die Erde, der Boden
avoir les pieds sur terre *loc*	mit beiden Beinen auf dem Boden stehen
un **continent** [kɔ̃tinã]	Kontinent
terrestre [tɛʀɛstʀ]	Erd-, Land-
les **animaux terrestres**	Landtiere
la **surface** [syʀfas]	die (Ober)Fläche
La France a une surface de 550 000 km².	Frankreich hat eine Oberfläche von 550 000 km².
un **pays** [pei]	Land
une **région** [ʀeʒjɔ̃]	Region, Gegend
une **région sauvage**	eine wilde, ursprüngliche Gegend
une **province** [pʀɔvɛ̃s]	Provinz
s'étendre sur [setãdʀ]	sich erstrecken über
Cette forêt s'étend sur 200 hectares.	Dieser Wald erstreckt sich über 200 Hektar.
une **frontière** [fʀɔ̃tjɛʀ]	Grenze
une **frontière naturelle**	natürliche Grenze

le **relief** [ʀəljɛf]	Relief, Oberflächengestalt
une **montagne** [mɔ̃taɲ]	Berg; Gebirge
montagneux, -euse [mɔ̃taɲø, øz]	Berg-, Gebirgs-
une **région montagneuse**	eine Gebirgsregion
une **colline** [kɔlin]	Hügel
un **volcan** [vɔlkã]	Vulkan
un **volcan en activité**	ein aktiver Vulkan
volcanique [vɔlkanik]	vulkanisch
une **éruption volcanique**	Vulkanausbruch

un **sommet** [sɔmɛt]	Gipfel
monter* au sommet	den Gipfel besteigen
s'élever à [sel(ə)ve]	hoch sein/emporragen bis auf
Le Mont Blanc s'élève à 4807 m.	Der Mont Blanc ist 4807 m hoch.
un **col** [kɔl]	(Gebirgs)Pass
une **vallée** [vale]	Tal
une **gorge** [gɔʀʒ]	Schlucht
Chaque années, de nombreux touristes visitent les gorges du Verdon.	Jedes Jahr besuchen zahlreiche Touristen die Verdonschlucht.

la **hauteur** ['otœʀ]	Höhe
La hauteur de la Tour Montparnasse est de 209 m.	Die Höhe des Tour Montparnasse beträgt 209 m.
haut,e ['o, 'ot]	hoch
une montagne **haute** de 3000 m	ein 3000 m hoher Berg
bas,se [ba, bas]	niedrig
L'avion vole très bas.	Das Flugzeug fliegt niedrig.

les Alpes f [lezalp]	die Alpen
les Pyrénées f [lepiʀene]	die Pyrenäen
le Massif Central [ləmasifsãtʀal]	das Zentralmassiv
les Vosges f [levoʒ]	die Vogesen

une **forêt** [fɔʀɛ]	Wald
la **forêt vierge**	Urwald
un **bois** [bwa]	Wald
se promener **dans les bois**	im Wald spazieren gehen
la **campagne** [kãpaɲ]	Land
un **désert** [dezɛʀ]	Wüste
désertique [dezɛʀtik]	wüstenartig, Wüsten-, öde
une région complètement désertique	eine richtige Wüstengegend; eine ganz und gar öde Gegend

l'**eau**, les **eaux** f [o]	Wasser; Gewässer
Les **eaux de pluie** ont grossi la rivière.	Die Regenfälle haben den Bach anschwellen lassen.
profond,e [pʀɔfõ, ̃d]	tief
une eau peu profonde	ein seichtes Gewässer
la **profondeur** [pʀɔfõdœʀ]	Tiefe
La gorge a une profondeur de 250 mètres.	Die Schlucht ist 250 m tief/hat eine Tiefe von 250 m.

la **mer** [mɛʀ]	Meer
aller* au bord de la mer	ans Meer gehen/fahren

Vorsicht bei Gleichklang!

Im Französischen gibt es eine Reihe von Wörtern, die zwar in der Aussprache gleich klingen *(Homophone)*, aber unterschiedlich geschrieben werden und somit auch verschiedene Bedeutungen haben. Unterscheide:

la mer [mɛʀ]	*das Meer*
la mère [mɛʀ]	*die Mutter*
le maire [mɛʀ]	*der Bürgermeister*

maritime [maʀitim]	maritim, See-, Küsten-,
le **climat maritime**	Seeklima
un **océan** [ɔseã]	Ozean
les **marées** *f* [maʀe]	Gezeiten
la **marée haute/basse**	Flut/Ebbe
à marée haute/basse	bei Flut/Ebbe
une **vague** [vag]	Welle

un **fleuve** [flœv]	(ins Meer mündender) Fluss
La ville est située **au bord d'un fleuve.**	Die Stadt liegt an einem Fluss.
se jeter dans [səʒ(ə)tedã]	münden in
La Seine se jette dans la Manche.	Die Seine mündet in den Ärmelkanal.
navigable [navigabl]	schiffbar
une **rivière** [ʀivjɛʀ]	Bach, Fluss
couler [kule]	fließen
une **source** [suʀs]	Quelle
prendre sa source	entspringen
un **lac** [lak]	See

la **Seine** [lasɛn]	die Seine
la **Loire** [lalwaʀ]	die Loire
le **Rhône** [ləʀon]	die Rhone
la **Garonne** [lagaʀɔn]	die Garonne
le **Rhin** [ləʀɛ̃]	der Rhein

une **côte** [kot]	Küste
Cet été, nous allons **sur la Côte d'Azur.**	Diesen Sommer fahren wir an die Côte d'Azur.
une **rive** [ʀiv]	Ufer
sur la rive droite du fleuve	auf dem rechten Flussufer
un **rivage** [ʀivaʒ]	Küste, Küstenstrich
une **plage** [plaʒ]	Strand
le **sable** [sabl]	Sand
une plage de sable fin	ein feinsandiger Strand
un **rocher** [ʀɔʃe]	Fels
rocheux, -euse [ʀɔʃø, øz]	felsig

La Bretagne a des côtes rocheuses.	Die Bretagne hat felsige Küsten.
une **île** [il]	Insel

un **atlas** [atlas]	Atlas
un **parallèle** [paralɛl]	Breitengrad, -kreis
à la hauteur du 20ᵉ parallèle	auf Höhe des 20. Breitengrades
un **méridien** [meridjẽ]	Längengrad, -kreis
être situé,e à [ɛt(rə)situ̞e]	liegen, gelegen sein
... **degrés de latitude (nord/sud)** [dəgred(ə)latityd(nɔr/syd)]	... Grad (nördlicher/südlicher) Breite
Paris est situé à 48 degrés de latitude nord.	Paris liegt auf 48 Grad nördlicher Breite.
... **degrés de longitude (est/ouest)** [dəgred(ə)lɔ̃ʒityd(ɛst/wɛst)]	... Grad (östlicher/westlicher) Länge
septentrional,e [sɛptɑ̃trijɔnal]	nördlich
méridional,e [meridjɔnal]	südlich
oriental,e [ɔrjɑ̃tal]	östlich
occidental,e [ɔksidɑ̃tal]	westlich

une **chaîne de montagnes** [ʃɛndəmɔ̃taɲ]	Bergkette
l'**altitude** f [altityd]	Höhe
Le village est situé à une altitude de 1200 mètres.	Das Dorf liegt 1200 m hoch/in 1200 m Höhe.
une **pente** [pɑ̃t]	Gefälle, Neigung
Le sol descend **en pente douce**.	Der Boden fällt sanft ab.
un **glacier** [glasje]	Gletscher
fondre [fɔ̃dr]	schmelzen
une **grotte** [grɔt]	Höhle

le Jura [ləʒyra]	der Jura
les Ardennes [lezardɛn]	die Ardennen
la Forêt-Noire [lafɔrɛnwar]	der Schwarzwald

un **plateau** [plato]	Hochebene
une **plaine** [plɛn]	Ebene
La Beauce est une plaine fertile.	Die Beauce ist eine fruchtbare Ebene.
plat,e [pla, plat]	flach, eben
en terrain plat	in flachem/ebenem Gelände
la **superficie** [sypɛrfisi]	Oberfläche
l'**étendue** f [etɑ̃dy]	Ausdehnung, Größe
un **bassin** [basẽ]	Becken
le Bassin parisien	Pariser Becken

le sol [sɔl]	Boden

un sol fertile	fruchtbarer Boden
le **terrain** [teʀɛ̃]	Boden, Gelände
un terrain aride	ein trockenes Gebiet/Gelände
boisé,e [bwaze]	bewaldet
l'**érosion** f [eʀozjɔ̃]	Erosion; Verwitterung
la **désertification** [dezɛʀtifikasjɔ̃]	Versteppung, Verödung
Le déboisement entraîne un phé-	Das Abholzen führt zur Ver-
nomène de désertification.	steppung.

l'(océan) **Atlantique** m [latlɑ̃tik]	der Atlantik
la **Méditerranée** [lamediteʀane]	das Mittelmeer
la **mer du Nord** [lamɛʀdynɔʀ]	die Nordsee
la **mer Baltique** [lamɛʀbaltik]	die Ostsee
la **Manche** [lamɑ̃ʃ]	der Ärmelkanal
le (océan) **Pacifique** m [ləpasifik]	der Pazifik, der pazifische Ozean
traverser le Pacifique à la voile	den Pazifik mit dem Segelboot
	überqueren
l'**océan Indien** m [lɔseɑ̃ɛ̃djɛ̃]	der indische Ozean

le **lac de Constance** [ləlakdəkɔ̃stɑ̃s]	der Bodensee
le **lac Léman** [ləlaklemɑ̃]	der Genfer See
une **mer intérieure** [mɛʀɛ̃teʀjœʀ]	Binnenmeer

un **ruisseau** [ʀɥiso]	Bach
un **courant** [kuʀɑ̃]	Strömung
un **torrent** [tɔʀɑ̃]	Gebirgsbach, Wildbach
L'orage a transformé le ruisseau en	Das Gewitter hat das Bächlein in
torrent rapide.	einen Sturzbach verwandelt.
une **chute d'eau** [ʃytdo]	Wasserfall
une **cascade** [kaskad]	(kleiner) Wasserfall
en amont [ɑ̃namɔ̃]	flussaufwärts
une ville située au bord de la Seine,	eine an der Seine gelegene Stadt,
en amont de Paris	oberhalb von Paris
en aval [ɑ̃naval]	flussabwärts
un **affluent** [aflyɑ̃]	Nebenfluss
le **confluent** [kɔ̃flyɑ̃]	Zusammenfluss
Lyon se trouve au confluent du	Lyon liegt am Zusammenfluss von
Rhône et de la Saône.	Rhône und Saône.
l'**embouchure** f [ɑ̃buʃyʀ]	Mündung
Le pont enjambe l'embouchure de	Die Brücke überspannt die Loire-
la Loire.	mündung.
un **étang** [etɑ̃]	Teich

la **Marne** [lamaʀn]	die Marne
la **Meuse** [laməz]	die Maas
la **Saône** [lason]	die Saône

la Dordogne [ladɔʀdɔɲ]	die Dordogne
la Moselle [lamɔzɛl]	die Mosel
le Danube [lədanyb]	die Donau

une **baie** [bɛ]	Bucht
un **golfe** [gɔlf]	Golf
une **presqu'île** [pʀɛskil]	Halbinsel
une **falaise** [falɛz]	Felswand; Felsenküste
une **dune** [dyn]	Düne
le **littoral** [litɔʀal]	Küstengebiet
Les complexes hôteliers défigurent le littoral.	Die Hotelkomplexe verunstalten das Küstengebiet.

18.3 Klima, Wetter

le **climat** [klima]	Klima
le **climat méditerranéen**	Mittelmeerklima
le **climat océanique**	ozeanisches, atlantisches Klima
le **climat continental/tropical**	kontinentales/tropisches Klima
le **climat polaire**	Polarklima
un **climat rude/(mal)sain**	rauhes/(un)gesundes Klima
une **zone** [zon]	Zone
un pays situé dans la **zone tempérée**	ein in der gemäßigten Zone gelegenes Land
une **saison** [sɛzɔ̃]	Jahreszeit, Saison
la **saison des pluies**	die Regenzeit

le **temps** [tɑ̃]	Wetter
la **météo(rologie)** [meteo(ɔʀɔlɔʒi)]	Wetterkunde, Wetterbericht
le **bulletin météorologique** [byltɛ̃meteɔʀɔlɔʒik]	Wetterbericht
les **prévisions météo(rologiques)** f [pʀevizjɔ̃meteo]	Wettervorhersage
un **changement** [ʃɑ̃ʒmɑ̃]	Änderung, Wechsel
A la météo, ils ont annoncé un changement de temps.	Im Wetterbericht haben sie einen Wetterwechsel angekündigt.
variable [vaʀjabl]	wechselhaft
Le temps sera variable sur la moitié nord du pays.	In der Nordhälfte des Landes wird das Wetter wechselhaft sein.

la **pression atmosphérique** [pʀesjɔ̃atmɔsfeʀik]	Luftdruck
La pression est en hausse/en baisse.	Der Druck steigt/fällt.

les **hautes/basses pressions**	huher/niederer Druck
un **baromètre** [baʀɔmɛtʀ]	Barometer
Le baromètre est descendu depuis hier.	Das Barometer ist seit gestern gefallen.

la **température** [tɑ̃peʀatyʀ]	Temperatur
un **degré** [dəgʀe]	Grad
(20 degrés) au-dessus/au-dessous de zéro	(20 Grad) über/unter Null
plus [plys]	plus
moins [mwɛ̃]	minus
Il fait plus/moins 15.	Es hat/ist 15 Grad plus/minus.
à l'ombre [alɔ̃bʀ]	im Schatten
Il fait 35 degrés à l'ombre.	Es hat/ist 35 Grad im Schatten.
un **thermomètre** [tɛʀmɔmɛtʀ]	Thermometer
baisser [bese]	fallen, zurückgehen
La température a **baissé de 15 degrés** depuis hier.	Die Temperatur ist seit gestern um 15 Grad gefallen.
monter* [mɔ̃te]	steigen, zunehmen
moyen,ne [mwajɛ̃, ɛn]	Durchschnitts-
A Paris, au mois d'août, la température moyenne est de 18,7 degrés.	In Paris liegt die Durchschnittstemperatur im August bei 18,7 Grad.
la **moyenne annuelle** [mwajɛnanɥɛl]	das Jahresmittel
Il fait beau. [ilfɛbo]	Das Wetter ist schön.
Il fait bon. [ilfɛbɔ̃]	Das Wetter ist angenehm.
Il fait chaud. [ilfɛʃo]	Es ist warm. Es ist heiß.
la **chaleur** [ʃalœʀ]	Hitze
Quelle chaleur !	Was für eine Hitze! So eine Hitze!
une vague de chaleur	Hitzewelle
(le) **froid** n; adj [fʀwa]	Kälte; kalt
Il fait froid.	Es ist kalt.
tiède [tjɛd]	mild
doux, douce [du, dus]	mild
frais, fraîche [fʀɛ, fʀɛʃ]	frisch
Les nuits sont fraîches.	Die Nächte sind frisch.
la **fraîcheur** [fʀɛʃœʀ]	Kühle, Frische

le **soleil** [sɔlɛj]	Sonne
Il fait soleil.	Es ist sonnig.
Le soleil brille.	Die Sonne scheint.
Le soleil tape.	Die Sonne sticht.
Le soleil se lève/se couche.	Die Sonne geht auf/unter.
le **lever/coucher de/du soleil**	Sonnenaufgang/-untergang
Profitons des rares **rayons de soleil**.	Nützen wir die seltenen Sonnenstrahlen.
sec, sèche [sɛk, sɛʃ]	trocken

agréable [agʀeabl]	angenehm
le **ciel** [sjɛl]	Himmel

la **pluie** [plɥi]	Regen
La pluie tombe sans arrêt depuis 8 jours.	Seit 8 Tagen regnet es ununterbrochen.
pleuvoir [pløvwaʀ]	regnen
Il pleut.	Es regnet.
une **goutte** [gut]	Tropfen
un **nuage** [nɥaʒ]	Wolke
nuageux, -euse [nɥaʒø, øz]	wolkig, bewölkt
Le ciel est très nuageux.	Der Himmel ist wolkenverhangen.
Il fait mauvais. [ilfɛmovɛ]	Das Wetter ist schlecht.
Il fait lourd. [ilfɛluʀ]	Es ist schwül.
un **orage** [ɔʀaʒ]	Gewitter
Il y a de l'orage dans l'air.	Ein Gewitter liegt in der Luft.
orageux, -euse [ɔʀaʒø, øz]	gewittrig
un temps orageux	gewittriges Wetter, Gewitterwetter
le **tonnerre** [tɔnɛʀ]	Donner
Le tonnerre gronde au loin.	In der Ferne grollt der Donner.
un **éclair** [eklɛʀ]	Blitz *(= Leuchten)*
la **foudre** [fudʀ]	Blitz(schlag)
La foudre est **tombée sur** sa maison.	Der Blitz hat in sein Haus eingeschlagen.
l'**humidité** *f* [ymidite]	Feuchtigkeit
le **brouillard** [bʀujaʀ]	Nebel
un **brouillard à couper au couteau** *loc*	ein sehr dichter Nebel

le **vent** [vɑ̃]	Wind
un **vent glacial**	ein eisiger Wind
Le vent **souffle fort.**	Der Wind bläst heftig.
Il fait du vent.	Es ist windig.
La direction du vent a changé.	Die Windrichtung hat gewechselt.
une **tempête** [tɑ̃pɛt]	Sturm
La tempête **s'est calmée** vers le soir.	Gegen Abend hat sich der Sturm gelegt.

la **neige** [nɛʒ]	Schnee
un **flocon de neige**	Schneeflocke
La neige tombe **à gros flocons.**	Der Schnee fällt in dicken Flocken.
neiger [neʒe]	schneien
la **glace** [glas]	Eis
le **gel** [ʒɛl]	Frost
geler [ʒ(ə)le]	frieren
Il gèlera au-dessus de 400 m.	Oberhalb 400 m wird es (ge)frieren.

le **verglas** [vɛʀgla]
La voiture a **dérapé sur une plaque de verglas**.

Glatteis
Das Auto ist auf einer Eisplatte ins Schleudern geraten.

un **anticyclone** [ãtisiklon]
une **dépression** [depʀɛsjõ]
la **canicule** [kanikyl]
Les personnes âgées supportent mal cette canicule.
une **éclaircie** [eklɛʀsi]
On profite d'une éclaircie pour sortir.
s'**éclaircir** [seklɛʀsiʀ]
Le ciel s'éclaircit.
s'**améliorer** [sameljɔʀe]
une **amélioration** [ameljɔʀasjõ]
Une amélioration arrive par l'ouest.

ein Hoch
ein Tief
(Glut)Hitze
Die älteren Leute ertragen diese Gluthitze schlecht.
Aufklarung, Aufheiterung
Wir nützen eine Aufheiterung um rauszugehen.
aufklaren
Der Himmel reißt auf.
sich bessern
(Wetter)Besserung
Eine Wetterbesserung kommt von Westen her auf.

se **couvrir** [s(ə)kuvʀiʀ]
Le ciel se couvre rapidement.
couvert,e [kuvɛʀ, ɛʀt]
maussade [mosad]
Il fait un temps maussade.
pluvieux, -euse [plyvjø, øz]
un automne pluvieux
(**Il fait) un temps de chien.** fam
[(ilfɛ)ẽtãd(ə)ʃjẽ]
une **perturbation** [pɛʀtyʀbasjõ]
une **averse** [avɛʀs]
Le soleil **arrive à percer** entre deux averses.
pleuvoir à verse [pløvwaʀavɛʀs]
Ne sors pas sans parapluie, il pleut à verse.
des **précipitations** f [pʀesipitasjõ]
(**être) trempé,e** [tʀɑ̃pe]
Je suis trempé **jusqu'aux os**.
la **brume** [bʀym]
un **arc-en-ciel** [aʀkɑ̃sjɛl]

sich bedecken
Der Himmel zieht schnell zu.
bedeckt
unfreundlich, trostlos
Das Wetter ist unfreundlich.
regnerisch
ein regnerischer Herbst
(Es ist) ein Hunde-/Sauwetter.

Störung
Schauer
Zwischen zwei Schauern kommt die Sonne durch.
in Strömen regnen
Geh nicht ohne Schirm raus, es gießt in Strömen.
Niederschläge
durchnässt (sein)
Ich bin nass bis auf die Haut.
(leichter) Nebel, Dunst
Regenbogen

une **brise** [bʀiz]
une brise légère
un **courant d'air** [kuʀɑ̃dɛʀ]
Ferme la porte, il y a des courants d'air.

Brise
eine leichte Brise
Luftzug
Schließ die Tür, es zieht.

une **rafale** [ʀafal]	Bö(e), Windstoß
une rafale violente	eine heftige Böe

la **gelée** [ʒ(ə)le]	der Frost
Les **gelées tardives** ont abîmé les fleurs.	Spätfröste haben die Blüten in Mitleidenschaft gezogen.
un **froid de canard** *fam* [fʀwadkanaʀ]	Sau-/Hundekälte
le **givre** [ʒivʀ]	Raureif
la **grêle** [gʀɛl]	Hagel
le **dégel** [deʒɛl]	(Auf)Tauen, Tauwetter

18.4 Materie, Stoffe

une **matière** [matjɛʀ]	Stoff
un **matériau** [mateʀjo]	Baustoff, Werkstoff

---

matière – matériel – matériau

Unterscheide:

la **matière**	*Stoff*
un pays riche en matières premières	*ein rohstoffreiches Land*
le **matériau**	*Baustoff, Werkstoff*
les matériaux de construction	*Baumaterialien*
le **matériel**	*Gerät, Ausrüstung*
le matériel de camping	*Campingausrüstung*

(un) **solide** *n; adj* [sɔlid]	fester Körper; fest
(un) **liquide** *n; adj* [likid]	Flüssigkeit; flüssig
Au-dessous de 0 degré, l'eau passe de l'état liquide à l'état solide.	Unter 0 Grad geht Wasser vom flüssigen in den festen Zustand über.
un **gaz** [gaz]	Gas
des **gaz toxiques**	giftige Gase
gazeux, -euse [gazø, øz]	gashaltig, -förmig
de l'**eau gazeuse**	Sprudel-/Mineralwasser
se composer de [s(ə)kɔ̃poze]	sich zusammensetzen aus
L'air se compose de plusieurs gaz.	Die Luft setzt sich aus mehreren Gasen zusammen.
contenir [kɔ̃t(ə)niʀ]	enthalten
Ce produit contient du pétrole.	Dieses Erzeugnis enthält Erdöl.

fragile [fʀaʒil]	zerbrechlich
fin, fine [fɛ̃, fin]	fein
épais,se [epɛ, epɛs]	dicht, dick

la **pierre** [pjɛʀ]	Stein
une maison **en pierre**	ein Haus aus Stein
une pierre précieuse	Edelstein
minéral,e [mineʀal]	mineralisch, Mineral-
la **chimie minérale**	anorganische Chemie
le **sable** [sabl]	Sand
le **ciment** [simã]	Zement
le **béton** [betɔ̃]	Beton
une **construction en béton armé**	ein Eisenbetonbau
le **verre** [vɛʀ]	Glas
du verre opaque/transparent	undurchsichtiges/durchsichtiges Glas

le **métal** [metal]	Metall
métallique [metalik]	metallisch
le **fer** [fɛʀ]	Eisen
l'**acier** m [asje]	Stahl
l'**or** m [ɔʀ]	Gold
avoir une **chaîne en or**	eine Goldkette besitzen
l'**argent** m [aʀʒã]	Silber
un **bijou en argent**	Silberschmuck

le **coton** [kɔtɔ̃]	Baumwolle
un t(ee)-shirt **100% coton**	ein T-shirt aus 100% Baumwolle
la **soie** [swa]	Seide
le **cuir** [kɥiʀ]	Leder
la **laine** [lɛn]	Wolle

le **bois** [bwa]	Holz
le **papier** [papje]	Papier
le **carton** [kaʀtɔ̃]	Pappe
ranger qc dans une **boîte en carton**	etw. in eine Pappschachtel räumen

la **chimie** [ʃimi]	Chemie
chimique [ʃimik]	chemisch
un **produit chimique**	Chemikalie, chemisches Erzeugnis
le **pétrole** [petʀɔl]	Erdöl
un **produit pétrolier**	Erdölprodukt
[pʀɔdɥipetʀɔlje]	
l'**essence** f [esãs]	Benzin
le **plastique** [plastik]	Plastik
Devant le supermarché, il y a un conteneur pour les **bouteilles en plastique.**	Vor dem Supermarkt steht ein Container für Plastikflaschen.
la **colle** [kɔl]	Klebstoff; Kleister; Leine

un **élément** [elemã]	Element
un **atome** [atom]	Atom
une **molécule** [mɔlekyl]	Molekül

une **substance (in)organique** [sypstãs(in)ɔʀganik]	ein (an)organischer Stoff
l'**oxygène** m [ɔksiʒɛn]	Sauerstoff
une **bouteille d'oxygène**	eine Flasche Sauerstoff
l'**hydrogène** m [idʀɔʒɛn]	Wasserstoff
le **carbone** [kaʀbɔn]	Kohlenstoff
l'**azote** m [azɔt]	Stickstoff

soluble [sɔlybl]	löslich
Le sel est soluble dans l'eau.	Salz ist in Wasser löslich.
inflammable [ɛ̃flamabl]	feuergefährlich, leicht entflammbar
fondre [fɔ̃dʀ]	schmelzen
La glace fond au-dessus de 0 degré.	Eis schmilzt über 0 Grad.

l'**ardoise** f [aʀdwaz]	Schiefer
un **toit en ardoise**	Schieferdach
le **grès** [gʀɛ]	Sandstein
le **granit** [gʀanit]	Granit
la **craie** [kʀɛ]	Kreide
le **plâtre** [platʀ]	Gips
l'**argile** f [aʀʒil]	Ton
modeler un buste **en argile**	eine Büste aus Ton formen

la **porcelaine** [pɔʀsəlɛn]	Porzellan
un service **en porcelaine** de Sèvres	ein Service aus Sèvres-Porzellan
la **céramique** [seʀamik]	Keramik
le **cristal** [kʀistal]	Kristall

un **minerai** [minʀɛ]	Erz
l'exploitation du **minerai de fer**	Eisenerzgewinnung
le **cuivre** [kɥivʀ]	Kupfer
l'**étain** m [etɛ̃]	Zinn
le **bronze** [bʀɔ̃z]	Bronze
le **zinc** [zɛ̃g]	Zink
le **plomb** [plɔ̃]	Blei
Tu es lourd comme du plomb.	Du bist schwer wie Blei.
avoir un sommeil de plomb *loc*	einen sehr tiefen Schlaf haben
le **laiton** [lɛtɔ̃]	Messing
un **alliage** [aljaʒ]	Legierung
la **tôle** [tol]	Blech
la **tôle ondulée**	Wellblech

souder [sude]	löten, schweißen

la **fibre** [fibʀ]	Faser
une **fibre naturelle/synthétique**	Naturfaser/synthetische Faser
filer [file]	spinnen
le **lin** [lɛ̃]	Leinen

le **carburant** [kaʀbyʀã]	Treibstoff
être en panne de carburant	keinen Treibstoff mehr im Tank haben
la **pétrochimie** [petʀoʃimi]	Petrochemie
un **pipeline** [piplin/pajplajn]	Pipeline
un **oléoduc** [ɔleɔdyk]	Erdölleitung
le **mazout** [mazut]	Heizöl
faire remplir la cuve à mazout	den Heizöltank füllen lassen
le **goudron** [gudʀɔ̃]	Teer
le **polystyrène** [pɔlistiʀɛn]	Styropor

18.5 Pflanzen, Garten, Landwirtschaft

la **végétation** [veʒetasjɔ̃]	Vegetation
une **végétation luxuriante**	üppige Vegetation
végétal,e [veʒetal]	pflanzlich
une **graisse végétale**	Pflanzenfett
une **plante** [plãt]	Pflanze
planter [plãte]	pflanzen
une **plantation** [plãtasjɔ̃]	(An)Pflanzung, Plantage
La grêle a détruit les **plantations**.	Der Hagel hat die (An)Pflanzungen zerstört.
l'**herbe** *f* [ɛʀb]	Gras
pousser [puse]	wachsen
Ça **pousse** comme de la mauvaise **herbe**. *loc*	Das wächst wie Unkraut.

un **arbre** [aʀbʀ]	Baum
un **arbre fruitier**	Obstbaum
une **branche** [bʀãʃ]	Ast, Zweig
une **feuille** [fœj]	Blatt
Le sol est couvert de **feuilles mortes**.	Der Boden ist mit welkem Laub bedeckt.

un **fruit** [fʀɥi]	Frucht
un **fruit mûr/vert**	reife/unreife, grüne Frucht
les **fruits**	Obst

une **pomme** [pɔm]	Apfel
une **tarte aux pommes**	Apfelkuchen
une **poire** [pwaʀ]	Birne
Ce que tu peux **être poire**. *fam*	Wie bist du doch dämlich./Du bist zu gutmütig.
une **prune** [pʀyn]	Pflaume
faire qc **pour des prunes** *fam*	etw. vergeblich, für nichts und wieder nichts tun
une **cerise** [s(ə)ʀiz]	Kirsche
une **pêche** [pɛʃ]	Pfirsich
avoir la pêche *fam*	gut drauf sein
un **abricot** [abʀiko]	Aprikose
la **confiture d'abricots**	Aprikosenmarmelade
une **fraise** [fʀɛz]	Erdbeere
le **raisin** [ʀɛzɛ̃]	Traube
une **grappe de raisins**	Weintraube
une **olive** [ɔliv]	Olive

une **fleur** [flœʀ]	Blume
un **arbre en fleurs**	ein blühender Baum
offrir un **bouquet de fleurs** à qn	jdm einen Blumenstrauß schenken
fleurir [flœʀiʀ]	blühen
se faner [s(ə)fane]	verwelken
une **rose** [ʀoz]	Rose
Elle est fraîche comme une rose. *loc*	Sie ist frisch wie der junge Morgen.
une **tulipe** [tylip]	Tulpe
un **jardin** [ʒaʀdɛ̃]	Garten
un **(jardin) potager**	Gemüsegarten
un,e **jardinier, -ière** [ʒaʀdinje, jɛʀ]	Gärtner(in)
jardiner [ʒaʀdine]	im Garten arbeiten
entretenir [ɑ̃tʀət(ə)niʀ]	unterhalten, pflegen
récolter [ʀekɔlte]	ernten
la **récolte** [ʀekɔlt]	Ernte
Cette année, la récolte a été bonne/mauvaise.	Dieses Jahr war die Ernte gut/schlecht.

le **légume** [legym]	Gemüsesorte
une bonne **soupe de légumes**	eine gute Gemüsesuppe
la **carotte** [kaʀɔt]	gelbe Rübe, Karotte
la **pomme de terre** [pɔmdətɛʀ]	Kartoffel
Tu as vu le prix des pommes de terre nouvelles ?	Hast du den Preis für die neuen Kartoffeln gesehen?
la **patate** *fam* [patat]	Kartoffel
le **chou** [ʃu]	Kohl, Kraut
la **tomate** [tɔmat]	Tomate
le **champignon** [ʃɑ̃piɲɔ̃]	Pilz

Je ne suis pas sûr que ce champignon soit comestible.	Ich bin nicht sicher, ob dieser Pilz essbar ist.

une **racine** [ʀasin]	Wurzel
prendre racine	Wurzel schlagen, anwachsen
une **tige** [tiʒ]	Stängel
un **tronc** [tʀɔ̃]	Stamm
un **bourgeon** [buʀʒɔ̃]	Knospe
le **feuillage** [fœjaʒ]	Blätter, Laubwerk
un arbre à feuillage persistant	ein immergrüner Laubbaum
une **haie** ['ɛ]	Hecke
Le jardin est entouré d'une haie.	Der Garten ist von einer Hecke umgeben.
un **arbuste** [aʀbyst]	Strauch, Busch

un **chêne** [ʃɛn]	Eiche
un meuble **en chêne massif**	eine Möbelstück aus massiver Eiche
un **bouleau** [bulo]	Birke
un **hêtre** ['ɛtʀ]	Buche
un **orme** [ɔʀm]	Ulme
un **peuplier** [pøplije]	Pappel
un **saule** [sol]	Weide
un **pin** [pɛ̃]	Pinie
une **pomme de pin**	Kiefern-, Tannenzapfen
un **sapin** [sapɛ̃]	Tanne
décorer le **sapin de Noël**	den Weihnachtsbaum schmücken
un **platane** [platan]	Platane
une allée **bordée de** platanes	eine mit Platanen gesäumte Allee
un **tilleul** [tijœl]	Linde
un **palmier** [palmje]	Palme

une **vigne** [viɲ]	Weinrebe; Weinberg
un **pommier** [pɔmje]	Apfelbaum
un **poirier** [pwaʀje]	Birnbaum
faire le **poirier**	einen Kopfstand machen
un **verger** [vɛʀʒe]	Obstgarten
un **noisetier** [nwaz(ə)tje]	Haselnussstrauch
un **noyer** [nwaje]	Nussbaum
un **pêcher** [pɛʃe]	Pfirsichbaum
un **cerisier** [s(ə)ʀizje]	Kirschbaum
un **prunier** [pʀynje]	Pflaumenbaum
secouer qn comme un prunier loc, fam	jdn rütteln und schütteln
un **olivier** [ɔlivje]	Olivenbaum

un **cassis** [kasis]	schwarzer Johannisbeerstrauch

la **liqueur/la crème de cassis**	Likör aus schwarzen Johannisbeeren
une **groseille** [gʀɔzɛj]	Johannisbeere
la **gelée de groseilles**	Johannisbeergelee
une **mûre** [myʀ]	Brombeere
une **ronce** [ʀɔ̃s]	Brombeerstrauch
une **pâquerette** [pakʀɛt]	Gänseblümchen
une **jonquille** [ʒɔ̃kij]	Osterglocke
une **violette** [vjɔlɛt]	Veilchen
le **lilas** [lila]	Flieder
le **muguet** [mygɛ]	Maiglöckchen
le **coquelicot** [kɔkliko]	Klatschmohn
une **marguerite** [maʀgəʀit]	Margerite
effeuiller la marguerite	auszählen (sie liebt mich, sie liebt mich nicht ...)
un **tournesol** [tuʀnəsɔl]	Sonnenblume
une salade à l'huile de tournesol	ein mit Sonnenblumenöl angemachter Salat
la **bruyère** [bʀyjɛʀ]	Heidekraut, Erika
le **genêt** [ʒənɛ]	Ginster
un **œillet** [œjɛ]	Nelke
le **glaïeul** [glajœl]	Gladiole
un **lys** [lis]	Lilie
un **bouton** [butɔ̃]	Knospe
un bouton de rose	Rosenknospe
une **courgette** [kuʀʒɛt]	Zucchini
une **aubergine** [obɛʀʒin]	Aubergine
un **artichaut** [aʀtiʃo]	Artischocke
un **poivron** [pwavʀɔ̃]	Paprika(schote)
un **concombre** [kɔ̃kɔ̃bʀ]	Gurke
une **salade** [salad]	Salat
des **épinards** *m* [epinaʀ]	Spinat
mettre du beurre dans les épinards *fam*	sich ein Zubrot verdienen
moissonner [mwasɔne]	Getreide ernten
la **moisson** [mwasɔ̃]	Getreideernte
les **céréales** *f* [seʀeal]	Getreide
le **blé** [ble]	Weizen
un champ de blé	Weizen-, Getreidefeld
le **maïs** [mais]	Mais
du maïs transgénique	genmanipulierter Mais
le **froment** [fʀɔmɑ̃]	Weizen
la farine de froment	Weizenmehl
l'**orge** *f* [ɔʀʒ]	Gerste

le **seigle** [sɛgl]	Roggen
du **pain de seigle**	Roggenbrot
l'**avoine** f [avwan]	Hafer
le **colza** [kɔlza]	Raps
la **betterave** [bɛtʀav]	Rübe
la **betterave à sucre**	Zuckerrübe

semer [səme]	säen
une **graine** [gʀɛn]	Samen(korn)
labourer [labuʀe]	(um)pflügen
une **charrue** [ʃaʀy]	Pflug
l'**engrais** m [ɑ̃gʀɛ]	Dünger
Les engrais sont indispensables à	Für den intensiven Ackerbau sind
l'agriculture intensive.	Düngemittel unentbehrlich.
irriguer [iʀige]	bewässern
l'**irrigation** f [iʀigasjɔ̃]	Bewässerung
l'**arrosage** m [aʀozaʒ]	Gießen, Berieselung
L'arrosage des jardins est interdit en	In Zeiten großer Trockenheit ist das
période de grande sécheresse.	Besprengen der Gärten verboten.
un **arrosoir** [aʀozwaʀ]	Gießkanne
les **vendanges** f [vɑ̃dɑ̃ʒ]	Weinlese
Dans trois jours, nous commence-	In drei Tagen beginnen wir mit der
rons à faire les vendanges.	Weinlese.
vendanger [vɑ̃dɑ̃ʒe]	Trauben lesen

18.6 Tiere, Tierhaltung

la **faune** [fon]	Tierwelt, Fauna
la **faune et la flore** des régions	die Tier- und Pflanzenwelt der
tropicales	tropischen Gebiete
un **animal** [animal]	Tier
un **animal domestique**	Haustier
utile [ytil]	nützlich
nuisible [nɥisibl]	schädlich
Les rats sont des animaux nuisibles.	Ratten sind Schädlinge.
une **bête** [bɛt]	Tier
une **bête sauvage**	ein wildes Tier
une **race** [ʀas]	Rasse
un **chien de race**	Rassehund

un **cheval**, des **chevaux** [ʃ(ə)val, o]	Pferd
un **taureau** [tɔʀo]	Stier
une **vache** [vaʃ]	Kuh
la **maladie de la vache folle (ESB)**	BSE, Rinderwahnsinn

un **bœuf**, des **bœufs** [bœf, bø]	Ochse; Rind
Qui vole un œuf vole un bœuf. *prov*	Mit kleinen Dingen fängt es an, mit großen hört es auf.
un **veau** [vo]	Kalb
un **mouton** [mutɔ̃]	Schaf
une **chèvre** [ʃɛvʀ]	Ziege
ménager la chèvre et le chou *loc*	es sich mit keinem verderben wollen
un **cochon** [kɔʃɔ̃]	Schwein

---

i **Nichts für Vegetarier!**

Unterscheide:

un cochon	*Schwein*
C'est donner de la confiture aux cochons. *loc*	*Das heißt Perlen vor die Säue werfen.*
le porc	*Schweinefleisch*
une côtelette de porc	*Schweinekotelett*
Les musulmans ne mangent pas de porc.	*Moslems essen kein Schweinefleisch.*

---

une **étable** [etabl]	Stall
rentrer les vaches à l'étable	die Kühe in den Stall bringen

··▼···

la **volaille** [vɔlaj]	Geflügel
un **coq** [kɔk]	Hahn
Le coq chante *cocorico*.	Der Hahn ruft *kikeriki*.
une **poule** [pul]	Huhn
avoir la chair de poule	Gänsehaut haben
un **poussin** [pusɛ̃]	Küken
un **canard** [kanaʀ]	Ente

··▼···

un,e **chien,ne** [ʃjɛ̃, ʃjɛn]	Hund, Hündin
Attention, **chien méchant**.	Vorsicht, bissiger Hund.
un temps à ne pas mettre un chien dehors *loc*	ein Sau-/Hundewetter
aboyer [abwaje]	bellen
mordre [mɔʀdʀ]	beißen
une **niche** [niʃ]	Hundehütte
un,e **chat,te** [ʃa, ʃat]	Katze
avoir un chat dans la gorge *loc*	einen Frosch im Hals haben

··▼···

une **souris** [suʀi]	Maus
Quand le chat n'est pas là, les souris dansent. *prov*	Wenn die Katze aus dem Haus ist, tanzen die Mäuse.
un **rat** [ʀa]	Ratte
un **hamster** ['amstɛʀ]	Hamster
un **cochon d'Inde** [kɔʃɔ̃dɛ̃d]	Meerschweinchen
un **lapin** [lapɛ̃]	Kaninchen, Hase

un **oiseau** [wazo]	Vogel
un **drôle d'oiseau** *fam*	ein komischer Kauz
l'**aile** *f* [ɛl]	Flügel
le **bec** [bɛk]	Schnabel
un **nid** [ni]	Nest
faire son nid	nisten
un **œuf**, des **œufs** [ɛ̃nœf, dezø]	Ei, Eier
pondre un œuf	ein Ei legen
une **cage** [kaʒ]	Käfig

> **i** Zum *Genus der Nomen* auf -**age** vgl. die Information auf S. 70.

un **perroquet** [pɛʀɔkɛ]	Papagei
un **pigeon** [piʒɔ̃]	Taube

un **poisson** [pwasɔ̃]	Fisch
un **poisson de mer**	Meerwasserfisch
un **poisson d'eau douce**	Süßwasserfisch
un **poisson rouge**	Goldfisch
un **aquarium** [akwaʀjɔm]	Aquarium
une **truite** [tʀɥit]	Forelle
un **hareng** ['aʀɑ̃]	Hering

un **serpent** [sɛʀpɑ̃]	Schlange
un **serpent venimeux**	Giftschlange
un **crocodile** [kʀɔkɔdil]	Krokodil
des **larmes de crocodile**	Krokodilstränen

un,e **lion,ne** [ljɔ̃, ljɔn]	Löwe, Löwin
la **part du lion**	Löwenanteil
un,e **tigre, -esse** [tigʀ, tigʀɛs]	Tiger(in)
un **loup**, une **louve** [lu, luv]	Wolf, Wölfin
avoir une faim de loup *loc*	einen Bärenhunger haben
un **singe** [sɛ̃ʒ]	Affe
être malin comme un singe *loc*	schlau wie ein Fuchs sein

(le) **mâle** *n; adj* [mal]	Männchen; männlich
une **girafe mâle**	ein Giraffenmännchen
(la) **femelle** *n; adj* [fəmɛl]	Weibchen; weiblich
La jument est la femelle du cheval.	Die Stute ist das weibliche Pferd.
un **mammifère** [mamifɛʀ]	Säugetier
un **carnivore** [kaʀnivɔʀ]	Fleischfresser
un **herbivore** [ɛʀbivɔʀ]	Pflanzenfresser
une **espèce** [ɛspɛs]	Art
une **espèce protégée**	eine geschützte Art

une espèce **en voie de disparition**	eine vom Aussterben bedrohte Art

un **étalon** [etalɔ̃]	Hengst
une **jument** [ʒymɑ̃]	Stute
un **poney** [pɔnɛ]	Poney
un **âne**, une **ânesse** [an, anɛs]	Esel, Eselin
une **écurie** [ekyʀi]	(Pferde)Stall

apprivoiser [apʀivwaze]	zähmen
dresser [dʀɛse]	dressieren
dompter [dɔ̃(p)te]	bändigen

la **queue** [kø]	Schwanz
Le chien remue la queue.	Der Hund wedelt mit dem Schwanz.
la **gueule** [gœl]	Maul
se jeter dans la gueule du loup *loc*	sich in die Höhle des Löwen wagen
une **patte** [pat]	Pfote, Bein

---

i   **jambe – patte**

Unterscheide:
la jambe	*(menschliches) Bein*
la patte	*(tierisches) Bein, Pfote, Tatze*
L'homme a deux jambes et le chien a quatre pattes.	*Der Mensch hat zwei und der Hund vier Beine.*

---

un **prédateur** [pʀedatœʀ]	Raubtier
une **proie** [pʀwa]	Beute
Le faucon s'est jeté sur sa proie.	Der Falke hat sich auf seine Beute gestürzt.
le **gibier** [ʒibje]	Wild
une **trace** [tʀas]	Fährte
la **chasse** [ʃas]	Jagd
aller* à la **chasse au gros gibier**	auf Hochwildjagd gehen
chasser [ʃase]	jagen

un **troupeau** [tʀupo]	Herde
Le chien de berger rassemble le troupeau de moutons.	Der Hirtenhund treibt die Schafherde zusammen.
une **brebis** [bʀəbi]	(weibliches) Schaf, Mutterschaf
un **agneau** [aɲo]	Lamm
innocent,e comme l'agneau qui vient de naître *loc*	unschuldig wie ein neugeborenes Lamm

la **basse-cour** [baskuʀ]	Kleinvieh, Hühnerhof
une **oie** [wa]	Gans

une **dinde** [dɛ̃d]	Pute
un **cygne** [siɲ]	Schwan

une **cigogne** [sigɔɲ]	Storch
La cigogne est un **oiseau migrateur**.	Der Storch ist ein Zugvogel.
un **aigle** [ɛgl]	Adler
un **moineau** [mwano]	Sperling, Spatz
une **mésange** [mezɑ̃ʒ]	Meise
un **merle** [mɛʀl]	Amsel
une **hirondelle** [iʀɔ̃dɛl]	Schwalbe
Une hirondelle ne fait pas le printemps. *prov*	Eine Schwalbe macht noch keinen Sommer.
une **alouette** [alwɛt]	Lerche
un **rossignol** [ʀɔsiɲɔl]	Nachtigall

un **insecte** [ɛ̃sɛkt]	Insekt
une **larve** [laʀv]	Larve
une **mouche** [muʃ]	Fliege
Quelle mouche t'a piqué ? *fam*	Was ist in dich gefahren?
une **guêpe** [gɛp]	Wespe
avoir une **taille de guêpe**	eine Wespentaille haben
un **moustique** [mustik]	Stechmücke, Schnake
un **papillon** [papijɔ̃]	Schmetterling
une **coccinelle** [kɔksinɛl]	Marienkäfer
une **fourmi** [fuʀmi]	Ameise
avoir des fourmis dans les jambes *loc*	eingeschlafene Beine haben/ Hummeln im Hintern haben

une **abeille** [abɛj]	Biene
l'**apiculture** *f* [apikyltyʀ]	Bienenzucht, Imkerei
un,e **apiculteur, -trice** [apikyltœʀ, tʀis]	Bienenzüchter(in), Imker(in)

un **requin** [ʀəkɛ̃]	Hai
une **baleine** [balɛn]	Wal
un **dauphin** [dofɛ̃]	Delfin

un **reptile** [ʀɛptil]	Reptil
ramper [ʀɑ̃pe]	kriechen
un **lézard** [lezaʀ]	Eidechse
une **vipère** [vipɛʀ]	Giftschlange, Viper
une **tortue** [tɔʀty]	Schildkröte
une **grenouille** [gʀənuj]	Frosch

un **fauve** [fov]	wildes Tier, Raubtier
un **ours**, des **ours** [uʀs]	Bär

un **renard** [ʀ(ə)naʀ]	Fuchs
rusé comme un renard *loc*	verschlagen, listig wie ein Fuchs

18.7 Ökologie, Umweltschutz und Katastrophen

l'**écologie** *f* [ekɔlɔʒi]	Ökologie; Umweltschutz
un,e **écologiste** [ekɔlɔʒist]	Ökologe, Ökologin; Umweltschützer(in), Grüne(r)
écologique [ekɔlɔʒik]	ökologisch
biologique [bjɔlɔʒik]	biologisch
l'**agriculture bio(logique)**	biologischer Ackerbau
s'engager [sɑ̃gaʒe]	sich engagieren, mitmachen
s'engager dans le mouvement écologiste	sich in der Ökologiebewegung engagieren
l'**engagement** *m* [ɛ̃gaʒmɑ̃]	Engagement
agir [aʒiʀ]	handeln
Ils agissent **avec conviction**.	Sie handeln mit/aus Überzeugung.
une **action** [aksjɔ̃]	Aktion
Les écologistes mènent des actions contre les industries polluantes.	Die Umweltschützer führen Aktionen gegen umweltverschmutzende Industriezweige durch.
la **nature** [natyʀ]	Natur
l'équilibre entre l'homme et la nature	das Gleichgewicht zwischen Mensch und Natur
l'**environnement** *m* [ɑ̃viʀɔnmɑ̃]	Umwelt
la **protection de l'environnement**	Umweltschutz
protéger l'environnement	die Umwelt schützen

l'**air** *m* [ɛʀ]	Luft
l'**air pur/pollué**	reine, saubere/verschmutzte Luft
l'**eau** *f* [o]	Wasser
l'**eau potable**	Trinkwasser
Eau non potable!	Kein Trinkwasser!
propre [pʀɔpʀ]	sauber

 Zu *Adjektiven* mit *wechselnder Bedeutung* bei *Voran-* oder *Nachstellung* vgl. die Information auf S. 37.

polluer [pɔlɥe]	verschmutzen
Les produits chimiques polluent les rivières.	Chemikalien verunreinigen die Flüsse.
polluant,e [pɔlɥɑ̃, ɑ̃t]	umweltschädlich
non-polluant,e [nɔ̃pɔlɥɑ̃, ɑ̃t]	umweltverträglich, schadstofffrei

dégager un gaz polluant/non-polluant	ein umweltschädigendes/schadstofffreies Gas ausstoßen
la **pollution** [pɔlysjɔ̃]	Umweltverschmutzung
un,e **pollueur, -euse** [pɔlyœʀ, øz]	Umweltverschmutzer(in), -sünder(in)

détruire [detʀɥiʀ]	zerstören, vernichten
la **destruction** [dɛstʀyksjɔ̃]	Zerstörung, Vernichtung
l'**écosystème** m [ekosistɛm]	Ökosystem
la **disparition** [dispaʀisjɔ̃]	Verschwinden, Aussterben
contaminé,e [kɔ̃tamine]	verseucht
la **contamination** [kɔ̃taminasjɔ̃]	Verseuchung

les **gaz d'échappement** m [gazdeʃapmɑ̃]	Auspuffgase
le **smog** [smɔg]	Smog
les **pluies acides** f [plɥiasid]	saurer Regen
la **mort des forêts** [mɔʀdefɔʀɛ]	Waldsterben

un **CFC (chlorofluorocarbone)** [seɛfse]	FCKW
une **bombe aérosol** [bɔ̃baeʀɔsɔl]	Spray(dose)
la **couche d'ozone** [kuʃdozon/dɔzɔn]	Ozonschicht
Le **trou dans la couche d'ozone** est inquiétant.	Das Ozonloch ist beunruhigend.
l'**effet de serre** m [efɛd(ə)sɛʀ]	Treibhauseffekt
le **réchauffement de l'atmosphère** [ʀeʃofmɑ̃d(ə)latmɔsfɛʀ]	die Erwärmung der Erdatmosphäre

un **danger** [dɑ̃ʒe]	Gefahr
Attention, **danger de mort**.	Vorsicht, Lebensgefahr!
dangereux, -euse [dɑ̃ʒʀø, øz]	gefährlich
une **menace** [mənas]	(Be)Drohung
La pollution des eaux représente une menace sérieuse.	Die Gewässerverschmutzung ist eine ernstzunehmende Bedrohung.
menacer [mənase]	(be)drohen

le **bruit** [bʀɥi]	Lärm
bruyant,e [bʀyjɑ̃, ɑ̃t]	laut
Le moteur de la moto est trop bruyant.	Der Motor des Motorrades ist zu laut.
calme [kalm]	ruhig
le **silence** [silɑ̃s]	Stille
silencieux, -euse [silɑ̃sjø, øz]	still
une forêt calme et silencieuse	ein ruhiger und stiller Wald

les **ordures** f [ɔʀdyʀ]	Müll, Abfall
les ordures **ménagères**	Hausmüll
le **tri** des ordures	Mülltrennung
la **poubelle** [pubɛl]	Mülleimer, -tonne
le **ramassage** [ʀamasaʒ]	Abfuhr, Abholung
effectuer le ramassage des **vieux papiers**	Altpapier abholen
la **décharge** [deʃaʀʒ]	Mülldeponie
porter ses ordures à la décharge publique/municipale	seinen Müll zur öffentlichen/ städtischen Deponie bringen
une **déchetterie** [deʃɛtʀi]	Müllsammelstelle, Müll- verwertungsanlage

une **bouteille (non) consignée** [butɛj(nɔ̃)kɔ̃siɲe]	Pfandflasche (Flasche ohne Pfand)
une **bouteille en (matière) plastique** [butɛjɑ̃(matjɛʀ)plastik]	Plastikflasche
le **verre usagé** [vɛʀyzaʒe]	Altglas
biodégradable [bjodegʀadabl]	biologisch abbaubar
un produit biodégradable	ein biologisch abbaubares Produkt
recyclable [ʀ(ə)siklabl]	wiederverwertbar, recycelbar
un emballage recyclable	eine wiederverwertbare Verpackung
le **recyclage** [ʀ(ə)siklaʒ]	Recycling, Wiederverwertung
recycler [ʀ(ə)sikle]	wiederverwerten, recyceln
du **papier recyclé**	Umweltpapier, Recyclingpapier

une **centrale nucléaire** [sɑ̃tʀalnykleɛʀ]	Atomkraftwerk
un **réacteur** [ʀeaktœʀ]	(Kern)Reaktor
radioactif, -ive [ʀadjoaktif, iv]	radioaktiv
un nuage radioactif	eine radioaktive Wolke
la **radioactivité** [ʀadjoaktivite]	Radioaktivität
mesurer la radioactivité	die Radioaktivität messen

un **accident** [aksidɑ̃]	Unfall
un accident tragique	ein tragischer Unfall
un horrible accident	ein schrecklicher Unfall
une **catastrophe**, une **cata** fam [kata(stʀɔf)]	Katastrophe
une **catastrophe naturelle**	Naturkatastrophe
catastrophique [katastʀɔfik]	katastrophal
un **incendie** [ɛ̃sɑ̃di]	Brand
un incendie de forêt	Waldbrand
le **feu** [fø]	Feuer
prendre feu	Feuer fangen, sich entzünden

brûler [bʀyle]	brennen
la **fumée** [fyme]	Rauch
Il n'y a pas de fumée sans feu. *prov*	Kein Rauch ohne Feuer.
une **explosion** [ɛksplozjɔ̃]	Explosion
exploser [ɛksploze]	explodieren
une **inondation** [inɔ̃dasjɔ̃]	Überschwemmung
inonder [inɔ̃de]	überschwemmen
Le fleuve est sorti de son lit et a inondé la plaine.	Der Fluss ist über die Ufer getreten und hat die Ebene überschwemmt.

l'**énergie** *f* [enɛʀʒi]	Energie
une **source d'énergie**	Energiequelle
l'**énergie nucléaire**	Kern-, Atomenergie
l'**énergie solaire/éolienne**	Solar-/Windenergie
l'**énergie géothermique**	geothermische Energie
les **énergies douces/renouvelables**	alternative/erneuerbare Energien
La recherche se penche sur les énergies renouvelables.	Die Forschung befasst sich mit den erneuerbaren Energien.
électrique [elɛktʀik]	elektrisch
le **courant électrique**	elektrischer Strom
l'**électricité** *f* [elɛktʀisite]	Elektrizität, Strom
le **charbon** [ʃaʀbɔ̃]	Kohle
le **gaz** [gaz]	Gas
le **gaz naturel**	Erdgas
le **pétrole** [petʀɔl]	Erdöl

un **site** [sit]	Gegend, Standort
préserver [pʀezɛʀve]	bewahren, schützen
préserver les sites naturels	die Naturdenkmäler schützen
sauvage [sovaʒ]	wild
désert,e [dezɛʀ,t]	verlassen, menschenleer

les **déchets** *m* [deʃɛ]	Abfall, Abfälle
éliminer les déchets	Abfälle entsorgen
une **usine de traitement des déchets**	Müllverwertungsanlage
la **collecte sélective (des déchets)** [kɔlɛktselɛktiv]	getrennte Müllabfuhr
un **conteneur à verre/papier (usagé)** [kɔ̃tənœʀavɛʀ/papje]	Altglas-, Altpapiercontainer
la **récupération** [ʀekypeʀasjɔ̃]	Rückgewinnung, Wiederverwertung
le **compostage** [kɔ̃pɔstaʒ]	Kompostierung
l'**élimination** *f* [eliminasjɔ̃]	Entsorgung
l'**incinération** *f* [ɛ̃sineʀasjɔ̃]	Verbrennung
une **usine d'incinération des déchets**	Müllverbrennungsanlage

les **ressources naturelles** f [ʀ(ə)suʀsnatyʀɛl]	natürliche Ressourcen
gaspiller [gaspije]	verschwenden
Fais attention à ne pas gaspiller l'eau.	Pass auf und verschwende kein Wasser.
le **gaspillage** [gaspijaʒ]	Verschwendung
l'**écotaxe** f [ekotaks]	Umwelt-, Ökosteuer
un **capteur solaire** [kaptœʀsɔlɛʀ]	Sonnenkollektor
une **éolienne** [eɔljɛn]	Windrad
la **bioénergie** [bjoenɛʀʒi]	Bioenergie

l'**émission** f [emisjɔ̃]	Ausstoß, Emission
l'émission d'oxyde/de dioxyde de soufre/de gaz carbonique	Ausstoß von Schwefeloxyd/ -dioxyd/Kohlendioxyd
émettre [emɛtʀ]	ausstoßen
un **produit toxique** [pʀɔdɥitɔksik]	ein giftiger Stoff
la **nuisance** [nɥizɑ̃s]	(Umwelt)Belastung
nocif,-ive [nɔsif, iv]	schädlich
se **dégrader** [s(ə)degʀade]	sich verschlechtern
Pendant des années, la qualité de l'eau s'est dangereusement dégradée.	Jahrelang hat sich die Wasserqualität bedrohlich verschlechtert.
la **dégradation** [degʀadasjɔ̃]	Verschlechterung, Zerstörung
la **dégradation de l'environnement**	die Umweltzerstörung
la **détérioration** [deteʀjɔʀasjɔ̃]	(Be)Schädigung
se **détériorer** [s(ə)deteʀjɔʀe]	sich verschlechtern, Schaden nehmen
les **dégâts** m [dega]	Schäden
causer des dégâts importants	beträchtliche Schäden verursachen
la **marée noire** [maʀɛnwaʀ]	Ölpest
la **biosphère** [bjɔsfɛʀ]	Biosphäre

les **métaux lourds** m [metoluʀ]	Schwermetalle
un sol contaminé par des métaux lourds	ein mit Schwermetallen verseuchter Boden
un **détergent** m [detɛʀʒɑ̃]	Reinigungs-, Waschmittel
l'**engrais** m [ɑ̃gʀɛ]	Dünger
un **insecticide** [ɛ̃sɛktisid]	Schädlingsbekämpfungsmittel
un **pesticide** [pɛstisid]	Pestizid
les **nitrates** m [nitʀat]	Nitrate

la **nappe phréatique** [napfʀeatik]	Grundwasser
une **station d'épuration** [stasjɔ̃depyʀasjɔ̃]	Kläranlage
les **égoûts** m [egu]	Kanalisation
les **eaux usées** f [oyze]	Abwässer

l'**uranium** m [yʀanjɔm]	Uran
la **radiation** [ʀadjasjɔ̃]	Strahlung
être exposé à des radiations	Strahlungen ausgesetzt sein
l'**irradiation** f [iʀadjasjɔ̃]	Verstrahlung, Bestrahlung
le **stockage** [stɔkaʒ]	Lagerung
le **retraitement** [ʀ(ə)tʀɛtmɑ̃]	Wiederaufbereitung
une **usine de retraitement**	Wiederaufbereitungsanlage
retraiter [ʀ(ə)tʀɛte]	wiederaufbereiten
Cette usine retraite des déchets radioactifs.	Diese Fabrik bereitet radioaktive Abfälle wieder auf.

un **désastre** [dezastʀ]	Katastrophe
désastreux, -euse [dezastʀø, øz]	verhängnisvoll, verheerend
imprévu,e [ɛ̃pʀevy]	unvorhergesehen, unerwartet
imprévisible [ɛ̃pʀevizibl]	unvorhersehbar
avoir des répercussions imprévisibles sur la santé	unvorhersehbare Auswirkungen auf die Gesundheit haben
prévisible [pʀevizibl]	vorhersehbar

le **déboisement** [debwazmɑ̃]	Abholzen
déboiser [debwaze]	abholzen
aménager [amenaʒe]	erschließen, anlegen
l'**aménagement** m [amenaʒmɑ̃]	Erschließung, (Um)Gestaltung
l'**aménagement du territoire**	Raumordnung, -planung
l'**assainissement** m [asɛnismɑ̃]	Sanierung; Trockenlegung
le **reboisement** [ʀ(ə)bwazmɑ̃]	Aufforstung
reboiser [ʀ(ə)bwaze]	aufforsten
renaturer [ʀ(ə)natyʀe]	renaturieren

une **tornade** [tɔʀnad]	Tornado
un **ouragan** [uʀagɑ̃]	Orkan
une **avalanche** [avalɑ̃ʃ]	Lawine
Risque d'avalanches !	Lawinengefahr!
un **tremblement de terre** [tʀɑ̃bləmɑ̃d(ə)tɛʀ]	Erdbeben
un **cataclysme** [kataklism]	Naturkatastrophe
un **glissement de terrain** [glismɑ̃d(ə)tɛʀɛ̃]	Erdrutsch
une **éruption (volcanique)** [eʀypsjɔ̃(vɔlkanik)]	(Vulkan)Ausbruch
Le volcan est **entré en éruption**.	Der Vulkan ist ausgebrochen.
une **coulée de lave** [kuled(ə)lav]	Lavastrom
la **sécheresse** [seʃ(ə)ʀɛs]	Trockenheit, Dürre
une région **touchée par la sécheresse**	ein Dürregebiet

un **sinistre** [sinistʀ]	Unheil, Katastrophe
sinistré,e [sinistʀe]	von einer Katastrophe heimgesucht
déclarer une région zone sinistrée	eine Region zum Katastrophen-gebiet erklären

18.8 Stadt, Land, Gebäude und Infrastruktur

une **ville** [vil]	Stadt
la **ville de Toulouse**	die Stadt Toulouse
une **ville de province**	Provinzstadt
la **vieille ville**	Altstadt
une **ville satellite**	Satellitenstadt, Trabantenstadt
une **ville nouvelle**	Retortenstadt
habiter [abite]	wohnen
habiter (dans) une ville	in einer Stadt wohnen
Ses parents **habitent (à) Lille.**	Seine Eltern wohnen in Lille.
un,e **habitant,e** [abitã, ãt]	Einwohner(in), Bewohner(in)
une **capitale** [kapital]	Hauptstadt
un,e **citadin,e** [sitadɛ̃, in]	Stadtbewohner(in)
Ils ne connaissent pas la campagne, ce sont des citadins.	Sie kennen die ländlichen Gegenden nicht, sie sind Städter.
un **village** [vilaʒ]	Dorf
un,e **villageois,e** [vilaʒwa, az]	Dorfbewohner(in)
la **campagne** [kãpaɲ]	Land
aller* s'installer à la campagne	aufs Land ziehen
un,e **campagnard,e** [kãpaɲaʀ, aʀd]	Landbewohner(in)

le **centre** [sãtʀ]	Zentrum
le **centre-ville**	Innenstadt, Stadtzentrum
central,e [sãtʀal]	zentral
habiter un quartier central	in einem zentral gelegenen Viertel wohnen
les **environs** m [ãviʀɔ̃]	Umgebung
la **banlieue** [bãljø]	Vorort
dans la **proche banlieue** d'une ville	im Nahbereich einer Stadt
un **quartier** [kaʀtje]	(Wohn)Viertel
un **quartier chic/populaire**	ein vornehmes/einfaches Viertel
un **quartier ouvrier/industriel**	ein Arbeiter-/Industrieviertel

l'**espace** m [ɛspas]	Raum
un **terrain** [teʀɛ̃]	Grundstück
un **terrain à bâtir**	Bauplatz
s'étendre sur [setãdʀ]	sich erstrecken über

| La zone industrielle s'étend sur 3 kilomètres. | Das Industriegebiet erstreckt sich über 3 Kilometer. |

un **projet** [pʀɔʒɛ]	Projekt
un projet de modernisation	Modernisierungsplan, -projekt
transformer [tʀɑ̃sfɔʀme]	verwandeln, umgestalten
transformer le quartier de la gare	das Bahnhofsviertel umgestalten
une **transformation** [tʀɑ̃sfɔʀmasjɔ̃]	Umgestaltung, -bau, -wandlung

démolir [demɔliʀ]	abreißen
Les vieux immeubles ont été démolis.	Die alten Gebäude wurden abgerissen.
construire [kɔ̃stʀɥiʀ]	bauen
faire construire une maison	ein Haus bauen lassen
une **construction** [kɔ̃stʀyksjɔ̃]	Bau(werk)
reconstruire [ʀ(ə)kɔ̃stʀɥiʀ]	wieder aufbauen, neu bauen

un **bâtiment** [batimɑ̃]	Gebäude
un bâtiment ancien	ein altes Bauwerk, Gebäude
une **maison** [mɛzɔ̃]	Haus
une maison neuve	ein neues Haus
une **villa** [vila]	Villa
un **pavillon** [pavijɔ̃]	kleines Haus, Pavillon
un **immeuble** [imœbl]	(Wohn)Haus, (Wohn)Gebäude
une **tour** [tuʀ]	Turm

Zum *Genus* bei **tour** vgl. auch S. 191.

| un,e **HLM** (une **habitation à loyer modéré**) [aʃɛlɛm] | Sozialwohnung |

une **rue** [ʀy]	Straße
jouer dans la rue	auf der Straße (in der Stadt) spielen
une **rue commerçante**	Ladenstraße
une rue animée	eine belebte Straße
un **chemin** [ʃ(ə)mɛ̃]	Weg
une **voie** [vwa]	Weg, Straße
une **avenue** [av(ə)ny]	Avenue
un **boulevard** [bulvaʀ]	Boulevard
une **chaussée** [ʃose]	Fahrbahn
Attention, chaussée déformée!	Vorsicht, unebene Fahrbahn!
un **trottoir** [tʀɔtwaʀ]	Bürgersteig, Gehweg
un **carrefour** [kaʀfuʀ]	Kreuzung
un **parking** [paʀkiŋ]	Parkplatz
un **parking souterrain**	Tiefgarage

une **place** [plas]	Platz
une **cour** [kuʀ]	Hof
Mon appartement **donne sur** la cour de l'immeuble.	Meine Wohnung liegt zum Innenhof hin.
un **pont** [pɔ̃]	Brücke
un **pont suspendu**	Hängebrücke

une **route** [ʀut]	Straße
sur la route de Dijon	auf der Straße nach Dijon
Route barrée.	Gesperrte Straße.
une **(route) nationale (RN)**	Nationalstraße (*etwa:* Bundesstraße)
un,e **autoroute (A)** [ɔtɔ/otoʀut]	Autobahn
un **garage** [gaʀaʒ]	Autowerkstatt

> ℹ️ Zum *Genus der Nomen* auf **-age** vgl. die Information auf S. 70.

une **station-service** [stasjɔ̃sɛʀvis]	Tankstelle

un **magasin** [magazɛ̃]	Laden, Geschäft
un **grand-magasin**	Kaufhaus
un **supermarché** [sypɛʀmaʀʃe]	Supermarkt
un **hypermarché** [ipɛʀmaʀʃe]	großer Supermarkt
une **grande surface** [gʀɑ̃dsyʀfas]	Supermarkt, Verbrauchermarkt
un **centre commercial** [sɑ̃tʀ(ə)kɔmɛʀsjal]	Einkaufszentrum
une **galerie marchande** [galʀimaʀʃɑ̃d]	Einkaufs-, Ladenpassage
un **marché** [maʀʃe]	Markt
un **marché couvert**	Markthalle
les **halles** *f* ['al]	Markthalle(n)

un **hôpital** [ɔpital]	Krankenhaus
un **hôpital universitaire**	Universitätsklinik
un **CHU (centre hospitalier universitaire)** [seaʃy]	Universitätsklinikum
une **clinique** [klinik]	Klinik
une **clinique privée**	Privatklinik
une **maison de retraite** [mɛzɔ̃dʀətʀɛt]	Altenheim
un **cimetière** [simtjɛʀ]	Friedhof

une **mairie** [meʀi]	Rathaus
un **hôtel de ville** [otɛldəvil]	Rathaus (*in einer größeren Stadt*)
la **poste** [pɔst]	Post

une **gare** [gaʀ]	Bahnhof
une **gare routière**	Busbahnhof
un **musée** [myze]	Museum
visiter un musée	ein Museum besichtigen/
	besuchen
un **théâtre** [teatʀ]	Theater
un **centre culturel** [sãtʀ(ə)kyltyʀɛl]	Kulturzentrum
une **prison** [pʀizɔ̃]	Gefängnis
être aimable comme une porte de	kratzbürstig, unfreundlich sein
prison loc	

un **terrain de sport** [teʀɛ̃d(ə)spɔʀ]	Sportplatz
un **stade** [stad]	Stadion
une **piscine** [pisin]	Schwimmbad
une **piscine couverte**	Hallenbad
un **gymnase** [ʒimnaz]	Sport-, Turnhalle
une **salle de sport** [sald(ə)spɔʀ]	Sporthalle

une **crèche** [kʀɛʃ]	Krippe
laisser son enfant à la crèche	sein Kind in der Krippe lassen
un **jardin d'enfants** [ʒaʀdɛ̃dɑ̃fɑ̃]	Kindergarten
une **école** [ekɔl]	Schule
une **(école) maternelle** [matɛʀnɛl]	Kindergarten (für 3-6-Jährige)
une **école primaire** [ekɔlpʀimɛʀ]	Grundschule
un **collège** [kɔlɛʒ]	Collège (etwa: Sekundarstufe I)
un **lycée** [lise]	Gymnasium
une **université** [ynivɛʀsite]	Universität

un **monument historique**	ein unter Denkmalschutz stehendes
[mɔnymãistɔʀik]	Kulturdenkmal
un **château** [ʃato]	Schloss
des **ruines** f [ʀɥin]	Ruinen
un château **en ruines**	ein verfallenes Schloss
une **église** [egliz]	Kirche
une **cathédrale** [katedʀal]	Kathedrale

urbain,e [yʀbɛ̃, ɛn]	Stadt-
les **transports urbains**	Stadtverkehr
l'**urbanisation** f [yʀbanizasjɔ̃]	Verstädterung
l'**urbanisme** m [yʀbanism]	Stadtplanung, Städtebau
s'urbaniser [syʀbanize]	(sich) verstädtern
Cette région s'est urbanisée rapide-	Diese Gegend ist rasch verstädtert.
ment.	
se dépeupler [s(ə)depœple]	sich entvölkern
La campagne se dépeuple au profit	Die ländlichen Gebiete verlieren
de la ville.	ihre Bevölkerung an die Städte.

l'**exode rural/urbain** m [εgzɔdʀyʀal/yʀbɛ̃]	Land-/Stadtflucht
les **ruraux** m, pl [ʀyʀo]	Landbewohner
une **métropole** [metʀɔpɔl]	Weltstadt
une **agglomération** [aglɔmeʀasjɔ̃]	Ortschaft, Groß-/Ballungsraum
L'agglomération lyonnaise comprend Lyon et sa banlieue.	Der Ballungsraum Lyon umfasst die Stadt Lyon und ihre Vororte.
une **cité** [site]	Stadt
une **cité-dortoir**	Schlafstadt
un **hameau** ['amo]	Weiler, kleines Dorf
la **périphérie** [peʀifeʀi]	Peripherie, Stadtrand
un **quartier résidentiel** [kaʀtjeʀezidɑ̃sjεl]	(besseres) Wohngebiet
un **faubourg** [fobuʀ]	Vorort, Vorstadt
un **promoteur immobilier** [pʀɔmɔtœʀimɔbilje]	Bauträger, Baufirma
un **chantier** [ʃɑ̃tje]	Baustelle
Tout le quartier **est en chantier.**	Das ganze Viertel ist eine einzige Baustelle.
restaurer [ʀεstɔʀe]	restaurieren
la **restauration** [ʀεstɔʀasjɔ̃]	Restaurierung
rénover [ʀenɔve]	renovieren, in Stand setzen
rénover un bâtiment vétuste	ein baufälliges Gebäude renovieren
la **rénovation** [ʀenɔvasjɔ̃]	Renovierung
s'**améliorer** [sameljɔʀe]	sich verbessern
une **amélioration** f [ameljɔʀasjɔ̃]	Verbesserung, Verschönerung
se **dégrader** [s(ə)degʀade]	verfallen, verkommen
la **dégradation** [degʀadasjɔ̃]	Verfall; Beschädigung
un **édifice** [edifis]	Gebäude
une **résidence secondaire** [ʀezidɑ̃ss(ə)gɔ̃dεʀ]	zweiter Wohnsitz, Ferienhaus
une **maison de campagne** [mεzɔ̃dkɑ̃paɲ]	Landhaus
un **pâté de maisons** [patedmεzɔ̃]	Häuserblock
faire le tour du pâté de maisons	um den Häuserblock gehen
un **grand ensemble** [gʀɑ̃tɑ̃sɑ̃bl]	Großsiedlung, Großwohnanlage
un **taudis** [todi]	Elendsbehausung
délabré,e [delabʀe]	verfallen, verkommen
habiter une maison complètement délabrée	in einem völlig verkommenen Haus wohnen

une **piste cyclable** [pist(ə)siklabl]	Radweg
une **voie sans issue** [vwasɑ̃zisy]	Sackgasse
une **voie piétonne** [vwapjetɔn]	Fußgängerweg
une **zone piétonne** [zɔnpjetɔn]	Fußgängerzone
une **zone industrielle (ZI)** [zɔnɛ̃dystʀiɛl]	Industriegebiet

un **parc** [paʀk]	Park
le parc du château de Chantilly	der Schlosspark von Chantilly
un **jardin public** [ʒaʀdɛ̃pyblik]	öffentliche (Park)Anlage
un **square** [skwaʀ]	kleine Grünanlage in der Stadt

un **échangeur** [eʃɑ̃ʒœʀ]	Autobahnkreuz
un **(boulevard) périphérique**; le **périph** fam [peʀif(eʀik)]	Ringautobahn *(um eine Stadt)*
emprunter le boulevard périphérique	den äußeren (Stadtautobahn)Ring benutzen
une **rocade** [ʀɔkad]	Umgehungsstraße
desservir [desɛʀviʀ]	bedienen, führen nach
La rocade dessert la zone industrielle.	Die Umgehungsstraße führt ins Industriegebiet.

un **port** [pɔʀ]	Hafen
un **port maritime/fluvial**	See-/Binnenhafen
un **port de plaisance**	Jachthafen
un **quai** [kɛ]	Quai

Französisches Wort	Deutsche Entsprechung	Falscher Freund	Französische Entsprechung
une démonstration	Beweis, Vorführung	Demonstration	une manifestation
une gymnase	Sport-, Turnhalle	Gymnasium	un lycée

19.1 Wochentage und Datumsangaben

une **semaine** [s(ə)mɛn]	Woche
hebdomadaire [ɛbdɔmadɛʀ]	wöchentlich, Wochen-
le **week-end** [wikɛnd]	Wochenende
quinze jours [kɛ̃zʒuʀ]	vierzehn Tage, zwei Wochen
une **quinzaine (de jours)**	etwa vierzehn Tage
[kɛ̃zɛn (d(ə)ʒuʀ)]	

Die Präposition *in* bei Zeitangaben

Bezeichnet *in* einen *Zeitraum, innerhalb dessen* ein Geschehen stattfindet, dann steht **en** + *Nominalgruppe.*
Bezeichnet *in* jedoch einen *künftigen Zeitpunkt* (= nach Ablauf von), dann steht **dans** + *Nominalgruppe.*
Beispiele:

Elle a écrit ce livre en quinze jours.	*Sie hat dieses Buch in (innerhalb von) vierzehn Tagen geschrieben.*
Dans quinze jours, on sera en vacances.	*In vierzehn Tagen werden wir in Urlaub sein.*
Valérie viendra dans un mois.	*Valérie kommt in einem Monat.*

---

les **jours de la semaine** *m*	Wochentage
[ʒuʀd(ə)las(ə)mɛn]	
lundi [lɛ̃di]	Montag
mardi [maʀdi]	Dienstag
mercredi [mɛʀkʀədi]	Mittwoch
jeudi [ʒødi]	Donnerstag
vendredi [vɑ̃dʀədi]	Freitag
samedi [samdi]	Samstag
dimanche [dimɑ̃ʃ]	Sonntag

(le) dimanche

Beachte:
Wochentage ohne Artikel bezeichnen einen Tag der *laufenden, vergangenen* oder *kommenden* Woche:

dimanche prochain	*kommenden Sonntag*
dimanche dernier	*vergangenen/letzten Sonntag*
Luc vient/viendra dimanche.	*Luc kommt am Sonntag.*

Wochentage stehen *mit dem bestimmten Artikel*, wenn etwas *regelmäßig* stattfindet.
Le dimanche, je fais la grasse matinée. *Sonntags schlafe ich richtig aus.*

---

le **jour** [ʒuʀ]	Tag
couler des jours heureux *loc*	glückliche Tage verbringen
Le jour se lève.	Der Tag bricht an./Es wird Tag.

Wie man nach dem Wochentag/Datum fragt und antwortet

Quel jour sommes-nous aujourd'hui ?	*Welcher Tag ist heute?*
C'est quel jour aujourd'hui ?	*Welcher Tag ist heute?*
(Aujourd'hui,) Nous sommes vendredi.	*Heute ist Freitag.*
On est mercredi.	*Es ist Mittwoch.*
C'est jeudi.	*Es ist Donnerstag.*
Nous sommes le combien ?	*Den Wievielten haben wir?*
On est le combien aujourd'hui ?	*Den Wievielten haben wir heute?*
Nous sommes le 1er avril/le 13 mai.	*Wir haben den/Es ist der 1. April/13. Mai.*
On est le 6 (mai).	*Wir haben den 6. (Mai).*
Aujourd'hui, c'est le 13 (juin).	*Heute ist der 13. (Juni).*

la **journée** [ʒuʀne]
On n'a rien fait **de toute la journée.**

Tag *(Verlauf)*
Wir haben den ganzen Tag nichts getan.

quotidien,ne [kɔtidjɛ̃, jɛn]
Donne-nous aujourd'hui notre pain quotidien. *(extrait du « Notre Père »)*

täglich
Unser tägliches Brot gib uns heute.
(aus dem „Vaterunser")

la **date** [dat]
un **ami de longue date**

Datum
ein langjähriger Freund

aujourd'hui [oʒuʀdɥi]
demain [d(ə)mɛ̃]
après-demain
A partir de demain, je me mets au régime.

heute
morgen
übermorgen
Ab morgen mache ich Diät.

hier [jɛʀ]
avant-hier
Je m'en souviens **comme si c'était hier.**

gestern
vorgestern
Ich erinnere mich daran, als ob es gestern wäre.

le **lendemain** [lɑ̃dmɛ̃]
le **surlendemain**
Il est reparti le lendemain de son arrivée.

am Tag danach
der/am übernächste(n) Tag
Am Tag nach seiner Ankunft ist er wieder abgereist.

la **veille** [vɛj]

der/am gestrige(n) Tag, der/am Tag zuvor

la **veille au soir**
l'**avant-veille**
en huit [ɑ̃ɥit]
Je serai de retour **lundi en huit.**

der/am Vorabend
der/am vorgestrige(n) Tag
in acht Tagen
Ich werde Montag in acht Tagen zurück sein.

d'ici le/la ... [disilə/la]
Nous ne la verrons pas **d'ici la semaine prochaine.**

in ..., heute in ..., bis ...
Bis zur nächsten Woche werden wir sie nicht sehen.

19.2 Uhrzeit und Tageszeit

le **temps** [tã]	Zeit
Le temps passe vite.	Die Zeit vergeht schnell.
l'**heure** f [œʀ]	Uhrzeit
demander l'heure à qn	jdn nach der Uhrzeit fragen
un **quart** d'heure	eine Viertelstunde
une demi-/demie heure	eine halbe Stunde
la **minute** [minyt]	Minute
J'en ai pour une minute.	Ich brauche nur eine Minute.
la **seconde** [s(ə)gɔ̃d]	Sekunde

Wie man nach der Uhrzeit fragt und Auskunft gibt

Quelle heure est-il ?/Il est quelle heure ?	*Wie viel Uhr ist es?*
Vous avez l'heure ?	*Haben Sie die (genaue) Uhrzeit?*
A quelle heure … ?	*Um wie viel Uhr … ?*
A quelle heure y a-t-il un train pour Bordeaux ?	*Um wie viel Uhr fährt ein Zug nach Bordeaux?*
Il est …	*Es ist …*
… 9 heures (du matin/du soir).	*… 9 Uhr (morgens/abends).*
… 9 h 05 (neuf heures cinq).	*… fünf nach neun.*
… 9 h 15 (neuf heures et quart).	*… viertel nach neun.*
… 9 h 30 (neuf heures et demie).	*… halb zehn.*
… 9 h 45 (dix heures moins le quart).	*… viertel vor zehn.*
… 9 h 55 (dix heures moins cinq).	*… fünf vor zehn.*

pile [pil]	Punkt … , Schlag …
précis,e [pʀesi]	genau, Punkt …
Le cours commence à 8 heures pile/précises.	Der Unterricht beginnt Punkt 8 Uhr.
vers [vɛʀ]	gegen
Nous arriverons vers 6 heures du soir.	Wir kommen gegen 6 Uhr abends an.
presque [pʀɛsk]	fast, beinahe

---

le **matin** [matɛ̃]	Morgen, morgens
de bon matin	frühmorgens

le matin, ce matin, le lendemain

Unterscheide:

ce matin/**ce** soir etc.	*heute Morgen/heute Abend*
le matin/**le** soir etc.	*morgens/abends*
demain matin/soir	*morgen früh/Abend (vom jetzigen Sprechzeitpunkt aus gesehen)*
le lendemain matin/soir	*am folgenden Morgen/Abend (von einem anderen Sprechzeitpunkt aus gesehen)*

de bonne heure [d(ə)bɔnœʀ]
Mon grand-père se couche toujours
de bonne heure.

früh
Mein Großvater geht immer früh
zu Bett.

la **matinée** [matine]
dans la matinée
faire la grasse matinée loc

Morgen *(Verlauf)*
im Laufe des Morgens
bis in den Tag hinein schlafen

(le) **midi** [midi]
Elle déjeune ici tous les midis.

Mittag
Sie isst hier jeden Mittag.

l'**après-midi** m/f [apʀεmidi]
en fin d'après-midi

Nachmittag, nachmittags
am Spätnachmittag

le **soir** [swaʀ]

Abend, abends

la **soirée** [swaʀe]

Abend *(Verlauf)*

la **nuit** [nɥi]
La nuit tombe tôt en cette saison.

Nacht
In dieser Jahreszeit wird es früh
Nacht.

minuit [minɥi]
Nous sommes rentrés **à minuit et
demi.**

Mitternacht
Wir sind (nachts) um halb eins
heimgekommen.

une **montre** [mɔ̃tʀ]
regarder l'heure à sa montre
avancer sa montre d'une heure
Ma montre **avance de** cinq minutes.

(Armband)Uhr
auf seine Uhr schauen
seine Uhr um eine Stunde vorstellen
Meine Uhr geht 5 Minuten vor.

en avance [ãnavãs]
Nous avons tout notre temps, nous
sommes en avance.

zu früh
Wir haben noch genügend Zeit,
wir sind zu früh dran.

retarder [ʀ(ə)taʀde]
en retard [ãʀ(ə)taʀd]
Tu vas encore **arriver en retard,** si
tu ne te dépêches pas.

nachgehen, zurückstellen
zu spät, verspätet
Wenn du dich nicht beeilst, wirst
du wieder zu spät ankommen.

à l'heure [alœʀ]
Le train est toujours à l'heure.

pünktlich
Der Zug ist immer pünktlich.

ponctuel,le [pɔ̃ktɥεl]

pünktlich

Il fait jour. [ilfεʒuʀ]
Il fait nuit. [ilfεnɥi]
Il fait noir. [ilfεnwaʀ]
Il fait noir comme dans un four. loc

Es ist hell.
Es ist Nacht, dunkel.
Es ist dunkel.
Es ist stockdunkel.

l'**heure d'été** f [œʀdete]
mettre sa montre à l'heure d'été
l'**heure d'hiver** f [œʀdivεʀ]
Demain on passe à l'heure d'hiver, il
faut retarder le réveil d'une heure.

Sommerzeit
seine Uhr auf Sommerzeit stellen
Winterzeit
Morgen beginnt die Winterzeit, wir
müssen den Wecker eine Stunde
zurückstellen.

pendant des heures [pãdãdezœʀ]

stundenlang

de jour [dəʒuR]	tags(uber)
de nuit [dənɥi]	nachts
Ils voyagent toujours de nuit.	Sie reisen immer nachts.

l'**aube** f [ob]	Tagesanbruch, Morgengrauen
se lever avant l'aube	vor Tagesanbruch aufstehen
le **crépuscule** [kRepyskyl]	Abenddämmerung
le **lever de/du soleil**	Sonnenaufgang
[ləved(ə)/dysɔlɛj]	
Les oiseaux chantent dès le lever du soleil.	Die Vögel singen mit dem Sonnenaufgang.
le **coucher de/du soleil**	Sonnenuntergang
[kuʃed(ə)/dysɔlɛj]	

un **réveil** [Revɛj]	Wecker
une **pendule** [pɑ̃dyl]	Standuhr
remettre les pendules à l'heure loc	Klarheit schaffen
une **horloge** [ɔRlɔʒ]	(Turm)Uhr
régler [Regle]	stellen
régler sa montre **sur la pendule de la cuisine**	seine Uhr nach der Küchenuhr stellen

19.3 Monate und Jahreszeiten

le **mois** [mwa]	Monat
Le mois de mai a 31 jours.	Der (Monat) Mai hat 31 Tage.
trois fois par mois	dreimal monatlich
mensuel,le [mɑ̃sɥɛl]	monatlich, Monats-
une **revue mensuelle**	Monatszeitschrift

janvier [ʒɑ̃vje]	Januar
février [fevRije]	Februar
mars [maRs]	März
avril [avRil]	April
mai [mɛ]	Mai
juin [ʒɥɛ̃]	Juni
juillet [ʒɥijɛ]	Juli
Nous partons en vacances **au mois de/en juillet**.	Im Juli fahren wir in Urlaub.
août [u(t)]	August
septembre [sɛptɑ̃bR]	September
octobre [ɔktɔbR]	Oktober
novembre [nɔvɑ̃bR]	November
décembre [desɑ̃bR]	Dezember

début ... [deby]	Anfang ...
Début janvier, je vais aller à Paris.	Anfang Januar, reise ich nach Paris.
au **début** du mois de ...	zu Beginn des Monats ..., Anfang ...
fin ... [fɛ̃]	Ende ...
Il viendra **fin janvier**.	Er kommt Ende Januar.
à la **fin** du mois de ...	Ende ...

un **an** [ɑ̃]	Jahr
par an	im Jahr, jährlich
une **année** [ane]	Jahr *(Verlauf)*
Bonne année !	Ein gutes neues Jahr!
l'**année scolaire**	Schuljahr
annuel,le [anɥɛl]	jährlich, Jahres-
faire son **rapport annuel** sur qc	seinen Jahresbericht über etw. abfassen

une **saison** [sɛzɔ̃]	Jahreszeit
Il fait beau pour la **saison**.	Für die Jahreszeit ist schönes Wetter.
le **printemps** [pʀɛ̃tɑ̃]	Frühling
au printemps	im Frühling/Frühjahr
l'**été** *m* [ete]	Sommer
en été	im Sommer
l'**automne** *m* [otɔn/ɔtɔn]	Herbst
en automne	im Herbst
l'**hiver** *m* [ivɛʀ]	Winter
en hiver	im Winter
pendant tout l'**hiver**	den ganzen Winter über

le **calendrier** [kalɑ̃dʀije]	Kalender
un **trimestre** [tʀimɛstʀ]	Trimester, Vierteljahr
L'année scolaire française est divisée en **trimestres**.	Das französische Schuljahr ist in Trimester unterteilt.
un **semestre** [s(ə)mɛstʀ]	Semester, Halbjahr
bimensuel,le [bimɑ̃sɥɛl]	monatlich zweimal
un **magazine bimensuel**	eine monatlich zweimal erscheinende Zeitschrift
une **année bissextile** *f* [anebisɛkstil]	Schaltjahr

printanier, -ière [pʀɛ̃tanje, jɛʀ]	frühlingshaft
une journée **printanière**	ein Frühlingstag
estival,e [ɛstival]	sommerlich
le Festival **estival** de Paris	das Pariser Sommerfestival
automnal,e [otɔnal/ɔtɔnal]	herbstlich
hivernal,e [ivɛʀnal]	winterlich
saisonnier, -ière [sɛzɔnje, ɛʀ]	jahreszeitlich, saisonal

19.4 Weitere Zeitbegriffe

le **temps** [tɑ̃]	Zeit
avoir le temps de faire qc	Zeit haben, etw. zu tun
passer du/son temps à faire qc	seine Zeit damit verbringen, etw. zu tun
gagner du temps	Zeit gewinnen
perdre son temps à faire qc	Zeit damit vertrödeln, etw. zu tun
Il est temps de faire qc.	Es ist Zeit, etwas zu tun.
Je trouve le temps long.	Die Zeit wird mir lang./Ich langweile mich.
court,e [kuʀ, kuʀt]	kurz
Le temps m'a paru court.	Die Zeit kam mir kurz vor.

la **durée** [dyʀe]	Dauer
durer [dyʀe]	dauern
un **moment** [mɔmɑ̃]	Augenblick
attendre le bon moment	den richtigen Augenblick abwarten
Ce n'est pas le moment.	Dies ist nicht der richtige Zeitpunkt.
longtemps [lɔ̃tɑ̃]	lange
Je n'en ai pas pour longtemps.	Ich brauche nicht lange.
un **siècle** [sjɛkl]	Jahrhundert

le **passé** [pase]	Vergangenheit
passé,e [pase]	vergangen
se souvenir du temps passé	sich an vergangene Zeiten erinnern
autrefois [otʀəfwa]	früher
ancien,ne [ɑ̃sjɛ̃, jɛn]	ehemalig, alt

 Zu *Adjektiven* mit *wechselnder Bedeutung* bei *Voran-* oder *Nachstellung* vgl. S. 37.

récent,e [ʀesɑ̃, ɑ̃t]	jüngst
récemment	vor kurzem

le **présent** [pʀezɑ̃]	Gegenwart
présent,e [pʀezɑ̃, ɑ̃t]	gegenwärtig
maintenant [mɛ̃t(ə)nɑ̃]	jetzt
en ce moment [ɑ̃s(ə)mɔmɑ̃]	zur Zeit

l'**avenir** *m* [av(ə)niʀ]	Zukunft
faire des projets d'avenir	Zukunftspläne schmieden
le **futur** [fytyʀ]	Zukunft
futur,e [fytyʀ]	zukünftig
Je vous présente mon futur mari.	Ich stelle Ihnen meinen zukünftigen Mann vor.

prochain,e [pʀɔʃɛ̃, ɛn]   nächste(r)
bientôt [bjẽto]   bald
Les enfants vont bientôt rentrer de   Die Kinder kommen bald von der
l'école.   Schule heim.
ensuite [ãsɥit]   danach

l'**origine** f [ɔʀiʒin]   Ursprung
le **commencement** [kɔmãsmã]   Beginn
commencer [kɔmãse]   anfangen, beginnen
J'ai **commencé à** apprendre l'espa-   Ich habe begonnen, Spanisch zu
gnol.   lernen.
Il a **commencé par** crier, puis il s'est Zuerst schrie er, dann beruhigte er
calmé.   sich.
recommencer [ʀ(ə)kɔmãse]   wieder anfangen
aller faire qc [alefɛʀ]   etw. tun werden
Je vais passer tout à l'heure.   Ich komme nachher vorbei.
se mettre à faire qc [s(ə)mɛtʀafɛʀ]   anfangen, etw. zu tun
Il faut que je me mette à préparer   Ich muss anfangen, die Sachen
les affaires.   herzurichten.
venir de faire qc [v(ə)niʀd(ə)fɛʀ]   soeben etw. getan haben
Il y a longtemps que tu es là ? –   Bist du schon lange da ? – Nein, ich
Non, je viens d'arriver.   bin gerade gekommen.
être en train de faire qc   gerade etw. tun
[ɛtʀãtʀɛ̃d(ə)fɛʀ]
Ne me dérange pas, je suis en train   Stör mich nicht, ich lese gerade.
de lire.
au milieu de [omiljødə]   mitten in
Elle s'est réveillée au milieu de la   Sie ist mitten in der Nacht aufge-
nuit.   wacht.
au bout de [obudə]   nach
Au bout d'un quart d'heure, j'en ai   Nach einer Viertelstunde hatte ich
eu assez.   genug.
finir [finiʀ]   enden, aufhören
Elle a **fini de** manger.   Sie ist mit Essen fertig.
Ils ont **fini par** nous donner raison.   Sie haben uns schließlich Recht
                    gegeben.
la **fin** [fɛ̃]   Ende
terminer [tɛʀmine]   beenden
Il ne termine jamais ce qu'il a com-   Was er begonnen hat, bringt er nie
mencé.   zu Ende.

avant (de) [avã]   vor, bevor
Passe me voir avant 6 heures.   Komm vor 6 Uhr bei mir vorbei.
Réfléchis **avant de** parler.   Überlege, bevor du redest.
il y a [ilja]   vor
On a déménagé il y a 5 ans.   Vor 5 Jahren sind wir umgezogen.

d'abord [dabɔʀ]
zuerst

depuis [dəpɥi]
seit, seitdem

Je ne l'ai pas vu depuis son retour.
Seit seiner Rückkehr habe ich ihn nicht gesehen.

à partir de [apaʀtiʀdə]
ab

pendant [pɑ̃dɑ̃]
während

Ne me dérange pas pendant ma sieste.
Stör mich nicht bei meinem Mittagsschläfchen.

entre [ɑ̃tʀ]
zwischen

Je prends mes vacances entre le 25 juin et le 10 juillet.
Ich mache zwischen dem 25. Juni und dem 10. Juli Urlaub.

jusqu'à [ʒyska]
bis

Je serai à la maison jusqu'à 8 heures.
Ich werde bis 8 Uhr zu Hause sein.

après [apʀɛ]
nach, danach

Tu peux m'appeler après 9 heures.
Du kannst mich nach 9 Uhr anrufen.

Et qu'est-ce que tu feras après ?
Und was machst du danach?

quand? [kɑ̃]
wann?

tout de suite [tutsɥit]
sofort

Je l'ai reconnu tout de suite.
Ich habe ihn sofort erkannt.

tout à l'heure [tutalœʀ]
gleich, soeben, gerade, vorhin

par la suite [paʀlasɥit]
danach, in der Folge

Au début, je le trouvais sympa, mais par la suite, je n'ai eu que des problèmes avec lui.
Zuerst fand ich ihn sympathisch, doch in der Folge hatte/bekam ich nur Probleme mit ihm.

ne ... jamais [nəʒamɛ]
nie

Je n'ai jamais dit ça.
Das habe ich nie gesagt.

Jamais le jardin n'a été aussi beau.
Der Garten war noch nie so schön.

rarement [ʀaʀmɑ̃]
selten

de temps en temps [d(ə)tɑ̃zɑ̃tɑ̃]
von Zeit zu Zeit, ab und zu

la **fois** [fwa]
das Mal

C'est la deuxième fois que ma voiture tombe en panne.
Mein Auto hat nun schon zum zweiten Mal eine Panne.

quelquefois [kɛlkəfwa]
manchmal

Je les rencontre quelquefois au cinéma.
Ich treffe sie manchmal im Kino.

parfois [paʀfwa]
manchmal

régulièrement [ʀegyljɛʀmɑ̃]
regelmäßig

Ils rendent régulièrement visite à leur tante.
Sie besuchen regelmäßig ihre Tante.

souvent [suvɑ̃]
oft

toujours [tuʒuʀ]
immer

tout le temps [tul(ə)tɑ̃]
die ganze Zeit, ständig

Il est tout le temps dans la lune. *loc*
Er ist ständig mit den Gedanken woanders.

en même temps [ãmɛmtã]
Ils sont partis en même temps que moi.

gleichzeitig
Sie sind gleichzeitig mit mir gegangen.

à la fois [alafwa]
Tu ne peux pas faire deux choses à la fois.

gleichzeitig, zugleich
Du kannst nicht zwei Dinge gleichzeitig erledigen.

tout à coup [tutaku]
Tout à coup, elle s'est mise à pleurer.

plötzlich
Plötzlich fing sie an zu weinen.

peu à peu [pøapø]
Sa santé s'améliore peu à peu.

nach und nach
Seine Gesundheit bessert sich nach und nach.

soudain [sudɛ̃]
J'étais en train de dormir quand, soudain, j'ai entendu un cri.

plötzlich
Ich schlief gerade, als ich plötzlich einen Schrei hörte.

tôt [to]
déjà [deʒa]
Quoi ? Il est déjà minuit ?

früh
schon
Was? Es ist schon Mitternacht?

tard [taʀ]
Tôt ou tard, tu admettras que j'ai raison.

spät
Früher oder später wirst du einsehen, dass ich Recht habe.

avant que + *subj* [avãkə]
On va rentrer avant qu'il pleuve.

bevor
Wir gehen heim, bevor es regnet.

depuis que [dəpɥikə]
Je ne l'ai pas vu depuis qu'il est revenu.

seit, seitdem
Seit er zurückgekommen ist, habe ich ihn nicht gesehen.

pendant que [pãdãkə]
Ma mère garde mon bébé pendant que je travaille.

während
Während ich arbeite, passt meine Mutter auf mein Baby auf.

après que [apʀɛkə]
Il a fait la vaisselle après que les invités étaient partis.

nachdem
Er hat abgewaschen, nachdem die Gäste gegangen waren.

un **instant** [ɛ̃stã]
Il est arrivé **à l'instant où** j'allais partir.

Augenblick
Er kam in dem Augenblick, als ich weggehen wollte.

une **époque** [epɔk]
à l'époque

Epoche, Zeit
damals, seinerzeit

une **période** [peʀjɔd]

Phase, Zeit

l'autre jour [lot(ʀə)ʒuʀ]
L'autre jour, j'ai rencontré Michel.

neulich
Neulich bin ich Michel begegnet.

de mon temps [d(ə)mõtã]

zu meiner Zeit

De mon temps, il n'y avait pas de cartes de crédit.
Zu meiner Zeit gab es keine Kreditkarten.

jadis [ʒadis]
früher, einstmals
Jadis, on s'éclairait à la bougie.
Früher hatte man Kerzenbeleuchtung.

auparavant [opaʀavã]
vorher, zuvor
Il est allé chez elle, mais auparavant, il lui a téléphoné.
Er ist zu ihr gegangen, doch zuvor hat er sie angerufen.

pour le moment [puʀl(ə)mɔmã]
zur Zeit, im Moment, im Augenblick
Je suis sans emploi, pour le moment.
Im Augenblick bin ich arbeitslos.

à présent [apʀezã]
jetzt, gegenwärtig, zur Zeit
actuellement [aktyɛlmã]
gegenwärtig, zur Zeit
Actuellement, les fraises sont très bon marché.
Zur Zeit sind Erdbeeren sehr billig.

contemporain,e [kɔ̃tãpɔʀɛ̃, ɛn]
zeitgenössisch
la musique contemporaine
zeitgenössische Musik

à l'avenir [alav(ə)niʀ]
zukünftig, in Zukunft
A l'avenir, il écoutera les conseils de ses amis.
In Zukunft wird er auf die Ratschläge seiner Freunde hören.

éternel,le [etɛʀnɛl]
ewig
croire à la **vie éternelle**
an das ewige Leben glauben
l'**éternité** f [etɛʀnite]
Ewigkeit
Ça a duré une éternité.
Das dauerte eine Ewigkeit.

cesser (de faire) qc [sese]
etw. beenden; aufhören, etw. zu tun
Il a cessé de pleuvoir.
Es hat aufgehört zu regnen.

aboutir à [abutiʀ]
kommen zu, gelangen zu
S'il continue comme ça, il n'aboutira à rien.
Wenn er so weitermacht, kommt er zu keinem Ergebnis.

dès [dɛ]
schon, bereits
dès l'aube
bei Tagesanbruch
dès que [dɛkə]
sobald
Je t'aiderai dès que j'aurai fini mon travail.
Ich werde dir helfen, sobald ich mit meiner Arbeit fertig bin.

au cours de [okuʀdə]
im Laufe von
On se verra au cours du mois de septembre.
Wir werden uns im Laufe des Monats September sehen/treffen.

entre-temps [ãtʀətã]
inzwischen, in der Zwischenzeit
J'arrive dans 5 minutes. Entre-temps, sers-toi quelque chose à boire.
Ich komme in 5 Minuten. Schenk dir in der Zwischenzeit etwas ein.

tant que [tãkə]
solange

Tant qu'il sera là, elle n'aura pas la paix.	Solange er da ist, wird sie keine Ruhe haben.
en l'espace de [ãlɛspasdə]	innerhalb von
En l'espace de 20 minutes, la tempête a tout détruit.	Innerhalb von 20 Minuten hat der Sturm alles zerstört.

à ce moment-là [as(ə)mɔmãla]	in dem Moment, Augenblick
C'est à ce moment-là que je l'ai vu.	Genau in diesem Augenblick sah ich ihn.
sur le coup [syʀl(ə)ku]	sofort; im ersten Augenblick
Sur le coup, je n'ai pas compris ce qui se passait.	Im ersten Augenblick habe ich nicht begriffen, was vor sich ging.
Il a été tué **sur le coup**.	Er war auf der Stelle tot.
immédiat,e [imedja, jat]	unmittelbar
une réaction immédiate	eine unmittelbare Reaktion
immédiatement	sofort

simultané,e [simyltane]	gleichzeitig, simultan
deux actions simultanées	zwei gleichzeitig verlaufende Handlungen
simultanément	gleichzeitig
de suite [d(ə)sɥit]	hintereinander
Elle a eu deux accidents de suite.	Sie hat hintereinander zwei Unfälle gehabt.

au plus tôt [oplyto]	frühestens
au plus tard [oplytaʀ]	spätestens
Je serai là, au plus tard à 4 heures.	Ich werde spätestens um 4 Uhr da sein.
d'avance [davãs]	im Voraus, vorher
Je peux te dire d'avance que ça ne marchera pas.	Ich kann dir schon im Voraus sagen, dass das nicht klappen wird.
un **délai** [delɛ]	Zeit, Frist
Je demande un **délai de réflexion**.	Ich erbitte Bedenkzeit.
prolonger [pʀɔlõʒe]	verlängern
Ils voudraient prolonger leur séjour d'une semaine.	Sie möchten ihren Aufenthalt um eine Woche verlängern.

19.5 Räumliche Beziehungen

l'**espace** m [ɛspas]	Raum
le temps et l'espace	Zeit und Raum
dans [dã]	in

Je n'ai plus rien dans mon porte-monnaie.

Ich habe nichts mehr in meinem Geldbeutel.

dedans [d(ə)dã]
Ce sac est lourd ; qu'est-ce qu'il y a dedans ?

drin
Diese Tasche ist schwer; was ist da drin?

à l'intérieur (de) [alɛ̃teʀjœʀ]
Il est à l'intérieur de la maison.

innen von; drin, im Innern
Er ist im Haus.

dehors [dəɔʀ]
Allez jouer dehors.

draußen
Geht draußen spielen.

à l'extérieur (de) [alɛksteʀjœʀ]

außerhalb von; draußen

avant [avã]
Il faut tourner à gauche avant la mairie.

vor
Vor dem Rathaus muss man nach links abbiegen.

après [apʀɛ]
L'accident s'est produit 5 kilomètres après Tours.

nach, hinter
Der Unfall hat sich 5 Kilometer hinter Tours ereignet.

devant [d(ə)vã]
Devant la maison, il y a deux grands arbres.

vor
Vor dem Haus stehen zwei große Bäume.

derrière [dɛʀjɛʀ]
Il se cache derrière le mur.

hinter
Er versteckt sich hinter der Mauer.

sur [syʀ]
Le livre est posé sur la table.

auf
Das Buch liegt auf dem Tisch.

sous [su]
Le crayon est tombé sous le bureau.

unter
Der Bleistift ist unter den Schreibtisch gefallen.

dessus [d(ə)sy]
un gâteau avec des cerises dessus
au-dessus de
L'avion vole au-dessus des nuages.

darauf
ein Kuchen mit Kirschen drauf
darüber, oberhalb von
Das Flugzeug fliegt über den Wolken.

dessous [dəsu]
au-dessous de

darunter
darunter, unterhalb von

le **bas** [ba]
dans le **tiroir du bas**
le **haut** ['o]
sur l'**étagère du haut**
l'**arrière** m [aʀjɛʀ]
à l'arrière de
Je n'aime pas être assis à l'arrière du bus.
l'**avant** m [avã]
à l'avant de
le **fond** [fɔ̃]

der untere Teil
in der unteren Schublade
der obere Teil
auf dem oberen Regalbrett
der/das hintere Teil
hinten, im hinteren Teil
Ich sitze nicht gerne hinten im Bus.
der/das vordere Teil
vorne, im vorderen Teil
Boden, Grund, hinterer Teil

le **coin** [kwɛ̃]	Ecke
au coin de la rue	an der Straßenecke
le **côté** [kote]	Seite
Le carré a 4 côtés égaux.	Das Quadrat hat 4 gleich lange Seiten.
le **bout** [bu]	Ende
au bout de	am Ende von
Elle nous attend au bout du quai.	Sie wartet auf uns am Bahnsteigende.
le **bord** [bɔʀ]	Rand
supérieur,e [sypeʀjœʀ]	obere(r, s)
le bord supérieur de la page	der obere Seitenrand
inférieur,e [ɛ̃feʀjœʀ]	untere(r, s)

de côté [d(ə)kote]	seitlich, zur Seite
faire un **pas de côté**	einen Schritt zur Seite machen
à côté (de) [akote]	nebenan; neben
Assieds-toi **à côté de moi.**	Setz dich neben mich.
de face [dəfas]	von vorne
la **droite** [dʀwat]	die Rechte, die rechte Seite
tenir sa droite	rechts gehen/fahren
la **gauche** [goʃ]	die Linke, die linke Seite
Sur votre gauche, vous pouvez voir la tour Eiffel.	Zu Ihrer Linken können Sie den Eiffelturm sehen.
de près [d(ə)pʀɛ]	von nahem, aus der Nähe
de loin [d(ə)lwɛ̃]	von weitem, aus der Ferne
Je l'ai reconnue de loin.	Ich habe sie von weitem erkannt.

à l'extrémité de [alɛkstʀemitedə]	ganz am Ende, am äußersten Ende von
Un drapeau flotte à l'extrémité du mât.	Eine Fahne flattert am Ende der Stange.
côte à côte [kotakot]	nebeneinander, Seite an Seite
Ils sont assis côte à côte.	Sie sitzen nebeneinander.
en bas (de) [ɑ̃ba]	(nach) unten; unten an, am Fuße von
en haut (de) [ɑ̃'o]	(nach) oben; oben auf
en haut d'une côte	auf einer Kuppe
en avant (de) [ɑ̃navɑ̃]	nach vorn(e); vor
Il marche en avant du groupe.	Er marschiert an der Spitze der Gruppe.
en arrière (de) [ɑ̃naʀjɛʀ]	(nach) hinten; hinter
au premier plan [opʀəmjeplɑ̃]	im Vordergrund
Au premier plan du tableau, on voit un cheval.	Im Vordergrund des Bildes sieht man ein Pferd.
au second plan [os(ə)gɔ̃plɑ̃]	im Hintergrund

à la hauteur de [ala'otœRdə]	auf/in Höhe von
le long de [ləlɔ̃də]	entlang von
Des roses poussent le long du mur.	Rosen wachsen entlang der Mauer.
vis-à-vis (de) [vizavi]	gegenüber (von)
Sa chambre est vis-à-vis de la mienne.	Ihr Zimmer liegt meinem gegenüber.
le **milieu** [miljø]	Mitte
au milieu de	mitten in
Il y a un arbre au milieu du jardin.	Mitten im Garten steht ein Baum.
hors de qc [ɔRdə]	außerhalb einer Sache, aus etw. heraus
Il a couru hors de la pièce.	Er ist aus dem Zimmer gerannt.
en dehors (de) [ãdəɔR]	hinaus; außerhalb von
La maison est en dehors du village.	Das Haus steht außerhalb des Dorfes.

19.6 Länge, Umfang, Entfernung

la **dimension** [dimãsjɔ̃]	Ausmaß, Abmessung, Dimension
prendre les dimensions de qc	etw. ausmessen, vermessen
la **longueur** [lɔ̃gœR]	Länge
long, longue [lɔ̃, lɔ̃g]	lang
La table est **longue de** 2 mètres.	Der Tisch ist 2 Meter lang.
avoir 10 mètres **de long**	10 Meter lang sein
court,e [kuR, kuRt]	kurz
Elle a **les cheveux courts.**	Sie hat kurze Haare.
large [laRʒ]	breit
Un terrain de **100 mètres de long sur 30 (mètres) de large.**	Ein Grundstück von 100 Meter Länge auf 30 Meter Breite.
la **largeur** [laRʒœR]	Breite
étroit,e [etRwa, wat]	schmal, eng
un chemin étroit	ein enger Weg
haut,e ['o, 'ot]	hoch
La maison est **haute de** 13 mètres.	Das Haus ist 13 Meter hoch.
La tour a 50 mètres **de haut.**	Der Turm ist 50 Meter hoch.
la **hauteur** ['otœR]	Höhe
dans le sens de la largeur/hauteur	der Breite/Höhe nach
bas,se [ba, bas]	niedrig
un plafond bas	eine niedrige Decke
profond,e [pRɔfɔ̃, ɔ̃d]	tief
la **profondeur** [pRɔfɔ̃dœR]	Tiefe

le **tour** [tuʀ]	Umfang
autour de [otuʀdə]	um … herum
entouré,e de [ãtuʀedə]	umgeben von
un jardin entouré d'une clôture	ein eingezäunter Garten

près (de) [pʀɛ]	nahe, in der Nähe (von)
Il y a un arrêt de bus près de l'école.	Nahe der Schule ist eine Bushaltestelle.
proche (de) [pʀɔʃ]	nahe (bei)
C'est la station de métro **la plus proche.**	Dies ist die nächste U-Bahn-Haltestelle.
les **environs** m [ãviʀɔ̃]	Umgebung
Ils habitent **dans les environs de** Mulhouse.	Sie wohnen in der Nähe von Mulhouse.

loin (de) [lwɛ̃]	weit (von)
Nous habitons en banlieue, pas loin de Marseille.	Wir wohnen in einem Vorort, nicht weit von Marseille.
On voit les bateaux passer **au loin.**	In der Ferne sieht man die Schiffe vorüberziehen.
éloigné,e [elwaɲe]	entfernt
lointain,e [lwɛ̃tɛ̃, ɛn]	fern
Je rêve souvent de pays lointains.	Ich träume oft von fernen Ländern.
à … m/km d'ici [amɛtʀ/kilɔmɛtʀdisi]	… m/km von hier (entfernt)
La prochaine station-service est à 400 m d'ici.	Die nächste Tankstelle liegt 400 m von hier.

jusqu'à [ʒyska]	bis
aller à pied jusqu'à la poste	zu Fuß bis zur Post gehen
entre [ãtʀ]	zwischen
Il y a 1000 km entre Dunkerque et Nice.	Zwischen Dünkirchen und Nizza liegen 1000 km.

le **périmètre** [peʀimɛtʀ]	Umfang
la **circonférence** [siʀkɔ̃feʀãs]	(Kreis)Umfang
la **limite** [limit]	Grenze
limité,e [limite]	begrenzt
délimité,e [delimite]	abgegrenzt, begrenzt
une propriété délimitée par un mur	ein von einer Mauer umgrenztes Anwesen

la **distance** [distãs]	Entfernung, Abstand
Le feu rouge se trouve à une distance de 150 mètres.	Die Ampel ist 150 Meter entfernt.
distant,e de [distã, ãtdə]	entfernt voneinander

Les deux villes sont distantes de 5 km.	Die beiden Städte liegen 5 km voneinander entfernt.
d'ici à … [disia]	von hier bis …
Il y a 3 km d'ici à la maison la plus proche.	Von hier bis zum nächstgelegenen Haus sind es 3 km.

19.7 Ort und Richtung

l'**endroit** m [ãdʀwa]	Stelle, Ort
par endroits	stellenweise
le **lieu** [ljø]	Ort
le **lieu de naissance**	Geburtsort
un **lieu public**	ein öffentlicher Ort
le **point** [pwɛ̃]	Punkt
le **point de départ**	Ausgangspunkt
local,e [lɔkal]	örtlich, Lokal-
les **traditions locales**	die einheimischen Bräuche

la **place** [plas]	Platz
ranger quelque chose **à sa place**	etw. dorthin räumen, wo es hingehört
la **situation** [sitɥasjɔ̃]	Lage
la **situation géographique**	die geographische Lage
situé,e [sitɥe]	gelegen
Cette maison est située en plein centre.	Dieses Haus steht mitten im Zentrum.
la **position** [pozisjɔ̃]	Lage, Platz, Stelle

où [u]	wo, wohin
Où est mon sac ?	Wo ist meine Tasche?
ici [isi]	hier, hierher
là [la]	da, dort
là-bas [laba]	dort, da drüben, dort hinten
Tu vois ce château **là-bas** ?	Siehst du dieses Schloss dort?
là-haut [la'o]	da oben
là-dessus [lad(ə)sy]	darauf
Monte **là-dessus**, tu verras mieux.	Steig darauf, du wirst besser sehen.
là-dedans [lad(ə)dã]	da drin
Allume la lumière, il fait noir **là-dedans**.	Mach das Licht an, es ist dunkel da drin.
là-dessous [lad(ə)su]	darunter
par terre [paʀtɛʀ]	auf dem Boden
Ramasse ces papiers qui traînent **par terre**.	Heb diese Papiere auf, die auf dem Boden rumliegen.

à [a]
à Montpellier/au Portugal
en [ã]
en Angleterre
chez [ʃe]
Je l'ai invité chez moi.

in
in Montpellier/in Portugal
in
in England
bei, zu
Ich habe ihn (zu mir) nach Hause
eingeladen.

partout [paʀtu]
nulle part [nylpaʀ]
Je l'ai cherché partout, mais je ne
l'ai vu nulle part.
quelque part [kɛlkəpaʀ]
Je ne sais pas qui c'est, mais je l'ai
déjà vu quelque part.

überall
nirgends
Ich habe ihn überall gesucht, aber
nirgends gesehen.
irgendwo
Ich weiß nicht, wer das ist, ich
habe ihn aber schon irgendwo
gesehen.

autre part [ot(ʀə)paʀ]
ailleurs [ajœʀ]
Si tu ne te plais pas ici, va ailleurs.

anderswo, woanders
anderswo, woanders
Wenn es dir hier nicht gefällt,
dann geh woanders hin.

la **direction** [diʀɛksjɔ̃]
la **bonne/mauvaise direction**
en direction de
se diriger vers [s(ə)diʀiʒe]
Le bateau se dirige vers le port.
le **sens** [sɑ̃s]
dans le **sens des aiguilles d'une
montre**
l'**orientation** f [ɔʀjɑ̃tasjɔ̃]
avoir le sens de l'orientation

s'orienter vers qc [sɔʀjɑ̃te]

Richtung
die richtige/falsche Richtung
in Richtung, nach
zugehen, zufahren auf
Das Schiff steuert den Hafen an.
Richtung
im Uhrzeigersinn

Orientierung
über einen guten Orientierungs-
sinn verfügen
sich (in Richtung) einer Sache
(zu)wenden

tout droit [tudʀwa]
Continue tout droit jusqu'à la gare.

geradeaus
Geh/fahr geradeaus weiter bis zum
Bahnhof.

droit,e [dʀwa, at]
une avenue toute droite
horizontal,e [ɔʀizɔ̃tal]
vertical,e [vɛʀtikal]
à droite de [adʀwatdə]
à gauche de [agoʃdə]
On met le couteau à droite de
l'assiette et la fourchette à gauche.

gerade
eine kerzengerade Avenue
waagerecht, horizontal
senkrecht, vertikal
rechts von
links von
Man legt das Messer rechts und die
Gabel links neben den Teller.

en avant [ãnavã]	vorne, vorwärts
En avant, marche!	Im Gleichschritt, marsch!
en arrière [ãnaʀjɛʀ]	hinten, rückwärts
faire un pas en arrière	einen Schritt zurückgehen
vers [vɛʀ]	in Richtung auf

le **nord (N)** [nɔʀ]	Norden
Lille est situé **dans le Nord** de la France.	Lille liegt im Norden Frankreichs.
au nord (de)	nördlich (von)
au nord de la Loire	nördlich der Loire
le **sud (S)** [syd]	Süden
au sud (de)	südlich (von)
l'**est (E)** *m* [ɛst]	Osten
à l'est (de)	östlich (von)
l'**ouest (O)** *m* [wɛst]	Westen
à l'ouest (de)	westlich (von)

opposé,e [ɔpoze]	entgegengesetzt, gegenüberliegend
repartir* dans la direction opposée	in entgegengesetzter Richtung weiter-, zurückfahren/-gehen
en sens inverse [ãsãsɛ̃vɛʀs]	in umgekehrter Richtung
Elle est partie en sens inverse.	Sie ist in umgekehrter Richtung weggefahren/-gegangen.
parallèle à [paʀalɛl]	parallel zu
La rue de la Gare est parallèle à la rue Balzac.	Die Rue de la Gare verläuft parallel zur Rue Balzac.
perpendiculaire à [pɛʀpãdikylɛʀ]	senkrecht zu; rechtwinklig zu
de haut en bas [dəˈo(t)ãba]	von oben nach unten
de long en large [dəlɔ̃ãlaʀʒ]	hin und her; auf und ab
marcher de long en large	hin und her gehen
à travers [atʀavɛʀ]	quer durch
voyager à travers la France	quer durch Frankreich reisen

20.1 Farben

une **couleur** [kulœʀ]	Farbe
riche en couleurs	farbenreich, -froh

---

i **Farbe bekennen**

Unterscheide:
la couleur	*Farbe (Farbton)*
la télé(vision) en couleurs	*Farbfernsehen*
un homme/une femme de couleur	*Farbige(r)*
la peinture	*Farbe (Anstrich, Substanz); Malerei; Gemälde*
un pot de peinture	*Farbtopf*
Il fait de la peinture.	*Er malt.*
Je ne peux pas le voir en peinture. *fam*	*Ich kann ihn nicht ausstehen.*

---

coloré,e [kɔlɔʀe]	farbig
du **verre coloré**	Buntglas
incolore [ɛ̃kɔlɔʀ]	farblos
un liquide incolore	eine farblose Flüssigkeit
colorier [kɔlɔʀje]	an-/ausmalen
un **album à colorier**	Malbuch
un **ton** [tɔ̃]	Farbton
une **nuance** [nɥɑ̃s]	Farbnuance, Schattierung
uni,e [yni]	einfarbig und ungemustert
un tissu uni	ein einfarbiger ungemusterter Stoff
multicolore [myltikɔlɔʀ]	mehr-, vielfarbig, bunt
un papillon multicolore	ein bunter Schmetterling

blanc, blanche [blɑ̃, blɑ̃ʃ]	weiß
Tu commences à avoir des **cheveux blancs.**	Du bekommst so langsam graue Haare.
noir,e [nwaʀ]	schwarz
gris,e [gʀi, gʀiz]	grau

bleu,e [blø]	blau
jaune [ʒon]	gelb
rouge [ʀuʒ]	rot
vert,e [vɛʀ, vɛʀt]	grün
violet,te [vjɔlɛ, ɛt]	violett
Il porte une cravate violette.	Er trägt eine violette Krawatte.
rose [ʀoz]	rosa

orange [ɔʀɑ̃ʒ]	orange
des chaussettes orange	orangefarbene Socken
marron [maʀɔ̃]	braun
azur [azyʀ]	azurblau

> **i Farben**
>
> *Farbadjektive* sind normalerweise *veränderlich*:
> Elle a acheté deux **jupes** vert**es**.　　　　Sie hat zwei grüne Röcke gekauft.
>
> Sie sind jedoch *unveränderlich*, wenn sie *adjektivisch gebrauchte Nomen* sind oder
> wenn es sich um *zusammengesetzte Farbadjektive* handelt:
> Elle a les **yeux marron**.　　　　Sie hat braune Augen.
> Elle m'a offert trois **chemises bleu clair**.　　　　Sie hat mir drei hellblaue Hemden ge-
> 　　　　schenkt.

blond,e [blɔ̃, blɔ̃d]   blond
brun,e [bʀɛ̃, bʀyn]   braun; dunkel(haarig)
   une **bière blonde/brune**   ein helles/dunkles Bier
roux, rousse [ʀu, ʀus]   rothaarig
   Elle a **les cheveux roux**.   Sie ist rothaarig.

teindre [tɛ̃dʀ]   färben
   Elle s'est fait teindre **en roux**.   Sie hat sich die Haare rot färben
   lassen.
la **teinte** [tɛ̃t]   Färbung
déteindre [detɛ̃dʀ]   bleichen; abfärben
   Sa chemise a déteint au lavage.   Sein Hemd hat beim Waschen
   abgefärbt.

criard,e [kʀijaʀ, jaʀd]   grell, schreiend
   une nappe **aux couleurs criardes**   eine Tischdecke in grellen Farben
mauve [mov]   malvenfarben
beige [bɛʒ]   beige
ocre [ɔkʀ]   ocker(gelb)
châtain [ʃatɛ̃]   kastanienbraun, hellbraun
   Elle est châtain.   Sie ist braunhaarig.
   Elle a les cheveux **châtain foncé**.   Sie hat kastanienbraune Haare.
lilas [lila]   lila

bleu marine [blømaʀin]   marine-, dunkelblau
   Elle est belle, ta chemise bleu   Dein dunkelblaues Hemd ist wirk-
   marine.   lich schön.
bleu ciel [bløsjɛl]   himmelblau
bleu turquoise [bløtyʀkwaz]   türkisblau
   La mer est bleu turquoise.   Das Meer ist türkisblau.
rouge sang [ʀuʒsɑ̃]   blutrot
vert foncé [vɛʀfɔ̃se]   dunkelgrün
   une jupe vert foncé   ein dunkelgrüner Rock
vert pomme [vɛʀpɔm]   apfelgrün
gris clair [gʀiklɛʀ]   hellgrau

une cravate gris clair	eine hellgraue Krawatte
doré,e [dɔʀe]	golden, vergoldet
argenté,e [aʀʒãte]	silbern, versilbert
clair,e [klɛʀ]	hell
Il a **les yeux clairs.**	Er hat helle Augen.
foncé,e [fɔ̃se]	dunkel
pâle [pal]	blass
Elle a **le teint pâle.**	Sie hat einen blassen Teint.
vif, vive [vif, viv]	kräftig, leuchtend, knall-
une robe **rouge vif**	ein knallrotes Kleid
sombre [sɔ̃bʀ]	dunkel
brillant,e [bʀijã, ãt]	glänzend
mat,e [mat]	matt

20.2 Formen

la **forme** [fɔʀm]	Form
une boîte **en forme de** cœur	eine herzförmige Dose
former [fɔʀme]	formen, bilden
Les enfants forment un cercle autour du sapin.	Die Kinder bilden einen Kreis um den Tannenbaum.
(se) déformer [(sə)defɔʀme]	(sich) verformen, verzerren
La chaleur déforme le plastique.	Die Hitze verformt Plastik.
Le plastique se déforme sous l'effet de la chaleur.	Plastik verformt sich unter Hitzeeinfluss.
uniforme [ynifɔʀm]	gleichförmig, einheitlich, eintönig
une **figure** [figyʀ]	Figur
une figure géométrique	eine geometrische Figur
une **silhouette** [silwɛt]	Umriss, Silhouette, Gestalt
le **point** [pwɛ̃]	Punkt
un **trait** [tʀɛ]	Strich
tirer un trait **à la règle**	mit dem Lineal einen Strich ziehen
une **ligne** [liɲ]	Linie
une **(ligne) droite**	Gerade, gerade Linie
rond,e [ʀɔ̃, ʀɔ̃d]	rund
La terre est ronde.	Die Erde ist rund.
un **cercle** [sɛʀkl]	Kreis
un **demi-cercle**	Halbkreis
le **bord** [bɔʀ]	Rand
le bord de la table	Tischrand

un **coin** [kwɛ̃]	Ecke
une **pointe** [pwɛ̃t]	Spitze
pointu,e [pwɛ̃ty]	spitz, spitzig
Attention, le couteau est pointu.	Vorsicht, das Messer ist spitz.
régulier, -ière [ʀegylje, jɛʀ]	regelmäßig
irrégulier, -ière [iʀegylje, jɛʀ]	unregelmäßig, uneben
une surface irrégulière	eine unebene Oberfläche

un **angle** [ɑ̃gl]	Winkel
un **angle droit**	rechter Winkel
un **angle aigu/obtus**	spitzer/stumpfer Winkel
un **triangle** [tʀijɑ̃gl]	Dreieck
triangulaire [tʀijɑ̃gylɛʀ]	dreieckig
un **rectangle** [ʀɛktɑ̃gl]	Rechteck
rectangulaire [ʀɛktɑ̃gylɛʀ]	rechteckig
un **carré** [kaʀe]	Quadrat
carré,e [kaʀe]	quadratisch
une **croix** [kʀwa]	Kreuz
marquer qc d'une croix	etw. ankreuzen
une **courbe** [kuʀb]	Kurve
un **arc** [aʀk]	Bogen
tracer un arc de cercle	einen Kreisbogen schlagen
ovale [ɔval]	oval

une **sphère** [sfɛʀ]	Kugel
sphérique [sfeʀik]	kugelförmig, sphärisch
un **hémisphère** [emisfɛʀ]	Halbkugel
Nous vivons dans l'**hémisphère** Nord.	Wir leben auf der Nordhalbkugel.
un **cube** [kyb]	Würfel, Kubus
cubique [kybik]	würfelförmig, kubisch
la **racine cubique** d'un nombre	die Kubikwurzel einer Zahl
une **pyramide** [piʀamid]	Pyramide
un **cylindre** [silɛ̃dʀ]	Walze, Zylinder
cylindrique [silɛ̃dʀik]	walzenförmig, zylindrisch

21.1 Mengenbegriffe

combien ? [kɔ̃bjɛ̃]
Combien coûte ce parfum ?
● la **quantité** [kɑ̃tite]
le **nombre** [nɔ̃bʀ]
nombreux, -euse [nɔ̃bʀø, øz]
L'accident a fait de nombreuses
victimes.
plusieurs [plyzjœʀ]
Il y a plusieurs mois que je ne l'ai
pas vu.
quelques [kɛlkə]
On en reparlera dans quelques
années.
quelques-uns/quelques-unes
[kɛlkəzɛ̃, zyn]
Je ne les connais pas tous, mais j'en
ai déjà rencontré quelques-uns.

wie viel?
Wie viel kostet dieses Parfum?
Menge
(An)Zahl
zahlreich
Der Unfall hat zahlreiche Opfer
gefordert.
mehrere
Seit mehreren Monaten habe ich
ihn nicht gesehen.
einige
Wir werden in einigen Jahren
wieder darüber reden.
einige

Ich kenne sie nicht alle, doch
einigen von ihnen bin ich bereits
begegnet.

compter [kɔ̃te]
  compter sur ses doigts
comparer qn/qc à qn/qc
[kɔ̃paʀe]
contenir [kɔ̃t(ə)niʀ]
Cette bouteille contient un litre.

zählen
mit Hilfe der Finger zählen
jdn/etw. mit jdm/etw. vergleichen

enthalten
Diese Flasche fasst einen Liter.

ne ... rien [nəʀjɛ̃]
Je n'**en** sais rien.
Rien ne va plus.
ne ... rien du tout [nəʀjɛ̃dytu]
Je n'**y** comprends rien du tout.
ne ... pas (de) [nəpa]
Je ne vois pas de solution.

ne ... pas du tout [nəpadytu]
Elle n'a pas d'argent du tout.
◦ **ne ... pas un,e seul,e**
[nəpa(z)ɛ̃/ynsœl]
Ils ne parlent pas un seul mot
d'allemand.
ne ... aucun,e [nəokɛ̃/kyn]
Tu n'as aucune raison de te mettre
en colère.
aucun,e (de) ... ne [okɛ̃/ynnə]

nichts
Davon weiß ich nichts.
Nichts geht mehr.
gar nichts
Davon verstehe ich gar nichts.
nicht, (kein,e)
Ich sehe keine Lösungs-
möglichkeit.
gar nicht, überhaupt nicht
Sie hat überhaupt kein Geld.
kein(e) einzige(r, s)

Sie sprechen kein einziges Wort
Deutsch.
kein(e, r), kein(e) einzige(r, s)
Du hast keinerlei Grund wütend zu
werden.
keine(r, s), kein(e) einzige(r, s)

Aucun de ces deux tableaux ne me plaît.
Keines dieser beiden Bilder gefällt mir.

ne ... plus (de) [nəply]
nicht mehr, (keine(r, s) mehr)
Je n'ai plus de monnaie.
Ich habe kein Kleingeld mehr.

ne ... plus du tout [nəplydytu]
gar nicht, überhaupt nicht mehr
Il faut passer à la boulangerie, on n'a plus du tout de pain.
Wir müssen bei der Bäckerei vorbeigehen, wir haben überhaupt kein Brot mehr.

peu (de) [pø]
wenig
Il a peu de chances de réussir.
Er hat wenig Aussicht auf Erfolg.
Tu peux me prêter un peu d'argent ?
Kannst du mir etwas Geld leihen?
un (tout) petit peu (de)
ein (ganz) klein wenig
très peu (de)
sehr wenig
ne ... pas grand-chose [nəpagʀɑ̃ʃoz]
nicht viel
Je n'y connais pas grand-chose.
Davon verstehe ich nicht viel.
presque pas (de) [pʀɛskəpas]
fast nicht, (fast keine(r, s))
Cette année il n'y a presque pas eu de neige.
Dieses Jahr gab es fast keinen Schnee.

beaucoup (de) [boku]
viel
pas mal (de) *fam* [pamal]
ziemlich viel
Il y avait pas mal de gens à la manifestation.
Es waren ziemlich viele Leute bei der Demonstration.
bien du/de la/de l'/des [bjɛ̃]
viel
Je vous souhaite bien du plaisir.
Dann viel Vergnügen.
plein (de) *fam* [plɛ̃]
unheimlich viel
un **tas (de)** *fam* [ɛ̃ta]
eine Menge
J'ai un tas de problèmes en ce moment.
Zur Zeit habe ich jede Menge Probleme.
énormément (de) [enɔʀmemɑ̃]
außerordentlich, sehr viel
Cette femme a énormément de courage.
Diese Frau hat sehr viel Mut.
tant (de) [tɑ̃]
so viel
Ne bois pas tant (d'alcool).
Trink nicht so viel (Alkohol).
trop (de) [tʀo]
zu viel

un **verre (de)** [ɛ̃vɛʀ]
ein Glas
se servir un verre de jus d'orange
sich ein Glas Orangensaft einschenken
une **bouteille (de)** [ynbutɛj]
eine Flasche
une **boîte (de)** [ynbwat]
eine Schachtel, Dose, Büchse
un **paquet (de)** [ɛ̃pakɛ]
eine Packung
un paquet de biscuits
eine Packung Kekse

une **part** [ynpaʀ] — ein (An)Teil
Ne t'inquiète pas, tu auras ta part du gâteau. — Keine Sorge, du wirst deinen (An)Teil (am Kuchen) schon bekommen.

une **partie** [ynpaʀti] — ein Teil
Une partie du public a sifflé la pièce. — Ein Teil des Publikums hat das Stück ausgepfiffen.

la **plupart du/de la/des** [laplypaʀ] — der, die, das meiste(n)
La plupart du temps, il travaille. — Meistens arbeitet er.
La plupart des spectateurs sont partis avant la fin du film. — Die meisten Zuschauer sind vor Ende des Films gegangen.

la **moitié** [lamwatje] — die Hälfte
le **reste** [ləʀɛst] — der (Über)Rest, das Überbleibsel
le **double** [lədubl] — das Doppelte, das Doppel
doubler [duble] — verdoppeln
En trois ans, il a doublé sa fortune. — Innerhalb von drei Jahren hat er sein Vermögen verdoppelt.

la **majorité** [lamaʒɔʀite] — die Mehrheit
La grande majorité des élèves trouve les vacances trop courtes. — Die große Mehrheit der Schüler findet die Ferien zu kurz.

plus (de/que) [ply] — mehr (als)
autant (de/que) [otɑ̃] — so viel (wie)
moins (de/que) [mwɛ̃] — weniger (als)

Mehr oder weniger

Nach **plus/moins** steht **que**, wenn ein *Vergleich* vorliegt; es steht **de**, wenn es sich um eine *Mengenangabe* handelt. Beispiele:

Tu gagnes **plus** d'argent **que** moi.	*Du verdienst mehr Geld als ich.*
Il gagne **plus de** 10 000 francs.	*Er verdient mehr als 10 000 Francs.*
Elle mange **moins que** moi.	*Sie isst weniger als ich.*
Ça vaut **moins de** 100 francs.	*Das ist weniger als 100 Francs wert.*

---

tout, toute, tous, toutes [tu, tut, tus, tut] — jede(r, s), alle
C'est un événement dont **tout le monde** parle. — Dies ist ein Ereignis, über das jeder spricht/alle sprechen.
Tous leurs enfants vivent à l'étranger. — Alle ihre Kinder leben im Ausland.
Toutes mes filles sont mariées. — Alle meine Töchter sind verheiratet.

le **tout** [lətu] — das Ganze
l'**ensemble** *m* [lɑ̃sɑ̃bl] — die Gesamtheit, das Ganze
chaque [ʃak] — jede(r, s)
Chaque jour, il quitte la maison à 7 heures. — Jeden Tag verlässt er das Haus um 7 Uhr.

chacun,e [ʃakɛ̃, yn]
Il y en a assez pour chacun.

jede(r, s)
Es ist genug für jeden da.

le **maximum** [ləmaksimɔm]
Je peux dépenser 200 francs **au maximum**.
le **minimum** [ləminimɔm]
Il fait vraiment le minimum d'efforts.
au minimum

das Maximum
Ich kann allerhöchstens 200 Francs ausgeben.
das Minimum
Er beschränkt sich wirklich auf ein Mindestmaß an Anstrengung.
mindestens

un **groupe** [ɛ̃gʀup]
un petit groupe de curieux
une **foule** [ynful]
Il y avait une foule immense devant le stade.

eine Gruppe
eine kleine Gruppe Neugieriger
eine (Menschen)Menge
Vor dem Stadion stand eine riesige Menschenmenge.

une **masse (de)** [ynmas]
en masse
davantage [davɑ̃taʒ]
Veux-tu davantage de dessert?

eine Masse, eine Menge
massenweise, in Massen
mehr
Möchtest du noch mehr Nachtisch?

en trop [ɑ̃tʀo]
On lui a rendu ce qu'il avait payé en trop.
la **majeure partie** [lamaʒœʀpaʀti]
tout au plus [tutoplys]
Nous resterons là-bas 8 jours tout au plus.

zu viel
Man gab ihm zurück, was er zu viel bezahlt hatte.
der größte, überwiegende Teil
höchstens
Wir werden höchstens 8 Tage dort bleiben.

considérable [kɔ̃sideʀabl]
élevé,e [el(ə)ve]
Le prix de cette voiture est très élevé.
limité,e [limite]
Je ne dispose que d'une somme limitée.
restreint,e [ʀɛstʀɛ̃, ɛ̃t]
Ses moyens sont restreints.

beträchtlich
hoch
Der Preis für dieses Auto ist sehr hoch.
begrenzt, eingeschränkt
Ich verfüge lediglich über eine begrenzte Summe.
beschränkt, begrenzt
Seine Mittel sind begrenzt.

21.2 Zahlen und Zahlwörter

Die Grundzahlen

0	zéro	[zeʀo]	40	quarante	[kaʀɑ̃t]	
1	un,e	[ɛ̃/yn]	41	quarante et un/une	[kaʀɑ̃teɛ̃/yn]	
2	deux	[dø]	50	cinquante	[sɛ̃kɑ̃t]	
3	trois	[tʀwa]	60	soixante	[swasɑ̃t]	
4	quatre	[katʀ]	61	soixante et un/une		
5	cinq	[sɛ̃k]	62	soixante-deux		
6	six	[sis]	69	soixante-neuf		
7	sept	[sɛt]	70	soixante-dix		
8	huit	['ɥit]	71	soixante et onze		
9	neuf	[nœf]	72	soixante-douze		
10	dix	[dis]	79	soixante-dix-neuf		
11	onze	['ɔ̃z]	80	quatre-vingts	[katʀəvɛ̃]	
12	douze	[duz]	81	quatre-vingt-un/une	[katʀəvɛ̃ɛ̃/yn]	
13	treize	[tʀɛz]	82	quatre-vingt-deux	[katʀəvɛ̃dø]	
14	quatorze	[katɔʀz]	89	quatre-vingt-neuf		
15	quinze	[kɛ̃z]	90	quatre-vingt-dix		
16	seize	[sɛz]	91	quatre-vingt-onze		
17	dix-sept	[dissɛt]	92	quatre-vingt-douze		
18	dix-huit	[dizɥit]	99	quatre-vingt-dix-neuf		
19	dix-neuf	[diznœf]	100	cent	[sɑ̃]	
20	vingt	[vɛ̃]	101	cent un/une	[sɑ̃ɛ̃/yn]	
21	vingt et un/une	[vɛ̃teɛ̃/yn]	110	cent dix		
22	vingt-deux	[vɛ̃tdø]	200	deux cents		
30	trente	[tʀɑ̃t]	1 000	mille	[mil]	
31	trente et un/une	[tʀɑ̃teɛ̃/yn]	1 001	mille un/une		
32	trente-deux	[tʀɑ̃tdø]	2 000	deux mille		

1 000 000	un million	[ɛ̃miljɔ̃]	1 000 000 000	un milliard	[ɛ̃miljar]

In *Datumsangaben* und bei *Herrschernamen* steht die *Grundzahl* (außer bei der Zahl 1) und zwar immer ohne Punkt:
le deux/trois mai (le 2-5-2000 oder le 2/5/2000);
Napoléon III (trois), Louis XIV (quatorze);
aber: le 1er (premier) avril; Napoléon Ier (premier).
Nach den *Rectifications de l'orthographe* von 1990 können die *Einzelelemente zusammengesetzter Zahlen* auch durch Bindestrich verknüpft werden:
1284 = mille-deux-cent-quatre-vingt-quatre.

i Die Ordnungszahlen

1er	le premier	[pʀəmje, jɛʀ]
1re	la première	[pʀəm jɛʀ]
2e	le/la deuxième	[døzjɛm]
2e	le/la second,e	[s(ə)gɔ̃, ɔ̃d]
20e	le/la vingtième	[vɛ̃tjɛm]
21e	le/la vingt et unième	[vɛ̃teynjɛm]
22e	le/la vingt-deuxième	[vɛ̃tdøzjɛm]
71e	le/la soixante et onzième	[swasɑ̃teɔ̃zjɛm]
100e	le/la centième	[sɑ̃tjɛm]
1000e	le/la millième	[miljɛm]

une **dizaine (de)** [yndizɛn]	zehn, etwa zehn
une **douzaine (de)** [ynduzɛn]	ein Dutzend, etwa zwölf
une douzaine d'œufs	ein Dutzend Eier
une **quinzaine (de)** [ynkɛ̃zɛn]	etwa fünfzehn
une quinzaine de jours	etwa vierzehn Tage
une **vingtaine (de)** [ynvɛ̃tɛn]	etwa zwanzig
une **centaine (de)** [ynsɑ̃tɛn]	etwa hundert
il y a une centaine d'années	vor ca. 100 Jahren
un **millier (de)** [ɛ̃milje]	etwa tausend

un **demi** [ɛ̃d(ə)mi]	halb
une **demi-/demie heure**	eine halbe Stunde
une **heure et demie**	eineinhalb Stunden
un **tiers** [ɛ̃tjɛʀ]	ein Drittel
un **quart** [ɛ̃kaʀ]	ein Viertel
un **quart d'heure**	eine Viertelstunde
un **cinquième** [ɛ̃sɛ̃kjɛm]	ein Fünftel
un **centième** [ɛ̃sɑ̃tjɛm]	ein Hundertstel
deux cinquièmes [døsɛ̃kjɛm]	zwei Fünftel
un **pour cent** [ɛ̃puʀsɑ̃]	ein Prozent
Plus de 10% des Français aime- raient que leur fille épouse un Allemand.	Mehr als 10% der Franzosen möch- ten gern, dass ihre Tochter einen Deutschen heiratet.

le **double** [lədubl]	das Doppelte
Ça coûte le double de ce que je voulais dépenser.	Das kostet das Doppelte dessen, was ich ausgeben wollte.
le **triple** [lətʀipl]	das Dreifache
... **fois** [fwa]	... mal
Ça coûte trois fois rien. *loc*	Das ist spottbillig.

un **chiffre** [ʃifʀ]	Ziffer

un **nombre** [nɔbʀ]	Zahl
un **nombre entier**	eine ganze Zahl
un **nombre premier**	Primzahl
un **nombre (im)pair**	eine (un)gerade Zahl
un **nombre cardinal**	Grund-, Kardinalzahl
un **nombre ordinal**	Ordnungszahl
un **numéro** [nymeʀo]	Nummer
l'**ordre** m [ɔʀdʀ]	Reihenfolge
par **ordre croissant/décroissant**	in an-/absteigender Reihenfolge
une **unité** [ynite]	Einheit

compter [kɔ̃te]	zählen
calculer [kalkyle]	rechnen, berechnen
le **calcul** [kalkyl]	Rechnen
le **calcul mental**	Kopfrechnen
une **erreur de calcul**	Rechenfehler
se **tromper dans ses calculs**	sich in seinen Berechnungen irren; sich verrechnen
la **somme** [sɔm]	Summe
la **différence** [difeʀɑ̃s]	Differenz, Unterschied
plus [plys]	plus
moins [mwɛ̃]	minus

le **total** [tɔtal]	Gesamtbetrag
Au **total**, ça fait 75 francs.	Das macht insgesamt 75 Francs.
le **résultat** [ʀezylta]	Ergebnis

égal, e [egal]	gleich (groß)
deux **quantités égales**	zwei gleich große Mengen
l'**égalité** f [egalite]	Gleichheit
supérieur, e [sypeʀjœʀ]	obere(r, s), höhere(r, s)
La température est **supérieure à la normale**.	Die Temperatur liegt über dem Normalwert.
inférieur, e [ɛ̃feʀjœʀ]	untere(r, s), geringer, kleiner

exact, e [ɛgza(kt), ɛgzakt]	genau, exakt
Avez-vous l'heure **exacte** ?	Haben Sie die genaue Uhrzeit?
précis, e [pʀesi, iz]	genau, präzise
Je serai là à 15 heures **précises**.	Ich werde Punkt 15 Uhr da sein.
environ [ɑ̃viʀɔ̃]	etwa, circa
Il a **environ** 35 ans.	Er ist etwa 35 Jahre alt.
à peu près [apøpʀɛ]	(in) etwa
correspondre à qc [kɔʀɛspɔ̃dʀa]	etw. entsprechen
Ça **correspond à peu près** à mes calculs.	Das entspricht (in) etwa meinen Berechnungen.
(c'est) juste [ʒyst]	(das ist) richtig

(c'est) faux [fo]	(das ist) falsch
Le résultat est juste/faux.	Das Ergebnis ist richtig/falsch.

une **opération** [ɔpeʀasjɔ̃]	Rechenvorgang
une **addition** [adisjɔ̃]	Addition
additionner [adisjɔne]	addieren, zusammenzählen
une **soustraction** [sustʀaksjɔ̃]	Subtraktion
soustraire [sustʀɛʀ]	subtrahieren, abziehen
une **multiplication** [myltiplikasjɔ̃]	Multiplikation
multiplier [myltiplije]	multiplizieren
multiplier par trois	mit drei multiplizieren
une **division** [divizjɔ̃]	Division
diviser [divize]	dividieren
diviser par deux	durch zwei dividieren

la **virgule** [viʀgyl]	Komma
deux virgule cinq	zwei Komma fünf (2,5)
recompter [ʀ(ə)kɔ̃te]	nachrechnen, nachzählen
J'ai recompté trois fois pour être sûr.	Ich habe dreimal nachgerechnet, um sicher zu sein.

21.3 Maße und Gewichte

la **mesure** [m(ə)zyʀ]	Maß
une **unité de mesure**	eine Maßeinheit
mesurer [məzyʀe]	messen
mesurer une pièce	ein Zimmer ausmessen
la **taille** [taj]	Größe, Höhe
petit,e [p(ə)ti, it]	klein
minuscule [minyskyl]	winzig
grand,e [gʀã, gʀãd]	groß
immense [imãs]	riesig, unendlich groß
gros,se [gʀo, gʀos]	dick
énorme [enɔʀm]	riesig
Elle a fait une énorme bêtise.	Sie hat eine Riesendummheit begangen.

la **dimension** [dimãsjɔ̃]	Maß, Größe, Dimension
Vous connaissez les dimensions de votre bureau ?	Kennen Sie die (Aus)Maße Ihres Büros?
la **longueur** [lɔ̃gœʀ]	Länge
long, longue [lɔ̃, lɔ̃g]	lang
court,e [kuʀ, kuʀt]	kurz

la **largeur** [laʀʒœʀ] | Breite
dans le sens de la largeur | in der Breite, der Breite nach
large [laʀʒ] | breit
la **hauteur** ['otœʀ] | Höhe
haut,e ['o, 'ot] | hoch
La Tour Eiffel est **haute de** 320 mètres. | Der Eiffelturm ist 320 Meter hoch.
bas,se [ba, bas] | nieder, niedrig
la **profondeur** [pʀɔfɔ̃dœʀ] | Tiefe
profond,e [pʀɔfɔ̃, ɔ̃d] | tief
un lac profond | ein tiefer See
un **millimètre** [milimɛtʀ] | Millimeter
un **centimètre** [sɑ̃timɛtʀ] | Zentimeter
un **mètre** [mɛtʀ] | Meter
un **kilomètre** [kilɔmɛtʀ] | Kilometer
un kilomètre **de long** | ein Kilometer lang
un kilomètre **à l'heure (km/h)** | ein Kilometer pro Stunde

le **poids** [pwa] | Gewicht
peser [pəze] | wiegen
Pierre pèse 70 kilos. | Pierre wiegt 70 Kilo.
la **balance** [balɑ̃s] | Waage
La balance indique 80 kilos. | Die Waage zeigt 80 Kilo an.
la **masse** [mas] | Masse
lourd,e [luʀ, luʀd] | schwer
léger, -ère [leʒe, leʒɛʀ] | leicht

Leichter gesagt als getan

Unterscheide:
léger, -ère | *leicht (an Gewicht; **Gegenteil: lourd,e**);*
| *harmlos (**Gegenteil: grave**)*
des bagages légers/lourds | *leichtes/schweres Gepäck*
une blessure légère/grave | *eine leichte = harmlose/schwere Verletzung*
facile | *leicht (auszuführen), einfach, mühelos (**Gegenteil: difficile**)*
un devoir facile/difficile | *eine leichte/schwere Aufgabe*
C'est facile/difficile à dire. | *Das sagt sich leicht./Das ist schwer zu sagen.*

net,te [nɛt] | netto
le **poids net** | Nettogewicht
brut,e [bʀyt] | brutto
le **bénéfice brut** | Bruttogewinn
un **gramme (de)** [gʀam] | Gramm
un **kilo(gramme) (de)** [kilo, kilɔgʀam] | Kilo(gramm)
un kilo de pommes de terre | ein Kilo Kartoffeln

une livre (de) [livʀ]	Pfund

la **surface** [syʀfas]	Oberfläche
carré,e [kaʀe]	quadratisch, Quadrat-
une pièce de 15 mètres carrés (m²)	ein 15 m² großes Zimmer

le **volume** [vɔlym]	Volumen, Rauminhalt
le **contenu** [kɔ̃t(ə)ny]	Inhalt
un **litre** [litʀ]	Liter
un litre de lait	ein Liter Milch
cube [kyb]	Kubik-
un **mètre cube** (m³)	Kubikmeter

l'**échelle** f [eʃɛl]	Maßstab
à l'**échelle (de)** 1/100 000ᵉ	im Maßstab 1:100 000
la **graduation** [gʀadɥasjɔ̃]	Skala, Maßeinteilung

une **tonne** [tɔn]	Tonne
Elle/Il en fait des tonnes. *loc, fam*	Sie/Er trägt dick auf.
un **quintal** [kɛ̃tal]	Doppelzentner

la **superficie** [sypɛʀfisi]	Oberfläche
un **are** [aʀ]	Ar
un **hectare** [ɛktaʀ]	Hektar
un terrain de 3 hectares	ein 3 Hektar großes Grundstück

le contexte

une catégorie

faire partie de

comparer

un point commun

22.1 Klassifizierung

classer [klase]
Tu devrais classer les photos dans un album.

ordnen, sortieren
Du solltest die Fotos in ein Album einordnen.

le **classement** [klasmã]
Einordnen; Anordnung; Ablage

une **catégorie** [kategɔri]
Kategorie, Art, Klasse

un **ordre** [ɔʀdʀ]
Reihenfolge, Abfolge

classer des objets **par ordre de** taille
Gegenstände der Größe nach ordnen

ordonner [ɔʀdɔne]
ordnen; in Ordnung bringen

une **suite (de)** [sɥit]
Folge

une **série (de)** [seʀi]
Satz; Serie; Reihe

Cette **série de timbres** n'est pas complète.
Dieser Briefmarkensatz ist nicht vollständig.

une **sorte (de)** [sɔʀt]
Art

une **espèce (de)** [ɛspɛs]
Art

Nous habitons une espèce de château.
Wir bewohnen eine Art Schloss.

correspondre à qc [kɔʀɛspɔ̃dʀ]
einer Sache entsprechen

un **signe** [siɲ]
Zeichen

un **signe particulier**
ein besonderes (Kenn)Zeichen, Merkmal

spécial,e [spesjal]
Spezial-, speziell, besondere(r, s)

général,e [ʒeneʀal]
allgemein

Elle manque de **culture générale.**
Es fehlt ihr an Allgemeinbildung.

principal,e [pʀɛ̃sipal]
Haupt-, wichtigste(r, s)

la **rue principale**
Hauptstraße

un **détail** [detaj]
Einzelheit

constituer [kɔ̃stitɥe]
bilden

former [fɔʀme]
formen, bilden

Les différents éléments constituent/ forment un ensemble.
Die verschiedenen Elemente bilden/formen ein Ganzes.

une **qualité** [kalite]
Qualität, Eigenschaft

Je préfère la qualité à la quantité.
Bei mir geht Qualität vor Quantität.

préféré,e [pʀefeʀe]
Lieblings-, beste(r, s)

St-Exupéry est mon auteur préféré.
St-Exupéry ist mein Lieblingsautor.

important,e [ɛ̃pɔʀtã, ãt]
wichtig

l'**importance** f [ɛ̃pɔʀtãs]
Bedeutung, Wichtigkeit

une affaire de **la plus haute importance**
eine äußerst wichtige Angelegenheit

négligeable [negliʒabl]
unwesentlich

C'est un détail négligeable.
Dies ist ein unwesentliches Detail.

premièrement [pʀəmjɛʀmã] — erstens
deuxièmement [døzjɛmmã] — zweitens
Premièrement, je n'ai pas envie d'y aller, et deuxièmement, je n'ai pas le temps. — Erstens habe ich keine Lust dahin zu gehen und zweitens keine Zeit.
d'abord [dabɔʀ] — zuerst
ensuite [ãsɥit] — danach, anschließend
puis [pɥi] — dann
Ils ont d'abord eu une fille, puis deux garçons. — Zuerst haben sie ein Mädchen bekommen, dann zwei Buben.
finalement [finalmã] — schließlich, zum Schluss
enfin [ãfɛ̃] — endlich, schließlich
Il a enfin trouvé un logement. — Er hat endlich eine Wohnung gefunden.

la **classification** [klasifikasjɔ̃] — Klassifizierung
procéder à la classification de qc — etw. einteilen
la **disposition** [dispozisjɔ̃] — Anordnung, Gliederung

en premier lieu [ãpʀəmjeljø] — an erster Stelle, als erstes
En premier lieu, je tiens à remercier M. Bernard pour son aide efficace. — Zuallererst möchte ich Herrn Bernard für seine tatkräftige Hilfe danken.

occuper la première place [ɔkypelapʀəmjɛʀplas] — den ersten Platz einnehmen
être en tête de [ɛtʀãtɛt] — ganz oben stehen
Il est en tête du Top 50. — Er steht an erster Stelle der Charts.

passer* au second plan [paseos(ə)gɔ̃plã] — in den Hintergrund treten
en dernier lieu [ãdɛʀnjeljø] — letzten Endes, schließlich

22.2 Grad, Vergleich, Zusammenhänge

fort,e [fɔʀ, fɔʀt] — stark, groß
une forte majorité — eine stattliche Mehrheit
faible [fɛbl] — schwach, gering
un faible pourcentage — ein geringer Prozentsatz
à peu près [apøpʀɛ] — ziemlich, ungefähr
moyen,ne [mwajɛ̃, jɛn] — Mittel-, durchschnittlich
Vichy est une ville moyenne. — Vichy ist eine mittelgroße Stadt.
en moyenne — im Durchschnitt
largement [laʀʒəmã] — weit, bei weitem, reichlich

énorme [enɔʀm]
Il a gagné une somme énorme au loto.

Il a gagné **énormément** d'argent.

riesig
Er hat eine Riesensumme im Lotto gewonnen.
Er hat wahnsinnig viel Geld verdient/gewonnen.

fantastique [fãtastik]
génial *fam* [ʒenjal]
hyper/méga/giga *fam* [ipɛʀ/mega/ʒiga]
J'ai trouvé ce film hyper nul.
C'était une soirée méga cool.
terrible [tɛʀibl]
J'ai été témoin d'un terrible accident.
extrême [ɛkstʀɛm]
Ils vivent dans une extrême pauvreté.
Il fait **extrêmement** froid.

fantastisch
genial, super, toll
Riesen-, Mega-, Ultra-

Ich fand den Film total ätzend.
Es war voll der coole Abend.
furchtbar, schrecklich
Ich wurde Zeuge eines schrecklichen Unfalls.
äußerst; extrem
Sie leben in extremer Armut.
Es ist äußerst/eisig kalt.

comparer qn/qc à qn/qc [kɔ̃paʀe]
On le compare souvent à son père.

jdn/etw. mit jdm/etw. vergleichen
Man vergleicht ihn oft mit seinem Vater.

la **comparaison** [kɔ̃paʀezɔ̃]
le **rapport** [ʀapɔʀ]
établir des rapports avec qn
Le succès du chanteur est **sans rapport avec** son talent.
Le prix de ce vêtement n'est pas **en rapport avec** sa qualité.

par rapport à
le **point commun** [pwɛ̃kɔmɛ̃]

Vergleich
Zusammenhang, Verbindung
zu jdm Beziehungen (an)knüpfen
Der Erfolg des Sängers steht in keinem Verhältnis zu seinem Talent.
Der Preis für dieses Kleidungsstück steht in keinem Verhältnis zu seiner Qualität.
im Vergleich zu
Gemeinsamkeit

la **relation** [ʀ(ə)lasjɔ̃]
une **relation de cause à effet**
égal,e [egal]
diviser qc en deux parts égales

Beziehung, Verhältnis
ein ursächlicher Zusammenhang
gleich
etw. in zwei gleiche Teile unterteilen/aufgliedern

pareil,le [paʀɛj]
Je n'ai jamais dit une **chose pareille**.
semblable [sãblabl]
ressembler à [ʀ(ə)sãble]
ressemblant,e [ʀ(ə)sãblã, ãt]
la **ressemblance** [ʀ(ə)sãblãs]

gleich, solch, derartig
So etwas habe ich nie gesagt.
ähnlich
ähneln, ähnlich sein
ähnlich
Ähnlichkeit

comme [kɔm]	wie
Il est bête comme ses pieds. *loc, fam*	Er ist strohdumm.
aussi ... que [osikə]	so ... wie
Je cours aussi vite que toi.	Ich renne genauso schnell wie du.
autant/tant ... que [otãkə]	so ... wie
Il n'est pas aussi (si) gros que Daniel, parce qu'il ne mange pas autant (tant) que lui.	Er ist nicht so dick wie Daniel, weil er nicht so viel isst wie er.
plus ... que [plykə]	mehr ... als
Elle est plus grande que son frère.	Sie ist größer als ihr Bruder.
moins ... que [mwɛ̃kə]	weniger ... als

le **contraire** [kɔ̃tRɛR]	Gegenteil
au contraire de	im Gegensatz zu
contrairement à [kɔ̃tRɛRmã]	im Gegensatz zu, entgegen
Contrairement à ce qu'ils ont annoncé à la météo, il fait beau.	Entgegen des Wetterberichts ist es schön.
la **différence** [difeRãs]	Unterschied
à la différence de	im Unterschied zu
différent,e de [difeRã, ãt]	anders, unterschiedlich
Ses idées sont différentes des miennes.	Seine Vorstellungen unterscheiden sich von meinen.
l'**opposition** f [ɔpozisjɔ̃]	Gegensatz
s'opposer à [sɔpoze]	sich widersetzen
(être) opposé,e à qc [ɔpoze]	gegen etw. (sein)
Ils sont opposés à cette décision.	Sie sind gegen diese Entscheidung.
à l'opposé de [alɔpoze]	im Gegensatz zu
A l'opposé de mon père, ma mère aime bien ma nouvelle coiffure.	Im Gegensatz zu meinem Vater mag meine Mutter meine neue Frisur.

le **contexte** [kɔ̃tɛkst]	Kontext, Zusammenhang
sortir qc de son contexte	etw. aus dem Zusammenhang reißen
le **lien** [ljɛ̃]	Verbindung, Zusammenhang
être lié,e à/avec [ɛt(Rə)lje]	zusammenhängen mit; befreundet sein mit
Sa façon de voir les choses est liée à son enfance malheureuse.	Seine Sicht der Dinge hängt mit seiner unglücklichen Kindheit zusammen.
Nous sommes très liés avec les Dupont.	Wir sind mit den Dupont eng befreundet.
la **dépendance** [depãdãs]	Abhängigkeit
dépendre de [depãdR]	abhängen von

Tout dépend de sa décision.	Alles hängt von seiner/ihrer Entscheidung ab.
faire partie de [fɛʀpaʀti]	gehören zu
Elle fait partie des artistes les plus doués de sa génération.	Sie gehört zu den begabtesten Künstlern ihrer Generation.

comparé,e à [kɔ̃paʀe]	verglichen mit, im Vergleich zu
comparable à [kɔ̃paʀabl]	vergleichbar mit
similaire [similɛʀ]	vergleichbar, ähnlich
Ils ont fait des expériences similaires.	Sie haben vergleichbare/ähnliche Erfahrungen gemacht.

de plus en plus [d(ə)plyzãply]	immer mehr
Elle est de plus en plus gentille.	Sie ist/wird immer netter.
de moins en moins [d(ə)mwɛ̃zãmwɛ̃]	immer weniger
Nous nous voyons de moins en moins.	Wir sehen uns immer seltener.
de mieux en mieux [d(ə)mjøzãmjø]	immer besser
de pire en pire [d(ə)piʀãpiʀ]	immer schlechter

la **parenté** [paʀãte]	Verwandtschaft
l'**analogie** f [analɔʒi]	Analogie
procéder **par analogie**	analog vorgehen

la **distinction** [distɛ̃ksjɔ̃]	Unterscheidung
se distinguer de [s(ə)distɛ̃ge]	sich unterscheiden von
Il se distingue de ses frères par sa taille.	Von seinen Brüdern hebt er sich durch seine Größe ab.
le **contraste** [kɔ̃tʀast]	Kontrast
contraster avec [kɔ̃tʀaste]	kontrastieren mit, im Gegensatz stehen zu
Sa voix douce contraste avec son physique de brute.	Seine sanfte Stimme steht im Widerspruch zu seinem grobschlächtigen Äußeren.
différer de [difeʀe]	sich unterscheiden von
être en contradiction avec [ɛtʀãkɔ̃tʀadiksjɔ̃]	im Widerspruch stehen zu, widersprechen

à l'inverse de [alɛ̃vɛʀs]	im Gegensatz zu
inversement [ɛ̃vɛʀsəmã]	hingegen, jedoch
et vice versa [evisvɛʀsa]	und umgekehrt
Elle aime son mari et vice versa.	Sie liebt ihren Mann und umgekehrt.
en revanche [ãʀ(ə)vãʃ]	dagegen
Je n'aime pas Lyon, en revanche Marseille me plaît beaucoup.	Lyon mag ich nicht, dagegen gefällt mir Marseille sehr.

22.3 Eigenschaften

léger, -ère [leʒe, ɛR] leicht
avoir **le sommeil léger** einen leichten Schlaf haben
lourd,e [luR, luRd] schwer
Cette valise est trop lourde. Dieser Koffer ist zu schwer.

> **i** Zu **léger/lourd** vgl. die Information auf S. 418.

plein,e [plɛ̃, ɛn] voll
Le verre est **à moitié plein.** Das Glas ist halbvoll.
complet, -ète [kɔ̃plɛ, ɛt] vollständig, komplett
vide [vid] leer
dur,e [dyR] hart
mou, molle [mu, mɔl] weich
épais,se [epɛ, ɛs] dick, dicht
un brouillard épais ein dichter Nebel
mince [mɛ̃s] dünn, schlank
étroit,e [etRwa, wat] schmal, eng
une rue étroite eine enge Straße

froid,e [fRwa, fRwad] kalt
Bois ton thé avant qu'il (ne) soit Trink deinen Tee, bevor er zu kalt
trop froid. ist.
tiède [tjɛd] (lau)warm
Il n'a pas inventé l'eau tiède. *loc* Er hat nicht gerade das Pulver
erfunden.
chaud,e [ʃo, ʃod] warm, heiß

visible [vizibl] sichtbar
invisible [ɛ̃vizibl] unsichtbar
« L'essentiel est invisible pour les „Das Wesentliche bleibt den Augen
yeux. » *(St. Exupéry).* verborgen."
lisible [lizibl] gut lesbar, leserlich
illisible [ilizibl] nicht lesbar, unleserlich

vieux, vieil, vieille [vjø, vjɛj] alt
un vieux pull; un vieil anorak; une ein alter Pullover; ein alter Anorak;
vieille chemise ein altes Hemd
ancien,ne [ɑ̃sjɛ̃, jɛn] alt, antik, ehemalig
un monument ancien ein altes Bauwerk

> **i** Zu *Adjektiven* mit *wechselnder Bedeutung* bei *Voran-* oder *Nachstellung* vgl. die
> Information auf S. 37.

neuf, neuve [nœf, nœv] neu

nouveau, nouvel; nouvelle   neu; andere(r, s)
[nuvo, nuvɛl]
un nouveau film; un nouvel opéra;   ein neuer Film; eine neue Oper; ein
une nouvelle pièce   neues (Theater)Stück

> Zum Unterschied von **nouveau** und **neuf** vgl. die Information auf S. 100.

actuel,le [aktɥɛl]	aktuell
moderne [mɔdɛʀn]	modern

bon,ne [bɔ̃, bɔn]   gut
meilleur,e [mɛjœʀ]   besser
excellent,e [ɛkselɑ̃, ɑ̃t]   ausgezeichnet
médiocre [medjɔkʀ]   mittelmäßig
mauvais,e [movɛ, ɛz]   schlecht
    être de mauvaise humeur   schlecht gelaunt sein
normal,e [nɔʀmal]   normal, gewöhnlich
anormal,e [anɔʀmal]   nicht normal, seltsam
ordinaire [ɔʀdinɛʀ]   alltäglich, üblich; einfach
    du **vin ordinaire**   einfacher Tischwein
rare [ʀaʀ]   selten
étrange [etʀɑ̃ʒ]   seltsam, komisch
bizarre [bizaʀ]   seltsam, komisch
    Elle m'a regardé **d'un air bizarre.**   Sie hat mich komisch angeschaut.
ridicule [ʀidikyl]   lächerlich
    se rendre ridicule   sich lächerlich machen

facile [fasil]   leicht
    C'est plus facile à dire qu'à faire.   Leichter gesagt als getan.
difficile [difisil]   schwer
    une langue difficile à apprendre   eine schwer zu erlernende Sprache

> Zu den Bedeutungsnuancen von *leicht* einerseits und *schwer* andererseits vgl. die Information auf S. 418.

nécessaire [nesesɛʀ]   notwendig
utile [ytil]   nützlich
inutile [inytil]   unnütz, nutzlos
essentiel,le [esɑ̃sjɛl]   wesentlich
    aller* droit à l'essentiel   direkt zum Kern der Sache kommen

exact,e [egza(kt), egzakt]   genau
    Ma montre **indique l'heure exacte.**   Meine Uhr geht genau.
inexact,e [inegza(kt), inegzakt]   ungenau, unrichtig
précis,e [pʀesi, iz]   genau, präzise
imprécis,e [ɛ̃pʀesi, iz]   ungenau, ungefähr

vrai,e [vʀɛ]
Ce n'est pas vrai.

wahr
Das ist nicht wahr./Das stimmt nicht.

ℹ️ Zu **Adjektiven** mit **wechselnder Bedeutung** bei **Voran-** oder **Nachstellung** vgl. die Information auf S. 38.

---

faux, fausse [fo, fos]
L'adresse qu'on m'a donnée est fausse.
vague [vag]
Je n'ai qu'une vague idée sur la question.
direct,e [diʀɛkt]
indirect,e [ɛ̃diʀɛkt]

falsch
Die Adresse, die man mir gegeben hat, ist falsch.
unklar
Ich habe nur eine unklare Vorstellung von dem Problem.
direkt
indirekt

rapide [ʀapid]

schnell

ℹ️ **schnell**

Beachte:
vite (schnell) ist **Adverb**. In **adjektivischer Funktion** muss **rapide** verwendet werden.
Elle court **vite**/rapidement.   *Sie rennt schnell.*
Aber: Ils sont **rapides**.   *Sie sind schnell.*

---

vif, vive [vif, viv]
avoir une intelligence vive
lent,e [lɑ̃, lɑ̃t]
Roulez lentement!

lebhaft
einen wachen Verstand haben
langsam
Langsam fahren!

cher, chère [ʃɛʀ]
bon marché [bɔ̃maʀʃe]
En ce moment, les fraises sont bon marché.
Les pommes de terre sont **meilleur marché** que les asperges.

teuer
günstig, billig
Zur Zeit sind Erdbeeren billig.

Kartoffel sind billiger als Spargel.

ℹ️ **Gut, besser, am besten**

Beachte die unregelmäßigen Steigerungsformen folgender Adjektive und Adverbien:

bon,ne (gut)	meilleur,e	le/la meilleur,e
mauvais,e (schlimm)	pire	le/la pire
bien (gut)	mieux	le mieux
peu (wenig)	moins	le moins
beaucoup (viel)	plus	le plus

---

clair,e [klɛʀ]
tirer au clair

klar
klären

obscur,e [ɔpskyʀ]	dunkel
une nuit obscure	eine dunkle Nacht
coloré,e [kɔlɔʀe]	farbig
incolore [ɛ̃kɔlɔʀ]	farblos
transparent,e [tʀɑ̃spaʀɑ̃, ɑ̃t]	transparent
opaque [ɔpak]	undurchsichtig

efficace [efikas]	wirksam
un remède efficace contre le mal de tête	ein wirksames Kopfschmerzmittel
inefficace [inefikas]	unwirksam
indispensable [ɛ̃dispɑ̃sabl]	unbedingt notwendig, unerlässlich
Ta présence est **indispensable à** mon bonheur.	Für mein Glück ist deine Anwesenheit unerlässlich.

22.4 Art und Weise

la **manière (de)** [manjɛʀ]	die Art und Weise
de manière que/à	sodass, damit
De quelle manière?	Auf welche Art und Weise?
la **façon (de)** [fasɔ̃]	die Art und Weise
de façon que/à	damit, sodass
De quelle façon?	Auf welche Art und Weise?
de toute façon	auf jeden Fall

de manière que etc.

Nach den Konjunktionen **de façon que, de manière que, de sorte que** steht im Nebensatz der *Indikativ*, wenn es sich um eine *tatsächliche Folge* handelt. Geht es um eine *Absicht*, wird der *Subjonctif* verwendet.
Beispiele:

Il pleut de façon/manière/sorte qu'on ne **peut** pas sortir.	*Es regnet so (stark), dass man nicht (hin)ausgehen kann.*
Exprime-toi de façon/manière/sorte qu'on te **comprenne.**	*Drück dich so aus, dass man dich versteht.*
Viens de bonne heure de sorte qu'on **puisse** regarder le match à la télé.	*Komm frühzeitig, sodass wir das Spiel im Fernsehen anschauen können.*
Il est venu de bonne heure de sorte qu'on **a pu** regarder le match à la télé.	*Er kam früh, sodass wir das Spiel im Fernsehen anschauen konnten.*

Bei *gleichem Subjekt* in Haupt- und Nebensatz wird eine *Infinitivkonstruktion* vorgezogen:

| Il parle lentement, **de manière à être compris.** | *Er spricht langsam, damit/sodass er verstanden wird.* |
| Crie fort, **de façon à être entendu/de façon qu'on t'entende.** | *Schrei laut, damit/sodass man dich versteht.* |

˅ une **sorte (de)** [sɔʀt]　　　　　Art
　　de sorte que　　　　　　　　so dass, damit
˒ le **mode** [mɔd]　　　　　　　　Art, Weise
　　le **mode d'emploi**　　　　　　Gebrauchsanleitung

le **moyen** [mwajɛ̃]　　　　　　　Mittel, Weg
trouver le **moyen** de faire qc　　einen Weg finden, etw. zu tun
Comment ? [kɔmɑ̃]　　　　　　　Wie?
Comment ça va ?　　　　　　　　Wie geht's?
ainsi [ɛ̃si]　　　　　　　　　　so
Si tu t'y prends ainsi, tu n'y arriveras　Wenn du dich so anstellst, wird es
jamais.　　　　　　　　　　　　dir nie gelingen.
aussi [osi]　　　　　　　　　　auch
même [mɛm]　　　　　　　　　sogar, selbst
J'ai même eu le temps de laver la　Ich hatte sogar Zeit, den Wagen zu
voiture.　　　　　　　　　　　　waschen.
très [tʀɛ]　　　　　　　　　　sehr
Elle est très adroite.　　　　　　Sie ist sehr geschickt.

bien adv [bjɛ̃]　　　　　　　　gut
Les plantes poussent bien avec　　Bei diesem Regen wachsen die
cette pluie.　　　　　　　　　　Pflanzen kräftig.
vraiment [vʀɛmɑ̃]　　　　　　　wirklich
Est-ce que tu as vraiment dit ça ?　Hast du das wirklich gesagt?
seulement [sœlmɑ̃]　　　　　　nur
autrement [otʀəmɑ̃]　　　　　anders
Je ne pouvais pas faire autrement.　Ich konnte nicht anders handeln.

en général [ɑ̃ʒeneʀal]　　　　im Allgemeinen
En général, nous prenons nos　　　Im Allgemeinen nehmen wir
vacances en été.　　　　　　　　unseren Urlaub im Sommer.
généralement [ʒeneʀalmɑ̃]　　meistens, im Allgemeinen
d'habitude [dabityd]　　　　　gewöhnlich
Comme d'habitude.　　　　　　　Wie üblich/gewöhnlich.
normalement [nɔʀmalmɑ̃]　　　normalerweise
surtout [syʀtu]　　　　　　　vor allem
Surtout, ne faites pas ça !　　　　Macht das bloß nicht!

devoir [dəvwaʀ]　　　　　　　sollen, müssen
Il doit avoir environ 40 ans.　　　Er wird so um die 40 sein.
il faut que + subj [ilfokə]　　man muss
Il faut que tu ailles voir ce film.　Du musst dir unbedingt diesen
　　　　　　　　　　　　　　　Film anschauen.

vouloir [vulwaʀ]　　　　　　　wollen
pouvoir [puvwaʀ]　　　　　　können

Können

Unterscheide:

pouvoir	können (unter bestimmten Umständen)
Vous faites trop de bruit, je ne peux pas dormir.	Ihr macht zu viel Lärm, ich kann nicht schlafen.
savoir	können (durch Lernen), wissen
Il ne sait ni lire ni écrire.	Er kann weder lesen noch schreiben.

vraisemblablement
[vʀɛsãblabləmã]
Nous serons vraisemblablement
absents jusqu'au 15.
au fond [ofɔ̃]
Au fond, elle n'est pas si méchante.

wahrscheinlich

Wir sind wahrscheinlich bis zum
15. abwesend.
im Grunde
Im Grunde ist sie gar nicht so
bösartig.

en principe [ãpʀɛ̃sip]
en particulier [ãpaʀtikyljе]
particulièrement [paʀtikyljɛʀmã]
exclusivement [ɛksklyzivmã]
Elle se nourrit exclusivement de
produits bio.

im Prinzip
besonders
besonders
ausschließlich
Sie ernährt sich ausschließlich von
Bio-Erzeugnissen.

22.5 Ursache, Wirkung, Ziel, Zweck

la **cause** [koz]
à cause de
C'est à cause de toi qu'on a raté le
train.
causer [koze]
Sa santé nous cause des soucis.

Ursache, Grund
wegen
Wegen dir haben wir den Zug
verpasst.
verursachen
Seine Gesundheit bereitet uns
Sorgen.

grâce à [gʀasa]
C'est grâce à vous que j'ai eu cet
emploi.
la **raison (pour laquelle)** [ʀɛzɔ̃]
Je ne connais pas la raison pour
laquelle elle n'est pas venue.
Pour quelle raison ?
le **motif** [mɔtif]
Pourquoi ? [puʀkwa]

dank
Euch verdanke ich es, dass ich
diese Stelle bekommen habe.
der Grund (weshalb, für)
Ich weiß nicht, warum sie nicht
gekommen ist.
Weshalb?/Warum?
Motiv, Beweggrund
Warum?

parce que [paʀs(ə)kə]

weil

puisque [pɥiskə]
On est parti sans elle puisqu'elle
n'arrivait pas.
comme [kɔm]
Comme il était déjà tard, il est allé
se coucher.
car [kaʀ]
c'est pour cela/ça que
[sɛpuʀs(ə)la/sakə]
c'est pourquoi [sɛpuʀkwa]
Elle travaille beaucoup, c'est pour
cela qu'/ça qu'/c'est pourquoi elle
est fatiguée.
alors [alɔʀ]
donc [dɔ̃k]
J'avais raté le train, je ne pouvais
donc plus arriver à l'heure.

pour [puʀ]
Elle travaille dur pour nourrir sa
famille.
pour que + *subj* [puʀkə]
Je fais tout pour qu'il soit content.

da
Da sie nicht kam, sind wir ohne sie
gegangen.
da
Da es schon spät war, hat er sich
schlafen gelegt.
denn, weil
deshalb, daher

deshalb, daher
Sie arbeitet viel, deshalb ist sie
müde.

da
also, folglich
Ich hatte den Zug verpasst, konnte
folglich nicht mehr rechtzeitig
(an)kommen.

für, um zu
Sie arbeitet hart, um ihre Familie
zu ernähren.
damit
Ich tue alles, damit er zufrieden ist.

le **but** [byt]
poursuivre un but
avoir pour but
dans le but de
atteindre [atɛ̃dʀ]
Il a atteint tous les buts qu'il s'était
fixés.
l'**objectif** *m* [ɔbʒɛktif]
se fixer un objectif

Ziel
ein Ziel verfolgen
zum Ziel haben
in der Absicht, dass
erreichen
Er hat alle Ziele erreicht, die er sich
gesetzt hatte.
Ziel
sich ein Ziel setzen

l'**effet** *m* [efɛ]
Ce médicament ne produit aucun
effet sur lui.
en effet
le **résultat** [ʀezylta]
entraîner [ɑ̃tʀene]

Wirkung
Dieses Medikament wirkt bei ihm
nicht.
tatsächlich, in der Tat
Ergebnis
mit sich bringen, zur Folge haben

le **mobile** [mɔbil]
On ne connaît toujours pas le
mobile du crime.
le **hasard** ['azaʀ]
par hasard

Motiv
Man kennt das Motiv für das
Verbrechen immer noch nicht.
Zufall
zufällig

la **fin** [fɛ̃] — Zweck
La fin justifie les moyens. *loc* — Der Zweck heiligt die Mittel.
afin que + *subj* [afɛ̃kə] — damit
Il a parlé lentement afin que nous comprenions tout. — Er hat langsam gesprochen, damit wir alles verstehen.
afin de + *inf* [afɛ̃də] — um zu
Prenez un taxi afin d'arriver à l'heure. — Nehmen sie ein Taxi, um rechtzeitig anzukommen.
aboutir à [abutiʀ] — führen zu
Les négociations ont abouti à un résultat satisfaisant. — Die Verhandlungen haben zu einem zufriedenstellenden Ergebnis geführt.

l'**intention** *f* [ɛ̃tɑ̃sjɔ̃] — Absicht
avoir l'intention de faire qc — beabsichtigen, etw. zu tun

la **conséquence** [kɔ̃sekɑ̃s] — Folge
avoir pour conséquence — zur Folge haben
tirer les conséquences — die Konsequenzen ziehen
par conséquent [paʀkɔ̃sekɑ̃] — infolgedessen, also, folglich
Tu as désobéi, par conséquent tu seras puni. — Du hast nicht gehorcht, deshalb wirst du bestraft.
résulter de [ʀezylte] — sich ergeben
Il ne peut rien résulter de bon de cette dispute. — Bei diesem Streit kann nichts Gutes herauskommen.
il en résulte que — daraus ergibt sich, dass

22.6 Zustand, Bewegung und Veränderung

être [ɛtʀ] — sein
l'**état** *m* [eta] — Zustand
Quand nous avons acheté la maison, elle était en mauvais état. — Als wir das Haus kauften, war es in schlechtem Zustand.
une **situation** [sitɥasjɔ̃] — Situation
être situé,e [ɛt(ʀə)sitɥe] — liegen
La maison est située près de la rivière. — Das Haus liegt/steht nahe am Fluss.

se trouver [s(ə)tʀuve] — sich befinden, liegen
L'hôtel se trouve à 200 mètres de la gare. — Das Hotel liegt 200 Meter vom Bahnhof entfernt.
exister [ɛgziste] — existieren
Est-ce que le Père Noël existe vraiment, papa ? — Gibt es den Weihnachtsmann wirklich, Papa?
l'**existence** *f* [ɛgzistɑ̃s] — Existenz, Dasein

mettre [mɛtʀ] — setzen, stellen, legen
Elle met des fleurs dans un vase. — Sie stellt Blumen in eine Vase.
poser [poze] — setzen, stellen, legen
poser les assiettes sur la table — die Teller auf den Tisch stellen
enlever [ɑ̃l(ə)ve] — wegnehmen
placer [plase] — stellen, legen, platzieren
placer un bon mot dans la conversation — eine geistreiche Bemerkung ins Gespräch einfließen lassen
déplacer [deplase] — an einen anderen Platz stellen, legen; verschieben

remplacer [ʀɑ̃plase] — ersetzen
Elle a remplacé son tourne-disque par un lecteur de CD. — Sie hat ihren Plattenspieler durch einen CD-Player ersetzt.
installer [ɛ̃stale] — einrichten, installieren
Elle installe son fauteuil face à la télé. — Sie stellt ihren Sessel vor den Fernseher.

porter [pɔʀte] — tragen
une valise **lourde à porter** — ein schwer zu tragender Koffer
apporter [apɔʀte] — bringen
Apporte-moi une bière, s'il te plaît. — Bring mir bitte ein Bier.
emporter qc [ɑ̃pɔʀte] — etw. mitnehmen
Si tu vas en Norvège, n'oublie pas d'emporter des vêtements chauds. — Wenn du nach Norwegen fährst, vergiss nicht, warme Kleidung mitzunehmen.

remporter qc [ʀɑ̃pɔʀte] — etw. wieder mitnehmen

 Zu **porter/mener** und deren Komposita vgl. die Information auf S. 140.

conduire qn à [kɔ̃dɥiʀ] — jdn fahren zu/nach
Tu pourrais me conduire à la gare ? — Könntest du mich zum Bahnhof fahren?

mener qn à [m(ə)ne] — jdn begleiten, bringen zu
mener un enfant à l'école — ein Kind zur Schule bringen
amener qn [am(ə)ne] — jdn mitbringen
J'ai amené mon bébé, j'espère que ça ne vous dérange pas. — Ich habe mein Baby mitgebracht; das stört Sie hoffentlich nicht.
emmener qn [ɑ̃m(ə)ne] — jdn mitnehmen
Je suis en voiture. Veux-tu que je t'emmène ? — Ich bin mit dem Wagen da. Soll ich dich mitnehmen?

lever [l(ə)ve] — (hoch)heben
lever le doigt — den Finger heben, strecken
soulever [sul(ə)ve] — (hoch)heben

Je ne peux pas soulever ce sac, il est trop lourd.	Ich kann diesen Sack nicht hoch heben, er ist zu schwer.
appuyer sur qc [apчije]	auf etw. drücken
Pour mettre la machine en marche, appuie sur ce bouton.	Drück auf diesen Knopf, um die Maschine in Gang zu setzen.

enfermer [ɑ̃fɛʀme]	einsperren
cacher [kaʃe]	verstecken
ranger [ʀɑ̃ʒe]	aufräumen
déranger [deʀɑ̃ʒe]	durcheinander bringen

tirer [tiʀe]	ziehen
Arrête de **tirer les cheveux** à ta petite sœur.	Hör auf, deine kleine Schwester an den Haaren zu ziehen.
pousser [puse]	schieben, drücken
repousser [ʀ(ə)puse]	zurückweisen
Elle n'a pas d'amis, tout le monde la repousse.	Sie hat keine Freunde, alle weisen sie zurück.
tourner [tuʀne]	drehen
(se) retourner [ʀ(ə)tuʀne]	(sich) umdrehen, wenden
J'ai passé la nuit à **me retourner dans mon lit**.	Die ganze Nacht habe ich mich in meinem Bett hin- und hergewälzt.

lancer [lɑ̃se]	werfen
A toi de **lancer les dés**.	Du bist mit Würfeln dran.
jeter [ʒ(ə)te]	(weg)werfen
jeter qc à la poubelle	etw. in die Mülltonne werfen
lâcher [laʃe]	loslassen
ramasser [ʀamase]	sammeln, aufheben
Ramasse ce papier, s'il te plaît.	Heb das Papier auf, bitte.

commencer qc [kɔmɑ̃se]	etw. anfangen
finir qc [finiʀ]	etw. beenden

ⓘ commencer – finir

Unterscheide:

commencer à/de faire qc	*anfangen, etw. zu tun*
Qui commence à lire ?	*Wer liest als erster?/Wer beginnt zu lesen?*
commencer par faire qc	*etw. zunächst tun*
Elle a commencé par préparer la salade.	*Zuerst hat sie den Salat angemacht.*
finir de faire qc	*damit fertig sein, etw. zu tun*
Il n'a pas encore fini de manger.	*Er hat noch nicht zu Ende gegessen.*
finir par faire qc	*schließlich etw. tun*
Elle a fini par s'endormir.	*Sie ist schließlich eingeschlafen.*

continuer à/de [kɔ̃tinye]
Nous continuons à/de travailler.

weitermachen
Wir arbeiten weiter.

∘**abandonner** [abɑ̃dɔne]
Il a abandonné ses études.

aufgeben
Er hat sein Studium abgebrochen.

terminer [tɛRmine]
Termine tes carottes, si tu veux du dessert.

beenden, fertig machen
Iss deine Karotten auf, wenn du Nachtisch willst.

---

la **position** [pɔzisjɔ̃]
rester [Rɛste]
immobile [im(m)ɔbil]
l'**immobilité** f [imɔbilite]

Lage
bleiben
unbeweglich, regungslos
Regungslosigkeit, Unbeweglichkeit

---

changer [ʃɑ̃ʒe]
Il a beaucoup changé depuis l'année dernière.
Elle a **changé de** coiffure.

ändern, (sich) verändern
Seit letztem Jahr hat er sich stark verändert.
Sie hat die Frisur gewechselt.

un **changement** [ʃɑ̃ʒmɑ̃]
inchangé,e [ɛ̃ʃɑ̃ʒe]
Je l'ai trouvée inchangée, toujours aussi jeune.

(Ver)Änderung, Wechsel
unverändert
Ich fand sie unverändert, immer noch genau so jung.

une **évolution** [evɔlysjɔ̃]
évoluer [evɔlɥe]
Les relations parents-enfants ont beaucoup évolué.

Entwicklung
sich entwickeln, ändern
Die Beziehungen zwischen Eltern und Kindern haben sich stark verändert.

se développer [(s(ə)dev(ə)lɔpe]
un **développement** [dev(ə)lɔpmɑ̃]
un **progrès** [pRɔgRɛ]

sich entwickeln
Entwicklung
Fortschritt

---

ajouter (qc à qc) [aʒute]
supprimer [sypRime]
Si tu veux maigrir, il faut supprimer le chocolat.

(etw. einer Sache) hinzufügen
streichen, beseitigen
Wenn du abnehmen willst, musst du auf die Schokolade verzichten.

remplir [Rɑ̃pliR]
remplir un formulaire
vider [vide]
Il a vidé son verre **d'un trait**.

(aus)füllen
ein Formular ausfüllen
leeren
Er trank sein Glas in einem Zug leer.

---

boucher [buʃe]
boucher un trou
déboucher [debuʃe]
déboucher une bouteille
couvrir [kuvRiR]
recouvrir [R(ə)kuvRiR]
envelopper [ɑ̃v(ə)lɔpe]

zumachen, stopfen
ein Loch stopfen
öffnen, entkorken
eine Flasche entkorken
ab-/be-/zudecken
bedecken, abdecken
einwickeln, einpacken

plier [plije]	falten
casser [kase]	zerbrechen, kaputt machen
arracher [aʀaʃe]	ausreißen, ziehen
abîmer [abime]	beschädigen
devenir* [dəv(ə)niʀ/d(ə)vənir]	werden
Elle veut devenir architecte plus tard.	Später will sie Architektin werden.
transformer [tʀɑ̃sfɔʀme]	verändern
une **transformation** [tʀɑ̃sfɔʀmasjɔ̃]	Veränderung
augmenter [ɔgmɑ̃te]	erhöhen, steigen
Le prix de l'essence a encore augmenté.	Der Benzinpreis ist schon wieder gestiegen.
une **augmentation** [ɔgmɑ̃tasjɔ̃]	Erhöhung
diminuer [diminɥe]	abnehmen, sinken
Le bruit diminue d'intensité.	Der Lärm lässt (an Stärke) nach.
une **diminution** [diminysjɔ̃]	Abnahme, Sinken
monter* [mɔ̃te]	steigen
baisser [bese]	sinken
Sa vue a beaucoup baissé.	Sein Sehvermögen/Augenlicht hat stark nachgelassen.
traverser [tʀavɛʀse]	überqueren
parcourir [paʀkuʀiʀ]	durchlaufen, zurücklegen
Il a parcouru toute l'Afrique.	Er hat ganz Afrika bereist.
les **circonstances** f [siʀkɔ̃stɑ̃s]	Umstände
modifier [mɔdifje]	ändern
modifier une loi	ein Gesetz ändern
une **modification** [mɔdifikasjɔ̃]	(Ver)Änderung
une **alternative** [altɛʀnativ]	Alternative
varier [vaʀje]	(sich) (ver)ändern
Le docteur m'a conseillé de varier mon alimentation.	Der Arzt hat mir geraten, meine Ernährung abwechslungsreich zu gestalten.
la **variation** [vaʀjasjɔ̃]	Veränderung
effectuer [efɛktɥe]	tätigen, durchführen
effectuer un achat	einen Kauf tätigen
achever [aʃ(ə)ve]	beenden, abschließen
Nous avons enfin achevé de payer la maison.	Wir haben endlich das Haus abbezahlt.
s'améliorer [sameljɔʀe]	sich verbessern
faciliter [fasilite]	erleichtern

Son équipement ultra-moderne lui facilite le travail.	Seine hochmoderne Ausrüstung erleichtert ihm die Arbeit.
s'aggraver [sagʁave]	sich verschlechtern
Son état de santé s'est encore aggravé.	Sein Gesundheitszustand hat sich weiter(hin) verschlechtert.

briser [bʁize]	zerbrechen
Le verre s'est brisé en tombant par terre.	Das Glas ist beim Hinunterfallen zersprungen.
déchirer [deʃiʁe]	zerreißen
rompre [ʁɔ̃pʁ]	brechen, Schluss machen
Elle a rompu avec Jean.	Sie hat mit Jean Schluss gemacht.
interrompre [ɛ̃teʁɔ̃pʁ]	unterbrechen
Ne m'interromps pas quand je parle.	Unterbrich mich nicht, wenn ich rede.
une **interruption** [ɛ̃teʁypsjɔ̃]	Unterbrechung

éloigner qc de [elwaɲe]	etw. entfernen von
approcher qc de [apʁɔʃe]	etw. näher rücken an
Approche la chaise de la table.	Rück den Stuhl an den Tisch.
rapprocher qc de [ʁapʁɔʃe]	etw. näher rücken an

renverser [ʁɑ̃vɛʁse]	verschütten, umwerfen
Elle a renversé un verre de vin sur le tapis.	Sie hat ein Glas Wein auf den Teppich geschüttet.
secouer [s(ə)kwe]	schütteln
secouer la nappe	die Tischdecke ausschütteln

23.1 Reden, Informieren, Fragen, Antworten

parler [paʀle]
Il parle avec l'accent de Toulouse.

Je lui parlerai de tes problèmes.

la **parole** [paʀɔl]
adresser la parole à qn
prendre la parole

sprechen, reden
Er spricht mit dem Akzent von
Toulouse.
Ich werde ihm/ihr von deinen
Problemen erzählen.
das Wort
jdn ansprechen
das Wort ergreifen

s'exprimer [sɛkspʀime]
une **expression** [ɛkspʀesjɔ̃]
une **expression familière**
une **conversation** [kɔ̃vɛʀsasjɔ̃]
détourner la conversation
discuter de qc [diskyte]
Je ne peux discuter de rien avec
mes parents.
une **discussion** [diskysjɔ̃]
bavarder [bavaʀde]
bavard,e [bavaʀ, aʀd]

sich ausdrücken
Ausdruck
ein umgangssprachlicher Ausdruck
Gespräch
vom Thema ablenken
über etw. diskutieren, etw. besprechen
Mit meinen Eltern kann ich über
nichts diskutieren.
Diskussion
reden, schwätzen
gesprächig, geschwätzig

dire qc à qn [diʀ]
raconter qc à qn [ʀakɔ̃te]
un **mot** [mo]
une **phrase** [fʀaz]
un **discours** [diskuʀ]
un **dialogue** [djalɔg]
prononcer [pʀɔnɔ̃se]
On ne prononce pas le *t* à la fin de
mot.
Au début de la réception, il a **pro-
noncé un discours**.

jdm etw. sagen
jdm etw. erzählen
Wort
Satz
Rede
Dialog
aussprechen
Das *t* am Ende von *mot* wird nicht
(aus)gesprochen.
Zu Beginn des Empfangs hielt er
eine Rede.

appeler [ap(ə)le]
un **appel** [apɛl]
Le Président a lancé un appel à la
population.
la **voix** [vwa]
à haute voix/à voix haute
à voix basse
Parle à voix basse, le bébé dort.
se taire [s(ə)tɛʀ]
Tais-toi, je voudrais écouter les
informations.

rufen
(Auf/An)Ruf
Der Präsident hat einen Aufruf an
die Bevölkerung gerichtet.
Stimme
laut und deutlich
leise
Sprich leise, das Baby schläft.
schweigen, still sein
Sei ruhig, ich möchte die Nachrich-
ten hören.

une **remarque** [ʀ(ə)maʀk] Bemerkung
faire une remarque eine Bemerkung machen, anmerken
remarquer [ʀ(ə)maʀke] etw. bemerken
faire remarquer qc à qn jdn auf etw. hinweisen
Je te fais remarquer que tu t'es Ich weise dich darauf hin, dass du
encore trompé. dich schon wieder getäuscht hast.
à propos de [apʀɔpodə] bezüglich, in Bezug auf

répéter [ʀepete] wiederholen
redire [ʀ(ə)diʀ] wiederholen, noch einmal sagen
Je le lui ai dit et redit, mais il ne me Ich habe es ihm immer wieder
croit toujours pas. gesagt, doch er glaubt mir immer
  noch nicht.

insister sur qc [ɛ̃siste] etw. betonen, auf etw. beharren
rappeler qc à qn [ʀap(ə)le] jdn an etw. erinnern
rappeler à qn de faire qc jdn daran erinnern, etw. zu tun
[ʀap(ə)le]

Zu **rappeler** und den verschiedenen Anschlüssen vgl. auch S. 64.

---

ajouter [aʒute] hinzufügen
Je dois ajouter que j'ai toujours été Ich muss hinzufügen, dass ich
content de son travail. immer mit seiner Arbeit zufrieden
  war.

déclarer [deklaʀe] erklären
déclarer qc sur l'honneur auf etw. sein Ehrenwort geben
une **déclaration** [deklaʀasjɔ̃] Erklärung, Aussage
affirmer [afiʀme] behaupten
J'affirme que je n'ai jamais vu cet Ich versichere, diesen Mann nie
homme. gesehen zu haben.
Il affirme avoir tout payé. Er behauptet, alles bezahlt zu haben.
une **affirmation** [afiʀmasjɔ̃] Behauptung
nier [nje] leugnen
Elle nie m'avoir vu. Sie leugnet, mich gesehen zu haben.

présenter (ses idées) [pʀezɑ̃te] (seine Ideen) vorstellen
défendre (ses opinions) [defɑ̃dʀ] (seine Meinung) vertreten
influencer [ɛ̃flyɑ̃se] beeinflussen
L'avocat cherche à influencer le jury. Der Anwalt versucht, die Geschworenen zu beeinflussen.

persuader [pɛʀsɥade] überzeugen, überreden
Tu n'as pas réussi à nous persuader Es gelang dir nicht, uns von deinen
de tes bonnes intentions. guten Vorsätzen zu überzeugen.
assurer [asyʀe] versichern

Je vous assure que je n'y suis pour rien.

Ich versichere Ihnen, dass ich nichts dafür kann.

démontrer [demõtʀe]
Je peux vous démontrer que j'ai raison.

beweisen, aufzeigen
Ich kann euch beweisen, dass ich Recht habe.

une **démonstration** [demõstʀasjõ]
L'avocat de la défense a **fait la démonstration de** l'innocence de l'accusé.

Beweis(führung)
Der Verteidiger hat die Unschuld des Angeklagten bewiesen.

◉ **prétendre** [pʀetãdʀ]
Il prétend que sa famille est très riche.

behaupten
Er behauptet, seine Familie sei sehr reich.

Elle prétend bien connaître le Président de la République.

Sie gibt vor, den Staatspräsidenten sehr gut zu kennen.

promettre [pʀɔmɛtʀ]
Il m'a promis monts et merveilles.
loc

versprechen
Er hat mir das Blaue vom Himmel versprochen.

Je lui ai promis de revenir l'année prochaine.

Ich habe ihr versprochen, nächstes Jahr wiederzukommen.

une **promesse** [pʀɔmɛs]
tenir ses promesses

Versprechen
seine Versprechungen halten

informer qn de qc [ɛ̃fɔʀme]
Je vous informerai de ma décision, **le moment venu**.

jdn über etw. informieren
Ich werde Sie zu gegebener Zeit über meine Entscheidung informieren.

une **information** [ɛ̃fɔʀmasjõ]
renseigner qn (sur qc) [ʀãseɲe]

Information
jdn informieren, jdm Auskunft geben (über etw.)

Il nous a renseignés sur les horaires des trains.

Er hat uns über den Zugfahrplan Auskunft erteilt.

se renseigner (sur)
un **renseignement** [ʀãsɛɲmã]
donner des renseignements à qn

sich erkundigen (über)
Auskunft
jdm Auskünfte erteilen

expliquer [ɛksplike]
une **explication** [ɛksplikasjõ]

erklären
Erklärung

préciser [pʀesize]
décrire [dekʀiʀ]
Je lui ai décrit le chemin avec précision, il ne peut pas se perdre.

präzisieren, klarstellen
beschreiben
Ich habe ihm den Weg genau beschrieben, er kann sich nicht verlaufen/verfahren.

• une **description** [dɛskʀipsjõ]

Beschreibung

demander qc à qn [d(ə)mãde] jdn nach etw. fragen; jdn um etw.
bitten

 Zu **demander** und den verschiedenen Anschlüssen vgl. S. 66.

une **question** [kɛstjɔ̃] Frage
poser une question eine Frage stellen

répondre à [ʀepɔ̃dʀ] antworten
Il m'a répondu sèchement. Er hat mir barsch/schroff geant-
wortet.
Elle n'a pas répondu à ma question. Sie hat nicht auf meine Frage
geantwortet.
une **réponse** [ʀepɔ̃s] Antwort
donner une réponse à qn jdm antworten

un **entretien** [ãtʀətjɛ̃] Gespräch
avoir un entretien avec qn **au sujet** mit jdm ein Gespräch wegen etw.
de qc führen
s'entretenir avec [sãtʀət(ə)niʀ] sich unterhalten mit
un,e **interlocuteur, -trice** Gesprächpartner(in)
[ɛ̃tɛʀlɔkytœʀ, tʀis]
un **échange de vues** [eʃãʒdəvy] Gedankenaustausch

convaincre [kɔ̃vɛ̃kʀ] überzeugen
une **conviction** [kɔ̃viksjɔ̃] Überzeugung
Il a parlé avec conviction. Er hat mit Überzeugung geredet.
convaincant,e [kɔ̃vɛ̃kã, ãt] überzeugend

exagérer [ɛgzaʒeʀe] übertreiben
une **exagération** [ɛgzaʒeʀasjɔ̃] Übertreibung
se vanter de qc [s(ə)vãte] sich mit etw. brüsten
Il se vante de pouvoir soulever Er brüstet sich damit, 100 Kilo
100 kilos. stemmen zu können.
(un,e) **vantard,e** *n; adj* [vãtaʀ, aʀd] Angeber(in); angeberisch
un **prétexte** [pʀetɛkst] Vorwand
sous prétexte de unter dem Vorwand

proclamer [pʀɔklame] verkünden
C'est un scandale, je le proclame Das ist ein Skandal, ich verkünde
haut et fort. das laut und deutlich.
chuchoter [ʃyʃɔte] flüstern
Elle lui a chuchoté quelque chose à Sie hat ihm etwas ins Ohr geflüs-
l'oreille. tert.

avertir [avɛʀtiʀ]	benachrichtigen; warnen
Je l'ai averti qu'il allait avoir des ennuis.	Ich habe ihn gewarnt, dass er Unannehmlichkeiten bekommen wird.
un **avertissement** [avɛʀtismɑ̃]	Warnung
donner un avertissement à qn	jdn verwarnen, jdm einen Verweis erteilen

signaler qc à qn [siɲale]	jdn auf etw. hinweisen
Je te signale que tu as pris la mauvaise route.	Ich weise dich darauf hin, dass du die falsche Straße genommen hast.
indiquer [ɛ̃dike]	erklären, zeigen
Pourriez-vous m'indiquer le chemin de la poste ?	Könnten Sie mir den Weg zur Post zeigen?
évoquer [evɔke]	erwähnen
Il n'évoque jamais les années qu'il a passées à l'étranger.	Nie erwähnt er die Jahre, die er im Ausland verbracht hat.
interroger [ɛ̃teʀɔʒe]	befragen, verhören
La police l'a interrogé pendant trois heures.	Die Polizei hat ihn drei Stunden lang verhört.
une **interrogation** [ɛ̃teʀɔgasjɔ̃]	Frage
un **interrogatoire** [ɛ̃teʀɔgatwaʀ]	Verhör
subir un interrogatoire	verhört/vernommen werden
soumettre qn à un interrogatoire	jdn verhören

23.2 Entschuldigen, Bedauern, Trost

demander pardon à qn [d(ə)mɑ̃depaʀdɔ̃]	jdn um Verzeihung bitten
Pardon ! [paʀdɔ̃]	Verzeihung! Entschuldigung!
pardonner qc à qn/à qn d'avoir fait qc [paʀdɔne]	jdm etw. verzeihen; jdm verzeihen, etw. getan zu haben
Elle ne lui a jamais pardonné de l'avoir quittée.	Sie hat ihm nie verziehen, dass er sie verlassen hat.
s'excuser [sɛkskyze]	sich entschuldigen
Je me suis excusé auprès d'elle.	Ich habe mich bei ihr entschuldigt.
Excuse(z)-moi !	Entschuldigung!
Tu m'en veux ? [tymɑ̃vø]	Bist du mir böse?
C'est (de) ma faute. [sɛ(d(ə))mafot]	Es ist meine Schuld.

regretter [ʀ(ə)gʀete]	bedauern

Je regrette d'avoir été méchant avec toi.
Ich bedaure, böse zu dir gewesen zu sein.

Tous mes regrets. [tumeʀ(ə)gʀɛ]
Es tut mir wirklich Leid.

(Je suis) Désolé,e! [dezɔle]
(Es) Tut mir Leid!

(C'est) Dommage! [dɔmaʒ]
(Es ist) Schade!

Tu ne peux pas venir samedi? Dommage!
Kannst du Samstag nicht kommen? Schade!

Tant pis! [tɑ̃pi]
Halb so schlimm! Macht nichts!

Je regrette, il ne reste plus de gâteau pour toi. – Tant pis.
Es tut mir Leid, es ist kein Kuchen mehr für dich da. – Macht nichts.

Tant pis pour lui, il n'avait qu'à faire attention!
Daran ist er selbst schuld, er hätte eben aufpassen müssen.

Tant mieux! [tɑ̃mjø]
Um so besser!

malheureusement [maløʀøzmɑ̃]
leider, bedauerlicherweise

Hélas! [elas]
Leider!

Nous espérions qu'il guérirait, mais hélas, il est mort.
Wir hofften auf seine Genesung, aber leider ist er gestorben.

Ne t'en fais pas. [n(ə)tɑ̃fɛpa]
Mach dir keine Sorgen.

Ne t'en fais pas pour moi, ça ira très bien.
Mach dir meinetwegen keine Sorgen, das wird sehr gut klappen.

Il n'y a pas de mal. [ilnjapadmal]
Es ist doch nichts dabei./Das macht nichts.

consoler qn [kɔ̃sɔle]
jdn trösten

Mon/Ma pauvre. [mɔ̃/mapovʀ]
Du Arme(r, s).

Tu es resté à l'hôpital tout l'été? Mon pauvre.
Du bist den ganzen Sommer im Krankenhaus geblieben? Du Armer.

rassurer qn [ʀasyʀe]
jdn beruhigen

Tes parents sont inquiets? Téléphone-leur pour les rassurer.
Deine Eltern sind besorgt? Ruf sie an, um sie zu beruhigen.

Ça ne fait rien. [san(ə)fɛʀjɛ̃]
Das ist nicht schlimm.

Ce n'est pas grave. [s(ə)nɛpagʀav]
Es ist nicht schlimm.

Ce n'est rien. [s(ə)nɛʀjɛ̃]
Es ist nicht schlimm.

Ça va passer. [savapase]
Das geht vorbei.

Ça peut arriver à tout le monde. [sapøaʀiveatulmɔ̃d]
Das kann jedem passieren.

avoir honte [avwaʀ'ɔ̃t]
sich schämen

J'ai honte de m'être comporté si bêtement.
Ich schäme mich, mich so dumm verhalten zu haben.

être gêné,e [ɛt(ʀə)ʒene]
verlegen sein

Il est tellement grossier que **j'en suis gêné pour lui.**
Er ist derart ungehobelt, dass es mir für ihn richtig peinlich ist.

23.3 Erlaubnis, Verbot, Vorschlag, Rat

permettre qc à qn/à qn de faire qc | jdm etw. erlauben/jdm erlauben,
[pɛʀmɛtʀ] | etw. zu tun
Je lui ai permis d'aller au cinéma. | Ich habe ihm erlaubt, ins Kino zu
| gehen.

la **permission** [pɛʀmisjɔ̃] | Erlaubnis
demander la permission de faire qc | um Erlaubnis bitten, etw. zu tun
donner à qn la permission de faire qc | jdm die Erlaubnis geben, etw. zu tun

autoriser qc/qn à faire qc | etw. erlauben/jdm erlauben, etw. zu
[ɔtɔʀize] | tun
l'**autorisation** f [ɔtɔʀizasjɔ̃] | Erlaubnis
accorder à qn l'autorisation de faire qc | jdm die Erlaubnis erteilen, etw. zu tun

s'il te/vous plaît [siltə/vuplɛ] | bitte

empêcher qn de faire qc [ãpɛʃe] | jdn daran hindern, etw. zu tun
interdire qc à qn/à qn de faire qc | jdm. etw. untersagen, verbieten/jdm
[ɛ̃tɛʀdiʀ] | verbieten, etw. zu tun
Elle a interdit à ses enfants de regarder des films d'horreur. | Sie hat ihren Kindern verboten, Horrorfilme anzuschauen.
une **interdiction** [ɛ̃tɛʀdiksjɔ̃] | Verbot
Interdiction de fumer. | Rauchen verboten.
défendre qc à qn/à qn de faire qc | jdm etw. verbieten/jdm verbieten,
[defãdʀ] | etw. zu tun
Je te défends de me parler sur ce ton. | Ich verbiete dir, in diesem Ton mit mir zu sprechen.
défense de ... [defãs] | ... Verbot, ... verboten
Défense d'entrer. | Eintritt verboten.

proposer (à qn) de faire qc | (jdm) vorschlagen, etw. zu tun
[pʀɔpoze] |
Je lui ai proposé d'aller au théâtre. | Ich habe ihr/ihm vorgeschlagen, ins Theater zu gehen.

une **proposition** [pʀɔpozisjɔ̃] | Vorschlag
rejeter une proposition | einen Vorschlag zurückweisen
conseiller qc à qn/à qn de faire qc | jdm etw. raten, empfehlen/jdm
[kɔ̃seje] | empfehlen, etw. zu tun
Le docteur m'a conseillé un séjour à la montagne. | Der Arzt hat mir zu einem Aufenthalt in den Bergen geraten.
Je vous conseille de passer par Nancy. | Ich rate euch, über Nancy zu fahren.
un **conseil** [kɔ̃sej] | Rat(schlag)
il n'y a qu'à faire qc fam [ilnijaka] | man braucht nur ...

il suffit de faire qc [ilsyfi]
J'attends votre réponse, il suffit de
me passer un coup de fil.
il faut/faudrait que + *subj*
[ilfo/fodʀɛkə]
Il faudrait que vous vous reposiez.
il vaut/vaudrait mieux que + *subj*
[ilvo/vodʀɛmjøkə]
Il vaut mieux que nous partions
tout de suite.

man braucht nur etw. zu tun
Ich warte auf eure Antwort, ein
Anruf bei mir genügt.
man muss/müsste/sollte

Sie sollten sich ausruhen.
es ist/wäre besser, wenn

Es ist besser, wenn wir gleich
gehen.

---

prier qn de faire qc [pʀije]
Je vous prie de vous taire et de
m'écouter.
obliger qn à faire qc [ɔbliʒe]
forcer qn à faire qc [fɔʀse]
Tu ne peux pas la forcer à aimer
Frédéric.

jdn bitten, etw. zu tun
Seid bitte ruhig und hört mir zu.

jdn zwingen, etw. zu tun
jdn zwingen, etw. zu tun
Du kannst sie nicht dazu zwingen,
Frédéric zu lieben.

**recommander qc à qn/à qn de
faire qc** [ʀ(ə)kɔmɑ̃de]
Je lui ai recommandé de réserver
une chambre d'hôtel.
une **recommandation**
[ʀ(ə)kɔmɑ̃dasjɔ̃]
donner un ordre [dɔneɛ̃nɔʀdʀ]
donner à qn l'ordre de faire qc
ordonner à qn de faire qc [ɔʀdɔne]
déconseiller à qn de faire qc
[dekɔ̃sɛje]
Je te déconseille de prendre la route
le 1ᵉʳ août.

jdm etw. empfehlen/jdm empfeh-
len, etw. zu tun
Ich habe ihm empfohlen, ein
Hotelzimmer zu reservieren.
Empfehlung

einen Befehl geben, erteilen
jdm den Befehl geben, etw. zu tun
jdm befehlen, etw. zu tun
jdm abraten, etw. zu tun

Ich rate dir davon ab, am 1. August
loszufahren.

23.4 Schmerz, Ärger, Aggression

avoir mal (à) [avwaʀmal]
J'ai mal à la tête.
Ça fait mal.
Je me suis fait mal.
Aïe ! [aj]

Schmerzen haben
Ich habe Kopfweh.
Das tut weh.
Ich habe mir wehgetan.
Aua!/Au(tsch)!

---

en avoir assez [ɑ̃navwaʀase]
J'en ai assez de l'attendre.

von etw. genug haben
Ich habe keine Lust mehr, auf ihn/
sie zu warten.

Ça suffit ! [sasyfi]	Es reicht!
Arrête ! [aʀɛt]	Hör auf!

Zut ! *fam* [zyt]	Verflixt!
Zut, alors ! Je ne trouve plus mon portefeuille.	Verflixt! Ich finde meine Brieftasche nicht mehr.
Mince ! *fam* [mɛ̃s]	Verflixt!
Mince, alors !	(So ein) Mist!
Merde ! *pop* [mɛʀd]	Scheiße!
Quel,le ...! [kɛl]	So ein(e) ...! Was für ein(e) ...!
Quel idiot, celui-là !	Was ist das für ein Trottel!

énerver qn [enɛʀve]	jdm auf die Nerven gehen
Arrête de chanter cette chanson stupide, tu m'énerves.	Hör auf, dieses blöde Lied zu singen, du gehst mir auf die Nerven.
embêter qn [ɑ̃bɛte]	jdm auf den Geist gehen

se disputer [s(ə)dispyte]	streiten
Mes enfants n'arrêtent pas de se disputer.	Meine Kinder streiten sich unaufhörlich.
une **dispute** [dispyt]	Streit
crier [kʀije]	schreien
crier après qn	jdn anschreien
un **cri** [kʀi]	Schrei
pousser un cri de douleur	einen Schmerzensschrei ausstoßen

menacer [mənase]	bedrohen
une **menace** [mənas]	Bedrohung
mettre ses menaces à exécution	seine Drohungen wahr machen
agressif, -ive [agʀesif, iv]	aggressiv
l'**agressivité** *f* [agʀesivite]	Aggressivität
attaquer [atake]	angreifen
une **attaque** [atak]	Angriff
une **attaque verbale**	Verbalattacke

une **plainte** [plɛ̃t]	Klage, Stöhnen, Jammern
se plaindre de qn/qc [s(ə)plɛ̃dʀ]	sich über jdn/etw. beschweren; über etw. klagen
Ma fille se plaint de maux de ventre.	Meine Tochter klagt über Bauchschmerzen.
Ça brûle. [sabʀyl]	Es brennt.
Ça pique. [sapik]	Es brennt/kratzt/prickelt.

gronder [gʀɔ̃de]	ausschimpfen
Il a peur de se faire gronder par ses parents.	Er hat Angst, von seinen Eltern ausgeschimpft zu werden.

gueuler fam [gœle] — brüllen; krakeelen
engueuler qn fam [ãgœle] — jdn anbrüllen
Pierre et Juliette ont passé la soirée à s'engueuler. — Pierre und Juliette haben sich den ganzen Abend angebrüllt.
une **engueulade** fam [ãgœlad] — Anpfiff, Anschiss

contredire qn [kɔ̃tRədiR] — jdm widersprechen
Chaque fois qu'il ouvre la bouche, vous le contredisez. — Jedes Mal, wenn er den Mund öffnet, widersprechen Sie ihm.
une **contradiction** [kɔ̃tRadiksjɔ̃] — Widerspruch
avoir l'esprit de contradiction — gerne widersprechen
un **malentendu** [malãtãdy] — Missverständnis
provoquer [pRɔvɔke] — provozieren
Tu dis ça pour me provoquer, ou quoi? — Sagst du das, um mich zu provozieren?
une **provocation** [pRɔvɔkasjɔ̃] — Provokation
interrompre [ɛ̃teRɔ̃pR] — unterbrechen
Il m'a interrompu au beau milieu de ma phrase. — Er hat mich mitten im Satz unterbrochen.
couper la parole à qn [kupelapaRɔl] — jdm ins Wort fallen
Je voudrais vous expliquer mon point de vue sans que vous me coupiez la parole. — Ich möchte Ihnen gerne meinen Standpunkt darlegen, ohne dass Sie mir ins Wort fallen.

C'est un scandale! [sɛ(t)ɛ̃skãdal] — Das ist ein Skandal!
C'est scandaleux! [sɛskãdalø] — Das ist skandalös!
C'est inadmissible! [sɛ(t)inadmisibl] — Das ist untragbar!
en avoir marre fam [ãnavwaRmaR] — die Nase voll haben
J'en ai marre. — Ich habe die Nase voll.
en avoir ras le bol fam [ãnavwaRRalbɔl] — etw. satt haben, die Schnauze voll haben
Tu me casses les pieds. fam [tym(ə)kaslepje] — Du gehst mir auf den Wecker.
Tu es vache. fam [tyɛvaʃ] — Du bist gemein.
Tu es vache avec lui, quand-même. — Du behandelst ihn wirklich gemein.

jurer [ʒyRe] — fluchen
un **juron** [ʒyRɔ̃] — Fluch
une **injure** [ɛ̃ʒyR] — Beleidigung
injurier [ɛ̃ʒyRje] — beleidigen, beschimpfen
Il l'a injuriée devant tout le monde. — Er hat sie vor allen Leuten beschimpft.

grossier, -ière [gRosje, jɛR] — grob, ungehobelt
C'est un gamin grossier et mal élevé. — Das ist ein rüpelhafter und ungezogener Bub.

un **gros mot** [gʀomo]	Schimpfwort
Je me demande où mon fils a appris tous ces gros mots.	Ich frage mich, wo mein Sohn alle diese Schimpfwörter her hat.
une **insulte** [ɛ̃sylt]	Beleidigung, Verunglimpfung
insulter [ɛ̃sylte]	verunglimpfen, beschimpfen
Tu ne vas pas te laisser insulter par ce sale type, non ?	Du wirst dich doch nicht von diesem widerlichen Kerl beleidigen lassen.
Menteur ! Menteuse ! [mãtœʀ, øz]	Lügner(in)!
Espèce de …! [ɛspɛsdə]	Du/Sie/So ein …!
Espèce d'idiot !	Blödmann!
(un,e) **imbécile** n; adj [ɛ̃besil]	Idiot(in); idiotisch
(un,e) **con ,ne** n; adj, pop [kɔ̃, kɔn]	Blödmann, blöde Ziege; blöd, doof
une **connerie** pop [kɔnʀi]	Quatsch, Mist
Arrête de dire des conneries.	Hör auf, so einen Mist zu verzapfen.
un,e **abruti,e** fam [abʀyti]	Depp, Schwachkopf
Regarde cet abruti qui double dans le virage.	Schau nur diesen Deppen an, der in der Kurve überholt.
(un,e) **débile** n; adj, fam [debil]	Schwachkopf; idiotisch, schwachsinnig
Tu es débile, ou quoi ?	Bist du doof, oder was?
Salaud ! Salope ! fam [salo, salɔp]	Mistkerl! Misstück!
Salopard ! fam [salɔpaʀ]	Schwein!/Dreckskerl!
C'est ridicule. [sɛʀidikyl]	Das ist lächerlich.
C'est du vol ! [sɛdyvɔl]	Das ist Wucher!
C'est une honte ! [sɛ(t)ynə'ɔ̃t]	Das ist eine Schande!
C'est insupportable. [sɛ(t)ɛ̃sypɔʀtabl]	Das ist unerträglich.
C'est dégoûtant ! [sɛdegutã]	Das ist widerlich!
C'est dégueulasse! pop [sɛdegœlas]	Das ist eklig, fies!
Arrête de roter, c'est dégueulasse !	Hör auf zu rülpsen, das ist ja widerlich/ekelhaft.
C'est le comble ! [sɛl(ə)kɔ̃bl]	Das ist der Gipfel!
Quelle horreur ! [kɛlɔʀœʀ]	Wie abscheulich!
La ferme ! fam [lafɛʀm]	Schnauze! Halt die Klappe!
La ferme! Tu as assez dit de bêtises comme ça.	Halt die Klappe! Du hast schon genug Mist erzählt.
Ta gueule ! fam [tagœl]	Halt's Maul!
Toi, ta gueule! On (ne) t'a rien demandé.	Halt's Maul! Deine Meinung interessiert hier nicht.
Fiche le camp !/Fous le camp ! fam [fiʃləkã/ful(ə)kã]	Hau ab!/Zieh Leine!
Dégage ! fam [degaʒ]	Hau ab!

Fiche-moi/Fous-moi la paix! /fum/ Lass mich in Ruhe!
[fiʃmwa/fumwalapɛ]

23.5 Zustimmen, Bestätigen, Einschränken, Ablehnen

donner son accord [dɔnesɔ̃nakɔʀ] seine Zustimmung geben
accepter [aksɛpte] akzeptieren, annehmen
J'accepte tes excuses. Ich nehme deine Entschuldigung an.
Il a accepté de m'aider. Er hat zugesagt, mir zu helfen.
Oui. ['wi] Ja.
Bien sûr! [bjɛ̃syʀ] Selbstverständlich!
Entendu. [ãtãdy] Abgemacht./Selbstverständlich.
Entendu, je passerai te chercher à Einverstanden, ich werde dich um
8 heures. 8 Uhr abholen.
Bien entendu. Selbstverständlich./Natürlich.
D'accord. [dakɔʀ] Einverstanden.

Naturellement. [natyʀɛlmã] Natürlich.
Absolument. [absɔlymã] Unbedingt./Absolut.
Vous êtes d'accord avec elle? – Sind Sie mit ihr einer Meinung? –
Absolument. Unbedingt/Ganz und gar.
Parfaitement. [paʀfɛtmã] Aber natürlich./Sicher./Jawohl.
Exactement. [ɛgzaktəmã] Genau.

Volontiers. [vɔlɔ̃tje] Gern(e).
Vous buvez quelque chose? – Trinken Sie etwas? – Gerne, ich
Volontiers, j'ai très soif. habe großen Durst.
Pourquoi pas? [puʀkwapa] Warum nicht?
Si tu veux. [sityvø] Wenn du willst.

Bof! [bɔf] Na ja!
Il était comment, ce film? – Bof! Wie war dieser Film? – Na ja! Nicht
Pas très bon, je suis déçu. besonders, ich bin enttäuscht.
Peut-être. [pøtɛtʀ] Vielleicht.
On verra. [ɔ̃veʀa] Wir werden sehen.

être contre [ɛt(ʀə)kɔ̃tʀ] (da)gegen sein
Cette idée est mauvaise. Je suis Diese Idee ist schlecht. Ich bin ganz
absolument contre. und gar dagegen.
s'opposer à qc [sɔpoze] gegen etw. sein
Il s'est opposé à ma candidature. Er hat sich gegen meine Bewerbung ausgesprochen.

Non. [nɔ̃] Nein.
Pas du tout. [padytu] Überhaupt nicht.
Pas question. [pakɛstjɔ̃] Kommt nicht in Frage.
Pas question que je te prête ma Es kommt nicht in Frage, dass ich
voiture. dir mein Auto leihe.
Rien à faire. [ʀjɛ̃nafɛʀ] Nichts zu machen.
Jamais de la vie. [ʒamɛ̃dlavi] Nie im Leben.
Ça (ne) va pas, non? *fam* Geht es Ihnen/euch/dir nicht gut?
[sa(n)vapanɔ̃]
Mais qu'est-ce que vous faites Was treibt ihr denn in meinem
dans mon jardin? Ça (ne) va pas, Garten? Euch geht's wohl nicht
non? gut.
Et puis quoi, encore? Und sonst noch was?
[epɥikwaɑ̃kɔʀ]
Tu voudrais que nous te donnions Du möchtest, dass wir dir 1000
1000 francs. Et puis quoi, encore? Francs geben. Und sonst noch was?

- -

bien *adv* [bjɛ̃] gut
Bien, puisque c'est comme ça, je Gut, wenn dem so ist, dann gehe
m'en vais. ich.
sûrement [syʀmɑ̃] sicher
certainement [sɛʀtɛnmɑ̃] gewiss, sicher
évidemment [evidamɑ̃] natürlich, klar; offensichtlich
J'ai attendu, mais évidemment, il Ich habe gewartet, aber er ist
n'est pas venu. natürlich nicht gekommen.
sans doute [sɑ̃dut] wahrscheinlich

---

i **Über jeden Zweifel erhaben?**

Unterscheide:
sans doute *wahrscheinlich*
Elle a sans doute raison. *Wahrscheinlich hat sie Recht.*
Elle prendra sans doute le train de *Wahrscheinlich fährt sie mit dem Zug um*
15 heures. *15 Uhr.*
sans aucun doute *zweifellos, ganz bestimmt*
Tu es sûr que c'était Jean? – Sans aucun *Bist du sicher, es war Jean? – Ohne jeden*
doute. *Zweifel.*

---

tout à fait [tutafɛ] ganz, völlig, vollkommen
complètement [kɔ̃plɛtmɑ̃] völlig
Il a complètement raté son examen. Er hat seine Prüfung völlig verpatzt.
en tout cas [ɑ̃tuka] auf jeden Fall

- -

par exemple (p. ex.) [paʀɛgzɑ̃pl] zum Beispiel (z. B.)
en effet [ɑ̃nefɛ] wirklich, tatsächlich; nämlich
Il ne pourra pas venir dimanche. En Er kann Sonntag nicht kommen; er
effet, il est gravement malade. ist nämlich schwer krank.

Vous avez vu ce match ? – Je l'ai vu, en effet.

Haben Sie dieses Spiel gesehen? – Ich habe es in der Tat gesehen.

vraiment [vʀɛmã]

wirklich

en fait [ãfɛt]
En fait, c'est tout simple, une fois qu'on a compris.

in Wirklichkeit, eigentlich
Eigentlich ist es ganz einfach, wenn man es einmal verstanden hat.

C'est un fait que ... [sɛ(t)ɛ̃fɛkə]

Es ist eine Tatsache, dass ...

ainsi [ɛ̃si]
Venez tôt, ainsi vous pourrez déjeuner avec nous.

so
Kommt früh, so könnt ihr mit uns Mittag essen.

de toute manière [dətutmanjɛʀ]
De toute manière, quoique tu fasses, elle sera vexée.

so oder so, auf alle Fälle
Was du auch machst, sie wird so oder so beleidigt sein.

de toute façon [dətutfasɔ̃]

so oder so, auf jeden Fall

d'ailleurs [dajœʀ]
Tu n'as qu'à le lui demander toi-même; d'ailleurs il sera là demain.

übrigens
Du kannst ihn ja selbst fragen; übrigens wird er morgen da sein.

après tout [apʀɛtu]
Tu pourrais lui écrire; après tout, c'est ta mère.

schließlich
Du könntest ihr schreiben, sie ist schließlich deine Mutter.

finalement [finalmã]

schließlich, letztendlich

enfin [ãfɛ̃]
Ce n'est pas très agréable, mais, enfin, on s'y habitue.

schließlich
Das ist nicht sehr angenehm, aber, nun ja, man gewöhnt sich daran.

en réalité [ãʀealite]

in Wirklichkeit

autrement dit [otʀəmãdi]
Elle ne me regarde plus, elle me parle à peine ... autrement dit, elle ne m'aime plus.

mit anderen Worten
Sie schaut mich nicht mehr an, sie spricht kaum noch mit mir ... mit anderen Worten: sie liebt mich nicht mehr.

bref [bʀɛf]
Et après tous ces ennuis, on nous a aussi volé notre voiture. Bref, des vacances affreuses.

kurz, knapp und bündig
Und nach all diesem Ärger hat man uns auch noch das Auto gestohlen. Mit einem Wort, schreckliche Ferien.

seulement [sœlmã]

nur

uniquement [ynikmã]
Elle est venue de Londres uniquement pour te voir.

einzig und allein, bloß
Sie ist aus London gekommen, bloß um dich zu sehen.

simplement [sɛ̃pləmã]
Je voudrais simplement dire que je ne suis pas d'accord.

einfach
Ich möchte einfach nur sagen, dass ich nicht einverstanden bin.

au moins [omwɛ̃] — mindestens
du moins [dymwɛ̃] — wenigstens
Du moins, c'est mon avis. — Wenigstens ist dies meine Meinung.
plus ou moins [plyzumwɛ̃] — mehr oder weniger

tout de même [tudmɛm] — dennoch, doch
Tu aurais tout de même pu te raser. — Du hättest dich immerhin rasieren können.
quand même [kãmɛm] — trotzdem
plutôt [plyto] — eher, lieber
Cette jupe ne te va pas, prends plutôt l'autre. — Dieser Rock steht dir nicht, nimm lieber den anderen.

approuver [apʁuve] — begrüßen, gut finden
J'approuve entièrement la décision de Claire. — Ich billige voll und ganz Claires Entscheidung.
une **approbation** [apʁɔbasjɔ̃] — Zustimmung
effectivement [efɛktivmã] — tatsächlich
D'accord, nous partirons ce soir. — Einverstanden, wir fahren heute Abend.
C'est effectivement la meilleure solution. — Das ist tatsächlich die beste Lösung.
éventuellement [evãtɥɛlmã] — eventuell
le cas échéant [ləkazeʃeã] — gegebenenfalls, wenn nötig
Le cas échéant, on pourrait s'arrêter à Orléans pour dîner. — Gegebenenfalls könnten wir in Orléans anhalten, um Abend zu essen.

refuser qc à qn/de faire qc [ʁ(ə)fyze] — jdm etw. verweigern/sich weigern, etw. zu tun
Je refuse d'écouter ces bêtises. — Ich weigere mich, mir diesen Blödsinn anzuhören.
un **refus** [ʁ(ə)fy] — Ablehnung, Absage
à aucun prix [aokɛ̃pʁi] — unter keinen Umständen
Je ne lui en parlerai à aucun prix. — Ich werde ihm unter keinen Umständen davon erzählen.
à tout prix [atupʁi] — um jeden Preis
Viens vite, il faut que je te parle à tout prix. — Komm schnell, ich muss unbedingt mit dir reden.

à coup sûr [akusyʁ] — ganz bestimmt
Si on va à cette fête, on va s'ennuyer à coup sûr. — Wenn wir zu diesem Fest gehen, werden wir uns ganz bestimmt langweilen.
précisément [pʁesizemã] — genau, ganz genau

Mais c'est précisément ce que j'essaie de dire depuis une heure.	Aber das ist genau das, was ich seit einer Stunde versuche zu sagen.
sans faute [sɑ̃fot]	ganz sicher
Alors, à jeudi, sans faute!	Also, bis Donnerstag, ganz sicher!

totalement [tɔtalmɑ̃]	vollständig
décidément [desidemɑ̃]	also wirklich
Toi, décidément, on ne te changera jamais!	Also wirklich, dich wird man auch nie ändern können!
en somme [ɑ̃sɔm]	kurzum
pur et simple [pyʀesɛ̃pl]	eindeutig, klar
C'est une escroquerie pure et simple.	Das ist glatter Betrug.
nettement [nɛtmɑ̃]	deutlich
Elle est nettement plus âgée que lui.	Sie ist deutlich älter als er.

également [egalmɑ̃]	gleich(ermaßen), auch
J'aime la musique classique, mais également le reggae.	Ich mag klassische Musik, aber genauso Reggae.
habituellement [abitɥɛlmɑ̃]	gewöhnlich, in der Regel
Habituellement, nous faisons une promenade après le déjeuner.	Nach dem Mittagessen machen wir in der Regel einen Spaziergang.
d'ordinaire [dɔʀdinɛʀ]	normalerweise, gewöhnlich
obligatoirement [ɔbligatwaʀmɑ̃]	notgedrungen, zwangsläufig
forcément [fɔʀsemɑ̃]	gezwungenermaßen, notgedrungen; na klar
Tu connais Paul? – Forcément, c'est mon oncle.	Kennst du Paul? – Na klar, das ist mein Onkel.

à la rigueur [alaʀigœʀ]	notfalls, zur Not
Ce n'est pas idéal, mais ça peut aller à la rigueur.	Das ist nicht ideal, doch zur Not kann's gehen.
sous (toute) réserve [su(tut)ʀezɛʀv]	unter Vorbehalt
faute de mieux [fotdəmjø]	wohl oder übel, notgedrungen, in Ermangelung eines Besseren
Faute de mieux, allons au musée, ça nous fera passer le temps.	Gehn wir also notgedrungen ins Museum, so können wir uns die Zeit vertreiben.
sans plus [sɑ̃plys]	das ist aber auch alles
Ils ont été polis, sans plus.	Sie waren höflich, das war aber auch alles.

au fond [ofɔ̃]	im Grunde (genommen)
Au fond, cette idée n'est pas si bête.	Diese Idee ist im Grund gar nicht so schlecht.
tout compte fait [tukɔ̃tfɛ]	alles in allem
en fin de compte [ɑ̃fɛ̃dkɔ̃t]	schließlich, letztlich

pour ainsi dire [puʀɛ̃sidiʀ]
Il n'a pour ainsi dire rien mangé.

sozusagen, gewissermaßen
Er hat so gut wie nichts gegessen.

étant donné que [etãdɔnekə]
Etant donné qu'ils ne s'entendaient plus, il valait mieux qu'ils se séparent.

in Anbetracht der Tatsache, dass
In Anbetracht der Tatsache, dass sie nicht mehr miteinander auskamen, war es besser, dass sie sich trennten.

malgré tout [malgʀetu]
Nous nous voyons rarement, mais nous sommes malgré tout restés bons amis.

trotz allem
Wir sehen uns selten, aber trotz allem sind wir gute Freunde geblieben.

d'autant plus que ... [dotãply(s)kə]
Il lui faudrait un appartement plus grand, d'autant plus qu'elle attend un bébé.

um so mehr als ...
Sie bräuchte eine größere Wohnung, umso mehr als sie ein Baby erwartet.

d'un côté ... de l'autre
[dɛ̃kotedəlotʀ]
D'un côté ça m'embête de passer Noël chez ma belle-mère, mais de l'autre, ça lui fera tellement plaisir.

einerseits ... andererseits

Einerseits ist es mir lästig, Weihnachten bei meiner Schwiegermutter zu verbringen, andererseits wird sie sich wirklich darüber freuen.

d'une part ... d'autre part
[dynpaʀdotʀəpaʀ]

einerseits ... andererscits

23.6 Loben und Danken, Tadeln

féliciter qn de/pour qc [felisite]

jdn zu etw. beglückwünschen; jdn für etw. loben

Je vous félicite de votre courage.

Ich beglückwünsche euch zu eurem Mut.

Félicitations ! [felisitasjɔ̃]
un **compliment** [kɔ̃plimã]
Tout le monde lui fait **des compliments sur** sa nouvelle coiffure.

Herzliche Glückwünsche!
Kompliment
Jeder macht ihr Komplimente wegen ihrer neuen Frisur.

remercier qn de qc [ʀ(ə)mɛʀsje]

sich bei jdm für etw. bedanken, jdm für etw. danken

Je vous remercie de m'avoir aidé.

Ich danke Ihnen, dass Sie mir geholfen haben.

Merci. [mɛʀsi]
le **remerciement** [ʀ(ə)mɛʀsimã]

Danke.
Dank

Bravo! [bʀavo] Bravo!
Bien! [bjɛ̃] Gut!
Super! [sypɛʀ] Super!
Génial! [ʒenjal] Genial!
Ça y est! [sajɛ] Das wär's!/Geschafft!
Voilà! [vwala] So!/Na also!
Voilà! Tu as presque fini. Na also! Du bist fast fertig.
Pas mal. [pamal] Nicht schlecht.
Pas terrible. [patɛʀibl] Nicht so berauschend.
Nul./Nulle. [nyl] Miserabel.
Ne lis pas ce livre, il est absolument Lies dieses Buch nicht, es taugt rein
nul. gar nichts.

critiquer [kʀitike] kritisieren
dire du bien/du mal de qn/qc über jdn/etw. Gutes/Schlechtes
[diʀdybjɛ̃/dymal] erzählen
On m'a dit beaucoup de bien de ce Man hat mir viel Gutes über dieses
restaurant. Restaurant erzählt.
donner raison/tort à qn jdm Recht/Unrecht geben
[dɔneʀɛzɔ̃/tɔʀ]

reprocher qc à qn/à qn d'avoir jdm etw. vorwerfen/jdm vorwerfen,
fait qc [ʀ(ə)pʀɔʃe] etw. getan zu haben
Je lui reproche de ne pas m'avoir dit Ich werfe ihm vor, mir nicht die
la vérité. Wahrheit gesagt zu haben.
un **reproche** [ʀ(ə)pʀɔʃ] Vorwurf
faire des reproches à qn **sur qc** jdm Vorwürfe wegen etw. machen
condamner [kɔ̃dane] verurteilen

louer qn pour qc [lwe] jdn für/wegen etw. loben
une **louange** [lwɑ̃ʒ] Loblied
chanter les louanges de qn/qc jdn/etw. in den höchsten Tönen
loben
la **reconnaissance** [ʀ(ə)kɔnɛsɑ̃s] Dankbarkeit
manifester sa reconnaissance sich jdm gegenüber dankbar zeigen
envers qn
(être) reconnaissant,e (à qn de (jdm für etw.) dankbar (sein)
qc) [ʀ(ə)kɔnɛsɑ̃, ɑ̃t]
Elle n'a rien dit, et je lui en suis très Sie hat nichts gesagt und dafür bin
reconnaissant. ich ihr sehr dankbar.

blâmer qn de/pour qc [blame] jdn für etw. tadeln, rügen
un **blâme** [blam] Tadel, Rüge, Verweis

23.7 Stellungnahme und Bewertung

une **opinion** [ɔpinjɔ̃]
Meinung
partager l'opinion de qn (sur qc)
jds Meinung/Ansicht (über etw.) teilen

un **avis** [avi]
Ansicht, Auffassung, Meinung
donner son avis
seine Meinung abgeben
être du même avis que
der gleichen Meinung sein wie
être d'(un) avis contraire/opposé
gegenteiliger Meinung sein
A mon avis, tu n'aurais pas dû lui dire ça.
Meiner Meinung nach hättest du ihm dies nicht sagen sollen.
être en accord avec qn [ɛtRɑ̃nakɔR]
mit jdm übereinstimmen
être en désaccord avec qn [ɛtRɑ̃dezakɔR]
mit jdm nicht übereinstimmen
(être) favorable à [favoRabl]
wohlgesinnt (sein)
Le directeur a été favorable à mon projet.
Der Direktor hat meinen Plan wohlwollend aufgenommen.

protester contre qc [pRɔtɛste]
gegen etw. protestieren
contester qc [kɔ̃tɛste]
gegen etw. protestieren, etw. anfechten
Le joueur a contesté la décision de l'arbitre.
Der Spieler hat die Schiedrichterentscheidung angefochten.
s'élever contre qc [sel(ə)ve]
sich gegen etw. wenden

Ça m'est égal. [samɛ(t)egal]
Das ist mir egal.
Et après ? [eapRɛ]
Na und? Was ist schon dabei?
Et après ? Qu'est-ce que ça peut te faire ?
Und überhaupt? Was geht das dich an?/Was kann das dir ausmachen?
Et alors ? [ealɔR]
Na und?

considérer que [kɔ̃sideRe]
der Meinung sein/finden, dass
Je considère que c'est stupide.
Ich finde, das ist dumm.
Je **le considère comme** un jeune homme plein de talent.
Ich halte ihn für einen sehr talentierten jungen Mann.
juger que [ʒyʒe]
der Meinung sein, dass
Fais-le, si tu juges que c'est nécessaire.
Tu es, wenn du es für nötig hältst.
être sûr,e (de qc/que) [ɛt(Rə)syR]
(einer Sache) sicher sein; sicher sein, (dass)
Je suis sûr de le connaître.
Ich bin sicher, ihn zu kennen.
J'étais pourtant sûr que tu le connaissais.
Dabei war ich sicher, dass du ihn kennst.
être certain,e (de qc/que) [ɛt(Rə)sɛRtɛ̃, ɛn]
(einer Sache) sicher sein; sicher sein, (dass)

Je suis **sûre et certaine** de l'avoir vu dimanche.	Ich bin mir ganz sicher, ihn am Sonntag gesehen zu haben.

une **conclusion** [kɔ̃klyzjɔ̃]
Le tribunal est arrivé à la conclusion que l'accusé est coupable.
positif, -ive [pozitif, iv]
négatif, -ive [negatif, iv]

Schluss(folgerung)
Das Gericht kam zu dem Schluss, der Angeklagte sei schuldig.
positiv
negativ

relatif, -ive [ʀ(ə)latif, iv]
dépendre de [depɑ̃dʀ]
Je ne peux rien te promettre, ça dépendra du temps qu'il fera.
évident,e [evidɑ̃, ɑ̃t]
Il est évident que j'ai raison.

relativ
abhängen von
Ich kann dir nichts versprechen, das hängt ganz vom Wetter ab.
klar, offensichtlich, offenkundig
Es ist offensichtlich, dass ich Recht habe.

clair,e [klɛʀ]
confus,e [kɔ̃fy, yz]

klar
wirr, konfus

il est courant que + *subj*
[ilɛkuʀɑ̃]
Il est courant qu'il fasse mauvais en cette saison.
il est (im)possible que + *subj*
[ilɛ(ɛ̃)pɔsibl]
Il est possible qu'il pleuve demain.

es ist üblich/alltäglich/gängig, dass
In dieser Jahreszeit ist das Wetter üblicherweise schlecht.
es ist (un)möglich, dass

Es ist möglich, dass es morgen regnet.

il est probable que [ilɛpʀɔbabl]
Il est probable qu'il viendra.
il est improbable que + *subj*
[ilɛ(t) ɛ̃pʀɔbabl]

es ist wahrscheinlich, dass
Wahrscheinlich kommt er.
es ist unwahrscheinlich, dass

juste [ʒyst]
faux, fausse [fo, fos]
correct,e [kɔʀɛkt]
exact,e [egza(kt), egzakt]
Il est exact que nous nous connaissons depuis longtemps.

richtig
falsch
korrekt, richtig
exakt, richtig
Es stimmt, dass wir uns seit langem kennen.

important,e [ɛ̃pɔʀtɑ̃, ɑ̃t]
l'**importance** f [ɛ̃pɔʀtɑ̃s]
de toute première importance
principal,e [pʀɛ̃sipal]
Tu n'es pas blessé, c'est le principal.

wichtig
Bedeutung, Wichtigkeit, Ausmaß
äußerst wichtig
wichtigste(s, r)
Das bist unverletzt, das ist das Wichtigste.

secondaire [s(ə)gɔ̃dɛʀ]

nebensächlich, sekundär

C'est une question tout à fait secondaire.	Das ist eine völlig zweitrangige Frage.

bien *adv* [bjɛ̃]
Qu'est-ce que tu chantes bien !
gut
Singst du gut!

mieux *adv* [mjø]
Tu aurais pu mieux faire.
besser
Du hättest dich mehr anstrengen/ das besser machen können.

bon,ne [bɔ̃, bɔn]
gut

meilleur,e [mɛjœʀ]
C'est le meilleur pianiste que je connaisse.
besser
Er ist der beste Pianist, den ich kenne.

parfait,e [paʀfɛ, ɛt]
Comme ça, c'est parfait.
perfekt, tadellos
So ist es perfekt.

préférable [pʀefeʀabl]
Il aurait été préférable que tu te taises.
besser
Es wäre besser gewesen, du hättest geschwiegen.

préférer [pʀefeʀe]
vorziehen

mal *adv* [mal]
Tu ne trouves pas qu'ils ont mal joué ?
schlecht
Findest du nicht, dass sie schlecht gespielt haben?

mauvais,e [mo/ɔvɛ, ɛz]
schlecht

pire [piʀ]
de pire en pire
schlimmer
immer schlimmer

un **avantage** [avɑ̃taʒ]
un avantage inestimable
Vorteil
ein unschätzbarer Vorteil

agréable [agʀeabl]
angenehm

pratique [pʀatik]
Pour aller au bureau, je prends le bus, c'est plus pratique.
praktisch
Ich nehme den Bus, um ins Büro zu fahren, das ist praktischer.

il semble que [ilsɑ̃bl]
Il semble que le temps devient/ devienne meilleur.
es scheint, dass
Das Wetter scheint sich zu bessern.

il me semble que [i(l)m(ə)sɑ̃bl]
Il me semble que Lucas a encore grossi.
mir scheint, dass
Mir scheint, Lucas ist noch dicker geworden.

avoir l'impression *f* **que** [avwaʀlɛ̃pʀesjɔ̃]
den Eindruck haben, dass

avoir le sentiment que [avwaʀl(ə)sɑ̃timɑ̃]
das Gefühl haben, dass

trouver que [tʀuve]
Tu ne trouves pas que Pascal **a mauvaise mine** ?
finden, dass
Findest du nicht, dass Pascal schlecht aussieht?

trouver qn/qc + *adj* [tʀuve]
finden

Je trouve les nouveaux voisins très
gentils.

Ich finde die neuen Nachbarn sehr
nett.

personnellement [pɛʀsɔnɛlmã]
Moi, personnellement, je lui aurais
dit ce que j'en pense.
de mon côté [d(ə)mõkote]
De mon côté, je pense que Valérie a
pris la bonne décision.

persönlich
Ich persönlich hätte ihm gesagt,
was ich davon halte.
was mich betrifft/angeht
Was mich angeht, so meine ich,
Valérie hat die richtige Entschei-
dung getroffen.

pour ma part [puʀmapaʀ]
Moi, pour ma part, je préfère la mer
à la montagne.
franchement [fʀãʃmã]
Là, franchement, tu exagères !

für meinen Teil, was mich betrifft
Ich, für meinen Teil, ziehe das
Meer den Bergen vor.
offen, ehrlich
Also ganz ehrlich, da gehst du zu
weit!

heureusement (que) [øʀøzmã]
Heureusement qu'on a retrouvé les
clés.
malheureusement [maløʀøzmã]
Malheureusement, il n'est jamais là
quand on a besoin de lui.

zum Glück, glücklicherweise
Glücklicherweise haben wir die
Schlüssel wieder gefunden.
leider, bedauerlicherweise
Leider ist er nie da, wenn man ihn
braucht.

le **goût** [gu]
avoir bon/mauvais goût

J'ai trouvé sa réflexion **de très
mauvais goût.**

Geschmack
einen guten/schlechten
Geschmack haben
Ich fand seine Bemerkung sehr
geschmacklos.

beau, bel; belle [bo, bɛl]
Qu'il est beau, ce bijou !
magnifique [maɲifik]
splendide [splãdid]
Tu as vu ce but ? Splendide !

schön
Ist dieses Schmuckstück schön!
wunderbar
herrlich, prächtig
Hast du dieses Tor gesehen? Fantas-
tisch!

laid,e [lɛ, lɛd]

hässlich

charmant,e [ʃaʀmã, ãt]
le **charme** [ʃaʀm]
Elle n'est pas belle, mais elle a du
charme.
mignon,ne [miɲõ, ɔn]
aimable [ɛmabl]
Merci beaucoup, vous êtes trop
aimable.
adorable [adɔʀabl]

reizend, entzückend, charmant
Charme
Sie ist zwar nicht schön, doch hat
sie Charme.
süß, hübsch
freundlich, liebenswürdig
Vielen Dank, zu liebenswürdig.
goldig, lieb, sehr nett

Tu ferais ça pour moi ? Tu es vraiment adorable.

Das würdest du für mich tun? Du bist wirklich ein Schatz.

idéal,e [ideal]
Il fait un temps idéal pour un pique-nique.

ideal
Es herrscht ideales Picknickwetter.

formidable [fɔʀmidabl]
fantastisch

grave [gʀav]
schlimm, ernst

Hervé est malade ? **Rien de grave,** j'espère.
Hervé ist krank? Hoffentlich nichts Schlimmes.

terrible [teʀibl]
furchtbar

impressionnant,e [ɛ̃pʀesjɔnɑ̃, ɑ̃t]
beeindruckend

intéressant,e [ɛ̃teʀesɑ̃, ɑ̃t]
interessant

amusant,e [amyzɑ̃, ɑ̃t]
unterhaltsam, witzig

original,e [ɔʀiʒinal]
originell; sonderbar, eigenartig

avoir des idées originales
originelle Ideen haben

banal,e [banal]
alltäglich, gewöhnlich, banal

Ce n'est pas banal, ce qui t'est arrivé.
Was dir da zugestoßen ist, ist nicht alltäglich.

médiocre [medjɔkʀ]
dürftig, mittelmäßig

fatigant,e [fatigɑ̃, ɑ̃t]
anstrengend, ermüdend

ennuyeux, -euse [ɑ̃nɥijø, jøz]
langweilig

bête [bɛt]
dumm

Ce n'est pas bête, ce que tu dis.
Was du da sagst, ist nicht dumm.

désagréable [dezagʀeabl]
unangenehm

pénible [penibl]
mühsam, beschwerlich; unerträglich

Ce que tu peux être pénible, par moments !
Du kannst einen manchmal richtig nerven!

détestable [detɛstabl]
abscheulich, scheußlich

simple [sɛ̃pl]
einfach

élémentaire [elemɑ̃tɛʀ]
elementar, Grund-

facile [fasil]
leicht

difficile [difisil]
schwer, schwierig

dur,e [dyʀ]
schwer, schwierig

Tu n'y arriveras pas, c'est trop dur.
Das wirst du nicht schaffen, das ist zu schwierig.

étonner qn [etɔne]
jdn erstaunen

Ça m'étonnerait qu'il soit à l'heure.
Es würde mich wundern, wenn er pünktlich wäre.

s'étonner [setɔne]
sich wundern

Je m'étonne toujours de l'intelligence de mon chien.
Ich wundere mich immer wieder über die Klugheit meines Hundes.

étonnant,e |etɔnɑ, ɑt]
l'**étonnement** *m* [etɔnmɑ̃]
(**être**) **surpris,e** [syʀpʀi, iz]
Nous sommes surpris que tu n'aies
pas encore compris.
la **surprise** [syʀpʀiz]
Elle n'a pas pu cacher sa surprise
quand elle l'a vu.
surprenant,e [syʀpʀənɑ̃, ɑ̃t]

eɪstaunlich, verwunderlich
Erstaunen, Verwunderung
überrascht (sein)
Es überrascht uns, dass du noch
nicht verstanden hast.
Überraschung
Sie konnte ihre Überraschung
nicht verbergen, als sie ihn sah.
überraschend

bizarre [bizaʀ]
Je **trouve bizarre** qu'elle n'ait pas
téléphoné.
étrange [etʀɑ̃ʒ]
incroyable [ɛ̃kʀwajabl]
Incroyable, mais vrai, Véronique
s'est mariée !
un,e **drôle de ...** [dʀol]
Ça, c'est drôle.

seltsam, befremdend, bizarr
Ich finde es seltsam, dass sie nicht
telefoniert hat.
seltsam
unglaublich
Unglaublich, aber wahr, Véronique
hat geheiratet.
ein(e) seltsame(s, r) ...
Das ist seltsam/komisch.

Hein ? ['ɛ̃]
Quoi ? [kwa]
Quoi ? C'est ta sœur ? Mais vous ne
vous ressemblez pas !

Was? Hm?
Was?
Was? Das ist deine Schwester?
Ihr seid euch aber gar nicht
ähnlich.

Comment ? [kɔmɑ̃]
Ah, bon ? [abɔ̃]
Ah, bon, c'était pour rire ? Tu m'as
fait peur.

Wie (bitte)?
Ach ja? Ach so?
Ach so, das war nur ein Spaß? Du
hast mir schon einen Schrecken
eingejagt.

Tiens, tiens ! [tjɛ̃tjɛ̃]
Tiens, tiens ! C'est à cette heure-ci
qu'on rentre ?
Eh bien ! ['e/'ɛbjɛ̃]
Dis/Dites donc ! [di/ditdɔ̃k]
Dis-donc ! Qu'est-ce que tu as
grandi !
Oh, là là ! [olala]
Oh, là là ! quand ma mère va voir
ça, elle va être en colère.
Sans blague ! [sɑ̃blag]
Elle a eu des jumeaux ? Sans bla-
gue !
Voyons ! [vwajɔ̃]
Pas possible ! [paposibl]
Ça alors ! [saalɔʀ]

Sieh mal! Schau mal einer an!
Schau mal einer an! Um diese
Uhrzeit kommst du nach Hause?
Nun!/So was!/Na, na!
Sag/Sagt mal! Sag/Sagen Sie bloß!
Sag bloß! Bist du groß geworden!

Oje!
Oje! Wenn meine Mutter das sieht,
wird sie wütend sein.
Im Ernst!/Tatsächlich!
Sie hat Zwillinge bekommen?
Mach keinen Witz!
Hör-, Hören sie mal!/Aber, aber!
Nicht möglich!
Na, so was!

Ça ne vaut rien. [san(ə)voʀjẽ] Das ist nichts wert.
Je m'en moque/fiche *fam/* Das ist mir egal, Wurst.
fous *fam.* [j(ə)mãmɔk/fiʃ/fu]
Elle peut penser ce qu'elle veut, je Sie kann denken, was sie will, das
m'en fiche. ist mir Wurst.
Ça ne me (te, le …) regarde pas. Das geht mich (dich, ihn …) nichts
[san(ə)məʀ(ə)gaʀdpa] an.
Je peux sortir avec qui je veux, ça ne Ich kann ausgehen, mit wem ich
vous regarde pas. will, das geht euch nichts an.
selon [s(ə)lɔ̃] gemäß, entsprechend, nach
Selon moi, cette théorie est Meiner Meinung nach ist diese
absurde. Theorie absurd.
d'après [dapʀɛ] gemäß, entsprechend, nach
D'après mes parents, je devrais Nach Meinung meiner Eltern
travailler plus. sollte ich mehr arbeiten.

apprécier [apʀesje] (ab-/ein-)schätzen
une **appréciation** [apʀesjasjɔ̃] Ab-/Einschätzung, Beurteilung
porter une appréciation sur eine Einschätzung abgeben über
un **jugement** [ʒyʒmã] Urteil
un **préjugé** [pʀeʒyʒe] Vorurteil
lutter contre **les préjugés racistes** gegen rassistische Vorurteile
ankämpfen

capital,e [kapital] bedeutend, wichtig
un événement capital ein bedeutendes Ereignis
primordial,e [pʀimɔʀdjal] wesentlich, entscheidend
jouer un rôle primordial eine wesenliche Rolle spielen
la **perfection** [pɛʀfɛksjɔ̃] Perfektion
Yann joue du violon **à la perfection**. Yann spielt meisterhaft Geige.
l'**imperfection** *f* [ɛ̃pɛʀfɛksjɔ̃] Unvollkommenheit
exceptionnel,le [ɛksɛpsjɔnɛl] außergewöhnlich
Elle est d'une adresse exception- Sie ist von außergewöhnlicher
nelle. Geschicklichkeit.
remarquable [ʀ(ə)maʀkabl] bemerkenswert, außergewöhn-
  lich
unique [ynik] einzig(artig)
Nous avons assisté à un spectacle Wir haben einem wirklich einzig-
absolument unique. artigen Schauspiel beigewohnt.
convenable [kɔ̃vnabl] passend, angemessen

(in)suffisant,e [(ɛ̃)syfizã, ãt] unzureichend; ausreichend
catastrophique [katastʀɔfik] katastrophal
la **catastrophe**; la **cata** *fam* Katastrophe
[kata(stʀɔf)]

En ce moment, au bureau, c'est la cata(strophe); presque tout le monde est malade.	Im Büro ist es bei uns zur Zeit eine einzige Katastrophe; fast alle sind krank.

ressentir qc comme ... [R(ə)sɑ̃tiR]   etw. als ... empfinden
Je ressens sa réflexion comme un   Ich empfinde seine Bemerkung als
affront.   Beleidigung.
mystérieux, -euse [misteRjø, jøz]   geheimnisvoll, geheim
moche *fam* [mɔʃ]   scheußlich, potthässlich
hideux, -euse ['idø, øz]   abscheulich, grauenhaft
affreux, -euse [afRø, øz]   abscheulich, scheußlich
horrible [ɔRibl]   abscheulich, schrecklich
épouvantable [epuvɑ̃tabl]   schrecklich, grauenhaft
Les acteurs étaient bons, mais j'ai   Die Schauspieler waren gut, aber
trouvé la mise en scène épouvanta-   die Inszenierung fand ich schreck-
ble.   lich.

curieux, -euse [kyRjø, jøz]   komisch, seltsam, sonderbar
frappant,e [fRapɑ̃, ɑ̃t]   frappierend, auffallend
Qu'est-ce que tu ressembles à ton   Wie du deinem Bruder ähnelst, das
frère, c'est frappant.   ist verblüffend.
inexplicable [inɛksplikabl]   unerklärlich
invraisemblable [ɛ̃vRɛsɑ̃blabl]   unwahrscheinlich, unglaublich
inouï,e [inwi]   unerhört, unglaublich, beispiellos
Mais c'est inouï, ce que tu dis là.   Aber das ist ja unerhört, was du da
   sagst.

(être) émerveillé,e [emɛRveje]   entzückt (sein)
l'**émerveillement** *m* [emɛRvejmɑ̃]   Entzückung, Verzücktsein
Le spectacle a **plongé** les specta-   Das Schauspiel hat die Zuschauer
teurs **dans l'émerveillement.**   in Entzückung versetzt.
stupéfait,e [stypɔfɛ, ɛt]   verblüfft, betroffen, bestürzt
Je suis stupéfait de voir comme ta   Ich sehe mit Verblüffung, wie
fille a grandi.   deine Tochter gewachsen ist.
la **stupéfaction** [stypefaksjɔ̃]   Verblüffung
Je n'en crois pas mes yeux/mes   Ich trau meinen Augen/Ohren
oreilles.   nicht.
[ʒ(ə)nɑ̃kRwapamezjø/mezɔRɛj]

23.8 Auffordern und Wünschen

encourager qn à faire qc [ɑ̃kuRaʒe]   jdn ermutigen, etw. zu tun
Nous l'avons encouragé à conti-   Wir haben ihn ermuntert, weiter
nuer.   zu machen.

un **encouragement** [ãkuʀaʒmã] Auf-/Ermunterung, Ermutigung

Attention! [atãsjɔ̃] Vorsicht! Achtung!
Allez, allez! [aleale] Auf, auf!/Auf geht's!
Allez, allez! Dépêchez-vous un peu. Auf, auf! Beeilt euch ein wenig.
Vas-y! [vazi] Los! Nur zu!
Vas-y, saute, ce n'est pas haut! Los! Spring, das ist nicht hoch!
Halte! ['alt] Halt!
Stop! [stɔp] Stop!

Tais-toi! [tɛtwa] Sei still!
Silence! [silãs] Ruhe!
Chut! [ʃyt] Psst!

Va-t'en! [vatã] Geh (weg)!/Hau ab!
Laisse-moi tranquille! Lass mich in Ruhe!
[lɛsmwatʀãkil]

Au secours! [os(ə)kuʀ] Hilfe!
A l'aide! [alɛd] Hilfe!
Au voleur! [ovɔlœʀ] Haltet den Dieb!

souhaiter qc à qn [swɛte] jdm etw. wünschen
Je vous souhaite une bonne nuit. Ich wünsche euch eine gute Nacht.
un **souhait** [swɛ] Wunsch
un **vœu** [vø] Wunsch
Je vous adresse tous mes vœux de Ich wünsche Ihnen alles Gute.
bonheur.
Mes meilleurs vœux (pour la Meine besten Wünsche/Alles Gute
nouvelle année). (zum Neuen Jahr).
A tes/vos souhaits! [ate/voswɛ] Gesundheit!
Atchoum! – A tes souhaits! Hatschi! – Gesundheit!

Félicitations! [felisitasjɔ̃] Herzliche Glückwünsche!
Toutes nos félicitations aux jeunes Herzlichen Glückwunsch dem
mariés! jungen Paar!
Bonne fête! [bɔnfɛt] Herzlichen Glückwunsch zum
  Namenstag!

Bon anniversaire! [bɔnanivɛʀsɛʀ] Herzlichen Glückwunsch zum
  Geburtstag!

Bonne année! [bɔnane] Ein gutes Neues Jahr!
Bonne année, bonne santé! Viel Glück und Gesundheit zum
  Neuen Jahr!

Joyeux Noël! [ʒwajønɔɛl] Frohe Weihnacht(en)!
Joyeuses Pâques! [ʒwajøzpak] Frohe Ostern!
Bonne chance! [bɔnʃãs] Viel Glück!

Bon appétit. [bɔnapeti]	Guten Appetit.
Bonne journée. [bɔnʒuʀne]	Schönen Tag.
Bonne nuit. [bɔnnᶣi]	Gute Nacht.

Bonnes vacances. [bɔnvakɑ̃s]	Schöne Ferien.
Bon voyage. [bɔ̃vwajaʒ]	Gute Reise.
Bonne route. [bɔnʀut]	Gute Fahrt.

23.9 Phraseologie in Briefen

Briefe erhalten die Freundschaft

Le destinataire:	Monsieur (M.), Madame (Mme), Mademoiselle (Melle) + *nom*	*Empfänger*
Le lieu et la date:	Toulouse, le 1ᵉʳ avril 2000; Lyon, le 2 avril 2000	*Ort und Datum*
Le début dans une lettre officielle:	Madame, Monsieur // Mesdames, Messieurs // Monsieur/Messieurs // Madame/Mesdames//Mademoiselle/ Mesdemoiselles // Monsieur le Directeur/Madame la Directrice	*Briefanfang in einem förmlichen Brief*
Le début dans une lettre à des personnes qu'on connaît (un peu):	*voir plus haut ou:* **Chère Madame, Cher Monsieur, ...** *(on écrit rarement le nom de famille);* **Cher Philippe; Chère Florence ... Bien chers tous** *(Ihr Lieben)*	*Briefanfang in einem Brief an Bekannte*
On met une virgule après l'appel:	**Monsieur,**	*Nach der Anrede steht ein Komma.*
Le premier mot de la lettre prend une majuscule.	**Chère Florence,** **C̲'est avec beaucoup de ...**	*Das erste Wort im Brief wird groß geschrieben.*
Formules de fin dans une lettre officielle:	**Je vous prie de croire, Monsieur/ Madame ..., à l'expression de mes sentiments/salutations distingué(e)s. Je vous prie d'agréer/de recevoir, Messieurs/Mesdames, l'expression de mes ...**	*Briefende in einem förmlichen Brief: Hochachtungsvoll/Mit freundlichen Grüßen*
	Dans l'attente de votre réponse, je vous prie de croire, Mademoiselle ..., à l'expression de mes salutations les meilleures.	*In Erwartung Ihrer Antwort*
Formules de fin dans une lettre à des amis:	**Amitiés // (Bien) Amicalement // Meilleures salutations // Bien à toi/vous**	*Schlussfloskeln in einem Brief an Freunde: Mit lieben/ herzlichen Grüßen*
Formules de fin dans une lettre à de très bons amis:	**Salut // Affectueusement // Grosses bises**	*Schlussfloskeln in einem Brief an sehr gute Freunde*

La signature se trouve à droite, en bas.	*Die Unterschrift steht unten rechts.*
Dans des lettres commerciales, on intercale : N/réf. :... (Notre référence) V/réf. : ... (Votre référence) Objet :	*In Geschäftsbriefen wird eingefügt: Unser/Ihr Zeichen: ... Betreff/Betr.:*
Quelques formules utiles :	*Einige nützliche Floskeln:*
J'ai bien reçu votre lettre du + date	*Ich habe Ihren Brief vom (Datum) erhalten*
Je vous remercie de ...	*Ich danke Ihnen (für)*
En réponse à votre lettre ...	*In Beantwortung Ihres Briefes ...*
Je voudrais savoir si ...	*Ich wüsste gerne, ob ...*
En référence à votre/ma lettre ...	*Bezugnehmend auf Ihren/meinen Brief ...*
Je vous prie de bien vouloir ...	*Ich bitte Sie ...*
Nous vous serions reconnaissants de ...	*Wir wären Ihnen dankbar ...*
A la suite de votre courrier du + date	*In Beantwortung Ihres Schreibens vom (Datum)*
Je vous adresse ci-joint ...	*Beiliegend ...*
Je suis heureux d'apprendre ...	*Ich freue mich zu erfahren, dass ...*
Veuillez répondre par retour du courrier.	*Um umgehende Antwort wird gebeten.*
... aussitôt que possible	*... so rasch wie möglich*
Transmettez mes amitiés à ...	*Grüßen Sie bitte ... (von mir)*

Französisches Wort	Deutsche Entsprechung	Falscher Freund	Französische Entsprechung
une démonstration	Beweis(führung), Vorführung	Demonstration	une manifestation

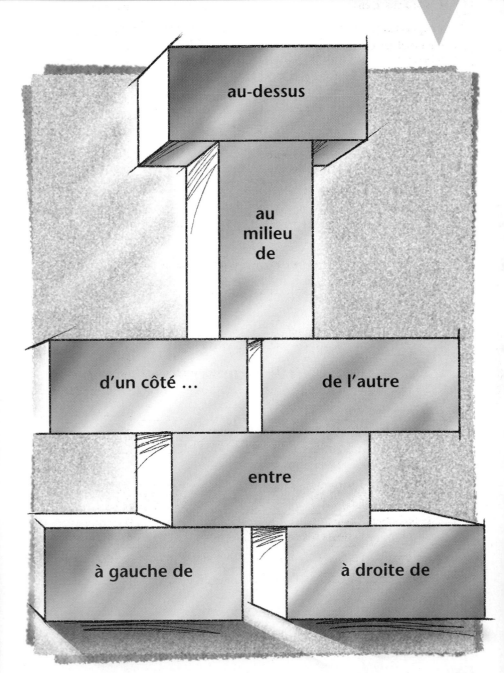

au-dessus

au milieu de

d'un côté ... de l'autre

entre

à gauche de à droite de

24.1 Begleiter und Pronomen

le, la, l'; les [lə, la, le]
le client, l'air; la cliente, l'eau; les clients, les clientes

der, die, das; die
der Kunde, die Luft; die Kundin, das Wasser; die Kunden, die Kundinnen

du, de la, de l'; des [dy, d(ə)la, de]
du pain, de l'air; de la farine, de l'eau; des bonbons, des fraises

Brot, Luft; Mehl, Wasser; Bonbons, Erdbeeren

au, à la, à l'; aux [o, ala, o]
je vais au marché, ... à l'arrêt de bus; ... à la banque, ... à l'école; ... aux Etats-Unis

auf, zu, in
ich gehe auf den Markt, ... zur Bushaltestelle; ... auf die Bank, ... zur Schule; ... in die Vereinigten Staaten

un, une; des [ɛ̃, yn, de]
un client, une cliente; des clients, des clientes

ein, eine
ein Kunde, eine Kundin; Kunden, Kundinnen

mon, ma; mes [mɔ̃, ma, me]
ton, ta; tes [tɔ̃, ta, te]
son, sa; ses [sɔ̃, sa, se]
C'est son porte-monnaie.
C'est sa montre.
Ce sont ses parents.
notre; nos [nɔtʀ, no]
votre; vos [vɔtʀ, vo]
leur; leurs [lœʀ]

mein, meine; meine
dein, deine; deine
sein/ihr, seine/ihre; seine/ihre
Das ist sein/ihr Geldbeutel.
Das ist seine/ihre Uhr.
Das sind seine/ihre Eltern.
unser(e); unsere
euer, eure, Ihr; eure, Ihre
ihr(e)

ce, cet, cette; ces [sə, sɛt; se]
ce livre, cet appartement *m*; cette chaise, cette orange
ces livres; ces chaises

diese(r, s); diese
dieses Buch, diese Wohnung; dieser Stuhl, diese Orange
diese Bücher; diese Stühle

tout le (l'), toute la (l') [tul(ə), tutla]
Tout le monde est venu.
Toute la famille est là.
tous les, toutes les [tule, tutle]
Tous mes amis sont en vacances.

Toutes ces fleurs viennent de mon jardin.
tout, tous, toutes [tu, tus, tut]
Tout s'est bien passé.
Ils sont tous partis.
Les photos ? Il nous les a toutes montrées.

der/die/das ganze ...
Jeder ist/Alle sind gekommen.
Die ganze Familie ist da.
alle
Alle meine Freunde sind im Urlaub.

Diese Blumen stammen alle aus meinem Garten.
alles; alle
Alles ist gut verlaufen.
Sie sind alle gegangen.
Die Fotos? Er hat sie uns alle gezeigt.

chaque [ʃak]
Chaque invité a eu un petit cadeau.

jede(r, s)
Jeder Gast bekam ein kleines Geschenk.

chacun,e [ʃakɛ̃, yn]
Chacun a pu donner son avis.

jede(r, s)
Jeder konnte seine Meinung sagen.

ne ... aucun,e/aucun,e ... ne [okɛ̃, okyn]
Il n'a eu aucune réaction.
Aucune (carte postale) ne m'a plu.

kein(e, r)

Er hat keinerlei Reaktion gezeigt.
Mir hat keine (Postkarte) gefallen.

certains, certaines [sɛrtɛ̃, ɛn]
Certaines personnes ne sont jamais contentes.

gewisse, bestimmte
Gewisse Personen sind nie zufrieden.

différents, différentes [diferɑ̃, ɑ̃t]
Nous avons goûté des fromages de différentes régions de France.

verschiedene, unterschiedliche
Wir haben Käsesorten aus verschiedenen Gegenden Frankreichs probiert.

divers,es [divɛr, ɛrs]
On en a parlé à diverses personnes.

verschiedene, unterschiedliche
Wir haben mit verschiedenen Leuten darüber gesprochen.

plusieurs [plyzjœr]
On a arrêté plusieurs suspects.

mehrere
Mehrere Verdächtige wurden festgenommen.

quelques [kɛlkə]
quelqu'un [kɛlkɛ̃]
Quelqu'un a téléphoné ?

einige, ein paar
jemand
Hat jemand angerufen?

quelques-uns/quelques-unes [kɛlkəzɛ̃, kɛlkəzyn]
Tu as lu tous les livres de Jules Verne ?
– Non, seulement quelques-uns.

einige, ein paar

Hast du alle Bücher von Jules Verne gelesen? – Nein, nur einige.

ne ... personne/personne ... ne [pɛrsɔn]
On n'a rencontré personne.
Personne n'a appelé.

niemand

Wir sind niemandem begegnet.
Niemand hat angerufen.

pas un,e seul,e [pa(z)ɛ̃/ynsœl]
Pas un (seul) magasin n'était ouvert.

kein(e) einzige(r, s)
Kein (einziges) Geschäft hatte geöffnet.

quelque chose [kɛlkəʃoz]
ne ... rien/rien ... ne [rjɛ̃]
Je n'ai rien vu.
Rien ne va plus.

etwas
nichts
Ich habe nichts gesehen.
Nichts geht mehr.

un,e autre; d'autres [otr]
Montrez-moi un autre/d'autres modèle(s).

ein(e) andere(r, s); andere
Zeigen Sie mir ein anderes/andere Modell(e).

le/la même; les mêmes [mɛm]

der, die, das gleiche/der-, die-, dasselbe; die gleichen/dieselben

Nous sommes du même avis.

un,e tel,le; de tels, telles [tɛl]

Il ne faut pas rater une telle occasion.

Wir sind der gleichen Meinung.

ein(e) derartige(s, r); derartige

Eine derartige Gelegenheit darf man nicht verpassen.

je (j') [ʒə]
me (m') [mə]
Il m'a regardé.
Il m'a donné un conseil.
moi [mwa]
Sans moi.

ich
mich, mir
Er hat mich angeschaut.
Er hat mir einen Rat gegeben.
ich, mich
Ohne mich.

tu [ty]
te (t') [tə]
Tu t'appelles comment ?
Je te dois encore 20 francs.
toi [twa]
C'est pour toi.

du
dich, dir
Wie heißt du?
Ich schulde dir noch 20 Francs.
dich, dir
Das ist für dich.

il [il]
le (l') [lə]
Je le vois souvent.
elle [ɛl]
Elle est très sympathique.
C'est Monique qui vient d'arriver ?
– Oui, c'est elle.
la (l') [la]
Si tu la vois, dis-lui de m'appeler.

lui [lɥi]
Je lui ai dit de venir.

se (s') [sə]
Elle s'est regardée dans la glace.
soi [swa]
Chacun pour soi et Dieu pour tous. *loc*
on [ɔ̃]
On s'est bien amusé(s).
Ici, on parle espagnol.

er
ihn
Ich sehe ihn oft.
sie
Sie ist sehr sympathisch.
Ist Monique gerade gekommen? –
Ja.
sie
Wenn du sie siehst, sag ihr doch, sie möge mich anrufen.

ihm/ihr
Ich habe ihm/ihr gesagt, er/sie solle kommen.

sich
Sie hat sich im Spiegel angeschaut.
sich
Jeder für sich und Gott für alle.
man, wir
Wir haben uns gut amüsiert.
Hier wird Spanisch gesprochen.

nous [nu]
Nous avons faim.
Ecris-nous de temps en temps.

wir, uns
Wir haben Hunger.
Schreib uns ab und zu.

vous [vu]
Elle vous a reconnus ?

ihr, euch
Hat sie euch erkannt?

Servez-vous une bière.	Schenken Sie sich ein Bier ein

ils *m*, **elles** *f* [il, ɛl] sie
les [le] sie
Je les ai invité(e)s. Ich habe sie eingeladen.
leur [lœʀ] ihnen
Je leur ai apporté des fleurs. Ich habe ihnen Blumen mit-
  gebracht.

eux *m*, **elles** *f* [ø, ɛl] sie
Nous pensons souvent à eux/elles. Wir denken oft an sie.
se (s') [sə] sich
Ils se voient souvent. Sie sehen sich oft.
Elles aiment se promener seules. Sie gehen gern allein(e) spazieren.

en [ã] davon, darüber
Il en a parlé. Er hat darüber gesprochen.
Il y a assez de pommes? – Oui, Sind genügend Äpfel da? – Ja, wir
nous en avons pris trois kilos. haben drei Kilo gekauft.
y [i] dafür; daran; dort
Je m'y intéresse beaucoup. Ich interessiere mich sehr dafür.

ceci [səsi] dies (hier)
cela, ça [s(ə)la, sa] das, dies(es)
Donne-moi cela/ça. Gib mir das.

qui [ki] der, die, das; welche(r, s)
C'est une femme qui sait ce qu'elle Das ist eine Frau, die weiß, was sie
veut. will.
que (qu') [kə] den, die, das; welche(n, s)
C'est une vedette que j'admire. Das ist ein Star, den ich bewundere.
quoi [kwa] was
Il ne savait plus quoi dire. Er wusste nicht mehr, was er sagen
  sollte.

Par quoi est-ce qu'on commence? Womit sollen wir beginnen?
ce qui [s(ə)ki] (das) was
Je ne sais pas ce qui est arrivé. Ich weiß nicht, was passiert ist.
ce que (ce qu') [s(ə)kə] (das) was
Dis-moi ce que tu en penses. Sag mir, was du davon hältst.

dont [dɔ̃] dessen, deren; von dem/der/denen
un film dont on parle beaucoup ein Film, über den viel geredet wird
où [u] wo; in dem/der
une région où j'ai passé trois ans eine Gegend, in der ich drei Jahre
  verbracht habe

lequel (duquel, auquel) [ləkɛl] welcher

un événement auquel nous pen-
sons tous

ein Ereignis, an das wir alle denken

laquelle (de laquelle, à laquelle)
[lakɛl]

welche

C'est une situation dans laquelle je
ne voudrais pas être.

Das ist eine Situation, in die ich
nicht geraten möchte.

lesquels (desquels, auxquels)
[lekɛl]

welche

lesquelles (desquelles, auxquelles)
[lekɛl]

welche

celui(-ci/-là), celle(-ci/-là)
[səlɥi(si/la), sɛl(si/la)]

diese(r) (hier), jene(r) (da/dort)

Si tu n'as pas d'anorak, mets celui
de Julien.

Wenn du keinen Anorak hast, zieh
den von Julien an.

ceux(-ci/-là), celles(-ci/-là)
[sø(si/la), sɛl(si/la)]

diese (hier), jene (da/dort)

Ceux-ci sont trop petits, prends
celui-là.

Die hier sind zu klein, nimm jenen
dort.

**le mien, la mienne; les miens, les
miennes** [mjɛ̃, mjɛn]

meine(r), mein(e)s; meine

**le tien, la tienne; les tiens, les
tiennes** [tjɛ̃, tjɛn]

deine(r), dein(e)s; deine

Ce pull-là, c'est le mien ou le tien ?

Dieser Pulli da, ist das meiner oder
deiner?

**le sien, la sienne; les siens, les
siennes** [sjɛ̃, sjɛn]

seine(r), sein(e)s; seine

le, la nôtre; les nôtres [notʁ]

unsere(r, s); unsere

le, la vôtre; les vôtres [votʁ]

eure(r, s), Ihre(r, s); eure, Ihre

le, la leur; les leurs [lœʁ]

ihre(r, s); ihre

24.2 Fragewörter

est-ce que [ɛskə]

Formel zur Einleitung eines Fragesatzes

Qui ? [ki]

Wer?

Qui est là ?

Wer ist da?

De qui est ce tableau ?

Von wem ist dieses Bild?

A qui est cette clé ?

Wem gehört dieser Schlüssel?

Que ? [kə]

Was?

Que veux-tu ?

Was willst du?

Quoi ? [kwa]

Was?

De quoi parlez-vous ?

Wovon sprecht ihr?

A quoi pensez-vous ?

Woran denkt ihr?

Qui est ce qui ? [kiɔki]   Wer?
Qui est-ce qui vient avec moi ?   Wer kommt mit mir?
Qui est-ce que ? [kiɛskə]   Wen?
Qui est-ce qu'elle a appelé ?   Wen hat sie angerufen?
Qu'est-ce qui ? [kɛski]   Was?
Qu'est-ce qui est arrivé ?   Was ist geschehen?
Qu'est-ce que ? [kɛskə]   Was?
Qu'est-ce que c'est ?   Was ist das?

Lequel ? (Duquel ? Auquel ?)   Welcher?
[ləkɛl]
J'adore cet acteur. – Lequel ?   Ich vergöttere diesen Schauspieler.
                                             – Welchen?

Laquelle ? (De laquelle ? A   Welche?
laquelle ?) [lakɛl]
Nous pensons toujours à cette   Wir denken immer noch an dieses
chanson. – A laquelle ?   Lied. – An welches?
Lesquels ? (Desquels ? Aux-   Welche?
quels ?) [lekɛl]
J'ai reçu une lettre de mes amis. –   Ich habe einen Brief von meinen
Desquels ?   Freunden bekommen. – Von
                                             welchen?

Lesquelles ? (Desquelles ? Aux-   Welche?
quelles ?) [lekɛl]
Vous avez vu ces belles voitures ? –   Habt ihr diese schönen Autos
Lesquelles ?   gesehen? – Welche?

Quel ? Quelle ? [kɛl]   Welche(r, s)?
Quel âge avez-vous ?/Vous avez   Wie alt sind Sie?
quel âge ?
Quels ? Quelles ? Quel(le)s ? [kɛl]   Welche?
Par quelles villes êtes-vous passés ?   Durch welche Städte seid ihr
                                             gefahren?

Où ? [u]   Wo? Wohin?
Où habitez-vous ?/Vous habitez où ?   Wo wohnen Sie?
D'où ? [du]   Woher?
D'où vient ce bruit ?   Woher kommt dieser Lärm?
Quand ? [kɑ̃]   Wann?
Quand est-ce qu'on mange ?   Wann essen wir?
Comment ? [kɔmɑ̃]   Wie?
Comment vas-tu ?   Wie geht's dir?
Combien ? [kɔbjɛ̃]   Wie viel?
Combien ça coûte ?/Ça coûte   Wie viel kostet das?
combien ?
Pourquoi ? [puʀkwa]   Warum?

Pourquoi est-ce que tu ne m'aimes plus ?   Warum liebst du mich nicht mehr ?

24.3 Konjunktionen

et [e]	und
ou [u]	oder
Voulez-vous du thé ou du café ?	Wollen Sie Tee oder Kaffee?
ou bien [ubjɛ̃]	oder
Dépêche-toi, ou bien je pars sans toi.	Beeil dich, oder ich gehe ohne dich.

mais [mɛ]	aber
⁰**par contre** [paʀkɔ̃tʀ]	dagegen, hingegen
Il est complètement idiot. Sa sœur, par contre, est très intelligente.	Er ist richtig blöd. Seine Schwester hingegen ist sehr intelligent.
pourtant [puʀtɑ̃]	dennoch, trotzdem
Il ne me croit pas, je dis pourtant la vérité.	Er glaubt mir nicht und doch sage ich die Wahrheit.
⁰**quand même** [kɑ̃mɛm]	trotzdem, dennoch
Elle est malade mais elle ira quand même à cette réunion.	Sie ist krank, aber sie geht dennoch zu dieser Versammlung.

d'abord [dabɔʀ]	zunächst, zuerst
puis [pɥi]	dann
ensuite [ɑ̃sɥit]	dann, darauf
enfin [ɑ̃fɛ̃]	schließlich, endlich
J'ai enfin trouvé du travail.	Ich habe endlich Arbeit gefunden.

car [kaʀ]	denn
c'est pourquoi [sɛpuʀkwa]	deshalb, deswegen
donc [dɔ̃k]	also, doch
Entrez donc.	Treten Sie doch bitte ein.
Je n'ai pas vu ce film ; je ne peux donc pas en parler.	Ich habe diesen Film nicht gesehen, kann also nicht darüber sprechen.
ainsi [ɛ̃si]	so
Passe par la rue Voltaire, ainsi tu arriveras plus vite.	Nimm die Rue Voltaire, dann/so kommst du schneller hin.

quand [kɑ̃]	als; wenn *(zeitlich)*; wann
Quand il était petit, il voulait devenir pompier.	Als er klein war, wollte er Feuerwehrmann werden.
Je ne sais pas quand il viendra.	Ich weiß nicht, wann er kommt.

Quand tu le verras, dis lui bonjour de ma part.

Wenn du ihn siehst, grüße ihn von mir.

pendant que [pãdãkə]
Pendant qu'il dort, il ne fait pas de bêtises.

während
Während er schläft, macht er keinen Blödsinn.

depuis que [dəpɥikə]
Depuis qu'il a déménagé, il n'a pas donné de ses nouvelles.

seit, seitdem
Seit er umgezogen ist, hat er nichts von sich hören lassen.

avant que + *subj* [avãkə]
Tu devrais téléphoner avant qu'il (ne) soit trop tard.

bevor
Du solltest anrufen, bevor es zu spät ist.

après que [apʀɛkə]
jusqu'à ce que + *subj* [ʒyskas(ə)kə]
Reste ici jusqu'à ce que je revienne.

nachdem
bis
Bleib hier, bis ich wiederkomme.

comme [kɔm]
Comme je n'avais pas de farine, je n'ai pas pu faire de tarte.

da, weil
Da ich kein Mehl hatte, konnte ich keinen Kuchen backen.

parce que [paʀs(ə)kə]
● **puisque** [pɥiskə]
Ce n'est pas la peine de l'inviter puisqu'elle ne viendra pas.

weil
da (ja)
Du brauchst sie gar nicht erst einzuladen, da sie (sowieso) nicht kommen wird.

que [kə]
J'espère que tu vas bien.
Il a le même âge que moi.

dass; wie, als
Ich hoffe, es geht dir gut.
Er ist genauso alt wie ich.

● **pour que** + *subj* [puʀkə]
Je le lui ai bien expliqué pour qu'il comprenne.

damit
Ich habe es ihm genau erklärt, damit er es versteht.

● **de sorte que** [dəsɔʀt(ə)kə]

sodass

> ℹ Zum *Modus (subjonctif/indicatif)* nach **de sorte que, de façon que, de manière que** vgl. die Information auf S. 429.

● **tandis que** [tãdikə]
J'aime bien voyager tandis que ma femme préfère rester à la maison.

während, hingegen
Ich reise gerne, während meine Frau lieber zu Hause bleibt.

● **alors que** [alɔʀkə]
Il n'est pas venu alors qu'il l'avait promis.

während; wo doch, obwohl
Er kam nicht, wo (obwohl) er es doch versprochen hatte.

● **quoique** + *subj* [kwakə]
● **bien que** + *subj* [bjɛ̃kə]
Quoiqu'/Bien qu'il fasse froid, il se promène en t-shirt/tee-shirt.

obwohl, obgleich
obwohl, obgleich
Obwohl es kalt ist, läuft er im T-Shirt herum.

sans que + *subj* [sãkə]
Ils sont partis sans que je l'aie
remarqué.

ohne dass
Sie sind gegangen, ohne dass ich es
bemerkt habe.

si [si]
• **même si** [mɛmsi]
Même si (l')on me proposait beau-
coup d'argent, je ne sauterais pas
en parachute.

wenn
selbst wenn, sogar wenn
Selbst wenn man mir viel Geld
bieten würde,/Auch für viel Geld
würde ich nicht mit dem Fall-
schirm springen.

• **à condition que** + *subj* [akɔ̃disjɔ̃kə]

Nous pouvons vous accompagner, à
condition qu'on y aille tout de suite.

unter der Bedingung, dass; vorausge-
setzt (, dass)
Wir können euch begleiten, voraus-
gesetzt wir gehen jetzt gleich.

d'un côté ... de l'autre
[dɛ̃koted(ə)lotʀ]
D'un côté, je l'aime bien, de l'autre,
elle m'énerve.
d'une part ... d'autre part
[dynpaʀdotʀ(ə)paʀ]
sinon [sinɔ̃]
Va au lit maintenant, sinon tu
n'arriveras pas à te lever demain.
autrement [otʀəmã]
en revanche [ãʀ(ə)vãʃ]
Il est insupportable, sa femme, en
revanche, est charmante.
cependant [s(ə)pãdã]
ou ... ou [uu]
Ou tu te décides enfin ou on part
sans toi.

einerseits ... andererseits

Einerseits mag ich sie ganz gern,
andererseits regt sie mich auf.
einerseits ... andererseits

sonst
Geh jetzt ins Bett, sonst kommst du
morgen früh nicht aus den Federn.
sonst, andernfalls
hingegen, dagegen
Er ist unausstehlich, seine Frau
dagegen ist charmant.
indessen, jedoch, doch
entweder ... oder
Entweder du entschließt dich
jetzt endlich, oder wir gehen ohne
dich.

or [ɔʀ]
Il rêvait d'une belle voiture; or il
était pauvre.
par conséquent [paʀkɔ̃sekã]
Il a raté son train, c'est pourquoi/par
conséquent il a dû prendre un taxi.
voilà pourquoi [vwalapuʀkwa]

nun, nun aber
Er träumte von einem schönen
Auto; doch leider war er arm.
folglich, daher
Er hat seinen Zug verpasst, daher
musste er ein Taxi nehmen.
deshalb, aus diesem Grund

au moment où [omɔmãu]
dès que [dɛkə]
Je t'aiderai dès que j'aurai fini mon
travail.
tant que [tãkə]

in dem Augenblick, als
sobald, sowie
Ich werde dir helfen, sobald ich
meine Arbeit beendet habe.
solange

Tant que tu resteras avec moi, je serai heureux.	Solange du bei mir bleibst, bin ich glücklich.

d'autant plus que [dotãply(s)kə]
Je voudrais déménager, d'autant plus que je travaille loin d'ici.

um so mehr, als; zumal
Ich möchte gerne umziehen, zumal ich weit weg von hier arbeite.

afin que + *subj* [afɛ̃kə]
On lui a prêté de l'argent afin qu'elle puisse payer son loyer.

damit
Wir haben ihr Geld geliehen, damit sie ihre Miete bezahlen kann.

malgré que + *subj* [malgʀekə]
Il a une belle situation malgré qu'il ait quitté l'école à 16 ans.

trotzdem, obwohl
Er hat eine gute Stellung, obwohl er mit 16 von der Schule abgegangen ist.

pourvu que + *subj* [puʀvykə]
Il viendra demain, pourvu que cela vous convienne.

vorausgesetzt, dass; sofern
Er kommt morgen, vorausgesetzt es ist euch recht.

de manière que [d(ə)manjɛʀkə]
de façon que [d(ə)fasɔ̃kə]

sodass
sodass

24.4 Hilfsverben

avoir [avwaʀ]
être [ɛtʀ]
aller faire qc [ale]
Tu vas écrire à Paul ?
venir de faire qc [v(ə)niʀ]
On vient de faire des courses.
être en train de faire qc [ɛtʀãtʀɛ̃]

haben
sein
etw. tun werden/wollen
Wirst du Paul schreiben?
gerade etw. getan haben
Wir haben gerade eingekauft.
gerade dabei sein, etw. zu tun

devoir faire qc [dəvwaʀ]
vouloir faire qc [vulwaʀ]
pouvoir faire qc [puvwaʀ]
Peux-tu traduire ce texte ?
– Non, je n'ai pas envie.
savoir faire qc [savwaʀ]
Sais-tu traduire ce texte ? – Non, je ne comprends pas le russe.

etw. tun müssen
etw. tun wollen
etw. tun können
Kannst du diesen Text übersetzen?
– Nein, ich habe keine Lust.
etw. tun können
Kannst du diesen Text übersetzen ?
– Nein, ich verstehe kein Russisch.

faire faire qc [fɛʀ]
Il a fait réparer sa voiture.
laisser faire qc [lese]
Il laisse son fils conduire sa voiture.

etw. machen lassen
Er ließ sein Auto reparieren.
etw. tun lassen
Er lässt seinen Sohn mit seinem Auto fahren.

sembler faire qc [sãble]
Tu sembles avoir des problèmes.
paraître faire qc [paʀɛtʀ]
Elle paraît être d'accord.
avoir qc à faire [avwaʀ]
Laisse-moi tranquille, j'ai un travail à finir.
passer pour [pasepuʀ]
Il passe pour un bon cuisinier.

scheinen (als ob)
Du scheinst Probleme zu haben.
scheinen (als ob)
Sie scheint einverstanden zu sein.
etw. tun müssen
Lass mich in Ruhe, ich muss eine Arbeit zu Ende führen.
gelten als
Er soll ein guter Koch sein.

24.5 Verneinungen

ne ... pas (du tout) [nəpa(dytu)]
ne ... pas encore [nəpa(z)ãkɔʀ]
On n'a pas encore dîné.

(überhaupt) nicht
noch nicht
Wir haben noch nicht zu Abend gegessen.

ne ... pas un,e seul,e
[nəpa(z)ɛ̃/ynsœl]
Il n'a pas bu une seule goutte d'alcool.
ne ... plus (du tout)
[nəply(dytu)]
ne ... jamais [nəʒamɛ]
Nous ne sommes jamais allés en Belgique.
ne ... personne/personne ... ne
[nəpɛʀsɔn]
Ils ne connaissent personne, ici.
Personne ne me comprend.
ne ... rien/rien ... ne [nəʀjɛ̃]
On n'a rien vu.
Rien n'est plus beau que les vacances.
ne ... rien du tout [nəʀjɛ̃dytu]
Je n'y comprends rien du tout.

kein(e) einzige(r, s)

Er hat keinen einzigen Tropfen Alkohol getrunken.
(überhaupt) nicht ... mehr

niemals, nie
Wir sind nie nach Belgien gereist.

niemand

Sie kennen hier niemanden.
Niemand versteht mich.
nichts
Wir haben nichts gesehen.
Nichts ist schöner als Ferien.
überhaupt nichts
Davon versteh ich überhaupt nichts.

ne ... aucun,e/aucun,e ... ne
[nəokɛ̃/okyn]
Tu n'as aucune raison d'être fâché.

Aucun de ces films ne m'a plu.
ne ... ni ... ni [nənini]
Elle n'aime ni la bière ni le vin.
ne ... que [nəkə]
Il n'y a que deux solutions.

keine(r, s)

Du hast überhaupt keinen Grund, beleidigt zu sein.
Keiner dieser Filme gefiel mir.
weder ... noch
Sie mag weder Bier noch Wein.
nur; erst
Es gibt nur zwei Lösungen.

ne ... guère *litt* [nəgɛʀ]	kaum
ne ... nulle part [nənylpaʀ]	nirgends, nirgendwo
Tu n'iras nulle part sans mon autorisation.	Ohne meine Erlaubnis gehst du nirgendwo hin.

24.6 Adverbien und adverbiale Ausdrücke

bien [bjɛ̃]	gut; sehr
Tu vas bien ?	Geht's dir gut?
mieux [mjø]	besser
Il joue très bien du piano, mais encore mieux du violon.	Er spielt sehr gut Klavier, aber noch besser Geige.
Elle joue **de mieux en mieux.**	Sie spielt immer besser.
Tu n'en veux pas ? **Tant mieux,** il y en aura plus pour nous.	Du willst nichts davon? Umso besser, dann gibt es für uns mehr.
mal [mal]	schlecht, übel
Tant pis ! [tɑ̃pi]	Macht nichts!/Halb so schlimm!
Il ne vient pas ? Tant pis !	Er kommt nicht? Macht auch nichts!
Tant pis pour toi !	Das geschieht dir recht!

ici [isi]	hier
Vous êtes d'ici ?	Sind Sie von hier?
là [la]	dort, da
là-bas [laba]	dort, da drüben/hinten
Qui est cet homme là-bas ?	Wer ist dieser Mann dort drüben?
partout [paʀtu]	überall
Nous avons voyagé un peu partout dans le monde.	Wir sind so ziemlich überall in der Welt herumgekommen.
ailleurs [ajœʀ]	anderswo, woanders
Si tu n'es pas bien ici, tu n'as qu'à aller ailleurs.	Wenn es dir hier nicht gefällt, kannst du ja woanders hingehen.

hier [jɛʀ]	gestern
aujourd'hui [ojuʀdɥi]	heute
demain [d(ə)mɛ̃]	morgen

déjà [deʒa]	schon, bereits
Il est déjà trois heures.	Es ist schon drei Uhr.
bientôt [bjɛ̃to]	bald
A bientôt.	Bis bald.
parfois [paʀfwa]	manchmal
souvent [suvɑ̃]	oft, häufig

Je lis parfois un livre, mais **le plus souvent** je regarde la télévision.

Manchmal lese ich ein Buch, aber meist sehe ich fern.

toujours [tuʒuʀ]
immer, immer noch

encore [ãkɔʀ]
noch, immer noch

Ils sont encore là ?
Sind sie (immer) noch da?

tôt [to]
früh

tard [taʀ]
spät

Tôt ou tard, tu t'apercevras que nous avons raison.
Früher oder später wirst du merken, dass wir Recht haben.

avant [avã]
früher, vorher

Avant, j'allais souvent au cinéma.
Früher ging ich oft ins Kino.

maintenant [mɛ̃t(ə)nã]
jetzt, nun

après [apʀɛ]
nachher, danach

soudain [sudɛ̃]
plötzlich

longtemps [lɔ̃tã]
lange

Je n'en ai pas pour longtemps.
Ich brauche nicht lange.

vite [vit]
schnell

Viens vite !
Komm schnell!

très [tʀɛ]
sehr

Cet enfant est très poli.
Dieses Kind ist sehr höflich.

assez (de) [ase]
genug

J'ai assez mangé.
Ich habe genug gegessen.

Tu as dit assez de bêtises pour aujourd'hui.
Für heute hast du genügend Blödsinn von dir gegeben.

beaucoup (de) [boku]
viel, sehr

Merci beaucoup.
Vielen Dank.

tant (de) [tã]
so sehr, so viel

Je n'ai jamais vu tant d'argent à la fois.
Ich habe noch nie so viel Geld auf einmal gesehen.

Ils se sont tant aimés.
Sie haben sich so sehr geliebt.

tellement (de) [tɛlmã]
so sehr, so viel

Il a tellement changé que je ne l'ai pas reconnu.
Er hat sich so sehr verändert, dass ich ihn nicht wieder erkannt habe.

plus (de) [ply]
mehr

trop (de) [tʀo]
zu (sehr, viel)

Il est malade, il a mangé trop de chocolat.
Er ist krank, er hat zu viel Schokolade gegessen.

C'est vraiment trop bête.
Das ist wirklich zu dumm.

peu (de) [pø]
wenig, gering

Le soir, on mange très peu.
Abends essen wir sehr wenig.

moins (de) [mwɛ̃]
weniger

C'est moins loin qu'on (ne) pensait.
Es ist weniger weit als wir dachten.

aussi [osi]
auch; so, ebenso

Je ne savais pas que tu étais aussi bête.	Ich wusste nicht, dass du so dumm bist.
plutôt [plyto]	eher, vielmehr, lieber
Dans l'ensemble, ils sont plutôt sympathiques.	Alles in allem sind sie ziemlich sympathisch.
presque [pʀɛsk]	fast, beinahe
surtout [syʀtu]	vor allem, besonders
peut-être [pøtɛtʀ]	vielleicht
Il est peut-être fatigué, mais il est surtout paresseux.	Er ist vielleicht müde, vor allem aber ist er faul.
sans doute [sãdut]	wahrscheinlich
Vous avez sans doute raison.	Wahrscheinlich haben Sie Recht.
même [mɛm]	selbst, sogar
Bien sûr qu'elle est venue, elle est même arrivée en avance.	Aber sicher ist sie gekommen, sie war sogar zu früh da.
c'est-à-dire [sɛtadiʀ]	das heißt
par exemple (p. ex.) [paʀɛgzãpl]	zum Beispiel (z. B.)

volontiers [vɔlõtje]	gern(e)
Vous en voulez encore? – Volontiers.	Möchten Sie noch (davon)? – Gern(e).
exprès [ɛkspʀɛ]	absichtlich, bewusst, extra
Excusez-moi, je ne l'ai pas fait exprès.	Entschuldigung, ich habe es nicht absichtlich gemacht.
à peine [apɛn]	kaum
Elle est à peine plus grande que toi.	Sie ist kaum größer als du.
en vain [ãvɛ̃]	vergeblich, umsonst
On a essayé en vain de le joindre au téléphone.	Wir haben vergeblich versucht, ihn telefonisch zu erreichen.

24.7 Präpositionen

à [a]	zu, in, um, an, nach *etc.*
Il est parti à 6 heures.	Er ist um 6 Uhr gegangen.
Il va à Toulouse.	Er geht/fährt nach Toulouse.
Elle est repartie à pied.	Sie ist zu Fuß weitergegangen.
de [də]	von, aus *etc.*
Nous serons absents de lundi à jeudi.	Von Montag bis Donnerstag werden wir abwesend sein.
Il vient de Quimper.	Er kommt aus Quimper.
Je meurs de faim.	Ich komme um/sterbe vor Hunger.
en [ã]	in, innerhalb von *etc.*
On a fait la route en 4 heures.	Wir haben die Strecke in 4 Stunden zurückgelegt.
Nous habitons en Bretagne.	Wir wohnen in der Bretagne.

dans [dã]
In diesem Haus ist es kalt.
Il fait froid dans cette maison.
On va venir dans 2 heures.

in, darin
In diesem Haus ist es kalt.
Wir kommen in zwei Stunden.

depuis [dəpɥi]
Il pleut depuis deux semaines.
il y a [ilija]
Il y a un quart d'heure qu'elle est
partie.
pendant [pãdã]
Le magasin est fermé pendant tout
le mois d'août.
jusque [ʒysk(ə)]
Je vous ai attendus jusqu'à 6 heures.
Il est allé jusqu'en Inde.
vers [vɛʀ]
On arrivera vers midi.

Toutes ces voitures se dirigent vers
Reims.
au bout de [obudə]
Au bout de 2 heures, on était tous
fatigués.
Au bout de 20 kilomètres, il a
abandonné.

seit
Es regnet seit zwei Wochen.
seit
Sie ist seit einer Viertelstunde weg.

während
Den ganzen August über ist das
Geschäft geschlossen.
bis (zu/nach)
Ich habe bis 6 Uhr auf euch gewartet.
Er ist bis nach Indien gereist.
gegen, etwa um; in Richtung von
Wir werden gegen Mittag ankom-
men.
Alle diese Autos fahren Richtung
Reims.
nach (Ablauf von)
Nach 2 Stunden waren wir alle
müde.
Nach 20 Kilometern gab er auf.

avant [avã]
Ils sont arrivés avant nous.
On s'est arrêté un peu avant Nancy.

vor
Sie sind vor uns gekommen.
Wir haben kurz vor Nancy ange-
halten.

après [apʀɛ]
Après 20 heures, tous les magasins
sont fermés.
Tournez à gauche après l'hôpital.

nach
Nach 20 Uhr sind alle Geschäfte
zu.
Biegen Sie nach dem Krankenhaus
links ab.

devant [d(ə)vã]
Je vous attends devant le cinéma.
derrière [dɛʀjɛʀ]
C'est la maison derrière l'église.
par [paʀ]
Ils sont passés par Poitiers.

vor, davor
Ich warte vor dem Kino auf euch.
(da)hinter
Es ist das Haus hinter der Kirche.
über, durch
Sie sind über Poitiers gefahren.

sur [syʀ]
sous [su]
au-dessus (de) [od(ə)sy]
Nous habitons au-dessus des Martin.

auf
unter
(dar)über, oberhalb (von)
Wir wohnen über den Martins.

au-dessous (de) [od(ə)su]
En Bretagne, la température descend rarement au-dessous de zéro.
(dar)unter, unterhalb (von)
In der Bretagne sinkt die Temperatur selten unter null.

à côté de [akotedə]
à droite de [adʀwatdə]
à gauche de [agoʃdə]
Asseyez-vous à droite/à gauche du président.
(da)neben
rechts von
links von
Setzen Sie sich rechts/links neben den Präsidenten.

au milieu de [omiljødə]
(in)mitten, mitten in

entre [ãtʀ]
Sur cette photo, je suis entre Julie et Pierre.
zwischen
Auf diesem Foto bin ich zwischen Julie und Pierre.

parmi [paʀmi]
On a trouvé cette lettre parmi de(s) vieux papiers.
unter, von
Man fand diesen Brief mitten unter alten Papieren.

chez [ʃe]
Il habite toujours chez ses parents.
bei
Er wohnt immer noch bei seinen Eltern.

près de [pʀɛdə]
un village près de Montpellier
loin de [lwɛ̃də]
Ce n'est pas loin de la mer.
nahe bei, bei, in der Nähe von
ein Dorf bei Montpellier
weit weg/fern/entfernt von
Es liegt nicht weit vom Meer.

avec [avɛk]
sans [sɑ̃]
Je prends mon café avec du lait mais sans sucre.
mit
ohne
Meinen Kaffee trinke ich mit Milch, aber ohne Zucker.

pour [puʀ]
contre [kɔ̃tʀ]
la lutte contre la drogue
envers [ãvɛʀ]
J'ai été injuste envers vous.
für
gegen
Drogenbekämpfung
gegen(über)
Ich war ungerecht euch gegenüber.

malgré [malgʀe]
Malgré la chaleur, il va faire du jogging.
trotz
Trotz der Hitze geht er joggen.

sauf [sof]
Tout le monde était d'accord sauf Jacques.
außer
Alle außer Jacques waren einverstanden.

à cause de [akozdə]
On ne voit rien à cause du brouillard.
wegen
Wegen des Nebels sieht man nichts.

grâce à [gʀasa]
Le film est très réussi grâce aux excellents acteurs.
dank
Dank der ausgezeichneten Schauspieler ist der Film sehr gelungen.

au cours de [okuʀdə] — im Verlauf/Laufe von
Au cours des dernières années, le chômage a augmenté. — Im Laufe der letzten Jahre hat die Arbeitslosigkeit zugenommen.

dès [dɛ] — schon, bereits
Nous nous sommes levés dès l'aube. — Wir sind bei Tagesanbruch/im Morgengrauen aufgestanden.

autour de [otuʀdə] — um ... herum
Il y a un jardin tout autour de la maison. — Rings ums Haus herum ist ein Garten.

à travers [atʀavɛʀ] — durch
La route passe à travers la forêt. — Die Straße verläuft durch den Wald.

au lieu de [oljødə] — anstatt
Viens m'aider au lieu de me critiquer. — Hilf mir, anstatt mich zu kritisieren.

au sujet de [osyʒɛdə] — über, bezüglich
On ne sait rien de précis au sujet de cet accident. — Man weiß nichts Genaues über diesen Unfall.

à l'aide de [alɛddə] — mit Hilfe von
Il est monté sur le toit à l'aide d'une échelle. — Er ist mit Hilfe einer Leiter aufs Dach gestiegen.

d'après [dapʀɛ] — nach, zufolge, gemäß, entsprechend
D'après la radio, les ouvriers **sont** toujours **en grève**. — Dem Radio zufolge streiken die Arbeiter immer noch.

selon [s(ə)lõ] — nach, zufolge, gemäß, entsprechend
Selon la météo, il fera beau demain. — Nach dem Wetterbericht soll es morgen schön werden.

quant à [kãta] — was anbetrifft/angeht, hinsichtlich
Quant à Dominique, il n'a toujours rien compris. — Was Dominique angeht, so hat er immer noch nichts verstanden.

excepté [ɛksɛpte] — außer, ausgenommen
Tout le monde est venu excepté Luc. — Alle außer Luc sind gekommen.

24.8 Sprachliche Terminologie

 Sprach- und Stilebenen

la langue	Sprache
la langue parlée	die gesprochene Sprache
la langue écrite	die geschriebene Sprache
la langue courante	die „Normal"sprache
Exemple : Quand il a bu, il raconte n'importe quoi.	*Beispiel: Wenn er getrunken hat, erzählt er nur Unsinn.*
la langue familière *(fam)*	*(zwanglose) Umgangssprache*
la langue populaire *(pop)*	*etwa: sehr umgangssprachlich*
Exemple : Quand il est rond, il déconne à plein tube.	*Beispiel: Wenn er besoffen ist, verzapft er nur Scheiß.*
la langue littéraire/soutenue *(litt)*	*(gehobene) Schriftsprache*
Exemple : L'excès de boisson rend ses propos confus.	*Beispiel: Bei übermäßigem Alkoholgenuss ergeht er sich in wirren Reden.*
la langue des jeunes	*Jugendsprache*
La langue des jeunes contient beaucoup d'expressions familières.	*Die Jugendsprache enthält viele umgangssprachliche Ausdrücke.*

la **lettre** [lɛtʀ]	Buchstabe
A est la première lettre de l'alphabet.	*A* ist der erste Buchstabe des Alphabets.
le **son** [sɔ̃]	Laut
la **voyelle** [vwajɛl]	Vokal
une **voyelle nasale**	ein Nasalvokal
la **consonne** [kɔ̃sɔn]	Konsonant
une **consonne sonore**	ein stimmhafter Konsonant
la **liaison** [ljɛzɔ̃]	Bindung
Faites la liaison entre ces deux mots.	Binden Sie zwischen diesen beiden Wörtern.
la **syllabe** [silab]	Silbe

le **point** [pwɛ̃]	Punkt
les **deux points**	Doppelpunkt
le **point d'exclamation**	Ausrufezeichen
le **point d'interrogation**	Fragezeichen
la **virgule** [viʀgyl]	Komma
le **point-virgule**	Strichpunkt, Semikolon
l'**accent** *m* [aksɑ̃]	Akzent
l'accent aigu *(é)*	Accent aigu
l'accent grave *(è)*	Accent grave
l'accent circonflexe *(ê)*	Accent circonflexe
la **cédille** *(ç)* [sedij]	Cédille
le **tiret** [tiʀɛ]	Gedankenstrich
le **trait d'union** [tʀɛdynjɔ̃]	Bindestrich

la **parenthèse** [paʀɑ̃tɛz]	Klammer
ouvrir/fermer une parenthèse	eine Klammer öffnen/schließen
les **guillemets** m [gijmɛ]	An-, Abführungszeichen
entre guillemets	in An- und Abführungszeichen

le **mot** [mo]	Wort
le **nom** [nɔ̃]	Nomen
le **substantif** [sypstɑ̃tif]	Substantiv
le **genre** [ʒɑ̃ʀ]	Genus
masculin,e [maskylɛ̃, in]	maskulin
féminin,e [feminɛ̃, in]	feminin
le **nombre** [nɔ̃bʀ]	Numerus
s'accorder en genre et en nombre	in Geschlecht und Zahl übereinstimmen
le **singulier** [sɛ̃gylje]	Singular
le **pluriel** [plyʀjɛl]	Plural

le **sujet** [syʒɛ]	Subjekt
le **complément** [kɔ̃plemɑ̃]	Ergänzung
le **complément d'objet** (l'objet)	Objekt
le **complément d'objet direct**	das direkte Objekt
le **complément d'objet indirect**	das indirekte Objekt

l'**article** m [aʀtikl]	Artikel
l'**article défini**	der bestimmte Artikel
l'**article indéfini**	der unbestimmte Artikel
l'**article partitif** (le **partitif**)	der Teilungsartikel, der Partitiv

le **déterminant** [detɛʀminɑ̃]	Begleiter
le **déterminant démonstratif**	der Demonstrativbegleiter
le **déterminant possessif**	der Possessivbegleiter
le **déterminant interrogatif**	der Interrogativbegleiter
le **déterminant indéfini**	der indefinite Begleiter

l'**adjectif** m [adʒɛktif]	Adjektiv
l'**accord** m [akɔʀ]	Angleichung
Faites l'accord de l'adjectif avec le nom.	Gleichen Sie das Adjektiv an das Nomen an.
accorder qc avec qc [akɔʀde]	etw. an etw. angleichen
Accordez le verbe avec le sujet.	Gleichen Sie das Verb ans Subjekt an.
l'**adverbe** m [advɛʀb]	Adverb
les **adverbes de lieu/temps**	Orts-/Zeitadverbien
les **adverbes de manière**	Adverbien der Art und Weise
la **place** [plas]	Ort, Stelle
Le sens d'un adjectif peut changer selon la place qu'il occupe.	Die Bedeutung eines Adjektivs kann sich mit seiner Stellung ändern.

les **degrés (de signification)** *m* [dəgʀe]	Steigerungsstufen, Vergleichsformen
le **positif** [pozitif]	Positiv, Grundform
le **comparatif** [kɔpaʀatif]	Komparativ
le **superlatif** [sypɛʀlatif]	Superlativ

le **numéral** [nymeʀal]	Zahlwort
le **nombre** [nɔbʀ]	Zahl
un **nombre pair/impair**	eine gerade/ungerade Zahl
un **nombre/numéral cardinal**	Grundzahl
un **nombre/numéral ordinal**	Ordnungszahl
la **fraction** [fʀaksjɔ]	Bruch(zahl)

le **pronom** [pʀɔnɔ]	Pronomen
le **pronom personnel**	Personalpronomen
le **pronom personnel conjoint/ disjoint**	verbundenes/unverbundenes Personalpronomen
le **pronom adverbial**	Adverbialpronomen
le **pronom réfléchi**	Reflexivpronomen
le **pronom relatif**	Relativpronomen
le **pronom sujet/objet**	Subjekt-/Objektpronomen
le **pronom démonstratif**	Demonstrativpronomen
le **pronom possessif**	Possessivpronomen
le **pronom indéfini**	indefinites Pronomen
le **pronom interrogatif**	Interrogativpronomen

le **verbe** [vɛʀb]	Verb
un **verbe (in)transitif**	ein (in)transitives Verb
un **verbe pronominal**	ein reflexives Verb
la **forme** [fɔʀm]	Form
la **forme simple/composée**	die einfache/zusammengesetzte Form
la **conjugaison** [kɔʒygɛzɔ]	Konjugation
la conjugaison (ir)régulière	die (un)regelmäßige Konjugation
conjuguer [kɔʒyge]	konjugieren
Conjuguez le verbe *aller* au futur simple.	Konjugiert das Verb *aller* im Futur I.
le **radical** [ʀadikal]	Stamm
la **terminaison** [tɛʀminɛzɔ]	Endung
la **négation** [negasjɔ]	Verneinung

le **mode** [mɔd]	Modus
l'**infinitif** *m* [ɛ̃finitif]	Infinitiv
l'**indicatif** *m* [ɛ̃dikatif]	Indikativ
le **subjonctif** [sybʒɔ̃ktif]	Subjonctif
l'**impératif** *m* [ɛ̃peʀatif]	Imperativ

le **temps** [tã]	Zeit
le **présent** [pʀezã]	Präsens
Mettez le verbe au présent.	Setzt das Verb ins Präsens.
le **passé** [pase]	Vergangenheit
l'**imparfait** m [ɛ̃paʀfɛ]	Imperfekt, Präteritum
le **passé simple** [pasesɛ̃pl]	Passé simple
le **passé composé** [pasekɔ̃poze]	Perfekt
le **plus-que-parfait** [plyskəpaʀfɛ]	Plusquamperfekt
le **passé antérieur** [paseãteʀjœʀ]	Passé antérieur
le **futur simple** [fytyʀsɛ̃pl]	einfaches Futur, Futur I
le **futur composé** [fytyʀkɔ̃poze]	zusammengesetztes Futur
le **futur antérieur** [fytyʀãteʀjœʀ]	Futur II
le **conditionnel présent**	Konditional I
[kɔ̃disjɔnɛlpʀezã]	
le **conditionnel passé**	Konditional II
[kɔ̃disjɔnɛlpase]	
le **participe présent** [paʀtisippʀezã]	Participe présent
le **participe passé** [paʀtisippase]	Participe passé
la **voix active**, l'**actif** m	Aktiv
[vwaaktiv/aktif]	
la **voix passive**, le **passif**	Passiv
[vwapasiv/pasif]	

la **phrase** [fʀaz]	Satz
la **phrase/proposition déclarative**	Aussagesatz
la **phrase/propos. interrogative**	Fragesatz
la **phrase/propos. exclamative**	Ausrufesatz
la **phrase/propos. impérative**	Befehlssatz
la **phrase/propos. principale**	Hauptsatz
la **phrase/propos. subordonnée**	Nebensatz
le **style** (le **discours**) (**in**)**direct**	(in)direkte Rede
[stil (diskuʀ)(ɛ̃)diʀɛkt]	
la **concordance des temps**	Zeitenfolge
[kɔ̃kɔʀdãsdetã]	
respecter la concordance des temps	die Zeitenfolge einhalten
la **mise en relief** [mizãʀəljɛf]	Hervorhebung

l'**interrogation** f [ɛ̃teʀɔgasjɔ̃]	Frage
l'**interrogation par intonation**	Intonationsfrage
l'**interrogation par inversion**	Inversionsfrage
le **mot interrogatif** [moɛ̃teʀɔgatif]	Fragewort

la **préposition** [pʀepozisjɔ̃]	Präposition
la **conjonction** [kɔ̃ʒɔ̃ksjɔ̃]	Konjunktion

Register aller französischen Stichwörter

Das Register enthält alle Haupteinträge des Grund- und Aufbauwortschatzes. Alle im Grundwortschatz enthaltenen Wörter erscheinen als **halbfette Stichwörter**, alle Aufbauwortschatzeinträge in normaler Schrift.

E

écoute 319
écouter 27, 79, 225, 322
écran 319, 329
écraser 341
écrire 80, 153, 229, 239, 317
écriture 153
écrivain 176, 229, 239
écrou 167
ecstasy 53
écurie 370
édifice 115, 382
éditer 326, 331
éditeur, -trice 231, 326
édition 231, 326
éditorial 327
éditorialiste 327
édredon 119
éducateur, -trice 148, 172
éducation 24, 148
éducation artistique 157
éducation musicale 157
éducation physique 157
éduquer 24, 148
effacer 330
effectifs 302
effectivement 454
effectuer 437
effet 256, 432
effet de serre 373
effets spéciaux 200
efficace 75, 429
s'effondrer 63
s'efforcer 81
effort 78
égal,e 416, 423
également 455
egalité 247, 260, 416
église 218, 252, 381
égoïsme 70
égoïste 70
égoûts 376
Egypte 16
Eh bien! 463
élaborer 81
élancé,e 35
s'élancer 33

électeur, -trice 260
électoral,e 260
électricien, -ienne 173
électricité 117, 303, 375
électrique 120, 303, 375
électrocardiogramme (ECG) 52
électronicien,ne 173
électronique 303
élégant,e 99
élément 362
élémentaire 462
élémentaire 257
élevage 295
élève 151
élevé,e 413
élever 24, 148, 295
s'élever 239, 352, 458
éleveur, -euse 295
élimination 375
elle 472
elles 473
éloigné,e 400
éloigner 438
s'éloigner 33
e-mail 330
emballage 110
emballer 110
embargo 287
embarquement 346
embarquer 346
s'embarquer 210
embarras 62
embarrassé,e 62
embauche 181, 302
embaucher 181, 302
embêter 448
embouchure 355
embouteillage 336
embrasser 21, 138
embrayage 338
embrayer 338
émerveillé,e 465
émerveillement 465
émetteur 320
émettre 320, 376
émeute 285
émigration 281

émigré,e 281
émigrer 13, 281
émission 198, 319
émission 376
emménager 113
emmener 140, 434
émotion 58, 202
empêcher 67, 446
empereur 247
empire 247
Empire 249
empirique 257
empirisme 258
emploi 178
emploi du temps 156
employé,e 171, 178, 301
employer 166, 178
employeur, -euse 177, 280
s'empoisonner 46
emporter 434
empreintes digitales 277
emprunt 307
emprunter 307
ému,e 58, 202
en 402, 473, 483
en amont 355
en argent 105
en arrière 403
en arrière 398
en aval 355
en avance 344, 388
en avant 403
en avant 398
en avoir assez 447
en avoir marre 449
en avoir ras le bol 449
en bas 398
en ce moment 391
en conclusion 241
en couleurs 200
en dehors 399
en demi-pension 213
en dernier lieu 422
en différé 321
en duplex 321
en effet 241, 452
s'en faire 63

F

K

L

O